D1752101

ARNE KRÜGER
SPEZIALITÄTEN AUS ALLER WELT

SONDERAUSGABE

ARNE KRÜGER

Spezialitäten

AUS ALLER WELT

DAS GROSSE KOCHBUCH DER
NATIONALGERICHTE

Mit Farbgroßfotos und
Menüvorschlägen

BÜCHERGILDE GUTENBERG

Zur Einführung

Im Reich der Küche hat selbst unser Zeitalter der Integration und Angleichung die nationalen Eigenarten nicht verblassen lassen. Sie sind erfreulich unversehrt, vielfältig und bunt erhalten geblieben. Immer wieder erleben wir es auf Reisen selbst, wie viele kulinarische Köstlichkeiten — oft aus einfachen Mitteln zubereitet— nur innerhalb der engsten Landesgrenzen zu finden sind, oder allenfalls da und dort in einem Spezialitäten-Restaurant.
Der Schatz dieser kulinarischen Köstlichkeiten in der Welt ist unerschöpflich. Eine vielseitige Auslese daraus habe ich in diesem neuen Kochbuch zusammengetragen — für unsere Hausfrauen und Feinschmecker, Hobbyköche und Küchenmeister, kurz für alle, die ihr Küchenrepertoire abwechslungsreicher und origineller gestalten und ihre Gäste erfreuen und überraschen wollen.
Es ist nicht meine Absicht, hier eine lückenlose völkerkundliche Darstellung der Küchen aller Länder zu geben. Vieles davon wäre für den Gebrauch bei uns ohne praktischen Wert. Mir kam es vielmehr darauf an, eine überschaubare Anzahl von Rezepten auszuwählen, die wir hier leicht zubereiten können und die zugleich etwas Besonderes sind. Deshalb entschied ich mich häufig auch für Spezialitäten, die im Ursprungsland selbst nicht zu den alltäglichen gehören. Dies sei dem Leser gesagt, der vielleicht in einem Abschnitt das eine oder andere Rezept vermißt. Auch sei ergänzend bemerkt, daß Gerichte, die in verschiedenen Ländern zugleich beheimatet sind, wie die raffinierten Suppen aus Meeresfrüchten im Mittelmeerraum oder wie bestimmte Mehlspeisen im Bereich der ehemaligen österreichisch-ungarischen Monarchie, nur einmal angeführt werden. Man findet sie in den beiden Registern.
Damit komme ich auch schon zu dem Problem der Zubereitungsvarianten. Ich erlebe es bei meinen Küchen-Seiten in großen illustrierten Zeitschriften immer wieder, daß Leser schreiben: »aber wir kochen das so...«. Wer jedoch die Nationalküchen eingehender studiert, wird mit Überraschung erfahren, daß von jedem Gericht, gerade auch von den »typischen Nationalgerichten«, eine Vielfalt an Variationen anzutreffen ist, mit Unterschieden in der Zubereitung von Landschaft zu Landschaft, manchmal von Familie zu Familie. Ich wählte hier nach meinem Geschmack.
Auch habe ich, um den Gebrauch zu erleichtern, manche Rezepte unseren Rohstoffverhältnissen angepaßt. Dabei sollte der fremdländische Reiz nicht geschmälert werden. Einige Rezepte veränderte ich, die nach orientalischen oder fernöstlichen Religionsgeboten aufgebaut sind, unserem Geschmack aber gerade deshalb zu wenig gehaltvoll erscheinen. Dies möge derjenige Leser berücksichtigen, der das betreffende Land aus eigener Anschauung kennt und dieses oder jenes Gericht dort vielleicht in einer anderen geschmacklichen Nuance gekostet haben sollte.
Aber ich möchte Sie nicht weiter mit solchen Problemen beschweren. Probieren Sie frisch und fröhlich, unvoreingenommen und mit neugieriger Zunge die Rezepte dieses Buches —

und ich bin sicher, daß Sie und Ihre Gäste viel Freude daran haben werden. Sie finden hier reizvolle Gerichte für alle Gelegenheiten: einfache, schnell zu bereitende, raffinierte, festliche... Die ausführlichen Register und die Menüvorschläge am Schluß des Buches wollen Ihnen bei Ihrer Entscheidung helfen.

Die Rezepte sind jeweils *für vier Personen* bemessen, soweit es nicht eigens anders vermerkt ist. Die Mengenangaben sind die üblichen: Tasse, Eßlöffel, Teelöffel, Messerspitze, Prise. Nur wenn es sich um größere Mengen oder Besonderheiten handelt, wurden Grammzahlen vermerkt. Die Zutaten, die ich nenne, sind alle bei uns erhältlich. Ich habe das bis zu jedem einzelnen Gewürz nachgeprüft.

Einer Reihe von Rezepten gab ich schließlich Vorschläge für weitere Zusätze mit, wie ich sie als Bereicherung ansehe, und für Beilagen, die am besten passen. Auch meine Anmerkungen über Getränke werden, so hoffe ich, dem Leser willkommen sein.

Arne Krüger

Inhalt

Verzeichnis der Rezepte nach Speisenarten 9
Verzeichnis der Farbgroßfotos 26
Verzeichnis der Menüvorschläge 27
Maße und Gewichte 28
Italien 30
Spanien, Portugal 54
Frankreich 70
Schweiz 100
Deutschland 116
Belgien, Luxemburg 162
Niederlande 172
Großbritannien 188
Dänemark, Schweden, Norwegen 204
Finnland 214
Rußland, Polen 228
Österreich 244
Tschechoslowakei 258
Ungarn, Jugoslawien 274
Rumänien, Bulgarien, Griechenland 292
Türkei 306
Israel 314
Nordafrika, Vorderer Orient 326
Zentral- und Südafrika 336
Indien 346
China 354
Japan 364
Hinterindien, Indochina, Siam 376
Indonesien 384
Australien 392
USA, Kanada 400
Mittelamerika 418
Südamerika 433
Menüvorschläge 449
Alphabetisches Register 462

Verzeichnis der Rezepte nach Speisenarten

VORSPEISEN

Artischocken mit Knoblauch 56
Auberginen-Vorgericht, italienisch
    MELANZANE SOTT'ACETO 32
Auberginen-Vorgericht, nordafrikanisch
    BABA GANNOJ 328
Blätterteigpastetchen, gefüllt BOUCHEES 72
Bostoner Salat SALAD BOSTON STYLE 402
Brigittesalat, norwegischer 206
Eierpastetchen KARJALAN PIIRAKAT 225
Empanadas 433
Fischsalat, brasilianischer 433
Fischsalat, schwedischer 206
Frühlingsrolle 356
Herbstsalat, schwedischer 206
Heringshäckerle, badisches 118
Heringshappen INSALATA D'ARINGHE 32
Heringssalat, finnischer ROSOLLI 216
Heringssalat, Luxemburger
    HIERENGSZALLOT 164
Heringssalat, schwedischer 206

Hummerfleisch-Cocktail
    CRAB MEAT COCKTAIL 402
Kaviarschnittchen, hausgemacht
    TARAMASALATA 294
Krebssalat in der Melone
    CRAB MEAT SALAD IN MELON 402, 409
Langustenpastetchen 432
Langustinensalat YAM KOONG 378
Melone, gefüllt mit Krebssalat
    CRAB MEAT SALAD IN MELON 402, 409
Paprikaschoten und Tomaten, eingelegt 294
Pilzpiroschki mit saurer Sahne 240
Polnische Eier
    JAIKA FASZEROWANE PO POLSKU 230
Reishäppchen NIGIRI-ZUSHI 366
Spanische Törtchen TORTILLA ESPANOLA 65
Spinatröllchen SPANAKOPETA 303
Vorspeisenteller, gemischt
    HORS-D'OEUVRE VARIE 72
Weihnachtssalat, rheinischer 118
Würzbissen Vanderbilt RAREBIT VANDERBILT 413

SUPPEN

Aalsuppe, Hamburger 123
Aalsuppe, holländische PALINGSOEP 174
Apfelsuppe mit Sherry 420
Artischockensuppe mit Nüssen
    CREME D'ARTICHAUTS A LA NOISETTE 74
Bauernsuppe, galicische CALDO GALLEGO 57
Bauernsuppe, mittelamerikanische
    SOPA JARDINERS 420
Beeten-Suppe, rote
    JIDDISCHE BORSCHTSCH 316
Bier-Brotsuppe ÖLLEBRÖD 207

Biersuppe mit Schneebergen 123
Birnen- und Kartoffelsuppe 119
Blütensuppe 420
Bohnensprossensuppe 366
Bohnensuppe, bosnische 276
Bohnensuppe, braune 207
Bohnensuppe mit Äpfeln 121
Bohnensuppe mit Schweinefleisch BUTA SIRU 369
Borschtsch 232, 233
Bouillabaisse BOUILLABAISSE MARSEILLAISE 76
Brotsuppe, hannoversche 122

Brotsuppe mit Bier ÖLLEBRÖD 207
Buttermilchsuppe 123
Curry-Linsensuppe PURPOO MULLIGATAWNY 348
Eiersuppe ZUPPA PAVESE 32
Eiersuppe mit Lammfleisch
    DÜGÜN CHORBASI 308
Erbsensuppe, finnische HERNEKEITTO 217
Fischsuppe aus Ecuador 435
Fischsuppe, Büsumer 124
Fischsuppe, finnische KALAKEITTO 216
Fischsuppe, Frühlings- WATERZOOI 164
Fischsuppe »Hamilton«
    HAMILTON FISH CHOWDER 404
Fischsuppe mit Paprika HALASZLE 277
Fleischsuppe mit Sahne, kalt BOTWINJA 232
Gemüsesuppe, irische BALNAMOON SKINK 190
Gemüsesuppe mit Käse 102
Gemüsesuppe, Nürnberger 121
Gerstensuppe auf peruanische Art 435
Gerstensuppe, bündner 102
Gulaschsuppe 276
Gurkensuppe mit Kräutern
    CUCUMBER SOUP 190
Hagebuttensuppe, pommersche 121
Hammelsuppe, jugoslawische 276
Hammelsuppe, schottische
    SCOTCH MUTTON BROTH FOR SUMMER 191
Hausmacher-Minestrone
    MINESTRONE ALLA CASALINGA 35
Holundersuppe 122
Hühnerbrühe mit Ei 356
Hühnersuppe mit Pilzen 369
Hühnersuppe mit Porree COCK-A-LEEKIE 191
Hummersuppe BISQUE DE HOMARD 74
Ingwersuppe mit Huhnfleisch SOTO AJAM 386
Kabeljausuppe nach Neu-England Art
    NEW ENGLAND COD FISH CHOWDER 403
Käsesuppe nach Basler Art 102
Käsesuppe, Schwyzer CHÄS-SUPPE 102
Kartoffelsuppe, Schwarzwälder 120
Kartoffel- und Birnensuppe 119
Kirschsuppe, warme SOUPE AUX CERISES 165
Klößchensuppe, bulgarische

SOUPA SUS TOPCHETA 296
Knoblauch-Kaltschale GAZPACHO 57
Königinsuppe CREME A LA REINE 75
Kohlsuppe, braune BRUNKAALSOPPA 207
Kohlsuppe, süßsaure SOTOH 378
Kokosflockensuppe SOPA DI COCO 434
Kräutersuppe, süddeutsche 121
Krebssuppe BISQUE D'ECREVISSES 74
Krustentiersuppe KAENG CHÜD 379
Kürbissuppe, australische PUMPKIN SOUP 394
Kürbissuppe, englische PUMPKIN SOUP 190
Lamm-Eiersuppe DÜGÜN CHORBASI 308
Lebersuppe, Linzer 246
Linsensuppe, arabische SHOURABAT ADAS 328
Linsensuppe mit Curry
    PURPOO MULLIGATAWNY 348
Markschöberlsuppe 246
Melonensuppe, kalt SOPA DE MELON 434
Milchsuppe mit Nudelscheiben
    MELKSNYSELS 338
Minestrone, Hausmacher Art
    MINESTRONE ALLA CASALINGA 35
Minestrone, Mailänder Art
    MINESTRONE ALLA MILANESE 35
Möhrensuppe PEENSOEP 174
Muschelsuppe CLAM CHOWDER 404
Ochsenschwanzsuppe, klare
    CLEAR OXTAIL SOUP 191
Paprika-Fischsuppe HALASZLE 277
Paupau-Suppe 338
Restesuppe 421
Rotbarschsuppe, Amsterdamer
    ROODBAARSSOEP 175
Rotweinsuppe, Pfälzer 122
Rübchensuppe, Mecklenburger 120
Sauerampfersuppe CREME D'OSEILLE 75
Sauerkrautsuppe SCHTSCHI 231
Saure Suppe TSCHORBA 295
Schinkencremesuppe 260
Schnippelbohnensuppe mit Äpfeln 121
Schweinefleischsuppe mit Bohnen
    BUTA SIRU 369
Sojabohnensprossensuppe 366

Sommersuppe KESÄKEITTO 217
Speckfleckerlsuppe 260
Spinatsuppe, malayische 378
Spinatsuppe, Modena-Art
    ZUPPA SPINACE ALLA MODENESE 35
Suppentopf, ländlicher POT-AU-FEU 75
Suppentopf, provenzalischer SOUPE AIGO 76
Suppe, polnische ZUPA NIESPODZIANKA 231
Suppe, rote aus der Ukraine
    BORSCHTSCH PO UKRAINSKI 232
Weizensuppe 434
Weizensuppe für Kinder FLÖJLSGRÖD 208
Welsche Suppe 120
Wildsuppe, dänische 208
Zitronensuppe SOUPA AVGOLEMONO 295
Zwiebelsuppe nach badischer Art 119

SUPPENEINLAGEN

Eierstich, saurer MUNAJUUSTO 217
Klößchen, bulgarische
    SOUPA SUS TOPCHETA 296
Lebernockerl 260
Leberspätzle 151
Markklößchen 124
Markschöberl 246
Pilzpiroschki mit saurer Sahne 240
Schaumklößchen 124
Schneeberge 123
Speckfleckerl 260
Suppenfleckerl, böhmische 260
Teigflecken, gefüllt, niederländische
    SAUCIJZEBROODJES 184

KRUSTEN- UND SCHALENTIERE

Crab Meat in Sahne 36
Hummer à la Newburg LOBSTER NEWBURG 405
Hummer auf provenzalische Art
    HOMARD A LA PROVENCALE 81
Hummer-Curry-Ragout 380
Hummerfleisch, Tempura- ISE EBI TEMPURA 370
Hummer, gefüllt 356
Hummer in Sahne 36
Hummer nach der Mode von Peking 359
Krebs, gefüllt 356
Krebs mit Paprikaschoten RAKPAPRIKAS 278
Languste auf Teufels Art DEVILED CRAB 405
Langustinenschwänze auf Toast HA-DO-SHI 371
Langustinenschwänze in Remouladensauce
    SHRIMPS NEW ORLEANS STYLE 403
Langustinenschwänze mit Kokosnuß
    SHRIMP IN COCONUT 394
Langustinenschwänze mit Sellerie
    und Mandeln 360
Muschel-Auflauf 435
Muscheln auf Bordeaux-Art
    MOULES BORDELAISES 81
Muscheln in süßsaurer Sauce
    NAM CHIM PRIA WAN 380
Muscheln, überkrustet 36
Muschelreis, belgischer 165
Scampi in Weinsauce SCAMPI AL VINO 37
Scampi, Matrosen-Art
    SCAMPI ALLA MARINARA 37
Scampi mit Paprikaschoten RAKPAPRIKAS 278
Weinbergschnecken auf Burgunder-Art
    ESCARGOTS BOURGUIGNONNES 78

FISCHGERICHTE

Aale, geräuchert in Papier 218
Aalfrikassee, Bremer 127
Aal, gebacken SPITCHCOCKED EEL 192
Aal, grüner auf flämische Art
    ANGUILLE AU VERT A LA FLAMANDE 166
Aal in der Kasserolle
    CONGRIO EN FUENTE A LA CHOLENA 436
Aal in Tomatensauce 262
Aalstücke, gebraten UNAGI-YAKI 370
Barsche, geräuchert in Papier 218
Brassen, geräuchert in Papier 218
Bratfische, Margarets
    PESCE FRITTO ALLA MARGHERITA 36
Crevetten-Spinat-Eierkuchen KANOKOYAKI 371
Dorsch, gefüllt GEFILTE FISCH 316
Fisch, Acapulco-Art 422
Fisch auf Burgenländer Art 246
Fischauflauf mit Kartoffeln SILLILAATIKKO 219
Fischauflauf, scharfer 386
Fisch, Damaszener SAYADIET 329
Fische, geräuchert in Papier
    KALAN SAVUSTAMINEN PAPERISSA 218
Fische, mariniert ENGELEGTE VIS 341
Fisch, gebacken auf spanische Art
    PESCADO ESPANOL 58
Fisch, gebacken mit Bananen 58
Fisch, gefüllt GEFILTE FISCH 316
Fischgefüllte Kohlblätter NGA-BAUNG-DOKE 387
Fischgefüllte Paprikaschoten
    CHILES DE PESCADOS 424
Fischgericht mit Reis ARROZ CON PESCADO 436
Fisch, griechischer PSARIA PLAKI 296
Fisch in Paprika 421
Fischklöße, gebacken FRIED YAMYAM CAKES 394
Fischklöße in roter Sauce
    VISBALLETJES IN RIJNKREEFTENSAUS 175
Fischklöße, skandinavische
    FISKEBOLLAR 210, 223
Fischklopse VISKOEKJES 177
Fisch mit Reis und Ananas 379
Fisch mit Senfsauce
    VISSCHOTEL MET MOSTERDSAUS 176
Fischragout, ghanesisches FANTE FANTE 338, 339
Fischreispfanne KEDGEREE 348
Fischröllchen BENGAL MUCHLEE 348
Fischschnitten mit grünen Bohnen
    IKAN MASAK ASAM 380
Fischstücke in Tomatensauce
    FILETS DE POISSON DUGLERE 83
Fisch- und Fleischpastete PATAKUKKO 219
Forellenfilets »Beau Rivage«
    FILET DE TRUITE BEAURIVAGE 103
Forelle, gebraten mit Speck TRUITE ETUVEE 404
Goldbarsch auf griechische Art
    PSARIA PLAKI 296
Goldbarschauflauf, scharfer 386
Goldbarsch auf spanische Art gebacken
    PESCADO ESPANOL 58
Goldbarsch, Damaszener SAYADIET 329
Goldbarschklöße, gebacken
    FRIED YAMYAM CAKES 394
Goldbarschragout, ghanesisches
    FANTE FANTE 338, 339
Goldbarschschnitten mit grünen Bohnen
    IKAN MASAK ASAM 380
Goldbarschstreifen in süßsaurer Sauce 359
Hecht auf Burgenländer Art 246
Hecht, gespickt in Sahnesauce 127
Hecht in Kräutersauce 277
Hecht in Meerrettichsauce
    SZCZUPAK W SOSIE CHRZANOWYM 235
Heilbutt, gedünstet auf Spinatbett
    HEILBOT MET SPINAZIE 177
Heilbuttragout MUHENNETTU MADE 218
Heilbuttschnitten in Orangensauce 421
Heilbuttschnitten mit Reis und Ananas 379
Heringe, eingelegt auf finnische Art
    ETIKKASILLIÄ 216
Heringe in der Papierhülle
    HARENGS EN PAPILLOTES 83
Heringe in Sahne, Braunschweiger Art 118
Heringe mit Zwiebeln 209

Hering in Currysauce 209
Heringsauflauf mit Kartoffeln
   SILLILAATIKKO 219
Heringsklopse 210
Hornhecht auf griechische Art PSARIA PLAKI 296
Hornhecht, gefüllt 127
Kabeljau mit Senfsauce 209
Kabeljau nach Art der Küstenstädte
   CABILLAUD BOULONNAIS 79, 82
Karpfen, böhmischer 262
Karpfen in saurer Sahne 235
Karpfen, süßsaurer 359
Karpfen, ungarischer 277
Lachsauflauf mit Kartoffeln SILLILAATIKKO 219
Lachse, geräuchert in Papier 218
Lachs, gedünstet mit Kokosraspeln 436
Lachs, gedünstet mit Mandelsauce
   SOMUN-BALIGHI KÜL BASTI 308
Lachsklößchen aus Montreal
   QUENELLES DE SAUMON 405
Lachsragout MUHENNETTU MADE 218
Lachsscheiben, gegrillt nach schottischer Art
   GRILLED SALMON THE SCOTTISH WAY 192
Lachstopf JÄTKÄN LOHIPOTTI 218
Maifisch auf griechische Art PSARIA PLAKI 296
Maifische, gefüllt 127
Makrele mit Stachelbeersauce
   MACKEREL WITH GOOSEBERRY SAUCE 193
Makrelen, eingelegt und gebraten 208
Makrelen in saurer Sahne 209
Makrelenragout MUHENNETTU MADE 218
Makrelenschnitten mit grünen Bohnen
   IKAN MASAK ASAM 380

Rotzunge, gebacken PESCADO ESPANOL 58
Sahneheringe, Braunschweiger 118
Schellfisch, gebacken auf spanische Art
   PESCADO ESPANOL 58
Schellfisch, gebacken mit Bananen 58
Schellfisch im eigenen Saft
   GESTOOFDE SCHELVIS 176
Schellfisch mit Milchreis 128
Seefischragout MUHENNETTU MADE 218
Seefischstreifen in süßsaurer Sauce 359
Seefisch, überbacken mit Käse 128
Seeforellen, überbacken mit Käse 128
Seezungenfilets auf normannische Art
   FILET DE SOLE A LA NORMANDE 81
Seezungenfilets in Reisweinsauce
   SAKANA-MUSHI 370
Seezungen, gegrillt DOVER SOLE 192
Seezungengericht mit Reis
   ARROZ CON PESCADO 436
Seezungen mit Artischocken
   LENGUADO CATALANA 57
Seezungen mit Lammfleisch
   BAMIA AU GOMBOS 329
Stör in Kräutersauce 277
Thunfischauflauf SILLILAATIKKO 219
Thunfischsauce mit Bohnen
   FAGIOLI CON TUNNA 48
Waller (Wels) auf Burgenländer Art 246
Waller aus dem Ofen 261
Weißfische, geräuchert in Papier 218
Zander (Schill) auf Burgenländer Art 246
Zitronenfisch SOUTH SEAS FISH 395
Zwiebelheringe, gebacken 209

RINDFLEISCHGERICHTE

Appetithappen für Männer 432, 437
Auberginen, ceylonesische BRINJALS 350
Auberginen-Klöße PATLICAN KÖFTESI 309
Beefsteak, geschmort
   BISTECCA ALLA PIZZAIOLA 38

Beiried, gedünstet 247
Biff Lindström 210
Bohnen-Pfannkuchen TOSTADAS 429
Cevapcici 278
Empanadas 433

Falscher Hase 129
Fleischklöße, süßsaure 318
Fleischpastete KIYMALI BÖREK 309
Fleischstreifen, gebraten 360
Fondue Bourguignonne 111, 145
Gulasch, Fiaker-Art 249
Gurkengemüse, nordafrikanisches
  MASBAHET ED-DARWEESH 334
Hachse, englische KALE BROSE 193
Husarenbraten, böhmischer 263
Knoblauchsteak SIGHIR-ETI YAHNISI 308
Kutteln, geschmort
  TRIPE A LA MODE DE CAEN 84
Leberklöße, Luxemburger
  LIEWERKNIEDELEN 169
Leber-Spießchen CIGER KEBABI 311
Lungenbraten, gefüllt 129
Ochsenfilet auf russische Art
  BITOTSCHKI PO RUSSKI 236
Ochsenfiletscheiben mit Madeira 59
Ochsenhachse, gebacken 439
Ochsenschwanzragout QUEUE DE BOEUF 83
Ochsenzunge mit Olivensauce
  LIMBA CU MASLINE 297
Paprikaschoten, gefüllt auf arabische Art
  FLEIFELI MEHSHIA 329
Pastetenfüllung MINCEMEAT 200
Pasteten, gefüllt mit Gewürzfleisch
  SAMOSAS 344
Ragout, Madrider CICIDO MADRILENA 59
Rindermilz mit Brotfülle TSCHOL MEMULA 318
Rindfleisch mit Rüben und Möhren
  TZIMMES 317
Rindfleischpastete BOBOTIE 343
Rindfleischragout, chilenisches 439
Rindfleischragout mit Früchten
  CARBONADA CRIOLLA 439
Rindfleischscheiben in Sojasauce SUKI-YAKI 372
Rindfleischwürfel mit Nüssen 372
Rindsrippen, geröstet BARBECUED SPARERIBS 406
Rindsröllchen auf flämische Art
  LOZE VINKEN 167
Rindsrouladen auf römische Art
  UCCELLI SCAPPATI 38
Rostbraten, böhmischer 263
Rostbraten, Esterhàzy-Art 278
Rumpsteakstreifen in scharfer Sauce
  DONDENG 381
Rumpsteakwürfel mit Austern 360
Schmorsteaks, Seeländer RUNDERLAPPEN 178
Spaghetti, Bologneser
  SPAGHETTI ALLA BOLOGNESE 46
Stephaniebraten 262
Teigröhrchen, überkrustet CANNELLONI 46
Zungenscheiben in Sahnesauce 263
Zwiebelfleisch, Kremser 247

KALBFLEISCHGERICHTE

Beuschel 248
Beuschel, saures 265
Kalbfleischfrikassee à la Cordoba
  TERNERA CORDOBEZA 60
Kalbfleisch, gehackt 104
Kalbfleisch in Kokossauce 381
Kalbfleisch, kaukasisches
  TELJATIANA PO KAWKASKI 236
Kalbfleisch mit Dillsauce 211
Kalbfleisch mit Thunfisch VITELLO TONNATO 39

Kalbfleischröllchen nach algerischer Art
  PAUPIETTES DE VEAU A L'ALGERIENNE 85
Kalbsblankett nach alter Art
  BLANQUETTE DE VEAU 85
Kalbsbraten mit Rahmsauce
  VASIKANPAISTIA JA KERMAKASTIKETTA 220
Kalbsbrust, gedämpft 129
Kalbsbrust, gefüllt GEVULDE KALFSBORST 178
Kalbsfilet aus Sevilla
  MEDALLONES DE TERNERA A LA SEVILLANA 60

Kalbsfilet in Champignonsauce
   FILET DE VEAU AUX CHAMPIGNONS 84
Kalbsgeschnetzeltes, schwäbisches 131
Kalbsgeschnetzeltes, Zürcher 104
Kalbshachse, geschmort OSSO BUCO 41
Kalbskaldaunen auf römische Art
   TRIPE ROMANA 43
Kalbskopf mit Arme-Leute-Sauce TETE DE VEAU
   A LA SAUCE DITE PAUVRE HOMME 86
Kalbsleber auf brasilianische Art
   ISCAS A BRASILEIRA 440
Kalbsleberscheiben auf norditalienische Art
   FEGATO DI VITELLO 41
Kalbsleber-Spießchen CIGER KEBABI 311
Kalbsmilcher »Eugenie«
   SWEETBREADS EUGENIE 406
Kalbsnüßchenscheiben mit Steinpilzen 264
Kalbsplätzchen, römische
   SALTIMBOCCA ROMANA 41
Kalbspörkölt 280
Kalbsröllchen, böhmische 264
Kalbsröllchen, gefüllt 130
Kalbsschnitzel auf spanische Art
   CHULETAS DE TERNERA A LA ESPANOLA 60
Kalbsschnitzel, gefüllt mit Käse
   SCALOPPINE FARCITE 40
Kalbsschulter, gefüllt 318

Kalbssulz VEAL IN JELLY 194
Kalbsvögerl, Sonnenberger 130
Kümmelfleisch, Prager 264
Leber, geschmort auf Triester Art
   FEGATO ALLA TRIESTINA 42
Leberragout auf schwedische Art 211
Leberröllchen mit Sardellenfüllung
   INVOLTINI DI FEGATO 42
Leberspießli, Zürcher 104
Leber, Tiroler 248
Nierenragout auf altfranzösische Art
   RAGOUT DE ROGNON DE VEAU 86
Nieren und Schinken RINONES CON JAMON 63
Nierle, saure 131
Piccata Milanese 40
Pilzschnitzel SCALOPPINE AL FUNGHI 40
Polnischer Salat 230
Rahmschnitzel
   ESCALOPES DE VEAU A LA CREME 84
Roulade, polnische RULADA CIELECA 237
Schnitzel, Brünner 265
Schnitzel in der Eihülle
   CHURRASCO REBOZADO 440
Schnitzel, Wiener 247
Steak, gefüllt auf Neu-Seeland-Art
   SMOTHERED STEAKS 396
Teigtaschen, gefüllt QUESADILLAS 425

SCHWEINEFLEISCHGERICHTE

Arme-Leute-Gans FAGGOTS 195
Auberginen-Moussaka
   MOUSSAKA MELITZANES 299
Aufschnittschinken
   KINKKUA SOUMALAISEEN TAPAAN 221
Berner Platte 105
Birnen, Bohnen und Speck 143
Bohnen, grüne mit Tomaten JUDIAS VERTES 63
Bohnenkerne mit Speck, westfälische 141
Braunkohl auf Braunschweiger Art 147
Chwan Waro Tzu 361

Filetschnitten in Biersauce
   FILETES EN SALSA DE CERVEZA 423
Fleischklops 106
Fleisch- und Fischpastete PATAKUKKO 219
Gulasch, Szegediner SZEKELY GULYAS 279
Gurken, gefüllt ZUCCHINI RIPIENI 48
Gurkengemüse, nordafrikanisches
   MASBAHET ED-DARWEESH 334
Himmel und Erde 141
Hirnkrapfen, gebacken KIUFTETA OT MOZAK 297
Jägerpastete JACHTSCHOTEL 181

Koteletts mit Äpfeln HETE BLIKSEM 181
Koteletts, portugiesische 63
Krenfleisch 248
Leber mit Erbsen 382
Leberpudding MAKSALAATIKKO 221
Nackensteak, böhmisches 265
Paprikaschoten, gefüllt auf Budapester Art 284
Paprikaschoten, gefüllt auf rumänische Art 300
Paprikaschoten, gefüllt, süßsauer
   CHILES RELLENOS 424
Reisgericht, piemonteser RISOTTO PIEMONTESE 47
Reispfanne nach Kreolen-Art JAMBALAYA 412
Schinkenauflauf 106
Schinkenauflauf »Carmen«
   SOUFFLE DE JAMBON CARMEN 87
Schinken, eingelegt mit Petersilie
   JAMBON PERSILLE 74
Schinken für den Aufschnitt
   KINKKUA SOUMALAISEEN TAPAAN 221
Schinken, gebacken
   auf mecklenburgische Art 133
Schinken, schwedischer 212
Schinken, Virginia-Art BAKED VIRGINIA HAM 406
Schnitzel mit Apfelstückli 105
Schweinebraten aus Mowbray
   MELTON MOWBRAY PORK PIE 194
Schweinebraten mit Backpflaumen 212
Schweinefleisch am Spieß
   SPICED PORK-SPIT 367, 396
Schweinefleisch, geschmort BUTA-NIKU-YAKI 372
Schweinefleisch mit Bohnen FABADA 64
Schweinefleisch mit Bohnen und Tomaten 143
Schweinefleisch, süßsaures 382
Schweinerippchen, neapolitanische
   SCALOPPINE DI MAIALE 43
Schweinerippenbraten, gefüllt 132
Schweineröllchen, gefüllt 211
Schweine-Spießbraten oder -Grillsteak
   ASSADO 440
Schweinestreifen TONKATSU 373
Schweinsbrust, gefüllt mit Kräutern 132
Schweinseintopf KALALAATIKKO 220
Schweinsfilet nach Schnetz 131
Schweinsfüße in Madeirasauce
   PIEDS DE PORC AU MADERE 105
Schweinshachse, gebraten 294
Schweinshachsen, paniert
   PANERT SCHWENGSFESS 168
Schweinskarbonaden, belgische
   CARBONADES A LA FLAMENDE 168
Schweinskeule, pommersche 132
Schweinskoteletts in Pfeffer-Rahmsauce
   COTELETTES DE PORC POIVRADE A LA CREME 86
Speckpfannkuchen SPEKPANNEKOEKEN 185
Steak, gefüllt SMOTHERED STEAKS 396
Sülzkotelett 133
Teigröhrchen, überkrustet CANNELLONI 46
Teigtaschen, gefüllt QUESADILLAS 425
Törtchen, spanische 65
Tomaten, gedünstet THUCAHLEY FOOGATHS 351
Zwiebeln, gefüllt 142

HAMMELFLEISCHGERICHTE

Bohnenragout, Kapstädter BOONTJIEBREDIE 341
Grillfleisch, eingelegt SOSATIES 342
Hammel-Djuvetch 279
Hammelfiletscheiben auf dem Rost
   DJELOU KHABAB 330
Hammelfleisch-Eierfrüchte
   SHEIKH EL-MIHSHIE 331
Hammelfleischklöße in Kräutersauce
   FESENJANE DJAAFARI 331
Hammelfleisch mit Artischocken ENTRATHER 298
Hammelfleisch mit Dillsauce DILLILAMMAS 222
Hammelfleischpastete BABOTEE 387
Hammelkeule, französische GIGOT MARINE 91
Hammelkeule, gefüllt STUFFED MUTTON 396
Hammelkeule, gekocht mit Kapernsauce
   BOILED LEG OF MUTTON WITH CAPERSAUCE 196

Hammelkeule, saure 134
Hammelkohl LAMMASKAALI 222
Hammelkoteletts Murillo
   COTELETTES MURILLO 88
Hammelragout, bretonisches NAVARIN 87
Hammelragout, türkisches KIZARTMA 310
Hammelrippchen in Kräutersauce 266
Hammelrippchen, Musketier-Art
   COTELETTES MOUSQUETAIRES 88
Lammbrust-Roulade, gefüllt
   POITRINE D'AGNEAU BRAISSE 91
Lammfleisch mit Auberginenschnitten
   PATLIJAN ALA NAZ 319
Lamm, gefüllt und gebraten KABOURGA 330

Lammgericht, javanisches SATE KAMBING 388
Lammkeule, gebraten ROAST LEG OF LAMB 407
Lammleber, gebraten mit Speck ISCAS 64
Lamm-Milcher, gebacken
   FRIED LAMB SWEETBREADS 196
Lammpastete LAMB PIE 395
Lammragout, kreolisches 441
Lammrippchen, burische AFRIKANDER 341
Leber-Spießchen CIGER KEBABI 311
Schwarzsauer SWARTSUUR 342
Spießbraten oder Grillsteak ASSADO 440
Weinblätter, türkisch gefüllt
   YALANCI DOLMA 310
Ziegenbraten im Teig GITZIKÜCHLI 109

GERICHTE MIT MEHREREN FLEISCHSORTEN

Auberginen, gefüllt 301, 321
Beamtenstippe 143
Fleischauflauf mit Kartoffeln FILOSOOF 182
Fleischbrötchen, gebacken PANDORAS 66
Fleischgericht, argentinisches PANADA 443
Fleischklöße, gebraten auf polnische Art
   ZRAZY 236
Fleischklöße in Selleriesauce 212
Fleischplätzchen, gemischt FRITTO MISTO 39
Fleischragout, gemischt CHOESELS 167
Fleischrouladen, gemischt POLPETTONE 38
Gänsewürstchen RILLETTES D'OIE 73
Huhngericht mit Schweinefleisch PIQUETE 442
Husarenessen 283
Königsberger Klopse 138

Kohlrouladen, Berliner 142
Krautbraten, Rothenburger 142
Pastete vom Lande TOURTE DE CAMPAGNE 87
Pfannenfleisch auf mexikanische Art
   PICADILLO 422
Pfefferfleisch, rotes CHILI CON CARNE 442
Pfeffertopf, karelischer KARJALANPAISTI 219
Priesters Frühstück POPINA JANJA YANJE 284
Reispfanne PAELLA 51, 58
Rind-Hammel-Frikandellen KUFTA 330
Sauerkraut-Auflauf 140
Sauerkraut, garniert BIGOS 237, 251
Sauerkrautrouladen SARMALE 299
Siebenbürger Holzteller 279
Weinblätter, ungarisch gefüllt SARMA 283

GEFLÜGEL

Currypasteten, syrische SAMBOUSIKS 333
Ente aus Sevilla PATO SEVILLA 65
Ente, gebraten mit Orangen
   CANARD A L'ORANGE 89, 92

Ente, gebraten nach Peking-Art 361
Ente, gefüllt auf ungarische Art 281
Ente mit Sauerkirschen 441
Entenpastete »Lucas Carton«

PATE DE CANARD LUCAS CARTON 92
Gänseklein, pommersches 134
Gänsekragen, gefüllt 319
Gänsewürstchen RILLETTES D'OIE 73
Geflügelsalat mit Mais
   BOCADO PRIMAVERA DE AVE 432
Hähnchen, gebacken nach Art der Südstaaten
   SOUTHERN FRIED CHICKEN 407
Hähnchen, gebraten mit süßer Füllung
   DUGGAG MUHAMMAR 332
Hähnchen, gefüllt mit Reis
   TAVUK DOLMASI 311
Hähnchenragout mit Erdnüssen 343
Hähnchen, syrisch gefüllt DGAJ MUHSHY 331
Hühnchen auf Jäger-Art
   POLLO ALLA CACCIATORA 44
Hühnchen, gebacken auf Florenzer Art
   POLLO FRITTO ALLA FIORENTINA 43
Hühnchen, gebacken auf Wiener Art 249
Hühnchen in Ingwersauce 362
Hühnchen mit Kokosnuß KAI P'ANAENG 382
Hühnchen mit Majoran KATES RIGANATI 298
Hühnchen mit Oliven
   POLLO ALLA OLIVE VERONESE 44
Hühnchen mit Reisnudeln 361
Hühnchen mit Spinat MLOOKHIA 332
Hühnchenragout, böhmisches 266
Hühnchenragout, bulgarisches PILE YAHNIA 298
Hühnchenragout, chinesisches
   CHICKEN CHOP SUEY 411
Hühnchen vom Holzkohlengrill
   A MAN'S BARBECUED CHICKEN 408
Hühnerfleisch, gebraten YAKITORI 374

Hühnerleber, javanische SAMBAL HATI HATI 388
Hühnerpörkölt 280
Hühnerragout, Budapester 280
Hühnerragout »Maryland«
   CHICKEN SUCCOTASH 408
Hühnerragout mit Gewürzen
   MORGEE KORMA 349
Hühnertopf mit Klößen CHICKEN POTPIE 411
Huhn auf besondere Art
   POLLO A LA PEPITORIA 64
Huhn, gefüllt PULARDA NADZIEWANA SZYNKA 238
Huhn, geschmort GESTOOFDE HOENDER 342
Huhn im Weintopf COQ AU VIN 92
Huhn in Biersauce
   POULARDE SAUTEE CHARLEMAGNE 169
Huhn mit buntem Reis 373
Huhn mit Porree 362
Huhn nach Königs-Art CHICKEN A LA KING 408
Huhnpastete HOENDER-PASTEI 343
Huhnpilaff AZEM PILAFI 332
Huhnragout mit feinen Gemüsen 442
Huhn von Marengo
   POULET SAUTE MARENGO 91
Huhn-Waterzooi WATERZOOI DE POULET 164
Kükenragout, Bremer 134
Maisblätter, gefüllt TAMALES 424
Nasi Goreng 389
Paprikahendl 248
Puter mit süßsaurer Sauce
   ROAST SWEETSOUR TURKEY 411
Tauben in Weißweinsauce 441
Tauben mit Apfelfüllung
   PIGEONS STUFFED WITH APPLES 412

WILDBRET UND WILDGEFLÜGEL

Fasane, gefüllt FAISANS FARCIS 93
Hase im Rotweintopf JUGGED HARE 199
Hasenbraten mit Backpflaumen
   ZAJAC DUSZONY ZE SLIWKAMI 238
Hasenpastete in der Terrine
   TERRINE DE LIEVRE 93

Hasenrücken 138
Kaninchen in Senfsauce 281
Rebhuhn, geschmort PERDRIX BRAISEE 94
Rebhuhn, russisches KUROPATKA Z KAPUSTOJ 238
Rehrücken »Baden-Baden« 137, 179
Rehrücken mit Senfrahm 281

Rehschlegel in Esterházy-Sauce 282
Rehschnitzel in Rotweinsauce 137
Wildente in Aprikosensauce PATO SILVESTRE 423

Wildhähnchen, zahmes PAISTETTU KANA 222
Wildpastete VENISON PASTY 199
Wildschweinsteaks in scharfer Rotweinsauce 282

EINTÖPFE

Bauerntopf aus Burgund
   POTEE BOURGUIGNONNE 76
Beeten-Suppe, rote JIDDISCHE BORSCHTSCH 316
Bohneneintopf CHULENT 317
Borschtsch 232, 233
Bouillabaisse BOUILLABAISSE MARSEILLAISE 76
Buntes Huhn auf westfälische Art 141
Eintopf, mexikanischer COCIDO 422
Eintopf, rumänischer GHIVETCH 296
Fisch mit Reis und Ananas 379
Gänsekragen, gefüllt 319
Gemüseeintopf »Kalkutta« KOOTU 349
Irish Stew 195
Köthener Schusterpfanne 139
Labskaus 140

Linseneintopf, niederdeutscher 119
Nationaleintopf, argentinischer
   PUCHERO 444
Pfeffertopf, westindischer
   WESTINDIAN PEPPERPOT 443
Pichelsteiner Topf 139
Polnische Suppe ZUPA NIESPODZIANKA 231
Schalet 316
Schlodder-Kappes 140
Schweinseintopf KALALAATIKKO 220
Suppentopf, ländlicher POT-AU-FEU 75
Suppentopf, provenzalischer SOUPE AIGO 76
Ukrainische rote Suppe
   BORSCHTSCH PO UKRAINSKI 232
Weißkrauteintopf LAHANA BASDI KELAM 310

GEMISCHTE HAUPTGERICHTE

mit Fleisch oder Fisch

Auberginen auf Bratreis
   RISOTTO CON MELANZANE 48
Auberginen, ceylonesische BRINJALS 350
Auberginen, gefüllt 301, 321
Auberginen-Klöße PATLICAN KÖFTESI 309
Auberginen-Moussaka
   MOUSSAKA MELITZANES 299
Auberginenschnitten mit Lammfleisch
   PATLIJAN ALA NAZ 319
Beamtenstippe 143
Berner Platte 105
Birnen, Bohnen und Speck 143
Bohnen, grüne mit Schweinefleisch FABADA 64
Bohnen, grüne mit Tomaten, deutsch 143

Bohnen, grüne mit Tomaten, spanisch
   JUDIAS VERTES 63
Bohnenkerne, westfälische 141
Bohnen mit Thunfischsauce
   FAGIOLI CON TUNNA 48
Bohnen-Pfannkuchen TOSTADAS 429
Bohnenragout, Kapstädter BOONTJIEBREDIE 341
Chicorée, gedämpft mit Schinken
   CHICOREE AU JAMBON 169
Currypasteten, syrische SAMBOUSIKS 333
Eier, andalusische HUEVOS ANDALUCIAS 65
Eierkuchen mit Crevetten und Spinat
   KANOKOYAKI 371
Eier mit Wasserkastanien 362

Empanadas 433
Fischreispfanne KEDGEREE 348
Fleischauflauf mit Kartoffeln FILOSOOF 182
Fleischbrötchen, gebacken PANDORAS 66
Fondue, Neuenburger FONDUE NEUCHATEL 111
Geflügelsalat mit Mais
    BOCADO PRIMAVERA DE AVE 432
Grützepudding 156
Gulasch, Szegediner SZEKELY GULYAS 279
Gurken, gefüllt ZUCCHINI RIPIENI 48
Gurkengemüse, nordafrikanisches
    MASBAHET ED-DARWEESH 334
Heringe in Sahne, Braunschweiger Art 118
Himmel und Erde 141
Kartoffelauflauf, jugoslawischer 286
Kohl auf Braunschweiger Art 147
Kohlblätter, gefüllt NGA-BAUNG-DOKE 387
Kohlrouladen, Berliner 142
Krautbraten, Rothenburger 142
Maisblätter, gefüllt TAMALES 424
Müllers-Frühstück OEUFS MEULEMEESTER 166
Nasi Goreng 389
Oliventorte, provenzalische
    TARTE AUX TOMATES ET AUX OLIVES 78, 107
Paprikaschoten, gefüllt auf arabische Art
    FLEIFELI MEHSHIA 329
Paprikaschoten, gefüllt auf Budapester Art 284
Paprikaschoten, gefüllt auf rumänische Art 300
Paprikaschoten, gefüllt mit Fisch
    CHILES DE PESCADOS 424
Paprikaschoten, gefüllt, süßsauer
    CHILES RELLENOS 424
Pasteten, gefüllt mit Gewürzfleisch
    SAMOSAS 344
Pfannenbälle, mexikanische
    TORTAS DE PAPA 426
Pfannkuchen mit Speck SPEKPANNEKOEKEN 185
Pilzpiroschki mit saurer Sahne 240
Pirogge PIROG 240
Pizza 33, 49
Polnischer Salat 230
Porree-Rouladen 301
Reisgericht, piemonteser RISOTTO PIEMONTESE 47
Reis mit Auberginen RISOTTO CON MELANZANE 48
Reis mit Huhn 373
Reis mit Linsen BHOONEE KITCHREE 388
Reis mit Muscheln, belgischer 165
Reispfanne PAELLA 51, 58
Reispfanne mit Fisch KEDGEREE 348
Reispfanne nach Kreolen-Art JAMBALAYA 412
Rüben und Möhren, gemischt TZIMMES 317
Sauerkraut-Auflauf 140
Sauerkraut, garniert BIGOS 237, 251
Sauerkrautrouladen SARMALE 299
Schinkenfleckerl, Budapester 285
Spaghetti, Bologneser
    SPAGHETTI ALLA BOLOGNESE 46
Speckkuchen, Göttinger 152
Speckpfannkuchen SPEKPANNEKOEKEN 185
Specktorte, Lothringer QUICHE LORRAINE 77
Spinat-Eierkuchen KANOKOYAKI 371
Spinat und Mangold mit Hühnchen
    MLOOKIA 332
Teigflecken, gefüllt, italienisch RAVIOLI 46
Teigröhrchen, überkrustet CANNELLONI 46
Teigtaschen, gefüllt QUESADILLAS 425
Törtchen, spanische TORTILLA ESPANOLA 65
Tomaten, gedünstet THUCAHLEY FOOGATHS 351
Tomaten mit Bohnen JUDIAS VERTES 63
Weinblätter, türkisch gefüllt
    YALANCI DOLMA 310
Weinblätter, ungarisch gefüllt SARMA 283
Zwiebeln, gebacken BERMUDA ONIONS 413
Zwiebeln, gefüllt 142

ohne Fleisch oder Fisch

Artischocken, gebacken nach Edamer Art 183
Bauchstecherle, Bayreuther 149
Bohnen mit Makkaroni PASTA E FAGIOLI 47
Eier auf Farmer-Art HUEVOS RANCHEROS 444
Eiergericht mit Tofu und Bambussprossen
    TOFU TO TAMAGO TO TAKE-NO-KO 374
Eier mit Wasserkastanien 362
Graupen mit Zwetschgen auf rheinische Art 144

Käseauflauf, Prager 268
Käsekuchen, gekümmelt 152
Käseküchli, Lindenberger 152
Käseküchli, Walliser RAMEQUINS 112
Käsemuscheln, Marienbader 261
Käseschnitten, überbacken WELSH RAREBITS 201
Käsespatzen, Allgäuer 151
Käsetorte, pikante 113
Kartoffel-Langosch 285
Kartoffel-Mohnpfannkuchen 267
Kartoffelnocken, gekocht 113
Leineweber aus dem Rheinland 149
Linsengericht mit Reis MJDARA 333
Maisküchlein, gebacken
   CROQUETTE DE MILHO 444

Makkaroni mit Bohnen PASTA E FAGIOLI 47
Morcheln in Rahm 103
Pizza 33, 49
Pizza, Tessiner PIZZA TICINESE 110
Potthucke, rheinische 149
Reis, überbacken auf polnische Art
   SZYNKA ZAPIEKANA Z RYZEM W PIECU 240
Rösti, Urner 110
Skubanken 267
Spaghetti mit Champignonsauce
   SPAGHETTI CON SALSA FUNGHI 45
Spinatbrötchen, portugiesische 61, 66
Spinatröllchen SPANAKOPETA 303
Würzbissen Vanderbilt RAREBIT VANDERBILT 413
Zwiebeltorte TARTE A L'OIGNON 77

BEILAGEN

Gemüsegerichte

Apfelkren 250
Artischocken mit Mark 109
Auberginenscheiben, gebacken
   BAKLAZANY W CIESCIE 239
Auberginenscheiben, gebraten 294
Blumenkohl, überbacken nach Rastätter Art 148
Bohnen, gebacken FRIJOLES 426
Bohnen, grüne auf ägyptische Art
   FOOL MUDAMMAS 334
Bohnen, grüne auf arabische Art
   LUBEY BE-ZEIT 334
Bohnen, grüne und Bohnenkerne
   FASOLE STIL TARANESC 300
Bratäpfel, gefüllt TEFFAH BIL-FORN 335
Chicorée, gedämpft mit Schinken
   CHICOREE AU JAMBON 169
Chicorée, überbacken 183
Eiergemüse mit Curry und Linsen
   DHALL CURRY 350
Eierschwammerl auf Wiener Art 250
Erbsen auf französische Art
   PETITS POIS A LA FRANCAISE 95

Gemüse, gemischt, kalt GADO-GADO 389
Gemüsegericht, bulgarisches PLAKIA 302
Gemüse, mariniert SAMBAL 351
Gemüse mit Curry BHUJIA 350
Gurken, eingelegt SUOLAKURKUT 225
Gurkengemüse, indisches BOORTHA 351
Gurkengemüse mit Estragonblättern
   COURGETTES AU BEURRE TARRAGON 95
Gurkengemüse, nordafrikanisches
   MASBAHET ED-DARWEESH 334
Gurken mit Joghurt RAITHA 352
Gurken mit Tomaten und Zwiebeln 147
Jägerkohl, westfälischer 144
Kohleintopf mit Curry KERRY KOOLSCHOTEL 182
Kürbisgemüse 286
Lecsó 285
Leipziger Allerlei 139, 197
Meerrettich mit Äpfeln 250
Paradeiskraut 250
Pfifferlinge auf Wiener Art 250
Pilze, süßsaure SÄILÖTYT SIENET 225
Rübchen, glasiert GLAZED TURNIPS 200

Rübchen, glasiert auf bayerische Art 148
Sauerkraut mit Steinpilzen
    KAPUSTA Z GRIBAMI 239
Schwarzwurzeln, gebacken auf badische Art 144
Sojabohnenkäse TOFU NO TEMPI-YAKI 366

Spinat in Kokosmilch gekocht
    SPINACH IN COCONUT MILK 397
Steinpilzköpfe auf altrussische Art 239
Stielmus mit Frikandellen 148
Würstchen, vegetarische FALAFEL 320

Kartoffelgerichte

Bauchstecherle, Bayreuther 149
Bechamelkartoffeln 149
Griegeniffte, sächsische 150
Käsekartoffeln CARTOFI SUS SIRENE 302
Kartoffelauflauf, griechischer
    TOCANA DE CARTOFI 302

Kartoffelauflauf, indischer SUKKE 352
Kartoffelauflauf, israelischer KUGEL 320
Kartoffel-Kirschen MARASKA 320
Kartoffelpuffer, rheinische 150
Klöße, grüne, gebacken 150
Skubanken 267

Reis- und Teigwarengerichte

Grammel-Pogatscherl 253
Reis, bengalischer COPRA KANA 352
Reis nach Nihonsiki-Art 369
Risotto, spanischer RISOTTO ESPANOL 66
Risotto, Tessiner mit Pilzen
    RISOTTO CON FUNGHI 109
Serviettenkloß mit Graupen 184

Serviettenknödel, Prager 266
Spätzle, schwäbische 151
Spätzle, siamesische KHANOM SAI KAI 383
Teigtropfen, ungarische TARHONYA 286
Tomatenreis DOMATESLI PILAV 312
Tortillas 426
Yorkshire Pudding 200

Salate

Andalusischer Salat ENSALADA ANDALUCIA 56
Bambussprossen-Salat 363
Brotsalat, süditalienischer PANZANELLA 50
Bunter Salat SARADA MODAN 357, 374
Cäsar-Salat CAESAR SALAD 413
Fenchelsalat INSALATA DI FINOCCHIO 50
Gesunder Salat 109
Gurkensalat CACIK 312

Gurkensalat mit Krabben EBI-IRI-SUMOMI 371
Hopfenspargelsalat 267
Hopfensprossensalat 118
Paprikaschotensalat, bulgarischer
    MESHANA SALATA 303
Russischer Salat 230
Salat aus Valencia ENSALADA VALENCIANA 56
Schalotten-Salat, arabischer FATTOUSH 328

Saucen

Apfelmayonnaise, schwedische 207
Béarner Sauce SAUCE BEARNAISE 94
Sardellensauce SALSA DI ACCIUGHE 45

Tatarensauce 241
Teufelsauce SALSA DIAVOLA 45
Tomatensauce SALSA ALLA MATRICIANA 45

SÜSSE HAUPTGERICHTE

Apfelauflauf, Rüdesheimer 154
Apfelstrudel, bayerischer 153
Aprikosenknödel 254, 269
Bettelmann, Frankfurter 153
Birnen im Teig 155
Buchteln 253
Dalken 272
Eierkuchen-Schichttorte 213
Frittatenstrudel mit Topfen 268
Früchteauflauf 268
Grießschmarrn 254
Haferplätzchen GRIDDLECAKES 414
Honignudeln KATAIYIFF 323
Kabinettpudding 154
Kastanienauflauf SOUFFLE DE MARRONS 96
Kerscheplotzer aus der Pfalz 153
Kirschen und Tapioka CERISES AU TAPIOCA 114
Kirschpfannkuchen, Basler 114
Klöße und Birnen, mecklenburgische 155
Kokosnuß, gebacken KANOM MAW GENG 391
Liwanzen 272
Maiswickel, gefüllt 425
Marillenknödel 254, 269

Maronenauflauf 289
Matzeklöße mit Obst 323
Mohngrütze KUTJA 242
Nußpudding, bayerischer 157
Pfannennudeln DRIE IN DE PAN 186
Pfannküchlen BLINI 241
Powidltascherl 271
Quarkstrudel 255
Quark-Süßspeise auf rumänische Art
    ALIVENCA 304
Reismehlpudding MEHALLABIA 335
Reisschmarrn 254
Rosinen-Nudeln ITRIOT AFUJOT 323
Sahne-Auflauf OPVLIEGER 185
Sahneplinsen, Berliner 155
Salzburger Nockerl 255
Semmelbiskuit 289
Semmelpudding, pommerscher 154
Teigkugeln, gefüllt CHREMZLACH 325
Topfenstrudel 255
Zitronenklöße LEMON DUMPLINGS 203
Zitronenpudding 157
Zwetschgenknödel 254

NACHSPEISEN

Äpfel, gefüllt MANZANAS EN DULCE 67
Äpfel im Schlafrock 158
Ananas im Teig PINEAPPLE PIE 416
Apfelkücherl 255
Auflauf, Karlsbader 271
Avocado Brasilia ABACATE BRASILIA 445
Baklava 313
Bananenkrapfen MIETA KEELA 353
Bananenpudding SERIKAYA 390
Bananen-Süßspeise mit Kokosmilch 390
Bierpudding, ostfriesischer 156
Birnen auf kaiserliche Art
    POIRES A L'IMPERIALE 98
Birnen, Nanking-Art 363

Birnen und Klöße, mecklenburgische 155
Biskuitpudding 271
Bratäpfel, gefüllt TEFFAH BIL-FORN 335
Brotpudding, westfälischer 156
Damenpudding, weißer DAME BLANCHE 96
Eiercreme-Charlotte, bayerische
    CHARLOTTE CREME BAVAROISE 97, 135
Eierquark, saurer ARKAS 242
Eisbecher, mazedonischer 304
Erdbeer-Geleespeise AWAYUKIKAN 375
Errötendes Mädchen 115
Früchtedessert, bolivianisches 445
Holunderblüten, gebacken 156
Karamelpudding aus Java 390

Kirschen und Tapioka CERISES AU TAPIOKA 114
Klöße und Birnen, mecklenburgische 155
Kokosnuß, gebacken KANOM MAW GENG 391
Küchli, Zürcher 114
Mangocreme CREMA DE MANGO 429
Maronen-Kompott CASTANAS 67
Nußpudding aus Portugal PUDIM DE NOZES 67
Ofenbällchen POPOVERS 415
Orangendessert ORANGE BLOSSOM 415
Pfirsich »Melba« PECHE MELBA 98
Pfitzauf, schwäbischer 159
Pofesen 253
Preiselbeergrütze PUOLUKKALIEMI 226
Sahne-Auflauf OPVLIEGER 185

Sahneplinsen, Berliner 155
Sahnereis SÜTLAC 312
Salbeiküchli 113
Sauerkirschen, flambiert CERISES JUBILEES 97
Schokoladestangen TORRIJAS 69
Schwarzbrotpudding, Bielefelder 157
Teigkugeln, gefüllt CHREMZLACH 325
Weinbrandbutter
    CUMBERLAND BRANDY BUTTER 202
Weinschaum ZABAGLIONE 53
Zitronenpudding, gekocht
    LEMON BREAD PUDDING 203
Zwiebäcke mit Johannisbeersaft
    BESCHUIT MET BESSENSAP 185

KUCHEN UND GEBÄCK

Ananas im Teig PINEAPPLE PIE 416
Apfeltorte, gestürzt TARTE TATIN 99
Aprikosentorte TARTE AUX ABRICOTS 99
Baisertorte, böhmische 273
Baisertorte mit Kirschen
    CHERRY MERINGUE FLAN 417, 427
Bananen-Kuchen BANANA CAKE 398
Belgische Torte TARTE LIEGEOISE 170
Blätterteighörnchen CROISSANTS 98
Blaubeergebäck
    CANADIAN BLUEBERRY SCONES 415
Butterkuchen, westfälischer 159
Datteltorte aus Malaga 68
Dobos-Torte 289
Eibrot CHALLAH 325
Frankfurter Kranz 160
Gewürzkuchen MAUSTEKAKKU 226
Grammel-Pogatscherl 253
Gulab Jaman 353
Haselnußtorte, ungarische 290
Hefebrötchen auf burische Art
    MOSBOLLETJIES 345
Honigkuchen, israelischer LEKACH 324
Honigkuchen, niederländischer HYLIKMAKER 187

Honigplätzchen, israelische
    PASSAH-INGERLACH 324
Honigplätzchen, japanische KASUTERA 375
Hügelkuchen ROLLEUCH 170
Hunyaditorte 290
Indianerbrot INDIAN BREAD 416
Ingwerkuchen 213
Käsecremetorte mit Ananas
    PINEAPPLE CHEESE FLAN 417, 427
Käse-Curry-Kekse CHEESE-CURRY BISCUITS 397
Käsekuchen, italienischer TORTA DI RICOTTA 53
Käsekuchen, Petersburger SYRNIK 242
Käsetropfen aus der Pfanne 112
Knüppeltorte, ostfriesische 160
Kokosnußkuchen OWN THEE MOANT 391
Kolatschen 272
Linzer Torte 256
Maismehlkuchen 414
Maisstreifen, gebacken FRIED HOMINY 414
Makronen, schwedische KONFEKTBRÖD 212
Mandelbrot TURRON 69
Mandelkuchen, englischer SIMNEL CAKE 202
Mandelkuchen, spanischer
    TORTA DE AMENDOA 68

Mandeltaschen SCALTSOUNIA 304
Mohnfüllung für Teigtaschen 324
Mohnplätzchen PURIM-KICHLACH 324
Mohnzopf BARCHES 325
Moppen, Bentheimer 158
Muskaziner Mandeln 291
Nuß-Kuchen WIENGO TOOTE 398
Nußtorte, Prager 273
Nußtorte, spanische TARTE DE NUEZ 68
Pfannkuchen, Berliner 158
Pfitzauf, schwäbischer 159
Prilleken, Braunschweiger 159
Reismehlkuchen 363
Rum-Baba SAVARIN AU RHUM 96, 125

Sachertorte 257
Schmalzküchlein 414
Schokoladentorte CHOCOLADE TAART 186
Stanitzel 256
Teekuchen, australischer MURRUMBIDGEE FAVORITES 398
Teekuchen, belgischer CRAMIQUE 171
Teigschnecken KOEKSISTERS 344
Victoria-Kuchen VICTORIA CAKE 203
Walnußkuchen, griechischer KARIDOPITA 305
Weihnachtsluftkuchen PANETTONE 53
Weihnachtspudding PLUM PUDDING 201
Weintrauben-Törtchen GRAPE TARTLETS 416, 427
Zitronen-Walnuß-Kuchen 227

VERSCHIEDENES

Bananen-Marmelade BANANA JAM 399
Cocktail als Aperitif 386
Griechische Abendplatte 287, 294

Viermus, pommersches 161
Weihnachtspunsch JULGLÖGG 213

Verzeichnis der Farbgroßfotos

Pizza-Varianten 33
Reispfanne PAELLA 51
Portugiesische Spinatbrötchen 61
Kabeljau nach Art der Küstenstädte
    CABILLAUD BOULONNAIS 79
Gebratene Ente mit Orangen
    CANARD A L'ORANGE 89
Provenzalische Oliventorte
    TARTE AUX TOMATES ET AUX OLIVES 107
Rum-Baba SAVARIN AU RHUM 125
Bayerische Eiercreme-Charlotte
    CHARLOTTE CREME BAVAROISE 135
Fondue Bourguignonne 145
Rehrücken »Baden-Baden« 179
Leipziger Allerlei 197
Fischklöße FISKEBOLLARS 223
Borschtsch 233
Garniertes Sauerkraut BIGOS 251
Marillenknödel 269
Große griechische Abendplatte 287
Gefüllte Auberginen 321
Ghanesisches Fischragout
    FANTE FANTE 339
Japanischer bunter Salat 357
Schweinefleisch am Spieß 367
Krebssalat in der Melone
    CRAB MEAT SALAD IN MELON 409
Baisertorte mit Kirschen
    CHERRY MERINGUE FLAN 427
Appetithappen für Männer 437
Südamerikanischer Nationaleintopf
    PUCHERO 447

Verzeichnis der Menüvorschläge

Weihnachts-Essen   449
Silvester-Abendessen   450
Neujahrs-Essen   450
Oster-Essen   451
Pfingst-Essen   451
Zum Gartenfest auf der Terrasse   452
Herbstliche Herrenessen   452
Hochzeits-Essen   453
Geburtstags-Essen   453
Zum Kindergeburtstag   453
Speisenfolgen für jede Jahreszeit   454
Festliche Essen
auf italienisch   455
auf spanisch-portugiesisch   455
auf französisch   455
auf schweizerisch   456
auf niederländisch   456
auf englisch   456
auf schwedisch   457
auf finnisch   457
auf russisch   457
auf österreichisch   458
auf tschechisch   458
auf ungarisch   458
auf griechisch   459
auf türkisch   459
auf chinesisch   459
auf indonesisch   460

Maße und Gewichte

Die in den Rezepten angegebenen Maße sind Teelöffel (5 ccm), Eßlöffel (15 ccm) und Tasse (100 ccm). Diese gebräuchlichen Küchenmaße gelten immer gestrichen voll. Gehäufte Tee- und Eßlöffel ergeben mitunter die doppelte Menge. Wer für eine größere Personenzahl kocht, wird mit der Waage abmessen müssen. Deshalb gebe ich nachstehend die Grammzahlen für die in den Rezepten verwendeten Hohlmaße an:

1 Teelöffel Zucker	etwa 5 g
1 Teelöffel Salz	etwa 5 g
1 Teelöffel Mehl/Stärke	etwa 3 g
1 Teelöffel Paprika	etwa 2 g
1 Teelöffel Pulvergelatine	etwa 2 g
1 Eßlöffel Zucker	etwa 15 g
1 Eßlöffel Salz	etwa 15 g
1 Eßlöffel Mehl/Stärke	etwa 12 g
1 Eßlöffel Semmelbrösel/Paniermehl	etwa 12 g
1 Eßlöffel Grieß	etwa 15 g
1 Eßlöffel Butter	etwa 15 g
1 Eßlöffel Schmalz	etwa 20 g
1 Eßlöffel Reis	etwa 15 g

5 mittelgroße Äpfel wiegen 500 g
5 mittelgroße Kartoffeln wiegen 500 g

$1/10$ l Flüssigkeit sind etwa 6 Eßlöffel
$1/8$ l Flüssigkeit sind etwa 8 Eßlöffel
eine große Kaffeetasse enthält knapp $1/4$ l
ein großes Weinglas enthält 100 ccm bis knapp $1/4$ l
ein Schnapsglas enthält $2/100$ l oder bis zu 2 Eßlöffel

Die Rezepte sind jeweils für vier Personen bemessen.
Auf Abweichungen wird im Text besonders hingewiesen.

Die köstliche Vielfalt der italienischen Küche gründet sich auf den Rohstoff-Reichtum des Landes, das Gemüsesorten, Früchte, Fleisch, Fisch und unzählige andere Produkte in überwältigender Fülle hervorbringt.

Als erstes sei die Olive genannt, durch die Italiens Küche zur Ölküche wird, was Reisenden, die an Butter gewöhnt sind, anfangs Schwierigkeiten bereiten kann. Ähnlich bestimmend für die Landesküche ist die Tomate, in Form großer, fleischiger, fester Züchtungen. Man erntet ferner prächtige Artischocken, Fenchel, Auberginen, dann Zucchini, die kleinen Kürbisse, und nicht zuletzt große Zwiebeln, Knoblauch und viele Kräuter, die oft auch in größerer Menge beigegeben werden. Überhaupt würzt man viel und reichlich in Italien. Suppen, Fleischspeisen, Fische und Süßspeisen erhalten Anis, Basilikum, Borretsch, Estragon, Kapern, Lorbeerblätter, Majoran, Minze, Muskatnuß, Muskatblüte (Macis), Nelken, Oregano, Paprika, Pfefferschoten, Rosmarin, Safran, Salbei, Thymian, Vanille und Zimt. Piniennüsse und Pistazien gehören ebenso in diesen Reigen.

Von den Suppen kennt man bei uns vor allem Minestra und Minestrone; aber auch die Zuppa Pavese und die aparte Spinatsuppe Modena-Art sind reizvolle Spezialitäten. Damit kommen wir auch schon zu den frutti di mare, dem Meeressegen. Nicht nur die wundervoll frischen Fische gehören dazu, sondern auch Krebse, Muscheln, Langustinen, Tintenfische und Seeigeln. Oft werden diese frutti di mare in Öl schwimmend gebacken, wobei ganz kleine Fische nicht erst ausgenommen, sondern »mit Haut und Haaren« verspeist werden.

Ein Grundthema der Küche Italiens ist die Pasta asciutta, von der man zahlreiche Variationen liebt: Ravioli, Agnolini, Spaghetti, Maccheroni, Manicotti, Tagliatelle verdi (mit Spinat grün gefärbt). Meist wird die Pasta asciutta als Vorspeise serviert, aber bei einfachen Mahlzeiten gilt sie als Hauptgericht. Auf eine weitere Spezialität sind die Italiener ebenfalls stolz: auf die Pizza, die in vielfältigen Formen in Pizzerias hergestellt wird, den kleinen Speiserestaurants, die einen Steinofen besitzen, in welchen die dünnen Teigfladen mit Käse- und Tomatenscheiben, Sardellenfilets, Champignons und anderen Köstlichkeiten bestückt und mit Gewürzen bestreut eingeschoben werden (siehe Farbfoto Seite 33). — Von den vielen italienischen Fleisch- und Geflügelspezialitäten sei hier stellvertretend der Saltimbocca (»Sprung in den Mund«) hervorgehoben, ein kleines Kalbsmedaillon mit Schinken in Weißwein.

Über viele Gerichte und über fast jede Suppe gehört in Italien ein nicht zu knapper Löffel geriebener Parmesan-Käse. Auch für andere Käsesorten, wie den »Blaukäse« Gorganzola, den lieblichen Bel Paese und den noch weicheren Talleggio, ist Italien berühmt. — Zum Espresso erhält man, vor allem in großstädtischen Cafés, leckere, sehr süße kleine Kuchen. Der luftige Eierteig-Panettone ist eine Mailänder Spezialität. Das Eis-Halbparfait Cassata wird in allen Teilen der Erde, nicht immer in gleicher Qualität, nachgemacht.

Aus der hervorragenden Weinproduktion Italiens sind die weißen, herben und mittelsüßen Weine des Nordens, die roten Chianti und Valpolicella-Weine und Süßweine wie Marsala bei uns am bekanntesten geworden.

Italien

ITALIEN

MELANZANE SOTT'ACETO
Auberginen-Vorgericht

*2 große Auberginen
1 Knoblauchzehe
1 Teel. Salz
½ Tasse Weinessig
½ Teel. Pfeffer, 2 Eßl.
zerdrückte Basilikumblätter
1 Teel. getrocknete
Oreganoblätter
½ Tasse Olivenöl*

Frische, pralle Auberginen zerschneidet man, ohne Stiel natürlich, in Viertel und kocht diese zehn Minuten lang in Salzwasser. In einer großen Schüssel zerdrückt man die Knoblauchzehe mit Salz, mengt Weinessig, Pfeffer, Basilikumblätter und Oregano dazu und verrührt sehr gründlich, damit sich die Duftstoffe gut vermischen. Die erkalteten Auberginenstücke schneidet man entweder in kleine Würfel oder in Scheiben und läßt sie in der Sauce einige Stunden durchziehen. Erst kurz vor dem Servieren kommt das Olivenöl hinzu. Man rührt den Salat noch einmal um und serviert dazu Toastscheiben.

INSALATA D'ARINGHE
Heringshappen

*1 Knoblauchzehe, 1½ Teel.
Salz, 1 große Zwiebel
1 getrocknete Pfefferschote
1 große Möhre, 1½ Tassen
gehackte Petersilie, ½ Tasse
Weinessig, 1 Tasse Olivenöl
3 Salzheringe oder 6 Filets
Butter, Weißbrotscheiben*

Es kommt dabei auf die Marinade an, die Sie sicher schon an den italienischen Gerichten bewundert haben. — Dazu reibt man die Knoblauchzehe — ohne die geht es nicht! — mit Salz sehr fein und verrührt diese Paste mit der geriebenen Zwiebel und Möhre, der Pfefferschote, Petersilie, Weinessig und Öl. Diese Salatmarinade schüttelt man gründlich durch und läßt sie mehrere Tage durchziehen. Ich empfehle, sie sich auf Vorrat herzustellen, besonders im Sommer, da man sie auch für alle grünen Salate, für Spargel und Artischocken verwenden kann. — Für dieses Gericht schneidet man gewässerte Heringsfilets in dünne Streifen oder mundgerechte Würfel. Die Heringe vermischt man mit der Sauce und läßt sie am besten bedeckt einige Tage im Kühlschrank durchziehen. Man belegt winzige, gebutterte Weißbrotscheiben damit und steckt ein Cocktailstäbchen mit einem Blättchen Petersilie oder einer Olivenscheibe hinein.

ZUPPA PAVESE
Eiersuppe

*2 Tassen Bouillon
5 Tassen Hühnersuppe
(beides aus Dosen)
2 Tassen Wasser, 8 Eier
4 Scheiben Weißbrot
2 Eßl. Öl
4 Eßl. geriebenen
Parmesankäse, 2 Eßl.
gehackte Küchenkräuter*

Bouillon, Hühnersuppe und Wasser erhitzt man zusammen. Ganz frische Eier schlägt man vorsichtig einzeln in eine Untertasse, so daß die Dotter nicht verletzt werden, läßt sie in die kochende Brühe gleiten und wickelt das zerfließende Eiweiß mit einer Gabel vorsichtig um den Eidotter, bis ein geschlossenes Gebilde entsteht. Bei kleingestellter Flamme ziehen die Eier in der heißen Flüssigkeit schnell durch. In der Zwischenzeit röstet man die Brotwürfel unter stetem Umrühren in heißem Öl braun an. Je zwei Eier gehören zu einem Teller Suppe; Brotwürfel und darauf dick geriebenen Parmesankäse und gehackte Küchenkräuter in die Suppe streuen.

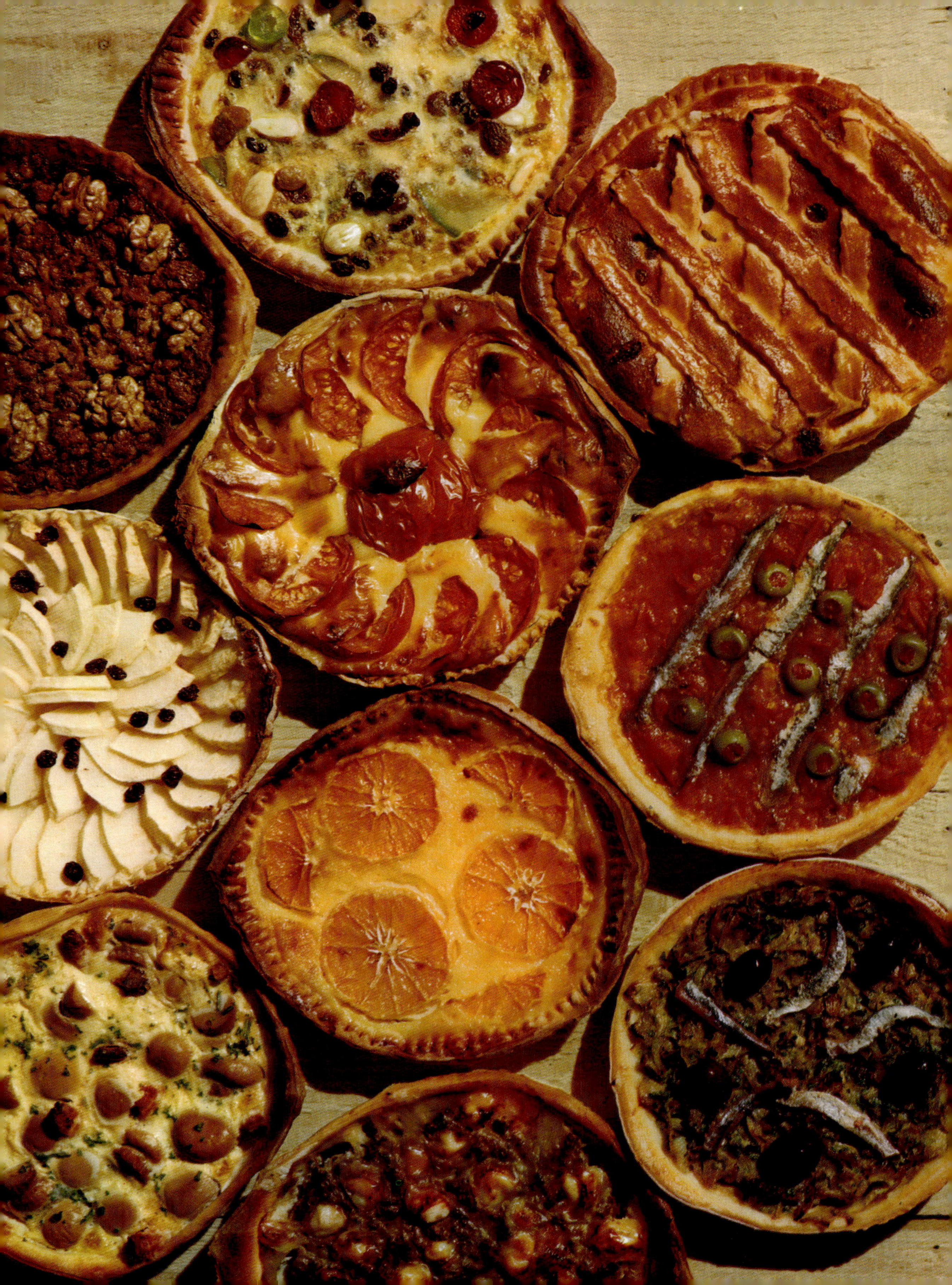

PIZZA-VARIANTEN

Für den Boden können Sie eigentlich alle Teigarten verwenden: Hefeteig rollen Sie sehr dünn aus; Blätterteig kneten Sie vor dem Ausrollen einige Male tüchtig durch, damit die Teigblätter zerdrückt sind; Mürbteig machen Sie nicht zu fett. Der Teigboden soll nur Behälter der pikanten Auflagen sein. Ist der Teig zu dick, kann er zusammen mit den Auflagen im Ofen nicht genügend durchbacken. Die Folge sind »speckige« Böden. Um das zu vermeiden, können Sie die Böden leer oder »blind«, wie man auch sagt, vorbacken und mit der Auflage zusammen dann ein zweites Mal. Beim »Blindbacken« kann es passieren, daß sich der Teigboden als Blase wölbt. Um das zu vermeiden, belegt man die rohen Böden während des Backens mit Trockenerbsen oder Bohnenkernen. Nach dem Backen schüttet man sie wieder ab. Für die Füllung und Auflage gibt es keine festen Vorschriften. Auf unserem Bild sehen Sie auch eine gedeckte Pizza. Ich rate Ihnen, hierfür ausschließlich gare Zutaten zu verwenden. Sie können auch den Boden mit Auflage vorbacken und dann den Deckel oder Streifen darüberlegen, deren Ränder befeuchtet festdrücken und die Pizza nochmals backen.

Rezepte auf Seite 49–50

ITALIEN

Mailänder Art der Minestrone
MINESTRONE ALLA MILANESE

Man braucht dazu einen großen, hohen Topf. Darin läßt man die Speckwürfel aus und röstet das Gemüse, zu Fäden oder Scheiben geschnitten, an. Zum Schluß gießt man das Öl dazu, das aber nicht zu heiß werden soll. Deshalb bald die Bouillon auffüllen. Den Reis gibt man dazu und kocht ihn 20 Minuten lang, bis er ganz aufgequollen ist. Ich möchte noch empfehlen, eine rote Pfefferschote mit auszukochen, die aber vor dem Servieren wieder entfernt werden muß, weil sie zu scharf ist. Zuletzt kommen die grünen Bohnen in den Topf, die höchstens noch 10 Minuten kochen müssen. Salz und Pfeffer nach Geschmack. — Zu dieser Suppe serviert man in einem Schälchen geriebenen Parmesankäse.

4 Eßl. Bauchspeckwürfel
3 Kartoffeln, 1 kleiner Weißkohlkopf, 1/2 Sellerieknolle
2 Zwiebeln, 1 Knoblauchzehe
5 geschälte Tomaten, 1 Tasse grüne Erbsen, 1 Tasse Öl
2 l Rinds- oder Hühnerbouillon, 1/2 Tasse Langkornreis, 1/2 Tasse grüne Bohnen
Salz, Pfeffer, Parmesankäse

Hausmacher-Minestrone
MINESTRONE ALLA CASALINGA

Alle Gemüse schneidet man in sehr feine Streifen, die Zwiebeln in dünne Scheiben. Man röstet sie zusammen in einer breiten Pfanne mit Öl an, bis sie glasig und zusammengefallen sind. Diese Gemüsemischung schüttet man in einen Suppentopf, gießt die Bouillon darauf, gibt die mit etwas Salz zerriebene Knoblauchzehe dazu, schließlich Fleischextrakt, Salz und Pfeffer, Petersilienwurzel und fein gehackte Petersilien-, Liebstock- und Sellerieblätter. Nach einer Stunde Kochen sind die Kartoffeln zerfallen und ergeben die nötige Bindung. Die Flüssigkeit muß man nachfüllen, da das Gericht sonst zu salzig wird. Die vorgekochten, abgeschreckten und in Stücke geschnittenen Makkaroni gibt man dazu, die darin nur warm zu werden brauchen. Darüber geriebenen Parmesankäse streuen. — Ich lege noch eine Scheibe in der Pfanne angebratenen, rohen Schinken dazu. — Wie in den meisten italienischen Suppen, können Sie auch in dieser hautlose Tomaten mitkochen.

4 Kartoffeln
2 große Zwiebeln, 1 Möhre
500 g Weißkohl, 1/2 Sellerieknolle, 1 Tasse grüne Erbsen
1 Tasse grüne Bohnen
Öl, 2 l Bouillon
1 Knoblauchzehe, Salz
1 Teel. Fleischextrakt
Pfeffer, 1 Petersilienwurzel
1 Bund Petersilie
2 Eßl. Liebstockblätter
2 Eßl. Selleriegrün
1 Tasse Makkaronistücke
Parmesankäse

Spinatsuppe Modena-Art
ZUPPA SPINACE ALLA MODENESE

Den Spinat kocht man mit der Hälfte der angegebenen Bouillon. Die andere Hälfte erhitzt man ebenfalls und rührt die verquirlten Eier und den geriebenen Käse hinein. Beide Mischungen gießt man zusammen und läßt einmal aufkochen, damit die Eier Fäden ziehen. Man würzt die Suppe mit Salz, Pfeffer und geriebener Muskatnuß und serviert dazu extra Brotscheiben, die mit Knoblauchzehe eingerieben, gebuttert und im Ofen bei viel Oberhitze getoastet wurden.

500 g Spinat
1/2 l Rindsbouillon, 4 Eier
3/4 Tasse ger. Parmesankäse
Salz, Pfeffer, Muskatnuß
8 kleine Weißbrotscheiben
2 Knoblauchzehen
50 g Butter

ITALIEN

Überkrustete Miesmuscheln

1 kg Miesmuscheln
½ l Wasser
¼ l Weißwein
1 große Zwiebel
1 Gewürznelke
½ Lorbeerblatt
Salz, Pfeffer
½ Tasse Sahne
½ Zitrone
½ Teel. Zucker
2 Eßl. Petersilie
Mehl, 2 Eier, Brösel
Öl zum Backen
1 Tasse geriebenen Käse
Weinbrand oder Cognac

Die rohen Muscheln, die man bei uns im Herbst am frischesten bekommt, bürstet und wäscht man unter fließendem Wasser und legt sie in eine breite Kasserolle mit Wasser und Wein. Die mit Gewürznelken und Lorbeerblatt gespickte Zwiebel und Salz und Pfeffer zufügen. Den Deckel aufsetzen und 10 Minuten kochen lassen. Dabei rüttelt man den Topf öfter, damit sich die Muscheln gleichmäßig erwärmen. Danach reißt man die gelblichen Muschelkörper aus den aufgegangenen Schalen. Die dunklen, länglichen Partien trennt man vom Körper ab. Den Muschelkochsaft weiter einkochen; die Zwiebel aber entfernen. Den Saft schmeckt man ab und versetzt ihn mit Sahne, Zitronensaft, Zucker und Petersilie. Die Muschelkörper paniert man in Mehl, dann in geschlagenem Eigelb und in Bröseln. Man brät sie in Öl knusprig und legt sie auf ein flaches, feuerfestes Geschirr, streut viel geriebenen, vollfetten Käse darauf und läßt sie bei großer Oberhitze im Backofen oder im Grill überkrusten. Dazu reicht man die eingekochte Sauce, die noch mit einem Schuß Cognac oder Weinbrand verfeinert werden kann.

Sahne-Hummer

½ großen oder 1 kleinen
frischen Hummer oder
1 Dose Crabmeat
50 g Butter
2 Eßl. feine Zwiebelwürfel
Salz, Pfeffer, 1 Messerspitze
Cayennepfeffer, ½ Tasse
frische Sahne, ½ Teel. Zucker
Bindung: 25 g Butter
1 Eßl. Mehl, ½ Tasse
gekochten Langkornreis
Butterflocken

Am besten sind frisch gekochte Hummerschwänze und -scheren. Als Ersatz kann man konserviertes Crabmeat verwenden, wenn man daraus die Gräten entfernt. — Die festen rötlichen Stücke ganz lassen; das Fleisch auf einem Sieb einmal kalt überspülen, dann gründlich abtropfen. In einer Kasserolle läßt man die Butter zergehen und darin die Zwiebelwürfel glasig werden, fügt Salz, Pfeffer, Cayennepfeffer, Sahne und Zucker dazu, so daß daraus unter Umrühren eine weiße, dünnflüssige Sauce wird. Zur Bindung bereitet man aus Butter und Mehl einen fetten Butterteig. Diesen verrührt man mit einem Schneebesen in der kochenden Flüssigkeit und gibt jetzt die Hummer- oder Crabmeatstücke und den Reis dazu. Zum Schluß noch einmal abschmecken und in kleine Muschelschalen gießen. Obenauf Butterflocken legen und im heißen Ofen noch schnell bräunen.

PESCE FRITTO
ALLA MARGHERITA

Margarets Bratfische

1 Tasse Öl, 75 g Butter
750 g Seefischfilet ohne
Gräten, Mehl, 2 Tassen
Tomatenmark, ½ Tasse Öl
Saft einer halben Zitrone

Man erhitzt Öl und Butter zusammen in einer Kasserolle, legt die Fischstücke hinein, die vorher gewaschen, getrocknet und in Mehl gedreht worden sind, und brät sie in 5 Minuten von beiden Seiten braun an. Darauf legt man sie auf eine Platte und bedeckt sie mit gebuttertem Pergamentpapier und stellt sie so in den vorgewärmten Ofen. In einer

ITALIEN

kleinen Kasserolle stellt man die Tomatensauce aus Tomatenmark, Öl, Zitronensaft, Fleischextrakt, Petersilie, Sahne und Zucker her. Die Sauce gut umrühren, über die Fischstücke gießen und zusammen wenige Minuten erhitzen. Die Fische bei geringer Hitze noch durchziehen lassen. Dieses Gericht gibt man in eine Vertiefung aus körnig gekochtem Reis, Spaghetti oder Makkaroni. Petersilie und Gewürzgürkchen gehackt darüberstreuen.

1 Teel. Fleischextrakt
2 Eßl. gehackte Petersilie
½ Tasse saure Sahne
Prise Zucker
1 Eßl. gehackte Gewürzgürkchen

Scampi in Weinsauce SCAMPI AL VINO

Scampi sind die dickfleischigen Schwänze kleiner Meeres-Krustentiere, die vor allem im Mittelmeer zu Hause sind. Sie bekommen sie in den meisten Feinkostgeschäften, die eine Tiefkühltruhe haben. Tauen Sie sie auf, indem Sie die Scampi ausgepackt 2 Stunden lang auf einem Teller in der warmen Küche liegen lassen. Dann sind sie innen noch fest, lassen sich aber auseinanderpflücken. — Die Scampi in Mehl drehen und in tiefem, heißem Öl knusprig backen. Das dauert, wenn das Öl heiß genug ist, nur 3—5 Minuten. Die Scampi mit einem Schaumlöffel herausholen, in eine Schale legen und mit dem Wein übergießen. Diesen später abgießen. Einige Löffel des heißen Öls in eine Bratpfanne gießen und damit Tomatenmark, Wasser, Gewürze, Petersilie und Zwiebelwürfel vermengen. 5 Minuten brutzeln lassen, wobei ein wenig Flüssigkeit verdampfen darf. Die Sauce vom Feuer nehmen, mit dem abgegossenen Wein verdünnen und über die Scampi in der Schale gießen. Dieses Gericht kalt mit Zitronenvierteln und Buttertoast servieren.

2 Päckchen Scampi
Mehl
1 l Öl zum Backen
1 Tasse herben Weißwein
1 Tube Tomatenmark
½ Tasse Wasser
Salz, Pfeffer, Selleriesalz
Knoblauchsalz
1 Teel. Oregano
1 Eßl. Paprikapulver
2 Eßl. gehackte Petersilie
½ Tasse feine Zwiebelwürfel, 2 Zitronen

Matrosen-Scampi SCAMPI ALLA MARINARA

Die Knoblauchzehen in feine Scheiben schneiden und zusammen mit den geschälten, zerschnittenen Tomaten im erhitzten Öl andünsten. Sobald die Knoblauchscheiben glasig sind, gibt man die gehackten Kräuter dazu, sowie Salz und Pfeffer. Unter fortwährendem Umrühren dünstet man bei nicht zu großer Hitze so lange, bis die Flüssigkeit der Tomaten ziemlich stark eingedampft ist. Das dauert etwa 15 Minuten. Dann kommen Tomatenmark, Majoran und Paprikapulver dazu, ganz zum Schluß die Scampi, die sich schnell erwärmen. — Diese Scampi dienen zum Belegen von gebuttertem Weißbrot oder als Sockel für gekochte, geölte Spaghetti. Die Spaghetti mit geriebenem Parmesankäse überstreuen und eventuell noch im Ofen überbacken. Auch empfehle ich, in die Spaghetti, wenn sie in der Pfanne mit heißem Öl gefettet werden, Würfel oder Streifen von gekochtem Schinken zu mischen.

2 Knoblauchzehen
4 Tomaten, 1 Tasse Öl
1 Eßl. Kerbelblätter
2 Teel. Petersilie, ½ Teel. Basilikum, ½ Teel. Oregano
Salz, Pfeffer, 2 Eßl. Tomatenmark, 1 Teel. frischen Majoran,
1 gehäuften Teel. Paprikapulver
1 Paket Scampi
4 Scheiben Weißbrot oder 125 g Spaghetti

ITALIEN

POLPETTONE
Gemischte Fleischrouladen

4 Rindsrouladen à 100 g
4 Schweinsschnitzel à 60 g
4 Kalbsschnitzel à 60 g
1 Knoblauchzehe, Salz
Pfeffer, 4 kleine Scheiben
gekochten Schinken
2 Eßl. Zwiebelwürfel
2 Eßl. Estragonblätter
1 Eßl. Rosmarinblätter
1 gekochtes Ei, Butter zum
Braten, ½ Tasse Weißwein
½ Tasse Rindsbouillon
2 Eßl. Tomatenmark, 2 Eßl.
geriebenen Käse, 2 Eßl.
Champignons, 2 Eßl. Sahne

Die Rindsrouladen können kleiner als sonst sein, müssen aber sehr dünn ausgeklopft werden. Die Schweins- und die Kalbsschnitzelchen klopft man ebenfalls sehr dünn. Letztere sollen aber kleiner als die Rindfleischscheiben sein. — Zuerst reibt man jede Rindsroulade mit der Knoblauchzehe ein, salzt und pfeffert und belegt sie mit einer Scheibe Schinken. Die Kalbfleischscheibe darauflegen und diese mit Zwiebelwürfeln und Estragonblättern bestreuen; darauf kommt das Schweinsschnitzel, auf das man Rosmarinblättchen und etwas von dem gehackten Ei streut. Sehr fest zusammenrollen, zubinden oder feststecken und in Butter anbraten. Während des Bratens erhitzt man in einer Kasserolle Wein und Bouillon, verrührt mit Tomatenmark und gießt diese Sauce über die Polpettone, die darin in einer Stunde gar dünsten sollen. Hierauf nimmt man den Topf vom Feuer und läßt die Sauce etwas abkühlen. In der kochenden Flüssigkeit würde der Käse Fäden ziehen. Dann den geriebenen Käse, die gehackten Champignons und die Sahne in die Sauce rühren. — Dazu ißt man entweder gekochte oder geölte Teigwaren, wie in Italien, oder Butterkartoffeln. Als Getränk paßt dazu am besten ein fruchtiger Weißwein.

BISTECCA ALLA PIZZAIOLA
Geschmortes Beefsteak

4 Rindssteaks, Salz
Öl zum Braten, 6 Tomaten
½ Teel. getrockneten
geriebenen Oregano
1 Teel. gehackte Petersilie
1 zerriebene Knoblauchzehe
2 Eßl. geriebene Zwiebel
Pfeffer, 2 Eßl. Olivenöl
2 Eßl. geriebenen
Parmesankäse

Die Steaks klopft man sehr dünn, salzt sie und brät sie in einer Pfanne mit heißem Öl von beiden Seiten jeweils 2 Minuten. Darauf streicht man ein feuerfestes, längliches Geschirr mit Öl aus und legt sie nebeneinander hinein. In einer Kasserolle vermengt man bei geringer Wärme geschälte, zerdrückte Tomaten mit den Gewürzen und gießt diese Mischung über die Steaks. Diese mit aufgesetztem Deckel 45 Minuten im vorgeheizten Ofen bei 150°C backen und schmoren lassen. In den letzten Minuten hebt man den Deckel ab, damit etwas Flüssigkeit verdampfen kann, bestreut das Gericht mit geriebenem Parmesankäse und läßt bei stärkerer Oberhitze eine goldbraune Kruste backen. — Mit grünen Bohnen, die in Olivenöl gedünstet wurden, Risotto und italienischem Rotwein zu Tisch bringen.

UCCELLI SCAPPATI
Rindsrouladen auf römische Art

4 Rindsrouladen, 4 Scheiben
Bauchspeck, 4 Oliven, Mehl
Öl zum Braten, 4 Eßl. Wein
Salz, Pfeffer, 2 Lorbeer-
blätter, 4 Salbeiblätter

Die Rindsrouladen klopft man und belegt sie mit einer sehr dünn geschnittenen Scheibe Bauchspeck, rollt eine gefüllte grüne Olive mit hinein und steckt die Roulade mit einem Holzspeil fest. Man bestäubt sie mit Mehl und brät sie in Öl auf allen Seiten. Nach 10 Minuten übergießt man sie mit Wein, gibt Salz, Pfeffer, Lorbeerblätter und Salbeiblätter dazu und läßt bei geringer Hitze fertig garen. Die dünnflüssige Sauce kann, wenn die Röllchen herausgenommen sind, mit saurer Sahne und einer Prise Zucker gebunden werden, eventuell auch mit einem kleinen Rest weißer Frikasseesauce. Die Röllchen muß man aber, wenn die Sauce verrührt ist, noch einmal in der Pfanne mit der Sauce aufkochen lassen. — Man kann dieses Gericht aber auch mit geriebenem Käse (oder Käsescheiben darüber) im Ofen überbacken. Kopfsalat oder Salat von Staudensellerie dazu reichen und einen herben weißen Wein.

1/2 Tasse saure Sahne
Prise Zucker

Gemischte Fleischplätzchen in Öl gebacken   FRITTO MISTO

Von den Fleischarten muß allein das Kalbshirn vorher behandelt werden. Dazu versetzt man kaltes Wasser mit Salz und einem Schuß Essig, legt das gewaschene Hirn hinein und läßt einmal aufkochen, stellt die Flamme klein, schöpft den Schaum ab und nimmt nach 5 Minuten den Topf vom Feuer und läßt das Wasser mit dem Hirn darin erkalten. Jetzt zieht man die äußeren Häute ab und schneidet die Masse, die fest geworden sein soll, in dicke Scheiben. Der Blumenkohl wird roh in einzelne Röschen zerlegt und in Salzwasser gar gekocht — ebenfalls erkalten lassen. Die anderen Gemüse putzt und wäscht man und schneidet sie nach dem Kochen in Scheiben. Die Gemüse- und Fleischscheiben wendet man in Mehl, taucht sie in verquirltes Ei und schließlich in Weißbrotkrumen. Man backt sie im tiefen, heißen Öl goldbraun und häuft sie ungeordnet übereinander. — Dazu schmecken eine kräftige Tomatensauce (s. Seite 45) und gekochte Schinkenstreifen. Kartoffeln oder Teigwaren sind nicht nötig. Rotwein oder auch helles Bier passen ausgezeichnet dazu.

500 g verschiedene Fleischstücke mit Kalbshirn, Kalbszunge, Kalbsniere (alles in Scheiben geschnitten)
einige Scheiben Ochsenmark
Salz, Weinessig, 1 kleinen Blumenkohl, 1 Aubergine
1 Artischocke, die noch geschlossen und zart ist
1/4 Sellerieknolle, 1 große Möhre, Mehl, 2 Eier
2 Tassen Weißbrotkrumen
Öl zum Backen

Kalbfleisch mit Thunfisch   VITELLO TONNATO

Das Kalbfleisch befreit man von Sehnen und Häuten und schneidet es in dicke Würfel. Eine große Zwiebel spickt man mit den Gewürznelken und kocht diese im Wasser zusammen mit den Fleischwürfeln, dem in Scheiben oder Würfel geschnittenen Gemüse, Salz und Lorbeerblatt 25 Minuten lang. Dann abkühlen lassen. In der Zwischenzeit rührt man den Thunfisch mit Zitronensaft, Öl, Kapern, Sardellenpaste und hartgekochten Eigelben zu einer sämigen Sauce. Darunter mischt man die Mayonnaise. Die erkalteten Kalbfleischwürfel übergießt man mit dieser Sauce. — Dazu empfehle ich Bratkartoffeln und Gewürzgurken oder Mixed Pickles. In Italien reicht man dazu sauer eingelegte Artischockenherzen und süßsäuerliche Gemüse, die Aceto-Dolce.

700 g schieres Kalbfleisch
1 Zwiebel, 3 Gewürznelken
1/2 Möhre, 1/4 Sellerieknolle
1 Stange Porree, Salz
1 Lorbeerblatt, 1 kleine Dose Thunfisch in Öl
1 Zitrone, 2 Eßl. Öl
1 Eßl. Kapern
1/2 Eßl. Sardellenpaste
2 Eier
2 Eßl. Mayonnaise

ITALIEN

Piccata Milanese

*8 kleine Kalbfleischstücke
(Lendchen), Salz, Pfeffer
1 Eßl. Paprikapulver
½ Tasse Olivenöl
1 Eßl. Mehl, 50 g Butter
3 Eßl. Weißwein
2 Zwiebeln, 4 Tomaten
2 Eigelbe
4 Eßl. Sahne
Muskatnuß
1 Teel. Fleischextrakt
2 Eßl. Paprikamark*

Die Fleischschnitten sehr dünn klopfen. Mit Salz, Pfeffer und Paprikapulver einreiben, mit Olivenöl beträufeln und sie so ein bis zwei Stunden liegen lassen. Das Fleisch abtropfen, in Mehl drehen und in der Pfanne mit Butter schnell von beiden Seiten braten. Mit Weißwein abspritzen und in der sich bildenden Sauce kurze Zeit dünsten. Dazu Zwiebelwürfel und geschälte, ausgedrückte, kernlose Tomaten mischen. Die Sauce mit Eigelben, Sahne, Muskatnuß und etwas Fleischextrakt verfeinern. Dabei den Topf vom Feuer nehmen, weil die Eier sonst gerinnen. Ganz zuletzt das Paprikamark einrühren, da auch das nicht mitkochen soll. — Dazu Spaghetti oder Risotto servieren. Diese Piccata werden nicht immer mit der hier angegebenen Sauce gereicht. Oft werden sie mit brauner Bratbutter übergossen, die mit frisch gepreßtem Zitronensaft versetzt wird. Oder es werden gehackte Petersilie und Zitronenrädchen obenauf gelegt.

SCALOPPINE
FARCITE

Gefüllte Kalbsschnitzel mit Käse

*4 Kalbsschnitzel
Mehl, geriebenen Käse
4 Scheiben gekochten
Schinken, 4 Scheiben Käse
75 g Butter
2 Eßl. Bauchspeckwürfel
2 Zwiebeln
2 Knoblauchzehen
2 Tomaten, 1 kleines
Gläschen Marsalawein
2 Eßl. Oliven
Salz, Pfeffer*

Die Schnitzel dünn klopfen. Man dreht sie in einer Mischung aus Mehl und geriebenem Käse und legt darauf jeweils eine gleichgroße Scheibe Schinken und Käse. Die Schnitzel rollt man fest ein und hält sie mit einem Holzstift zusammen. Die Röllchen bräunt man unter Umdrehen schnell 5 Minuten in heißer Butter. Bei geringer Hitze läßt man sie weitere 5 Minuten durchziehen; dazu kann man die Pfanne mit einem Deckel schließen. Anschließend stellt man sie warm. In die Pfanne kommen nun Speck, Zwiebel- und Knoblauchscheiben und geschälte, geschnittene, ausgedrückte Tomaten. Mehrmals umrühren! Dieses Mus löscht man mit Marsalawein und gibt gehackte Oliven, Salz und Pfeffer dazu. Die Sauce gießt man über die Röllchen und serviert sie auf einem Hügel von körnigem Risotto. — Weißwein und grüner Salat passen gut dazu.

SCALOPPINE
AL FUNGHI

Pilzschnitzel

*1 Eßl. Mehl, 2 Eßl. Öl
1 Teel. Salz, ¼ Teel. Pfeffer
½ Teel. Paprikapulver
4 Kalbsschnitzel
Öl, 2 Zwiebeln
½ Tasse zerschnittene
Champignons, 2 Eßl. Wein*

Man verrührt das Mehl mit Öl, Salz, Pfeffer und Paprikapulver zu einer rötlichen Masse. Das Fleisch schneidet man in kleine Schnitzelchen und klopft sie sehr flach. Die rote Masse streicht man auf die Schnitzel, brät diese in heißem Öl knusprig und stellt sie warm. In den Bratensatz gibt man die Zwiebeln, die darin glasig dünsten sollen, dann Pilze, Wein, Estragonblätter, Petersilie und Butter. Unter Umrühren läßt man die Sauce etwas eindampfen und gießt sie über die Schnitzelchen. Durchmengen und

ITALIEN

auf einem Hügel von ölglänzenden Spaghetti anrichten. — Grüner Salat oder eingelegte Artischockenherzen, die es fertig zu kaufen gibt, schmecken ausgezeichnet dazu.

1 Eßl. Estragonblätter
1 Eßl. Petersilienblätter
2 Eßl. Butter

Römische Kalbsplätzchen

SALTIMBOCCA
ROMANA

Dünne Kalbsschnitzel, vom Fleischer bereits geklopft, halbiert man und klopft sie noch einmal auf beiden Seiten und bestreut sie mit Salz, Pfeffer und Schnittlauch. Auf jede Scheibe eine gleichgroße Scheibe Schinken legen, die mit einem Holzstift festgehalten wird. Damit dieser beim Braten nicht stört, steckt man ihn so schräg ein, daß er das Fleisch quer durchsticht. Dann brät man diese Schnitzelchen in reichlich Öl von beiden Seiten 5 Minuten und legt sie auf eine Platte, die Schinkenscheibe nach oben. Den Bratensaft löscht man mit Wasser und Weißwein und rührt Butter, Sahne, Zitronensaft, Salz, Pfeffer, Zucker und Johannisbeergelee unter. Nachdem diese Sauce einige Minuten gekocht hat, gießt man sie über die Fleischscheiben. — Dazu serviert man Spaghetti, in heißem Öl angebraten, und Chicoreesalat mit Grapefruitwürfeln gemischt.

4 Kalbsschnitzel
Salz, Pfeffer, Bund
Schnittlauch, gehackt
8 Scheiben Schulterspeck
(oder Nußschinken), Öl zum
Braten, 2 Eßl. Wasser
2 Eßl. Weißwein
1 Eßl. Butter
½ Tasse frische Sahne
¼ Zitrone, Prise Zucker
1 Teel. rotes
Johannisbeergelee

Geschmorte Kalbshachse

OSSO BUCO

Die Kalbshachse läßt man beim Fleischer gleich in dicke Scheiben zersägen. Diese dreht man in Salz und Mehl und brät sie in heißem Öl, am besten im Ofen, beidseitig an. Dazu kommen die grob zerschnittenen Zwiebeln, Möhren, Sellerieknollenstücke und Kartoffelviertel. Wenn alle Zutaten braun sind, löscht man den Bratensatz mit Wasser, Wein und Tomatensaft ab und fügt den Fleischextrakt und die Kräuter bei. Zugedeckt läßt man alles eine Stunde lang schmoren. Die Scheiben serviert man mitsamt den Knochen. Die Sauce durch ein Sieb streichen oder im Elektromixer pürieren, eventuell kann man sie noch mit Rotwein und Butterflocken verbessern, die man im letzten Augenblick mit einem Schneebesen unter die sonst fertig abgeschmeckte Sauce schlägt.

2 kg Kalbshachse, Salz
Mehl, 2 Tassen Öl (bei
großen Pfannen mehr)
5 Zwiebeln, 2 Möhren
½ Sellerieknolle
2 Kartoffeln
2 Tassen Wasser, 1 Tasse
Weißwein, 2 Tassen
Tomatensaft, 2 Teel.
Fleischextrakt, 1 gemischtes
Bund Küchenkräuter

Kalbsleberscheiben auf norditalienische Art

FEGATO DI
VITELLO

Die äußeren Häute zieht man von dem Leberstück ab und schneidet Sehnen und Gefäße heraus. Die Leber teilt man in dicke Scheiben und halbiert diese eventuell, wenn sie zu groß sein sollten. Man salzt und wendet sie in

500 g Kalbsleber
Salz, Mehl, 100 g Butter
1 Tasse rohen Schinken

ITALIEN

2 Zwiebeln
½ Stange Lauch
2 Zehen Knoblauch, ½ Tasse Tomatensaft (aus der Dose)
2 Teel. Paprikapulver
2 Eßl. Petersilie
Marsala- oder Portwein
Pfeffer, 1 Zitrone

Mehl. In einer Pfanne mit heißer Butter brät man die Scheiben braun und stellt sie daraufhin warm. In der Butter, die in der Pfanne bleibt, dünstet man die Schinkenwürfel, die Zwiebelwürfel, die Lauchscheiben und den Knoblauch an, später kommen der Tomatensaft, Paprikapulver und die gehackte Petersilie dazu. Man löscht diese Paste mit einem Schuß Marsalawein ab und würzt mit Salz und Pfeffer, läßt kurz eindampfen und übergießt damit die Leberscheiben. — Mit Zitronenvierteln, trockenem, körnigem Reis und Rotwein zu Tisch bringen.

INVOLTINI DI FEGATO

Leberröllchen mit Sardellenfüllung

600 g Kalbsleber, Salz
2 Eßl. geriebenen Käse
8 gewässerte Sardellenfilets
8 Zweige Majoran
75 g Butter
2 Eßl. herben Weißwein
2 Eßl. Sahne, 1 Teel. Zucker
1 Teel. Paprikapulver
1 Tomate,
1 Zitrone
1 Bund Petersilie

Man schneidet aus einem großen Kalbsleberstück dünne, lange Scheiben, die man aufrollen kann. Sie werden auf der Innenseite gesalzen, mit geriebenem Käse bestreut und mit einem Sardellenfilet und einem Zweig Majoran belegt. Dann wickelt man die Leberscheiben zu Röllchen und brät sie in heißer Butter schnell an, wobei sie öfter gedreht werden müssen. Nach etwa 5 Minuten stellt man sie warm. Die Bratbutter löscht man mit dem Wein ab, läßt ihn etwas eindampfen, schmeckt mit Sahne, Zucker, Salz und Paprikapulver ab, gibt die Röllchen wieder hinein und läßt sie darin noch einmal 5 Minuten gar ziehen. Die Fäden oder Holzspeile, mit denen man die Röllchen zusammenhielt, jetzt entfernen. Mit Tomaten- und Zitronenvierteln garnieren und gehackte Petersilie darüberstreuen.

FEGATO ALLA TRIESTINA

Geschmorte Triester Leber

750 g Kalbsleber
8 Gewürznelken
2 Tassen Öl, 5 Zwiebeln
2 Möhren, ¼ Sellerieknolle
½ Tasse Weißbrotkrumen
8 Tomaten, 4 Zehen Knoblauch, 1 Eßl. Salbei
1 Eßl. Liebstockblätter
1 l Rindsbouillon, Salz
Pfeffer, ½ Tasse Rotwein
2 Eßl. Sahne

Die Leber enthäuten und in dicke Scheiben schneiden. In jede Leberscheibe steckt man zwei Gewürznelken. In einen breiten Schmortopf legt man zuunterst auf das heiße Öl eine Schicht von Zwiebelscheiben, Möhren- und Sellerieraspeln, darauf Weißbrotkrumen, dann hautlose Tomaten, Knoblauch, Salbei- und Liebstockblätter und schließlich die Leberscheiben. Mit Bouillon gießt man soweit auf, daß gerade alles bedeckt ist. Deckel aufsetzen und bei kleiner Flamme 1 Stunde lang schmoren lassen. Ab und zu umrühren! Vor dem Anrichten sticht man die Leberscheiben heraus, entfernt die Nelken, püriert die Sauce und verfeinert sie mit Salz, Pfeffer, Rotwein und Sahne. Die Leber kommt wieder hinein und dazu gibt es Kartoffelpüree und Rotwein.

ITALIEN

Kalbskaldaunen auf römische Art

TRIPE ROMANA

650 g Kaldaunen
Salz, Essig, Olivenöl
Paprikapulver
Tabascosauce, Pfeffer
1 Tasse Champignons
2 Zwiebeln, 50 g Butter
1 Eßl. Mehl
1 Eßl. Tomatenmark
½ Tasse gehackte Kräuter:
Basilikum, Petersilie
Liebstock und Majoran
Butter für die Form
½ Tasse Weißbrotkrumen
50 g Butterflocken
Tomaten, Zitronen

Die Kaldaunen, in Ostpreußen »Fleck« genannt, in Süddeutschland »Kutteln«, kann man fertig in Dosen konserviert bekommen. Wer sie selbst zubereiten will, kauft die Kaldaunen gewaschen und vorgekocht beim Fleischer. Man schneidet sie in schmale Streifen und kocht sie in Salzwasser mit einem Schuß Essig ganz weich. Nach dem Abtropfen legt man sie in eine Marinade aus Olivenöl, Salz, Paprikapulver, Tabascosauce und Pfeffer. Inzwischen schneidet man gedünstete Champignons und Zwiebeln in Scheiben und wärmt beides zusammen in Butter. Die Champignons und Zwiebeln nimmt man wieder aus der Pfanne und gibt in die braune Butter Mehl, das etwas anbräunen soll, daraufhin das Tomatenmark und die Kräuter. Gut umrühren! In eine gebutterte Auflaufform legt man zuerst die Hälfte der Kaldaunen. Bei Konserven läßt man die Sauce abtropfen und mischt diese zum Pfanneninhalt, den man löffelweise über die Kaldaunen gibt, darüber wieder eine Schicht Kaldaunen und Sauce, dann Brotkrumen und schließlich Butterflocken. In einem mittelheißen Ofen backt man das Gericht ½ Stunde durch. — Die Kaldaunen mit Tomaten- und Zitronenvierteln belegen und mit grünen Bohnen oder Erbsen und Petersilienkartoffeln servieren.

Neapolitanische Schweinerippchen

SCALOPPINE DI MAIALE

Öl zum Braten
2 Knoblauchzehen, 2 Zwiebeln, ¼ Tasse rote Paprikastreifen, 4 Schweinskoteletts
Salz, Pfeffer, ½ Tasse Wein
½ Tasse Tomatensaft
2 Eßl. grüne Paprikaschotenstreifen, 2 Eßl. gehackte Champignons
4 Scheiben Bauchspeck

In heißem Öl bräunt man Knoblauchscheiben schnell an und schüttet sie dann in ein Schälchen. In der gleichen Pfanne bräunt man daraufhin Zwiebelscheiben und Paprikaschotenstreifen an, die man dann auch zu den Knoblauchscheiben gibt. Mit neuem Öl brät man die Koteletts beidseitig braun an, salzt und pfeffert sie und legt sie in ein feuerfestes Geschirr. Darüber gießt man Wein und Tomatensaft, streut den Inhalt des Schälchens, die grünen Paprikaschotenstreifen und die Champignons darüber und läßt das Gericht im Ofen noch 20 Minuten durchziehen. Man garniert es zum Schluß mit knusprig gebratenen Speckscheiben. — Als Beilage empfehle ich Fenchelgemüse und gebratene Kartoffelscheiben.

Backhühnchen nach Florenzer Art

POLLO FRITTO ALLA FIORENTINA

2 sehr junge Hühnchen
Saft einer Zitrone
Salz, Pfeffer
1 Petersilienwurzel
Öl, Mehl, 2 Eier

Die Hühnchen ausnehmen, waschen und abtrocknen, absengen und in Viertel schneiden, wobei die größten Knochen mit herausgezogen werden; Hautreste abschneiden. Diese Stücke übergießt man mit Zitronensaft, würzt sie mit Salz, Pfeffer und geriebener Petersilienwurzel und läßt sie 2 Stunden bedeckt im Kühlschrank durchziehen. Man erhitzt Öl zum Backen

ITALIEN

2 Bund frische krause Petersilie

(etwa 5—7 cm hoch im Topf). Die Hühnchenteile tropft man ab, dreht sie in Mehl und verquirltem Ei und backt sie in dem Öl goldbraun. Nach ungefähr 15 Minuten sollten sie, bei öfterem Umdrehen, durchgegart sein. Die abgetropften Hühnchen serviert man mit Petersiliensträußen, die man kurz in das gleiche Öl legt, wodurch die Blätter dunkelgrün werden und sehr angenehm schmecken. — Dazu passen Reis, vermischt mit grünen, gekochten Erbsen, und ein herber Weißwein.

POLLO ALLA OLIVE VERONESE

Oliven-Hühnchen nach Veroneser Art

2 Möhren, 2 Zwiebeln
2 Hühnchen, Öl zum Braten
4 Tomaten ohne Haut
1 Eßl. Tomatenmark
12 grüne, rotgefüllte Oliven, feingehackt, Salz Pfeffer, 1 Teel. Oregano (oder Majoran), 6 grüne rotgefüllte Oliven, ganz
8 Scheiben Mailänder Salami

Zuerst reibt man die Möhren und Zwiebeln auf einer Rohkostreibe fein. Für die Bouillon kocht man die größeren Knochen, die Flügelspitzen, den Magen und den Hals des Hühnchens. Dann brät man die Hühnchenviertel, gewaschen und abgetrocknet, in heißem Öl braun. Aus dem Fett nehmen und im Ofen warm stellen. In das Öl rührt man die Möhren und Zwiebeln, nach einigen Minuten die zerschnittenen Tomaten und das Tomatenmark, gibt die Hühnchen wieder dazu und füllt mit Bouillon auf, bis die Hühnchen zur Hälfte mit Flüssigkeit bedeckt sind. Gehackte Oliven, Salz, Pfeffer und gehackten Oregano ebenfalls zufügen; zum Schluß die ganzen Oliven. Man serviert in einer Ragoutschüssel und legt obenauf Scheiben von Mailänder Salami. — Spaghetti und Blumenkohl, der mit Butter übergossen wird, dazureichen.

POLLO ALLA CACCIATORA

Hühnchen auf Jäger-Art

2 Hühnchen, Mehl
4 Zwiebeln, 2 Knoblauchzehen, 50 g Butter
½ Tasse Öl
½ Tasse Weißwein
2 Eßl. Champignons oder Pfifferlinge
4 Tomaten
1 Eßl. Tomatenmark
Salz, Pfeffer
½ Teel. Zucker
2 Eßl. gehackte Petersilie

Die ausgenommenen, gewaschenen, abgesengten und getrockneten Hühnchen schneidet man in Viertel, wobei man gleich die größten Knochen herauslöst. Die Keulenknochen sollte man kurz hinter dem Gelenk abschlagen. Alle Stücke in Mehl drehen. Zwiebel- und Knoblauchscheiben bräunt man in Butter an, gibt Öl dazu und brät darin die Hühnchenteile goldbraun. Mit Weißwein ablöschen. Dazu kommen gehackte Champignons oder Pfifferlinge, geschnittene, geschälte Tomaten, Tomatenmark, Salz, Pfeffer und Zucker. In dieser Sauce sollen die Hühnchenviertel zugedeckt gar schmoren. Man serviert das Gericht in einer Ragoutschüssel, bestreut mit gehackter Petersilie und reicht Weißbrotscheiben dazu, die man in einer Pfanne mit Öl goldbraun röstet und dann dick mit roher zerdrückter Hühnerleber bestreicht, schließlich mit Salz und Pfeffer bestreut und schnell im Ofen überbackt. — Außerdem schmecken säuerliche Salate gut zu dem Gericht.

ITALIEN

Sardellensauce

Für diese Sauce läßt man Öl in einer Pfanne heiß werden, gibt Mehl, die gehackten Sardellen und Kapern hinzu, löscht mit Rindsbouillon und verkocht alles zu einer sämigen Sauce. Mit Sahne und Salz abschmecken und mit dem Schneebesen Butterflocken einschlagen. Die Sauce soll schaumig und luftig sein. Sie wird zu gekochten Teigwaren gereicht.

SALSA DI ACCIUGHE

4 Eßl. Öl, 1 Eßl. Mehl
12 gewässerte Sardellenfilets
1 Eßl. Kapern, 2 Tassen
Rindsbouillon, 2 Eßl. Sahne
Salz, 25 g Butter

Tomatensauce

Die reifen Tomaten überbrühen, die Haut abziehen, zerschneiden, den Saft mit den Kernen ausdrücken und sie in einer Kasserolle mit Speck andünsten. Die Zwiebelwürfel läßt man darin glasig werden, würzt mit Fleischextrakt, Salz, Pfeffer und Paprikapulver und dünstet so lange, bis die Sauce dick genug ist. Zuletzt zieht man geriebenen Käse unter. — Auch diese Sauce wird meist zu gekochten Teigwaren gereicht.

SALSA ALLA MATRICIANA

750 g reife Tomaten
100 g Speckstreifen, 4 Zwiebeln, 1 Teel. Fleischextrakt
Salz, Pfeffer
1 Teel. Paprikapulver
2 Eßl. geriebenen Käse

Teufelssauce

Aus Öl, Butter und Mehl bereitet man eine hellbraune Mehlschwitze, löscht mit Essig und Bouillon ab und verrührt alles mit dem Schneebesen zu einer Sauce. Dazu gibt man die roh zerriebenen Zwiebeln, Pfeffer, Cayennepfeffer, Salz und den Weißwein und läßt unter fortwährendem Umrühren so lange weiterkochen, bis die Sauce genug eingedickt ist. — Die Teufelssauce ist zu Spaghetti und zu gekochtem und gebratenem Fleisch zu empfehlen.

SALSA DIAVOLA

2 Eßl. Öl, 50 g Butter
3 Eßl. Mehl, 2 Eßl. Essig
1 Tasse Bouillon, 2 Zwiebeln
1/4 Teel. Pfeffer, 1/4 Teel. Cayennepfeffer, 1/2 Teel.
Salz, 1/2 Glas Weißwein

Spaghetti mit Champignonsauce

Frische Champignons wäscht man und läßt sie ohne Wasser nur mit etwas Zitronensaft und einem Löffel Butter bei kleiner Flamme Saft ziehen und dünsten. Dann schneidet man sie in feine Scheiben, ebenfalls die Zwiebeln und Tomaten. In einer Kasserolle mit heißem Öl läßt man erst die Champignons, dann die Zwiebeln anbräunen. Dazu rührt man die geschnittenen Tomaten, gibt unter Umständen etwas mehr Öl zu und stellt alles in einer Schüssel warm. In die gleiche Pfanne gibt man wieder Öl, bräunt darin das Mehl an und löscht mit Milch ab. Die Zwiebeln, Tomaten und Champignons rührt man in diese Sauce, die man mit Salz, Pfeffer, Küchenkräutern und Paprikaschoten versetzt und abschmeckt. Alles noch einmal aufkochen lassen. Die Sauce gießt man in die Mitte eines Spaghettiringes, bestreut sie mit geriebenem Käse und ißt Kalbssteaks oder Roastbeefscheiben dazu.

SPAGHETTI CON SALSA FUNGHI

250 g Champignons
Zitronensaft, 1 Eßl. Butter
2 Zwiebeln, 4 Tomaten
1/2 Tasse Öl
Sauce: 3 Eßl. Öl
1 Eßl. Mehl, 1/4 l Milch
Salz, Pfeffer, 1/2 Tasse
gemischte, gehackte Küchenkräuter, 2 Eßl. gehackte
rote Paprikaschoten
Spaghetti, Reibkäse

ITALIEN

SPAGHETTI ALLA BOLOGNESE

Bologneser Spaghetti

2 Zwiebeln, 1 Möhre
1/4 Sellerieknolle, 1/2 Lorbeerblatt, 1 Teel. Salz
1 Tasse Öl
1/2 Tasse Weißwein, 200 g gepökelte Ochsenbrust
4 Tomaten, geschält
1 Teel. Fleischextrakt
1 Eßl. Tomatenmark
1/4 Teel. Pfeffer
1 Teel. Paprikapulver
500 g Spaghetti

Die Zwiebeln wiegt man zusammen mit der Möhre, der Sellerieknolle und der Knoblauchzehe fein. In einer Kasserolle mit Lorbeerblatt und Salz in Öl andünsten. Nach kurzer Zeit mit Wein ablöschen und Fleisch — fein gewürfelt oder durch die grobe Fleischwolfscheibe gedreht —, Tomaten, Fleischextrakt und Tomatenpaste dazufügen. Mit Pfeffer und Paprikapulver abschmecken und so lange verrühren, bis eine pastenförmige Masse entstanden ist. Währenddessen die Spaghetti 20 Minuten lang in Salzwasser kochen, abtropfen lassen und in eine vorgewärmte Schüssel schütten. Die Bologneser Sauce darübergießen und unter die Spaghetti mischen. — Dazu geriebenen Parmesankäse, Salat und italienischen Rotwein reichen. Dieses Gericht wird als Hauptgericht oder als Eingangsgericht serviert. Bei uns wird es meist als Beilage zu italienischen Fleischgerichten gereicht.

CANNELLONI

Überkrustete Teigröhrchen

Teig:
250 g Mehl, 1 ganzes Ei
3 Eigelbe, Salz
nach Bedarf etwas Wasser
Füllung:
200 g Bratenreste (Rinds- oder Schweinebraten)
1/2 Tasse Öl
4 Tomaten, geschält
2 Zwiebeln
1 Eßl. Tomatenmark
Salz, Paprikapulver
Oregano, Thymian
Oberfläche: 50 g Butter
2 Eßl. Mehl
1/8 l Milch, 1 Tasse geriebenen Käse
Butterflocken

Es gibt fertige Cannelloni in Dosen zu kaufen, aber auch leere Cannelloniröhrchen, die man nur noch zu füllen braucht. Zum Selbstbereiten empfehle ich Ihnen aber folgendes Rezept: Aus Mehl, Eiern, Salz und Wasser knetet man einen Nudelteig, läßt ihn 30 Minuten ruhen und rollt dann dünn aus. Daraus schneidet man breite Streifen, etwa 10 cm lang und 6 cm breit. Für die Füllung dreht man alle Zutaten durch den Fleischwolf, rührt sie in einer Kasserolle bei nicht zu großer Hitze zusammen und läßt etwas einkochen, damit eine feste Masse entsteht. Die Würzung kann recht pikant sein, darf aber nicht zu salzig werden. Der Länge nach belegt man die Mitte der Teigstreifen mit der Füllmasse, befeuchtet die Teigränder und drückt diese fest aufeinander. Die Röhrchen, die vorher noch eine halbe Stunde im warmen Ofen angetrocknet werden können, kocht man in Salzwasser in 10 Minuten gar. Man schöpft sie heraus, läßt sie abtropfen, legt sie nebeneinander in eine mit Butter ausgestrichene, feuerfeste Form und gießt eine helle Mehlschwitzensauce, die mit Milch aufgegossen und mit geriebenem Käse versetzt wurde, darüber. Man setzt die Butterflocken obenauf und backt die Röhrchen im heißen Ofen goldbraun. — Dazu Salate und Rotwein servieren.

RAVIOLI

Gefüllte Teigflecken

Teig: 250 g Mehl
1/2 Teel. Salz
3 Eigelbe, 1 ganzes Ei

Man knetet Mehl, Salz, Eigelbe und das Ei zu einem festen Teig zusammen und gibt Milch hinzu, bis er sich elastisch ausrollen läßt. Man schlägt ihn nun in ein feuchtes Tuch ein und läßt ihn 30 Minuten im Kühlschrank ruhen. Das ist für das Gelingen wichtig! — Inzwischen bereitet man die Füllung. Dafür röstet man in Öl Zwiebelwürfel an, dann Bauchspeckwürfel und schließlich den Spinat. Man dreht diese Masse heiß durch die feinste Scheibe des Fleischwolfes und versetzt sie mit Salz, Pfeffer, geriebenem Käse und Paprikapulver. Man rollt den Teig auf einem bemehlten Tisch dünn aus und sticht mit einem Wasserglas oder einem Teigzahnrädchen runde Plätzchen oder kleine Quadrate aus. In die Mitte kommt ein Teelöffel voll Füllmasse. Die Teigflecken bedeckt man mit einem gleichgroßen Stück, drückt die befeuchteten Ränder fest an und läßt die gefüllten Teigkissen in kochendem Salzwasser garen. Man schöpft sie mit einer Schaumkelle nach 10 Minuten heraus und tropft sie ab. Flüssige Butter darübergießen und mit geriebenem Parmesankäse überstreuen und unter dem Grill oder im heißen Ofen überkrusten. — Ich serviere die Ravioli auch in Tomatensauce, angereichert mit Streifen von fettem, rohem Schinken, der darin nur warm zu werden braucht.

½ Tasse Milch
Füllung:
4 Eßl. Öl
2 Zwiebeln
2 Eßl. Bauchspeckwürfel
500 g Spinat
Salz
Pfeffer
2 Eßl. geriebenen Käse
1 Teel. Paprikapulver
außerdem:
50 g Butter
1 Tasse geriebenen Parmesankäse

Makkaroni mit Bohnen   PASTA E FAGIOLI

Die Bohnenkerne weicht man über Nacht ein und kocht sie am anderen Tag in Salzwasser mit einem Zweig Thymian gar. Die Makkaroni teilt man nach dem Kochen in kurze Stücke. Die Knoblauchzehen schneidet man in feine Blättchen und dünstet diese in Öl zusammen mit Tomatenmark, Salz, Pfeffer und den Champignons. Zuletzt gibt man die gehackten Kerbelblätter dazu. In der Sauce, die man noch verdünnt, läßt man die Bohnen erneut dünsten und wärmt dann darin auch die Nudeln. Man serviert dieses Gericht, zu dem ich gebratene Kalbssteaks empfehle, in Gemüseschüsseln. In Italien bestreut man es oft mit geriebenem Parmesan und läßt es im Ofen noch überbacken.

500 g weiße Bohnenkerne
Thymian, Salz
125 g Makkaroni oder andere Nudeln
2 Knoblauchzehen
½ Tasse Öl
2 Eßl. Tomatenmark
Pfeffer, ½ Tasse gewiegte Champignons
2 Eßl. Kerbelblätter

Piemonteser Reisgericht   RISOTTO PIEMONTESE

Den gewaschenen Reis kocht man 5 Minuten und läßt ihn abtropfen. Die Speckwürfel läßt man in einem großen, hochwandigen Topf aus, löscht mit Bouillon und kocht den Reis darin 20 Minuten, unter Beifügung von Salz und Pfeffer. Am Anfang hin und wieder umrühren. Zum Schluß zieht man Tomatenmark, Zwiebeln, Petersilie und Basilikumblätter darunter. Den Reis häuft man auf einer Platte zu einer Pyramide und umlegt ihn mit kleinen Bratwürstchen. — Mit Bratwürsten ist dieses Gericht eine ganze Mahlzeit. Ohne können Sie es auch gut als Beilage zu gedünsteten und gebratenen Fleischgerichten verwenden.

225 g Langkornreis
½ l Wasser, 125 g Bauchspeckwürfel, ½ l konz. Hühnerbouillon, Salz, Pfeffer
2 Eßl. Tomatenmark
2 Zwiebeln, fein gehackt
Bund Petersilie, 1 Eßl. gehackte Basilikumblätter
12 Bratwürstchen

ITALIEN

RISOTTO CON MELANZANE

2 große Auberginen, Öl
8 Scheiben Bauchspeck
25 g Butter
1 Eßl. Tomatenmark
½ Tasse Tomatensaft
4 Eßl. Wasser, Salz, Pfeffer
Paprikapulver, 1 l Hühnerbouillon, 125 g Reis
50 g Butter
4 Käsescheiben (Tilsiter)
1 Tasse Parmesankäse
2 Tomaten

Auberginen auf Bratreis

Die Auberginen schält man recht dick und schneidet sie in dünne Scheiben, die man in einer Pfanne von beiden Seiten in Öl braun anbrät. Dann nimmt man sie heraus, legt die Bauchspeckscheiben in die Pfanne und fügt noch Butter zu. Sobald die Scheiben knusprig sind, gibt man Tomatenmark, Tomatensaft, Wasser, Salz, Pfeffer und Paprikapulver dazu. Diese Mischung soll 10 Minuten lang mit aufgesetztem Deckel kochen. Darauf gießt man sie in einen großen Topf, füllt mit der Hühnerbouillon auf, gibt den Reis dazu und kocht weitere 30 Minuten. Dann die zerlassene Butter unterrühren. In eine gebutterte Auflaufform gibt man die Hälfte des Reises, schichtet darauf die Auberginenscheiben, dann die Käsescheiben und schließlich den restlichen Reis. Obenauf gibt man geriebenen Parmesankäse und Tomatenscheiben. Im Ofen bei 180°C noch 10 Minuten überbacken lassen.

FAGIOLI CON TUNNA

500 g Bohnenkerne oder
½-Dose Bohnenkerne
Bouillon, ½ Tasse Öl
200 g Thunfisch ohne Gräten aus Dosen
2 Zitronen, ½ Tasse Öl
Salz, Pfeffer, Tabascosauce
2 Eßl. ger. Parmesankäse
2 hartgekochte Eidotter
eventuell Knoblauch
4 große Zwiebeln, Essig
Kopfsalat

Bohnen mit Thunfischsauce

Man weicht entweder getrocknete, weiße Bohnenkerne über Nacht ein und kocht sie dann in Bouillon weich, oder aber man verwendet Bohnen aus der Dose. In jedem Fall aber übergießt man die abgetropften Bohnen mit heißem Öl, damit sie blank bleiben und keine Runzeln bekommen. Den Thunfisch zerreibt man in einer Salatschüssel fein und rührt Zitronensaft, Öl, Salz, Pfeffer, Tabascosauce, geriebenen Käse und hartgekochte Eidotter darunter, so daß eine dickflüssige Sauce entsteht. In Italien gibt man außerdem noch geriebene Knoblauchzehen dazu. Die Zwiebeln schneidet man in dünne Scheiben, übergießt sie mit heißem Essig und läßt sie darin erkalten. Man mischt die Bohnenkerne mit der Thunfischsauce und richtet den Salat auf grünen Kopfsalatblättern an, die Zwiebelringe daraufgestreut. — Toast und Butter dazu reichen; als Getränk Bier.

ZUCCHINI RIPIENI

4 Gemüsegurken
2 Zwiebeln
4 Tomaten, geschält
1 Bund Petersilie
¾ Tasse feine Bauchspeckwürfel
200 g Thüringer Mett
Salz

Gefüllte Gurken

Die Zucchini sind eine besondere Gurkenart, schmal und dunkelgrün. Bei uns kann man ersatzweise kleine Gemüsegurken nehmen. — Man schneidet die Gurken der Länge nach durch, nimmt die Kerne heraus, übergießt sie mit kochendem Wasser und läßt sie darin einige Minuten durchziehen. Das Gurkenfleisch kratzt man mit einem scharfwandigen Löffel heraus; nur die äußere Haut soll stehenbleiben. Man hackt es mit einem Wiegemesser fein, desgleichen die Zwiebeln, die Tomaten und die Petersilie. In einer Kasserolle dünstet man diese Zutaten mit den Bauchspeckwürfeln

ITALIEN

und dem Schweinemett an und fügt Salz, Pfeffer und etwas Knoblauchsalz nach Geschmack dazu. Mit dieser Masse füllt man die Gurken, bestreut sie mit Brotkrumen und Käseraspeln, setzt sie auf ein geöltes Ofenblech und backt sie bei mittlerer Hitze 30 Minuten lang. — Dazu möchte ich eine Sardellensauce empfehlen, entweder hergestellt aus Mayonnaise, Essig und Sardellenpaste oder wie im Rezept Seite 45 beschrieben. Außerdem gehören dazu Petersilienkartoffeln und ein Weißwein.

Pfeffer
Knoblauchsalz
1/2 Tasse Brotkrumen
125 g Hartkäse, Öl
Sardellensauce:
Mayonnaise
Essig, Sardellenpaste

Pizza

Weil die Pizza ohne Kunstgriffe schnell herzustellen ist, reizt sie mehr und mehr zur Nachahmung. Der Name ist international bekannt und man kann ihn wohl kaum übersetzen. In Italien wird sie in Steinöfen gebacken und in der Pizzeria zur Spezialität erhoben. Der ursprüngliche Teig besteht nur aus Wasser, Mehl und Salz und schmeckt eigentlich nicht besonders. Er darf nicht hochgehen, selbst wenn er mit Hefe gemacht wird. Ich empfehle Ihnen deshalb Blätterteig aus der Kühltruhe zu verwenden. In diesem Fall den Teig mehrmals durchkneten, damit es nicht zu große Blätter gibt. Ihn dann dünn ausrollen und die Platte noch mit den Händen auseinanderziehen. Damit ein gemehltes Tortenblech belegen, die Kanten gleich abschneiden und umrollen, so daß ein Teigrand entsteht. Für die Hauptsache der Pizza, den Belag, gibt es keine festen Vorschriften. Am bekanntesten ist wohl diese Variation: Streifen von Käsescheiben, Tomatenscheiben, gewässerte Sardellenfilets, Olivenscheiben, Scheiben von gedünsteten Pilzen und Salamischeiben auf den Teigboden legen. Die Anordnung spielt keine Rolle. Darüber den geriebenen Oregano streuen, das Hauptgewürz aller Pizzen. Im heißen Ofen geht der Teig etwas auf und gart. Die Tomaten werden weich, der Käse zerschmilzt und vermischt sich mit dem Oregano. Die Pizza ist fertig, wenn sich der Käse goldbraun gefärbt hat.

1 Paket Blätterteig
aus der Tiefkühltruhe
4 Scheiben
vollfetten Käse
2 Tomaten
8 Sardellenfilets
12 Oliven
8 Champignons
8 Salamischeiben
Oregano

Und hier noch eine Reihe anderer Varianten des Belages, unter denen Sie nach Lust und Laune wählen können (siehe auch Farbfoto Seite 33):
Rindshackfleisch in einer Kasserolle mit Tomatenmark, Zwiebelwürfeln, Fleischextrakt, Sojasauce und geraspelten, rohen Möhren rösten. Aufstreichen und mit halbierten Walnüssen belegen.
Ochsenmark mit braunen Zwiebelscheiben, Maronenpüree und ganzen gerösteten Maronen auflegen.
Gehackten, gedünsteten Spinat (möglichst trocken) mit geriebenem Parmesan, Bauchspeckwürfeln und Zwiebelringen vermischt, auflegen. Darüber Sardellen und schwarze Oliven.
Schmelzkäse mit Sahne und Eigelben verrühren, gehackte Petersilie und ganze Dosen-Champignonköpfe untermischen und aufstreichen.

ITALIEN

Gehäutete, zerschnittene, ausgedrückte Tomaten mit Olivenöl, Zwiebelwürfeln, Paprikapulver und Salz zu einem Mus schmoren. Dieses auf dem Pizzateig verteilen und mit halben, rotgefüllten, grünen Oliven und Filets von gewässerten Salzsardellen belegen.

Käsecreme oder Schmelzkäse mit Sahne zu einer Creme verrühren, diese auf die Teigplatte streichen und randlose Orangenscheiben darauflegen. Einen Fächer Tomatenscheiben im Wechsel mit Käsescheiben auflegen. Sahne und Milch mit Eiern und Zucker verquirlen, mit gebrühten und abgezogenen Mandeln, Korinthen, kandierten, halbierten, roten und grünen Belegkirschen und Zitronatwürfeln vermischen und aufstreichen.

Bei einem weiteren Belag besteht die unterste Schicht aus Vanillecreme. Die zweite aus geschälten Apfelscheiben und Korinthen, die mit flüssiger Butter beträufelt werden.

In Butter Apfelspalten, Korinthen und gemahlenen Zimt schmoren, aufstreichen und mit einem Teigdeckel abdecken. In diesen Luftlöcher stechen, damit der Wasserdampf entweichen kann. — Zur Pizza empfehle ich Ihnen, einen italienischen Rotwein zu trinken, etwa einen Chianti oder Valpolicella.

INSALATA DI FINOCCHIO
Fenchelsalat

6 Fenchelknollen
1 Tasse Weinessig
1½ Teel. Salz
Messerspitze Knoblauchsalz
½ Teel. Pfeffer
1 Tasse Olivenöl
1 Tasse Schinkenstreifen
1 Tasse Apfelscheiben
1 Tasse Orangenwürfel

Man benötigt dazu die dicken »Herzen« der Knollen. Die Knollen säubert man und wäscht sie gründlich. Hierauf schneidet man sie genau wie Zwiebeln in Würfel oder von oben nach unten in hauchfeine Scheiben. Man legt die Stücke oder Scheiben in eine große Salatschüssel, übergießt sie mit Weinessig und bestreut sie mit Salz und Pfeffer. Zuletzt kommt das Öl hinzu. Man mischt einige Male durch und legt darüber Steifen von rohem Schinken, hauchdünn geschnittene Apfelblättchen und obenauf die Orangenwürfel. Erst am Tisch mengt man alles durch. Der Salat sollte sofort serviert werden.

PANZANELLA
Süditalienischer Brotsalat

6 Scheiben Weißbrot (Reste)
1 Knoblauchzehe
Zweig Basilikum
1 Zwiebel
2 Tomaten
Salz, Pfeffer
2 Eßl. Weinessig
4 Eßl. Öl

Die Rinden müssen länger weichen, deshalb schneidet man sie vom Brot ab, überbrüht sie und läßt sie gesondert weichen. Das Brot weicht man in kaltem Wasser ein und drückt es wieder aus, wobei man es zerpflückt und zerreibt. Eine große Salatschüssel, am besten aus Holz, reibt man mit einer Knoblauchzehe aus. Dann streut man Brot und Rinden hinein, frisch gezupfte Basilikumblätter, Zwiebelwürfel, hautlose, zerschnittene Tomaten, Salz und Pfeffer und zuletzt eine Mischung aus Essig und Öl. — Ich reichere diesen Salat noch mit Sellerieknollenscheiben, Chicorée und Gewürzgurken an und garniere ihn mit Scheiben von hartgekochten Eiern.

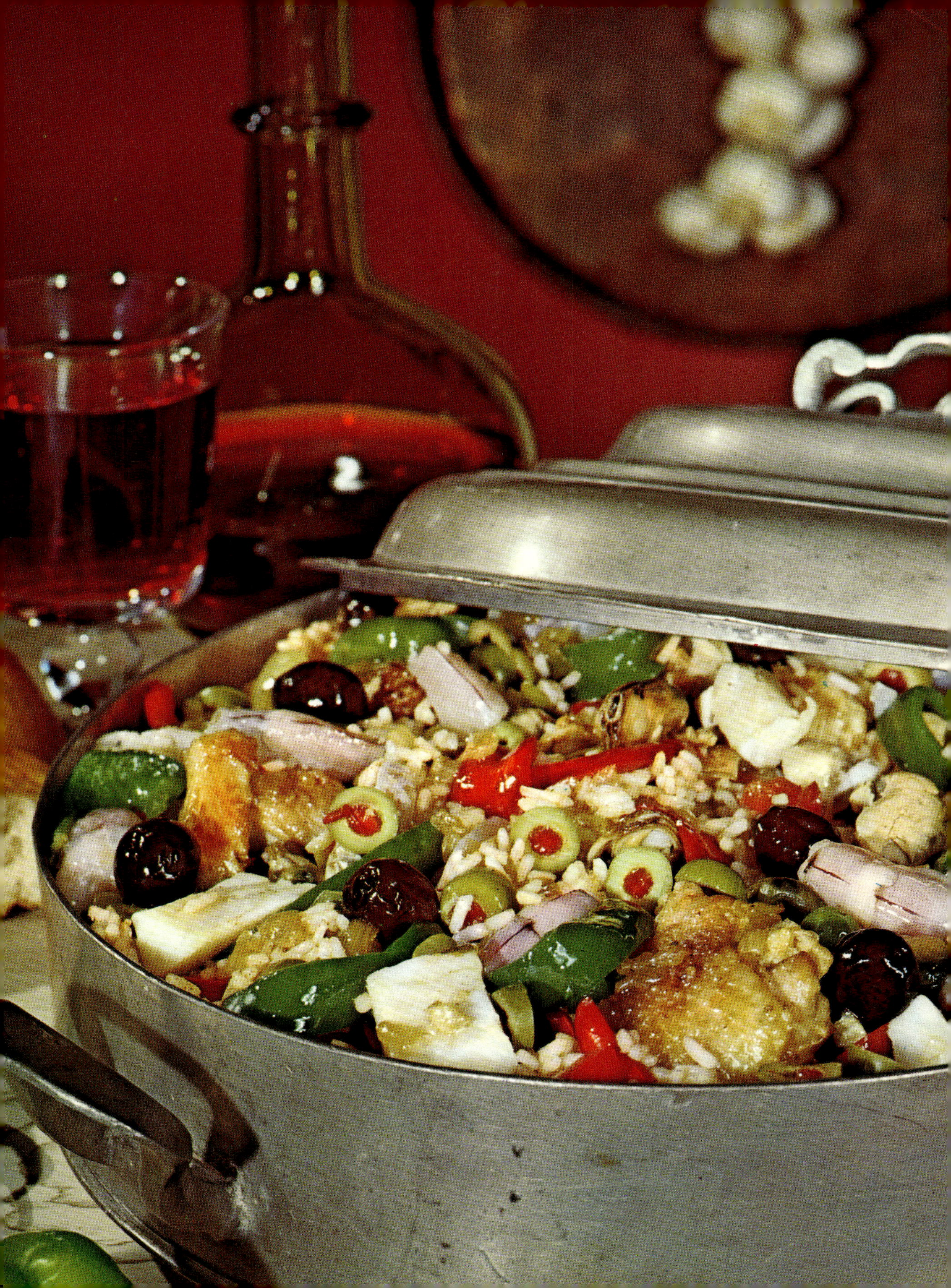

PAËLLA   *Reispfanne*

Die spanischen Küchen sind technisch sehr unterschiedlich ausgestattet. Besonders in den ländlichen Bezirken hält man nicht viel von elektrischen Hilfsmitteln. Man kocht nach Urmütter Sitte auf dem Kohlenherd, die Pfannen und Töpfe hängen an Haken, daneben ein langer Zopf Knoblauchzehen, auf dem Holzbort stehen Ölflaschen, liegen Pfefferschoten, meistens getrocknet, steht ein Glas mit grünen Oliven. Und wenn Paëlla gekocht wird, liegt auf dem Tisch zerteiltes Fleisch, daneben Muscheln, Langustinen, Krabben und eine Schale mit gekochtem Reis. Diese breite bunte Pfanne ist ein Sonntagsessen, und in Restaurants bestellt man eine Paëlla wie bei uns einen Rehrücken oder eine andere Kostbarkeit. Denn der Reis ist durch die vielen Zugaben sehr veredelt und dadurch luxuriös geworden. Die Paëlla ist ein massives Gericht, von dem man höchstens einen Teller essen kann und sollte, wenn man nicht einen ölgewohnten Magen hat. Unser Bild zeigt eine überreiche Variante der Paëlla, serviert in einer alten hochwandigen Tischpfanne aus Zinn. Dahinter schimmert der rote Riojawein in der gelben echt spanischen Glaskaraffe. Bunt und appetitlich ist dieses Gericht, und es schmeckt mittags und abends.

Rezept auf Seite 58

ITALIEN

Käsekuchen — TORTA DI RICOTTA

In das Mehl siebt man Backpulver, Zucker und Salz. Die eiskalte Butter schneidet man in feinen Flocken in das Mehl und zerreibt alles zwischen den flachen Händen. In eine Vertiefung schüttet man vorsichtig Milch und Vanillezucker und verrührt alles langsam mit einer Gabel von innen nach außen. Der Teig soll nur so feucht sein, daß er nicht an der Schüssel klebenbleibt. Man verknetet den Teig etwa zehnmal, indem man mit dem Handballen den Teigkloß flachdrückt und wieder einschlägt. Ein Fünftel des Teiges behält man zurück und rollt den übrigen etwas größer, als der Boden der Tortenform ist, aus. Für die Käsefüllung rührt man alle Zutaten zusammen, streicht sie auf die Teigplatte und zieht die überhängenden Teile zu einem Rand hoch. Das zurückbehaltene Fünftel des Teiges rollt man aus, schneidet daraus Streifen und belegt die Oberfläche kreuzweise damit. 40 Minuten bei etwa 150°C backen.

Teig: 1 1/2 Tassen Mehl
1 Päckchen Backpulver
1/2 Tasse Zucker, Salz
75 g Butter in Stücken
etwa 1/2 Tasse Milch
1 Päckchen Vanillezucker
Creme:
500 g Quark, 4 Eier
1 1/2 Tassen Puderzucker
50 g Korinthen
abgeriebene Zitronenschale
1 Eigelb zum Bestreichen

Weinschaum — ZABAGLIONE

Die Eigelbe schlägt man mit einem Schneebesen cremig, wobei man das Rührgefäß in einen Topf mit kochendem Wasser stellt. Unter weiterem Schlagen kommen Puderzucker und der Marsalawein dazu. Diesen Schaum füllt man in hohe Sektkelche und serviert ihn mit Löffelbiskuits und einer Maraschinokirsche obenauf als Dessert. Ich selbst gebe in den Schaum einige halbierte, entkernte, helle Weintrauben.

6 Eigelb
3 Eßl. Puderzucker
2 Eßl. Marsalawein
Löffelbiskuits
Maraschinokirschen

Weihnachtsluftkuchen — PANETTONE

In lauwarmer Milch verrührt man Zucker, Salz und Butter, daraufhin nach und nach Mehl, Eier und die in lauwarmem Wasser vorher gelöste Hefe. Man schlägt mit einem Holzlöffel den Teig so lange, bis sich Blasen bilden, und läßt ihn dann an einem warmen Ort aufgehen. Wenn der Teig nach einer Stunde luftig und locker ist, knetet man Nüsse, kandierte Früchte, Rosinen, Pinienkerne, Anis und Vanillezucker auf einer gemehlten Unterlage darunter und läßt den Teig weiter bis auf doppelte Größe aufgehen. Dann knetet man ihn wieder klein und formt Kugeln von halber Faustgröße, läßt diese wieder aufgehen und legt sie in Metallringe für Kuchen oder ersatzweise in deckel- und bodenlose Blechkonservendosen. Im heißen Ofen bäckt man sie eine 3/4 Stunde bei 190°C. Die Oberfläche schneidet man nach 30 Minuten mit einem Messer kreuzweise ein, damit sich die »Krone« bilden kann. Wenn der Kuchen obenauf braun ist, kann man zum Nachtrocknen die Ofentür halb offen lassen. Auf diese Weise fällt der Kuchen nach dem Backen nicht zusammen.

1/2 Tasse Milch
1/2 Tasse Zucker
1 Teel. Salz
2 Eßl. Butter
5 Tassen Mehl
2 verquirlte Eier
1/2 Tasse lauwarmes Wasser
30 g Hefe
1/4 Tasse gehackte Nüsse
1/2 Tasse gehackte kandierte Früchte (Kirschen, Feigen)
1/2 Tasse kernfreie Rosinen
2 Eßl. Pinienkerne
1 Teel. Anis, gemahlen
1 Päckchen Vanillezucker

SPANIEN UND PORTUGAL bieten trotz ihrer großen unfruchtbaren Teile eine Fülle herrlicher Agrarprodukte. Die Küste im Osten ist für ihre Orangen- und Zitronenplantagen bekannt. Der Süden mit der kulinarisch wohl interessantesten Landschaft Spaniens, mit Andalusien, produziert Oliven und Olivenöl, das in die ganze Welt verschickt wird, und Sherrywein, der alle Feinschmecker der Erde entzückt. In Malaga wachsen neben unübertroffen süßen Trauben Zuckerrohr, Bananen und Dattelpalmen, deren bittere Früchte sogar in Sevillas Straßen umherliegen. Erst der Entzug der Gerbsäure und das Trocknen der Datteln macht sie eßbar. So ist es auch bei den grünen Oliven, die, unreif vom Baum gepflückt, gallebitter schmecken und erst durch menschliches Zutun und durch eine Fermentation an der Sonne ihr nußartiges, säuerliches Aroma bekommen. Rot gefüllt mit Pfefferschoten ißt man sie zu Cocktails und gebraucht sie in der warmen und kalten Küche.

Zusammen mit Portugal, unter dessen gastronomischen Leistungen uns der Portwein besonders imponiert, produziert Spanien auch in großem Maße Fischkonserven, die aber alle für den Export bestimmt sind. Im Lande selbst verwendet man nur frischen Fisch. Besondere Spezialitäten bereitet man aus Thunfisch und Bonito, vor allem aus den kleinen Exemplaren. Wegen der großen Hitze werden die Fische oft im ganzen gesotten und erkaltet unzerteilt auf den Tisch gebracht. Jeder Tafelgast erhält ein Stück und gießt darüber einige Löffel der köstlichen Mayonnaise. Auch andere Meeresfrüchte gibt es in überreicher Auswahl, stets frisch, und anstelle unserer Würstchen kauft man sich auf der Straße eine Tüte voll ölgebackenen kleinen Fischchen oder ölgebackenen Tintenfisch-Ringen.

Spaniens und Portugals Küchen verwenden viel Knoblauch. Daran muß sich jeder Tourist gewöhnen. Auch das köstliche Olivenöl wird er nicht meiden können, denn Butter erhält er nur zum ersten Frühstück. Vor der fetten Mayonnaise hüte man sich am Anfang eines Spanien-Aufenthaltes, die, wenn sie auch sehr gut schmeckt, mit unseren Industrieprodukten nicht zu vergleichen ist und ausgezeichnet zu den Fisch- und Gemüsegerichten paßt.

Eine Welt für sich ist Madrid. Die Restaurants, räumlich selten groß, bieten Erlesenes. Hier kann man in raffinierterer Form all die berühmten Nationalgerichte Spaniens genießen: reiche Eintopfgerichte aus Gemüsen, Fleisch, Fisch; die schon erwähnten Fisch-Spezialitäten mit köstlichen Saucen; die raffinierten Salate; die süßen üppigen Desserts.

Der rauhen, aber doch zugleich blumigen Sprache entsprechen die wohl scharfen, aber doch lieblichen Speisen, die herben, aber doch vollmundigen Weine — wie Spanien und Portugal ja überhaupt Länder voll starker Gegensätze sind. Von den Weinen sind besonders die weißen und roten Riojaweine berühmt, deren Spitzenvertreter in den exklusiven Hotels und Restaurants der Hauptstadt mit Vorliebe getrunken werden. Der Export dieser hervorragenden Weine ist bis heute leider noch sehr gering.

Spanien Portugal

SPANIEN PORTUGAL

ENSALADA ANDALUCIA

*2 Tassen Langkornreis
Salz, 2 rote Pfefferschoten
2 Tomaten, 10 grüne Oliven
1 Salatkopf, 1 Tasse Scampi
oder Krabben, Petersilie
Marinade:
1 Tasse Weinessig, 1 Tasse
Olivenöl, ½ Tasse
Schnittlauch, 1 zerdrückte
Knoblauchzehe, Salz, Pfeffer
1 Eßl. zerdrückte
Minzeblätter, Zucker*

Andalusischer Salat

Diesen andalusischen Salat empfehle ich Ihnen als Vorgericht für einen heißen Tag. — Den Reis in schwach gesalzenem Wasser kochen, bis er fast weich ist. Dann abgießen, mit kaltem Wasser überspülen und in einem Sieb zum Abtropfen beiseite stellen. Die Pfefferschoten, Tomaten und Oliven entkernen und alles in feine Streifen schneiden. Den Kopfsalat waschen und zum Trocknen in ein Sieb hängen. Anreichern können Sie den Salat mit einigen Krabben oder Scampi aus der Dose oder Kühltruhe. Alles zusammen, auch die Petersilie, in eine Salatschüssel legen. Darüber kommt eine Salatsauce aus Essig, Öl, Schnittlauch, Knoblauchzehe, Salz, Pfeffer und Minzeblättern. Alles gut zusammenrühren und dabei etwas zerdrücken, so daß sich alles leicht sämig bindet. Die Prise Zucker nimmt dem Essig die Schärfe. Den fertigen Salat dann 10 Minuten in den Kühlschrank stellen, damit die Sauce gut durchdringt.

ENSALADA VALENCIANA

*1 rote Pfefferschote, 1 rote
Paprikaschote, 3 Orangen
1 Eßl. Oliven, entkernt, rot
gefüllt, 1 Chicoréestaude
1 großer Kopfsalat
1 Knoblauchzehe
2 hartgekochte Eier, Salz
Pfeffer, 5 Eßl. Öl, 2 Eßl.
Essig, 1 Prise Zucker
⅛ l saure Sahne*

Salat aus Valencia

Die entkernten Pfeffer- und Paprikaschoten, die Orangen, Oliven und den Chicorée in feine Streifen schneiden. Den Kopfsalat waschen und die zerzupften Blätter zum Trocknen an die Luft hängen. Am besten in einem durchlässigen Tuch, wenn Sie keinen Salatdrahtkorb besitzen. Eine Schüssel mit der Knoblauchzehe ausreiben und wechselweise alle Zutaten hineinlegen. Aus hartgekochten, zerdrückten Eigelben, Salz, Pfeffer und dem tropfenweise hinzugegebenen Öl eine Mayonnaise rühren und zuletzt den Essig dazugeben. Zum Schluß mit Zucker den Geschmack abrunden und die halbsteif geschlagene Sahne zufügen. Wenige Minuten vor dem Anrichten die Sauce über den Salat gießen und ihn erst bei Tisch durchmischen. — Eine nahrhafte und sättigende Vorspeise.

Artischocken mit Knoblauch

*1 Dose Artischockenböden
1 Kopfsalat, 4 hartgekochte
Eier, 1 Dose Thunfisch
5 Knoblauchzehen, 2 Eßl.
Olivenöl, Salz, Pfeffer
1 Eßl. Zitronensaft, Zucker
2 Eßl. gehackte Dillblätter*

Die fertig zubereiteten Artischockenböden aus Dosen auf Kopfsalatblättern nebeneinander anrichten. Darauf zerschnittene Eier und zerflocktes Thunfischfleisch schichten und die nachstehend beschriebene Sauce darübergießen. Die zerdrückten Knoblauchzehen mit den drei zurückbehaltenen hartgekochten Eidottern verrühren und mit dem tropfenweise dazugegebenen Öl unter fleißigem Rühren zu einer Art Mayonnaise verarbeiten. Mit dem Elektromixer geht das sehr schnell. Mit Salz, Pfeffer und Zitronensaft den Geschmack abrunden; Zucker und Dillblätter nach Belieben. Über jeden Artischockenboden einen Eßlöffel Sauce gießen. — Toast und Butter und einen trockenen spanischen Riojawein zu diesem Vorgericht reichen.

SPANIEN PORTUGAL

Knoblauch-Kaltschale

GAZPACHO

Es handelt sich um eines der meistgegessenen Gerichte in Spanien. Leider sind Nordeuropäer gegen Knoblauch allergisch, aber bei diesem Gericht gibt es kein Entrinnen. — Die Knoblauchzehen schälen und mit den Mandeln pürieren, am besten im Elektromixer, wobei man etwas Bouillon zugießt. Diese flüssige Masse in eine Suppenterrine schütten, mit Wasser und Milch aufgießen und mit Salz, Essig, Pfeffer und Zucker abschmecken. Die Gazpacho (sprich Gaspatscho) soll leicht sämig gebunden sein, was im wesentlichen die Mandeln bewirken. Darüber Weißbrotscheiben, rote und grüne Paprikaschoten, Tomatenfruchtschale und Petersilie streuen. Bei Tisch erst diese Garnierung unter die eisgekühlte, rohe Suppe mischen.

12 Knoblauchzehen, 250 g geschälte, süße Mandeln
2 Tassen kalte Rindfleischbouillon, 1 l Wasser
1/2 l Milch, Salz, Essig
Pfeffer, Zucker, 2 Weißbrotscheiben o. Rinde, 2 rote Paprikaschoten, 2 grüne Paprikaschoten, 2 Tomaten
2 Eßl. Petersilie

Galicische Bauernsuppe

CALDO GALLEGO

Die Bohnenkerne eine Nacht lang einweichen. Das Wasser am anderen Tag abgießen und die Bohnen mit neuem Wasser, Knochen, Salz und Paprikaschotenstreifen aufs Feuer setzen. Etwa 60 Minuten kochen lassen. Danach die feinen Weißkohlstreifen, Kartoffelwürfel, Mehlbutter und gekörnte Brühe dazugeben. Mit einem Holzlöffel gründlich umrühren, damit sich die Mehlbutter löst, und die Suppe weitere 30 Minuten lang kochen. Darüber noch gehackte Petersilie und gewiegte Tomaten streuen.

500 g weiße Bohnenkerne
1 Schinkenknochen, Salz
2 Paprikaschoten
1/2 Weißkohlkopf, 5 Kartoffeln, 50 g Butter und 1 1/2 Eßl. Mehl, 1 Eßl. gekörnte Brühe
2 Eßl. Petersilie, 2 Tomaten

Seezungen mit Artischocken

LENGUADO CATALANA

Zuerst kocht man die Artischocken in viel Salzwasser und entfernt die äußeren Blätter mit dem dicken Blattstiel und die dünnen, so daß nur die Böden übrigbleiben. Eine feuerfeste Auflaufform mit Butter ausstreichen, die Artischockenböden hineinlegen und darauf eine Schicht gebräunter Zwiebelwürfel streuen. Auf jeden Artischockenboden senkrecht hochstehend ein zusammengedrehtes Seezungenfilet stellen; mit einem eingesteckten Holzzahnstocher können Sie es festhalten. Dann in die gerollten Filets gehackte Champignons stopfen, die vorher in der Pfanne mit Knoblauchsalz, Petersilie und Öl angebraten wurden. Darüber eine weiße Sauce löffeln, die so zubereitet wird: Mehl und Butter verkneten und in das kochende Artischocken-Kochwasser einrühren, damit sich das Wasser verdickt. Dann Sahne und Eigelbe darunterrühren und schaumig schlagen. Zum Schluß die Sauce mit Salz, Paprikapulver und geriebenem Käse abschmecken. Im Ofen das Gericht bei starker Oberhitze überbacken, bis sich eine goldbraune Haut bildet. Dann sind auch die Filets gar. — Kopfsalat und Pommes frites oder Kartoffelbrei passen zu diesem exquisiten Gericht.

8 Artischocken, Salz, Butter für die Form, 2 Tassen Zwiebelwürfel, Öl zum Braten, 8 Seezungenfilets
1 Tasse Champignons
1/2 Teel. Knoblauchsalz
1 Eßl. gehackte Petersilie
2 Eßl. Öl
Sauce:
2 Eßl. Mehl
75 g Butter
1/2 l Artischockenwasser
1/2 Tasse Sahne, 2 Eigelbe
Salz, Paprikapulver
3 Eßl. geriebenen Käse

Gebackener Fisch mit Bananen

1 kleinen, ganzen Schellfisch
1 Tasse Olivenöl
Salz, Pfeffer
2 Eßl. gehackte Petersilie
Butter für das Blech
Masse:
2 reife Bananen
2 Tomaten, 10 grüne rotgefüllte Oliven
2 Eßl. Zwiebelwürfel
50 g Butter
1/2 Teel. Zucker
1 Tasse geriebenen Käse

Ein anspruchsvolles Gericht für einen festlichen Tag. Bei der Zusammenstellung der Zutaten macht sich die Nähe Nordafrikas zu Spanien bemerkbar. — Vom Schellfisch Kopf und Flossen abschneiden, ihn ausnehmen, waschen und am Rücken der Länge nach aufspalten. Das macht man mit einem großen Aufschnittmesser, indem man von der Kopfseite her immer an der Hauptgräte entlangschneidet. Die beiden Innenseiten mit Öl bestreichen, salzen, pfeffern und mit gehackter Petersilie bestreuen. Den Fisch auf ein gebuttertes Blech legen, mit Pergamentpapier bedecken und im Ofen backen. Inzwischen die angegebenen Zutaten für die Masse in Würfel oder Scheiben schneiden und mit der Butter 5 Minuten lang unter ständigem Umrühren dünsten. Nach 30 Minuten Backzeit das Pergamentpapier vom Fisch entfernen und ihn mit dieser Masse bestreichen. Darüber geriebenen Käse streuen und das Gericht weitere 15 Minuten bei starker Oberhitze backen. — Dazu schmecken Gurken-, Tomaten-, Sellerie- und Endiviensalat und körniger Reis, mit grünen Erbsen vermischt.

PESCADO ESPANOL — Fisch auf spanische Art gebacken

4 Portionen-Filets (Goldbarsch, Schellfisch, Rotzunge)
Salz, Paprikapulver
Cayennepfeffer, Muskatnuß
2 Tassen Olivenöl, 2 Tassen Zwiebelscheiben, 2 zerriebene Knoblauchzehen, 2 Eßl. Pfefferschotenstreifen, 1 Tasse fette Schinkenwürfel, 4 Sardellenfilets, 8 Tomatenscheiben, 1/2 Tasse Schnittlauch
1/2 Tasse Champignons, 2 Glas Bordeauxwein, 50 g Butter

Die Filets waschen und mit einem Tuch trocken reiben. Diese dann mit Salz, Paprikapulver, Cayennepfeffer und Muskatnuß einreiben. In einer breiten Pfanne das Olivenöl erhitzen, darin Zwiebeln, Knoblauchzehen, Pfefferschotenstreifen und Schinkenwürfel rösten. Nach 5 Minuten die Fischfilets dazu legen. Nach dem ersten Umdrehen auf jedes Filet ein gewässertes Sardellenfilet, darauf zwei Tomatenscheiben, mit gehacktem Schnittlauch bestreut, und Champignonscheiben legen. Darüber den Wein gießen und die Pfanne zudecken. Im heißen Ofen bei 220°C soll das Gericht 25 Minuten lang backen, wobei der Pfanneninhalt ziemlich trocken wird. Den gebackenen Fisch noch mit heißer Butter beträufeln und mit körnigem Reis und frischem Gemüsesalat servieren. — Als Getränk paßt ein Weißwein am besten, etwa ein frischer, leichter Mosel oder ein trockener spanischer Wein.

PAELLA — Reispfanne

Farbfoto Seite 51

2 Tassen Langkornreis
4 Tassen span. Olivenöl
2 Tassen Zwiebelwürfel
4 Knoblauchzehen
2 Tomaten

Das ist das spanische Nationalgericht, und es gibt kein Restaurant auf der iberischen Halbinsel, wo Sie etwa nicht eine Paella bestellen können. Für die Bereitung werden sehr breite Bratpfannen mit halbhohem Rand und zwei Griffen an den Seiten verwendet. Die Pfannen sind immer beängstigend voll, so daß das nötige Umrühren viel Mühe bereitet. Warum man die

Paellapfanne so randvoll macht, konnte man mir in keiner Küche sagen. — Den Reis mit viel Wasser körnig vorkochen, er soll aber noch nicht weich sein. Das Öl erhitzen und dazu Zwiebelwürfel, dann Knoblauchscheiben und Tomaten, ferner die Huhn-, Kalb- und Schweinefleischwürfel geben. Nachdem alles gut vermischt und angebraten ist, kommen die Langustinenschwänze und die gekochten, ausgebrochenen Miesmuscheln darauf und danach der Reis. Immer wieder umdrehen, damit alles ölfettig wird. In spanischen Küchen steht neben der Paellapfanne die Ölflasche und man gießt immer wieder frisches Öl nach. Salz, Paprikapulver, Pfeffer, Majoran, Thymian, Petersilie, Zitronensaft, Olivenscheiben, Erbsen und Paprikaschotenstreifen unterrühren, so daß ein bunter Reisberg entsteht. Diese Pfanne auf den Tisch bringen, garniert mit vielen Langustinenschwänzen und Muscheln (vorher reserviert), Zitronenvierteln, Eischeiben, Tomatenvierteln und so weiter.

je 250 g Würfel von gekochtem Huhn, gebratenem Kalb- und Schweinefleisch
12 Langustinenschwänze
500 g Miesmuscheln
je 1/2 Teel. Salz, Paprikapulver, Pfeffer, Majoran Thymian, 2 Eßl. Petersilie
1 Eßl. Zitronensaft
3/4 Tasse grüne Oliven
1 Tasse gekochte Erbsen
1 Tasse rote und grüne Paprikaschotenstreifen

Ochsenfiletscheiben mit Madeira

Die ziemlich dünnen Filetscheiben in ein flaches Geschirr legen, mit Zwiebelwürfeln und Knoblauchsalz bestreuen und etwas Madeirawein und das Olivenöl darübergießen. Nach 5 Stunden Flüssigkeit und Zwiebeln abstreifen und die Filets in einer trockenen Pfanne beidseitig braun braten. Das anhaftende Öl genügt zum Braten. Sie nun warm stellen und mit Petersilie und geschälten, zerschnittenen, gewärmten Tomaten belegen. Die Marinade in einer Pfanne erhitzen, mit dem Rest Madeirawein und dem Fleischextrakt versetzen und mit Paprikapulver würzen. Die Sauce etwas einkochen lassen und dann über die Filetscheiben gießen. — In Spanien reicht man dazu körnigen, in der Pfanne gebratenen Reis; es passen aber auch Butterkartoffeln dazu.

8 dünne Rindsfiletscheiben
1 Tasse feine Zwiebelwürfel
1/2 Teel. Knoblauchsalz
1/2 Tasse Madeirawein
1 Tasse Olivenöl
1 Tasse gehackte Petersilie
4 Tomaten
1 Eßl. Fleischextrakt
1 Eßl. Paprikapulver

Madrider Ragout — CICIDO MADRILENA

Die Fleisch- und Schinkenwürfel mit den Zwiebelscheiben im Olivenöl anbraten. Dann mit Wasser ablöschen, die Markknochen und die geweichten Trockenerbsen zufügen und alles in schwach gesalzenem Wasser kochen. Den Schaum, der sich auf der Oberfläche durch das austretende Eiweiß bildet, mit der Kelle abschöpfen. Nach einer Stunde Kochzeit das feingeschnittene Gemüse, die Paprikaschotenstreifen, die Knoblauchscheiben und Kartoffelwürfel einlegen und die Knochen entfernen. Das Mark bleibt aber im Gericht. Nun noch die Kochwürstchen, die grünen Bohnen und Tomatenscheiben dazugeben. Das Gericht soll jetzt noch 20 Minuten kochen. Dabei verdampft etwas Wasser, das Ragout soll aber immer noch flüssig sein. — Dazu ißt man trockenen, körnigen Reis.

500 g Ochsenbrust
125 g rohen Schinken
5 Zwiebeln, 1 Tasse Olivenöl
3 Markknochenscheiben
2 Tassen Trockenerbsen, Salz
2 Tassen Gemüse der Jahreszeit, 2 rote und 2 grüne Paprikaschoten, 5 Knoblauchzehen, 5 Kartoffeln, 8 kleine Schinkenwürste, 250 g grüne Bohnen, 5 Tomaten

SPANIEN PORTUGAL

Sevilla-Kalbsfilet

MEDALLONES DE TERNERA A LA SEVILLANA
*1 oder 2 Kalbsfilets
Salz, Pfeffer, Mehl
3 Eßl. Olivenöl
2 Orangen
8 Sardellenfilets
Saft einer Orange
Zucker
2 Salatköpfe*

Das Filet in dicke Scheiben schneiden und diese nur wenig breit drücken, nicht klopfen. Sie dann salzen, pfeffern und in Mehl drehen. So vorbereitet, die Scheiben beidseitig in Olivenöl braun braten. Die zwei Orangen schälen und in dicke Scheiben schneiden. Auf jedes Kalbsfilet eine Orangenscheibe und ein Kreuz von gewässerten Sardellenfilets legen. Den Bratensatz mit Orangensaft ablöschen und mit Zucker würzen. Eine Platte mit Salatblättern belegen und darauf die fertigen Kalbfleischfilets anrichten. Den Bratensaft darübergießen und das Gericht mit gebackenen Kartoffelscheiben servieren.

Kalbsschnitzel auf spanische Art

CHULETAS DE TERNERA A LA ESPANOLA
*4 Kalbsschnitzel, 2 Eßl. Öl
Salz, Pfeffer, 100 g Mandeln
50 g Haselnüsse, 2 Eßl. geriebene, bittere Schokolade
Messerspitze Zimt
Messerspitze Nelken
2 Eßl. Tomatenmark
³/₄ Tasse herben Weißwein
100 g Butter, 2 Zwiebeln
4 gekochte Schinkenscheiben*

Die Kalbsschnitzel in Öl auf beiden Seiten anbraten und danach, mit Salz, und Pfeffer bestreut, warm stellen. Die Mandeln kurz in Wasser kochen und dann abschälen. Sie zusammen mit den Nüssen nicht zu fein hacken und mit Schokolade, Zimt und Nelken mischen. Das Tomatenmark mit dem Wein verdünnen. Die Zwiebelscheiben in Butter glasig dünsten, das Tomatenpüree dazurühren, dann die Schokoladen-Nußmasse und alles einmal aufkochen lassen. Jedes Schnitzel mit einer gleichgroßen Schinkenscheibe belegen und die heiße Sauce darübergießen. — Körniger Reis und Salate sind die Beilagen, Rotwein oder trockener spanischer Weißwein die Getränke.

Kalbfleischfrikassee à la Cordoba

TERNERA CORDOBEZA
*750 g schiere Kalbsschulter
3 Zwiebeln, 2 Knoblauchzehen, 2 Tassen Olivenöl
500 g Tomaten
3 rote Paprikaschoten
Salz, Pfeffer
1 Teel. Paprikapulver
1 Tasse Rotwein
1 Tasse grüne Erbsen
4 Eßl. Oliven, zerschnitten*

Das Kalbfleisch von Häuten und Sehnen befreien und in mundgerechte Stücke schneiden. Wenn Sie Fleisch mit Knochen gekauft haben, lösen Sie die Knochen sauber aus, zerschlagen sie mit einem Küchenbeil und verwenden sie für eine Suppe oder zum Anrösten einer braunen Bratensauce. Die Fleischwürfel mit den Zwiebelscheiben und Knoblauchscheiben im Olivenöl anrösten. Dazu kommen die geschälten, zerschnittenen Tomaten und die Streifen der entkernten Paprikaschoten. Dann soviel Wasser angießen, daß alles im Topf bedeckt ist. Mit Salz, Pfeffer, Paprikapulver und Rotwein würzen und Erbsen und Oliven dazugeben. Das Gericht 45 Minuten lang schmoren lassen, am besten zugedeckt im heißen Ofen. — Reichen Sie dazu Reis und gedünstete, grüne Bohnen.

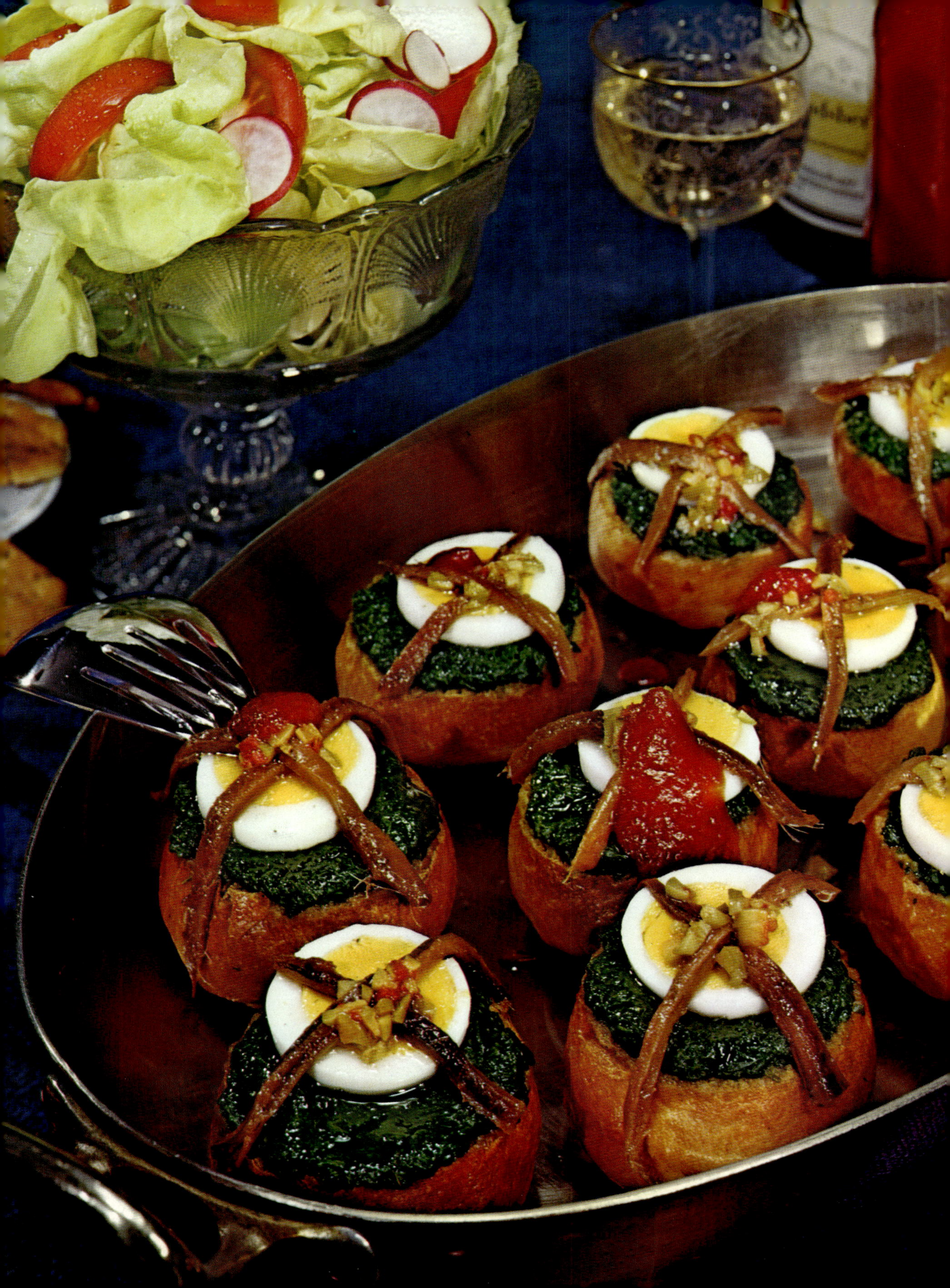

PORTUGIESISCHE SPINATBRÖTCHEN

Eigentlich gehört Spinat nicht zu den bevorzugten Rohstoffen der iberischen Küche. Aber diese Törtchen machen eine Ausnahme. Spinat läßt sich sehr mannigfach variieren. Versuchen Sie einmal, gedünsteten und rohen Spinat gemischt zu servieren; oder geriebenen Käse unter den lauwarmen oder mäßig heißen Spinat zu mischen. Ein solcher Spinat eignet sich für Füllungen in Brötchen, aus denen der weiche Kern entfernt wurde (unser Bild). Oder auch als Füllung von dünn gebackenen Eierkuchen, von halbierten Tomaten, die mit dem Spinat weich gedünstet werden können, von kleinen Gurken, die man halbiert, die Kerne entfernt und ebenfalls mit dem Spinat weich dünstet, von Auberginenhälften. Scheiben von hartgekochten Eiern, Oliven, Streifen von Paprikaschoten oder von gewässerten Sardellenfilets bilden optische und geschmackliche Garniturmöglichkeiten.

Rezept auf Seite 66

SPANIEN PORTUGAL

Nieren und Schinken

RINONES CON JAMON

Die Kalbsnieren von dem Fett befreien, enthäuten und in dünne Scheiben schneiden. Diese mit Salz bestreuen und 20 Minuten stehen lassen. Dann wieder abwaschen, abtrocknen, mit Pfeffer bestäuben und in Mehl drehen. Die Hälfte Nierenfett in feine Würfel schneiden und in einer Pfanne auslassen. Darin die Nierenscheiben anbraten, nach 5 Minuten die Zwiebelscheiben und die zerdrückte Knoblauchzehe dazugeben, ferner Salz, Paprikapulver, Cayennepfeffer und gewiegte Oliven. Alles gut umrühren, damit auch die Zwiebeln bräunen. Das Tomatenmark mit Sherrywein verrühren und darübergießen; die Flamme sehr klein stellen, damit die Flüssigkeit nicht mehr kocht. Dazu die Schinkenstreifen mischen, die darin nur warm zu werden brauchen. — Aus körnigem Reis einen weiten Rand formen, das Nierengericht hineingießen und mit Eihälften und Zitronenvierteln garnieren.

500 g Kalbsnieren
Salz, Pfeffer, Mehl
2 Zwiebeln
1 Knoblauchzehe
Salz, Paprikapulver
Cayennepfeffer, 1 Tasse
kernlose, grüne Oliven
2 Eßl. Tomatenmark
1 Glas Sherrywein
1 Tasse gekochte Schinkenstreifen, hartgekochte Eier
1 Zitrone

Portugiesische Koteletts

In Olivenöl die Zwiebelwürfel glasig dünsten, dazu die geschnittenen Tomaten und das Tomatenmark mischen. Nach 30 Minuten ist die Masse fein verkocht und kann durch ein Sieb gestrichen werden. Das Stärkemehl mit Bouillon anrühren, damit die Sauce dicken und sie abschmecken mit den angegebenen Gewürzen. Die Koteletts im Grill oder in der Pfanne braten und sie dann mit der Sauce übergießen. Geriebenen Käse darüberstreuen und das Gericht unter der Grillschlange oder im heißen Ofen überkrusten. — Auf die gleiche Weise können Sie auch Hammelkoteletts, Kalbssteaks oder Kalbsrippchen zubereiten. Dicke Stücke dafür verwenden und sie nur wenig klopfen. — Blumenkohl, grüne Bohnen und Erbsen, in Butter geschwenkte Kartoffeln und ein Rotwein aus Spanien passen am besten dazu.

4 Eßl. Olivenöl, 2 Tassen
Zwiebelwürfel, 4 Tomaten
2 Eßl. Tomatenmark, 1 Eßl.
Stärkemehl, 1/2 l Bouillon
Salz, Paprikapulver
Cayennepfeffer
2 Eßl. feingewiegte Oliven
1/2 Teel. Knoblauchsalz
1 Eßl. Essig, 1 Teel. Zucker
4 Schweinskoteletts
1 Tasse geriebenen Käse

Grüne Bohnen mit Tomaten

JUDIAS VERTES

Die Bohnen putzen und unzerbrochen in einem Topf mit heißem spanischem Olivenöl dünsten, zusammen mit den zerdrückten Knoblauchzehen und den Zwiebelscheiben. Damit die Bohnen nicht zerbrechen, nicht umrühren, nur den Topf schütteln und warten, bis die Bohnen sich zu bräunen beginnen. Dazu kommen dann die zerschnittenen Tomaten, die Petersilie, der Schnittlauch und Salz. Sollte nicht genügend Sauce entstehen, mit etwas Bouillon verdünnen. Die Garzeit beträgt ab jetzt noch 15 Minuten. Die Schinkenstreifen dann darin nur noch anwärmen und zum Schluß mit Oregano und Paprikapulver das Gericht würzen. — Gegessen wird es mit Butterkartoffeln.

500 g junge Bohnen
4 Eßl. Olivenöl
2 Knoblauchzehen
2 Zwiebeln, 500 g Tomaten
1 Eßl. gehackte Petersilie
1 Eßl. gehackten Schnittlauch
Salz, eventuell Bouillon
200 g gek. Schinkenstreifen
1 Messerspitze Oregano
1 Messerspitze Paprikapulver

63

FABADA

*500 g weiße, kleine Bohnen-
kerne, Salz
250 g feine, grüne Bohnen
1 Tasse Olivenöl, 4 Zwiebeln
2 Knoblauchzehen
750 g Schweinenacken
½ Teel. gemahlenen Pfeffer
4 Eßl. Tomatenmark
12 Hartwurstscheiben
½ Tasse gehackte Estragonblätter*

Grüne Bohnen mit Schweinefleisch

Über Nacht die Bohnenkerne einweichen und sie am anderen Morgen mit neuem Wasser eine Stunde lang in Salzwasser kochen. Die grünen Bohnen putzen, brechen und in Salzwasser 25 Minuten lang kochen. In der Zwischenzeit mit Öl die Zwiebelscheiben und Knoblauchzehen anrösten, dann dazu Fleischwürfel, Salz, Pfeffer, Tomatenmark und Wurstscheiben mischen und schließlich die Bohnenkerne dazugeben. Gründlich umrühren und darüber die gekochten, grünen Bohnen verteilen. Das Gericht mit gehackten Estragonblättern bestreuen und erst wieder bei Tisch durchrühren. Sie können auch noch zerlassene Bauchspeckwürfel darübergeben, wie es oft in Spanien geschieht. — Dazu passen Butterkartoffeln und Weißwein oder noch besser Bier.

ISCAS

*750 g Lammleber
Salz, Paprikapulver, Mehl
8 Scheiben Bauchspeck
2 Eßl. Öl
2 Zwiebeln
2 Tomaten
1 Tasse Weißwein
2 zerrieb. Knoblauchzehen
½ Tasse Olivenöl
½ zerriebenes Lorbeerblatt
1 Prise Zucker*

Lammleber mit Speck gebraten

Die Leber enthäuten, alle harten Stellen ausschneiden und dann in flache, breite Streifen schneiden, indem man das Messer schräg zum Leberstück ansetzt. Die Streifen salzen, mit Paprikapulver bestäuben, einzeln in Mehl wälzen und anbraten. Auch die Bauchspeckscheiben anrösten. Eine feuerfeste Form mit Öl auspinseln, mit Zwiebelscheiben belegen, darauf die Leber- und Bauchspeckscheiben und die Tomatenscheiben schichten. Darüber eine Mischung aus Weißwein, Knoblauch, Öl, Lorbeerblatt, Salz und Zucker gießen. Das Gericht mit Pergamentpapier abdecken und 30 Minuten lang im heißen Ofen durchziehen lassen. Dabei sollte ein Teil Flüssigkeit verdampfen, so daß die Sauce nicht mehr mit Mehl gebunden zu werden braucht. — Dazu körnigen Reis und Kopfsalat servieren.

POLLO A LA PEPITORIA

*1 Huhn
4 Eßl. Schweineschmalz
4 Zwiebeln
2 Knoblauchzehen
1 Eßl. Mehl, 1 Tasse Wasser
½ Tasse Wein
Salz, Pfeffer
50 g Bauchspeckwürfel*

Huhn auf besondere Art

Das Huhn in acht Portionsstücke zerlegen, diese in einer Pfanne mit Schweineschmalz anbraten und dann warmstellen. Dafür am besten das Backrohr heizen und die Tür einen Spalt offen lassen. In dem verbliebenen Schweineschmalz dann die Zwiebelwürfel und Knoblauchzehen hellbraun anbraten, mit Mehl bestäuben, mit Wasser und Wein löschen und mit Salz und Pfeffer abschmecken. In dieser Sauce das Huhn schmoren lassen, bis es gar ist. Das dauert etwa 30 Minuten. Dann die Huhnstücke mit einer Gabel herausstechen und die Sauce durch ein Sieb gießen. Zur

SPANIEN PORTUGAL

Sauce gebratene Bauchspeckwürfel, geriebene Mandeln, gehackte Kräuter und gekörnte Brühe mischen. Die Huhnstücke wieder hineinlegen und das Gericht mit Reis oder Bratkartoffeln servieren.

50 g Mandeln
2 Eßl. gemischte Kräuter
1 Teel. gekörnte Brühe

Ente aus Sevilla
PATO SEVILLA

Die Ente ausnehmen, innen und außen salzen und nach gewohnter Art mit etwas Wasser im Ofen braten. Das dauert bei mittelschweren und nicht zu fetten Enten 50 Minuten. Von der Orange das Gelbe abschälen und diese dünne Schale in hauchfeine Streifen schneiden. Das Stärkemehl mit dem Orangensaft und der Bouillon verrühren und damit den kochenden Bratensaft andicken. Den Zitronensaft, die Orangenstreifen sowie den Sherrywein und die halbierten, kernlosen Weintrauben zu der Sauce geben und sie mit Salz und Paprikapulver abschmecken. Die Ente entweder ganz servieren oder schon geviertelt; die Stücke aber dann in der Sauce noch einmal heiß werden lassen. — Dazu passen Kartoffelbällchen, aus Brei geformt und in der Pfanne gebraten.

1 Ente
Salz
1 Orange
2 Eßl. Stärkemehl
2 Tassen Bouillon
Saft einer halben Zitrone
1 Glas Sherrywein
125 g Weintrauben
Paprikapulver

Andalusische Eier
HUEVOS ANDALUCIAS

In einer breiten Pfanne mit Öl Schinkenscheiben, Knoblauch- und Zwiebelscheiben braun braten. Das Gemüse dazugeben, mit Bouillon angießen und alles einige Zeit dünsten. Dazu kommen die Wurstscheiben, die darin warm werden sollen. Schließlich die Eier aufschlagen und auf die Masse legen, damit sie als Spiegeleier im mittelheißen Ofen (140—160°C) fest werden. Darüber Streifen von Paprikaschoten und Scheiben von Oliven legen und die andalusischen Eier mit Weißbrot servieren. Die Hartwurstscheiben ersetzt man in Spanien oft durch die Miniatur-Bratwürstchen, chipolatas genannt.

1 Tasse Olivenöl
125 g gekochten Schinken
2 Knoblauchzehen, 4 Zwiebeln, 1 Tasse verschiedenes kleingeschnittenes Gemüse
3 Eßl. Rindfleischbouillon
12 Hartwurstscheiben, 8 Eier
rote Paprikaschoten
12 Oliven

Spanische Törtchen
TORTILLA ESPANOLA

Fertigen Blätterteig in kleine, runde Förmchen drücken und ohne Füllung vorbacken. In einer Kasserolle Tomatenmark mit Öl, Zwiebeln, Schinken, Zunge, Erbsen und Pfefferschoten mischen und erhitzen, bis eine musige Masse entsteht, mit der die Törtchen gefüllt werden. Dann die Eier mit Salz und Paprikapulver verquirlen und die gefüllten Törtchen randvoll damit aufgießen. Im Ofen bei 180°C alle Törtchen braun backen. — Dazu Kopfsalat und Rotwein servieren.

1 Paket Blätterteig, 4 Eßl. Tomatenmark, 1 Tasse Öl
je 1 Tasse Zwiebelwürfel Schinken, Zungenstreifen
1/2 Tasse grüne Erbsen
1/2 Tasse Pfefferschotenwürfel
4 Eier, Salz, Paprikapulver

SPANIEN PORTUGAL

Gebackene Fleischbrötchen

PANDORAS

4 längliche Brötchen
500 g Hackfleisch (halb Schwein, halb Rind)
Salz, Pfeffer
Paprikapulver
Cayennepfeffer
2 Eßl. gehackt. Schnittlauch
2 Eßl. Majoranblättchen
1 Tasse Zwiebeln
Porree, Möhren
2 Knoblauchzehen
50 g Butter

Hier ein spanisches Rezept für einen kleinen Imbiß oder eine kleine Abendmahlzeit. — Der Länge nach die Brötchen halbieren und das weiche Innere aushöhlen. Diese Krumen mit Wasser übergießen. Das Hackfleisch mit Gewürzen, Kräutern, Gemüse und den ausgedrückten Krumen vermischen. Zerriebene Knoblauchzehen in Butter erhitzen und in die ausgehöhlten Brötchenhälften träufeln; darauf die Fleischmischung einfüllen. Die zwei Brötchenhälften wieder zusammensetzen und mit einem Holzstäbchen zusammenhalten. Im Ofen 45 Minuten lang bei etwa 160°C backen. Dann ist die Fleischmasse durchgegart. — Auf dem Teller schneidet man das Brötchen durch und gießt Tomatensauce darüber. Rotweine, etwa aus dem Bordeaux-Gebiet oder ein Roséwein aus dem Anjou, sind dazu zu empfehlen.

Portugiesische Spinatbrötchen

Farbfoto Seite 61

1 kg frischen Spinat
50 g Butter
Salz
Saft einer halben Zitrone
2 Brötchen
2 Eßl. flüssige Butter
2 Teel. Sardellenpaste
1 hartgekochtes Ei
8 Sardellenfilets
4 gefüllte, grüne Oliven
20 g Butter für Flocken

Den frischen Spinat verlesen, waschen und drei Viertel davon in zerlassener Butter mit etwas Salz und Zitronensaft dünsten. Nach 5 Minuten den Spinat mit einem Schaumlöffel herausschöpfen und abtropfen lassen. Den gedünsteten und den rohen Spinat auf einem Küchenbrett mit einem großen Messer oder einem Wiegemesser zerkleinern. Aber nur soweit, daß noch kleine Blattstücke zu erkennen sind. Die Brötchen halbieren und das Weiche herauskrümeln. In die hohlen Körbchen flüssige Butter träufeln, eine dünne Schicht Sardellenpaste hineinstreichen und den Spinat darauf verteilen. Die Höhlung soll fast damit gefüllt sein. Auf den Spinat noch zwei Eischeiben legen, ferner ein Sardellenkreuz und gehackte, grüne Oliven. Obenauf Butterflocken setzen und die Brötchen kurze Zeit in den heißen Ofen stellen. Mit einem Tupfen Tomaten-Ketchup verzieren und mit grünem Salat und herbem Weißwein servieren.

Spanischer Risotto

RISOTTO ESPANOL

1 Tasse Olivenöl
2 Tassen vorgekochten Reis
2 Tassen Bratenwürfel (Kalb, Schwein, Huhn)
2 Tomaten, 1 Tasse feine Zwiebelwürfel, Salz, 2 Zehen

In einer großen Kasserolle das Öl erhitzen und darin den körnig vorgekochten Reis anrösten. Nach einigen Minuten das kleingeschnittene Fleisch, geschälte, halbierte und ausgedrückte Tomaten, Zwiebelwürfel, mit Salz zerriebene Knoblauchzehen, Safran, Petersilie und Pfeffer dazufügen; später dann noch die Champignons und die zerschnittenen Langustinenschwänze. Diesen Risotto auf einem flachen Teller anrichten und mit gekochten und in Butter geschwenkten Gemüsen umlegen. — Rotwein ist das beste Getränk dazu. Das ist ein gutes Hauptgericht für warme Tage, wenn man nichts Schweres essen will. Oder es ist eine gute Beilage zu Fleisch- und Gemüsegerichten.

Knoblauch, 1 Prise Safranfäden, Petersilie
2 Eßl. Champignonscheiben
2 Eßl. Langustinenschwänze

Süße gefüllte Äpfel

MANZANAS EN DULCE

Aus den geschälten Äpfeln das Kernhaus herausbohren. Sie dann mit Zitronensaft beträufeln und mit heißem Wasser übergießen. Für die Füllung der Äpfel geriebene Mandeln, gewiegte Sultaninen, Honig, Zucker, Portwein und zerlassene Butter mischen. Die Äpfel damit füllen und sie aufrecht dicht nebeneinander in ein gebuttertes, feuerfestes Geschirr stellen. Für den Guß aus einem Päckchen Vanillesaucenpulver, Milch und steifer Schlagsahne eine Vanille-Sahnesauce bereiten. Damit die Äpfel übergießen und im Ofen durchziehen lassen, bis sich eine goldfarbene Kruste bildet. — Gefüllte Äpfel tauchen mit Abwandlungen in verschiedenen Landesküchen auf. Auch in Deutschland kennt man ein Rezept, den gefüllten Bratapfel, der heiß mit Vanillesauce gegessen wird.

8 kleine, kochfeste Äpfel
Saft einer Zitrone
Füllung:
1 Tasse geriebene Mandeln
½ Tasse Sultaninen, 4 Eßl. Bienenhonig, 2 Eßl. Zucker
1 Glas Portwein, 2 Eßl. Butter
Guß:
1 Päck. Vanillesaucenpulver
1 Tasse Milch, 1 Tasse steife Schlagsahne, 1-2 Eßl. Zucker

Maronen-Kompott

CASTANAS

Die Maronen — auch Eßkastanien genannt — oben kreuzweise einschneiden und auf einem Blech in den heißen Ofen stellen. Dort sollen die Schalen aufplatzen. Die äußere harte und die innere weiche Schale entfernen und die Maronenkerne in dem Zuckerwasser auf kleiner Flamme weich dünsten. Das dauert etwa 1½ Stunden. Das Wasser darf dabei um die Hälfte verdunsten. Den Maraschinolikör nun dazurühren und den Brei auskühlen lassen. Das Maronen-Kompott richten Sie am nettesten in Sektkelchen an, abwechselnd mit Lagen von Orangenwürfeln und geweichten Sultaninen versetzt und mit Schlagsahne zum Schluß noch verziert.

1 kg Maronen
1 l Wasser
150 g Zucker
2 Gläser Maraschinolikör
1 Orange
100 g Sultaninen
¼ l Schlagsahne

Nußpudding aus Portugal

PUDIM DE NOZES

Die Walnüsse fein reiben und mit Zimt mischen, dann in die mit Zucker schaumig geschlagenen Eigelbe rühren und den steifen Eischnee unterziehen. Eine Puddingform erst mit Butter ausstreichen, dann mit Hagelzucker ausstreuen und die Masse einfüllen. Die Form mit Pergamentpapier abdecken, damit das kochende Wasser nicht in den Pudding spritzen kann, und ihn im Wasserbad ¾ Stunde lang kochen. Der Pudding soll dabei stark aufgehen. Danach läßt man ihn abkühlen und stürzt ihn dann aus der Form. Dazu oder darüber gibt man Schlagsahne, mit Rum versetzt.

6 Walnüsse
Messerspitze gemahlenen Zimt, 5 Eier
180 g Puderzucker
Butter, Hagelzucker (Einmachzucker)
¼ l Schlagsahne
½ Glas echten Rum

SPANIEN PORTUGAL

Datteltorte aus Malaga

1 Paket Blätterteig
Bohnenkerne
Belag:
250 g kernlose Datteln
5 Trockenfeigen
2 Eßl. Zucker, ½ Tasse Milch
½ Tasse geriebene Walnüsse
2 Gläser Weinbrand
Pudding:
1 Päckchen Vanillepudding-
pulver, ½ l Milch
4 Eßl. Zucker
Ferner: Saft einer Zitrone
1 Orange, 125 g Weintrauben

Den Boden einer runden Tortenform mit Blätterteig auslegen, die Ränder abschneiden und den Boden mehrfach einstechen. Darauf getrocknete Bohnenkerne legen und so 20 Minuten backen. Die Bohnenkerne dann wieder entfernen. In der Zwischenzeit entkernte Datteln und Trockenfeigen in kleine Würfel schneiden und mit Zucker, Milch, geriebenen Nüssen und Weinbrand mischen. In einem Topf aufs Feuer stellen und bei ständigem Umrühren erhitzen, bis eine zähflüssige Masse entsteht. Auf den etwas abgekühlten Tortenboden zuerst den Vanillepudding gießen, dann die Dattelmasse darüberstreichen. Mit Zitronensaft beträufeln und als Abschluß randlose, hauchdünne Orangenscheiben und halbierte, entkernte Weintrauben auf die Torte legen. Im Ofen braucht die Masse nur 10 Minuten zum Festwerden. Reichen Sie dazu steife Schlagsahne und Kaffee. — Versetzen Sie die sehr süße Dattelmasse mit reichlich Zitronensaft, damit die Torte nicht zu süß wird.

TARTE DE NUEZ Nußtorte

175 g Löffelbiskuits
½ Tasse heiße Milch
6 Eier, 4 Eßl. Zucker
1 Tasse feingew. Walnüsse
Sirup: 280 g Zucker, 4 Eßl.
Bienenhonig, Wasser
1 abgeriebene Zitronenschale
1 Tasse geröstete
Mandelblättchen

Die Biskuitstücke mit heißer Milch übergießen und dann zerkrümeln. Die Eidotter mit dem Zucker schaumig schlagen und die Biskuitmasse und die gewiegten Nüsse darunterrühren. Wenn die Masse glatt ist, den steifen Eischnee vorsichtig unterziehen. In eine Kastenform, die erst gebuttert, dann mit Pergamentpapier ausgelegt wurde, den Teig füllen. Er soll nach 40 Minuten im Ofen bei 220°C durchgebacken sein. Nach dem Abkühlen und Stürzen den Kuchen mit einem Honigsirup übergießen, der durch Aufkochen der angegebenen Zutaten entsteht. Darüber dann noch geröstete Mandelblättchen streuen.

TORTA DE AMENDOA Mandelkuchen

¾ Tasse Zucker, ¾ Tasse
geriebene Mandeln, 6 Eier
½ Teel. gemahlenen Zimt
1 Eßl. Sherrywein
Butter für die Form
2 Eßl. kandierte, zer-
schnittene Kirschen

Den Zucker mit den Mandeln vermischen und mit den Eidottern rühren, bis sich der Zucker ganz gelöst hat. Dazu kommen Zimt und Sherrywein und schließlich das steifgeschlagene Eiweiß. Eine Kasten-Kuchenform mit Butter ausstreichen, mit Pergamentpapier auslegen und die Masse einfüllen. Obenauf in die Mitte die roten kandierten Kirschen legen und dann die Oberfläche glattstreichen. Den Kuchen im mittelheißen Ofen bei 220°C backen, bis die Oberfläche braun ist.

SPANIEN PORTUGAL

Mandelbrot TURRON

Alle Mandeln mit heißem Wasser überbrühen und sie darin ziehen lassen, bis sich die braune Haut leicht abziehen läßt. Die weißen Mandelkerne auf einem geölten Backblech bräunen. Sie müssen die Mandeln dabei aber öfter wenden. In einer Kasserolle zu den gebräunten Mandeln den Zucker und den Honig mischen. Auf dem Feuer den Zucker schmelzen, bis sich eine dickflüssige Sirupmasse ergibt, zu der noch das Mehl, die Milch und das Marzipan kommen. Die Kasserolle vom Feuer nehmen und die Masse weiterrühren, bis sie glatt und ausgekühlt ist. Pergamentpapierbögen mit Reismehl bestäuben und darauf die Masse verteilen. Aus den großen Kuchen rechteckige Stücke ausschneiden, die nach dem endgültigen Erkalten zum Kaffee oder Tee gut schmecken.

500 g Mandeln
250 g Zucker
125 g Bienenhonig
Öl für das Backblech
2 Eßl. Mehl
2 Eßl. Milch
50 g Marzipan
Reismehl

Schokoladestangen TORRIJAS

Dieses Rezept wird Ihnen sicher gefallen — das Gebäck ist gut, hübsch und rasch fertig. Es eignet sich als Nachtisch und besonders gut für einen Kindergeburtstag. — Die entrindeten Brotscheiben in fingergroße und -lange Streifen schneiden. Die Eigelbe mit einem Schneebesen glatt verrühren und mit Milch, Sherrywein und Puderzucker versetzen. Die Brotstifte in diese Eiermasse tauchen, sie damit vollsaugen lassen und dann in heißem Öl hellbraun backen. Die Stangen auf Teller legen und mit grobem Zucker und geraspelter Schokolade bestreuen. Sparen Sie nicht mit der Schokolade, sie schmilzt auf den heißen Stangen und wird von diesen aufgesogen. Am besten eignet sich Vollmilch-Schokolade dafür, besonders, wenn die Speise für Kinder bestimmt ist.

8 Weißbrotscheiben
2 Eigelbe
1 Eßl. Milch
1 Eßl. Sherrywein
1 Eßl. Puderzucker
Öl
groben Zucker
1 Tasse geraspelte Schokolade

Die berühmte französische Küche, von der man sagt, daß sie den Wiener Kongreß für die Franzosen entschied, ist eigentlich und ursprünglich mit einer Braut aus Italien gekommen. Eine Medicitochter brachte in ihrem Gefolge auch einige Meisterköche mit, die die Väter der Art Culinaire sein sollen. Im Laufe der Jahrhunderte lief die französische Küche der italienischen sogar unbestreitbar den Rang ab. Das zeigen die Speisenkarten aller de-Luxe-Hotels der Welt, die in französischer Sprache gedruckt werden. Die Sprache der Feinschmecker ist Französisch.

Das französische Frühstück erscheint uns allerdings kläglich. Der Franzose legt darauf keinen Wert. Man ißt zum Milchkaffee bloß knusprige Blätterteig-Hörnchen, »Croissants« genannt, dazu Butter und einen Klecks Konfitüre. Viel empfehlenswerter hingegen ist die französische Eigenart, mittags oder abends nie magenfüllende Suppen als ersten Gang zu servieren. Das widerspräche der feinen Art. Als Hors-d'oeuvre gibt es vielmehr beispielsweise eine Scheibe Salami, ein Stück Tomate, Artischocken, ein paar Blättchen Salat, auch eine Sardine, ein halbes hart gekochtes Ei und dergleichen. Dann folgt Gemüse, danach der Fleischgang mit gebackenen Kartoffeln und einem Sträußchen Kresse oder Feldsalat.

Die französischen Provinzen sind voll von Spezialgerichten, die zum Teil bereits Weltruf erlangt haben. Jeder kennt das Marseiller Fischgericht Bouillabaisse, berühmt sind der Pot-au-Feu, eine Fleisch- und Gemüsesuppe, die Hummersuppe Bisque de Homard, die Petite Marmite, die getrüffelte Gänseleberpastete, die früher elsässisches Monopol war, und das mit verschiedenen gekochten Schweinefleischstücken garnierte Sauerkraut (Sauerkraut ist elsässisches Nationalgericht). Wir müssen uns hier angesichts der Fülle von Spezialitäten darauf beschränken, auf unsere nachfolgende Rezeptauswahl hinzuweisen.

Die französischen Käsesorten sind allein eine Reise nach Frankreich wert. Seit einigen Jahren gibt es aber auch bei uns eine schöne Auswahl der besten Sorten zu kaufen. Am Schluß jeder Mahlzeit reicht man frische Früchte oder Eis und eine Tasse pechschwarzen Kaffee nach romanischer Röstmanier, den man mit viel Zucker, seltener mit einem Tropfen Sahne trinkt.

Ein weiteres hervorragendes Merkmal der französischen Küche ist die Weinkultur. Es ist unmöglich, in einem einigermaßen reputierlichen Restaurant in Frankreich — in Paris oder auf dem Lande — eine Mahlzeit mit zwei oder drei Gängen mit nur einer Weinsorte zu begleiten. Zum ersten Gang wird Ihnen der Wirt einen würzigen Weißwein aussuchen und davon nur ein kleines Glas einschenken. Vielleicht wird es ein Elsässer Gewürztraminer oder Muskat sein. Zum Fisch werden Sie einen frischen weißen Burgunder oder einen trockenen Bordeaux aus der Landschaft Graves bekommen und zum Fleisch einen St. Emilion oder Médoc eines guten Jahrganges. Der Rotwein wird kühler sein, als man ihn bei uns trinkt, und vielleicht wird es ein junger Wein sein, der erst nach dem zweiten oder dritten Schluck seine Pracht entfaltet. Wie es auch sei, vertrauen Sie den Ratschlägen des Wirtes. Er kennt seine Weinsorten besser, als Sie sie jemals kennenlernen werden!

Frankreich

FRANKREICH

HORS-D'OEUVRE VARIE

Gemischter Vorspeisenteller

In Frankreich ist es Sitte, vor der Mahlzeit eine pikante Erfrischung zu essen. Diese ersetzt die bei uns übliche Suppe, die in Frankreich ausfällt. Eine solche Erfrischung ist der gemischte Vorspeisenteller, der auch von der Hausfrau sehr schnell angerichtet werden kann, so daß dieser Speisengang nicht viel zusätzliche Arbeit bedeutet. Auf dem Teller — einem flachen, mittelgroßen Teller — folgende Dinge anrichten: eine gräten- und hautlose Ölsardine; eine halbe, frische Tomate, in Scheiben aufgeschnitten, mit Salz und Pfeffer bestreut und mit Weinessig beträufelt; zwei Scheiben Salami; einen Eßlöffel Gurkensalat; eine winzige Gewürzgurke; eine kleine Scheibe rohen Schinken oder Rauchfleisch vom Rind und einige marinierte Salatblättchen. Alle diese Zutaten nett im Kreise arrangieren und kalt servieren. Dazu einen herben Weißwein und Brot und Butter reichen. In Frankreich wird dazu immer weißes Brot in Stangen mit viel knuspriger Kruste gegessen. — In Restaurants der gehobenen Klassen ist ein Hors-d'oeuvre varié natürlich kostspieliger. Dort gibt es marinierte Heringshappen in Kräutersauce, Krebsschwänze in Dillmayonnaise, süßsaure Perlzwiebelchen mit Paprikamark, verschiedene Pasteten aus Rind-, Schweine-, Huhn- oder Entenfleisch, gefüllte Tomaten, Artischocken, reife Gurken, Salate und vieles andere mehr. Für diese Vorspeisen gibt es keine festen Regeln, außer der, alle sättigenden Speisen zu meiden. Für die Salate darf nur wenig Mayonnaise verwendet werden.

BOUCHEES

Gefüllte Blätterteigpastetchen

Mundbissen nennt man diese gefüllten Pastetchen, die als warmes Zwischengericht oder als Imbiß gereicht werden. Die leeren Pastetenhäuser können Sie fertig vom Konditor kaufen. Wenn Sie sie selbst machen wollen, verfahren Sie so: Den fertigen Blätterteig ausrollen und mit einem Weinglas runde Plätzchen ausstechen. Aus der Hälfte der Plätzchen mit einem kleineren Glas (Südweinglas) noch kleinere Plätzchen ausstechen, so daß Sie große Flächen, Ringe und kleine Flächen erhalten. Die Ringe mit Wasser anfeuchten und sie auf die großen Flächen setzen. Die kleinen Flächen extra backen. Alle Oberflächen mit verquirltem Ei bestreichen und die Pasteten auf einem bemehlten Blech bei großer Hitze (260° C) backen. Nach 20 Minuten eventuell die Oberflächen mit Pergamentpapier abdecken, falls sie zu dunkel werden sollten. Den hellbraun gebackenen Blätterteig dann etwas abkühlen lassen. — Und dazu zwei Rezepte für Füllungen: Die Königinfüllung: Das Kalbfleisch in wenig Wasser kochen, das Huhn-

FRANKREICH

fleisch und die Milcher dazugeben, dann abkühlen lassen und alles in Würfel schneiden. Dazu Champignonscheiben und Petersilie mischen. Butter und Mehl anschwitzen, mit dem Kalbs-Huhnfond ablöschen, die entstehende Sauce mit Sahne und Eigelben verfeinern. Als Gewürz nur Salz, Paprikapulver und wenig Muskatnuß verwenden. Damit die Fleischmischung binden und die Masse heiß in die Blätterteighäuser einfüllen. Den kleinen gebackenen Teigflecken als Deckel der Pastete aufsetzen.

Krebsfüllung: Krebsfleisch oder Hummerkrabbenschwänze halbieren, mischen mit Würfeln von Paprikaschoten, feinen, gekochten Schinkenstreifen und der gleichen Sauce, wie vorher beschrieben. Dazu Austern mischen, die darin nur warm zu werden brauchen und damit die Pasteten füllen. Obenauf eine Eischeibe und einen Teelöffel voll Holländischer Buttersauce (Sauce Hollandaise) setzen. In feinen Restaurants gehört darauf russischer oder persischer Kaviar. Dazu trinkt man herbe Weißweine, etwa einen aus dem Graves-Gebiet (Bordeaux).

Hausgemachte Gänsewürstchen

RILLETTES D' OIE

500 g rohes Gänsefleisch mit Knochen (¹/₄ Gans)
1 Brötchen
200 g durchwachsenes Schweinefleisch
je 1 Eßl. Majoran, Salbei Thymian, Petersilie und Liebstock, 100 g Speckwürfel
Salz, Paprikapulver gemahlenen, schwarzen Pfeffer, 1 Eßl. gekörnte Brühe, 2 ganze Eier

Diese Gänsewürstchen sind in Frankreich sehr beliebt, bei uns aber fast völlig unbekannt. Hier ist ein Rezept, das auch für französische Hausfrauen neu sein wird. In Frankreich wickelt man alle Rillettes roh in das beim Schlachter erhältliche Schweinenetz. Da bei uns das Netz nicht immer zu haben ist, habe ich es durch die Pergamentpapierhülle ersetzt. — Das Gänsefleisch von den Knochen abschneiden bzw. abziehen. Es mit den geweichten Brötchen, dem Schweinefleisch, den Kräutern und dem Speck durch die feinste Scheibe des Fleischwolfes drehen. Das Mus dann würzen mit Salz, Paprikapulver und Pfeffer. Ferner kommen dazu die gekörnte Brühe und die Eier. Diese Masse sehr gründlich vermischen, indem man mit der flachen Hand oder mit einem Holzlöffel immer wieder mit kräftigen Schlägen rührt. Das Pergamentpapier auf dem Tisch ausbreiten und mit Wasser benetzen. In die Papiermitte die Fleischmasse häufen und das Papier zu einer dicken Wurst zusammenrollen. Die Enden so umschlagen, daß die Masse nicht herauslaufen kann. Die Wurst auf ein Blech legen und in den heißen Ofen schieben. Die Temperatur soll etwa 200°C betragen. Nach 15 Minuten das Papier entfernen, so daß die inzwischen fest gewordene Fleischmasse allein weiterbackt. Nach weiteren 15 Minuten sollen die Rillettes gar und fertig sein. Sie werden als warmes Abendgericht mit trockenem, gebrochenem Stangenweißbrot und Rotwein aus dem Bordeaux-Gebiet gegessen.

FRANKREICH

JAMBON PERSILLE

*500 g gekochten Schinken
½ l weiße Gelatine
nach Vorschrift gelöst
3 Tassen gehackte Petersilie
½ Eßl. Essig*

Schinken mit Petersilie eingelegt

Dieses kalte Sulzgericht wird in vielen französischen Haushalten im Sommer hergestellt. — Vom gekochten Schinken schneidet man dünne Scheiben, legt damit eine Kastenform aus und gibt einen Löffel weiße, gelöste Gelatine und reichlich gehackte Petersilie darauf. Die Gelatine kann auch mit einem Schuß Essig säuerlich gemacht werden, wodurch dieses Gericht frischer wird. Wichtig ist aber die Petersilie, die den Schinkenscheiben das nötige Aroma verleiht. Schinken, Gelatine und Petersilie schichtet man abwechselnd bis zum Rand der Kastenform übereinander, übergießt mit dem restlichen Gelee und läßt die Sülze im Kühlschrank kalt und fest werden. Stürzen und in dicke Scheiben schneiden. — Dazu gibt es Kräutermayonnaise und Bratkartoffeln, außerdem einen Weißwein aus Burgund.

CREME D' ARTICHAUTS A LA NOISETTE

*12 Artischockenböden aus
Dosen, 100 g Butter
1½ Eßl. Mehl, 50 g Butter
1 l Kalbs- oder Hühnerbouillon, ½ Tasse steife
Sahne, Salz, Paprikapulver
½ Tasse Nüsse*

Artischockensuppe mit Nüssen

Artischockenböden kann man frisch oder in Dosen kaufen. Frisch sind sie besser, aber die Zubereitung ist schwieriger. — Die abgetropften Artischockenböden klein schneiden und in Butter dämpfen. In einer anderen Kasserolle Mehl in zerlassene Butter rühren und mit guter Kalbs- oder Hühnerbouillon auffüllen. Die Suppe mit Sahne verfeinern, mit Salz und Paprikapulver abschmecken und die musigen Artischockenböden dazugeben. In Tassen füllen und darüber gehackte Haselnüsse streuen.

BISQUE DE HOMARD BISQUE D'ECREVISSES

*500 g Krebse oder Hummer
2 Tassen feine Streifen
Möhre, Sellerieknolle, Porree
Petersilienwurzel, 50 g Butter
oder Margarine, 2 Glas
Weißwein, 1 Glas Weinbrand
1 l Rindfleischbouillon, Salz
Messerspitze Knoblauchsalz
2 Tassen Weißbrotkrumen
1 Tasse süße, ungeschlagene
Sahne, 1 Teel. Paprikapulver
1 Eßl. Krebsbutter
5 Eßl. Butterflocken*

Hummer- oder Krebssuppe

Für diese Suppe können Sie nur frische Krebse oder Hummer verwenden. Anders geht es nicht. Krebse sind ja in der Saison nicht sehr teuer. Wenn Sie Hummer nehmen möchten, kaufen Sie kleine oder solche mit nur einer Schere, die viel preisgünstiger sind. — Zuerst das feingeschnittene Gemüse in Butter oder Margarine anschwitzen, dann die frisch gekochten, zerschlagenen Krebse mit der Schale einlegen und weiter dünsten. Nun mit Weißwein, Weinbrand und Bouillon aufgießen und mit Salz und Knoblauchsalz würzen. Die Suppe etwa 60 Minuten lang auf kleiner Flamme kochen. Sie danach durch ein Sieb in einen anderen Topf gießen, die Krebs- oder Hummerstücke fein zerstoßen und durch das Sieb drücken, so daß zuletzt fast nur noch die harten Schalen übrig bleiben. Weißbrotkrumen mit Sahne verrühren und mit dieser Masse die Suppe binden. Sie noch einmal aufkochen lassen und sie mit Paprikapulver und einem Löffel Krebsbutter abschmecken. Den Topf vom Feuer nehmen und Butterflocken mit dem Schneebesen kräftig in die Suppe schlagen. Sie wird dadurch luftig und schaumig.

FRANKREICH

Sauerampfersuppe — CREME D'OSEILLE

Etwas sehr Apartes zur Zeit der ersten Sauerampferblätter. Wenn Sie die Möglichkeit dazu haben, sammeln Sie den Sauerampfer am besten selbst, auf dem Gemüsemarkt ist er selten frisch. Das Hafermehl unter ständigem Rühren in die Milch einkochen und auf kleiner Flamme quellen lassen. Die gewaschenen, gewiegten Sauerampferblätter in Butter dünsten und in die Hafersuppe geben. Diese mit Salz, Zucker und Paprikapulver abschmecken und mit der sauren Sahne vollenden. — Die fertige Suppe mit Zwiebackstückchen bestreuen.

1 l Milch, 200 g Hafermehl (aus dem Reformhaus)
150 g Sauerampferblätter
50 g Butter, Salz
Paprikapulver, Zucker
1 Tasse saure Sahne
2 Zwiebäcke

Königinsuppe — CREME A LA REINE

Die Hühnerteile und den Reis in Salzwasser kochen. Nach 45 Minuten sticht man die Fleischstücke heraus und streicht den Reis durch ein Haarsieb. Hautstücke und Knochen sind in der Suppe nicht erwünscht, also aussuchen und das Huhnfleisch fein wiegen. Die Geflügel-Reissuppe mit den Eigelben und der Sahne verquirlen und schnell vom Feuer nehmen. Mit einem Schneebesen schlägt man noch die Butterflocken in die Suppe, damit sie locker wird.

500 g Hühnerklein oder Huhnstücke aus der Kühltruhe
125 g Rundkornreis, Salz
4 Eigelbe, 1 Tasse Sahne
50 g Butter

Ländlicher Suppentopf — POT-AU-FEU

Diesen Suppen-Eintopf gibt es in Frankreich unter sehr verschiedenen Namen. »Petite Marmite« (Marmite ist der große bäurische Topf aus Kupfer), »Poule au Pot«, »Croûte au Pot«, und wie die anderen, miteinander verwandten Bezeichnungen alle lauten mögen. Es handelt sich fast immer um einen Gemüsesuppentopf mit verschiedenen Fleischeinlagen. Selten befindet sich nur Huhn- oder nur Rind- oder nur Schweinefleisch darin; meistens von jedem ein Stückchen. — Versuchen Sie es einmal mit der folgenden Zusammensetzung: In einem Topf lassen Sie Butter oder Margarine heiß werden und rösten darin das zerschnittene Gemüse hell an — nichts soll braun werden. Dazu kommt das kleingeschnittene Huhnklein (Hals, Flügel, Magen, Herz, Füße), das mitgeröstet wird. Dann rasch mit viel Wasser aufgießen und die anderen Fleischstücke dazu geben. Die Kochzeit beträgt bei kleiner Hitze 45 Minuten. Die Suppe darf nicht sprudelnd kochen, wenn sie nicht völlig trüb werden soll. Danach noch mit Salz und Pfeffer abschmecken. Ich gebe zum Schluß noch ein Glas herben Weißwein dazu. — Dünne Brotscheiben, mit Knoblauchpulver und Butter bestrichen und im Ofen auf dem Blech gebräunt, werden auf die Suppenoberfläche gelegt oder extra serviert, wenn sie trocken und knusprig bleiben sollen.

100 g Butter oder Margarine
500 g verschiedenes Gartengemüse (Erbsen, grüne Bohnen, weiße Bohnenkerne Weißkohl, Sellerieknolle Selleriegrün, Porree Tomaten, Möhren)
Huhnklein
1½ l Wasser
100 g Rindfleisch (Hochrippe)
100 g Rindfleisch (Bug)
100 g Schweinenacken
100 g Bauchspeck
Salz, Pfeffer

FRANKREICH

POTEE BOURGUIGNONNE

500 g Pökelnacken vom Schwein, 250 g Bauchspeck 2 Möhren, 5 weiße Rübchen 3 Porreestangen, ½ Weißkrautkopf, 5 Zwiebeln, Salz Pfeffer, ¼ Teel. Cayennepfeffer, 8 Brotscheiben 20 g Butter, 4 Knoblauch-Würstchen

Bauerntopf aus Burgund

Einer der ländlichen Suppentöpfe, an denen die französische Küche eine so reiche Auswahl bietet und die in verfeinerter Form auch in den teuersten Restaurants serviert werden. Alle diese Suppen sind nie gebunden, die goldgelbe Bouillon ist stets klar. — Das gepökelte Schweinefleisch und den Bauchspeck zusammen mit den kleingeschnittenen Gemüsen in Wasser gar kochen. Fleisch und Speck in kleine Würfel schneiden. Die Suppe mit Salz, Pfeffer und Cayennepfeffer würzen und mit gerösteten Brotscheiben und Scheiben von Knoblauchwürsten belegen.

SOUPE AIGO

1 Tasse Olivenöl 5 Zwiebeln, 2 Stangen Porree, 5 Tomaten 1 Fenchelknolle, Kräuterbündel mit Bohnenkraut Thymian, Kerbel, Liebstock 5 Kartoffeln, Salz, Pfeffer Paprikapulver, Prise Safran 2 Knoblauchzehen mit Salz zerdrückt, ½ abgeriebene Zitronenschale, 4 Eier

Provenzalischer Suppentopf

Olivenöl in einem großen Topf erhitzen und darin zuerst die dünnen Zwiebelscheiben, dann die Porreescheiben anbräunen. Wenn es soweit ist, zerschnitten Tomaten und Fenchelknolle zugeben, ferner das Kräuterbündel, Kartoffelwürfel und Wasser. Nach dem ersten Aufkochen fügt man die Gewürze, Knoblauch und Zitronenschale bei und läßt alle Zutaten garkochen. Laut Originalrezept wird für jeden Esser ein verlorenes Ei gerechnet. Da poschierte Eier heute in vielen Haushalten nicht mehr bekannt sind, empfehle ich, Eier weich zu kochen, vorsichtig zu schälen und sie in die Suppe zu geben, die nicht mehr kochen soll. Man bestreut sie vor dem Servieren mit gehackter Petersilie. — Nach Belieben kann man die Suppe mit gekochten Rindfleischwürfeln anreichern.

BOUILLABAISSE MARSEILLAISE

1 kg gemischte, große und kleine Fische: Makrele, Schellfisch Kabeljau, Knurrhahn Seezunge, Heilbutt Seehecht, Seeaal 2 Tassen Olivenöl 5 Zwiebeln 5 Knoblauchzehen Salz, 2 Pfefferschoten ⅛ Sellerieknolle in Streifen

Bouillabaisse - ein Marseiller Fischgericht

Die Bouillabaisse wird oft als Suppe deklariert. Sie ist aber ein Eintopf. Wir können sie aber nur etwas verändert zubereiten, weil zum Originalrezept verschiedene Fischsorten gehören, die wir nicht bekommen können. Im Süden Frankreichs gehört zur Fischauswahl auch eine kleine Langustine und eine Handvoll Muscheln verschiedener Größen und Arten. Man nimmt eben das, was der Fang an diesem Tag beschert hat. Und mit der originalen Herstellung ist es auch so eine Sache: Bouillabaisse wird in Südfrankreich in fast jedem Restaurant und Bistro gekocht, und überall verschieden, wie man sich denken kann. Jeder Küchenchef aber hält die seine für die einzig richtige, wie man sich ebenfalls denken kann. Sie verfahren am besten wie folgt: Alle Fische putzen, waschen und ihnen die Flossen ab-

FRANKREICH

schneiden. Den Kopf dranlassen, falls Sie überhaupt einen Fisch mit Kopf bekommen. Ich hatte einmal Gelegenheit, in einer solchen Fischsuppe einen Wels-(Waller-)Kopf mitzukochen. Der Geschmack wurde dadurch viel besser. In einem großen Topf die Zwiebel- und Knoblauchscheiben in Olivenöl glasig werden lassen, dann das geschnittene Gemüse, die geschälten Tomaten, die Olivenscheiben und die Fische andünsten. Das Salz darüberstreuen und mehrmals umrühren, damit die Fische allseitig im Öl anbraten können. Dieser Röstgeschmack verleiht dem fertigen Gericht die richtige Nuance. Mit Wasser aufgießen, bis es etwas über dem Fisch steht. Das Kochen geht sehr schnell, in 15 Minuten ist das Gericht fertig. Die letzten 5 Minuten die Safranfäden mitkochen. Die Fische herausheben, wenn sie dabei zerfallen, ist das nicht schlimm. Die Suppe wird mit gebrochenem Stangenweißbrot gegessen, die Fische extra. Sie können aber natürlich auch beides zusammen im Topf auftragen.

1 Möhre
1 Stange Porree
4 Tomaten
12 grüne kernlose Oliven
Salz, Prise Safran

Zwiebeltorte

TARTE A L'OIGNON

Den aufgetauten Teig dünn ausrollen und damit eine Tortenbodenform auskleiden, den Rand umlegen und zu einem Ring verkneten. Den Teigboden mit einer Gabel mehrmals einstechen und etwas ruhen lassen. In der Zwischenzeit die Zwiebelscheiben in Butter glasig dünsten und vom Feuer nehmen. Den geriebenen Käse und die verquirlten Eier dazurühren und mit Salz, Pfeffer und Paprikapulver abschmecken. Die warme Masse auf die Teigplatte füllen und die Oberfläche mit geriebenem Käse bestreuen. Die Torte im Ofen bei mittlerer Hitze goldbraun backen. Sie wird warm zum Wein gegessen.

1 Paket Blätterteig aus der Kühltruhe
15 Zwiebeln
100 g Butter
1 Tasse geriebenen Käse
4 Eier, Salz, Pfeffer
Paprikapulver
Käse zum Bestreuen

Lothringer Specktorte

QUICHE LORRAINE

Den Blätterteig nach dem Auftauen mehrere Male durchkneten und auf gemehlter Unterlage dünn ausrollen. Damit eine Springform auslegen, die Ränder hochschlagen und festdrücken, so daß ein Teigrand entsteht. Auf den Teigboden eine gut verquirlte Mischung aus Eiern, Sahne, Salz, Pfeffer und Speck gießen. Die Torte backt man im mittelheißen Ofen 45 Minuten lang und serviert sie warm. — Hübsch ist es, wenn jeder seine eigene kleine Torte erhält. Sie können dafür kleine Formen aussuchen oder kleine runde Teigplatten ausstechen und auf die Ränder einen Teigring setzen. Das geht einfacher, wenn Sie Pergamentpapier darunterlegen und die Ränder an das gefaltete Papier andrücken.

1 Paket Blätterteig aus der Kühltruhe, 4 Eier
1/2 Tasse saure Sahne
Salz, Pfeffer, 125 g durchwachsene Speckwürfel

FRANKREICH

Provenzalische Oliventorte

Farbfoto Seite 107

TARTE AUX TOMATES
ET AUX OLIVES

*1 Päckchen Blätterteig aus
der Kühltruhe
Füllung:
1 Tasse feine Zwiebelwürfel
1 feine, rohe Bratwurst
½ Teel. Sardellenpaste
½ Teel. Senf, Salz, Pfeffer
Paprikapulver, 4 Tomaten
1 Teel. Liebstockblätter
1 Eßl. Petersilie, 1 Eßl. Kerbel
1 Teel. getrocknete
Majoranblättchen
¾ Tasse Olivenöl
grüne und schwarze Oliven*

Ein rundes Tortenblech mit gezacktem Rand ausbuttern und mit dünn ausgerolltem Blätterteig auslegen. Die Ränder abschneiden und den Boden mit einer Gabel mehrmals einstechen. Diesen Teigboden 15 Minuten lang im heißen Ofen bei 200° C vorbacken und inzwischen die Füllung vorbereiten. Die Zwiebelwürfel mit der ausgedrückten Bratwurstmasse, den Gewürzen, den geschälten und zerschnittenen Tomaten und den gehackten Kräutern in einer Kasserolle auf dem Feuer zu einer dicklichen Masse zusammenrühren. Zuletzt das Olivenöl unterschlagen, das der Masse die Konsistenz einer streichfähigen Paste geben soll. Diese Paste auf den gebackenen Tortenboden streichen. Abwechselnd rund herum grüne gefüllte und schwarze ungefüllte Oliven in die Platte stecken. Die Oberfläche mit Paprikapulver bestäuben und die Torte im Ofen 30 Minuten lang backen. Es soll sich dabei eine leichte Kruste bilden. — Dazu wird Rotwein getrunken, entweder ein Landwein oder ein Roséwein.

Weinbergschnecken auf Burgunder-Art

ESCARGOTS
BOURGUIGNONNES

*Weinbergschnecken
aus der Dose
Butter:
100 g Butter
1 Eßl. feingehackte
Schalotten
1 zerriebene
Knoblauchzehe
1 Eßl. gehackte Petersilie
1 Eßl. gewiegten
ausgelassenen, nicht
harten Speck
1 Eigelb, Zitronensaft
Salz, Pfeffer*

Man kauft die Schnecken heute am besten in Dosen, mit den eigens verpackten, leeren, ausgekochten Häuschen. Die eigene Zubereitung ist sehr viel teurer, äußerst kompliziert und aufwendig, außerdem erzielt man keine besseren Geschmacksergebnisse. Zu einer Portion gehört ein Dutzend, was von den deutschen Konserven-Herstellern schon berücksichtigt wird. Es gibt Dosen mit 1, 2, 5 und 10 Dutzend Schnecken. — Die Flüssigkeit abgießen, die Schnecken in die Häuschen füllen und dazu einen halben Teelöffel der aromatischen Flüssigkeit geben. Die Öffnungen verschließt man mit der inzwischen vorbereiteten Butter. — Die frische Butter schmelzen, die angegebenen Zutaten dazugeben und rühren, bis die Butter wieder fest wird. Sie sollte bald verbraucht werden, weil die rohen Bestandteile sich schnell verändern. Die geschmacklich einwandfreie Butter ist aber sehr wesentlich. — Die gefüllten Schnecken nun mit den Öffnungen steil nach oben in eine Schneckenpfanne, dicht aneinander, setzen; sie sollen nicht umfallen können. Im heißen Ofen schmilzt die Butter und wärmt die Schnecken. Nach etwa 10 Minuten können sie zu Tisch gebracht werden. — Dazu ißt man trockenes Weißbrot und trinkt einen herben Weißwein.

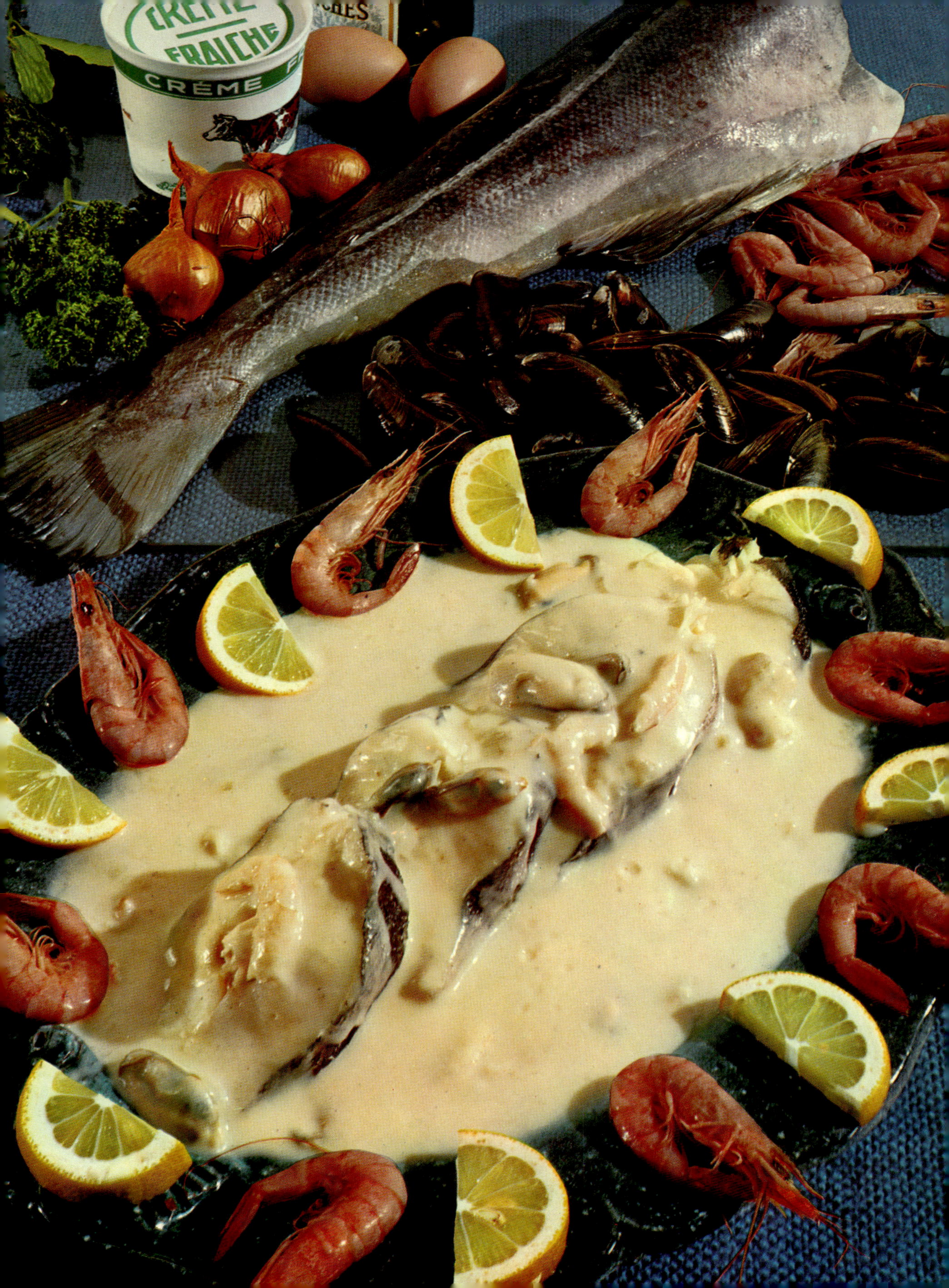
FRAICHE
CRÉME

CABILLAUD BOULONNAIS *Kabeljau nach Art der Küstenstädte*

Dank der fortschreitenden Technik des Transportwesens ist es uns möglich, frische Seefische auch im Binnenland in guter Qualität zu erhalten. Deshalb lohnt es sich, die jahrhundertealten Kochtraditionen der Küstengebiete zu studieren. Die französische Westküste, vom Kanal bis in die Biskaya, bietet viele hervorragende Fischgerichte, die meistens noch mit Krustentieren und Muscheln angereichert werden. Und das reiche Hinterland der Küsten mit den saftigen, würzigen Weiden läßt eine schöne Ehe mit Sahne, Butter und Doppelsahne, der französischen Crème double, entstehen. Leider ist diese doppelt fette und leicht säuerliche Sahne bei uns nicht erhältlich. Nur wenige Löffel davon machen aus jeder armen Mehlschwitzensauce eine Delikatesse. Auch die Sauce des hier gezeigten Gerichtes wurde mit Crème double versetzt. Und der Kochsud für die Muscheln wurde natürlich mit einem frischen Weißwein angesetzt, dessen feine Säure den richtigen Ausgangs-Fond für die fertige Sauce abgibt. Dazu steuern die Muscheln und die Crevetten ihre Geschmacks-Buketts bei und sind dann auch beim Garnieren willkommene optische Zutat. In einem solchen Falle darf man einmal den Plattenrand belegen, der sonst frei bleiben muß.

Rezept auf Seite 82

FRANKREICH

Muscheln auf Bordeaux-Art

MOULES BORDELAISES

Die Miesmuscheln werden nur wenige Monate im Frühjahr und Sommer angeboten. Übersehen Sie diese Saison nicht, diese »Austern des kleinen Mannes« sind köstlich. Die Muscheln gründlich mit kaltem Wasser waschen, alle anhaftenden Sand- und Algenteile, wenn nötig mit der Bürste, abputzen. In einem großen Topf Wasser mit Lorbeerblatt, eine mit Gewürznelken gespickte Zwiebel, Salz und Porree kochen. In das kochende Wasser die Muscheln schütten, die sofort aufgehen sollen. Wenn das geschehen ist, gießt man sie ab, bewahrt den Sud aber auf und wirft die Schalen weg. In einer Kasserolle die Butter zerlassen und darin das Mehl anbräunen. Dazu rührt man die Tomaten, das Knoblauchsalz, gehackten Schnittlauch, Salz, Pfeffer und Petersilie, füllt etwas Muschelsud auf und rührt so lange, bis eine sämige Sauce entsteht. Dazu kommen der Rotwein und die Muschelkörper. — Dazu Toast oder Butterkartoffeln und einen roten Bordeaux, vielleicht einen Pomerol, reichen.

1 kg Muscheln
1 Lorbeerblatt
2 Gewürznelken
1 große Zwiebel, Salz
1/2 Porreestange
50 g Butter, 1 Eßl. Mehl
2 hautlose, zerschnittene Tomaten
1/2 Teel. Knoblauchsalz
1 Eßl. Schnittlauch, Pfeffer
1 Eßl. gehackte Petersilie
1 kleines Glas Rotwein

Hummer auf provenzalische Art

HOMARD A LA PROVENCALE

Sie können für dieses Ragout kleine Hummer oder solche mit nur einer Schere verwenden, oder auch Hummerfleisch aus der Tiefkühltruhe. Die Stücke sollten 2—3 cm groß sein. Frische Hummer sind besser im Geschmack, aber natürlich auch teurer. — Die Zwiebelwürfel in Butter und Öl (gemischt) glasig dünsten. Darin Salz, Pfeffer, Cayennepfeffer, Knoblauch, Petersilie, Thymian und Safran schnell erwärmen und ständig umrühren. Dann kommen die Hummerstücke dazu, die darin nur heiß zu werden brauchen. Gekochten, körnigen Reis in einer anderen Pfanne mit heißem Öl übergießen und unter ständigem Rühren kurz braten. Dann salzen, etwas Paprikapulver dazugeben und auf eine Platte häufen. Um den Reisberg das Hummerragout gießen, das noch mit Schnittlauch und Zitronenvierteln garniert wird.

2 kleine, gekochte Hummer od. 2 Tassen Hummerfleisch
1 Tasse Zwiebelwürfel
50 g Butter, 1/2 Tasse Öl
1/4 Teel. Cayennepfeffer
Salz, Pfeffer
1 Teel. ger. Knoblauch
2 Eßl. gehackte Petersilie
1 Teel. getr. Thymian, Prise Safran, 250 g Langkornreis
1 Tasse Öl, Paprikapulver
Schnittlauch, 1 Zitrone

Seezungenfilets auf normannische Art

FILET DE SOLE A LA NORMANDE

Die sauber gewaschenen Muscheln in Salzwasser etwa 5 Minuten kochen lassen, bis sich die Schalen öffnen und die Muschelkörper herausgebrochen werden können. In einer Kasserolle zerläßt man Butter, dünstet darin die Zwiebelwürfel glasig, bestäubt sie mit Mehl und läßt die Schwitze so lange dünsten, bis das Mehl sich verfärbt. Dann füllt man mit einem Teil der

1 kg Muscheln
75 g Butter
1 Tasse Zwiebel
1 Eßl. Mehl
12 Champignons, gedünstet

FRANKREICH

1 Tasse Champignon-
flüssigkeit vom Dünsten
½ Tasse Weißwein
Salz, 4 Eßl. Sahne
½ Tasse Petersilie
2 Seezungen
50 g Butter
1 Tasse Zwiebel
½ Tasse Weißwein
50 g Butter

Champignonflüssigkeit auf und rührt, bis eine gebundene Sauce entsteht. Dazu kommen Weißwein, Salz, Sahne und gehackte Petersilie, ferner die Muscheln und die feingeschnittenen Champignons. Diese Sauce jetzt warmstellen. Die Seezungenhaut auf beiden Seiten von den Schwanzflossen her abziehen. Dann schneidet man mit einem langen, biegsamen, scharfen Messer von der Mittelgräte her unter das Fischfleisch und hebt dieses dabei ab. So erhält man vier Filets aus einer Seezunge; zwei gehören zu einer Portion. Auf einem geschlossenen Backblech die Filets mit Butterflocken, Zwiebelwürfeln und Weißwein im Ofen gar ziehen lassen. Die Filets mit Pergamentpapier abdecken, damit sie nicht austrocknen. Während dieser Zeit schlägt man in die warmgestellte Sauce Butterflocken, damit sie luftig und locker wird. Die garen Seezungenfilets auf eine Porzellanschale legen und mit der Sauce übergießen. Garnieren können Sie das Gericht mit Petersiliensträußchen, Zitronenvierteln und Krebsschwänzen. — Als Beilage empfehle ich Ihnen Risotto oder Butterkartoffeln. Als Getränk paßt dazu ein herber Weißwein.

CABILLAUD BOULONNAIS

Kabeljau nach Art der Küstenstädte

Farbfoto Seite 79

1,5 kg Kabeljau
Saft einer Zitrone, Salz
1 kg Miesmuscheln
½ Tasse Champignonstiele
½ Tasse Zwiebelwürfel
½ Lorbeerblatt
10 zerdrückte Pfefferkörner
½ Tasse Weißwein
1 Tasse Crevetten
1 Tasse Champignon-
scheiben
50 g Butter
1½ Eßl. Mehl
½ Tasse süße Sahne
2 Teel. gekörnte Brühe
2 Eier

Den geschuppten und gewaschenen Fisch in Portionsscheiben schneiden. Diese mit Zitronensaft und Salz einreiben und 15 Minuten lang liegen lassen. Nach dieser Zeit sie in schwach gesalzenem Wasser 20 Minuten lang garziehen lassen. Die Flamme schon nach dem ersten Aufkochen kleinstellen. Die gedünsteten Scheiben schräg übereinander auf eine vorgewärmte Platte legen und warmstellen. Nebenher können Sie auch die Muscheln vorbereiten und kochen. Sie unter kaltem, fließendem Wasser mit einer Bürste säubern, dann mit Champignonstücken, Zwiebelwürfeln, Lorbeerblatt, Salz, Pfefferkörnern und Weißwein in bedecktem Topf dünsten, bis sich alle Schalen weit geöffnet haben. Die Muschelkörper ausbrechen und den dunklen Teil entfernen, der die Verdauungsorgane enthält. Die Muschelkörper auf die Fischscheiben legen und ausgebrochene Crevetten und Champignonscheiben darüberstreuen. Butter mit Mehl hell anschwitzen, mit abgeseihtem Muschelsud ablöschen und mit Sahne eine sämige, weiße Sauce bereiten. Sie noch mit gekörnter Brühe und verquirlten Eiern verbessern und über die Fischscheiben gießen. In Frankreich verwendet man für solche Saucen an Stelle der bei uns üblichen süßen Sahne, die dicke, doppelfette, saure Sahne, die Crème double. Wichtig für das gute Gelingen der Sauce ist auch der Weißwein, der in diesem Fall aus dem Burgund stammen sollte. — Dazu Butterkartoffeln mit gehackten Dillblättern und Kopfsalat reichen und den gleichen weißen Burgunderwein dazu trinken.

FRANKREICH

Fischstücke in Tomatensauce

FILETS DE POISSON DUGLERE

Dieses Gericht ist Dugléré gewidmet, der Direktor des bekannten Pariser »Café Anglais« war. Für dieses Gericht können Sie Fische verwenden, die eben gerade angeboten werden oder billig sind. — Die Filets mit Salz und Pfeffer bestreuen und mit einer zerdrückten Knoblauchzehe einreiben. In einer großen Kasserolle das Öl erhitzen, darin Zwiebeln mit Tomaten, Petersilie und Kerbel dünsten und die Mischung mit Weißwein löschen. Etwas einkochen lassen und abschmecken. Die Fischfilets in eine Auflaufform legen und mit Gemüse und Kräutern übergießen. Dann das Gericht in den heißen Ofen schieben. Nach 25 Minuten sind die Fischfilets gar und lassen sich mit einer Gabel leicht zerflocken. Die Sauce muß aber immer noch flüssig sein. Noch mit Sahne und Butterflocken verfeinern und frische Petersilie darüberstreuen. — Butterkartoffeln oder körnigen Reis dazu reichen.

750 g Fischfilet ohne Gräten
Salz, Pfeffer
1 Knoblauchzehe, 1 Tasse Öl
1 Tasse Zwiebelwürfel
5 geschälte Tomaten
1 Tasse gehackte Petersilie
½ Tasse geh. Kerbelblätter
½ Tasse Weißwein
¼ Tasse Sahne
50 g Butterflocken
1 Bund Petersilie

Heringe in der Papierhülle

HARENGS EN PAPILLOTES

In einer Kasserolle die Butter zerlassen und die feingewiegten Zwiebeln darin glasig dünsten. Dann die Krumen von Graubrot, Pfeffer, Muskatnuß und etwas helle Sauce zugeben. Nach einigen Minuten vom Feuer nehmen und die in Streifen geschnittenen Heringsfilets zugeben. Diese Masse auskühlen lassen und dann auf Pergamentpapier streichen, zu einer Rolle aufrollen und 20 Minuten im heißen Ofen backen. Danach die Rolle öffnen und noch kurz bräunen lassen. — Dazu ißt man einen Salat aus Scheiben von hartgekochten Eiern, Champignons, Gewürzgurken und Kräutermayonnaise, auch Bratkartoffeln, und trinkt helles Bier dazu.

2 Zwiebeln
50 g Butter
2 Scheiben Graubrot ohne Rinde
Pfeffer
Muskatnuß
½ Tasse dicke, helle Sauce (Rest)
3 grüne Heringe

Ochsenschwanzragout

QUEUE DE BOEUF

Dieses Gericht hat einen unnachahmlich guten Geschmack. Und doch scheuen viele das der vielen Knochen wegen etwas mühselige Essen. — Den Ochsenschwanz in einzelne Glieder zerschlagen oder vom Fleischer zersägen lassen. Die Stücke mit der Marinade, aus den angegebenen Zutaten bereitet, eine Nacht über beizen. Am anderen Tage trocknet man sie ab, dreht sie in Mehl und brät sie in heißem Fett von allen Seiten braun an. Dann löscht man mit Wasser — bitte verwenden Sie hierfür nicht die Marinade, da die Sauce sonst sauer schmeckt —, fügt Zwiebelwürfel dazu, hautlose Tomaten, Tomatensaft, Paprikapulver und Thymian und läßt die Schwanzstücke darin gar schmoren. — Dazu ißt man am besten geschmälzte Teigwaren oder Pommes frites. — Ein ähnliches Gericht können Sie auch aus Scheiben von Ochsenfüßen bereiten.

1 Ochsenschwanz
Marinade: 2 Eßl. Essig
5 Pfefferkörner, 1 Möhre
2 Zwiebeln, Salz, 1 Teel. Majoran, 2 Eßl. Liebstock
1 Eßl. Wacholderbeeren
2 Tassen Rotwein, 1 Kräutersträußchen, 1 Knoblauchzehe, Sauce: 1 Eßl. Mehl, 75 g Fett, 2 Zwiebeln, 5 Tomaten
½ Tasse Tomatensaft, 1 Eßl. Paprika, 1 Teel. Thymian

FRANKREICH

TRIPE A LA MODE DE CAEN
Schmor-Kutteln

1 kg Kutteln
2 Ochsenfüße, gespalten
2 l Wasser
1 Kräutersträußchen mit Petersilie, Kerbel, Liebstock Thymian
1 Lorbeerblatt
Salz, Pfeffer
4 Gewürznelken
2 Petersilienwurzeln
2 Tassen Wurzelgemüse (Möhren, Sellerie, Porree)

Die Kutteln müssen sehr gründlich gewaschen, dann mit kochendem Wasser übergossen und das Wasser abgegossen werden. Diesen Vorgang nennt man »blanchieren« (weiß machen). Die Kutteln werden oft schon so vorbereitet angeboten. — Die großen Stücke in schmale Streifen schneiden, etwa 5 cm lang. Zusammen mit den Ochsenfüßen in einen großen Suppentopf legen, mit Wasser auffüllen, Kräutersträußchen, Gewürze und Wurzelgemüse dazugeben und mehrere Stunden lang kochen lassen. Die Kutteln sind gar, wenn man sie mit den Fingerspitzen leicht durchdrücken kann. Die Flüssigkeit soll dann auch mindestens um die Hälfte eingekocht sein. Die Ochsenfüße (sie kocht man nur mit, serviert werden sie nicht) und das Kräuterbündel herausnehmen. — Im Originalrezept kocht man noch Rindermarkscheiben oder anderes Rinderfett mit und schöpft das Fett später vom Gericht ab. Das verbessert den Geschmack, aber leider gehört Fett heute zu den gemiedenen Küchenrohstoffen. — Das Gericht in einfachen Schüsseln anrichten und mit Brot oder Salzkartoffeln zu Tisch bringen.

FILET DE VEAU AUX CHAMPIGNONS
Kalbsfilet in Champignonsauce

2 Kalbsfilets
250 g frische Champignons
grobes Salz
Saft einer Zitrone
50 g Butter
Sauce:
75 g Butter
1 Eßl. Mehl
2 Eßl. Sahne, Salz
Paprikapulver
2 Eßl. Portwein
4 Tomaten
1 Bund Petersilie

Die Filets von den äußeren Häuten befreien und die dünnen Enden abschneiden, weil sie beim Braten leicht verbrennen und hart werden. Die Champignons putzen, mit grobem Salz zwischen den Handflächen reiben und mit viel kaltem Wasser waschen, damit alle Sandspuren abgespült werden. Ohne Flüssigkeit, nur mit Zitronensaft und Butter die Pilze auf kleiner Flamme 10 Minuten lang dünsten, dann herausnehmen und in feine Scheiben schneiden. Butter in einer Kasserolle zerlassen, mit Mehl anschwitzen und mit der Champignonflüssigkeit löschen. Die Sauce mit Sahne verfeinern und mit Salz, Paprikapulver und Portwein würzen. Dahinein kommen die Kalbsfilets, die man vorher in Fett rasch allseitig braun angebraten hat. Diese in der Sauce 25 Minuten schmoren lassen, dann die Pilze, geschälte, zerschnittene Tomaten und gehackte Petersilie untermengen. — Dazu reicht man Kartoffelpüree, Erbsen oder Blumenkohl.

ESCALOPES DE VEAU A LA CREME
Rahmschnitzel

4 Kalbsschnitzel
Mehl, 50 g Butter
Sauce:
50 g Butter
1 Tasse Champignons

Dieses Gericht verriet mir kürzlich ein bekannter Pariser Küchenchef. Es gefällt sicher auch Ihnen. — Die Kalbsschnitzel klopfen, in Mehl drehen, in der Pfanne von beiden Seiten 3 Minuten goldbraun braten und dann warmstellen. In der gleichen Pfanne werden mit zusätzlicher Butter Champignons und Zwiebelwürfel, sowie Streifen von gekochtem Schinken angebräunt. Sobald die Pfanne sehr heiß ist, fügt man den Weinbrand dazu, läßt eine Flamme hineinschlagen und den Alkohol ausbrennen. Mit Sahne aufgießen und die geschälten, geschnittenen Tomaten dazugeben. Den Bratensaft verrührt man so lange, bis er sich bräunt – durch das minutenlange Kochen wird die Sauce dicklich. Jetzt schmeckt man sie mit Salz, Pfeffer und Paprikapulver ab und übergießt damit die Schnitzel. – Dazu Butterkartoffeln oder Kartoffelbrei und Blattspinat oder junge, ganze Böhnchen essen.

*2 Eßl. Zwiebelwürfel
2 Eßl. Streifen Kochschinken, 2 kleine Gläser Weinbrand, 1 Tasse frische Sahne, 2 Tomaten, Salz Pfeffer, Paprikapulver*

Kalbfleischröllchen nach algerischer Art

PAUPIETTES DE VEAU A L'ALGERIENNE

Algerien ist mit dem Mutterland Frankreich lange verbunden gewesen, dadurch haben sich manche Gerichte, wie auch dieses, dort eingebürgert. – Man klopft die Kalbsschnitzel sehr dünn und bestreicht sie mit einer Masse, die man aus der ausgedrückten Bratwurstmasse, Paprikaschoten, Paprikapulver, Salz und Pfeffer gemischt hat. Die Schnitzel aufrollen, mit einem Faden zusammenhalten, in Mehl drehen und in Fett anbraten. Wenn sie sich zu bräunen beginnen, mit Bouillon löschen und Sahne und Tomatensaft dazu gießen. Die Röllchen zugedeckt 30 Minuten lang darin dünsten lassen. Zum Schluß kommen in die Sauce Tomaten, Erbsen und gehackte Petersilie. Man läßt alles noch einmal aufkochen. – Mit Pommes frites oder Kartoffelbrei zu Tisch bringen.

*4 Kalbsschnitzel, 2 rohe Bratwürste, 1 Tasse rote Paprikaschoten, 1 Eßl. Paprika, Salz, Pfeffer
100 g Bratfett, 2 Eßl. Mehl
2 Tassen Bouillon, 1/2 Tasse Sahne, 1/2 Tasse Tomatensaft, 2 Tomaten, geschält
1/2 Tasse grüne Erbsen
1 Bund Petersilie*

Kalbsblankett nach alter Art

BLANQUETTE DE VEAU

Dieses Gericht ist bei uns oft unter dem Namen Kalbsfrikassee anzutreffen (obgleich küchentechnisch zwischen einem Frikassee und einem Blankett unterschieden wird). In Frankreich gibt es dieses Gericht auch aus Lammfleisch. – Das Fleisch in mundgerechte Stücke schneiden und mit den Gemüsen und Gewürzen in Salzwasser kochen. Wenn sich auf der Oberfläche Schaum bildet, schöpft man ihn ab. Währenddessen rührt man in einer Kasserolle das Mehl in die zerlassene Butter. Mit der Kalbfleischbrühe füllt man so weit auf, bis eine gut gebundene Sauce entsteht, und kocht darin die Champignonscheiben und die kleinen, unzerschnittenen Zwiebeln. In einer Schale schlägt man die Eigelbe mit Sahne, Zitronensaft, Salz und Muskatnuß und rührt diese Mischung in die heiße Sauce, die dadurch einen sehr feinen Geschmack erhält. – Dazu reicht man körnigen Reis und grünen Salat.

*750 g schieres Kalbfleisch (Schulter, Brust, Hals)
1 Möhre in Scheiben
2 Zwiebeln, 1/4 Sellerieknolle
1 Porreestange, 1 Lorbeerblatt, 1 Petersilienwurzel
Salz, Sauce:
50 g Butter, 2 Eßl. Mehl
1/2 Tasse Champignons
10 kleine Zwiebelchen
5 Eigelbe, 1/10 l Sahne
Saft einer Zitrone, Salz
Muskatnuß*

FRANKREICH

TETE DE VEAU A LA SAUCE DITE PAUVRE HOMME

½ Kalbskopf, gespalten mit Zunge und Hirn
2 Tassen Wurzelgemüse (Möhren, Zwiebeln Porree, Sellerie)
4 Zehen Knoblauch, zerdrückt, 2 Eßl. Essig
Sauce:
1 Tasse Zwiebelwürfel
2 Eßl. Butter
½ Tasse Panierbrot
2 Eßl. Petersilie

Kalbskopf mit Arme-Leute-Sauce

Den Kalbskopf waschen, alle Borsten auszupfen und in kaltem Wasser mehrere Stunden lang wässern. Dann kocht man ihn 3 Stunden lang auf kleiner Flamme mit Gemüse, Knoblauch und Essig in reichlich Wasser gar. Die Zunge und das Hirn aber nur ½ Stunde mitkochen. Alle Knochen auslösen und das Fleisch in Stücke schneiden. Außerdem zerschneidet man die Kopfhaut in schmale Streifen oder kleine Vierecke, die Zunge in Scheiben und das abgehäutete Hirn in dicke Scheiben. Alles auf einer breiten Schüssel anrichten und warmstellen. Für die Sauce Zwiebelwürfel in Butter andünsten, mit etwas Kalbsbrühe ablöschen, mit dem Panierbrot binden und über das Fleisch gießen. Viel gehackte Petersilie darüberstreuen. — Dazu passen Kartoffeln. Die übrige Kalbskopfbrühe kann man für eine Suppe verwenden.

RAGOUT DE ROGNON DE VEAU

4 Kalbsnieren, Salz, Pfeffer
2 Tassen Zwiebelscheiben
1 Eßl. Mehl, 1 Eßl. Rotwein (Burgunder)
½ Tasse Wasser, 4 Tomaten
1 Bund Petersilie

Nierenragout auf altfranz. Art

Die Nieren von allen Häuten und Fettschichten befreien, auseinanderschneiden und innen die weißen Gefäße herauslösen. Dann in Würfel schneiden, salzen und pfeffern. Das kleingeschnittene Nierenfett in einer Pfanne auslassen, die Grieben entfernen. In diesem Fett die Nierenwürfel etwa 5 Minuten braten, dann herausheben und warmstellen. Im verbliebenen Fett die Zwiebelscheiben mit Mehl andünsten, mit Wein ablöschen und geschälte Tomaten, gehackte Petersilie und Salz dazurühren. Diese Sauce über die Nierenwürfel gießen. Das Gericht nicht mehr aufkochen, sondern sofort zu Tisch bringen. — Dazu körnigen Reis und frischen Salat reichen. Ein weicher Burgunderwein paßt dazu am besten.

COTELETTES DE PORC POIVRADE A LA CREME

1 Möhre
1 Zwiebel
½ Lorbeerblatt
1 Zweig Thymian
1 Tasse weißen Bordeauxwein
1 Eßl. Essig
1 Tasse Wasser
8 kleine Schweinskoteletts

Schweinskoteletts in Pfeffer-Rahm-Sauce

Von den Koteletts die Fettränder abschneiden. Über Nacht sollten Sie sie in diese Beize legen: Möhrenraspeln, Zwiebelscheiben, Lorbeer, Thymian, süßer Bordeauxwein, Essig und Wasser vermengen und die festen Bestandteile dabei etwas zerdrücken. Am Morgen die Koteletts herausholen und abtrocknen. Das abgeschnittene Fett kleinschneiden und auslassen. Darin von beiden Seiten die Koteletts goldbraun braten. Sie nun in einen breiten Topf legen, zusammen mit dem Gemüse aus der Beize und etwas Flüssigkeit. 15 Minuten läßt man sie auf ganz kleiner Flamme darin brutzeln. Das Fleisch danach herausnehmen und warmstellen. In den Topf die restliche Marinade gießen, dazu das mit Sahne angerührte Stärkemehl und das ganze mit Salz und Pfeffer abschmecken. Die Sauce ist nun fertig und man kann sie mit den Koteletts zu Tisch bringen. — Dazu passen Kartoffelbrei und ein Salat aus roten und grünen Paprikaschoten mit gebrühten Zwiebeln.

1 Tasse Sahne
1½ Eßl. Stärkemehl
Salz, Pfeffer

Schinkenauflauf »Carmen«

SOUFFLE DE JAMBON CARMEN

Im Originalrezept wird die ganze Masse aus Schinken hergestellt. Ich empfehle aber, die Masse von groben Bratwürsten zu verwenden und diese mit feingewürfeltem, rohem Schinken zu mischen. Außerdem mengt man gehackte Pistazien und Paprikaschoten darunter. Von dieser Masse sticht man mit einem in kaltes Wasser getauchten Eßlöffel dicke, eiförmige Klöße ab, setzt sie auf ein gebuttertes Blech und backt sie im heißen Ofen 30 Minuten lang. Die gebackenen Klöße bestreicht man mit Butter und bestreut sie mit gehackter Petersilie. — Die gleiche Masse kann man auch in Salzwasser kochen. In diesem Fall reicht man am besten eine Tomatensauce dazu. Man kann sie aber auch auf eine Unterlage von Blattspinat setzen und so im Ofen in einer Auflaufform backen.

4 grobe, rohe Bratwürste
1 Tasse sehr fein gehackten rohen Schinken
2 Eßl. gebrühte, abgezogene Pistazien
2 Eßl. rote Paprikaschoten in Streifen
Butter für das Blech und zum Bestreichen

Pastete vom Lande

TOURTE DE CAMPAGNE

Das Fleisch und Gemüse fein wiegen. Die Eier verquirlen und kurz in der Pfanne backen. Alles gut miteinander verrühren und mit Salz, Pfeffer und Paprikaschotenstreifen würzen. Den Blätterteig auftauen lassen und dünn ausrollen. Mit Hilfe eines Tortenbodens zwei große, runde Platten ausschneiden — eine für den Boden, die andere für die Decke. Darauf die Füllung häufen, die Teigränder befeuchten und den Deckel darüberlegen. Die Ränder fest andrücken und mit einer Gabel die Decke mehrfach tief einstechen, damit der Wasserdampf beim Backen entweichen kann. Die Oberfläche mit dem verquirlten Ei bestreichen und die Pastete 40 Minuten im vorgeheizten Ofen bei 160°C backen. — Sie wird warm serviert mit Tomatenmayonnaise oder Tomatensauce. Herber Weißwein aus dem Burgund paßt dazu.

Füllung:
125 g Schweinshackfleisch
125 g Rindshackfleisch
125 g Leber, 50 g fetten Speck
1 Porreestange, 1 Möhre
¼ Sellerieknolle
5 Schalotten
1 Bund Petersilie
2 Tomaten, 2 Eier, Salz
Pfeffer, ½ Tasse rote Paprikaschoten, 1 Paket Blätterteig aus der Kühltruhe

Bretonisches Hammelragout

NAVARIN

Dieses Hammelragout wird sehr häufig in allen französischen Haushalten und Restaurants serviert. — Das Hammelfleisch zerschneiden, die Stücke mit Salz und Pfeffer einreiben und in Mehl wälzen. In einer breiten Pfanne das Fett heiß werden lassen, darin die Zwiebelscheiben und danach die Hammelfleischwürfel anbräunen. Bitte ständig umrühren! Dann den

1 kg Hammelfleisch (Brustfleisch ohne Knochen)
Salz, Pfeffer, Mehl
100 g Bratfett, 4 Zwiebeln

FRANKREICH

Sauce:
50 g Fett, 2 Knoblauchzehen
2 Tassen Zwiebelwürfel
2 Eßl. Mehl, 1 Tasse Wasser
1 Tasse Tomatensaft, 5 hautlose Tomaten, 1 Bund Küchenkräuter, 2 Petersilienwurzeln, 4 Tassen Erbsen Würfelkarotten, Blumenkohlrosen (alles gekocht)

Pfanneninhalt in eine Schale füllen und warmstellen. Es muß nun die Sauce zubereitet werden. Dafür in Fett Knoblauchscheiben, Zwiebelwürfel und Mehl hellbraun werden lassen. Fleißig mit einem Holzlöffel umrühren! Mit Wasser und Tomatensaft ablöschen und die Fleischstücke mit den Zwiebelscheiben wieder einlegen. Mit Tomaten, Kräutersträußchen und Petersilienwurzeln das Gericht 45 Minuten lang schmoren lassen. Kräuter und Wurzeln dann entfernen. Danach das gekochte Gemüse dazugeben und die Sauce mit Salz, Pfeffer und Zucker abschmecken. Nach dem Originalrezept kocht man auch Kartoffeln mit. Ich empfehle hierzu aber nur das Gemüse und als Beilage Bratkartoffeln oder Kartoffelpüree, ferner Selleriesalat. Einen herben weißen Burgunderwein trinke ich am liebsten dazu.

COTELETTES MOUSQUETAIRES

Hammelrippchen nach der Art der Musketiere

4 Hammelrippchen
Salz, Pfeffer, Zitronensaft
2 Eßl. Öl, 2 Eßl. Weinbrand
2 Eßl. gehackte Petersilie
2 Eßl. Mehl, 50 g Bratfett
2 feine Bratwürste
½ Tasse Zwiebelwürfel
½ Tasse geh. Champignons
2 Eßl. Petersilie
eventl. Salz, Pfeffer
50 g Butter

Die Hammelrippchen salzen, pfeffern, mit Zitronensaft beträufeln und mit Öl, Weinbrand und gehackter Petersilie einreiben. So läßt man sie 2 Stunden marinieren. Am besten legt man sie übereinander, umwickelt sie fest mit Pergamentpapier und beschwert sie mit einem Gewicht. Danach trocknet man sie ab, dreht sie in Mehl und brät sie auf nur einer Seite knusprig an. Mit der gebratenen Seite nach oben, legt man sie nebeneinander und bestreicht sie mit roher Bratwurstmasse, die man mit Zwiebelwürfeln, Champignons und gehackter Petersilie vermischt und eventuell noch nachwürzt. Zum Schluß bestreicht man die Rippchen mit Butter und läßt sie im heißen Ofen 25 Minuten lang braten. — Mit grünen Bohnen und Pommes frites zu Tisch bringen. Dazu schmeckt roter Bordeauxwein ausgezeichnet.

COTELETTES MURILLO

Hammelkoteletts Murillo

4 Hammelrippchen
1 Tasse herben Weißwein
Mehl, 50 g Bratfett
Mehlschwitze aus 50 g Butter und 1 Eßl. Mehl
1 Tasse Champignons
Salz, Pfeffer, Zucker
½ Tasse geriebenen Parmesankäse
Tomaten-Ketchup

Zu Ehren des großen spanischen Malers komponierten die französischen Köche dieses Gericht. — Die Rippchen in Weißwein legen, abtrocknen, in Mehl drehen und in Fett auf beiden Seiten braun anbraten. Alle Hammelrippchen sollen innen aber noch rosa bleiben. Den Weißwein bindet man mit einer hellen Mehlschwitze, versetzt mit gehackten Champignons, würzt mit Salz und Pfeffer und rundet den Geschmack mit Zucker ab. Diese Sauce gießt man über die gebratenen Hammelrippchen, die man nebeneinander auf eine Platte gelegt hat. Man bestreut sie mit reichlich Parmesankäse, der im heißen Ofen bei starker Oberhitze eine Kruste bildet. Auf jedes fertige Kotelett gibt man noch einen Tupfen Tomaten-Ketchup. — Dazu Bratkartoffeln, Tomatensalat und weißen Bordeauxwein servieren.

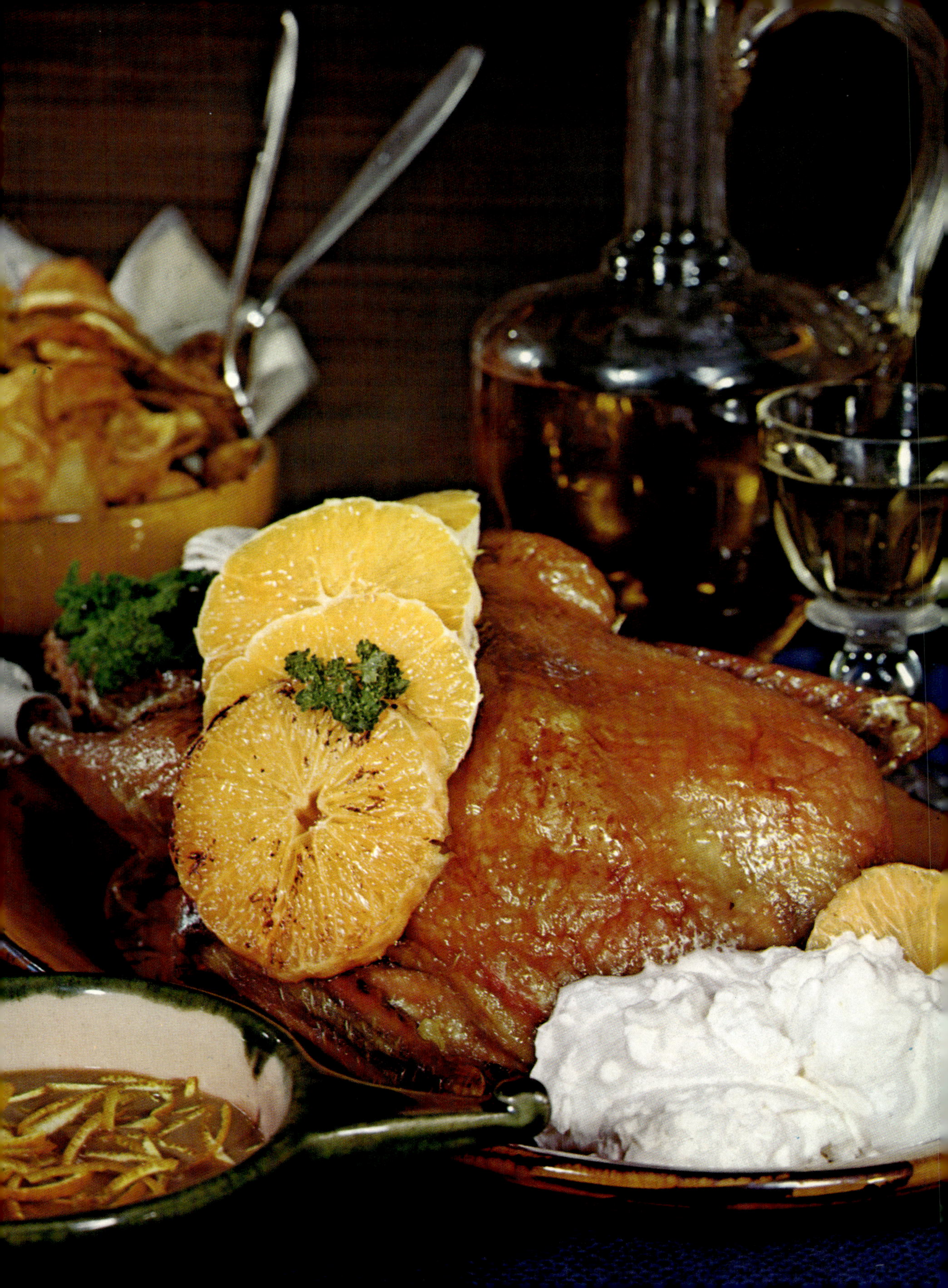

CANARD À L'ORANGE   *Gebratene Ente mit Orangen*

Sie können jedes Pariser Restaurant betreten und beim Kellner Ente mit Orangen bestellen. Er wird nicht zögern, Ihnen das köstliche Gericht zu servieren. Auch die französische Hausfrau beherrscht diese Rezeptur. Die Beliebtheit liegt meiner Meinung nach an dem harmonischen Zusammenspiel zwischen der gebratenen Ente und der feinen Fruchtsäure der Orange. Von allem Hausgeflügel ist mir die Ente ohnehin das liebste. Und wem die Mastente zu fett sein sollte, dem möchte ich empfehlen, beim Wildhändler nach einer Halbwildente, der sogenannten Hochflugbrutente, zu fragen. Sie wird bereits in verschiedenen Gegenden gezogen und erfreut sich dort großer Beliebtheit. Bei den Orangen sollten Sie darauf achten, daß die Früchte nicht zu sehr gespritzt sind mit dem Konservierungswachs, das auf der Schale ist und diese ungenießbar macht. Waschen Sie die Früchte mit heißem oder überbrühen Sie sie mit kochendem Wasser. Danach das Wasser fortgießen, die Früchte im Kühlschrank wieder erholen lassen und schließlich der Sauce hauchfeine Schalenstreifchen zufügen, die nur aus der goldfarbenen dünnen Außenschicht geschnitten werden.

Rezept auf Seite 92

FRANKREICH

Hammelkeule

GIGOT MARINE

1 Hammelkeule für 8 Pers.
4 Tassen Rotwein, 2 Eßl. geh.
Estragonblätter, Salz, Pfeffer
2 Eßl. Paprika, 5 Zwiebeln
4 Knoblauchzehen, 125 g
Bauchspeck in Würfeln
2 Tassen kleingeschnittenes
Gemüse: Porree, Möhren
Petersilienwurzel; Bratfett
Mehlbutter: 3 Eßl. Butter
mit 1 Eßl. Mehl verknetet
1/2 Glas Weinbrand
2 Eßl. gehackte Petersilie

Die Keule an den Knochen mit einem scharfen Messer lockern, damit die Marinade auch an die tieferen Teile heran kann. Dann legt man sie in einen geräumigen Topf, übergießt sie mit dem Wein und streut Petersilie, Estragon, Salz, Pfeffer, Paprikapulver und Zwiebelscheiben darüber. Diese Gewürze sollen fest aufliegen. Nach einem Tag die Keule herausnehmen und abtrocknen. Zwischen die Röhrenknochen und das Fleisch steckt man zerdrückte Knoblauchzehen und stößt sie recht tief hinein. In einer Bratpfanne läßt man zuerst den Bauchspeck zergehen, gibt Gemüse und Bratfett dazu und brät die Keule von allen Seiten rasch an. Mit etwas Weinbeize ablöschen und im Ofen zugedeckt 1 Stunde schmoren lassen. Eventuell ab und zu Flüssigkeit nachgießen! Dann die Keule herausnehmen, die Sauce mit Mehlbutter eindicken und mit Weinbrand, Salz, Pfeffer und gehackter Petersilie anreichern. — Dazu Tomatensalat, Pommes frites und roten Bordeauxwein reichen.

Gefüllte Lammbrust-Roulade

POITRINE D'AGNEAU BRAISEE

1 Lammbrust ohne Knochen
gerollt, 250 g Schweinefleisch
1 Bund Petersilie, 1 Tasse
Zwiebelwürfel, Salz, Pfeffer
1/2 Tasse Weißwein, 50 g
Margarine, 1 Tasse Wurzel-
gemüse (Sellerie, Möhre
Porree, Kartoffel), 2 Tassen
Wasser, 1 Glas Rotwein

Das Schweinefleisch durch die feine Scheibe des Fleischwolfes drehen und mit gehackter Petersilie, Zwiebelwürfeln, Salz, Pfeffer und Weißwein gründlich verrühren. Mit dieser Masse eine Seite der Lammbrust bestreichen und sie fest zusammenrollen. Das Fleisch in Fett mit den kleingeschnittenen Wurzelgemüsen anbraten. Nach 20 Minuten, in denen die Rolle allseitig angebräunt wurde, gießt man mit Wasser und Rotwein an und läßt sie weitere 45 Minuten schmoren. Die fertige Roulade in Scheiben schneiden und mit Tomatensauce und Blattspinat zu Tisch bringen. — In Frankreich dünstet man Blattspinat nur mit Butter und Zitronensaft, also ohne Wasser. Die Blätter werden zu kleinen Bündeln zusammengefaltet.

Huhn von Marengo

POULET SAUTE MARENGO

2 junge, kleine Hähnchen
1 1/2 Tassen Öl
1 Tasse Weißwein
5 geschälte Tomaten
1/2 Teel. Knoblauchsalz
1 Tasse Champignonköpfe
1/2 Tasse braune Braten-
sauce, Salz, Pfeffer
2 hartgekochte Eier
4 Krebsschwänze
12 grüne, gefüllte Oliven

Der Anekdote nach war der Leibkoch Napoleons nach der Schlacht von Marengo vom Troßwagen abgeschnitten und mußte nun aus dem kleinen Mundvorrat ein ganzes Menü zaubern. So suchte er alles zusammen, was ihm unter die Hände kam, und es entstand dieses Gericht, das dann auch den allerhöchsten Beifall gefunden haben soll. — Die Hähnchen roh so zerteilen, daß zwei Keulen und zwei Bruststücke entstehen. Die größten Knochen gleich auslösen. Die Stücke im heißen Öl braun braten und mit Weißwein ablöschen. Dazu die geschälten Tomaten, Knoblauchsalz, ganze Champignons, braune Sauce, Salz und Pfeffer geben. In dieser sämigen Sauce sollen die Hähnchenviertel gar schmoren. Das Gericht in einer Ragout-Schüssel anrichten und mit Eivierteln, Krebsschwänzen und Olivenscheiben garnieren. — Dazu passen Butterkartoffeln und Weißwein.

FRANKREICH

COQ AU VIN
Huhn im Weintopf

1 junges, nicht fettes Huhn
50 g Bratfett, 4 Zwiebeln
1 Möhre in Scheiben
1/8 Sellerieknolle in Streifen
2 Kartoffeln in kl. Würfeln
2 Stangen Porree in Scheiben
2 Tassen Rotwein
3 Tassen Bouillon
Salz, Pfeffer

Dieses Gericht wird verschieden zubereitet — dies hier ist meine Version: Das junge Huhn roh in acht Stücke zerteilen. Man bräunt in einem großen, hochwandigen Topf zuerst die Zwiebelscheiben an, dann das Gemüse und später die Huhnstücke. Mit Rotwein und Bouillon aufgießen, salzen und pfeffern und die Huhnstücke darin gar schmoren lassen. Anstelle des Rotweins verwendet man nicht selten auch Rieslingwein. Das Gericht wird dann Coq au Riesling genannt. — Dazu ißt man gebackene Kartoffeln und Gemüse. Hin und wieder bekommt man ganze, weichgekochte Eier und Fleischklößchen mit in der Sauce serviert.

CANARD A L'ORANGE
Gebratene Ente mit Orangen   Farbfoto Seite 89

1 Ente mit Leber
Salz, Pfeffer
Saft von 4 Orangen
Mehlbutter (30 g Butter
1/2 Eßl. Stärkemehl)
Schale einer Orange in hauchdünne Streifen geschnitten
1 kleines Glas Sherry
1 Teel. Paprikapulver
1 Teel. Fleischextrakt

Dieses Gericht gehört zum ständigen Repertoire jeder französischen Hausfrau. Ich selbst durfte es einmal für Mitglieder der französischen Regierung bereiten. — Wie so oft, macht die Sauce das Besondere des Gerichtes aus. Die Ente ausnehmen, waschen, innen mit Salz und Pfeffer einreiben und ungefüllt knusprig braten. Das dauert, je nach Alter und Größe der Ente, 45 bis 60 Minuten. Wenig Wasser in die Bratpfanne geben, damit die Ofenröhre möglichst trocken bleibt und die Entenhaut schnell bräunt. Die gebratene Ente herausnehmen und warmstellen. Den Bratensaft mit dem Saft der Orangen löschen, mit Mehlbutter binden und die streifig geschnittene Orangenschale zugeben, ferner mit Sherrywein, Salz, Pfeffer, und Fleischextrakt abschmecken. Die Entenleber mit einer Gabel musig verrühren, mit einem Teil der Sauce vermengen und alles wieder in die heiße Sauce rühren. — Dazu gibt man in heißer Butter geschwenkte Orangenscheiben, ungesüßte Schlagsahne und gebackene Kartoffelscheiben.

PATE DE CANARD LUCAS CARTON
Entenbraten »Lucas Carton«

1 junge Ente
Aspik:
1 Schinkenschwarte von gekochtem Schinken
2 Stangen Porree
1 Zweig Thymian
1 Lorbeerblatt
3/4 l Bouillon
1/2 l Madeirawein
12 Blatt Gelatine

Diese Pastete steht auf der Speisekarte von »Lucas Carton«, einem der renommiertesten Pariser Restaurants. — Der rohen Ente zieht man die Haut ab, die möglichst ganz bleiben soll, und löst alles Fleisch von den Knochen. Die Knochen zerschlägt man und kocht sie mit Entenklein (ohne Leber), Schinkenschwarte (zerschnitten), Porree, Thymian und Lorbeerblatt in der Bouillon 45 Minuten lang. Danach den Kochsud abseihen und entfetten. Zusammen mit dem Madeirawein aufkochen und vorschriftsmäßig gelöste Gelatine darin verrühren. Fast erkaltet gießt man diese Mischung über die gebackene, ausgekühlte Pastete. Also erst herstellen, wenn die Pastete schon fertig ist. Sie wird wie folgt bereitet: Entenfleisch, Entenleber,

FRANKREICH

Schweinefleisch, Schalotten, Petersilie und Knoblauchzehe dreht man zweimal durch die feine Scheibe des Fleischwolfes. Dazu rührt man Eier, Mehl, Salz, Pfeffer, Weinbrand, feingehackte Oliven, geriebene Pistazien und Mandeln. Eine Auflaufform mit der rohen Entenhaut auslegen und darauf die Fleischmischung füllen. Die Oberfläche mit einem nassen Messer glattstreichen und kreuzweise mit Schinkenstreifen belegen. Im vorgeheizten Ofen backt man die Pastete 1 Stunde lang. Die ersten 30 Minuten offen, die letzten mit Pergamentpapier oder Aluminiumfolie bedeckt. Nach dem Abkühlen füllt man den Madeiraaspik auf und läßt alles ganz erkalten. Zum Servieren die Pastete stürzen und in Scheiben schneiden. — Reichen Sie dazu Cumberlandsauce, Senffrüchte; das sind säuerlich eingelegte, scharfe kandierte Kirschen, Feigen und Birnen, die es fertig zu kaufen gibt. Sie passen am besten zu allen Geflügel- und Wildpasteten.

Pastete:
250 g schieres Schweinefleisch, 5 Schalotten
Bund Petersilie
2 Knoblauchzehen
4 Eier, 1 Eßl. Mehl
Salz, Pfeffer
2 kl. Gläser Weinbrand
½ Tasse rotgefüllte grüne Oliven
50 g Pistazien, 50 g Mandeln
20 Streifen gekochten Schinken

Hasenpastete in der Terrine

TERRINE DE LIEVRE

Alle Hasenstücke müssen abgehäutet und die Knochen ausgelöst werden. Das Fleisch in Stücke schneiden und mit den Gemüsestücken in Schmalz anbraten. Sobald das Fleisch gebräunt ist, gießt man den Weinbrand dazu und läßt diesen verdunsten. Dann entleert man die Pfanne in eine Schüssel. Erneut zerläßt man in der Pfanne Fett und den Bauchspeck, bräunt darin Zwiebelscheiben und gießt über sie den Madeirawein. Diesen Pfanneninhalt ebenfalls in die Schüssel leeren. Alles zusammen durch die feine Scheibe des Fleischwolfes drehen und die Masse mit Salz, Pfeffer, Paprikapulver und Majoran abschmecken. Dazu gibt man die Speckwürfel und mischt alles gründlich durch. Eine kleinere Auflaufform mit Speckscheiben auslegen, die Füllung daraufgießen und die Oberfläche glattstreichen. Die Pastete im heißen Ofen 1 Stunde lang backen. Nach dem Abkühlen schneidet man sie in Scheiben und ißt dazu Paprikaschotensalat oder Preiselbeerkompott, Toast und Butter.

1 kg Hasenklein m. Knochen
1 Tasse Wurzelgemüse (Möhren, Sellerie, Porree)
50 g Schmalz
1 Glas Weinbrand
2 Eßl. Bauchspeckwürfel
4 Zwiebeln
2 Eßl. Madeira- od. Portwein
Salz, Pfeffer
1 Teel. Paprikapulver
1 Teel. getrocknete Majoranblätter, ½ Tasse Speckwürfel
10 Speckscheiben

Gefüllte Fasane

FAISANS FARCIS

Am besten eignen sich für dieses Gericht sehr junge, abgehangene Fasane. Erwarten Sie bei Ihnen aber nicht den eigentümlichen Wildgeschmack. Junge Tiere erkennt man an den hellgrauen Beinschuppen, die noch elastisch sind. — Lassen Sie die Tiere beim Händler gleich rupfen und ausnehmen und sengen Sie zu Hause noch die feinen Haare ab. Die verschiedenen Lebern kleinwiegen bis eine gleichmäßige Masse entsteht, zu der geweichtes Brot, Rosinen, Salz, Pfeffer, Paprikapulver und Speckwürfel kommen. Damit füllt man die Fasane, bindet die Öffnungen zu und wickelt

4 junge Fasane
200 g Kalbsleber
200 g Gänseleber
200 g Hühnerleber
2 Scheiben Weißbrot
50 g Rosinen, Salz, Pfeffer
1 Teel. Paprikapulver
100 g Speckwürfel

FRANKREICH

8 Scheiben fetten, salzarmen Speck
4 Eßl. Schweineschmalz
2 Zwiebeln
1 Tasse Pfifferlinge
1 Tasse Weißwein

über die Brüste die dünnen Speckscheiben. In Schweineschmalz brät man sie an, zusammen mit Zwiebelscheiben und grob zerhackten Pfifferlingen. Mit Weißwein ablöschen und die Tiere in der Sauce schmoren lassen, bis sie gar sind; das dauert etwa 40 Minuten. — Heidelbeerkompott und gebackene Kartoffelkloßscheiben reicht man als Beilagen. St. Emilion ist nach meinem Geschmack der beste Wein dazu.

PERDRIX BRAISEE

Geschmortes Rebhuhn

2 Rebhühner
Salz, Pfeffer
Kerbel und Liebstock gehackt, Mehl
Paprikapulver
125 g Bauchspeckwürfel
1 Glas Weinbrand
1 Tasse Bouillon
1 Tasse Tomatensaft
½ Tasse frische Sahne
½ Tasse geschnittene Steinpilze (frisch oder aus Dosen)

Wildgeflügel ist nicht immer jung genug, um im Ofen gebraten zu werden. Ältere Tiere sollte man stets schmoren. Dadurch wird das Fleisch zart und man erhält eine köstliche Sauce. — Die Tiere nach dem Rupfen, Sengen, Ausnehmen und Waschen innen und außen abtrocknen, innen mit Salz, Pfeffer und gehackten Kräutern, außen mit Mehl und Paprikapulver einreiben und in zerlassenem Bauchspeck in einer Deckel-Kasserolle von allen Seiten braun anbraten. Mit Weinbrand löschen, mit Bouillon und Tomatensaft aufgießen und die Hühner darin schmoren lassen. Den Deckel mit einem Stück Aluminiumfolie fest verschließen. In Frankreich benutzt man dazu einen einfachen Mehl-Wasserteig, mit dem man, zu einer Platte ausgerollt, den Zwischenraum am Deckelrand verschließt. Das Schmoren dauert 30–45 Minuten. Nach 30 Minuten kann man auf jeden Fall den Deckel öffnen und eventuell Flüssigkeit nachgießen. Sobald sich das Fleisch an den Keulen mit den Fingerspitzen leicht eindrücken läßt, sind die Rebhühner gar. Dann nimmt man sie heraus, verfeinert die Sauce mit Sahne und Pilzen, würzt und gibt die Rebhühner wieder in den Topf. — Dazu ißt man gebutterte Artischockenböden, Erbsen, Kartoffelscheiben in Fett gebacken (Chips) und gedünstete Birnen. Als Wein paßt am besten schwerer Burgunder.

SAUCE BEARNAISE

Béarner Sauce

2 Eßl. Schalotten
2 Eßl. Essig oder Weißwein
½ Teel. Salz
5 zerdrückte, weiße Pfefferkörner, 3 Eigelbe
125 g Butter
1 Eßl. Estragonblätter
1 Eßl. heißes Wasser mit
1 Teel. Fleischextrakt vermischt

Diese Sauce ist die klassische Beigabe zu vielen Steaks und anderen Pfannengerichten. Oft wird sie auf Speisekarten mit »Berner Sauce« übersetzt. Das stimmt aber nicht. Diese Sauce wurde einem König gewidmet, der aus der südfranzösischen Landschaft Béarn stammte. Weil die Zubereitung einige Kenntnis erfordert, möchte ich die Sauce in diesem Buch der Spezialitäten aufführen. — Zuerst die Schalottenwürfel in einer Kasserolle mit Essig, Salz und Pfefferkörnern mehrmals aufkochen. Den Sud durch ein Sieb gießen; benötigt wird nur die Flüssigkeit. Diese nun in einer Kasserolle in ein größeres Wasserbadgefäß stellen. Sobald die Flüssigkeit sich etwas abgekühlt hat, stellt man das Wasserbadgefäß aufs Feuer. In der

FRANKREICH

Zwischenzeit die Eidotter mit Wasser verrühren, in die Kasserolle geben und so lange mit dem Schneebesen schlagen, bis sich die Dotter cremig verdickt haben. Den Strom abschalten und weiterrühren. Nach und nach die flüssige Butter dazugeben, die von der Dottermasse aufgenommen werden muß. Wenn die Butter eingerührt ist, die Sauce mit gehackten Estragonblättern und Fleischextrakt versetzen. Die Sauce Béarnaise heiß servieren. Aufwärmen kann man sie nur unter fortwährendem Rühren im Wasserbad. Wegen des Eigehaltes die Sauce nie kochen lassen oder direkt aufs Feuer stellen.

Junge Erbsen auf französische Art

PETITS POIS
A LA FRANCAISE

500 g junge Erbsen
75 g Butter, 1 Tasse Wasser
1 Teel. Salz, ½ Teel. Zucker
½ Tasse Perlzwiebeln
1 Kopfsalat in feine
Streifen geschnitten
Sauce:
Mehlbutter (50 g Butter und
1 Eßl. Mehl), Butterflocken
gehackte Petersilie

Erbsen werden in Frankreich mit besonderer Liebe und Sorgfalt zubereitet. — Alle Zutaten in einer Deckel-Kasserolle auf schwaches Feuer setzen. Öfter nachsehen, daß die Erbsen nicht zu weich werden, sie dürfen nicht zerfallen. Im Durchschnitt dauert das Kochen 12—15 Minuten, wenn Sie ganz junge Erbsen verwenden. Dann gießt man die Flüssigkeit ab, verrührt die Mehlbutter darin und schlägt die Sauce mit dem Schneebesen schaumig. Dabei noch Butterflocken dazugeben. Die Sauce mit Salz und Zucker abschmecken und sie wieder über die Erbsen gießen. Zum Schluß nun noch gehackte Petersilie darüberstreuen. — Gemüse dieser Art werden gesondert serviert, nicht als Beilagen zu Fleischgerichten wie bei uns. Im Restaurant müssen Sie alle Gemüse extra bestellen.

Gurkengemüse mit Estragonblättern

COURGETTES AU
BEURRE TARRAGON

4 mittelgroße Salatgurken
oder Courgettes
Salz
75 g Butter
½ Tasse Estragonblätter
Saft einer halben Zitrone
Pfeffer

Leider können wir Courgettes, die in südlichen Ländern angebaut werden, bei uns nur selten kaufen. In Großstädten wird man sie in Fachgeschäften zu gewissen Zeiten erhalten. Sie können die Courgettes aber durch Salatgurken ersetzen. — Die Gurken oder Courgettes, wie gewohnt, der Länge nach schälen und die bitteren Enden entfernen. Dann in dicke Streifen schneiden, etwa so groß wie Pommes frites, und in Salzwasser 5 Minuten lang kochen. Zerlassene Butter und grob gezupfte Estragonblätter in einer Kasserolle mischen. Dazu die Gurkenstücke fügen und mit Salz, Zitronensaft und Pfeffer würzen. Etwa 10 Minuten alles dünsten lassen, die Gurken sind dann gar. — Ich empfehle Ihnen noch, kurz vor dem Anrichten eine halbe, feingehackte rote Paprikaschote und eine halbe Tasse saure Sahne darüberzugeben, zu mischen und das Gericht noch einmal kurz aufkochen zu lassen. — Dieses Gemüsegericht paßt zu Frikandellen, Ragouts, Rouladen und ähnlichem. Ein Glas Weißwein schmeckt am besten dazu.

FRANKREICH

SOUFFLE DE MARRONS
Kastanienauflauf

500 g Eßkastanien (Maroni)
1/2 l Milch
80 g Butter oder Margarine
5 Eier, 80 g Zucker
1 Eßl. Maraschino
Butter oder Margarine für die Form

Die harte, äußere Schale der Eßkastanien einschneiden, daß sie im heißen Backofen aufspringt und sich dann leicht abziehen läßt. Auch die braune, pelzige Innenhaut muß man entfernen. Die Kastanien mit Milch so lange kochen, bis sie musig zerfallen. Man streicht sie nun durch ein Haarsieb oder püriert sie im Elektromixer. Dieses Mus mit Butter, Eigelben und Zucker schaumig schlagen. Dazu kommt der Maraschinolikör und der steife Eischnee. Eine Auflaufform innen mit Butter ausstreichen und die Masse darin im vorgeheizten Ofen 45 Minuten lang backen. Sie muß hoch und luftig aufgehen und darf nach dem Herausnehmen nicht mehr zusammenfallen. — Dazu schmeckt Rahmbutter oder Vanillesauce besonders gut.

SAVARIN AU RHUM
Rum-Baba
Farbfoto Seite 125

Teig:
250 g Mehl
Prise Salz, 1/2 Tasse Milch
20 g Hefe, 1 Eßl. Zucker
3 Eier, 3 Eßl. Butter
2 Eßl. groben Zucker
Guß und Verzierung:
3 Tassen Zucker, 1/2 Tasse Wasser, 4 Eßl. echten Rum
2 Tassen Schlagsahne
2 Tassen gedünstete Schattenmorellen

Das Mehl mit dem Salz mischen und warm stellen, damit die Hefe später nicht »erschrickt«. Man löst sie in lauwarmer Milch mit dem Zucker auf. Die etwas aufgegangene Hefe und die Eier mit dem Mehl verkneten. 40 Minuten lang soll dieser Teig an einem warmen Ort ruhen, damit sich die Hefe entwickeln kann. Dann die flüssige Butter und den groben Zucker einkneten und den Teig in eine gebutterte Form füllen. Die eigentlichen Savarinformen gibt es bei uns selten, nehmen Sie dafür eine runde Napfkuchenform oder eine Frankfurter-Kranz-Form. Der Teig soll nur ein Drittel der Form füllen, damit ihm genügend Platz zum Gehen bleibt. Sobald die Form mit dem Teig aufgefüllt ist, backt man ihn, und zwar 10 Minuten bei großer und 20 Minuten bei schwacher Hitze. Den Kuchen in der Form abkühlen lassen, dann erst stürzen. Für den Guß Zucker mit Wasser kochen, den Rum dazugeben und den Sirup über den Kuchen gießen, der sich damit vollsaugt. Die Mitte des Teigkranzes füllt man mit Sauerkirschen und garniert ihn innen und außen mit Schlagsahne.

DAME BLANCHE
Weißer Damenpudding

4 Eier
Butter für die Backform
125 g Zucker
1 Tasse Milch, 1/2 Zitrone
1 Päckchen Vanillezucker
1/2 Tasse Mandeln
rote, kandierte Kirschen

Dieser sehr rasch zu bereitende Pudding ist bei uns noch gar nicht bekannt. — Dafür schlägt man die Eiweiße, die sauber von den Dottern abgetrennt sein müssen, sehr steif, am besten zweimal: Nach dem ersten Mal läßt man den Schnee wieder zusammenfallen oder verrührt ihn so lange, bis wieder das Eiklar entstanden ist. Darauf schlägt man es noch einmal ganz steif. Den Eischnee in eine gebutterte Kastenform oder Topfkuchenform füllen und im Ofen bei mittlerer Hitze durchbacken lassen.

FRANKREICH

Er soll aber nicht bräunen. In der Zwischenzeit schlägt man die Eidotter mit dem Zucker, der warmen Milch, mit Zitronenschale und Vanillezucker schaumig. Im Wasserbad die Eimasse so lange weiterschlagen, bis sie beginnt fest zu werden. Um die inzwischen gestürzte Eiweißmasse gießt man die Eiersauce und bestreut den ganzen Pudding mit geriebenen Mandeln. Rote kandierte Kirschen legt man als Farbtupfen darauf.

Bayerische Eiercreme-Charlotte

Farbfoto Seite 135

CHARLOTTE CREME BAVAROISE

Ja, die Franzosen nennen diese köstliche Creme die Bayerische. Man kann sie neutral schmeckend mit Rahm machen oder mit Früchten und Fruchtmark versetzen. — Die Eigelbe mit dem Puderzucker in einem Wasserbadgefäß cremig rühren und den Topf vom Feuer nehmen. Dazu langsam eine Mischung aus Milch, Vanillezucker und gelöster Gelatine gießen. Die Creme nun aufs Feuer stellen, nicht ins Wasserbad, und sie so lange verrühren, bis sich eine leichte Bindung zeigt. Die Oberfläche eines eingetauchten Holzlöffels soll beim Draufblasen rosenartige Wellen zeigen. Die Creme jetzt sofort vom Feuer nehmen, denn sie darf keinesfalls zu heiß werden, weil die Eigelbe sonst in Sekundenschnelle gerinnen. Abkühlen lassen und kurz bevor die Masse beginnt zu stocken, die steife Schlagsahne unterziehen. Eine hohe Form damit füllen und endgültig erkalten und fest werden lassen. Dann auf eine Platte stürzen, außen mit dicken Löffelbiskuits umkleiden und diese mit Puderzucker bestreuen. Mandeln und rote, kandierte Belegkirschen noch als Farbflecke darauf verteilen.

8 Eigelbe
250 g Puderzucker
½ l Milch
1 Päckchen Vanillezucker
8 Blatt weiße Gelatine
Sahne:
½ l Schlagsahne
2 Päckchen Vanillezucker
50 g Puderzucker
Löffelbiskuits, Mandeln
rote, kandierte Kirschen

Flambierte Sauerkirschen

CERISES JUBILEES

Diese attraktive Süßspeise ist sehr schnell zubereitet und wird allen Ihren Gästen gefallen. — Man verwendet am besten frische Schattenmorellen. Diese entkernen, mit Zucker und Rum begießen und so lange stehenlassen, bis sich Saft bildet. Oder man nimmt gute Konserven-Sauerkirschen, deren Saft man für Kirschensauce oder -suppe oder für Rote Grütze verwenden kann. In einer Pfanne ohne Fett zerläßt man den Zucker und löscht mit Zitronen- und Orangensaft ab. Dazu kommen Zimt und Rum. Den Rum entzünden. Nun gibt man die abgetropften Kirschen dazu und schiebt sie mit einem Holzlöffel ständig hin und her, damit sie alle gleichmäßig warm werden. Den Alkohol ganz ausbrennen lassen. Darüber streut man noch Zucker und serviert diese heißen Kirschen auf Vanilleeiskugeln. Flüssige Sahne und Waffeln dazu reichen.

1 kg Sauerkirschen mit Stein oder ¹/₁-Dose ohne Stein
2 Eßl. Zucker
Saft einer Zitrone
Saft von 2 Orangen
Messerspitze gemahlenen Zimt
2 Eßl. echten Rum
4 Portionen Vanilleeis
flüssige Sahne und Waffeln

FRANKREICH

PECHE MELBA

400 g Vanilleeis
2 Pfirsiche
125 g Himbeeren
1 Tasse Puderzucker
½ Tasse Mandelhobelspäne

Pfirsich »Melba«

Eines der Standardgerichte in allen Küchen der Welt. Es wurde von Auguste Escoffier, den man zu seinen Lebzeiten den »Kaiser der Köche« nannte, der australischen Sopranistin Melba gewidmet. Die Zubereitung ist ebenso einfach, wie die Speise köstlich ist. — Man braucht gutes Vanilleeis, das man jetzt fertig aus der Kühltruhe kaufen kann. Für jede Portion formt man mit einer Tasse schnell eine Kugel und stürzt das Eis auf einen Glasteller. Darüber legt man eine frisch geschälte Pfirsichhälfte. Das ganze überzieht man mit frischen Himbeeren, die mit Puderzucker zu Mus zerdrückt wurden. Himbeeren bekommt man in sehr guter Qualität aus der Kühltruhe. Über diesen rot-gelben Hügel streut man geröstete Mandelhobelspäne (gibt es fertig zu kaufen).

POIRES A L'IMPERIALE

75 g Reis, 2 Tassen Milch
125 g Zucker, 4 Blatt weiße Gelatine, ¼ l Schlagsahne
2 Eßl. Grand Marnier
4 Birnenhälften, gedünstet
Aprikosen- oder Himbeerkonfitüre
½ Tasse gehackte Mandeln
4 Maraschinokirschen

Birnen auf kaiserliche Art

Den Reis in Milch gar kochen. Zucker und die nach Vorschrift gelöste Gelatine unterrühren und den Reis abkühlen lassen. Die Sahne steif schlagen und unter den fast kalten Reis heben. Etwas behält man zum Garnieren zurück. Zum Schluß gießt man den Grand Marnier darunter, mischt gut durch und füllt die Masse in Sektkelche. Kaltstellen! Kurz vor dem Servieren belegt man jedes Glas mit einer Birnenhälfte, überzieht die Wölbung mit flüssiger Aprikosenmarmelade oder Himbeerkonfitüre, bestreut mit gehackten Mandeln, garniert mit einer roten kandierten Maraschinokirsche und verziert mit Sahne.

CROISSANTS

20 g Hefe
1 Tasse Milch
300 g Mehl
50 g Zucker
Salz, 2 Eier
175 g Butter
2 Eier zum Bestreichen

Blätterteighörnchen

Die Hefe in der warmen Milch lösen und sie zu Mehl, Zucker, Salz und Eiern mischen und daraus einen elastischen Teig kneten. Er soll nur soviel Flüssigkeit enthalten, daß er nicht klebt. Den Teigkloß in eine Schüssel legen, mit einem Tuch bedecken und an einem warmen Ort eine Stunde ruhen lassen. In den aufgegangenen Teig dann eine Vertiefung drücken, in die weiche Butter kommt. Die Teigränder oben zusammenschlagen und den Kloß nun wieder gut durchkneten, damit sich das Fett mit dem Teig vermischt. Den Teig ausrollen, zusammenschlagen, kneten und wieder ruhen lassen. Nach dem Originalrezept muß das fünfmal wiederholt werden. Danach zum letzten Mal ausrollen, recht dünn, große Quadrate ausschneiden und diese in Dreiecke teilen. Daraus Hörnchen drehen und sie auf ein gemehltes Blech legen, so ein letztes Mal 20 Minuten lang aufgehen lassen, mit verquirlten Eiern bestreichen und 10 Minuten lang in sehr heißem Ofen (etwa 270° C) backen. — In Frankreich ißt man diese Croissants warm zum ersten Frühstück, natürlich schmecken sie auch nachmittags zum Kaffee köstlich.

FRANKREICH

Aprikosentorte — TARTE AUX ABRICOTS

Aus Mehl, Salz, Zucker und Butter stellt man durch Verreiben zwischen den flachen Händen eine grobkörnige Masse her, die mit den Eigelben und wenig Wasser zu einem leichten Mürbteig geknetet wird. Nur zusammendrücken, nicht lange kneten, der Teig zieht sich sonst im Ofen zu stark zusammen. Man rollt ihn dünn aus, belegt damit einen Tortenboden und drückt die überhängenden Teile zu einem Rand zusammen. Der Boden wird mehrmals eingestochen und 30 Minuten im Ofen vorgebacken. Aus Milch, Zucker und Puddingpulver kocht man eine Creme, die noch heiß mit Eigelben und Sahne luftig geschlagen wird. Die frischen Aprikosen mit kochendem Wasser überbrühen, abziehen, halbieren, den Stein entfernen und in Zuckerwasser legen. Oder man verwendet Aprikosen aus Dosen, die man nur abtropfen läßt. Die Creme auf den Boden der Torte streichen, darüber dicht aneinander die Aprikosenhälften legen, Zitronensaft darüberträufeln, mit grobem Zucker bestreuen und den Kuchen im Ofen bei 160 °C etwa 20 Minuten lang backen. Dann überzieht man die Aprikosen mit heißer Himbeermarmelade und streut schließlich gehackte Pistazien darauf.

Teig:
250 g Mehl
½ Teel. Salz, 2 Eßl. Zucker
4 Eßl. Butter, 2 Eigelbe
Wasser nach Bedarf
Creme:
¼ l Milch, 2 Eßl. Zucker
1 Päckchen Puddingpulver Vanille, 2 Eigelbe
⅛ l geschlagene Sahne
Aprikosen:
1/1 Dose Aprikosen oder
750 g reife Früchte
Zitronensaft, 4 Eßl. Zucker
2 Eßl. Himbeermarmelade

Gestürzte Apfeltorte — TARTE TATIN

Die Äpfel schälen und das Kernhaus ausstechen. Es gibt dafür spezielle runde Messer. Aber mit einem kleinen spitzen Küchenmesser geht es auch. Die Äpfel dann senkrecht bis zur Mitte feinblättrig einschneiden, so daß sie nur noch unten zusammengehalten werden. Die Butter zergehen lassen und damit den Zucker hellbraun karamelisieren. In dem Karamel die Äpfel drehen, bis sie alle eine goldbraune Oberfläche bekommen haben und sie dann zusammen mit dem Karamel in eine runde, halbhohe Tortenform legen. Die Äpfel sollen dicht aneinander stehen. Darüber kommt eine Decke aus dünn ausgerolltem Blätterteig oder einem süßen Mürbteig. Die Torte in den Ofen stellen und bei mittlerer Hitze 20 Minuten backen. Sie dann stürzen, den Teigboden nach unten, die Äpfel nach oben. Zum Schluß zwischen die Hohlräume einen süßen Vanillepudding gießen, der noch heiß mit einigen Eigelben und Sahne angereichert werden kann. Diese Torte können Sie warm oder kalt essen.

6—8 feste, säuerliche Äpfel
50 g Butter
75 g Zucker
1 Paket Tiefkühl-Blätterteig
50 g Vanillepuddingpulver
¼ l Milch
¼ l Sahne oder Dosensahne (10%ige)
½ Tasse Zucker
2 Eier

Das Reiseland Schweiz ist ein Dorado verschiedener kulinarischer Einflüsse, besonders französischer und italienischer. Aber bei aller Aufgeschlossenheit für Besonderes aus den Küchen anderer Länder hat man in der Schweiz doch einen unverwechselbar eigenen, hervorragenden Geschmack und Anrichtestil gefunden, der nach dem letzten Kriege auch für unsere professionellen Köche richtungweisend war. Und die Schweizer Küchenmeister und Patissiers genießen in aller Welt ein besonderes Ansehen.

Es macht Spaß, in den vielen guten Schweizer Restaurants richtig zu schlemmen. Dazu geht man nicht einmal unbedingt in die Luxusgaststätten und in die Zunftstuben der Städte, in denen man an adrett gedeckten Tischen sitzt und deftige Bratenstücke und frisches gebuttertes Gemüse bekommt. Vielmehr auch entlang den Landstraßen kann man in die vielen, behäbigen Landgasthöfe einkehren, wo man noch an gescheuerten Tischen die hervorragenden Wurstspezialitäten des Landes genießen kann, die mit saftigem Kartoffelsalat gereicht werden. Um die ursprüngliche und bodenständige Küche der schweizerischen Landschaften kennenzulernen, bedarf es allerdings eingehender Studien in den einzelnen Kantonen. Da findet man dann keine Pommes frites und keine in Papierhüllen gebratenen Kalbssteaks, sondern »Chäs-Suppe«, »St. Galler Käseschnitten«, »Zürcher Leberspießchen« und vor allem die »Rösti«, gewissermaßen das Nationalgericht des Schweizers, nämlich gekochte geschnittene Kartoffeln, die in Butter in vielen Variationen gebraten werden.

Die landwirtschaftlichen Hauptprodukte der Schweiz, nämlich Milch, Butter und Käse, spielen auch auf den Speisezetteln eine große Rolle. Sehr viele Gerichte sind mit geriebenem Käse oder mit Käsescheiben im Ofen überbacken, Suppen erhalten nach italienischem Vorbild eine Schicht Reibkäse, man backt die Käsküchli, die warm gegessen werden, und vor allem serviert man die berühmte Käse-Fondue, meist von der Neuchâteler Fondue abgeleitet. Ihr Gegenstück ist die nicht minder beliebte Fleischfondue (siehe Farbfoto Seite 145).

Die Fische der Seen und Flüsse beanspruchen ein Küchenkapitel für sich. Felchen, Barsche und Hechte aus den Schweizer Seen oder aus dem Rhein gehören auf jede Speisekarte. Sie werden gebacken oder in Butter mit Mandelspänen gebraten, oder in Weißwein und Sahne gedünstet und mit Kopfsalat und Salzkartoffeln auf den Tisch gebracht.

Dazu trinkt man die springlebendigen schweizerischen Weine. Hinterher gibt es Cremes und Gebäckstücke nach französischem Vorbild, in der Schweiz Patisserie genannt. Der Kaffee ist nach romanischer Sitte dunkel geröstet und wird, nach dem Essen, als »Café crème« mit einem Gläslein würzigen Bergkirsch getrunken. Einen besonderen Ruf hat der zum Frühstück servierte Milchkaffee. Der Kellner schenkt die Mischung mit zwei Kannen zu gleicher Zeit in die Tasse: die Kaffeekanne bleibt dabei eine Sekunde länger in geneigter Haltung als das Milchkännchen, damit der Kaffee nicht zu blond wird.

Schweiz

SCHWEIZ

Schwyzer Käsesuppe

CHÄS-SUPPE

*500 g Weißbrotscheiben
500 g Hartkäse (Emmentaler), 1 l Bouillon, 2 Tassen trockenen Weißwein, 1 Tasse Kräuter (Schnittlauch, Petersilie, Kerbel), Salz*

Die möglichst altbackenen Brotscheiben in kleine Würfel schneiden, ebenso den Käse. Diese Würfel gibt man wechselweise in eine Suppenterrine, gießt die heiße, schwach gesalzene Bouillon darüber und läßt Brot und Käse darin kurz aufquellen und durchziehen. Dann zerdrückt man die Brotstücke zu feinem Püree, gießt den Wein darüber und rührt die gehackten Kräuter dazu. Nach Geschmack salzen! Zu der heiß servierten Suppe schmecken knusprig gebratene Bauchspeck- und Zwiebelscheiben.

Braune Käsesuppe nach Basler Art

*50 g Butter
8 Teel. Mehl
1 l Wasser
Salz, Pfeffer
1 Eßl. Fleischextrakt oder gekörnte Brühe
4 Eßl. saure Sahne
125 g Käse*

Es ist eine einfache, braune Einbrennsuppe, die zum Schluß mit geriebenem Käse angereichert wird. — Sie lassen in einer Pfanne Butter und Mehl hellbraun rösten und löschen dann mit kaltem Wasser ab, so daß sich unter Rühren mit dem Schneebesen eine gleichmäßig sämige Suppe ergibt. Dazu Salz, Pfeffer, den Löffel Fleischextrakt oder die mit heißem Wasser gelöste, gekörnte Brühe und die saure Sahne rühren. Die Suppe in tiefe Teller verteilen und darüber eine dicke Schicht geriebenen oder grob geraspelten Käse streuen, der mit dem Löffel untergezogen wird. — Dazu wird Weißbrot gegessen.

Gemüsesuppe mit Käse aus dem Wallis

*2 Porreestangen, 1 kleinen Blumenkohlkopf
Bund Petersilie
1 Tasse Sellerieblätter
2 Zwiebeln, Salz, 30 g Reis
50 g Band- oder Sternchennudeln, 2 Teel. Mehl
30 g Butter, Salz, Pfeffer
12 Scheiben Käse*

In dieser Suppe sollte man kein Fleisch mitkochen lassen. — Porreestangen recht fein in Streifen, Blumenkohl in Rosen, Zwiebel in hauchfeine Scheiben schneiden, Petersilie und Selleriegrün hacken. Dieses Gemüse kocht man 30 Minuten lang bei kleiner Flamme in Salzwasser. Dann kommen Reis und Nudeln dazu. Nach 15 Minuten ist alles gar. In einer Pfanne bräunt man Mehl in Butter an, löscht diese Schwitze mit Wasser und gibt sie in die Suppe, würzt und gießt diese in eine Terrine, die mit Käsescheiben ausgelegt ist. Ich empfehle Ihnen, dafür Bel Paese oder Holländer Käse zu nehmen. — Dazu passen Weißbrotscheiben und ein herber Weißwein.

Bündner Gerstensuppe

*750 g Schinkenknochen zerschlagen
250 g Bauchspeck*

Diese Suppe ist eine Delikatesse und hat geschmacklich kaum etwas mit unserer Gersten(Graupen-)suppe zu tun. — Zuerst kocht man Schinkenknochen und Speck in Wasser, ohne Salz. Das ausgetretene Fett abschöpfen.

Diese kräftige Suppe abseihen und darin die Graupen kochen, bis sie weich, aber noch kernig sind; sie dürfen nicht zerfallen. Die Suppe versetzt man mit saurer Sahne, gibt Schnittlauch dazu und läßt sie noch einmal aufkochen. — Dazu gebackene kleine Schinkenhörnchen oder gebackene Maultaschen servieren.

1 Tasse feine, geschälte Graupen (Gersten)
2 Tassen saure Sahne
1 Tasse Schnittlauch

Rahm-Morcheln auf Toast

Am besten sind natürlich frische Morcheln, aber leider sind sie selten auf dem Gemüsemarkt zu finden. Sie müssen sehr sorgfältig unter dem kalten Wasserstrahl gewaschen werden. In Salzwasser kocht man sie weich und läßt sie dann abtropfen. Meistens wird man aber getrocknete oder in Dosen konservierte Morcheln verwenden müssen. Die getrockneten 24 Stunden in kaltes Wasser legen und dann wie frische Morcheln behandeln. Die aus Dosen nur abtropfen lassen, gekocht brauchen sie nicht mehr zu werden. — Die Morcheln mehrmals mit dem Messer zerschneiden und in der Sahne 20 Minuten lang auf kleiner Flamme kochen lassen. Verwenden Sie dazu einen emaillierten Kochtopf. Die Flüssigkeit darf zur Hälfte verdampfen. Gewürzt wird mit Fleischextrakt, Zitronensaft, Salz und Cayennepfeffer. Toastscheiben mit Butter bestreichen, mit randlosen Zitronenblättchen (hauchdünnen Scheibchen) belegen und darauf hoch die Morchelmasse türmen, die man mit wenig gehackter Petersilie bestreut. — Diese Happen sind ein guter Imbiß zwischen den Mahlzeiten oder am frühen Abend als Vesper. Dazu trinkt man einen guten Weißwein aus dem Gebiet um Schaffhausen.

500 g frische Morcheln oder 75 g getrocknete oder die entsprechende Menge aus Dosen
1 1/2 Tassen Sahne
1 Teel. Fleischextrakt
1 Zitrone, Salz
1 Messerspitze Cayennepfeffer
4 Toastscheiben
50 g Butter oder Margarine
1 Zitrone
2 Eßl. Petersilie

Forellenfilets »Beau Rivage«

Die Forellen ausnehmen und filetieren, die Haut aber nicht abziehen. Ein flaches, feuerfestes Geschirr (z. B. den Deckel einer Jenaer Form) mit Fett ausstreichen, darauf eine dicke Schicht Schalottenwürfel, ferner Salz und Paprikapulver streuen. Die Forellenfilets waschen, mit einem Tuch abtrocknen und mit Salz, Pfeffer und Zitronensaft würzen. So vorbereitet legt man sie in die Form und bedeckt sie mit Champignons, Tomatenstücken und Petersilie. Darüber gießt man den Wein und deckt mit Pergamentpapier ab. Nach 25 Minuten holt man das Gericht aus dem Ofen und gießt die Sauce in eine Kasserolle ab. Man versetzt sie mit saurer Sahne, läßt sie etwas eindampfen und gießt sie wieder über die Filets. Das Gericht kommt in der Backform auf den Tisch. — Dazu Butterkartoffeln, Chicoréesalat und Weißwein servieren.

FILET DE TRUITE BEAURIVAGE

2 große Forellen
50 g Butter oder Margarine
1 Tasse kleine Schalottenwürfel, Salz
Paprikapulver, Pfeffer
Saft einer Zitrone
1/2 Tasse gehackte Champignons
2 Tomaten
2 Eßl. gehackte Petersilie
1 Tasse Weißwein
1 Tasse saure Sahne

SCHWEIZ

Zürcher Kalbsgeschnetzeltes

500 g schieres Kalbfleisch
50 g Butter oder Margarine
1 Tasse Zwiebelwürfel
Mehl
1 Tasse Wein
½ Eßl. Fleischextrakt oder gekörnte Brühe
Salz, Pfeffer

Am besten wird Ihnen diese Spezialität gelingen, wenn Sie dafür nur feinstes Schnitzelfleisch verwenden, also Kalbfleisch ohne Fett und Sehnen. — Das ganze Fleischstück in feine Streifen oder Blättchen schneiden und diese in Mehl drehen. In einer Pfanne die Butter zerlassen und darin die Zwiebelwürfel glasig dünsten, dann die Fleischstückchen dazugeben. Sie müssen sehr heiß und unter fortwährendem Umrühren schnell gebraten werden. Wenn sie etwas Farbe angenommen haben, aus der Pfanne nehmen und in eine warme Schüssel geben. Den Bratenrückstand in der Pfanne mit dem Wein ablöschen, eine gute Weile einkochen lassen und den Fleischextrakt oder die gekörnte Brühe dazugeben. Das Fleisch salzen und pfeffern und noch ganz kurz in der kochenden Bratensauce schwenken. Dann ist das Blitzgericht fertig; es muß sofort serviert werden, da sonst das Fleisch hart wird. — Am besten passen dazu Rösti und Weißwein oder Roséwein.

Gehacktes Kalbfleisch

1 kg schiere Kalbsschulter
250 g fetten Speck
4 Eier
4 Eßl. Semmelbrösel
4 Eßl. dicke saure Sahne
Salz, Paprikapulver
Mehl, 2 Eier
Semmelbrösel
70 g Butter

Das Kalbfleisch mit dem Speck durch die feine Scheibe des Fleischwolfes drehen und in einer Schüssel mit Eiern, Semmelbröseln und Sahne glatt rühren. Mit Salz und Paprikapulver würzen. Man befeuchtet die Hände und formt aus dieser Masse kleine Würstchen. Diese in Mehl drehen, in verquirltes Ei tauchen und schließlich in Panierbrot wälzen. Dann legt man sie in eine gefettete, flache, feuerfeste Form, träufelt zerlassene Butter darüber und backt sie im Ofen bei viel Unterhitze 10 Minuten lang. Dann Oberhitze einschalten, damit sie oben etwas bräunen. — Die Fleischmasse können Sie mit anderen Gewürzen und mit gehackten Kräutern noch variieren. Auch können Sie hautlose Tomaten mitbacken lassen, die dabei etwas zerfallen dürfen. Dazu schmecken Blumenkohl oder Karotten, Kartoffelbrei und Weißwein.

Zürcher Leberspießli

750 g Kalbsleber
Salz, Pfeffer, Salbeiblätter
12 dünne Scheiben Schinkenspeck, Margarine

Die Leber abhäuten und die weißen Stränge aus der Mitte herauslösen. Dann schneidet man die Leber in Streifen von 2 cm Breite und 6 cm Länge, die man mit Salz, Pfeffer und gemahlenen Salbeiblättern würzt. Jedes Leberstück wickelt man in eine Schinkenscheibe und spießt drei davon auf einen hölzernen Speil. Diese Spieße, für jede Person einen, in reichlich Fett braun braten und mit Apfelmus, Zwiebelringen und Bratkartoffeln servieren.

SCHWEIZ

Berner Platte

Zuerst die Zwiebelscheiben in Butter goldgelb rösten und darauf die grünen abgefädelten Bohnen legen. Auf großer Flamme kurz dünsten lassen, aber ständig umdrehen. Dann die Bouillon dazu gießen und das Gemüse kochen lassen. Der Bauchspeck wird mitgekocht, durch ihn erhält das Gericht das deftige Aroma. In den letzten 20 Minuten steckt man in das heiße Gemüse Fleisch und Würste, die darin nur heiß zu werden brauchen. Die Berner Platte richtet man in einem runden Porzellangeschirr so an, daß die Fleisch- und Wurststücke auf den hügelartig aufgeschichteten Bohnen liegen. – Dazu ißt man Salzkartoffeln, in Butter mit gehackten Kräutern geschwenkt, und Senf und trinkt Bier.

2 Zwiebeln
50 g Butter oder Margarine
1 kg grüne Bohnen
2 Tassen Bouillon
200 g Bauchspeck
250 g Schweinenacken
4 Kochwürste
4 Schinkenwürste
4 Kaßler Rippchen

Baselbieter Schnitzel mit Apfelstückli

Die dünnen, geklopften Schweinsschnitzel salzen, pfeffern, in Mehl drehen, dann in verquirltem Ei und in Reibbrot, so daß eine trockene Kruste entsteht. Die panierten Schnitzel in der Pfanne mit Butter goldgelb backen. Sie dann herausnehmen und auf einer Platte warmstellen. In der gleichen Pfanne und im gleichen Fett geschälte, kernhausfreie Apfelstücke anbraten. Wenn sie anfangen musig zu werden, mit Weißwein löschen und sie löffelweise über die Schnitzel geben, bis ein Hügel entsteht. – Das Gericht mit etwas Bratensaft und gebutterten Pfannen-Nudeln zu Tisch bringen.

4 Schweinsschnitzel
Salz, Pfeffer
2 Eßl. Mehl, 2 Eier
4 Eßl. Reibbrot
75 g Butter
4 große Äpfel
3 Eßl. Weißwein

Schweinsfüße in Madeirasauce

PIEDS DE PORC AU MADERE

Die Schweinsfüße beim Fleischer halbieren lassen. Sie zu Hause noch waschen und wieder abtrocknen. Die Zwiebeln vierteln, die Möhre, den Porree und die Knoblauchzehe in Scheiben schneiden. Die Schweinsfüße mit dem Gemüse in einen Topf legen, mit dem Wein übergießen und darin 24 Stunden lang marinieren. Dann die Füße wieder abtrocknen, in Fett anbraten und mit der Marinade angießen. Die Gemüsestücke zufügen. Nach 15 Minuten das Tomatenmark, die zerschnittenen Tomaten, das Öl und die Gewürze dazugeben. Nach weiteren 20 Minuten die Sauce abseihen, sie mit einem Schuß Madeirawein versetzen und noch einmal aufkochen lassen. Anschließend legt man die Schweinsfüße wieder in die Sauce. – Dazu ißt man gebutterte Bandnudeln oder Spaghetti.

4 Schweinsfüße, 2 Zwiebeln
1 Möhre, ½ Porreestange
1 Knoblauchzehe
1 Tasse Madeirawein
½ Tasse herben Weißwein
2 Eßl. Tomatenmark
4 Tomaten, 3. Eßl. Öl, Salz
1 Zweig Thymian, ¼ Teel.
getrocknete Rosmarinblätter
Pfeffer, 2 Lorbeerblätter
2 Eßl. Madeirawein

SCHWEIZ

Tessiner Schweins-Spießchen

500 g Schweinsfilet
200 g Schweinsleber
250 g Bauchspeck
Salbeiblätter, Bratfett
1 Tasse Wasser, Salz
Paprikapulver

Schweinefleisch, Leber und Bauchspeck in dünne Scheiben schneiden. Die Scheiben, abwechselnd mit Salbeiblättern, gerollt auf hölzerne Spieße stecken. Diese in der Pfanne mit reichlich Fett braten. Das meiste Fett nach 10 Minuten abgießen und den Rest mit etwas Wasser löschen. Die Spieße mit Salz und Paprikapulver würzen und zugedeckt auf kleiner Flamme schmoren lassen. Der Bratensaft soll fast vollständig verdampfen. — Dazu reicht man Tomatensauce, körnigen Reis und Rotwein.

Schinkenauflauf

250 g rohen Schinken
2 Tassen Sahne
½ Tasse Brotkrumen
4 Eier, ¼ Teel. Pfeffer
½ Teel. Paprikapulver
2 Eßl. gehackte Petersilie
2 Eßl. gehackten Schnittlauch
Butter u. Mehl für die Form
1 Paket Blätterteig aus der Kühltruhe
½ Tasse gehackte Pistazienkerne

Den Schinken durch den Fleischwolf drehen oder mit der Sahne im Elektromixer zerkleinern, bis ein Mus entstanden ist. Dieses mit Brotkrumen und ganzen Eiern versetzen und mit Pfeffer, Paprikapulver, Petersilie und Schnittlauch würzen. Eine Kastenform ausbuttern, mit Mehl bestäuben und mit dünn ausgerolltem Blätterteig auslegen. Den Teig fest an die Wände drücken und mit einer Gabel mehrfach einstechen. Die Hälfte der Schinkenmasse einfüllen, darauf die Pistazien streuen und die restliche Schinkenmasse darübergießen. Im Backofen läßt man das Gericht bei 180° C etwa 45—60 Minuten garen und oben bräunen. Eventuell die Oberfläche mit Pergamentpapier oder Aluminiumfolie abdecken. — Zu diesem Gericht können Sie auch gekochten Schinken, Lachsschinken oder Kasseler nehmen. Salz bitte vorsichtig verwenden, weil der Schinken Salz an die Speise abgibt. Noch warm in dicke Scheiben schneiden und mit Graubrot und Butter essen.

Fleischklops

500 g Schweinehackfleisch
100 g Speck
1 Eßl. verschiedene gehackte Küchenkräuter
2 Eßl. Kapern
1 große Gewürzgurke
4 Eier
1 Teel. Salz
Pfeffer
Butter für die Form

Den Fleischklops müssen Sie schon am Vortag zubereiten. — Das Hackfleisch mit dem feingeschnittenen Speck, den Kräutern, Kapern und der feingehackten Gurke vermischen. Die Eier gut verquirlen und in einer Pfanne kurz stocken lassen. Das nicht zu feste Rührei zu dem Fleisch mengen, ebenso Salz und Pfeffer und die fertige Masse in eine gut gebutterte Wasserbadform füllen. Der Fleischklops muß darin 30 Minuten lang kochen und fest werden. Am folgenden Tag, nachdem man ihn in der Form hat abkühlen lassen, wird er gestürzt und mit Remouladensauce zu Bratkartoffeln oder Kartoffelrösti (siehe Rezept) gegessen. — Man kann unter das Hackfleisch auch Fleisch- und Wurstreste mischen.

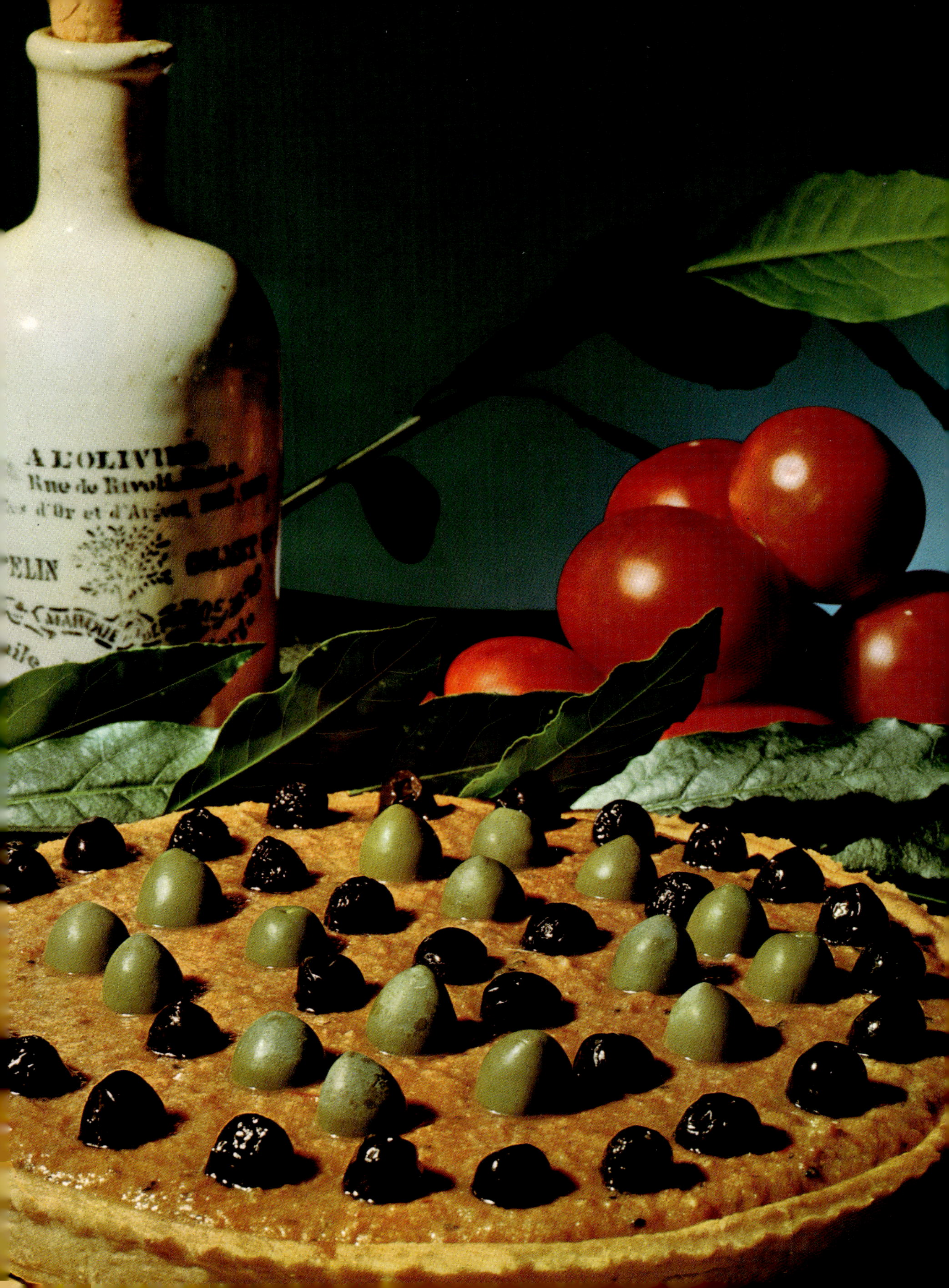
Rue de
d'Or et

TARTE AUX TOMATES ET AUX OLIVES *Provenzalische Oliventorte*

In der südfranzösischen Küche gehört die Olive, ähnlich wie in der spanischen und italienischen, als wichtiges Produkt des Landes zum täglichen Speisezettel. Und man versteht es, mit dieser prächtigen Frucht die köstlichsten Gerichte zu bereiten. Eines davon zeigt unser Bild. Die Füllung dieser mit grünen und schwarzen Oliven garnierten, überbackenen Torte können Sie nach Geschmack und Phantasie variieren. – Die grüne Olive ist unreif geerntet. Durch eine Fermentation mit Salzwasser an der Sonne wird ihre Gerbsäure abgebaut und es entsteht dabei ihr typischer – zugleich säuerlicher und nußartiger – Geschmack. Die schwarze Olive ist reif geerntet und enthält viel mehr Öl.

Rezept auf Seite 78

SCHWEIZ

Appenzeller Ziegenbraten im Teig

GITZIKÜCHLI

Das Fleisch schneiden Sie in mundgerechte Stücke und braten diese mit Porreescheiben, Lorbeerblättern, Senf und Zwiebelscheiben in Fett an. Mit Bouillon angießen und zugedeckt 30 Minuten lang schmoren lassen. Die Flüssigkeit soll danach ziemlich verdampft sein. Die ausgekühlten Fleischstücke in den salzigen Eierkuchenteig tauchen und in tiefem Fett schwimmend ausbacken. — Dazu serviert man gegrillte Tomaten, eine braune Bratensauce (evtl. aus Trockenpräparat), die man mit reichlich gehackten Küchenkräutern vermischt, und Bratkartoffeln.

*750 g schieres Ziegenfleisch
5 Stangen Porree, 2 Lorbeerblätter, 1 Teel. Senf
5 Zwiebeln, 100 g Bratfett
1 Tasse Bouillon
Eierkuchenteig:
2 Tassen Mehl, 3 Tassen Wasser, 2 Eier, Salz, Backfett*

Gesunder Salat

Die Roten Beeten und die Sellerieknollen (getrennt) in Salzwasser kochen, dann schälen und in dünne Streifen schneiden. Die Gartenkresse sauber waschen und verlesen. Endiviensalat, Gewürzgurken und Pökelzunge in Streifen schneiden. Zur Salatsauce verrührt man Eigelbe mit Senf, Salz, Essig und Öl. Diese Sauce gießt man über den gemischten Salat und stellt ihn 30 Minuten zum Durchziehen kalt. — Dazu Toastscheiben und Butter reichen und frischen herben Weißwein.

*500 g Rote Beeten, 500 g Sellerieknolle, 100 g Gartenkresse, 250 g Endiviensalat
2 Gewürzgurken, 125 g Pökelzunge, 2 gekochte Eigelbe
1 Teel. Senf, 1/2 Teel. Salz
3 Eßl. Essig, 2 Eßl. Öl*

Tessiner Pilzrisotto

RISOTTO CON FUNGHI

Dieses Gericht ist eigentlich nur eine Beilage zu gebratenem Fleisch. Mit Schinkenzugabe, wie hier angegeben, wird dieses Risotto zu einem Hauptgericht, das mit Kopfsalat oder Chicorée-Grapefruit-Salat sehr gut schmeckt. — Die Zwiebelwürfel dünstet man in Öl glasig, anschließend den Reis. Fleißig umrühren, damit die Zwiebelwürfel sich nicht dunkel verfärben. Dazu kommen die abgetropften, gehackten Pilze, Schinkenwürfel, die Bouillon, Salz, Pfeffer, Paprikapulver und geraspelte Petersilienwurzel. In 20 Minuten soll der Reis die ganze Flüssigkeit aufgesogen haben und das Risotto fertig sein. Darüber noch geriebenen Parmesankäse streuen.

*2 Tassen Zwiebelwürfel
50 g Butter, 450 g Langkornreis, 2 Tassen Champignons oder gedünstete Pfifferlinge, 2 Tassen gekochten Schinken, 4 Tassen Bouillon, Salz, Pfeffer
Paprikapulver, 1 Petersilienwurzel, Parmesankäse*

Artischocken mit Mark

von den frischen Artischocken die äußeren Blätter abziehen und die Blütenfäden im Inneren entfernen, so daß nur die großen, fleischigen Böden übrig bleiben. Diese kocht man in Wasser, das mit Salz und Zitronensaft

8 Artischocken oder 2 Dosen Böden, Salz, Saft einer Zitrone, 50 g Fett für die Form

SCHWEIZ

125 g rohen Schinken
1 Tasse Zwiebelwürfel
½ Tasse Petersilie
2 große Markknochen oder
125 g Ochsenmark
1 Glas Madeirawein
1 Tasse geriebenen Hartkäse

gesäuert wurde, etwa 1 Stunde. Nehmen Sie dazu einen emaillierten Topf, durch die Berührung mit Metallen verfärben sich die Artischocken grau und werden unansehnlich. Sie können aber auch Böden aus Dosen verwenden. Sie sind meist kleiner, aber von durchaus gutem Geschmack. Konservierte Böden brauchen Sie nicht mehr zu kochen. Die Böden abtropfen lassen und in eine flache, feuerfeste Form legen, die man vorher mit Fett ausgestrichen hat. Über die Artischocken streut man Schinken- und Zwiebelwürfel, Petersilie und das Ochsenmark, das man vorher gewässert hat. Die letzten Zutaten sind der Madeirawein und der geriebene Käse, dessen dicke Schicht im heißen Ofen eine köstliche Kruste bildet. — Dazu ißt man Kalbsteaks und trinkt einen leichten, weißen Zürcher Landwein.

Urner Rösti

750 g rohe Kartoffeln
125 g Hartkäse
¼ l Sahne
100 g Butter oder Margarine
Salz

Mit diesen Urner Rösti stelle ich Ihnen eine echte, aber auch in der Schweiz seltene Variante der im ganzen Land so beliebten Rösti vor. Im allgemeinen wird dieses schweizerische Nationalgericht aus am Vortag gekochten, unmittelbar vor der Zubereitung geschälten, zu Spänen geraffelten Kartoffeln zubereitet, die man in der Pfanne mit Butter und Salz röstet und als Küchlein auf den Teller stürzt. — Und nun zu unseren Rösti aus dem Kanton Uri: Die rohen, geschälten Kartoffeln auf einer großen Reibe raspeln. Den Käse reiben und mit der Sahne verrühren. In einer großen Bratpfanne das Fett erhitzen, die mit Salz versehenen Kartoffelraspeln hineinschütten und braten. Nach halber Bratzeit die Käse-Sahne-Mischung darübergießen und weiterbraten. Wenn die Kartoffeln weich sind, werden die Röste auf eine warme Platte gestürzt und mit frischem Salat oder mit Brot und Kaffee gegessen.

PIZZA TICINESE *Tessiner Pizza*

Teig: 100 g Mehl, 1 Ei
1 Eßl. Butter oder Margarine
Salz, 1 Eßl. Wasser
8 Tomaten, klein und schnittfest
Füllung: 2 Eßl. geriebenen Käse, 2 Eßl. Zwiebelwürfel
Salz, Pfeffer
2 Eßl. gemischte Kräuter
½ l saure Sahne

So nennt man in der Schweiz diese eingebackenen Tomaten; ein apartes Gericht für einen Sommerabend. — Dazu macht man einen krümeligen Mürbteig aus Mehl, Ei, Butter, einer Prise Salz und Wasser. Den Teigkloß kühl aufbewahren und inzwischen die Tomaten vorbereiten. Diese halbieren, Saft und Kerne mit einem Löffel ausheben und auf ein Gitter setzen. Nun Käse mit Zwiebelwürfeln, Salz, Pfeffer und Kräutern mischen. Mit dieser Masse die Tomaten füllen und mit saurer Sahne vollgießen. Jetzt den Teig ausrollen und eine Auflaufform damit auskleiden. Darauf dicht aneinander die gefüllten Tomaten legen, noch saure Sahne auf den Teigboden gießen und im heißen Ofen 15 Minuten lang backen. Danach die

SCHWEIZ

Teigränder mit flüssiger Butter bestreichen und die Tomaten mit gehackter Petersilie bestreuen. An den Rand Zitronenviertel legen. — Die Füllung der Tomaten kann man noch mit Bratenresten oder Schinkenwürfeln anreichern.

Neuenburger Fondue

FONDUE NEUCHATEL

1 zerriebene Knoblauchzehe
⁴/₁₀ l Weißwein (Neuchâteler)
2 Eßl. Butter
600 g geriebenen oder feingehobelten, vollfetten Käse
4 Teel. Stärkemehl
³/₁₀ l Kirschwasser
Pfeffer
reichlich Weißbrotwürfel

Die Fondue ißt man abends, obwohl der viele Käse oft recht schwer im Magen liegt. Auch größere Alkoholmengen, die manchmal zu der Fondue empfohlen werden, helfen da nicht viel. Empfindliche Mägen mögen sich mit wenig bescheiden. Und so wird sie zubereitet: Die zu diesem Gericht notwendige irdene Topfpfanne mit einer Knoblauchzehe ausreiben. Eine Regel besagt, daß man den gleichen Wein dazu trinken soll, den man auch in die Fondue gibt, nämlich Neuchâteler. Bei anderem Weißwein kann die Fondue grau werden. In der Pfanne den Wein erwärmen. Nach und nach kommt der geriebene Käse dazu, der unter fortwährendem Umrühren flüssig werden muß. Man hüte sich aber vor zu starker Erhitzung, da der Käse sonst sofort Fäden zieht und die Fondue verdorben ist. Das Kirschwasser bindet man mit Stärkemehl und rührt das unter die Käsemasse, die sich damit sofort verdickt. Pfeffer sollten Sie als einziges Gewürz verwenden. — Dann sitzen alle um den Tisch herum, die irdene Pfanne in der Mitte. Jeder taucht mit einer langen, zweizinkigen Gabel Weißbrotwürfel in die Käsemasse ein und steckt sie tropfend in den Mund. Wer seinen Brotwürfel im Käsebrei verliert, muß nach alter Sitte eine Runde Wein oder Kirschwasser bezahlen.

Fondue Bourguignonne

Farbfoto Seite 145

1 kg Rindsfilet
etwa 3 l Öl zum Braten
Salz, Sellerie- oder Knoblauchsalz

Achten Sie beim Zerschneiden des Fleisches darauf, daß sich in den Würfeln keine Sehnen und Häute mehr befinden. Es soll sich ausschließlich um festes, schieres Fleisch handeln. Je einen Fleischbrocken auf die Zinken der langen Fonduegabeln stecken und ihn in heißem Öl außen hellbraun braten. Innen bleiben die Würfel meist rosa bis rot. Die gebratenen Fleischwürfel mit Salz, Sellerie- oder Knoblauchsalz bestreuen und sie in die bereitstehenden, verschiedenen Saucen tauchen und dann von der Gabel essen. — Dazu werden kleingeschnittene, saure Beilagen und feingeschnittene Salate gereicht. Die Beilagen werden mit einer normalen Gabel oder mit komplettem Besteck gegessen. Außerdem werden dazu trockenes Weißbrot und Bier oder Rotwein gereicht. Auch bei dieser Fondue sitzt man im Kreis um den Topf, der auf einer Spiritusflamme heißgehalten wird.

SCHWEIZ

Saucen zum Eintauchen:
Remoulade aus Mayonnaise, Sahne, Senf, gehackten Petersilienblättchen, Sardellenpaste und hartgekochten, gehackten Eiern.
Holländische Eiersauce, aus rohen Eidottern, mit Zitronensaft in einer Kasserolle im Wasserbad cremig geschlagen. Dann mit flüssiger Butter versetzt und mit Salz und einigen Spritzern Sojasauce gewürzt.
Tomatensahne aus Tomatenmark, Tomatensaft, Mayonnaise, saurer Sahne und Paprikapulver.
Teufelssauce aus Öl, Paprikamark, Essig, wenig saurer Sahne und gehackten Dillblättern.
Sauce aus Fleischextrakt, Rotwein, Weinessig, gehackten Estragonblättern, Zucker, Öl und Cayennepfeffer.

Käsetropfen aus der Pfanne

125 g Emmentaler
125 g Kräuterschmelzkäse
½ Tasse Sahne
3 Eßl. helles Bier
1 Eßl. Mehl
½ Backpulver
Salz, 4 Eigelbe, Backfett

Den Käse in feine Würfel schneiden und mit der Sahne in einer Kasserolle bei kleiner Flamme so lange rühren und erhitzen, bis der Käse weich ist. Dann vom Feuer nehmen und das in Bier verrührte Mehl, Backpulver und Salz daruntermengen, zuletzt nach und nach die Eier. Diesen dickflüssigen Teig drücken Sie durch die Löcher eines groben Siebes in eine Pfanne mit heißem Fett. So entstehen Tropfen, die luftig aufgehen und sich im Fett goldbraun verfärben. — Man häuft die Tropfen auf Platten und ißt sie mit den Händen zu einem Schoppen Weißwein.

RAMEQUINS Walliser Käseküchli

1 Paket Tiefkühl-Blätterteig
Füllung: 500 g geriebenen vollfetten Hartkäse
2 ganze Eier, 2 Tassen Sahne (oder halb Milch)
Salz, Pfeffer Paprikapulver wenig Muskatnuß

Diese Käsetörtchen sind in der ganzen Welt unter ihrer französischen Bezeichnung berühmt geworden. Man ißt sie besonders an kühleren Tagen als Imbiß, an Stelle von belegten Brötchen. Wichtig ist nur, daß sie noch warm sind, wenn man sie anbietet. Die Teigböden können Sie schon am Vortag backen, dann bei Bedarf schnell die Füllung hineingeben und diese im Ofen in wenigen Minuten goldbraun backen. — Man kleidet Törtchenformen (mit hohem Rand) mit hauchdünn ausgerolltem Blätterteig aus, den man mit einer Gabel mehrmals einsticht. Aus dem geriebenen Käse, der Sahne, den Eiern, Salz, Pfeffer, Paprikapulver und Muskatnuß rührt man eine gleichmäßige, flüssige Masse. Die Törtchen füllt man damit dreiviertel voll und backt sie im Ofen 20 Minuten lang. Der Teigboden allein braucht nur 10 Minuten zum Backen.

SCHWEIZ

Pikante Käsetorte

Man rollt den fertigen Blätterteig nach dem Auftauen dünn aus und belegt damit den Boden einer Tortenform. Der Rand wird durch Eindrücken etwas erhöht. Den Boden backt man am besten im heißen Ofen vor, damit der Teig schon angebacken ist; sonst geht er nämlich nicht auf. Inzwischen bereitet man die Käsecreme. Dazu zerläßt man die Butter in einer Kasserolle und dünstet darin die Zwiebeln glasig an. Darüber dann Mehl stäuben, mit Milch ablöschen und alles zu einem dicklichen Brei verrühren. Den Topf vom Feuer nehmen und den geriebenen Käse und die Eidotter, sowie Schnittlauch und Paprikapulver mit der Masse vermengen. Damit füllt man die Torte und backt sie im Ofen so lange, bis die Oberfläche der Käsemasse goldbraun ist. Man zerschneidet sie in Tortenstücke und reicht dazu einen Weißwein, am besten einen aus der Schweiz. — Wenn ich viele Gäste erwarte, verwende ich kleine Portionsförmchen. Diese machen wegen des Teigeinlegens etwas mehr Arbeit bei der Vorbereitung, dafür geht das Servieren aber schneller.

1 Paket Tiefkühl-Blätterteig
Für die Masse:
50 g Butter
1 Tasse feine Zwiebelwürfel
1 Eßl. Mehl
1 Tasse Milch
2 Tassen geriebenen Hartkäse, 3 Eigelbe
½ Tasse Schnittlauch
1 Teel. Paprikapulver

Gekochte Kartoffelnocken

Man kocht geschälte Kartoffeln zu Brei, drückt sie durch ein feines Sieb, gibt Mehl und Salz dazu und vermengt alles zu einem glatten Teig. Hierfür aber keinen Schneebesen verwenden, da die Kartoffeln sonst schleimig werden. Den Kartoffelteig rollt man auf einer gemehlten Platte in fingerdicke Röllchen und legt sie 30 Minuten auf ein Tuch, damit der Teig wieder kalt wird. Nun kommen sie in sprudelnd kochendes Salzwasser. Sobald sie an der Wasseroberfläche schwimmen, hebt man sie mit einer Schaumkelle heraus und legt sie in eine breite Schüssel. Nicht viele Kartoffelnocken aufeinander legen, damit sie nicht zerdrückt werden. Flüssige Butter mit Tomatenmark, Wein, Salz und Pfeffer vermischen und über die Nocken träufeln. — Diese Nocken werden im Tessin in Fett hellbraun gebacken und mit Zimtzucker bestreut.

750 g Kartoffeln
2 Eßl. Mehl
Salz
Mehl zum Streuen
100 g Butter oder Margarine
1 Eßl. Tomatenmark
2 Eßl. Weißwein
Pfeffer

Salbeiküchli

In einer Schüssel Mehl nach und nach mit den Eidottern, dem Öl und dem Salz verrühren. Dazu gibt man löffelweise den vorgewärmten Weißwein, so daß schließlich ein dickflüssiger Eierkuchenteig entsteht. Zuletzt den Eischnee unterziehen. Die gewaschenen und abgetropften Salbeiblätter am Stiel fassen, durch den Teig ziehen und im heißen Fett schwimmend ausbacken. Noch heiß bestreut man sie mit Zucker und ißt sie als Nachtisch.

200 g Mehl, 3 Eier, 1 Eßl. Öl
Salz, 1 Tasse Weißwein
Salbeiblätter
200 g Margarine
2 Eßl. Zucker

SCHWEIZ

Zürcher Küchli

½ l Milch
Salz
100 g Butter oder Margarine
300 g Mehl
3 Eigelbe, 2 Eßl. Zucker
1 Vanillezucker
Butter
2 Eßl. Zimtzucker

In einem Kochtopf Milch, Salz und Butter zum Kochen bringen und nach und nach Mehl dazugeben, bis der Teig sich bei tüchtigem Rühren vom Topf löst. Auf etwa 35° C abkühlen lassen und auf ein Brett oder in eine Rührschüssel legen. Dort mit Eigelben, Zucker, Vanillezucker und Salz vermischen. Aus der Masse runde, nicht zu große Klöße formen und diese in einer Pfanne mit Fett hellgelb backen; noch warm mit Zucker und Zimt bestreuen. Man ißt die Küchli mit Kompott oder mit heißer Weinschaumsauce.

CERISES AU TAPIOCA
Kirschen und Tapioka

50 g Tapioka (Sago)
1 Päckchen Vanillezucker
2 Tassen Milch
1 Zitronenschalenspirale
500 g große, dunkle Süßkirschen
20 g Butter
2 Eßl. Zucker
1 Glas Weinbrand
evtl. 3 Eier

Tapioka oder echter Sago ist gekörntes Palmenmark. — Kaufen Sie eine gute Sorte und weichen Sie den Sago über Nacht mit Vanillezucker in Milch ein. Am anderen Morgen kocht man diese Mischung mit eingehängter Zitronenspirale in einem Wasserbadtopf, bis eine dickliche, cremige Masse entsteht. Die Zitronenspirale dann entfernen. Die Kirschen entsteinen und in ein gebuttertes, feuerfestes, flaches Geschirr legen. Darüber streut man Zucker, träufelt Weinbrand und gießt den Sagobrei dazu. Bei mittlerer Hitze backt man den Pudding etwa 30 Minuten lang. — Mit Kirschen und Schlagsahne verzieren, wenn das Gericht kalt gegessen wird. Wenn es warm zu Tisch kommt, empfehle ich, unter den halb abgekühlten Sagobrei Eidotter zu rühren und die Eiweiße danach als steifen Schnee unterzuziehen.

Basler Kirschpfannkuchen

500 g Brötchen
½ l Milch
150 g Butter, 200 g Zucker
8 Eier, 100 g Mandeln oder Haselnüsse, 30 g Mehl
10 g gemahlenen Zimt
1 Päckchen Backpulver
4 Eßl. Biskuitkrumen
1000 g süße Kirschen
Fett, Puderzucker

Die altbackenen Brötchen (Wecken) — in der Schweiz nennt man sie »Weggeli« — mit heißer Milch übergießen, damit sie weichen. In dieser Zeit die Butter mit dem Zucker schaumig rühren und nach und nach die Eigelbe dazugeben. Diese Masse können Sie sehr gut im Elektromixer rühren: das geht schnell und gründlich. Ferner kommen dazu die ungeschälten, geriebenen Mandeln oder Haselnüsse, das Mehl, Zimt und Backpulver. In einer Rührschüssel die zerdrückten, geweichten Brötchen daruntermischen, sowie den steifen Schnee des Eiweißes. Zuletzt kommen die Hälfte der Biskuitkrumen und die entsteinten Kirschen darunter. Eine Auflaufform mit Butter oder Margarine ausstreichen, die übrigen Biskuitkrumen hineinstreuen und die Kirschenmasse einfüllen. Im mittelheißen Ofen den Auflauf fast eine Stunde lang backen. Die Oberfläche nach dem Backen mit Puderzucker bestäuben. — Dieser Baseler Kirschpfannkuchen kann warm und kalt gegessen werden.

Deutschland

DEUTSCHLAND

Badisches Heringshäckerle

4 Salzheringe, 125 g Bauchspeck oder Schinken, 1 Zwiebel, 1 geschälten, kernlosen Apfel, 2 Bund Petersilie ½ Gewürzgurke oder 125 g Senfgurken, 1 Bund Schnittlauch, 1 Bund Dill

Die Heringe 24 Stunden lang in Wasser legen und das Wasser öfter erneuern. Die Heringe dann säubern, die beiden Filets von der großen Mittelgräte abziehen und die hängengebliebenen Bauchgräten entfernen. Diese Heringsfilets mit allen anderen Zutaten durch die grobe Scheibe des Fleischwolfes drehen. Diese Mischung als Vorspeise eiskalt zu Toast- und Graubrotscheiben mit Butter servieren. Ganz apart schmeckt sie auch in ausgehöhlten Tomaten.

Braunschweiger Sahneheringe

10 fette Salzheringe oder 20 fertige Filets Beize: 1 Eßl. Essig, 1 Eßl. Wasser 1 Eßl. Zucker, ½ l saure Sahne, 1 große Gewürzgurke 2 säuerliche, festfleischige Äpfel, 2 Zwiebeln 2 Eßl. Schnittlauch

Die Salzheringe mindestens 24 Stunden in kaltes Wasser legen, dabei das Wasser öfters erneuern. Die Heringe vom Kopf zum Schwanz aufschneiden und die beiden Filets abziehen. Die dünnen Bauchlappen mit einer Schere abschneiden und die langen Bauchgräten herausziehen. Kopf und Schwanzflossen entfernen. Aus Essig, Wasser und Zucker eine Marinade bereiten, in der die Filets einige Stunden liegen sollen. Diese dann in eine Anrichteschüssel legen und mit saurer Sahne übergießen. Dazu Scheiben von Gewürzgurken, Äpfeln und Zwiebeln geben und mit dem gehackten Schnittlauch überstreuen. — Mit Pellkartoffeln, hellem Bier und klarem Schnaps zu Tisch bringen.

Hopfensprossen-Salat

200 g Hopfensprossen, Salz 1 Orange, ½ Grapefruit 1 Teel. Zitronensaft, 2 Eßl. Mayonnaise, 1 Eßl. saure Sahne oder Joghurt, Salz ¼ Teel. Paprikapulver, Tabascosauce, 1 Tasse Hühnerbrust, gekocht, 4 Scheiben Weißbrot, Kopfsalat

Dieses Gericht ist in den Hopfenanbaugebieten Franken und Pfalz sehr beliebt. — Die zarten, frischen Sprossen kocht man in schwach gesalzenem Wasser 10 Minuten lang, dann schöpft man sie heraus und läßt sie abkühlen. Probieren Sie einmal diese Marinade dafür: Die Fruchtsäfte mit der Mayonnaise und der Sahne verrühren, dann mit Salz, Paprikapulver und einigen Tropfen Tabascosauce schärfen. Zum Salat mischt man Streifen von gekochtem Huhnfleisch und legt ihn auf getoastete Weißbrotscheiben. Diese auf einer Unterlage von Kopfsalatblättern anrichten und eventuell mit Weintrauben garnieren.

Rheinischer Weihnachtssalat

500 g Kartoffeln, 150 g Kalbsbraten, 100 g Zervelatwurst, 250 g Äpfel, 2 Ge-

Die gekochten Kartoffeln schälen und in kleine Würfel schneiden, ebenso Fleisch, Wurst, Äpfel, Gewürzgurken, Zwiebel und Heringsfilet. Man soll darauf achten, daß die Würfel möglichst gleich groß sind, mit Ausnahme

DEUTSCHLAND

der Zwiebelwürfel. Die Walnußkerne nur halbieren. Diese trockene Masse mit 1 Tasse Wasser, Essig und je 1 Teelöffel Salz und Zucker saftiger machen, Mayonnaise mit der sauren Sahne verrühren und alles vorsichtig unter den Salat mengen. Hartgekochte Eier in Achtel schneiden und damit den Salat garnieren und gehackte Petersilie darüberstreuen.

würzgurken, 1 Zwiebel
1 Heringsfilet, 10 Walnüsse
1 Eßl. Essig, Salz, Zucker
125 g Mayonnaise, ¼ l saure
Sahne, 2 Eier, Petersilie

Niederdeutscher Linseneintopf

Die Linsen sorgfältig aussuchen, waschen und in kaltem Wasser mit feingeschnittenem Suppengrün, Zwiebeln und Salz aufs Feuer setzen. Wer's mag, kann auch Linsen und Suppengrün vorher in Schweineschmalz anrösten und dann aufgießen. Die Linsen brauchen 2 Stunden zum Garwerden. In der letzten halben Kochstunde gibt man die Backpflaumen zu und die in Streifen geschnittenen Schinkenscheiben. Die Speckwürfel läßt man aus und gibt sie ebenfalls dazu. Außerdem kocht man 10 Minuten lang kleine, geräucherte Kochwürste mit. — Man serviert die Suppe in großen Terrinen, mit gehackter Petersilie bestreut, und gibt je nach Geschmack einen Teelöffel Weinessig in jeden Teller; eine Linsensuppe soll säuerlich schmecken.

375 g Linsen, 1 Tasse fein-
geschnittenes Suppengrün
(Möhre, Sellerieknolle
Porree, Petersilienwurzel)
Salz, 500 g Backpflaumen
8 Scheiben rohen Schinken
100 g Speckwürfel, 2 Zwie-
beln, 8 Rauchenden oder
4 Schinkenwürste, Weinessig
1 Bund Petersilie

Birnen- und Kartoffelsuppe

Hier ein gutes, herbstliches Gericht. — Die geschälten und gewaschenen Kartoffeln in dicke Scheiben schneiden und in schwachem Salzwasser musig kochen. Das Wasser abgießen und die Kartoffeln bis auf einige Stückchen zerquetschen. Zu gleicher Zeit die halbierten Birnenhälften ohne Kernhaus mit Zucker, Zimtstange, Zitronensaft und der Zitronenspirale weich kochen. Um dem Gericht mehr Aroma zu geben, kocht man Äpfel mit. Wenn alles gar ist, rührt man Birnen und Kartoffeln zusammen. In einer Kasserolle läßt man die Speckwürfel aus, bestäubt sie mit Mehl, löscht mit Birnenwasser und schüttet diese Sauce zu dem Mus. Die Zitronenspirale entfernen und die dicke Suppe noch einmal aufkochen lassen.

500 g Kartoffeln, Salz
1 kg Birnen
1–2 Eßl. Zucker
1 Stange Zimt
Saft einer halben Zitrone
Schale einer Zitrone
2 geschälte Äpfel
200 g Speck, Mehl

Zwiebelsuppe nach badischer Art

Die Zwiebeln schälen und in feine Scheiben schneiden. In einem Kochtopf dünstet man sie in Butter glasig. Dann stäubt man das Mehl darüber und verrührt es eine Minute lang mit den Zwiebeln, füllt nun die ganze Bouillon dazu und kocht die Suppe etwa 20 Minuten lang. Die Eigelbe mit Wasser, Pfeffer und Salz verrühren und in die vom Feuer genommene Suppe quirlen, ferner Weißwein und Sahne. In einer Terrine servieren und darüber geröstete Weißbrotwürfel und gehackte Küchenkräuter streuen.

500 g Zwiebeln, 80 g Butter
2 Eßl. Mehl, 1½ l Bouillon
2 Eigelbe, Pfeffer, Salz, 1 Glas
Weißwein, ½ Tasse Sahne
4 Scheiben Weißbrot, 1 Eßl.
Schnittlauch, Sauerampfer
Dillblätter

DEUTSCHLAND

Welsche Suppe

1 kg Sellerieknollen, geschält, 2 Eßl. gekörnte Brühe für die Bouillon, Saft einer halben Zitrone, 50 g Butter oder Margarine, 2 Eßl. Mehl ½ l Milch, 1 Tasse saure Sahne oder Joghurt 2 Eidotter ½ Teel. Knoblauchsalz

In Frankreich gibt es eine ähnliche Suppe, die von bösen Zungen »nach Lebemänner-Art« getauft wurde. So schlimm ist es mit dem Sellerie aber wirklich nicht. Selleriewürfel in der Bouillon ganz weich kochen und dann durch ein feines Sieb streichen. Dieses Püree mit Zitronensaft versetzen, damit es hell bleibt, denn die fertige Suppe soll schneeweiß sein. Fett und Mehl anschwitzen und mit Milch löschen. Dazu das Selleriepüree, die saure Sahne, die Eidotter, einen Teil des Selleriekochwassers und Knoblauchsalz rühren. Darüber entweder Zwiebackkrumen streuen oder einen Teelöffel voll Meerrettichsahne daraufsetzen.

Schwarzwälder Kartoffelsuppe

2 Möhren, 500 g rohe Kartoffeln, 2 Stangen Porree ½ Sellerieknolle, 250 g grüne Bohnen, 500 g Tomaten 500 g Rindfleisch, Salz Pfeffer, 1 Teel. Paprika ½ Tasse gehackte Kräuter (Schnittlauch, Petersilie, Melisse), 2 Teel. Fleischextrakt

Das Gemüse putzen, waschen und in Würfel oder in Streifen schneiden, die Bohnen in Stücke brechen. Die Tomaten überbrühen, die Haut abziehen, in Viertel schneiden, den Saft und die Kerne ausdrücken und das Fruchtfleisch zu dem Gemüse geben. Das Gemüse mit dem Fleisch in kaltem Wasser aufsetzen und 1—1½ Stunden kochen. Dazu kommen Salz, Pfeffer, Paprikapulver, Küchenkräuter und Fleischextrakt. Sobald das Fleisch gar ist, es in Würfel schneiden und wieder in den Gemüsetopf geben. — Zu der Suppe reicht man Graubrotscheiben, die mit Butter und geriebenem Meerrettich bestrichen und im heißen Ofen überkrustet wurden.

Mecklenburger Rübchensuppe

Gerippe und Klein einer gebratenen Ente, 2 Tassen geschnittenes Suppengrün (Porree, Zwiebeln, Möhren Sellerieknolle, Petersilienwurzel), 2 l Wasser 40 g Fett, 2 Teel. Zucker 500 g Teltower Rübchen 2 Eßl. Butter, 2 Eßl. Mehl Salz, Pfeffer, 2 Teel. Fleischextrakt, 2 Eßl. gehackte Kerbelblätter

Das Gerippe eines Entenbratens in kleine Teile zerlegen. Die Knochen, die Fleischreste vom Hals und eventuell das vorher angebratene Entenklein zusammen mit dem Suppengrün in Wasser 45 Minuten kochen. Dann gießt man die Suppe durch ein Sieb und schneidet die losen Fleischstücke klein. Ist das Fleisch des Gerippes als Suppeneinlage zu wenig, kann man selbstverständlich auch 250 g Schweinenacken mitkochen und dann würfelig geschnitten mit in die Suppe geben. — Inzwischen bereitet man in einem anderen Topf aus dem Fett und Zucker Karamel und bräunt darin die geputzten und gewaschenen Rübchen an. Man gießt nur soviel Bouillon dazu, bis die Rübchen bedeckt sind, und kocht sie in 30 Minuten gar. Die übrige Bouillon bindet man leicht sämig, indem man eine Mischung aus Butter und Mehl mit dem Schneebesen einschlägt. Beides schüttet man nun zusammen, schmeckt die Suppe mit Salz, Pfeffer und Fleischextrakt ab und serviert sie mit gehackten Kerbelblättern bestreut.

DEUTSCHLAND

Nürnberger Gemüsesuppe

Schmalz, Zwiebel, Porree, Möhren und Sellerie, alles feingeschnitten, im Suppentopf anrösten. Dann mit Mehl bestäuben, mit Bouillon aufgießen und kochen lassen. Inzwischen schält man die Kartoffeln, schneidet sie in kleine Stücke und kocht sie in der Suppe, bis sie gar sind. Dann nimmt man den Topf vom Feuer, rührt die verquirlten Eigelbe mit Sahne darunter und bestreut die Suppe mit Kerbelblättern. — Ich empfehle außerdem noch die gleiche Menge Sauerampfer und Gartenkresse darüber zu streuen. Dazu reicht man getoastete Graubrotscheiben.

*80 g Gänseschmalz, 1 Zwiebel
2 Stangen Porree, 2 Möhren
1/2 Sellerieknolle, 2 Eßl. Mehl
2 l Rindfleischbouillon
3 große Kartoffeln, 2 Eigelbe
2 Eßl. Sahne oder 4 Eßl. Buttermilch, 1/2 Tasse Kerbelblätter*

Süddeutsche Kräutersuppe

Alle Kräuter fein wiegen, mit wenig Salz zerdrücken und dann eine halbe Stunde in einer Schale stehen lassen. Die Buttermilch mit Mehlbutter andicken, mit den Kräutern versetzen und einmal aufkochen. Gewürzt wird die Suppe mit Salz, Paprikapulver und gekörnter Brühe. Eine Haube aus saurer Sahne aufsetzen. Wenn Sie die Sahne vorher etwas schlagen, verdickt sie sich schaumig auf der Suppe. — Dazu werden Roggenbrötchen gereicht, die in Scheiben geschnitten, mit Butter in der Pfanne geröstet und mit Selleriesalz bestreut wurden.

*je 1 Bund Sauerampfer, Dill
Estragon, Minze, Melisse
Kerbel, Liebstock, 1 l Buttermilch, 2 Eßl. Mehl mit 2 Eßl.
Butter verknetet, Salz
1 Teel. Paprikapulver
1 Eßl. gekörnte Brühe
2 Eßl. saure Sahne*

Schnippelbohnensuppe mit Äpfeln

Das ist ein schmackhaftes, leichtes Herbstessen. — Man zieht die Fäden von den Bohnen und schneidet sie in feine, schräge Scheiben. Bei schon zu reifen Bohnen pellt man die weißen Kerne aus und nimmt nur diese. Die Bohnen mit Bouillon aufs Feuer setzen. Die Kochzeit beträgt bei mittlerer Hitze etwa eine Stunde. Ein Bund Bohnenkraut wird 15 Minuten lang mitgekocht. Die mürben Kochäpfel schält man, entfernt das Kernhaus, schneidet sie in feine Scheiben und läßt sie die letzten 10 Minuten mitkochen. In einer Kasserolle brät man die Speckwürfel mit den Zwiebelscheiben an, bestäubt mit Mehl und löscht mit einem Teil des Bohnenwassers. Alles zusammenrühren und mit Essig, Salz, einer Prise Zucker und gekörnter Brühe abschmecken. Wer will, kann auch Kartoffeln mitkochen lassen. Gekochter Schweinebauch in Scheiben schmeckt als Einlage gut.

*500 g grüne Bohnen
2 l Rindsbouillon
Büschel Bohnenkraut
500 g Kochäpfel
125 g fetten Speck
1 Zwiebel, 2 Eßl. Mehl
1 Eßl. Essig, 1 1/2 Teel. Salz
Zucker, 1 Eßl. gekörnte Brühe*

Pommersche Hagebuttensuppe

Man braucht dazu reife, frische Hagebutten. Ich habe es mit den für Tee erhältlichen Trockenhagebutten versucht, doch ist das Ergebnis recht unbe-

*750 g Hagebutten
evtl. Hagebuttenmark*

DEUTSCHLAND

*50 g Butter, 1 Eßl. Mehl
oder Stärkeprodukt
½ Zitrone
7 Eßl. Zucker
1 Glas Madeirawein
1 Glas Rotwein
Prise Zimt
¼ l Schlagsahne*

friedigend. Fertiges Hagebuttenmark läßt sich aber eher verwenden. — Die größte Geduld erfordert das Säubern der roten Früchte und vor allem das Entfernen der haarigen Kerne. Hat man die Hagebutten geputzt, wäscht man sie und setzt sie mit Wasser auf kleiner Flamme auf. Dann streicht man sie durch ein Haarsieb. Inzwischen läßt man Butter in einer Kasserolle zergehen, bindet mit Mehl, löscht die Schwitze mit Hagebuttenwasser und kocht mit dem Zitronensaft, Zucker und Madeira-Wein einmal auf. Dazu kommt das durchpassierte Hagebuttenmark, der Rotwein und eine Prise Zimt. — Die Suppe serviert man mit Biskuits und setzt steife Schlagsahne darauf.

Pfälzer Rotweinsuppe

*4 Eßl. Tapioka oder Sago
½ l milden Rotwein
½ Stange Zimt, 2 Eßl.
Zucker, Schale einer Zitrone
2 Eiweiße, 1 Teel.
Puderzucker*

Tapioka oder Sago mit einem halben Liter Wasser weich kochen und dann mit Rotwein, Zimtstange, Zucker und Zitronenspirale noch einmal aufkochen. Die Eiweiße mit Zucker steifschlagen und beim Anrichten auf die Suppe als kleine Eisberge setzen. Dazu noch Löffelbiskuits legen. — Eine köstliche warme Suppe für einen kühlen Abend oder eine Kaltschale für einen heißen Tag.

Hannoversche Brotsuppe

*5 Scheiben dunkles Brot
¾ l Apfelsaft
1 Tasse Sultaninen
4 Eßl. Zucker
500 g Äpfel
1 Zitronenspirale*

Für diese Suppe können Sie übriggebliebene, trockene Brotscheiben verwenden. — Das Brot einige Stunden vorher in Wasser einweichen, dann fest ausdrücken und zwischen den Händen zerreiben. Diese Masse in wenig Wasser einige Minuten kochen und dabei mit einem starken Schneebesen so lange schlagen, bis sie glatt ist. Die Brotmasse jetzt in einen größeren Kochtopf umfüllen und dazu Apfelsaft, Sultaninen, Zucker, Apfelscheiben und Zitronenspirale geben. Alles auf kleiner Flamme kochen, bis das Obst weich, aber noch nicht zerfallen ist. Ihrer Phantasie sind dabei keine Grenzen gesetzt, diese Suppe reichhaltiger zu gestalten. So kann man zum Schluß Bananenscheibchen, eine kleine Dose Ananasstücke mit Saft, ausgepreßten Orangensaft oder frische Erdbeeren und entsteinte Kirschen dazugeben. Dann ist daraus eine Obstsuppe mit Brotbindung geworden. Auch mit gemischtem Backobst und Zimt schmeckt die Suppe gut.

Holundersuppe

*500 g reife Holunderdolden
(Flieder), 100 g Zucker*

Diese Fruchtsuppe ist ein köstliches Herbstgericht und gesund obendrein. — Die dunkelblauen Beeren entstielen und in Wasser 20 Minuten lang dünsten. Den Brei gießt man durch ein Haarsieb ab und kocht den Saft mit Zucker, Zitronensaft und dem kleingeschnittenen Obst erneut auf. Das Stärkemehl verrührt man mit dem Apfelwein und bindet damit die Suppe leicht sämig. Man serviert sie sehr heiß mit Grießklößchen. Grießklöße bereitet man so: Wasser und Zucker aufkochen und soviel Grieß dazuschütten, daß sich die Masse auf dem Feuer stark verdickt. Dann kleine Klößchen abstechen und in die kochende Suppe legen. Noch einmal aufkochen lassen und die Suppe heiß servieren. Anstelle der Grießklöße kann man auch Suppenmakronen einlegen, die es zu kaufen gibt.

1 Eßl. Zitronensaft, 3 reife Birnen, 2 reife Äpfel, 1 Eßl. Stärkemehl, ¼ l Apfelwein
Grießklöße:
2 Tassen Wasser
1 Eßl. Zucker
1½ Eßl. Grieß (evtl. mehr)
1 Ei

Buttermilchsuppe

Diese Suppe können Sie nicht eine Minute sich selbst überlassen, da sie schnell gerinnt und überläuft. — Die Buttermilch in einen hochwandigen Topf schütten, eine Zitronenspirale dazugeben und Zucker. Nun muß die Buttermilch mit dem Schneebesen geschlagen werden — damit sie nicht gerinnt —, je heißer sie wird, desto größer wird die Gefahr. Wenn die Milch im Topf hochsteigt, gibt man schnell das in etwas Wasser verrührte Stärkemehl dazu. Einmal aufkochen lassen, vom Feuer nehmen und dann noch einige Zeit weiterrühren. Die Zitronenschale herausnehmen und die Sahne dazugeben. — Eine erfrischende Sommersuppe, die auch kalt gut schmeckt. In diesem Fall belegt man sie noch mit Suppenmakronen.

1 l Buttermilch
Schale einer Zitrone
3 Eßl. Zucker
1 gehäufter Eßl. Stärkemehl
⅛ l saure Sahne

Biersuppe mit Schneebergen

Das Bier mit den Gewürzen auf kleiner Flamme erhitzen und einmal aufkochen lassen. Das Stärkemehl mit etwas Bier verrühren und dazugießen. Darauf noch einige Minuten kochen lassen. Die Eigelbe mit einem Eßlöffel Wasser verquirlen und unter die Suppe rühren, wenn der Topf vom Feuer genommen ist — das Eigelb darf nicht gerinnen. Eiweiß und Zucker zu Schnee schlagen, löffelweise auf die Suppe setzen und im heißen Ofen kurz überbacken.

½ l helles Bier, 50 g Zucker
2 Nelken, 1 Messerspitze Zimt, 1 abgeschälte Zitronenschale, Prise Salz
2 Eßl. Stärkemehl, 2 Eier
1 Eßl. Puderzucker

Hamburger Aalsuppe

Dies ist ein etwas kompliziertes Gericht, doch die Mühe lohnt sich. Allerdings bringen manche Aalsuppe nicht über die Zunge, andere sind aber versessen darauf. — Zuerst die Aale abziehen, säubern, salzen und in 5 cm lange Stücke schneiden. Diese in einem Topf mit Essigwasser und den Gewürzen gar ziehen lassen. In einem zweiten Topf das kleingeschnittene Gemüse und die Kräuter in Bouillon gar kochen und mit einem Schnee-

1. Topf: 750 g frischen Aal Salz, ½ l Wasser, ¼ l Weinessig, 2 Schalotten, Pfefferkörner, 2 Gewürznelken
2. Topf: 2 Möhren
½ Sellerieknolle, 1 Porree-

DEUTSCHLAND

stange, 100 g grüne Erbsen
1 Petersilienwurzel, 2 Eßl.
Petersilie, je 1 Teel. Thymian
Salbei und Basilikum
1½ l Bouillon, 50 g Butter
1 Eßl. Mehl
3. Topf: 400 g gedörrte
Pflaumen und Birnen
¼ l Weißwein, 1 Zitrone
1 Eßl. Zucker, 2 Eigelbe

besen das mit Butter verknetete Mehl unterschlagen. In einem dritten Topf gedörrte Pflaumen und Birnen in Weißwein dünsten und die Zitronenschale und den Zucker dazufügen. Zum Schluß kommt alles in eine Terrine: Das Obst zuunterst mit dem Saft, dann die Bouillon mit dem Gemüse, zum Schluß die aus dem Wasser gehobenen Aalstücke. Zwei Eigelbe mit etwas Wasser glattrühren und als Bindung in die heiße Suppe gießen. — Wie viele dieser Landesgerichte, wird die Aalsuppe sehr unterschiedlich zubereitet, und sicher wird mancher sie schon einmal in einer abgewandelten Art gegessen haben. So gehen die Ansichten auch auseinander, ob man frischen oder geräucherten Aal mitkochen lassen soll. Auch die Mengenverhältnisse sind Anlaß zu Streitgesprächen.

Büsumer Fischsuppe

250 g Goldbarschfilet
250 g Heringsrogen, Salz
4 Zwiebeln, ½ Lorbeerblatt
2 Petersilienwurzeln, 1 Teel.
Meerrettich, 4 Eßl. saure
Sahne, 2 Eßl. Butter
½ Tasse Gewürzgurken-
streifen, ½ Tasse rohe
Selleriestreifen, 2 Eßl. Dill

Das Fischfilet und den Rogen waschen und in Salzwasser zusammen mit Zwiebelscheiben und Lorbeerblatt kochen. Wenn das Fischfleisch gar ist, gerieben Petersilienwurzel und Meerrettich, dünne, geschälte Gurken- und Selleriestreifen, Sahne und Butter dazugeben. Die Suppe soll fast nicht mehr kochen, nur noch das Gemüse durchziehen lassen. Zum Schluß darüber zerzupfte Dillblätter streuen. Ein Schuß Weißwein kann der Suppe nicht schaden. — Versuchen Sie es auch einmal mit Heilbuttstücken. Dieser Fisch ist aromatisch und fett. — Weißbrotscheiben mit Knoblauchsalz und Butter bestreichen, im Ofen hellbraun rösten und extra dazu reichen.

Schaumklößchen

2 Eier, Prise Salz
Prise Muskat
1 Teel. Mehl

Die Schaumklößchen lassen sich sehr schnell zubereiten. — Das Eiweiß steifschlagen, Eidotter, Gewürze und Mehl vorsichtig darunterheben. Mit einem Teelöffel sticht man Klößchen ab, legt sie gleich in die heiße Bouillon und läßt sie darin kurze Zeit ziehen.

Markklößchen

60 g Ochsenmark
60 g Paniermehl
1 Ei, Salz, Prise Muskat
Teel. Petersilie

Zu den Markklößchen braucht man etwas Zeit, weil die Masse ruhen muß. — Zuerst das Ochsenmark zerdrücken und mit Paniermehl, Eigelb und Gewürzen verrühren. Das Eiweiß steifschlagen und darunterziehen. Die Masse nun 10 Minuten ruhen lassen. Mit einem Teelöffel, den man immer in heißes Wasser taucht, sticht man Klößchen ab, die man in der kochenden Bouillon gar ziehen läßt.

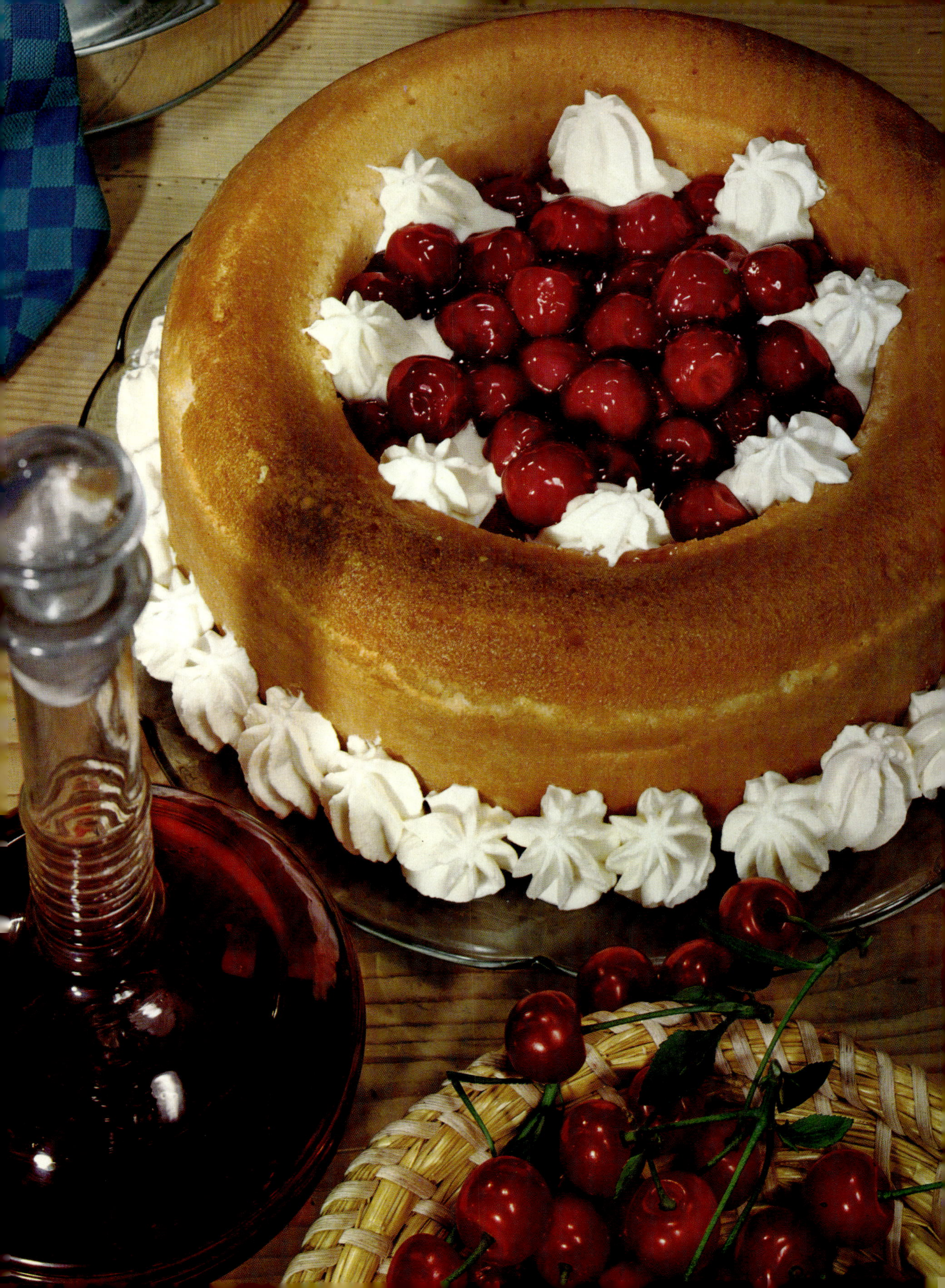

SAVARIN AU RHUM *Rum-Baba*

»Echter Rum« steht auf der Flasche. Es handelt sich um Rum ohne Zusätze, wie er auf den west- und ostindischen Inseln aus Zuckerrohr gebrannt wird. Diesen Rum sollten Sie verwenden, wenn der gebackene, ofenwarme Babakranz damit übergossen wird. Das heißt, der Rum wird mit einer warmen Zuckerlösung verrührt. Erst mit diesem »Likör« wird das Gebäck getränkt. Nicht zu viel nehmen, denn die Kirschen wollen auch noch ihren Teil zum Geschmack des Ganzen beitragen. Nehmen Sie Glaskirschen, wie auf unserem Bild, oder Sauerkirschen, die entsteint und mit Zuckerwasser gedünstet werden. Wer's mag, kann die Kirschen mit einer Spur Stärkemehl binden, dann poltern sie nicht auseinander, wenn der Kranz angeschnitten wird. Der hier gezeigte Babakranz ist ein schöner Kaffeeklatsch-Kuchen. Wichtig für das Gelingen ist die sorgfältige Behandlung des Teiges, der nach dem Backen wie ein Schwamm die Likör-Rum-Flüssigkeit aufsaugen soll. Und stets recht frisch servieren, niemals im Kühlschrank stehen lassen, wo der Rum-Baba schnell an Güte verliert!

Rezept auf Seite 96

DEUTSCHLAND

Gespickter Hecht in Sahnesauce

Den Hecht ausnehmen, waschen und innen salzen. Die Rückenhaut an der Hauptgräte entlang einschneiden und zu den Seiten hin abziehen. Ich rate Ihnen aber, die Haut auf dem Fisch zu lassen. Das Fleisch trocknet dann nicht so leicht aus. Die Streifen des Specks mit einer Spicknadel quer durch die dicksten Teile des Rückenfleisches ziehen. In einer Ofenpfanne die Speckwürfel zerlassen, den Hecht darauflegen und ihn mit etwas Fett vom ausgelassenen Speck und zusätzlich mit zerlassener Butter begießen. Im heißen, vorgeheizten Ofen etwa 30 Minuten lang backen. Alle 10 Minuten muß der Rücken des Hechtes mit der entstehenden Bratensauce übergossen werden. Nach 20 Minuten kommt außerdem der Weißwein dazu. Nach den 30 Minuten den Hecht mit dem Panierbrot bestreuen und überkrusten lassen. Den Fisch dann auf eine Porzellanplatte heben, die Sauce abgießen und mit saurer Sahne, Fleischextrakt, Salz, Pfeffer und Cayennepfeffer würzen. — Ich reichere das Gericht noch mit frischen, geschnittenen Champignons an, die ich mitbrate. — Dazu passen junge Petersilienkartoffeln mit Butter und Gurkensalat und ein Mosel- oder Rheinwein am besten.

1 Hecht (etwa 1½ kg), Salz
100 g Speckstreifen
200 g Speckwürfel
100 g Butter
oder Margarine
½ Tasse Weißwein
2 Eßl. Paniermehl
½ Tasse saure Sahne
1 Teel. Fleischextrakt
Cayennepfeffer, Pfeffer

Gefüllte Maifische

Weil der Hornhecht vor allem im Mai gefangen wird, nennt man ihn Maifisch. Seine Gräten sind türkisgrün und leuchten deutlich aus dem weißen Fleisch heraus. Daher kann man sie sehr leicht finden und auslösen. — Die Fische waschen, ausnehmen und innen salzen. Für die Füllung das Brot, den gekochten Schinken, Petersilie, Salz, Paprikapulver und Tomatenmark fein pürieren und die Milch dazurühren. Am schnellsten geht es im Elektromixer zusammen mit der Milch. Die Fische damit nicht zu prall füllen und zunähen. Sie dann in Mehl drehen, in reichlich Fett braun braten und hierauf im warmen Ofen noch 30 Minuten lang durchziehen lassen.

4 Maifische (Hornhechte)
Salz, 4 Scheiben Weißbrot
ohne Rinde, 1 Tasse gekochten, halbfetten Schinken
1 Bund Petersilie, 1 Teel.
Paprikapulver, 1 Eßl. Tomatenmark, Mehl, ⅛ l Milch
100 g Butter oder Margarine

Bremer Aalfrikassee

Lassen Sie den Aal gleich beim Fischhändler abziehen, ausnehmen und in Stücke schneiden. — Die Stücke gründlich waschen und abtropfen lassen. Die gekörnte Brühe löst man in dem Wasser auf, gibt das Suppengrün und die Aalstücke hinein, die darin in 15 Minuten auf kleiner Flamme garen. Mit einer Schaumkelle hebt man die Stücke dann heraus und stellt sie trocken warm. Das Kochwasser gießt man durch ein Sieb, dickt es etwas mit Mehlbutter und verfeinert es mit Sahne. Dazu kommen Champignons, Scampischwänze und Spargelstücke. Nun bereitet man die Kloßmasse: Das

1 kg frischen Aal, 1 Eßl. gekörnte Brühe, 1½ l Wasser
1 Bund Suppengrün, in Streifen geschnitten, 1 Eßl. Mehl
mit 1 Eßl. kalter Butter verknetet, ½ Tasse Sahne
½ Tasse feine
Champignonscheiben

DEUTSCHLAND

*1 Paket Tiefkühlscampi
5 Spargelstücke
Klöße:
1 Goldbarschfilet, 2 Zwiebeln, 1 Tasse Rahm
Zum Abschmecken:
4 Eigelbe, 1 Glas Weißwein
Salz, Pfeffer, Muskatnuß
½ Zitrone, Zucker*

Fischfilet dreht man mit den rohen Zwiebeln durch die feinste Scheibe des Fleischwolfes und verrührt die Masse mit Rahm zu einem dickflüssigen Püree. Davon sticht man mit einem Teelöffel Klößchen ab, die in kochendem Wasser schnell fest werden. Nach 10 Minuten Kochzeit legt man sie mit den Aalstückchen in die Sauce. Die Eidotter verquirlt man mit Weißwein und mit einigen Löffeln der warmen Sauce und mischt das Ganze zu der heißen Sauce. Salz, Pfeffer, Muskatnuß, Zitronensaft und Zucker braucht man zum Abschmecken. — Mit Reis und Gurkensalat zu Tisch geben. Ein Glas Moselwein dürfte dazu sicherlich am besten passen.

Konstanzer Seefisch mit Käse überbacken

*4 Seefischfilets oder 2 Seeforellen, Salz, Saft einer Zitrone, 2 Eier, 2 Tassen Semmelbrösel, 50 g Butter oder Margarine, 1½ Tassen geriebenen Käse, 50 g Butter
2 Zwiebeln, 1 Tomate*

Schon einige Stunden vor dem Essen die Filets mit Salz und Zitronensaft einreiben und zum Durchziehen liegen lassen. Die Säure der Zitrone läßt das Fischfleisch fest und weiß werden. Die gesäuerten Fischfilets durch verquirltes Ei ziehen und in Semmelbröseln drehen, bis sie trocken sind. Nun kommen sie in eine ausgefettete, feuerfeste Auflaufform, darüber eine dicke Schicht Käseflocken, Butterstücke, dünne Zwiebelscheiben und dicke Tomatenscheiben. Das Gericht im heißen Ofen überbacken. Dabei bildet sich etwas Sauce, die für die Reisbeilage ausreicht. Es paßt aber auch Remouladensauce dazu.

Pommerscher Milchreis mit Schellfisch

*250 g Reis, ¼ l Sahne
1 kg Schellfisch, Salz
1 Zwiebel, ¼ Lorbeerblatt
2 Gewürznelken, 1 Zitrone
Bund Petersilie*

Sicher stutzen Sie bei dieser Zusammenstellung. Doch ist dieses alte pommersche Hochzeitsessen im Grunde nichts anderes, als zum Beispiel Karpfen mit Sahnemeerrettich. Sicherlich denken Sie beim Wort »Milchreis« sofort an eine Süßspeise. In diesem Fall wird der Reis aber nur mit einer Prise Salz und heißer, halbgeschlagener Sahne gekocht. Die notwendige Flüssigkeitsmenge ergänzt man mit Wasser. Den Schellfisch säubert man von den schwarzen Innenhäuten; Kopf und Flossen trennt man ab. Den Fisch salzt man innen und kocht ihn in Salzwasser gar. Dem Kochsud fügt man noch eine Zwiebel zu, die mit Lorbeerblatt und Nelken gespickt ist. Das Wasser darf nicht sprudelnd kochen, da der Fisch sonst zerfällt. Will man das Fischfleisch besonders fest haben, versetzt man das Kochwasser mit einem Schuß Essig. — Auf einer länglichen Schüssel den Fisch zusammen mit dem Reis anrichten und mit Zitronenvierteln und Büscheln krauser Petersilie garnieren.

DEUTSCHLAND

Gefüllter Lungenbraten

Dieser Lungenbraten hat nichts mit der Lunge zu tun, das ist nur der süddeutsche Ausdruck für Lendenbraten. — Die Rindslende abhäuten und alle anhängenden, kleinen, unebenen Fleischpartien abschneiden, da sie zu schnell verbrennen. Aus dem gleichen Grund auch die dünne Spitze abschneiden. Das Fleischstück der Länge nach aufschneiden, aber an beiden Enden 5 cm nicht durchschneiden, so daß eine Tasche entsteht. In diese kommt die nachstehend erklärte Füllung. Die zwei Eier verquirlen und in der Pfanne mit Fett kurz stocken. Sie dann gründlich vermischen mit den Schinkenwürfeln, Schnittlauch, Knoblauchsalz und Pfifferlingen. Die damit gefüllte Lende fest zubinden und sie in einer Ofenpfanne mit dem Fett bei 220°C im vorgeheizten Ofen 1½ Stunden lang braten. Die Hitze muß so reguliert werden, daß das Fleisch nicht verbrennt und ab und zu muß etwas Wasser nachgegossen werden, damit der Ofen nicht zu trocken wird. Den Bratensaft mit Salz, Pfeffer, gekörnter Brühe und Paprikapulver abschmecken. Einen feinen Geschmack bekommt die Sauce durch gemahlene Trockenpilze und einen Schuß Rotwein. — Dazu werden Salzkartoffeln und Bohnensalat gegessen.

750 g Rindslende
Füllung:
2 Eier, Margarine
½ Tasse gekochte Schinkenwürfel, 2 Eßl. Schnittlauch
Prise Knoblauchsalz
½ Tasse gewiegte, gedünstete Pfifferlinge
Sauce:
3 Eßl. Fett zum Braten
Salz, Pfeffer
1 Teel. gekörnte Brühe
½ Teel. Paprikapulver
½ Teel. Trockenpilzpulver
Rotwein

Falscher Hase

Das Fleisch mit den Gewürzen einreiben und durch die feine Scheibe des Fleischwolfes drehen, zusammen mit den eingeweichten, ausgedrückten Brötchen und den Zwiebelstücken. Diese Masse mit den ausgedrückten Bratwürsten und den Eiern mischen. Daraus mit nassen Händen entweder einen großen, länglichen Kloß formen oder alles in eine gebutterte Kastenform drücken. Den falschen Hasen in der Bratenpfanne oder in der Kastenform auf ein Blech mit Wasser stellen und in den heißen Ofen schieben. Ihn backen, bis er außen hellbraun und innen durch ist. Aus einem Einstich darf kein rötlicher Saft mehr fließen. — Den falschen Hasen auf eine Platte legen, in Scheiben schneiden und mit Gemüsen aller Art und gebratenen Kartoffelscheiben servieren. Trinken Sie einen Rheinhessenwein dazu.

500 g durchwachsenes knochenfreies Rindfleisch
Salz, Paprikapulver
2 frische Wacholderbeeren
1 Teel. getrocknete, zerriebene Majoranblätter, 2 geweichte, ausgedrückte Brötchen, 2 Zwiebeln, 5 feine Bratwürste, 4 Eier, Butter oder Margarine für die Form

Gedämpfte Kalbsbrust

Zuerst bereitet man die Füllung. Durch die feine Scheibe des Fleischwolfes dreht man Fleisch, Zwiebeln, Speck, Schinkenspeck, Petersilie, Zitronenschale, Sardellenfilets und die Paprikaschote. In einer Schale ergänzt

250 g schieres Kalbfleisch
3 Zwiebeln, 100 g Speck
100 g Schinkenspeck

DEUTSCHLAND

Bund Petersilie, ½ Zitrone
5 Sardellenfilets, 1 rote
Paprikaschote, 3 Eier
1 Teel. Salz, ¼ Teel. Nelkenpfeffer, 1 Teel. Paprikapulver, 1 kg Kalbsbrust
125 g Butter, ¼ l Wasser
1 Möhre, 2 Zwiebeln
2 Kartoffeln, ¼ Sellerie
½ Lorbeerblatt, 2 Eßl. Butter
1 Eßl. Mehl, 2 Eßl. saure Sahne, 1 Eßl. Kapern
Pfeffer, 2 Eßl. Petersilie

man diese Mischung mit Eiern, Salz, Nelkenpfeffer und Paprikapulver. Das abgetrocknete, gesalzene Bruststück bestreicht man mit der Füllung und wickelt es auf. In einem breiten Topf zerläßt man die Butter, bräunt die Fleischrolle darin an, gibt Wasser, Gemüse und Lorbeerblatt dazu und läßt sie im bedeckten Topf bei nicht zu großer Flamme ungefähr 90 Minuten schmoren. Die Flüssigkeit ergänzt man ab und zu. Bitte aufpassen, daß das Gemüse nicht schwarz wird. Dann legt man den Braten auf eine Schale, verdickt den durchpassierten Bratensatz mit Mehlbutter, gibt saure Sahne, Kapern, Salz, Pfeffer und Petersilie dazu und verrührt die Sauce, wobei man sie noch einmal aufkochen läßt. — Eine andere Art der Füllung besteht aus geweichtem Weißbrot mit Fleisch, Kräutern, Nierenfett und Rosinen. Oder aus roh zerkleinerten Wurzelgemüsen, Weißkohlblattstreifen, Kümmel, Weißbrotwürfeln und saurer Sahne. Die Füllung stets kräftig mit Pfeffer oder Paprikapulver würzen, damit sie vorschmeckt.

Gefüllte Kalbsröllchen

4 Kalbsschnitzel
Salz, Pfeffer
4 rohe Schinkenscheiben
4 hartgekochte Eier
50 g Schmalz
2 Eßl. Tomatenmark
⅛ l Sahne
2 Eßl. Zwiebelwürfel

Die Kalbsschnitzel klopfen, salzen, pfeffern und mit einer Schinkenscheibe und einem hartgekochten, ganzen Ei zusammenrollen. Die zugesteckten Rouladen im zerlassenen Fett anbraten. Nach etwa 10 Minuten Wasser dazugießen und 45 Minuten lang auf kleiner Flamme schmoren lassen. Dann sticht man die Röllchen heraus, versetzt die Sauce mit Tomatenmark, Salz, Pfeffer, Sahne und Zwiebelwürfeln, läßt sie noch 5 Minuten kochen und gibt die Röllchen wieder hinein. — Dazu schmecken junge Erbsen, in Butter geschwenkt und mit Estragonblättern versetzt, Bratkartoffeln und Weißwein.

Sonnenberger Kalbsvögerl

4 Kalbsschnitzel zu je 200 g
Salz, Paprikapulver
50 g Butter oder Margarine
1 Tasse Zwiebelwürfel
1 Tasse rote und grüne Paprikaschotenstreifen
1 Tasse Porreestreifen
½ Tasse gekochte Schinkenstreifen, 2 Eßl. Tomatenmark, 1 Eßl. Petersilie
8 Stifte Speck, Mehl, Butter oder Margarine, saure Sahne

Die Kalbsschnitzel sehr dünn ausklopfen, salzen und mit Paprikapulver einreiben. In einer Kasserolle das Fett zerlassen, Zwiebelwürfel, Paprikaschotenstreifen, Porreestreifen und Schinkenfäden zufügen und nach einigen Minuten unter fortwährendem Umrühren Tomatenmark und Petersilie einrühren. Mit dieser Masse eine Seite der Kalbsschnitzel bestreichen, noch zwei Speckstifte einlegen und das Schnitzel zusammenrollen. Die Enden sollten Sie mit einem Holzstift feststecken. Die Kalbsrollen in Mehl drehen und im Fett braun anbraten, danach mit heißem Wasser angießen und die Kalbsvögerl darin gar schmoren lassen. Die Sauce mit wenig saurer Sahne und Salz abschmecken. — Dazu passen frische Erbsen und Butterkartoffeln und ein badischer Weißwein (Weißherbst). — Auch können Sie eine Tomatensauce oder eine Gulasch- oder Bratensauce zufügen, wodurch dieses Gericht einen anderen Charakter erhält.

DEUTSCHLAND

Schwäbisches Kalbsgeschnetzeltes

Das Kalbfleisch befreit man von Häuten und Sehnen und schneidet es in Streifen wie Pommes frites. Zusammen mit den Zwiebelscheiben brät man diese in heißem Fett an. Ist das Fleisch leicht gebräunt, stäubt man Mehl darüber, läßt noch 5 Minuten rösten, wobei man mit einem Holzlöffel umrühren muß, und gießt mit der Bouillon an. Die Sauce würzt man mit Salz, Pfeffer und Zitronensaft und rundet sie mit Sahne und Tomatenmark ab. Das Gericht wird mit harten Eiern garniert und mit gehackter Petersilie bestreut. — Dazu ißt man Spätzle und Kopfsalat.

500 g Kalbfleisch, 2 Zwiebeln in Scheiben, 75 g Butter oder Margarine, 1½ Eßl. Mehl
½ l Bouillon, Salz, Pfeffer
1 Teel. Zitronensaft
1 Tasse Sahne
1 Teel. Tomatenmark

Saure Nierle

Dieses Gericht wird sehr unterschiedlich zubereitet. Man verwendet oft Schweinsnieren statt Kalbsnieren und leider widmet man der Sauce nicht die nötige Aufmerksamkeit. — Hier die richtige Zubereitung: Die Nieren in schwachem Salzwasser eine Stunde wässern und dann der Breite nach aufschneiden. Die weißen Stränge entfernen und die Nieren in dünne Scheiben schneiden, abtrocknen und in Mehl drehen. Zusammen mit den Zwiebelscheiben in einer Pfanne mit heißer Butter goldbraun anbraten. Mit einem Holzlöffel öfter umdrehen. Die Bouillon auffüllen und mit Pfeffer, Zitronensaft und gehackter Petersilie würzen. Das Gericht mit Sahne und einem Schuß Weißwein verfeinern und mit Paprikapulver und gehacktem Schnittlauch bestreuen. — Servieren sie dazu einen körnigen Reis.

750 g Nieren, Salz
2 Eßl. Mehl, 2 Zwiebeln
75 g Butter, ¼ l Rindsbouillon, Pfeffer, Saft einer Zitrone, ½ Tasse gehackte Petersilie, ½ Tasse Sahne
Weißwein, Paprikapulver
Bund Schnittlauch

Schweinsfilet nach Schnetz

Herr Schnetz ist einer der berühmtesten Oberkellner in Deutschland. Dieses Gericht ist seine Erfindung. — Die Schweinsfilets salzen, pfeffern und in Mehl drehen. Sie dann in der Pfanne in Fett braun braten und so lange ziehen lassen, bis sie gar, aber innen noch rosa sind. Dann den Bratensaft abseihen und ihn in einer kleinen Pfanne (das können Sie gut bei Tisch machen, wenn Sie ein kleines Rechaud besitzen) mit Butter, Weinbrand und Pernod versetzen. Die Pfanne jetzt von der Hitzequelle nehmen und mit einem Schneebesen noch Kümmel und Kümmellikör einrühren. Die Schweinsfilets schräg in Scheiben schneiden, auf Kartoffelschaum anrichten, die Sauce darübergießen und über das Gericht gehackte Petersilie streuen. — Tomatensalat dürfte am besten dazu passen.

2 Schweinsfilets
Salz, Pfeffer, Mehl
Butter oder Margarine
50 g Butter für die Sauce
1 Gläschen Weinbrand
1 Teel. Pernod, 1 Eßl. fein gewiegte Kümmelkörner
1 Eßl. Kümmellikör
Petersilie

DEUTSCHLAND

Gefüllte Schweinsbrust mit Kräutern

1 kg Schweinsbrust
Salz, Pfeffer
2 Äpfel, 1 Tasse Öl
1 Eßl. Majoran, 1 Eßl. Salbei
2 Petersilienwurzeln
2 Eßl. Petersilie
1/2 Eßl. Borretsch, 1/2 Teel. Zitronenmelisse, 1/2 Teel. Salz
1 Teel. Paprikapulver
1 Teel. Korianderkörner
50 g Sultaninen, 50 g Mandeln, 4 Eßl. Schweineschmalz
2 Tassen Wasser

Kaufen Sie die Brust schon fertig zum Füllen zugeschnitten und die Rippen ausgelöst. — Die Innenseite der Tasche mit Salz und Pfeffer einreiben und mit der folgenden Masse füllen: Die geschälten Äpfel feinblättrig aufschneiden und mit Öl musig dünsten. Dazu feingeschnitten und gehackt Majoran, Salbeiblätter, Petersilienwurzeln und -blätter, Borretsch und Zitronenmelisse mischen, ferner Salz, Paprikapulver und zerdrückte Korianderkörner. Nach einigen Minuten noch die gebrühten, gewiegten Sultaninen und die gebrühten, abgezogenen und zerhackten Mandeln zufügen. Die gefüllte Schweinsbrust mit großen Stichen zunähen und im Ofen mit Schmalz auf beiden Seiten scharf anbraten. Nach 30 Minuten Wasser darübergießen und weitere 60 Minuten schmoren lassen. — Auch hautlose Tomaten und zerschnittenes Wurzelgemüse können Sie mitbraten. Dadurch erhält die Sauce eine angenehme natürliche Würzung. Etwas Weißwein am Ende der Garzeit verfeinert den Geschmack. Wer es mag, kann etwas Knoblauchsalz zufügen. — Zu diesem Gericht Kartoffelsalat, mit Essig und Öl angemacht und mit Gewürzgurkenstreifen und Radieschenscheiben gemischt, servieren, außerdem Bier und Schnaps.

Gefüllter Schweinerippenbraten

1 kg Schweinsrippenstücke
3 große, mürbe Äpfel
Salz, Pfeffer
75 g Bratfett
1 Eßl. Stärkemehl
1/2 Teel. getrocknete Majoranblätter

Man läßt beim Fleischer die Rippen einsägen, damit man das Fleisch besser rollen kann. Von den geschälten Äpfeln entfernt man das Kernhaus und schneidet sie dann blättrig auf. Damit belegt man die gesalzene und gepfefferte Fleischseite, rollt fest ein und bindet die Rolle mit einem Faden zusammen. In zerlassenem Fett brät man sie nun auf allen Seiten braun. Mit Wasser angießen und 1½ Stunden lang bei mittlerer Hitze schmoren lassen. Den Bratensaft etwas entfetten, mit verrührtem Stärkemehl leicht binden und mit Salz, Pfeffer und Majoran abschmecken. — Mit Kartoffelsalat zu Tisch bringen.

Pommersche Schweinskeule

1 frischer Schweinsschinken (Keule), 15 Gewürznelken
Salz, 200 g Panierbrösel

Dieses Gericht ist für einen größeren Gästekreis gedacht, wenn man den Schinken als Mittelpunkt eines kalten Büfetts aufstellt oder als Hauptgang eines warmen Abendessens serviert. Für eine kleinere Personenzahl nimmt man am besten Schulterschinken oder Nußschinken. — Man kauft beim Fleischer einen frischen Schweinsschinken und läßt gleich dort die Schwarte abziehen. Den Schinken mit Gewürznelken spicken, mit Salz bestreuen und in einer Pfanne mit wenig Wasser im Ofen backen. Während der nächsten zwei Stunden öfter mit Wasser nachgießen. Nach dieser Zeit Panierbrösel, Zucker und die gemahlenen Gewürznelken darüberstreuen und bei starker Oberhitze eine Kruste bilden lassen. Den Schinken in Scheiben schneiden. — Für die warme Mahlzeit Kartoffelsalat und einen Rheinpfälzer Wein dazureichen.

1 Eßl. Zucker
1 Teel. gemahlene Nelken

Gebackener Schinken auf mecklenburgische Art

Ein ganzer Schinken ist für vier Personen selbstverständlich zu groß. Ich empfehle daher, nur einen ausgelösten Schulterschinken zu nehmen oder — noch kleiner — einen Nußschinken. — Den geräucherten Schinken eine Nacht wässern. Dabei trennen Sie am besten den Schloßknochen und den Fußknochen ab. Den Brotteig fingerdick ausrollen und mit den Kräutern bestreuen. Den abgetrockneten Schinken auf dieses grüne Bett legen, die Teighülle herumwickeln, die Teigränder anfeuchten und fest andrücken. Den Backofen vorheizen und den Schinken 2½ Stunden bei 180° C backen. Der Teig darf dabei ruhig schwarz werden, er wird ja nicht mitgegessen. — Dazu schmecken Sauerkraut oder Krautsalat, Kartoffelpüree und helles Bier.

1 Schinken, 1 kg fertiger Brotteig vom Bäcker
1 Eßl. Majoran
1 Eßl. Thymian
1 Eßl. gezupfte Zitronenmelisseblätter
1 Eßl. Estragonblätter
1 Eßl. geschnittenen Schnittlauch

Sülzkotelett

In der Bouillon aus gekörnter Brühe das geschnittene Gemüse mit Selleriesalz weich kochen. Darin bei kleiner Flamme die ausgelösten Schweinskoteletts gar ziehen lassen. Die Bouillon durch ein Sieb abgießen, noch einmal aufkochen und dann mit Wein, Essig, Zucker und der gelösten Gelatine versetzen. Vom Feuer nehmen und etwas abkühlen lassen. Die feinen Gemüsestückchen auf den Böden der vier Portionsteller verteilen, darauf je zwei Eßlöffel voll flüssigen Aspik, das Kotelett, Tomatenscheiben und Streifen von grünen, gebrühten Paprikaschoten geben. Schließlich die Teller ganz mit Aspik füllen. Der Aspik braucht einige Stunden, um fest zu werden. Die Sülzkoteletts vor dem Servieren stürzen und mit Bratkartoffeln und Remouladensauce zu Tisch bringen. — Helles Bier und Schnaps werden am liebsten dazu getrunken.

2 Teel. gekörnte Brühe
1 l Wasser, 2 Tassen feine Streifen Sellerieknolle Porree, Möhren und Petersilienwurzeln, Selleriesalz
4 Kaßler Koteletts
2 Eßl. Weißwein
2 Eßl. milden Weinessig
1 Teel. Zucker
12 Blatt weiße Gelatine
2 Tomaten
2 grüne Paprikaschoten

DEUTSCHLAND

Westfälische saure Hammelkeule

*1 Hammelkeule, 2 l Buttermilch, ¼ l Essig, 1 Lorbeerblatt, 2 Möhren zerschnitten
2 Zwiebeln in Scheiben
12 zerdrückte Pfefferkörner
1 Teel. Salz, 1 Teel. Zucker
200 g Speck, Margarine
1 Tasse Panierbrot, ½ l saure Sahne, Pfeffer, Paprikapulver, 1 Bund Petersilie
1 Bund Schnittlauch*

Eine ganze Hammelkeule ergibt ein Gericht für sechs Personen. — Die Hammelkeule vom Knochen lösen und die äußere Haut abziehen. In einem großen Steintopf nun die Beize ansetzen. Sie besteht aus Buttermilch, Essig, Lorbeerblatt, Möhren, Zwiebeln, Pfefferkörnern, Salz und Zucker. Darin soll die Keule bedeckt einige Tage durchziehen. Sie dann abtrocknen, mit Speckstreifen spicken und ringsherum in Fett braun anbraten. Einige Löffel Beize dazugießen und im Ofen gar schmoren lassen. Die Sauce später mit Panierbrot sämig machen, mit der sauren Sahne versetzen und mit den Gewürzen abschmecken. Die Keule aufschneiden und mit Bratkartoffeln oder Kartoffelsalat zu Tisch bringen. — Als Sauce paßt dazu eine kalte Gribichesauce aus hartem Eigelb, gewiegtem hartem Eiweiß, Essig, Salz, Öl, gewiegten Gewürzgurken und Zwiebelwürfeln.

Bremer Kükenragout

*2 junge Hühnchen oder
4 Stubenküken, Salz
4 dünne, breite Speckscheiben, 50 g Butter, 2 Tassen Bouillon, 500 g Muscheln
50 g Butter, 1 Eßl. Mehl
4 Tassen Bouillon, ½ Zitrone
4 Eßl. saure Sahne, ½ Tasse Erbsen, ½ Tasse Champignons, 125 g Krebsschwänze
½ Tasse Spargelspitzen*

Die jungen Hühnchen waschen, innen salzen und mit den Speckscheiben umwickeln. Dicht aneinander in einen Schmortopf in die heiße Butter legen und mit Bouillon angießen; bei mittlerer Hitze gar dünsten. Inzwischen die Muscheln 5 Minuten in Salzwasser kochen. Aus den geöffneten Schalen lassen sich die Muschelkörper leicht herauslösen. Nun rührt man aus Butter, Mehl und der Bouillon eine helle Mehlschwitze, schmeckt sie mit Zitronensaft und saurer Sahne ab, gibt Muscheln, Erbsen, Champignons, Krebsschwänze und Spargelspitzen dazu und läßt das Ganze einmal aufkochen. Die Sauce mit den Einlagen über die unzerteilten Küken gießen und mit Kopfsalat und Kartoffelpüree zu Tisch bringen. Rheinwein oder Pfälzer Wein paßt am besten dazu.

Pommersches Gänseklein

*1 kg Gänseklein (Flügel Magen, Herz, Hals), Fett
2 Tassen Zwiebelscheiben
1 Möhre, ½ Sellerieknolle
2 Gewürznelken, 5 Pfefferkörner, Salz, 1 Porree, 250 g Backobst, 2 Eßl. Zucker, Essig*

Das Gänseklein in reichlich Fett und Zwiebelscheiben anbräunen. Mit wenig Wasser angießen, das geraspelte Gemüse und die Gewürze zufügen und schmoren lassen. Nach 10 Minuten 2 Tassen Wasser dazugießen; die Fleischstücke sollen immer mit Flüssigkeit bedeckt sein. Gleichzeitig auch die Porreescheiben und das eingeweichte Backobst in den Topf geben. Öfter umrühren, damit nichts anbrennt! Zuletzt mit Zucker und einem Schuß Essig süßsäuerlich abschmecken. — Dazu Pellkartoffeln servieren.

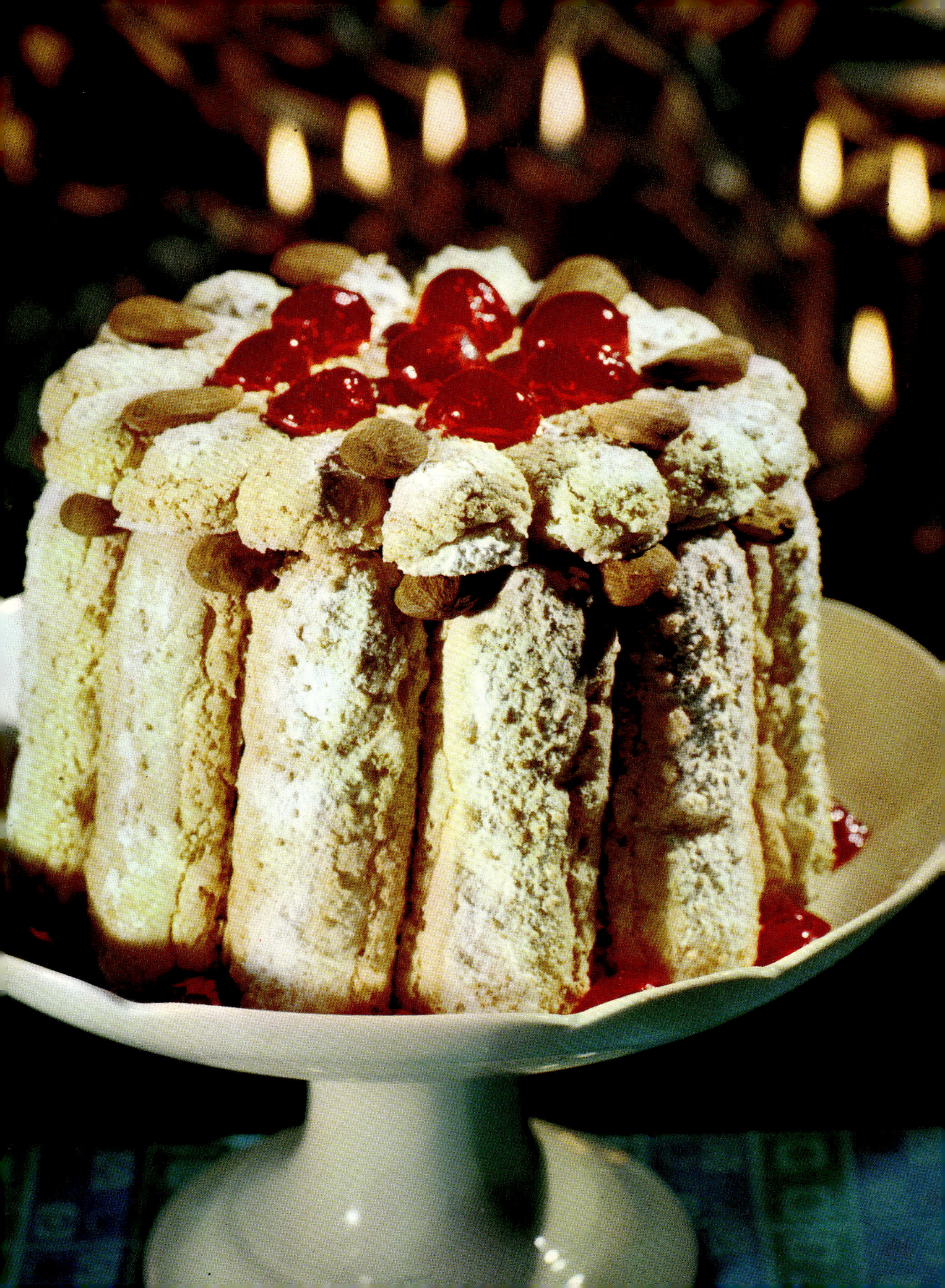

CHARLOTTE CRÈME BAVAROISE *Bayerische Eiercreme-Charlotte*

Auf unserem Bild der fertig angerichteten Charlotte sieht man nur die Löffelbiskuits. Wesentlich ist aber die Creme im Inneren. Sie kann neutral schmeckend aus Schlagsahne, schaumig gerührten Eigelben, Zucker und gelöster Gelatine bestehen. Das ist das Grundrezept. Sie können Zitrone beifügen, als Saft und als geriebene Schale; oder auch sehr reife zerdrückte Himbeeren und Erdbeeren, gewiegte Pistazien und Mandeln, Korinthen und Sultaninen, kleine Fruchtstücke und auch Melonen. Es gibt so viele Dinge, die zu dieser schaumigen Creme passen. Die Charlotte ist eine Nachspeise. Man schneidet mit einem Messer, dessen Klinge man vor jedem Schnitt in heißes Wasser getaucht hat, Stücke heraus, wie aus Eisbomben oder Topfkuchen. Sie werden kühl serviert, doch darf man sie nicht etwa im Kühlschrank aufbewahren, weil die Löffelbiskuits leicht Feuchtigkeit anziehen und dann lasch und unansehnlich werden. Löffelbiskuits kann man aus Eierbiskuitmasse selbst herstellen, wenn man den Teig durch eine große Lochtülle auf gemehlte Bleche spritzt und im vorgeheizten heißen Ofen bei etwa 250 °C schnell backt. Sie werden noch warm mit Puderzucker bestäubt.

Rezept auf Seite 97

DEUTSCHLAND

Rehschnitzel in Rotweinsauce

Die deutsche Küche ist bekannt für ihre guten Wildgerichte, und darunter sind besonders die Rehplatten berühmt. — Die Rehschnitzel dünn klopfen, aber bitte vorsichtig, weil das rohe Rehfleisch sehr zart ist und man bei unachtsamer Behandlung die Schnitzelchen schnell zerstört. Jedes Rehschnitzel — pro Person rechnet man zwei Stück — mit zwei dünnen Speckstreifen durchziehen. Sie salzen, pfeffern, mit Paprikapulver und Mehl bestäuben und in reichlich Butter oder Margarine von beiden Seiten braun braten. Das geht sehr schnell, denn die Rehschnitzel sollen ja innen rosa bleiben. Sie also nicht durchbraten. Wenn man mit dem Finger darauf drückt, sollen sie sich noch elastisch anfühlen. Die gebratenen Schnitzel auf eine vorgewärmte Platte legen und bedecken, damit sie nicht so schnell abkühlen. Das Fett in der Pfanne mit Zwiebelwürfeln versetzen, die schnell anbräunen, aber nicht schwarz werden sollen. Mit Rotwein ablöschen, die Weißbrotkrumen einstreuen, die der Sauce die lockere Bindung geben. Dann mit Salz, gelöster gekörnter Brühe, Chilisauce und geschnittenen, vorgedünsteten Pfifferlingen versetzen. Zuletzt die feinen Speckwürfel, die darin nur warm zu werden brauchen, einlegen. Die fertige Sauce über die Schnitzel gießen und sie mit gebutterten Spaghetti oder Kartoffelklößen servieren. — Am besten trinken Sie dazu einen Rotwein.

*8 Rehschnitzel à 100 g
(vom Nüßchen)
16 Speckstreifen
Salz, Pfeffer
Paprikapulver, Mehl
100 g Butter oder Margarine
1 Tasse Zwiebelwürfel
1½ Tassen Rotwein
½ Tasse Weißbrotkrumen
ohne Rinde, ½ Tasse Wasser
1 Eßl. gekörnte Brühe
1 Teel. Chilisauce
1 Tasse Pfifferlinge
½ Tasse gewiegten, fetten
Speck*

Farbfoto Seite 179

Rehrücken »Baden-Baden«

Dieser Rehrücken-Braten zählt zu den feinsten Wildgerichten. — Den Rücken von allen hellschimmernden Sehnen, die den Fleischkern umschließen, befreien. Dann mit einem spitzen Messer das Fleisch dem Mittelknochen entlang, beidseitig bis zur Hälfte, einschneiden, damit Gewürz und Hitze besser eindringen können. Das Fleisch mit Salz, Paprikapulver und Pfeffer einreiben und mit Worcestershiresauce und flüssiger Butter oder Margarine beträufeln. Den Backofen vorheizen und den Rehrücken bei einer Temperatur von 220° C braten. Bei einem kleinen Rücken dauert das ungefähr 45 Minuten. In Abständen flüssige Butter oder Margarine nachgießen. Dann den Rücken aus der Pfanne nehmen, ihn aber auf dem Gitterrost im Ofen lassen. Den Strom jedoch abschalten und eventuell die Ofentür etwas offen lassen. Der Rücken darf nicht durchbraten, er muß innen rosa bleiben. Den Bratensatz mit Wacholderbeeren und Thymian verkochen, durch ein Sieb streichen und dann mit Tomatenmark, Johannisbeergelee und Rotwein versetzen. Die Sauce erhält damit eine ganz leichte, sämige Bindung. Auf die Platte zu dem angerichteten Braten Birnenhälften ohne

*1 Rehrücken (4—6 Personen)
Salz, Paprikapulver
weißer, gemahlener Pfeffer
einige Spritzer Worcestershiresauce, 2 Eßl. Butter
oder Margarine zum Einreiben, 100 g Butter oder
Margarine zum Braten
10 frische Wacholderbeeren
1 Teel. getrocknete Thymianblättchen, 1 Eßl. Tomatenmark, 1 Eßl. rotes Johannisbeergelee, 2 Eßl. Rotwein*

DEUTSCHLAND

Kernhäuser legen, die ohne Zucker, aber mit Zimt und Zitronenschale gekocht wurden, und rotes Johannisbeergelee. Dazu Kartoffelschaum und roten Bordeaux aus dem Médoc reichen.

Hasenrücken

1 Hasenrücken
100 g Speckstreifen
50 g Butter oder Margarine
½ Tasse frische Wacholderbeeren, Salz, Paprikapulver
1 Teel. Liebstockblätter
1 Teel. Petersilie gehackt
2 Zwiebeln, 1 Möhre
½ Tasse Sellerieknolle
½ Tasse Weißwein
1 Eßl. Mehl
1 Tasse saure Sahne

Der Rücken wird meistens schon vom Wildhändler von den Sehnen befreit und gespickt. Wenn nicht, zieht man von einer Seite zur anderen mit einem spitzen, scharfen Messer unter den oberen dicken Sehnen entlang, indem man die Schneide leicht nach oben gebogen hält. So besteht die geringste Gefahr, daß man das Hasenfleisch einschneidet und damit verletzt. Mit einer Spicknadel zieht man die Speckfäden quer zum Fleischstrang ein und läßt sie an beiden Seiten etwas heraussstehen. Den Rücken mit flüssiger Butter oder Margarine bestreichen und ihn 40 Minuten lang im vorgeheizten Ofen bei 200°C braten. Während der Zeit den Braten einmal umwenden. Ihn dann herausnehmen und warm stellen. Die Pfanne aufs Feuer stellen und den Bratensatz mit zerdrückten Wacholderbeeren, den anderen Gewürzen, Zwiebelscheiben, Möhrenstreifen, Sellerieknollenstreifen, Wein und Mehl versetzen. Alles leicht anbräunen und dann pürieren. Die Sauce in einem Topf noch einmal erhitzen, die Sahne dazugießen und das Ganze abschmecken. Das Fleisch von den Knochen lösen und es in dicke, schräge Scheiben schneiden. Die Sauce extra reichen und dazu Kartoffelbrei oder Kartoffelpuffer (Reibekuchen) und Preiselbeerkompott servieren.

Königsberger Klopse

250 g Schweinefleisch, 250 g Rindfleisch, 125 g Speck
2 Eßl. grobe Bratwurstmasse
2 Zwiebeln, 2 Scheiben Weißbrot, 1 Eßl. Kapern
½ Eßl. Sardellenpaste
4 Eier, Salz, Pfeffer, Paprikapulver, 1 Teel. Majoran
50 g Butter, 2 Eßl. Mehl
½ Tasse Sahne, 2 Eigelbe
½ Zitrone, 1 Teel. Zucker
1 Eßl. Kapern
1 Teel. Majoran
hartgekochte Eier

Die Königsberger Klopse gelten schon fast als deutsches Nationalgericht. Leider bereitet man sie nicht immer besonders liebevoll zu. Wichtig ist nicht zuletzt die Mischung der Fleischmasse, damit die Klopse saftig und schmackhaft bleiben. — Ich drehe die Fleischsorten durch die feine Scheibe des Fleischwolfes, zusammen mit den Zwiebeln und den geweichten Brotscheiben. Dazu Kapern, Sardellenpaste, Eier, Salz, Pfeffer, Paprikapulver und Majoran rühren. Die Masse sehr gründlich vermischen. Mit nassen Händen daraus Klöße von mittlerer Größe formen, diese in kochendes Salzwasser legen und in 20 Minuten gar ziehen lassen. Aus Butter und Mehl eine helle Schwitze bereiten, mit dem Kochwasser aufgießen, mit Sahne und Eigelben verfeinern und Zitronensaft und Zucker zum Abrunden zufügen. In dieser Sauce die Klöße noch einmal aufkochen lassen. Kapern, Majoran, Salz und ein wenig Pfeffer gehören auch an die Sauce. Man serviert die Klopse in einer Schüssel, mit Eivierteln garniert. — Dazu schmecken gebutterte Salzkartoffeln und ein kühles Bier.

DEUTSCHLAND

Pichelsteiner Topf

Die Möhren und Kartoffeln in große Stücke schneiden. Die Zwiebeln viertelt man nur. Das Fleisch schneidet man in würfelige Stücke. Nachdem die Zutaten so vorbereitet sind, zerläßt man die Speckwürfel in einem hochwandigen Topf, legt darauf eine Schicht Möhren, dann Zwiebeln, hierauf Fleisch und Kartoffeln. Das Wasser oder die Bouillon mit Salz und Pfeffer abschmekken und darübergießen. Die Zutaten brauchen nicht ganz mit Flüssigkeit bedeckt zu sein. Zugedeckt muß das Eintopfgericht etwa 1 1/2 Stunden kochen. In den letzten 10 Minuten streut man die Majoranblätter und die gehackte Petersilie darüber und serviert das Gericht im Kochtopf. — Bier oder einen einfachen Weißwein trinkt man dazu.

750 g Möhren
750 g Kartoffeln
500 g Zwiebeln
750 g durchwachsenes Rind-, Schweine- und Hammelfleisch, 100 g Speck
Wasser oder Bouillon
Salz, Pfeffer
1 Teel. Majoranblätter
1 Bund Petersilie

Farbfoto Seite 197

Leipziger Allerlei

Kochen Sie dieses Gericht im Sommer, solange es noch frischen Spargel gibt. Auch eignet sich das junge Frühjahrsgemüse dazu am besten. — Die Karotten, Erbsen und Spargelstücke in Rindfleischbouillon gar kochen. Nach 12—15 Minuten ist das Gemüse weich und man kann die Bouillon abgießen. Extra kocht man die ausgebrochenen Rosen des Blumenkohls gar. Die geputzten Morcheln kocht man in der Gemüsebouillon 10 Minuten lang, holt sie dann heraus und gibt sie grob zerschnitten zu dem anderen Gemüse. Die Bouillon kocht man etwas ein, bindet sie leicht mit Mehlbutter und schlägt mit einem Schneebesen die Krebsbutter darunter. Mit dieser Sauce übergießt man das Gemüse, das aber keineswegs in der Sauce »ertrinken« darf. Die Oberfläche des Gemüses garniert man mit gekochten, warmen Krebsschwänzen und Vierteln von gekochten Eiern. — Durch Teltower Rübchen wird das Gericht noch feiner im Geschmack. — Zu Kalbssteaks ist Leipziger Allerlei eine gute Beigabe.

250 g Perlkarotten
250 g frische Gartenerbsen
200 g Spargelstücke
1 l Rindfleischbouillon
1 Blumenkohl
100 g Morcheln
1/2 Eßl. Mehl und 1 Eßl. Butter verknetet
1 Eßl. Krebsbutter (im Handel erhältlich)
12 Krebsschwänze
2 hartgekochte Eier

Köthener Schusterpfanne

In eine feuerfeste Form, die man mit einem Deckel abschließen kann, legt man das gewaschene, gesalzene und gepfefferte Fleischstück, ringsherum die geschnittenen Kartoffeln und die ganzen Birnen. Darüber streut man gekörnte Brühe, Majoran, Kümmel und Dillblätter. Mit kochendem Wasser übergießen und das Gericht auf kleiner Flamme in 1 1/2 Stunden weichschmoren lassen. Das Gericht gelingt auch sehr gut im Backofen bei niedriger Temperatur (damit nichts anbrennt). — Dazu trinkt man am besten helles Bier.

750 g durchwachsenes Schweinefleisch, Salz, Pfeffer
750 g rohe Kartoffeln, 750 g kleine, graue Schmalzbirnen
1 Eßl. gekörnte Brühe
1 Teel. Majoran, 1 Eßl. Kümmel, 1 Teel. Dill

DEUTSCHLAND

Sauerkraut-Auflauf

700 g Sauerkraut
75 g Schweineschmalz
250 g Zwiebelscheiben
1 große Zwiebel
1 große Kartoffel
Prise Zucker
1 Glas Weißwein
750 g fertigen Kartoffelbrei
250 g Wurstscheiben
250 g Thüringer Mett
500 g Äpfel, geschält, entkernt, in Scheiben geschnitten
100 g Speckwürfel
70 g Butter

Dieses Gericht kann eine gute Verwertung für kleine Reste sein. Sauerkraut schmeckt aufgewärmt ja besonders gut. — Die Zwiebelscheiben in Schweinefett glasig werden lassen, das Sauerkraut dazugeben und zusammen etwa 30 Minuten lang kochen lassen. Während dieser Zeit die Flüssigkeit eventuell ergänzen. Nach der halben Stunde reibt man eine dicke Zwiebel und Kartoffel roh an das Sauerkraut. Dann muß das Gericht noch einmal gründlich aufkochen und wird mit Zucker und einem Glas Weißwein abgeschmeckt und beiseite gestellt. Eine große Form streicht man mit Schweineschmalz aus, füllt sie zu einem Viertel mit fertigem Kartoffelpüree, das nächste Viertel mit den Wurststücken und dem Fleisch und legt darauf die Apfelscheiben, die mit Speck angeröstet sind. Nun kommt das restliche Sauerkraut, über das man noch eine Schicht Kartoffelbrei, beflockt mit Butterstücken, streicht. Im heißen Ofen backt man den Auflauf 45 Minuten lang bei 180° C. — Sehr heiß mit hellem Bier zu Tisch bringen.

Schlodder-Kappes

1 kg rohe Kartoffeln
700 g Schweinefleisch
1 kg Weißkohl, 1 Teel. Salz
¼ Teel. Pfeffer, ¾ l Bouillon
½ Teel. Kümmelkörner
2 Eßl. Sellerieblätter

Die geschälten Kartoffeln und das Schweinefleisch in gleichgroße Würfel schneiden. Die Kohlblätter vom Kopf ablösen, die dicken Rippen herausschneiden und die Blätter einmal mit kochendem Wasser überbrühen. In einen geräumigen Kochtopf schichtweise Kartoffelwürfel, Kohlblätter und Fleischstücke übereinander legen. Jeweils mit Salz und Pfeffer bestreuen. Mit der Bouillon aufgießen und eine Stunde zugedeckt kochen lassen. Kümmel und gehackte Sellerieblätter kurz vor dem Garwerden dazustreuen. — Dazu, wer es mag, helles Bier und einen Korn trinken!

Labskaus

1 kg Kartoffeln, Salz
4 Salzheringe ohne Gräten
500 g Salzfleisch, ersatzweise Corned Beef, 1 Tasse Rote Beete, sauer eingelegt
2 Gewürzgurken
4 Matjesfilets

Hier ist ein deftiges Gericht von den norddeutschen Küsten, das auf vielfache Art bereitet und traditionell bei Schifferessen gereicht wird. Es ist schnell zubereitet und außerdem nahrhaft. — Kartoffeln kocht man mit Salzwasser zu Brei, gibt gewässerte und geputzte Salzheringe und Salzfleisch dazu, beides durch die feine Scheibe des Fleischwolfes gedreht. Diesen Brei mischt man mit zerschnittenen Roten Beeten und gehackten Gewürzgurken und serviert ihn in Schüsseln, mit einem Matjesfilet garniert.

DEUTSCHLAND

Buntes Huhn auf westfälische Art

Die Bohnenkerne am Vortag mit kaltem Wasser einweichen. Am anderen Tag setzt man sie mit viel Suppengrün, Salz und dem Fleisch aufs Feuer. Die Kochzeit richtet sich nach den Bohnenkernen, doch dürften 90 Minuten genügen. Da dieser Eintopf nicht zu suppig sein darf, setzt man beim Kochen den Deckel nicht auf. In den letzten 30 Minuten kommen die geputzten, gewaschenen und in Streifen geschnittenen Möhren dazu, ebenfalls die in dünne Scheiben geschnittenen Äpfel und Kartoffeln. Wenn alles gar ist, läßt man Speck in der Pfanne aus, bräunt darin die Zwiebelscheiben hellbraun an, streut Mehl darüber und löscht mit Suppenflüssigkeit ab. Mit Salz, Paprikapulver, Essig, Zucker und gekörnter Brühe abschmecken und gut mit den Bohnen vermengen. — In einigen Familien wird auch mit einem Hauch Knoblauch gewürzt.

500 g weiße Bohnenkerne
1 Tasse geschnittenes Suppengrün, Salz
375 g Suppen-Rindfleisch
500 g große Möhren
2 Äpfel, 250 g Kartoffeln
200 g fette Speckwürfel
4 Zwiebeln, 1 Eßl. Mehl
Paprikapulver, 1 Eßl. Essig
2 Teel. Zucker
2 Teel. gekörnte Brühe

Westfälische Bohnenkerne

Die weichen Bohnenkerne aus der pelzigen Hülle schälen und den Keim abzwicken. Mit Wasser und dem ganzen Stück Bauchspeck aufs Feuer setzen und weich kochen. Dazu Salz und eine Petersilienwurzel geben. In einer Kasserolle bereitet man aus Butter und Mehl eine hellbraune Schwitze, die mit gebräunten Zwiebel- und Speckwürfeln ergänzt und mit einem Teil der Kochbrühe gelöscht wird. In diese Sauce kommen nun die Bohnen mit einigen Zweigen Bohnenkraut als Gewürz. Den Bauchspeck in dicke Scheiben schneiden und wieder in das Gericht geben und es mit Salz und etwas Pfeffer abschmecken.

1 kg große Bohnen
250 g Bauchspeck
½ Eßl. Salz
1 Petersilienwurzel
100 g Butter, 50 g Mehl
1 Tasse Zwiebelwürfel
½ Tasse fette Speckwürfel
Bohnenkraut, Salz, Pfeffer

Himmel und Erde

Die Kartoffeln schälen, in dicke Scheiben schneiden und in reichlich Salzwasser weich kochen. Die Äpfel schälen, vierteln, das Kernhaus ausschneiden und in einem zweiten Topf mit Zucker und der Zitronenspirale musig kochen. Das Wasser von den Kartoffeln abgießen und diese zu Mus stampfen. Die Kartoffeln mit den Äpfeln vermischen und die Masse mit einem Schneebesen glatt schlagen. Die Speckwürfel auslassen und die Zwiebelscheiben darin bräunen. Diese kommen dann unter die Apfel-Kartoffelmasse. Nun mit Salz und Pfeffer abschmecken und in einer Schüssel anrichten. Obenauf gebratene Blutwurst in Scheiben oder Frikadellen legen. Auch gebratene Leberstücke aus der Pfanne passen sehr gut dazu.

1 kg rohe Kartoffeln
2 Teel. Salz, 1 kg Äpfel
2 Eßl. Zucker
Schale einer Zitrone
125 g fetten Speck
2 große Zwiebeln, Pfeffer
500 g Blutwurst oder
4 Frikadellen

DEUTSCHLAND

Berliner Kohlrouladen

*1 großer Kopf Weißkohl
Salz, altbackenes Graubrot
Füllung: 250 g Hackfleisch
125 g Schweinemett, 2 geweichte Scheiben Weißbrot
Salz, Pfeffer, 2 Eßl. Speckwürfel — Sauce: 10 Speckscheiben, 250 g geschälte
Tomaten, 1 Tasse saure Sahne
2 Teel. Fleischextrakt, 1 Tasse
Wasser, 1 Eßl. Mehl, Paprikapulver, ½ Tasse Petersilie*

Den Weißkohlkopf um den Strunk herum tief einschneiden und mit dem Stiel nach unten in Salzwasser zusammen mit dem Graubrot ½ Stunde lang kochen lassen. Daraufhin die Blätter vorsichtig von dem Kohlkopf lösen. Aus 3–4 Blättern ein Bett formen, die vermengte Fleischmasse daraufsetzen, fest zurollen und mit Faden umwickeln. In einem breiten Topf die Speckscheiben anbraten, die Rouladen darauflegen und bei kleiner Hitze braun anbraten lassen. Dann Wasser zugeben und zugedeckt 30 Minuten schmoren lassen. Nach 20 Minuten schon die zerschnittenen Tomaten, die saure Sahne und die Mischung aus Fleischextrakt, Wasser und Mehl zufügen. Mit Salz, Pfeffer und Paprikapulver abschmecken Obenauf reichlich gehackte Petersilie streuen. — Dazu schmecken Pellkartoffeln und Bier.

Dicke gefüllte Zwiebeln

*4 ganz große Zwiebeln
250 g Schweinehackfleisch
Salz, Pfeffer, Paprikapulver
1 Eßl. Tomatenmark, 1 Eßl.
Kapern, 1 Teel. Fleischextrakt, 1 Ecke Schmelzkäse
100 g Butter, ¼ l saure
Sahne oder Joghurt*

Die Zwiebeln schälen und das obere Drittel abschneiden. Sie dann mit einem Kartoffel- oder Apfelbohrer bis zur Mitte aushöhlen. Dabei aber die Wände nicht verletzen. Das ausgebohrte Zwiebelfleisch fein wiegen und in einer Kasserolle mit Fleisch, Salz, Pfeffer, Paprikapulver, Tomatenmark, Kapern, Fleischextrakt, Schmelzkäse und Fett rösten, bis eine pastenförmige Masse entsteht. Die Zwiebeln damit füllen und sie in Fett braun braten. Dann saure Sahne oder Joghurt dazugießen und das Gericht im Ofen bei 200°C garen. Das dauert etwa 30 Minuten. — Am besten schmeckt dazu Kartoffelbrei.

Rothenburger Krautbraten

*1 Kopf Butterkohl (Spitzkohl), Salz, 1 Lorbeerblatt
12 dünne Scheiben Bauchspeck, 1 kg Kartoffelscheiben
500 g Hackfleisch, halb Rind
halb Schwein, 1 geweichtes
Brötchen, Pfeffer, Paprikapulver, Kümmelsaat
⅛ l Sahne, 2 Eigelbe
Salz, Pfeffer*

Für diese fränkische Spezialität sollte man den ersten Spätsommer-Butterkohl verwenden. — Den Kopf mit Salz und Lorbeerblatt kochen. Die äußeren, größeren Blätter abschneiden und aufheben. Den Rest des Kopfes in dünne Streifen schneiden. Eine Auflaufform mit dünnen Bauchspeckscheiben auskleiden und die reservierten großen Kohlblätter darauflegen. Darauf rohe oder gekochte Kartoffelscheiben oder Kartoffelbrei, Hackfleisch, mit dem Brötchen und den Gewürzen vermischt, und Kohlstreifen schichten — bis die Form randvoll ist. Die letzte Schicht sind Kartoffelbrei oder -scheiben. Die Sahne-Eigelbmischung mit Salz und Pfeffer würzen und über das Gericht gießen. Im vorgeheizten Ofen diesen Auflauf 45 Minuten lang bakken. — Scheiben von fetter, luftgetrockneter, fränkischer Schinkenwurst eignen sich statt des Hackfleisches ebenfalls gut als Einlage.

DEUTSCHLAND

Grüne Bohnen mit Tomaten

Dieses Gericht ist auch in Deutschland selbst nicht allgemein bekannt. Wer es probiert, dem gefällt es bestimmt. Besonders der leicht säuerliche Geschmack ist sehr apart. — Die grünen Bohnen von den Fäden befreien, waschen und in Stücke brechen. Eventuell kann man auch Brechbohnen aus Dosen nehmen. In einen breiten Kochtopf das Fleisch legen und darauf die Bohnen. Mit soviel Salzwasser aufgießen, daß alles bedeckt ist. Auf kleiner Flamme 1½ Stunden lang kochen. In den letzten Minuten kommen die gehäuteten, zerschnittenen Tomaten dazu. In heißem Fett die Zwiebelscheiben anbräunen, mit Mehl bestäuben, mit Bohnenbrühe ablöschen, alles zu einer Sauce verrühren und damit das kochende Bohnengericht binden. Das Fleisch herausnehmen und in Würfel schneiden. Die Würfel wieder unterrühren und das Gericht mit Salz und Paprikapulver und der sauren Sahne abschmecken. — Dazu gebutterte Pellkartoffeln, in gehackter Petersilie geschwenkt — und Sie haben ein sehr gutes Mittagessen.

500 g grüne Bohnen
500 g Schweinefleisch vom Kamm oder Nacken, Salz
500 g reife Tomaten
80 g Bratfett, 2 Zwiebeln
1 Eßl. Mehl, Paprikapulver
½ Tasse saure Sahne

Beamtenstippe

Dieses schnelle Gericht empfehle ich Ihnen für den Tag Ihres Hausputzes. — In einer Pfanne zerläßt man das Fett, bräunt darin die Zwiebelwürfel an und gibt das gemischte Hackfleisch hinein. Die Fleischklumpen, die sich durch das Braten bilden, zerstößt man in mundgerechte Bissen. Dann stäubt man das Mehl darüber und gibt das Wasser zu, bis unter fleißigem Umrühren eine dickliche Masse entstanden ist. Man schmeckt mit Fleischextrakt, Salz, Pfeffer und Paprikapulver ab. — Am besten passen Pellkartoffeln und aufgeschnittene Gewürzgurken dazu.

50 g Schweineschmalz
50 g Butter, 2 Tassen Zwiebel, 300 g gemischtes Hackfleisch, 1 Eßl. Mehl
½ Tasse Wasser, 1 Teel. Fleischextrakt oder flüssige Würze, Salz, Pfeffer
½ Teel. Paprikapulver

Birnen, Bohnen und Speck

Dieses Gericht ist in Hamburg sehr beliebt. — Die grünen Bohnen mit dem ausgelassenen Speck vermischen und soviel Bouillon dazugießen, daß sie gerade bedeckt sind. Salzen und pfeffern und auf kleiner Flamme 30 Minuten kochen lassen. In einem anderen Topf die halbierten Birnen mit dem Zucker gar kochen. Die Bohnen in einer Schüssel anrichten und die Birnen obenauf legen. — Man reicht dazu Butterkartoffeln oder Pellkartoffeln, in Butter geschwenkt, und trinkt Bier dazu.

500 g junge, grüne Bohnen
250 g frischen Speck
1 l Rindsbouillon
Salz, Pfeffer
300 g geschälte Bergamottebirnen, 1 Eßl. Zucker

DEUTSCHLAND

Graupen und Zwetschgen auf rheinische Art

250 g Graupen
50 g Butter
1 l Wasser, Salz
250 g Backpflaumen oder Zwetschgen
2 Eßl. Zucker

Dieses Gericht ist ein vollwertiges Mittagessen. — Die Graupen mit einem Stück Butter und mit Wasser bedeckt auf kleiner Flamme eine ³/₄ Stunde kochen lassen. Etwas Salz zufügen. Nach dieser Zeit kommen die schon am Vorabend eingeweichten Backpflaumen und der Zucker dazu. Alles zusammen noch weitere 20 Minuten kochen lassen. Den Deckel dabei abnehmen, damit die Flüssigkeit verdampfen kann. Nach Bedarf das Einweichwasser des Backobstes dazuschütten. Der Brei soll nur so flüssig sein, daß man ihn noch mit der Gabel essen kann. — Kalter Braten oder gekochter Schinken und Bier passen am besten dazu. — Verwendet man frische Zwetschgen, so werden diese entsteint und roh in die kochenden Graupen gegeben, wo sie nur wenige Minuten gar ziehen sollen!

Schwarzwurzeln auf badische Art gebacken

1 kg Schwarzwurzeln
1 Eßl. Mehl, 1 Eßl. Essig
½ l Bouillon, 2 Eßl. Mehl
2 Eßl. Butter oder Margarine, 50 g Mehl
½ Päckchen Backpulver
Wasser, Prise Salz
Mehl zum Wälzen
Fett zum Backen

Die geputzten Wurzeln sofort wieder in Wasser, das mit Mehl und Essig versetzt ist, legen, damit die Stangen weiß bleiben. Diese dann in einer weißen Suppe aus Bouillon und heller Mehlschwitze in etwa 10 Minuten weich kochen. Die Stangen danach herausholen und sie in Stücke von 5 cm Länge zerschneiden. Aus Mehl, Backpulver, Wasser und Salz einen dickflüssigen Teig bereiten. Die Schwarzwurzelstücke in Mehl drehen, dann auf eine Gabel spießen und durch den Backteig ziehen und sie schwimmend in tiefem Fett backen. Sie sollen goldbraun werden. — Diese Stücke schmecken ausgezeichnet zu Rumpsteaks oder Schweinebraten mit Salaten.

Westfälischer Jägerkohl

200 g Bauchspeckwürfel
4 Zwiebeln
3 Eßl. Weißwein
2 mürbe Äpfel, Salz
200 g gekochten Weißkohl
1 Eßl. Mehl
½ Tasse Bouillon, Pfeffer
1 Teel. Fleischextrakt

In einem Schmortopf läßt man Speck aus und bräunt darin die Zwiebelwürfel an. Dazu kommen Weißwein, Apfelscheiben und Salz. Gut umrühren! Dann gibt man den in feine Streifen geschnittenen Weißkohl dazu und dünstet unter Umrühren weitere 30 Minuten. Zum Schluß Mehl darüberstäuben und mit Bouillon angießen, bis eine sämige, helle Sauce entstanden ist. Diese mit Salz, Pfeffer und Fleischextrakt würzen. Das Gericht soll leicht säuerlich schmecken. — Dazu einen Braten oder gekochtes Schweinefleisch und Kartoffelpüree reichen.

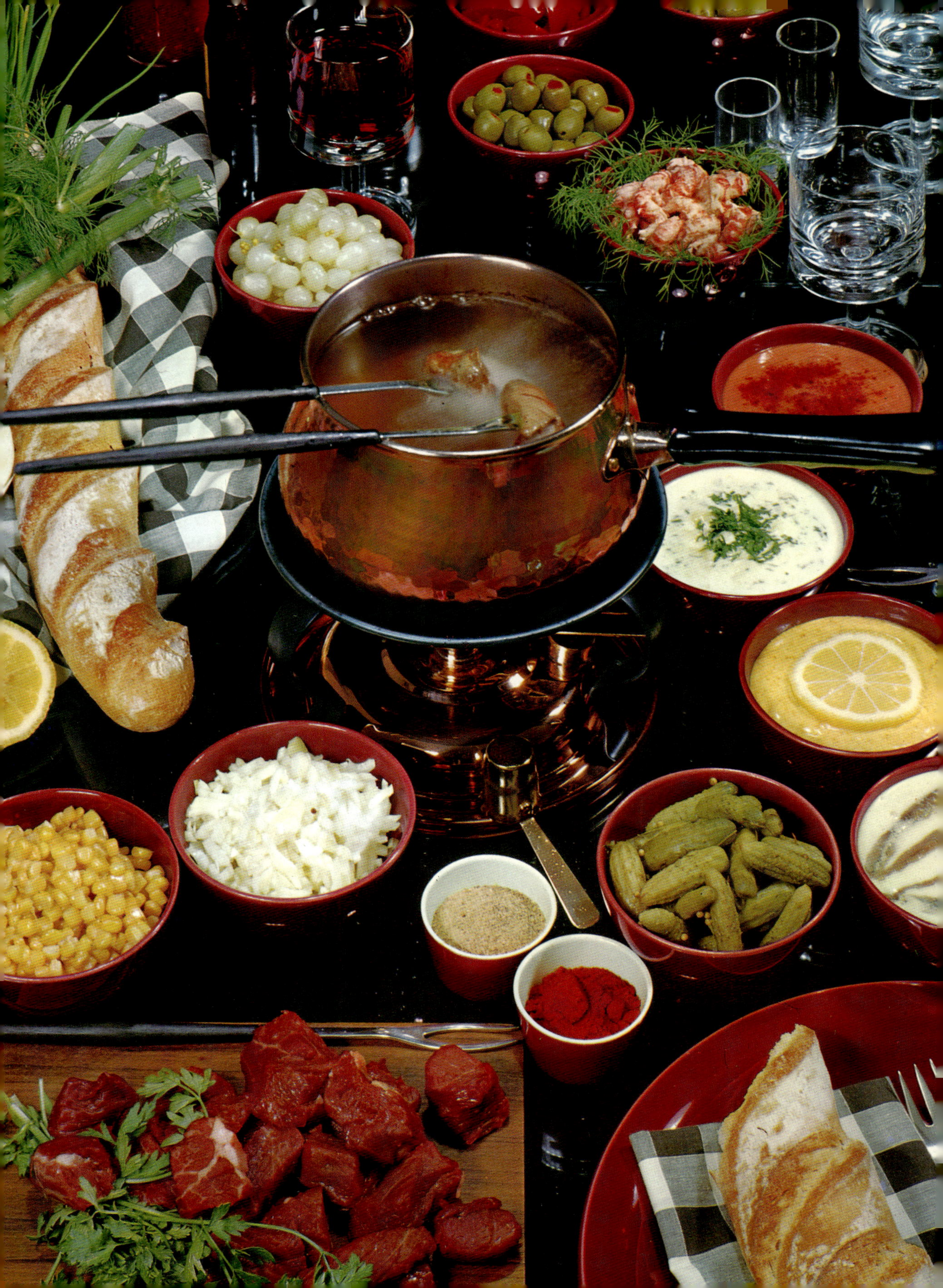

FONDUE BOURGUIGNONNE

Rohe Fleischstücke am Spieß zu rösten, dürfte zu den allerfrühesten Zubereitungsweisen gehören. Aus dem Ur- und Bärenwild ist inzwischen domestiziertes und gemästetes Rindvieh geworden; aus dem Holzstab ein Stahlspieß mit zierlichem Griff: und aus der Holzglut wurde – zumindest für diese Fondue – ein heißes Fettbad. Zu den gerösteten Fleischstücken serviert man heute säuerliche, fruchtige, pikante und kräuteraromatische Saucen. Oder Pfeffergürkchen, Essiggemüse, Maiskörner und Miniaturmaiskölbchen, Perlzwiebeln oder gefüllte grüne Oliven. Diese Burgunder Fondue ist ein Gericht für Individualisten, und man genießt sie am besten unter Freunden und mit Freunden. Man sitzt im Kreis um den Fettkessel und taucht mit der Gabel ein Stück rohes Fleisch in das heiße Bad und danach heiß und tropfend in eine der würzigen Saucen. Dort geschieht die Verwandlung des Fleischbrockens in eine gewürzte, geschmackvolle Delikatesse. Dazu trinken Sie Bier oder einen satten vollmundigen Rotwein aus Burgund, einen Chevrey Chambertin oder einen noch volleren Macon oder Beaujolais.

Rezept auf Seite 111

DEUTSCHLAND

Braunkohl auf Braunschweiger Art

Braunkohl wird erst nach dem ersten Frost geerntet, weil dann der strenge Geschmack gemildert ist und die Blätter durch den Frost weicher und damit bekömmlicher werden. Auf dem Lande verbindet man dieses Braunkohlessen mit dem Schlachtfest. An diesem Tag hat man fette Bouillon vom Kochen der Würste, und diese ist für ein gutes Braunkohlgericht das Wichtigste. In diesem Rezept habe ich durchwachsenes Schweinefleisch angegeben, das vollkommen zerkochen soll. — Die Kohlblätter zuerst von den dicksten Rippen abstreifen, mehrere Male gründlich waschen, mit kochendem Wasser überbrühen und mit dem Wiegemesser grob zerschneiden. Zusammen mit dem zerkleinerten Fleisch und nicht zuviel Wasser aufs Feuer setzen. In etwa 1½ Stunden ist der Kohl gar — aber bitte unbedingt probieren, ob er wirklich schon gar ist. Mit Salz und Pfeffer abschmecken. Die verbliebene Flüssigkeit sollte man nicht mit Grütze oder Haferflocken binden, wie das oft geschieht. Der Kohlgeschmack leidet darunter. — Wer den Kohl gebunden haben möchte, dem empfehle ich, eine rohe Kartoffel daranzureiben und noch einmal unter Umrühren aufkochen zu lassen. Auf jeden Fall schmeckt eine geriebene Zwiebel gut an dem Kohl. In der Bremer Gegend läßt man eine kleine Schinkenwurst mitkochen, den sogenannten »Pinkel«. In meiner Braunschweiger Heimat läßt man eine kranzförmige sogenannte »Brägenwurst« mit heiß werden, die in dicke Scheiben geschnitten wird. — Zu Braunkohl passen am besten Salzkartoffeln.

1 kg Braunkohl (Grünkohl)
500 g fettes Schweinefleisch (Nacken, Rippe)
Salz, Pfeffer, Kochwurst

Gurken mit Tomaten und Zwiebeln

Ein Gemüseeintopf, der ganz besonders apart schmeckt. Die Fleischzugabe spielt dabei keine wesentliche Rolle. — Die Tomaten auf einer Seite einritzen, mit kochendem Wasser brühen und die Haut abziehen. Die Gurken dick abschälen, halbieren, die Kerne mit einem Löffel auskratzen und das Gurkenfleisch in längliche, nicht zu dünne Streifen schneiden. Die kleinen Zwiebelchen nur schälen. Im zerlassenen Fett den Zucker leicht karamelisieren und darin Gurken und Zwiebeln glasig dünsten. Schließlich Tomaten, Bouillon und Bauchspeckwürfel dazugeben und das Gericht zugedeckt 10 Minuten lang garen lassen. Während der Zeit öfter umrühren und die Flamme recht klein stellen. Zum Schluß den Geschmack mit etwas saurer Sahne, Salz, gekörnter Brühe und schließlich gehackter Petersilie abrunden. — Als Beilage passen Butterkartoffeln oder Kartoffelschaum und Frikandellen.

500 g Tomaten
1 große Gemüsegurke
250 g Zwiebelchen (Perlzwiebeln)
70 g Butter oder Margarine
2 Eßl. Zucker
½ Tasse Bouillon
½ Tasse feine Bauchspeckwürfel, 2 Eßl. saure Sahne
etwas Salz
1 Teel. gekörnte Brühe
2 Eßl. gehackte Petersilie

Glasierte Rübchen auf bayerische Art

*750 g gelbe oder Teltower Rübchen, 40 g Butter oder Margarine
1½ Eßl. Zucker, 1 l Bouillon Mehl, Prise Salz
Prise Pfeffer*

Die zarten Rübchen waschen, putzen und, wenn sie zu dick sein sollten, einmal durchschneiden. In einem breiten Topf zerläßt man die Butter, schüttet den Zucker dazu und läßt unter stetem Umrühren mit einem Holzlöffel hellbraunen Karamel entstehen. Dazu schüttet man die Rübchen und röstet sie etwa 5 Minuten, bis sie eine bräunliche Farbe annehmen. Dann soviel Bouillon aufgießen, daß das Gemüse zur Hälfte bedeckt ist. Auf kleiner Flamme 15 Minuten kochen lassen. Mehl mit Wasser anrühren und damit die Sauce leicht binden. Als Gewürz eine Prise Salz und Pfeffer. — Ich wandle dieses Originalrezept etwas ab, und zwar koche ich ein Stück Schweinenacken etwa eine Stunde lang, schneide dann das Fleisch in Würfel und schütte es mit der Bouillon zu den Rübchen. — Dazu schmecken gebutterte, neue Petersilienkartoffeln und ein Glas Frankenwein.

Überbackener Blumenkohl nach Rastätter Art

*1 großer Blumenkohl, Salz
500 g Kartoffeln
1 Tasse Zwiebelwürfel
75 g Butter oder Margarine
2 Eßl. Mehl, 1 Tasse Milch
1 Eßl. gekörnte Brühe in einer Tasse Wasser gelöst
1 Teel. Paprikapulver
4 Eßl. Sahne, 2 Eigelbe
Butter oder Margarine
125 g gekochten Schinken
1 Bund Petersilie, grob zerzupft, 1 Tasse gerieb. Käse*

Den Blumenkohl in Salzwasser vorkochen, dann abgießen. Die Kartoffeln kochen, schälen und in dicke Scheiben schneiden. Nun die Sauce bereiten: Die Zwiebelwürfel in Butter hellbraun andünsten, mit Mehl stäuben, mit Milch ablöschen, mit Salz, gekörnter Brühe und Paprikapulver würzen und mit Sahne und Eigelben verfeinern. Den Blumenkohl in die Mitte einer hochwandigen, mit Fett ausgestrichenen Auflaufform legen, darum herum die Kartoffelscheiben, Schinkenwürfel und Petersilie. Alles mit der Sauce übergießen, mit Käse bestreuen und im heißen Ofen überbacken. Dazu empfehle ich Ihnen Badener Weißwein, vielleicht einen Ruländer. — Dieses Gericht ist schnell bereitet und eignet sich für Arbeitstage, wenn Sie keine große Geduld für das Kochen haben. Auch können Sie die Zusammensetzung der Zutaten ändern, so lassen sich zum Beispiel Braten- und Geflügelreste gut verwenden.

Stielmus mit Frikandellen

*1 kg Mairübchen (gelbe Rübchen), 40 g Schweineschmalz, 30 g Butter, 1 Eßl. Mehl, ¼ l Milch, Salz Pfeffer, Prise Muskatnuß
1 Teel. gekörnte Brühe*

Die jungen Mairübchen (Stiele) waschen, in 5 cm lange Stücke schneiden und in Schweineschmalz und etwas Wasser andünsten. Inzwischen bereitet man eine Mehlschwitze, die man mit Milch ablöscht und mit Salz, Pfeffer, Muskatnuß und eventuell auch mit gekörnter Brühe würzt. Die helle Sauce über das Gemüse gießen und mit gebutterten Salzkartoffeln und Frikandellen servieren.

DEUTSCHLAND

Bayreuther Bauchstecherle

Die am Vortag gekochten Kartoffeln schälen und auf einer Gitterreibe reiben, mit Grieß, Mehl und Milch gut vermischen und mit etwas Salz würzen. Man formt aus dieser Masse kleine, flache Kuchen, die in heißem Öl beidseitig braun gebraten werden. — Man ißt diese Küchlein zum Fleisch oder abends nur zu gemischten Salaten. Sie passen ebenfalls zu geschmorten Trockenfrüchten, die Kinder besonders gern essen.

500 g Kartoffeln, 1 Eßl. Grieß
1 Eßl. Mehl, 3 Eßl. Milch
Salz, Öl zum Braten

Bechamelkartoffeln

Die gewaschenen Kartoffeln in der Schale kochen. Sie sollen weich sein, aber nicht zerfallen. Abgießen und die Haut abziehen. In einem Topf die Butter zerlassen, das Mehl hineinrühren und nach und nach soviel Wasser dazufügen, bis eine sämige Sauce entstanden ist. Dabei immer mit dem Schneebesen schlagen. Eigentlich wird die echte Bechamelsauce mit Milch aufgegossen, aber für dieses Kartoffelgericht versetze ich lieber die mit Wasser aufgegossene Sauce zusätzlich mit saurer Sahne. Mit Salz, Paprikapulver, etwas Muskatnuß, Fleischextrakt, Schnittlauch, Zitronenmelisse und Dill abschmecken. In die heiße Sauce schneidet man die noch warmen Kartoffeln in Scheiben hinein. — Dazu passen gekochte Schinkenwurstscheiben oder gepökelte Rinderbrust, aber auch hartgekochte Eier ausgezeichnet.

1 kg Kartoffeln, 100 g Butter
1 gehäuften Eßl. Mehl
¼ l saure Sahne, 1 Teel. Salz
½ Teel. Paprikapulver
Muskatnuß
1 Teel. Fleischextrakt
1 Eßl. geschnittenen Schnittlauch
1 Eßl. geschnittene Zitronenmelisse
½ Eßl. geschnittenen Dill

Leineweber aus dem Rheinland

Zuerst rührt man Mehl in das Wasser, bis eine dickliche Masse entstanden ist, dann Eier, Salz, Pfeffer und Muskatnuß dazu. Man erhitzt das Fett in der Pfanne, belegt den Boden mit dicken Kartoffelscheiben, übergießt sie mit dem Pfannkuchenteig und backt ihn auf beiden Seiten goldbraun. Das ist das Grundrezept. — Ich streue noch gekochte Schinkenwürfel zwischen die Kartoffelscheiben und versetze den flüssigen Teig mit Fleischextrakt. Auch eine Prise Knoblauchsalz in dem Teig macht das Gericht schmackhafter. — Dazu ist man am besten grünen Salat.

4 Eßl. Mehl, 8 Eßl. Wasser
4 Eier, Salz, Pfeffer
Muskatnuß
Margarine
8 große, gekochte, geschälte Kartoffeln

Rheinische Potthucke

Die rohen Kartoffeln reiben oder im Mixer, gleich mit Milch, Eiern und Salz, zerkleinern. Die gekochten Kartoffeln mit der Gitterreibe reiben und beides gründlich vermengen, zusammen mit Eiern, Salz und Milch. Die Masse füllt man in eine gebutterte Auflaufform, bestückt sie mit Butterflocken und backt den Auflauf bei 180° C im Ofen etwa 45 Minuten

250 g rohe Kartoffeln
750 g gekochte Kartoffeln
3 Eier
1 Teel. Salz
3 Eßl. Milch

DEUTSCHLAND

Margarine für die Form
50 g Butterflocken
Öl zum Braten

lang. Hierauf stürzen und nach dem Erkalten in dicke Scheiben schneiden und diese in heißem Öl knusprig braten. — Man ißt Salat und Schinken dazu. — Sie können auch den warmen Auflauf in Scheiben schneiden, diese mit Tomatensauce übergießen und ebenfalls mit Kopfsalat servieren.

Gebackene grüne Klöße

1½ kg rohe Kartoffeln
¼ l Buttermilch
500 g gekochte Kartoffeln
Salz, Muskatnuß, Mehl
125 g Backfett

Die geschälten, rohen Kartoffeln reiben und in einem Leinentuch ausdrücken. Die trockenen Kartoffelraspeln in eine breite Schale geben, mit Buttermilch übergießen und die gekochten Kartoffeln dazureiben. Alles gründlich zusammenmengen und mit Salz und geriebener Muskatnuß abschmecken. Mit einem Löffel Klöße abstechen und sie mit gemehlten Händen rund formen. Wer will, kann in die Mitte noch getoastete Weißbrotwürfel stecken. Die Klöße in einer Pfanne mit heißem Fett beidseitig braun braten. — Man ißt sie zu Schweinebraten mit Rotkohl oder Sauerkraut.

Sächsische Griegeniffte

1 kg große Kartoffeln
zum Reiben
500 g Kartoffeln für Brei
½ l Milch, Salz

Die geschälten, rohen Kartoffeln reiben. Die Masse in ein Tuch füllen und sehr fest ausdrücken. Die Kartoffeln müssen ganz trocken sein. In Sachsen und Thüringen hat man dafür eigene Holzpressen. — Das auslaufende Wasser bitte aufheben. Darin setzt sich später die Stärke der Kartoffeln ab. Aus den anderen geschälten Kartoffeln einen Brei kochen und darin Milch und Salz verrühren. Die rohe Kartoffelmasse mit den Händen auseinanderzupfen, die abgesetzte Stärke des Kartoffelwassers ohne Wasser dazugeben und den kochend heißen Kartoffelbrei darunterziehen. Tüchtig rühren, damit der heiße Brei die rohe Stärke schon jetzt zum großen Teil bindet. Aus dieser Masse faustgroße Kugeln formen und diese in schwach gesalzenem Wasser bei mittlerer Temperatur langsam durchziehen lassen. Sie sind gar, wenn sie an die Wasseroberfläche kommen. — Man reicht sie als Beilage zu Sauerbraten, Wildschmorgerichten usw.

Kartoffelpuffer auf rheinische Art

1 kg große Kartoffeln
1 große Zwiebel, 2 Eier
Salz, Öl zum Backen

Die geschälten, rohen Kartoffeln reiben, ebenso die rohe Zwiebel. Die Kartoffelmasse mit der Zwiebel, den Eiern und Salz mischen. Einen Teil der flüssigen Masse (je dünner die Puffer werden, desto besser schmecken sie) in die Pfanne geben, oben glattstreichen und die Puffer auf beiden Seiten goldbraun backen. Man ißt sie pfannenheiß, entweder mit Apfelmus oder mit Bohnensalat. Trockenes, dunkles Brot ist dazu bekömmlich, es saugt das reichliche Fett auf. Außerdem empfehle ich Ihnen, dazu eine Tasse Bohnenkaffee zu trinken.

DEUTSCHLAND

Spätzle aus Schwaben

Was dem Norddeutschen die Kartoffeln und dem Italiener die Spaghetti, das sind dem Süddeutschen die Spätzle. — Nachdem man alle Zutaten zusammengerührt hat, wird der Teig geschlagen, bis er Blasen wirft. Das geht mit einem elektrischen Küchenquirl sehr schnell. In Schwaben benutzt man Spätzlesieb und Spätzlepresse, durch die der Teig sofort in einen Topf mit kochendem Wasser getropft wird. In anderen Gegenden wird der Spätzleteig von dem Brett mit dem Messer in feinen, kleinen Streifen in das kochende Salzwasser geschabt. Sobald die Spätzle an die Oberfläche kommen, sind sie gar und werden mit einer Schaumkelle herausgeschöpft. Man legt sie in eine vorgewärmte Schüssel und übergießt sie mit Bröseln, die in heißer Butter hell angeröstet wurden. — Zu Spätzle ißt man Saucengerichte, wie Gulasch oder Rouladen.

500 g Mehl, 4 Eier, Salz
Wasser oder Milch, bis der
Teig »gebunden« ist

Zum Spätzle-Grundrezept gebe ich Ihnen hier einige Vorschläge für Variationen:

Spinatspätzle: 250 g gekochten, feingewiegten Spinat mischt man zu den Spätzlezutaten anstelle des Wassers.

Krautspätzle: 250 g gekochtes Sauerkraut und die fertigen Spätzle legt man schichtweise in eine Schüssel und übergießt mit heißem Schmalz, ausgelassenen Speck oder brauner Butter.

Schinkenspätzle: 100 g feingewiegten, rohen Schinken mit fertigen Spätzle mischen.

Pilzspätzle: 150 g Pilze mit gehackter Petersilie kurz in Butter andünsten, dann feinwiegen und zum Grundteig mischen.

Tomatenspätzle: 2 Eßlöffel Tomatenmark zum Grundteig, mit entsprechend weniger Wasser, kneten.

Leberspätzle: Diese Spätzleart ist eine Suppeneinlage. Der Teig dafür wird aus den nebenstehenden Zutaten bereitet. Durch ein Spatzensieb drückt man die Masse in die kochende Suppe.

375 g Mehl, 150 g durch-
gedrehte Leber
Salz, 3 Eier
1 Eßl. gehackte Petersilie
1 Prise Majoran
etwas Wasser

Allgäuer Käsespatzen

Eine nahrhafte Abwandlung des Spätzlerezeptes sind diese Käsespatzen aus dem Allgäu. — Mehl, Salz, Eier und Wasser werden gut zusammengeschlagen, bis ein geschmeidiger Teig entsteht. Diesen schabt man entweder tropfenweise vom Brett in kochendes Wasser oder man benützt dazu einen Spatzenhobel. Sobald sie im Wasser hochkommen, holt man sie mit der Schaumkelle heraus und legt sie in eine große Schüssel, abwechselnd mit dem geriebenen Käse. Die zerlassene Butter gießt man zuletzt darüber; eventuell noch in Butter braungeröstete Zwiebelringe darüberstreuen. — Man braucht dazu keinen Braten, ein herzhafter Salat genügt vollkommen.

500 g Mehl
Prise Salz, 5 Eier
Wasser, soviel der Teig auf-
nimmt, 200 g geriebenen
Emmentaler, 100 g Butter
oder Margarine

DEUTSCHLAND

Göttinger Speckkuchen

1 kg Brotteig oder Hefeteig
Belag:
1 l saure Sahne, 5 Eier
250 g Speck, 250 g Zwiebel
1 Eßl. Kümmel, Salz

Wenn man keinen Brotteig vom Bäcker bekommen kann, bereitet man einen Hefeteig, wie er unter dem Rezept »Westfälischer Butterkuchen« beschrieben ist. — Man rollt den Teig messerrückendick aus, legt ihn auf ein gemehltes Backblech und drückt einen hohen Rand daran. Auf den Boden gießt man die saure Sahne, die mit den Eiern verquirlt ist. Darauf kommen die feinen Speck- und Zwiebelwürfel, der Kümmel und das Salz. Den Teig noch einmal gehen lassen und dann bei starker Hitze (etwa 220°C) im vorgeheizten Ofen rasch backen. Der Kuchenbelag muß dabei goldbraun werden. Den Speckkuchen in Streifen schneiden und zum Beispiel abends zum Bier oder ofenheiß zu Kartoffelsuppe essen.

Lindenberger Käseküchli

1 kg mageren Quark
100 g Butter, Salz
Selleriesalz
1 Teel. gewiegten Kümmel
1/2 geriebene Zitronenschale
2 Eßl. Sahne, 2 Eßl. Mehl
2 Eßl. gewiegte Petersilie
4 Eier
Butter oder Margarine

Es gibt zwei Möglichkeiten: entweder man zieht die Quarkmasse unter einen Brandteig oder man mischt unter den Quark etwas Mehl. Letztere Art erschien mir immer als die bessere, weil die Küchli saftiger aus der Pfanne kamen. — Also, den Quark mit einer Spachtel durch ein Haarsieb drücken und darunter schaumig gerührte Butter, Salz, Selleriesalz, Kümmel, abgeriebene Zitronenschale, Sahne, Mehl und gewiegte Petersilie mischen; zuletzt die vorher verquirlten Eier. Mit Mehl zwischen den flachen Händen kleine, flache Küchli daraus formen und diese mit Fett in der Pfanne goldbraun braten. — Dazu Kopfsalat reichen und einen Weißwein aus Franken.

Gekümmelter Schmelzkäsekuchen

75 g Butter oder Margarine
12 Scheiben Weiß-Toastbrot
ohne Rinde
2 Eßl. Kümmelkörner
1/2 l Milch
5 Schmelzkäse-Ecken
Salz, Paprikapulver

Eine flache, feuerfeste Glasform mit Fett ausstreichen, dicht mit Weißbrotscheiben auslegen und den Kümmel daraufstreuen. Die Brotscheiben nun mit nur soviel Milch anfeuchten, wie sie gerade aufnehmen können. Die restliche Milch in einer Kasserolle erhitzen, wieder vom Feuer nehmen und die zerpflückten Schmelzkäseecken, Salz und Paprikapulver darin verrühren. Es soll eine dickliche Käsecreme entstehen, die auf die Brotscheiben gegossen wird. Die Form nun in den vorgeheizten Ofen (180°C) schieben. Nach etwa 25 Minuten hat der Kuchen eine goldbraune Kruste und ist fertig. In Portionsstücke zerschneiden und noch warm essen. — Ein netter Imbiß für einen Herren-Trinkabend. Die Brotscheiben können Sie auch auf ein gebuttertes Backblech legen, wenn Sie einen richtigen Plattenkuchen vorziehen.

DEUTSCHLAND

Frankfurter Bettelmann

Ein gutes Rezept, altes Brot zu verwenden, ist dieser Bettelmann. Wie schon der Name verrät: billig und nicht fett, dabei aber von gutem Geschmack. — Man röstet die Brotscheiben im Ofen oder oben in der Pfanne und zerreibt sie dann zu feinen Bröseln. Dazu gießt man den Apfelwein, nur soviel, daß die Masse nicht suppig wird. In eine gut ausgebutterte Auflaufform legt man abwechselnd die Brotmasse, Apfelscheiben, mit Zucker und Zimt bestreut, und Rosinen; zum Schluß noch einen Rest Brotkrumen und Butterflocken. Dann im Ofen ¾ Stunde bei mittlerer Hitze backen lassen. — Mit Vanillesauce schmeckt der Bettelmann am besten.

350 g altes Graubrot
½ l Apfelwein
25 g Margarine
1 kg mürbe Äpfel
5 Eßl. Zucker
1 Teel. gemahlenen Zimt
3 Eßl. Rosinen
25 g Butterflocken

Bayerischer Apfelstrudel

Der Strudelteig ist ganz einfach zu bereiten, er muß nur gut durchgeknetet werden. Und zum Ausziehen des Teiges zu papierdünnen, durchsichtigen Fladen muß man etwas Geduld aufbringen. Das Ausziehen ist aber nicht gar so schwierig, wie man allgemein annimmt. — Die tüchtig verkneteten Zutaten ergeben einen festen, geschmeidigen Teig, den man eine halbe Stunde ruhen läßt. Danach rollt man ihn auf einem gemehlten Tuch so dünn wie möglich aus. Dann zieht man ihn behutsam aus, gleichmäßig von allen Seiten her, bis er die gewünschte Dünne hat. Nun kommt die Füllung: man streicht Butter dünn darauf, streut Semmelbrösel darüber und verteilt dann die Äpfel mit Rum, Zucker, Zimt, Mandeln und Korinthen gleichmäßig auf dem Teig, nur ein kurzes Stück bleibt für den Überschlag frei; es wird aber auch mit Butter bestrichen. Den Strudelteig hebt man mit Hilfe des Tuches hoch und formt vorsichtig eine Rolle, die man in eine Ofenpfanne legt und oben nochmals mit zerlassener Butter bestreicht und etwa 45 Minuten im heißen Ofen backen läßt. Zwischendurch können Sie noch Zuckerwasser oder Milch darüber streichen. — Statt Apfelscheiben werden auch Kirschen oder Zwetschgen für die Füllung genommen.

Teig:
250 g Mehl, 1 Eßl. Öl, 1 Ei
6 Eßl. warmes Wasser, Salz
Füllung:
flüssige Butter
2 Eßl. Semmelbrösel
750 g dünne Apfelscheiben
1 Eßl. Rum
2 Eßl. Zucker
Messerspitze Zimt
2 Eßl. geriebene Mandeln
2 Eßl. Korinthen
flüssige Butter für die Oberfläche

Kerscheplotzer aus der Pfalz

Das geschnittene Weißbrot mit der heißen Milch übergießen. Die Eigelbe mit der angewärmten Butter und dem Zucker schaumig rühren; dazu kommen die Gewürze und das Weißbrot, dann die Kirschen, die grobgehackten Mandeln oder Walnüsse und zuletzt der steifgeschlagene Eierschnee. Eine Auflaufform mit Butter ausstreichen und die lockere Masse hineinfüllen. Den Kuchen bei 190° C im Ofen backen. Bei genügendem Vorheizen reichen 30—40 Minuten. Sollte die Oberfläche zu braun werden, muß sie abgedeckt werden.

8—10 alte Brötchen
½ l Milch, 4 Eier
125 g Butter, 4 Eßl. Zucker
1 Päckchen Vanillezucker
Messerspitze Zimt, gemahlen
500 g Sauerkirschen mit Kern, 100 g Mandeln oder Walnüsse, Butter

DEUTSCHLAND

Rüdesheimer Apfelauflauf

1 l Milch, 1 Prise Salz
50 g Butter, 4 Eßl. Zucker
1 Päckchen Vanillezucker
125 g Grieß, 1 kg Äpfel
1 Glas Weißwein, Saft einer Zitrone, 50 g gequollene, gewiegte Sultaninen, 4 Eßl. Zucker, 4 Eßl. Sahne
4 Eigelbe, 4 Eiweiß
Butter oder Margarine

Einen Brei aus Milch, Salz, Butter, Zucker, Vanillezucker und Grieß kochen. Grieß braucht etwa 10 Minuten, um auf kleiner Flamme ganz aufquellen zu können. Die Äpfel schälen und in feine Scheiben schneiden. Darüber Weißwein und Zitronensaft gießen und Sultaninen und Zucker darüberstreuen. Den abgekühlten Grießbrei mit Sahne, Eigelben, steifem Eischnee und den Apfelspalten vermischen. Diese Masse in eine gebutterte, feuerfeste Auflaufform füllen und bei 180°C etwa 40 Minuten im Ofen backen. Den fertigen Auflauf noch mit Zimtzucker bestreuen. — So gemischt schmeckt der Auflauf am besten. — Sie können ihn aber auch lagenweise einschichten und sogar eine Schicht geweichte Weißbrotscheiben, mit Rum beträufelt, einsetzen.

Pommerscher Semmelpudding

125 g Butter, 2 Eßl. Zucker
6 Eier, 250 g Semmelmehl
¼ l Milch, 125 g Rosinen
125 g Korinthen
125 g Mandeln
1 Weinglas Rum
Butter für die Form
Rum zum Begießen
Sauce:
4 Eier, 2 Teel. Stärkemehl
200 g Zucker
2 Glas Weißwein
Saft einer halben Zitrone

Butter mit Zucker und den Eigelben schaumig schlagen. Dazu kommt nach und nach das Semmelmehl und die Milch. So lange rühren, bis das Semmelmehl die Flüssigkeit ganz aufgesogen hat. Nun die geschnittenen und vorgequollenen Trockenfrüchte, die geriebenen oder feingewiegten Mandeln, das steifgeschlagene Eiweiß und zuletzt den Rum dazugeben. Diese Masse schnell in eine gebutterte Auflaufform oder in eine Metallpuddingform mit Deckel füllen und im Ofen bzw. Wasserbad eine Stunde lang backen oder kochen. Den Pudding noch warm auf einen großen Teller stürzen und mit Rum übergießen. Dazu gehört eine Weißweinsauce, die in einer hochwandigen Kasserolle aus Eiern, Stärkemehl, Zucker, Weißwein und Zitronensaft durch kräftiges Schlagen auf kleiner Flamme zubereitet wird. Sobald der Schaum im Topf anzusteigen beginnt, sofort vom Feuer nehmen, aber noch eine Minute lang weiter schlagen, weil der Topfboden Hitze speichert, die die Sauce gerinnen lassen würde.

Kabinettpudding

350 g Kuchenreste (Kekse Tortenböden, Biskuits)
2 Eßl. Zucker, ½ Eßl. Wasser
1 Eßl. Rum, 50 g geweichte Rosinen, 50 g Zitronat
50 g Mandeln
Fett für die Form
Guß: 3 Eier, 4 Eßl. Zucker
½ l Milch

Das Backwerk mit einer Zuckerlösung und Rum anfeuchten, zerdrücken und rühren, bis ein lockerer Teig entsteht. Diesen mit Rosinen und geschnittenem Zitronat vermischen, ferner mit den abgezogenen, gehackten Mandeln. Eine Kastenform mit Fett ausstreichen und die Masse einfüllen. Für den Guß die Eier mit Zucker und Milch verquirlen und über den Teig gießen. Die Kastenform auf ein Blech oder in eine Pfanne stellen, in die etwas Wasser gefüllt werden kann. So gart der Pudding in feuchter Hitze; etwa 45 - 60 Minuten sind dafür nötig. Ihn noch warm stürzen und mit Fruchtsauce aus Himbeermark oder rotem Johannisbeergelee servieren.

DEUTSCHLAND

Berliner Sahneplinsen

Sie sind ein leckerer Nachtisch; da sie aber sehr sättigen, auch eine ganze Abendmahlzeit. — Man verrührt das Stärkemehl mit zwei Eßlöffeln Wasser, gibt Eigelbe, Sahne, Salz und Zucker dazu und schlägt den Teig mit einem Schneebesen glatt. Wenn es soweit ist, zieht man den steifen Eischnee unter. In einer Stielpfanne backt man nacheinander vier flache Plinsen (Eierkuchen) auf beiden Seiten goldbraun, bestreut sie mit Zimt und Zucker und serviert sie mit Preiselbeerkonfitüre. Auch Sauerkirschen- oder Erdbeerkonfitüre schmeckt dazu sehr gut. Mit einem Klecks Schlagsahne die Plinsen verzieren.

70 g Stärkemehl, 4 Eier
¼ l saure Sahne, ½ Eßl. Salz
1 Eßl. Zucker
¼ Teel. gemahlenen Zimt
Butter oder Margarine
4 Eßl. Konfitüre

Mecklenburgische Klöße und Birnen

Die Butter mit Sahne und Eiern schaumig rühren und mit Salz und geriebener Muskatnuß würzen. Dazu gibt man unter ständigem Rühren die Brösel. Sollte der Teig zu fest werden, muß man ihn mit etwas Wasser verdünnen. Mit einem Eßlöffel sticht man davon nicht zu große Klöße ab, die man in kochendem Wasser garen läßt. Nach 7 Minuten holt man sie mit einer Schaumkelle heraus. Die Birnen schälen, in Hälften schneiden, das Kernhaus entfernen und in viel Wasser mit Zucker und Zitronensaft weich kochen. Das Kochwasser mit dem angerührten Stärkemehl leicht binden und die Klöße und Birnen hineinlegen. — Heiß oder kalt sind die Klöße und Birnen ein guter Nachtisch oder eine Erfrischung am Abend.

Klöße:
125 g Butter, 2 Eßl. Sahne
2 Eier, ½ Teel. Salz
Muskatnuß, 4 Eßl. Zwieback
oder Semmelbrösel
Birnen:
1 kg reife Birnen
1½ l Wasser, 3 Eßl. Zucker
Saft einer Zitrone
1 Eßl. Stärkemehl

Birnen im Teig

Die Birnen schälen, halbieren, das Kernhaus entfernen und die Hälften in reichlich Wasser, zusammen mit dem Zucker und der Zitronenschalenspirale weich kochen. Währenddessen eine Auflaufform mit Butter ausstreichen, die Seiten und den Boden mit Speckscheiben belegen und darauf die abgetropften Birnenhälften mit dem Rücken nach oben legen. Für den Teig die Eigelbe mit dem Zucker schaumig schlagen. Darunter kommt das mit dem Backpulver vermischte Mehl, Milch und Vanillezucker. Unter die glattgerührte Masse die steifgeschlagenen Eiweiße unterziehen und diesen Teig über die Birnenhälften gießen. Bei 200° C im Ofen 45 Minuten lang backen. Sollte die Teigoberfläche zu dunkel werden, dann mit Pergamentpapier abdecken. Das Birnenkochwasser noch einmal mit eingerührtem Stärkemehl aufkochen, die Zitronenschale entfernen und die Sauce abkühlen lassen. — Der Birnenauflauf wird heiß mit der gekühlten Birnensauce gegessen

1 kg Birnen, 2 Eßl. Zucker
1 Zitrone, Butter für die
Form, 100 g Speckscheiben
Teig:
3 Eier, 125 g Zucker
250 g Mehl, 1 Backpulver
1 Tasse Milch
1 Vanillezucker
Sauce:
1 Eßl. Stärkemehl

DEUTSCHLAND

Gebackene Holunderblüten

Teig:
100 g Mehl, 1/2 l Wasser
1 Prise Salz, 3 Eier
12 Holunder(Flieder-)dolden
100 g Margarine
Zimtzucker

Den Eierkuchenteig bereitet man aus Wasser, Mehl, Salz und Eiern. Die Dolden der weißen Holunderblüten taucht man in den Eierkuchenteig und backt sie in einer breiten Pfanne in viel heißer Butter, mit den Stielen nach oben. Das geht sehr schnell! Die gebackenen Dolden bestreut man mit Zimtzucker und ißt den aparten Nachtisch heiß. — Es ist lustig, die Doldenstiele nach oben gerichtet mitzuservieren. Feiner ist es, sie beim Backen in der Pfanne abzuschneiden, so daß die Blüten ohne Stiele angerichtet werden.

Ostfriesischer Bierpudding

1/2 l Malzbier, 1/2 l Wasser
1/10 l Weißwein, 250 g Zucker
1 Eßl. Zitronensaft
40 g Gelatinepulver
50 g Korinthen
50 g Mandeln

Bier, Wasser und Wein mit Zucker und Zitronensaft mischen und aufkochen. Darunter das vorgelöste Gelatinepulver rühren und die vorgequollenen Korinthen und gehackten Mandeln geben. Unter Rühren soweit erkalten lassen, bis die Gelatine beginnt die Flüssigkeit zu dicken. Nun den Pudding schnell in eine Glasschale füllen und darauf achten, daß Korinthen und Mandeln nicht nach unten sinken. Häufig umrühren, bis die Masse noch kühler ist, und sie im Kühlschrank endgültig fest werden lassen.

Westfälischer Brotpudding

60 g geriebenen Pumpernickel, 1 Glas Rum, 100 g Zucker, 1/2 geriebene Zitronenschale, 5 Eier, 50 g geriebene Schokolade, 1 Eßl. Mehl
2 Eßl. Butter, 2 Eßl. gerieb. Mandeln, Schlagsahne

Den geriebenen Pumpernickel mit Rum befeuchten und mit Zucker und geriebener Zitronenschale vermischen. Das Eiweiß steifschlagen und mit der Schokolade, dem Mehl und den Eigelben verrühren. Darunter die Pumpernickelmasse heben, und diesen Brei in eine gebutterte und mit geriebenen Mandeln ausgestreute Wasserbadform füllen. Die Form in heißes Wasser stellen und den Pudding eine Stunde kochen lassen. Nach dem Erkalten stürzen und mit reichlich Schlagsahne zu Tisch bringen.

Grützepudding

250 g fetten Speck in Würfeln
60 g Rosinen
60 g Korinthen
500 g Hafergrütze

Den ausgelassenen Speck mit den Grieben in eine Schüssel schütten. Dazu Rosinen, Korinthen und zuletzt die einmal mit kochendem Wasser übergossene Hafergrütze geben. Alles zusammen mischen und mit dem kochenden Wasser übergießen. Nach Geschmack salzen. Eine Puddingform mit Butter ausstreichen, die Masse einfüllen und mit aufgesetztem Deckel eine

Stunde im Wasserbad kochen lassen. Dann den Deckel abnehmen und den Pudding auf einen flachen Teller stürzen und senkrechte Scheiben abschneiden. — Dazu schmeckt geschmortes Obst oder heiße Fruchtsauce ausgezeichnet.

Butter zum Ausstreichen
³/₄ l Wasser, Salz

Zitronenpudding

Butter in einer Kasserolle zerlassen, das Stärkemehl darin angehen lassen und mit Milch aufgießen. Mit einem Holzlöffel so lange rühren, bis sich die Masse beginnt vom Topf zu lösen. Dazu alle anderen Zutaten rühren und den Eischnee ganz zuletzt unterheben. Den Teig in eine gefettete Form einfüllen und im Wasserbad eine Stunde lang kochen. Noch warm den Pudding stürzen und mit Vanille- oder Fruchtmarksauce und mit gehackten Mandeln bestreut servieren.

100 g Butter, 125 g Stärkemehl, ¹/₄ l Milch, 125 g Zucker, 1 Päckchen Vanillezucker, Saft und geriebene Schale von zwei Zitronen Prise Salz, 5 Eier
Fett für die Form

Bayerischer Nußpudding

Die Butter mit Eigelben, Zucker, Bröseln, Nüssen und Schokolade zu einer glatten feinverteilten Masse verrühren oder im Elektromixer pürieren. Die Eier sollten ganz schaumig gerührt sein. Wenn Sie gerade Schlagsahne im Hause haben, können Sie 2 Eßlöffel voll steifgeschlagen unterziehen. Dann kommt der steife Eischnee darunter. Eine Form mit Butter ausstreichen und die Masse einfüllen. Sie braucht im Wasserbad oder im Ofen 40 Minuten, um ganz fest zu werden. Den Pudding in der Form mit einer Weinschaumsauce zu Tisch bringen.

100 g Butter, 4 Eier
2 Eßl. Zucker
4 Eßl. Biskuitkrumen
2 Eßl. Haselnüsse
2 Eßl. Schokolade
2 Eßl. steife Schlagsahne
Butter für die Form

Bielefelder Schwarzbrotpudding

Zuerst eine Creme schlagen aus Eigelben, Vanillezucker, Zucker und gemahlenem Zimt. Dann die Eiweiße steifschlagen und darunterheben, danach das gekrümelte Brot; aber bitte vorsichtig, damit die Eimasse nicht zusammenfällt. Eine runde, hohe Auflaufform mit Butter ausstreichen und als erste Schicht Preisel- oder Blaubeeren, etwa 3 cm hoch, einfüllen. Darauf die Hälfte der Brot-Eimasse, dann die Borkenschokolade, wieder Beeren und schließlich die übrige Brot-Eimasse füllen. Die Form zudecken und den Pudding im Ofen 50 Minuten lang durchbacken lassen. Den ausgekühlten Pudding mit Schlagsahne garnieren. — Es gibt von diesem Gericht auch eine kalt bereitete Version. Ich ziehe diese hier jedoch aus geschmacklichen Gründen vor.

3 Eier, 1 Päckchen Vanillezucker, 125 g Zucker
¹/₂ Teel. gemahlenen Zimt
500 g westfälisches Schwarzbrot, Butter oder Margarine
250 g gedünstete Preiseloder Blaubeeren (evtl. mit Zitronensaft versetzt)
70 g Borkenschokolade

DEUTSCHLAND

Berliner Pfannkuchen

750 g Mehl, ³/₈ l Milch
40 g Hefe, 100 g Zucker
2 Eier, 1 Eigelb
abgeriebene Zitronenschale
Päckchen Vanillezucker
50 g Butter oder Margarine
Prise Salz, Mehl
Zwetschgenmus oder
Konfitüre, Margarine

Die »Berliner« werden auch Krapfen genannt. Vor dem Hefeteig brauchen Sie wirklich keine Angst zu haben. Er gelingt Ihnen bestimmt. Sie müssen nur darauf achten, daß alle Zutaten, auch das Mehl, handwarm sind. — Man gibt das ganze Mehl in eine große Schüssel, löst in einer Tasse lauwarmer Milch die Hefe auf — nicht zu heiß, da sie leicht abstirbt — und schüttet sie in eine Vertiefung des Mehles. Darüber streut man etwas von dem Zucker, legt eine Serviette über die Schüssel und stellt sie ¹/₄ Stunde lang an einen warmen Ort. Man gib jetzt die Eier, den restlichen Zucker, die Zitronenschale, Salz und Vanillezucker dazu und ferner die zerlassene Butter und die restliche lauwarme Milch. Nun verknetet man alles zu einem geschmeidigen Teig, den man auf einem bemehlten Brett fingerdick ausrollt. Runde Plätzchen ausstechen, in die Mitte einen Löffel voll Zwetschgenmus oder Konfitüre häufen und ein zweites, gleichgroßes Plätzchen darauflegen, das man ringsherum mit nassen Fingern fest andrückt. An einem warmen Ort die Pfannkuchen noch einmal aufgehen lassen. Inzwischen erhitzt man in einem breiten, tiefen Topf Margarine. Es darf aber auf keinen Fall zu rauchen anfangen. Nach und nach backt man nun die Berliner darin schwimmend auf beiden Seiten mittelbraun. Noch heiß in Zucker wälzen!

Äpfel im Schlafrock

1 Paket Blätterteig aus der
Kühltruhe, 4 große, säuer-
liche, festfleischige Äpfel
4 Eßl. Mandeln, gebrüht
abgezogen, 4 Eßl. Rosinen
50 g Hagelzucker oder zer-
drückten, weißen Kandis
4 Teel. rotes Johannisbeer-
gelee, 1 Ei zum Bestreichen
der Oberfläche, Fett für
das Blech

Den Teig dünn ausrollen und in große Quadrate schneiden. Die Äpfel schälen, das Kernhaus ausbohren und wieder mit gewiegten Mandeln, Rosinen, Hagelzucker und einem Teelöffel roten Johannisbeergelee füllen. Auf jedes Teigquadrat einen Apfel legen, die Teigenden oben zusammenschlagen, die Ecken anfeuchten und fest aneinander drücken. Obenauf den Teig mit einer Gabel mehrfach einstechen, damit keine Blasen entstehen, und ihn mit verquirltem Ei bestreichen. Die Äpfel auf ein gebuttertes Blech setzen und sie im Ofen 45 Minuten lang bei 180°C durchbacken lassen. Sie aber auf jeden Fall herausnehmen, wenn der Teighügel zusammenzufallen beginnt, weil der Apfel dann musig wird. — Noch warm mit Vanillesauce sind die Äpfel im Schlafrock ein guter Nachtisch.

Bentheimer Moppen

250 g Honig, 40 g Margarine
1 Ei, 75 g Zucker
1 Teel. gemahlenen Zimt

Dieses Rezept ist einfach auszuführen. — Honig und Fett läßt man langsam in einer Kasserolle zergehen und dann abkühlen. Inzwischen rührt man das Ei mit dem Zucker schaumig und vermischt die Creme mit Honig und

Fett, ferner mit den Gewürzen, dem mit Backpulver vermischten Mehl und den gehackten Mandeln. Alles tüchtig zusammenkneten! Diesen Teig vier Tage stehen lassen und am fünften Tag kleine Kugeln daraus drehen, die man auf dem Blech bei mäßiger Hitze backt. Danach kann man die Oberfläche mit Zitronen-Puderzucker-Glasur bestreichen.

1 Teel. gemahlene Nelken
½ Päckchen Backpulver
375 g Mehl, 50 g Mandeln

Schwäbischer Pfitzauf

Dieses Backwerk aus der Pfanne ist als Nachtisch und Kaffeegebäck zu empfehlen. Der Eierkuchenteig wird in großen Pfannen mit kugeligen Vertiefungen gebacken. — In einer Rührschüssel vermischt man Mehl, zerlassene Butter, Eier, Salz und die gelöste Hefe miteinander und gibt nach und nach soviel angewärmte Milch dazu, bis ein dicklicher Eierkuchenteig entsteht. An einem warmen Platz läßt man den Teig 30 Minuten stehen. Jede Vertiefung der Pfanne streicht man mit etwas Butter aus und füllt sie mit dem flüssigen Teig, den man auf dem Feuer backt. Sobald sie unten braun sind, sind sie fertig. Das Gebäck kann man noch warm mit Konfitüre oder kalt mit Schlagsahne füllen — die Dalken dafür seitlich zur Hälfte aufschneiden. Oben bestreut man sie mit Puderzucker.

250 g Mehl
80 g Butter
4 Eier
1 Prise Salz
30 g Hefe
Milch nach Bedarf
100 g Butter

Braunschweiger Prilleken

Nach und nach alle Zutaten zusammenkneten und daraus einen dicken Teigkloß formen und 20 Minuten ruhen lassen. Währenddessen soll er hoch aufgehen. Dann den Teig wieder zusammenkneten und jetzt daraus eine sehr dünne Rolle formen, die in Abständen von 8—10 cm geteilt wird. Die Stücke zu Kringeln zusammenziehen, die Enden fest aneinanderdrücken und auf einem gemehlten Backblech noch einmal aufgehen lassen. In heißem Fett schnell goldbraun ausbacken und noch heiß, mit Puderzucker bestäubt, zum Kaffee essen.

750 g Mehl, vorher warm gestellt, ¼ l lauwarme Milch mit 70 g Hefe darin gelöst
3 Eier, 100 g Zucker
1 Päckchen Vanillezucker
Salz, 1 abgeriebene Zitronenschale, Fett zum Ausbacken
Puderzucker

Westfälischer Butterkuchen

Das Mehl in eine gewärmte Schüssel geben, das in lauwarmem Wasser gelöste Hefestück in die Mitte setzen und darüber einen Teelöffel Zucker streuen. An einem warmen Ort den Teig mit einem Tuch bedeckt ruhen und aufgehen lassen. Nach etwa ¾ Stunde das zerlassene Fett, die Milch, den übrigen Zucker, Salz und die Eier dazugeben. Alles zusammenkneten, den Teig fingerdick ausrollen und damit ein Backblech belegen. Die Ränder

Teig:
1 kg Mehl, 80 g Hefe
1 Teel. Zucker, 375 g Butter
½ l Milch, 125 g Zucker
1 Teel. Salz, 2 Eier

DEUTSCHLAND

Belag:
300 g groben Zucker
75 g grob gehackte oder gehobelte Mandeln, Zimt
250 g Butter
½ Tasse Zuckerwasser

sauber zuschneiden und den Teig noch einmal aufgehen lassen. Nach 15 Minuten ihn mit einem Zucker-, Mandel- und Zimt-Gemisch bestreuen und die Butterflocken gleichmäßig darüber verteilen, indem man in Abständen von 5 cm mit dem Zeigefinger kleine Vertiefungen eindrückt, in die man die Butter legt. Den Hefekuchen im Ofen bei 250°C ungefähr 25 Minuten lang backen — er darf nicht zu braun werden. Den fertigen Kuchen mit Zuckerwasser besprengen, in schmale Streifen schneiden und ihn bei der Kaffeetafel anbieten.

Ostfriesische Knüppeltorte

6 Eidotter, 6 Eßl. saure Sahne, 6 Eßl. Zucker
200 g Mehl
Butter zum Ausbacken
Mandelmasse:
350 g Zucker, 1 Eßl. Wasser
1 Eßl. Zitronensaft
1 Päckchen Vanillezucker
250 g geriebene Mandeln
125 g gewürfelte Sukkade (Zitronat)

Eigelb, saure Sahne und Zucker verrühren. Dazu gibt man das Mehl und verknetet alles miteinander, bis ein elastischer, glatter Teig entsteht. Diesen ausrollen, in kleine, viereckige Stücke schneiden und in einer Pfanne mit reichlich Butter beidseitig braun braten. In einer Kasserolle löst man den Zucker mit Wasser und Zitronensaft auf, mischt Vanillezucker, Mandeln und Sukkade dazu und läßt die Masse etwas karamelisieren. Die gebratenen Teigflecken vorsichtig darunterrühren und die Masse in eine gebutterte Springform drücken. Über Nacht läßt man den Kuchen abkühlen und fest werden. Am nächsten Tag stellt man die Form kurze Zeit in heißes Wasser, stürzt dann den Kuchen heraus und kann ihn mit Schlagsahne zum Kaffee anbieten.

Frankfurter Kranz

Teig:
125 g Butter, 125 g Zucker
4 Eier, 1 Päckchen Vanillezucker, 150 g Mehl
100 g Stärkemehl
½ Backpulver
Creme:
250 g Puderzucker
1 Eigelb, 250 g Butter
einige Tropfen Vanilleextrakt (im Handel in Flaschen), 3 Eßl. Rum
Krokant:
80 g Zucker, 60 g Mandeln

Butter, Zucker und Eigelb schaumig rühren. Dann gibt man nach und nach die anderen Zutaten dazu, zum Schluß den steifen Eischnee. Man buttert eine Kranzform aus und füllt den zähflüssigen Teig hinein. Im vorgeheizten Ofen soll der Kuchen etwa 40 Minuten bei 180°C backen. Nach 10 Minuten schneidet man den Teig ringsherum in der Mitte etwa 2 cm tief ein. Dadurch bekommt der Kuchen eine schön aufgebrochene »Krone« und der Teig kann sich besser entwickeln. Man läßt ihn langsam abkühlen und schneidet ihn dann dreimal quer durch. Für die Creme rührt man Puderzucker und Eigelb schaumig und fügt dann die flüssige Butter, Vanilleextrakt und Rum dazu. Damit füllt man den Kranz und bestreicht ihn auch außen. Für den Krokant bräunt man Zucker in einer Pfanne und rührt geriebene oder feingehackte Mandeln darunter. Diese Masse streicht man auf ein Holzbrett, besser noch auf eine Steinplatte, und zerbricht sie, kalt und erstarrt, mit dem Rollholz. Den Frankfurter Kranz bestreut man mit diesem Krokant oder mit in Fett gerösteten Mandelhobeln.

Pommersches Viermus

Ausgelesene und gewaschene Preiselbeeren mit einem Teil Zucker ohne Wasser auf kleiner Flamme kochen. Die anderen geschälten und kleingeschnittenen Obstsorten kommen dazu. Sehr wenig Wasser und den restlichen Zucker zufügen, ferner nach einigen Minuten eine Stange Zimt und die Gewürznelken. Das Obst weich, aber nicht zerfallen lassen und die Gewürze nach einiger Zeit wieder entfernen, da ihr Geschmack sonst zu aufdringlich wird. Wenn das Fruchtmus dicklich ist, kaltstellen. Es schmeckt ganz vortrefflich zu Wildgerichten aller Art, zu Schmorbraten, Ragouts usw.

1 kg Preiselbeeren
1,5 kg Zucker
500 g Äpfel, 500 g Birnen
500 g entkernte Zwetschgen
1 Stange Zimt
5 Gewürznelken

Jeder Besucher Belgiens wird überwältigt von den Kochkünsten dieses kleinen Landes, die er sowohl in den Restaurants erlebt als auch am Familientisch, wenn er zum Essen eingeladen wird. Und wer in Brüssel war, schwärmt von den romantischen Lokalen der Altstadt, in denen man opulente Schmausereien ebenso bekommt wie flüchtigere Imbisse, mal flämisch, mal wallonisch. Weinbergschnecken und Krabben werden sogar auf der Straße angeboten.

In den Ardennen erhält man ausgezeichnete Süßwasserfische, an der Küste Seezungen und Aale, Makrelen, Schellfisch, Schollen und Seekrebse, die man gratiniert mit fettem geriebenem Käse serviert bekommt. Auch hervorragende gemischte Fischplatten findet man auf der Speisekarte, sowie die Fisch-»Waterzooi«, die wir auch in Holland antreffen. Lüttich ist stolz auf das Buttergebäck und den Wacholderschnaps, Antwerpen hat gutes helles Bier mit starkem Hopfengeschmack.

Zwei köstliche Produkte des Landes sind auch als Exportartikel bedeutend: der helle und zartbittere »König der Salate«, Chicorée (Witloof), den man hierzulande auch gedämpft oder gedünstet als Gemüse ißt, und die blauen Trauben aus den Treibhäusern, die im Winter unsere Fruchtgeschäfte zieren. Mancher Leser wird auch an die »Brüsseler Poularden« denken, diese schnell gemästeten, wohlschmeckenden Junghühner, und an »Carbonades à la flamande« — ein Sinnbild belgischer Kultur.

Im Gegensatz zur französischen Tischsitte, zu jeder Mahlzeit frischgebackenes, weißes Brot zu essen, reicht man in Belgien ausschließlich Kartoffeln als Beilage, und zwar in sehr verschiedenen Zubereitungsarten. Am Schluß jeder Mahlzeit ißt man Käse und Früchte, manchmal süße Nachspeisen, wie die von Fremden sehr geschätzte »Tarte Liégeoise«, und trinkt eine Tasse starken Kaffee, nicht selten mit einem Zusatz von Zichorie, die auch zu den Eigentümlichkeiten des Landes gehört.

Die vorzügliche Küche Luxemburgs ist vor allem vom nahen Lothringen beeinflußt. Man versuche dort einmal ein Gericht mit den bekannten kleinen Moselbarschen oder eine Spanferkel-Spezialität. Auch in Luxemburg ißt man gut und »öfter, dafür aber reichlicher«! Dazu wird gern ein Obstbranntwein aus Pflaumen oder Kirschen, Mirabellen oder Himbeeren getrunken und natürlich während des Essens ein gehöriger Schluck Moselwein.

Belgien
Luxemburg

BELGIEN LUXEMBURG

Luxemburger Heringssalat

HIERENGSZALLOT

*3 ganze Salzheringe (Rogener), 1 Teel. Senf, 3 Eßl. Olivenöl, 4 Eßl. Weinessig
3 Zwiebeln
Bund Schnittlauch
Bund Petersilie, Salz
Paprikapulver, 2 Äpfel
5 Eßl. saure Sahne*

Beim Einkauf der Heringe achte man darauf, Rogener zu bekommen. — Die fetten Heringfilets wässern und in Streifen schneiden. Den rosa Rogen zerdrücken und mit Senf, Öl und Essig verrühren. Dazu gibt man feingehackte Zwiebeln, Schnittlauch und Petersilie und würzt mit Salz und Paprikapulver. Es entsteht also eine sämige, säuerliche Kräutersauce, die man über die Heringsstreifen gießt. Darüber legt man hauchdünn geschnittene Apfelscheiben, die beim Servieren dieses Vorgerichts untergemischt werden. — Die Kräutersauce können Sie mit saurer Sahne, Joghurt oder etwas Mayonnaise verbessern, sie soll aber nicht zu fett werden.

Frühlings-Fischsuppe

WATERZOOI

*1,5 kg verschiedene Seefische
1 Petersilienwurzel
2 Zwiebeln für die Bouillon
1/2 Lorbeerblatt
1 kg Muscheln, Salz
250 g Sellerieknolle
250 g Möhren
1 Porreestange
1 Bund Petersilie
6 Zwiebeln, 1/2 Tasse Dosen-Champignons
1/2 Zitronenschale
200 g Butter oder Margarine
3 Eßl. Mehl
2 Eidotter, 1/2 Tasse Sahne
Pfeffer, Muskatnuß*

Für dieses Fischgericht eines Seeküstenlandes verwendet man verschiedenes Fischfleisch von allen im Augenblick erhältlichen Arten. Die Stücke brauchen nicht besonders ansehnlich zu sein, nur sollen sie frisch sein. Besonders eignet sich Heilbutt, von dem man ein kleines Schwanzstück kauft, See-Aal, Rotbarschfilet, junger Schellfisch und Knurrhahn, der sehr würzig schmeckt. — Die Fische kalt waschen, aber nicht längere Zeit im Wasser lassen. Gräten und Hautstücke mit Petersilienwurzel, Zwiebeln und Lorbeerblatt kochen. Gleichzeitig werden die Muscheln in reichlich siedendem Salzwasser in einem festverschlossenen Topf etwa 5 Minuten gekocht. Das Gemüse putzt man und schneidet es in dünne Streifen, die später der fertigen Suppe ein buntes Aussehen geben. Gemüse und Butterflocken füllt man in eine geräumige, feuerfeste Form. Den Inhalt bedeckt man mit gebuttertem Pergamentpapier und dem Deckel des Geschirrs. Man schiebt die Form in den heißen Ofen und verringert nach einigen Minuten die Wärmezufuhr. Nach 15 Minuten ist das Gemüse glasig, es soll aber nicht verfärbt sein. Das saubere Fischfleisch in mundgerechte Stücke zerschneiden und auf die Gemüseunterlage schichten, ebenso die abgekochten und aus der Schale gebrochenen Muscheln. Man schüttet die Grätenbouillon durch ein Sieb, bindet die Flüssigkeit mit verrührtem Mehl und Eidottern, verfeinert mit Sahne, schmeckt mit Salz, Pfeffer und Muskatnuß ab und gießt diese Sauce über das Gericht. Im Ofen läßt man es 15 Minuten garen.

Huhn-Waterzooi

WATERZOOI DE POULET

*1/2 Huhn oder ein kleines junges Hühnchen
1 Selleriestaude, 4 Möhren*

Auch diese Suppe wird Waterzooi genannt, sie ist aber nur eine Abart des ursprünglichen Gerichtes. — Das Huhn in mundgerechte Stücke zerteilen und mit Flügeln, Magen und Herz kochen. Man kann das Huhn auch im ganzen kochen, wie man es in Belgien macht, das Garen dauert aber dann viel länger. Eine kleine Selleriestaude mit Blättern daran und das andere Wurzelgemüse mitkochen, jedoch nicht den Porree. Diesen schneidet man der Länge nach durch, wäscht ihn sehr gründlich unter dem kalten Wasserstrahl und schneidet ihn dann in feine Scheiben. Mit 25 g Butter in einer Kasserolle andünsten, dann mit der abgeschäumten und abgegossenen Hühnerbouillon ablöschen und mit weißer Mehlschwitze binden. Die Konsistenz soll die einer Suppe sein. Man nimmt die Kasserolle vom Feuer und schlägt mit einem Schneebesen die mit der Sahne verquirlten Eier darunter. Die Huhnteile löst man von den Knochen und vermengt sie mit dem Gemüse und der weißen Suppe zur Huhn-Waterzooi.

2 Zwiebeln, Pfefferkörner
2 Gewürznelken, Salz
2 Stangen Porree
90 g Butter, 50 g Mehl
½ Tasse Sahne, 2 Eier

Warme Kirschsuppe — SOUPE AUX CERISES

Wir kennen in Deutschland mehr die Kirsch-Kaltschale. Aber auch warm schmeckt sie ganz vortrefflich, besonders wenn man einen Schuß Rum hineingibt. — Man verwendet für die Kirschsuppe meistens große Schattenmorellen, die man für kurze Zeit im Sommer frisch bekommt, sonst aber aus Konserven nimmt. Eine besondere Delikatesse sind für diesen Zweck Wildkirschen, die es in meiner Harzer Heimat und im Schwarzwald gibt. Dem berühmten Schwarzwälder Kirschwasser geben sie das gute Aroma. Sie können nur ausgekocht werden, weil sie kaum eine nennenswerte Ausbeute an Fruchtfleisch bieten. — Die Schattenmorellen entsteint man, beträufelt sie mit Zucker und Rum, dünstet sie in gezuckertem Wasser bei niedriger Temperatur (nur schwach sieden lassen) gar und schmeckt mit Zimt ab. In der Zwischenzeit schlägt man das Eiweiß der 4 Eier steif und süßt es mit Zucker und Vanillezucker. Die Milch kocht man auf und rührt den Grieß ein, der sich schnell verdicken soll. Sobald der Grießbrei etwas abgekühlt ist, rührt man die Eigelbe darunter und sticht mit einem Teelöffel Klößchen ab, die in die heiße Suppe gelegt werden. Vom steif geschlagenen Eiweiß mit einem großen Löffel Flocken formen und sie in die heiße, nicht mehr kochende Suppe legen. Sie sollen auf der angerichteten Suppe als »Eisberge« schwimmen. — Ich mag diese Suppe so dünnflüssig, man kann sie selbstverständlich beim Kochen mit etwas Stärkemehl binden. Keinesfalls aber einen Pudding daraus machen, denn dann ist der Charme dieser warmen Suppe auf jeden Fall dahin.

750 g Sauerkirschen
2 Eßl. Zucker
1 Glas Rum
4 Eßl. Zucker
zum Kochen
1 Messerspitze gemahlenen
Zimt, 4 Eier
2 Eßl. Zucker
2 Päckchen Vanillezucker
1 Tasse Milch
2 Eßl. Grieß

Belgischer Muschelreis

Den Reis in reichlich Salzwasser kochen, bis er aufgequollen, aber noch fest ist. Ihn dann über einem Sieb abgießen und mit kaltem Wasser nachspülen,

250 g Langkornreis, Salz
100 g Butter oder Margarine

BELGIEN LUXEMBURG

1 Tasse Zwiebelwürfel
1 kg Miesmuscheln
Saft einer Zitrone
1 Tasse Weißwein
Paprikapulver
1 Messerspitze Knoblauchpulver
100 g Bauchspeckwürfel
1 Stange Porree, geschnitten

damit sich die Körner wieder schließen. In einer breiten Pfanne oder einer Kasserolle Fett erhitzen und die trockenen Reiskörner mit den Zwiebelwürfeln darin schwenken, damit der Reis noch trockener und fettiger wird. Die Muscheln sauber abbürsten, sie dann mit wenig Zitronensaft und Weißwein dünsten, bis sich alle Schalen öffnen. Die Muschelkörper ausbrechen und die dunklen Partien abtrennen. Die Körper in Salz und Paprikapulver drehen und in die Pfanne zum Reis legen. Beim Umrühren kommen Knoblauchpulver und Salz dazu, ausgelassene Speckwürfel und Streifen von Porree. — Mit Kopfsalat oder Porreegemüse, hellem Bier und klarem Schnaps zu Tisch bringen.

OEUFS MEULEMEESTER
Müllers-Frühstück

4 Eier, 50 g Butter
6 gekochte Langustinenschwänze, 6 Scheiben Salami
4 Eßl. gehackte, rote Paprikaschote, 1 Teel. Senf
Salz, Pfeffer, ½ Tasse Sahne
1 Bund Petersilie
Stück harten Schweizer Käse

Die Eier 6—7 Minuten kochen, mit kaltem Wasser abschrecken, schälen und in Scheiben schneiden (mit einem Eizerteiler werden sie am schönsten). In einer Pfanne Butter zerlassen, die Eischeiben und alle anderen Zutaten dieses Rezeptes hineingeben. Ordnen Sie alles so an, daß das Gericht hübsch und bunt aussieht. Darüber flockt man Butter und streut gehackte Petersilie und große Käsehobelspäne. Diese können Sie auf einem Gurkenhobel oder einer Rohkostreibe selbst herstellen. Im heißen Ofen soll der Käse schmelzen und eine gebräunte Oberfläche bilden. — Dieses Gericht wird in Belgien als Imbiß in der Pfanne gereicht. Dazu ißt man Weißbrot und trinkt einen herben weißen Wein.

ANGUILLE AU VERT A LA FLAMANDE
Grüner flämischer Aal

1 kg frischen Aal in Stücken
Salz, 1 Zwiebel zum Kochen
50 g Butter, 3 Schalotten oder 1 Zwiebel, 250 g Spinat
50 g Sauerampfer, 1 Bund Petersilie, 1 Bund Kerbel
1 Bund Dillblätter, 1 Zitrone
¼ Glas Weißwein, 2 Tassen Fischbrühe, Mehl, 2 Eidotter
Pfeffer, Paprikapulver

Die Aalstücke läßt man beim Fischhändler gleich ausnehmen, zerschneiden und waschen. Die Haut ist dann schon abgezogen und eine unangenehme Arbeit ist für Sie getan. — Man setzt die Aalstücke mit kaltem Wasser, Salz und Zwiebelscheiben aufs Feuer und läßt kurze Zeit durchziehen. In einer Kasserolle dünstet man inzwischen mit Butter die Schalotten oder ersatzweise wieder Zwiebelscheiben. Darunter mischt man gewaschenen geschnittenen Spinat, Sauerampfer, gehackte Petersilie, Kerbel, Dillblätter und den Saft einer Zitrone. Man gießt mit Weißwein und Fischbrühe auf und bindet die Sauce mit wenig abgerührtem Mehl. Man schlägt die Eidotter darunter, würzt mit Pfeffer und Paprikapulver und übergießt die Aalstücke mit der Sauce. Alles zusammen noch einmal aufkochen lassen und mit körnigem Reis oder Butterkartoffeln aus neuer Ernte servieren.

BELGIEN LUXEMBURG

Rindsröllchen auf flämische Art   LOZE VINKEN

Die Scheiben läßt man beim Fleischer schneiden und dünn klopfen. Pro Person genügt eine Scheibe. Die Innenseite der Rollen salzt und pfeffert man. In die Mitte legt man zuerst einen dicken Streifen von fettem Speck, der in Cayennepfeffer gewälzt wurde, außerdem einen gleichgroßen Streifen Gewürzgurke, einen Teelöffel grobes Thüringer Mett (von Schweinefleisch) und ein Stück Paprikaschote. Das Fleisch zusammenrollen und mit Faden oder Rouladenklammern festhalten. Auf allen Seiten brät man diese Rollen dann braun an und legt sie in Reih und Glied mit den Sellerie- und Möhrenstreifen in eine längliche Auflaufform. In dem Bratsatz röstet man die Zwiebelscheiben mit dem Zucker zu Karamel, der mit hellem Bier, Wasser, Milch, Salz und Pfeffer gelöst wird. Diese dickflüssige Mischung gießt man über die Rouladen und schmort sie im Ofen etwa 45 Minuten. Die Sauce ist dann etwas eingedampft und durch die verkochten Zwiebeln leicht gebunden. — Dazu Kartoffelschnee und einen Salat aus Chicorée, Äpfeln, Grapefruitwürfeln und Käsestreifen servieren.

4 Scheiben Rindfleisch à ca. 150 g, Salz, Pfeffer
4 Streifen fetten Speck
Cayennepfeffer
1 Gewürzgurke
100 g Thüringer Mett (gehacktes Schweinefleisch)
1 rote Paprikaschote
Bratfett, 4 Eßl. Selleriestreifen, 4 Eßl. Möhrenstreifen, 4 Zwiebeln
2 Eßl. Zucker
4 Eßl. helles Bier
2 Eßl. Wasser, 2 Eßl. Milch

Gemischtes Fleischragout   CHOESELS

Lassen Sie die verschiedenen Fleischarten mit den Knochen gleich vom Fleischer in mundgerechte Stücke zerschlagen oder zersägen. — Zuerst schneidet man die Zwiebeln in dünne Scheiben und bräunt sie in einer feuerfesten Form mit Butter goldbraun. Dazu kommen die Stücke vom Ochsenschwanz, die Küchenkräuter, deren Verwendung für die belgische Küche so typisch ist, das Bier, ebenfalls eine Eigenart der flämischen Küche, ferner Salz, Pfeffer und einige Striche auf der Muskatnußreibe. Das alles auf dem Feuer eine ¾ Stunde bei gelinder Hitze brutzeln lassen. Dann erst die Lammbruststücke, die wieder mit dem Gericht eine halbe Stunde schmoren sollen, hinzugeben. Zuletzt kommen die Kalbsbrustwürfel dazu, die vorgekochten Milcherstücke, die Hammelfüße, in Scheiben zersägt, gebrüht und schon fast fertig vorgekocht, die Scheiben der Ochsenniere, die Bratwurst-Klößchen, direkt aus dem Kochwasser, die Champignonköpfe, einige zerschnittene, hautlose Tomaten und ein Glas Madeirawein; etwas Salz und Pfeffer nach Geschmack. Die Sauce muß mehrmals reduzieren, weshalb man das restliche Salz erst ganz zum Schluß zufügen sollte, um keine zu große Konzentration zu erhalten. Die Knochen fallen beim Garwerden aus dem Fleisch und können leicht aus dem Topf herausgesucht werden. — Zu diesem Fleischragout passen Bouillonkartoffeln oder Kartoffelbrei und Weißkohl.

4 Zwiebeln, 50 g Butter
1 ganzen Ochsenschwanz
1 gemischtes Bund
Küchenkräuter
½ Tasse helles Bier
Salz, Pfeffer, Muskatnuß
250 g Lammbrust
250 g Kalbsbrust
1 Kalbsmilcher
2 Hammelfüße
½ Ochsenniere
2 feine, rohe Bratwürste (die Masse ausgedrückt und davon Klößchen in kochendem Wasser gegart)
½ Tasse Champignonköpfe
2 Tomaten
1 Glas Madeirawein

BELGIEN LUXEMBURG

CARBONADES A LA FLAMANDE

750 g Schweinenacken
50 g Schweineschmalz
100 g Bauchspeck in Würfeln
Salz, Pfeffer
50 g Mehl
2 Eßl. helles Bier
1 Tasse Bouillon
2 Eßl. Wasser
2 Zehen Knoblauch
5 Zwiebeln
Prise Zucker
Bund Petersilie
1 Sträußchen mit Kerbel Liebstock, Tripmadam und Pimpinelle
2 Teel. Weinessig (5% Säure)

Belgische Schweinskarbonaden

Kaufen Sie Stücke vom Nacken, schon in Scheiben geschnitten. Diese schneiden Sie in Würfel und braten sie in Fett braun an. Dann kommt der Würfelspeck dazu, der aber nicht ausbraten soll, sowie Salz und Pfeffer. Fleisch und Speck jetzt aus der Bratpfanne herausnehmen und warm stellen. In das Bratfett rührt man das Mehl, das auch braun werden soll. Mehl darf aber nie zu dunkel werden, weil es sonst sofort bitter schmeckt. Diesen Pfanneninhalt mit dem hellen Bier, mit Rindsbouillon und Wasser löschen. Bier allein würde das Gericht bitter schmecken lassen. In einen hohen Ofentopf, den man auch zu Tisch bringen kann (eventuell eine hochwandige Auflaufform), gibt man Lagen von Fleisch, Speck, Knoblauchscheibchen, Zwiebelscheiben und eine Prise Zucker und übergießt das Ganze mit der braunen Biersauce; gehackte Petersilie streut man darüber und legt außerdem ein kleines Kräutersträußchen an den Topfrand zum Mitkochen — nach 20 Minuten soll es herausgenommen werden. Die Schmorzeit beträgt etwa eine $^3/_4$ Stunde. Am besten stellen Sie das Gericht in den Ofen und decken es zu. Etwas Flüssigkeit nach einiger Zeit nachgießen. Kurz vor dem Servieren wird das Gericht durch Essig, der genau bemessen sein muß, säuerlich gemacht. — Salzkartoffeln oder Bratkartoffeln, Tomaten- und Selleriesalat dazu reichen.

PANERT SCHWENGSFESS

4 Schweinsfüße, gepökelt
½ Tasse Sellerieblätter, Salz
8 Pfefferkörner, zerdrückt
1 Knoblauchzehe
1 Tasse frische Weißbrotkrumen, 2 Zwiebeln, gehackt
Pfeffer, 3 Eßl. geriebener Käse, Senf, Backfett
1 Bund Petersilie
Zitronenviertel

Panierte Schweinshachsen

Dieses Gericht ist nicht so fett wie beispielsweise Eisbein, das fleischiger, aber auch fetter ist. Gepökelte Schweinsfüße bieten die Fleischer gewöhnlich nicht jeden Tag an, erkundigen Sie sich deshalb bitte vorher danach oder bestellen Sie sie für einen bestimmten Tag. — Die Füße säubert man von restlichen Borsten, wäscht sie und kocht sie eine Stunde lang mit Sellerieblättern, Salz, Pfefferkörnern und einer Knochlauchzehe. Danach die Füße sofort aufschneiden und den dicken Knochen herauslösen. Die Brotkrumen mit den gehackten Zwiebeln, Salz, Pfeffer und geriebenem Käse mischen. Damit das ausgelöste, heiße Fleisch panieren und in tiefem Fett goldbraun backen. Ich bestreiche das Fleisch vor dem Panieren auf der fetten Innenseite mit Senf, der Geschmack wird dadurch pikanter. Über das fertige Gericht streut man gehackte Petersilie und serviert Zitronenviertel zum Ausdrücken. — Ich füge außerdem Sahnemeerrettich und Preiselbeerkompott hinzu — und wenn die Zeit noch reicht, Kartoffelpuffer, die man in Restaurants leider viel zu wenig bekommt.

LIEWERKNIEDELEN

500 g Rindsleber
125 g Bauchspeck

Luxemburger Leberklöße

Die Leber sollte von ausgewachsenen Tieren sein, da sie dann gesünder und geschmacklich vorteilhafter ist. — Man schneidet die inneren, härteren Stellen heraus und zieht die äußeren Häute ab. Die Leberstücke durch die feinste Wolfscheibe drehen, gleich zusammen mit dem Speck. In die Masse mischt man Thymian und Majoran, die typischen Lebergewürze, ferner gehackte Petersilie, gewiegte Zwiebeln, Schnittlauch, Eier, Salz, Pfeffer, frische Weißbrotkrumen, geweichtes Brot und Mehl. Alle Zutaten können auf einmal dazugegeben werden, die Masse muß aber nach dem Verrühren gleichmäßig glatt sein. Sie soll so fest sein, daß man Klöße abstechen kann. Mit einem in Wasser getauchten Löffel formt man Klöße, die in kochendem Salzwasser schnell fest werden und dann auf kleinerem Feuer langsam gar ziehen sollen. Darüber streut man im letzten Moment geröstete Zwiebel- und Speckwürfel und reicht dazu Kartoffelbrei und Sauerkrautsalat.

Thymian, Majoran
Petersilie, 4 Zwiebeln
Schnittlauch
3 Eier, Salz, Pfeffer
1/2 Tasse Weißbrotkrumen
2 Brötchen, eingeweicht
3 Eßl. Mehl
Zwiebelwürfel
Speckwürfel

Huhn in Biersauce

POULARDE SAUTEE CHARLEMAGNE

Sie können für das Gericht ein ausgewachsenes Huhn, ein junges Huhn oder ein Hähnchen verwenden. Für die Größe und Fleischmenge sind ja der Appetit und die Personenzahl entscheidend, für die Sie kochen. — Teilen Sie das Huhn in zwei Keulen und zwei Flügel mit den Brüsten. Sie können die Keulen im Kniegelenk noch einmal durchteilen, ebenso Brust und Flügel, damit das Fleisch gerechter geteilt werden kann. Die Stücke salzen, pfeffern und in der Pfanne mit Butter, Thymian, geriebener Möhre, gehackten Zwiebeln und zerschnittenem Lorbeerblatt rösten. Dann löscht man mit Bier und Bouillon, vorher gemischt, ab und läßt das Gericht schmoren. Thymianzweig und Lorbeerblatt zu diesem Zeitpunkt herausfischen, weil ihr Aroma sonst vorschmeckt. Die Flüssigkeit soll etwas einkochen oder mit einer dicken Bratensauce etwas gebunden werden. Gehäutete, zerschnittene Tomaten und die rohen, zerriebenen Hühnerlebern dazugeben. Die Sauce abschmecken und mit einem Schneebesen Butterflocken darunter schlagen. — Mit Bratkartoffeln und Kopfsalat zu Tisch bringen.

1 Huhn und Lebern
Salz, Pfeffer, Butter
1 Zweig Thymian
1 Möhre, 2 Zwiebeln
1 Blatt Lorbeer
1/2 Tasse helles Bier
1 Tasse Bouillon
eventl. 1/2 Tasse
Bratensauce
2 Tomaten, 30 g Butter

Gedämpfter Chicorée mit Schinken

CHICOREE AU JAMBON

Das Wort Chicorée kommt von Zichorie. Unsere Salatpflanze ist eine veredelte Art. — Man rechnet etwa zwei der weißen, herb schmeckenden Spitzen für eine Portion, dies zumindest in Belgien, wo man den Chicorée, Witloof genannt, sehr schätzt. Bei uns kommt man wahrscheinlich auch mit einer oder eineinhalb Stauden aus. Zuerst die Spitzen säubern, den bitteren Stengelteil ausschneiden und die Chicorées in einer Auflaufform mit wenig Butter, Salz und Zitronensaft dünsten. Damit sie nicht zer-

8 Stauden Chicorée
50 g Butter, Salz
Saft einer Zitrone
8 Scheiben
Katen-Schinken
Sauce:
50 g Butter oder Margarine

BELGIEN LUXEMBURG

60 g Mehl
Salz, Pfeffer, Paprikapulver
Messerspitze Kurkuma
(Curry)

fallen, sollte man sie sehr dicht aneinanderlegen und obenauf mit einem Deckel beschweren. Nach 10 Minuten nimmt man sie vom Feuer. drückt die Flüssigkeit aus und umwickelt sie mit dünnen Scheiben von bestem rohem Schinken und legt sie wieder in die Auflaufform. Den Schinken kann man auch in Scheiben oder Streifen über den Chicorée streuen; das erleichtert Ihnen später das Ausstechen der Portionen. Von Butter und Mehl bereitet man eine lichte Mehlschwitze, die mit der Butter-Zitronen-Bouillon des Chicorées gelöscht und zu einer Sauce verkocht wird. Man würzt sie mit Salz, Pfeffer, Paprikapulver und Kurkuma (Currygewürz) und übergießt damit die Chicorée. — Ich gebe außerdem noch Butterflocken und geriebenen Käse obenauf und lasse das Gericht im heißen Ofen oder unter der Grillhitze überkrusten. — Dazu passen Pommes frites und gekochte Rinderbrust.

ROLLEUCH *Hügelkuchen*

550 g Mehl, 30 g Hefe
1½ Tassen warme Milch
1 Teel. Salz
Sonstige Zutaten:
Rosinen, Mandeln
1 Eiweiß
2 Eßl. Aprikosenmarmelade

Man bereitet zuerst einen lockeren Teig aus den angegebenen Zutaten, den man warmstellt, damit sich die Hefe entwickeln kann. Wenn sich der Teig etwas vermehrt hat, schlägt man ihn mit der flachen Hand, bis Blasen entstehen und er sich von den Wänden der Schüssel löst. Er muß nun noch einmal aufgehen und wieder zusammengeschlagen werden. Man stellt ihn dann an einen kühlen Ort für 20 Minuten, um ihn ausruhen zu lassen. Er wird an einem warmen Ort nachher umso besser aufgehen. Den Teig rollt man nun zu einer dicken Wurst aus und schneidet diese in gleichmäßig große Stücke, vermischt mit Rosinen und Mandeln, und formt sie zu Kugeln, die man in eine gemehlte Auflaufform legt. Alle zusammen sollen dann noch einmal in der Form aufgehen, bevor man sie mit geschlagenem Eiweiß bestreicht und im heißen Ofen in etwa 35 Minuten backt. Wenn die kleinen Kuchen aus dem Ofen kommen, streicht man mit einem Pinsel heiße, gelöste Aprikosenmarmelade oder einfach Zitronensaft-Zucker darüber. Die einzelnen Kuchen mit einem Löffel ausstechen und mit Vanillesauce oder Fruchtsaftsirup essen.

TARTE LIEGEOISE *Belgische Torte*

Teig:
200 g Butter, 50 g Zucker
2 Eßl. Öl, einige Tropfen
Vanilleessenz, 2 Eier
1 Päckchen Backpulver
½ Teel. Salz, 450 g Mehl

Butter und Zucker schaumig rühren und nacheinander Öl und Vanilleessenz Eier und das mit dem Backpulver und Salz vermischte Mehl dazufügen. Den Teig gut durchkneten und damit eine gefettete Springform füllen. Den Kuchen im Ofen etwa 20 Minuten lang backen und dann die Oberfläche mit warmer, gelöster Himbeerkonfitüre bestreichen. Nun nochmals 10 Minuten backen, damit die Konfitüre in den Teig eindringen und antrocknen kann. Wenn die Torte aus dem Ofen kommt, sie sofort mit Hagelzucker und mit gehobelten Mandeln bestreuen, sie aber in der Form erkalten lassen. Dazu Schlagsahne reichen. — Diese Torte hat auch in Frankreich viele Freunde gewonnen und sie gehört zum ständigen Back-Repertoire vieler französischer Hausfrauen. — Anstelle der Himbeerkonfitüre können Sie auch rotes Johannisbeergelee verwenden. Der Himbeergeschmack will mir jedoch am besten hierzu passen.

Butter oder Margarine
Überzug:
5 Eßl. Himbeerkonfitüre
Hagelzucker
50 g Mandelhobelspäne
geröstet

Teekuchen CRAMIQUE

Aus dem Mehl, Salz, einem vierten Teil der gesamten Zuckermenge und der in lauwarmem Wasser gelösten Hefe bereitet man einen Ansatz für Hefeteig, der sich in warmer Umgebung entwickeln soll. In der Zwischenzeit verrührt man in warmer Milch die Butter und zerlassene Speckwürfel, löst den restlichen Zucker darin auf und läßt die Sultaninen etwas aufquellen. Nach 20 Minuten Ruhezeit für die Hefe mischt man die Milch mit den Zutaten darunter, ferner die Eidotter und den steifgeschlagenen Eischnee und verknetet das Ganze zu einem Teig, der erneut an einem warmen Ort aufgehen soll. Das dauert jetzt ungefähr eine Stunde. Man knetet den Teig dann noch einmal zusammen und füllt ihn in eine runde, gefettete Springform oder eine Topfkuchenform und backt den Kuchen im mittelheißen Ofen etwa eine Stunde lang. Wenn er abgekühlt ist, bestreichen Sie ihn mit heißer Himbeer- oder Erdbeerkonfitüre.

900 g Mehl, 1/2 Teel. Salz
200 g Zucker, 50 g Hefe
1 Tasse Milch, 30 g Butter
30 g fetten Speck
125 g Sultaninen, 2 Eier
2 Eßl. Himbeer- oder
Erdbeerkonfitüre

HOLLAND IST DAS LAND, in dem Milch und Honig fließen. Wohl nirgends sonst ißt man so üppig, so oft, so ausgiebig und so gern wie in diesem gastfreien Lande. So ist ein holländisches Steak doppelt so dick als woanders, es füllt den ganzen Teller, und man wird fast erdrückt von den guten Gemüsen mit Butter- und Eiersauce, die man in der ganzen Welt »die Holländische« nennt. Das Meer ist freigiebig mit Fischen, Muscheln, Garneelen und Krabben. Auch die in der ganzen Welt populär gewordenen zarten Matjes-Heringe kommen aus Holland. Die fruchtbaren Niederungen liefern Milch, Sahne und Butter, aus denen Edamer, Gouda und viele andere Sorten holländischer Käse hergestellt werden. Und was noch im eigenen Lande etwa fehlt oder aus klimatischen Gründen nicht angebaut werden kann, das kommt auch heute, nach dem Verlust der Kolonien, noch in reichem Maße aus Übersee.

Man kann nicht von der holländischen Küche sprechen, ohne die »Nederlandse Koffietafel« zu nennen, diesen überreich gedeckten Tisch für den Nachmittag. Mit welchen Gaben ist er versehen! Nicht nur mit Kaffee, Sahne und Gebäck, sondern auch mit Schinken und Wurstsorten, gebratenem Fleisch und Käse, Pikantem und Süßem in Hülle und Fülle. Und ähnlich sieht auch das holländische Frühstück aus. Auch der Tee, mit Kluntjes und Kuchen von der Hausfrau zelebriert, wie im benachbarten Ostfriesland, ist sehr beliebt. Wenn die Frauen im Winter mit den Füßen auf den Feuerstövchen am Teakholztisch sitzen und geruhsam ihre Teestunde halten, kann sie der nasse Sturm vom Meer nicht schrecken.

Außer den deftigen einheimischen Gerichten findet man in Holland auch Einflüsse aus seinen früheren überseeischen Kolonien. So gibt es in den Städten, vor allem im schönen Amsterdam, eine ganze Reihe von indonesischen Restaurants, die sehr gut sind und von Holländern auch lebhaft besucht werden. Gutes Essen und gute Getränke haben ja auf die Holländer noch nie ihre Wirkung verfehlt.

Am Schluß des Tages sieht der Straßenpassant, da man in Holland Zäune und Gardinen nicht liebt, die Familie im Hause gemütlich um den Tisch sitzen, beim Tee mit vielen reichen Kuchenarten, Waffeln, Pfannkuchen und Butterbrötchen, oder auch beim Kakao, der in Holland noch sehr viel mehr getrunken wird als anderswo und aus dem mit Sahne und Milch die herrlichen holländischen Schokoladen hergestellt werden.

Niederlande

NIEDERLANDE

PEENSOEP *Möhrensuppe*

4 Eßl. Butter, 6 Möhren
1 Tasse Selleriewürfel
1 Zwiebel
1 l kräftige Rindsbouillon
oder 4 Eßl. Fleischextrakt
in 1 l Wasser gelöst
3 Eßl. Mehl, Salz
1 Messerspitze Muskatnuß
½ Teel. Pfeffer
2 Eßl. Petersilie

Holland ist für seinen Gemüseanbau berühmt. Die ersten Frühjahrsgemüse auf unserem Tisch, wie Spargel, Tomaten, Erbsen, Gurken und Möhren, kommen aus Holland. In Holland wird selbstverständlich Gemüse reichlich und in vielerlei Gerichten gegessen. Diese Möhrensuppe, die man bei uns kaum kennt, ist trotz ihrer bescheidenen Aufmachung eine echte Spezialität. — Zuerst läßt man Butter in einer Kasserolle zerschmelzen und bräunt darin die in hauchdünne Scheibchen geschnittenen Möhren, den Sellerie und die Zwiebelwürfel an. Unter Umrühren soll dieses Rösten etwa 15 Minuten dauern. Die Flamme nicht zu groß stellen, damit die Butter nicht verbrennt. Mit der Bouillon ablöschen und während weiterer 45 Minuten bei kleiner Flamme die Gemüse musig kochen lassen. Im Elektromixer oder durchs Sieb gestrichen, wird dann feines Püree daraus, das wieder in die Kasserolle und aufs Feuer kommt. Dazu gießt man das mit Wasser angerührte Mehl und würzt mit Salz, Muskatnuß und Pfeffer. Bitte weiter umrühren, damit die Suppe nicht anbrennt. Die Würzung noch einmal korrigieren und die Suppe servieren. Streuen Sie über jeden Teller Suppe frisch gehackte Petersilie. — Ich möchte dieses Originalrezept noch ergänzen und Ihnen raten, als Einlage Streifen von gekochtem Schinken oder Würfelchen von geräucherter Gänsebrust zu versuchen. Setzen Sie obenauf eine Haube ungesüßter, geschlagener Sahne, die dann auf der heißen Suppe langsam zerläuft. Servieren Sie dazu Toastscheiben, mit Butter und geriebenem Meerrettich bestrichen.

PALINGSOEP *Holländische Aalsuppe*

500 g frischen Aal
Salz, 50 g Kapern
1 Bund Petersilie
45 g Butter, 45 g Mehl
Pfeffer, ½ Zitrone
½ Teel. Zucker, 4 Eßl. Sahne
1 Eigelb, ½ Tasse Weißwein

Für diese Aalsuppe verwendet man den Aal nur frisch, nicht geräuchert. Am besten läßt man mittelgroße Aale gleich beim Fischhändler schlachten, abziehen und in Portionsstücke zerschneiden. Diese Arbeit ist nämlich nicht empfehlenswert und muß gelernt sein, weil Aale ein unglaublich zähes Leben haben. — Die Aalstücke wäscht man in kaltem Wasser, bis sie kein Blut mehr abgeben, setzt sie in Salzwasser zum Kochen auf und läßt abkühlen, wenn die Aale nach ungefähr 15 Minuten gargezogen sind. Die Aalstücke nimmt man heraus und hält sie auf einer Platte warm. In die zurückgebliebene Bouillon rührt man Kapern und Petersilie und läßt noch einmal aufkochen. Durch eine lichte Mehlschwitze oder mit Mehl verkneteter Butter wird die Bouillon gedickt. Diese weiße Suppe gibt man über die Aalstücke. — Ich selbst verbessere die Suppe gerne mit Pfeffer und Zitronensaft, runde mit etwas Zucker ab und gebe mit Sahne verquirltes Eigelb dazu und etwas Weißwein. Der Säureanteil darf nicht zu groß werden, weil sonst die Sahne gerinnt. Das hat aber keine Nachteile, weil die Suppe dann immer noch recht apart schmeckt. Als Einlage nehme ich gebrühte, gehäutete und zerschnittene Tomaten und Paprikaschoten in Würfeln oder Streifen. Auch feine Streifen von gekochtem Schinken passen dazu.

Amsterdamer Rotbarschsuppe

ROODBAARSSOEP

500 g Rotbarsch mit Kopf
1/2 Lorbeerblatt, 1 Zwiebel
3 Gewürznelken
75 g Butter, 25 g Mehl
Salz, Pfeffer
1 Messerspitze Macis
1/2 Zitrone
1 Petersilienwurzel
1 Teel. Zucker
1 Tasse Langustinen-
schwänze
1/2 Tasse Erbsen
1/2 Tasse Tomatenstückchen
4 Eßl. Sahne

Fischgerichte spielen in der holländischen Küche eine große Rolle. Die Hausfrau besitzt dort eine breite Skala von Rezepteigenheiten, die erst die Vielfalt der Landesküche ausmacht. Für Amsterdamer Rotbarschsuppe verwendet man in Holland nicht etwa nur Rotbarsch, obgleich dieser Fisch mit seiner angenehmen Fettverteilung gut dafür geeignet ist. — Man schneidet die Filets heraus und entfernt die größeren Gräten. Der Kopf und die Gräten werden mit Lorbeerblatt, Zwiebel und Gewürznelken etwa 1 Stunde gekocht. Währenddessen schneidet man die Filets in markstückgroße Stücke, die man in Butter goldbraun brät. Anschließend stäubt man mit Mehl, damit, nach dem Auffüllen mit der Fischbouillon, die Suppe die nötige Bindung erhält. Würzen Sie nur wenig mit Salz und Pfeffer und verwenden Sie außerdem Macis, etwas abgeriebene Zitronenschale und gewiegte Petersilienwurzel. Runden Sie mit Zucker den Geschmack ab. Das Gericht nun kurz aufkochen lassen. Dabei zerfallen die Fischstücke. Als Einlage kann man Krebs- oder Langustinenschwänze verwenden. Sie sehen in der weißen Suppe hübsch aus, grüne Erbsen und Tomatenstücke machen sie noch bunter. — Servieren Sie die Suppe mit gerösteten Brötchenhälften und einem Klecks halbsteif geschlagener Sahne auf jedem Teller.

Fischklöße in roter Sauce

VISBALLETJES IN
RIJNKREEFTENSAUS

1 kg Seefische
4 Zwiebeln, 50 g Butter
oder Margarine
1 Stange Porree, 2 Brötchen
Salz, Paprikapulver
Pfeffer, 2 Eier
Sauce:
45 g Mehl, 50 g Butter
4 Eßl. Sahne, Salz
2 Eßl. Krebsbutter
(im Handel zu kaufen)
1/2 Tasse Krebs- oder
Langustinenschwänze

Hierzu kauft man das gerade am meisten und preiswertesten angebotene Fischfleisch. Zu Hause zieht man die Haut ab und nimmt die Gräten heraus. Das geht sehr schnell, wenn man sich mit der Anatomie der Fische etwas vertraut gemacht hat. Schwanzstücke erleichtern Ihnen diese Arbeit, sie haben nur eine starke Mittelgräte. — Man zerschneidet das Fischfleisch in Stücke, damit es leicht durch den Fleischwolf geht. In der Pfanne läßt man die dünnen Zwiebelscheiben mit Butter goldbraun werden, läßt sie abkühlen und dreht sie zusammen mit dem Fisch, den Porreestreifen und dem eingeweichten Brot durch den Fleischwolf. Die entstandene Masse wird mit Salz, Paprika, Pfeffer und den ganzen Eiern zu einer gleichmäßigen Farce vermischt. Mit einem Eßlöffel Klöße abstechen, diese in leicht kochendes Salzwasser legen und bei geringer Temperatur gar ziehen lassen. Für die Sauce röstet man das Mehl in der Butter an und löscht

NIEDERLANDE

mit dem Kochsud von den Klößen ab. Unter die leicht gebundene Sauce zieht man Sahne, Salz und die rote Krebsbutter und versetzt sie mit Krebsschwänzen oder Langustinenschwänzen (aus der Tiefkühltruhe). Die inzwischen gegarten und abgetropften Klöße werden nun mit der Sauce übergossen und das Gericht in einer Kasserolle noch einmal aufgekocht. — Reichen Sie dazu körnigen Reis oder Butterkartoffeln.

GESTOOFDE SCHELVIS

Schellfisch im eigenen Saft

1 kg Schellfisch
Salz, Zitronensaft
Butter, Pfeffer, Muskat
Zitronenscheiben
1 kg frisches Gemüse
(zu gleichen Teilen:
Blumenkohl, Erbsen, grüne
Bohnen, Sellerieknolle und
Selleriegrün, Zwiebeln und
Porree)
2 Tassen Zwiebackbrösel
1 Tasse Bouillon
2 Eßl. Butter
½ Tasse Weißwein

Ein Gericht für den Sommer, wenn alle Gartengemüse reichlich und preiswert vorhanden sind. Schellfisch kauft man beim Fischhändler in großen, schieren Stücken, damit man zu Hause die dicken Gräten nicht erst entfernen muß. Das Fischfleisch schnell unter dem kalten Wasserstrahl waschen, dann abtrocknen, salzen und mit wenig Zitronensaft beträufeln. Die Zitronensäure soll dem Fleisch seine weiße Farbe erhalten und es fest werden lassen. In eine mit Butter ausgestrichene feuerfeste Form legt man dicht aneinander die Fischscheiben. Darauf mit der Pfeffermühle und der Muskatnußreibe etwas Gewürz reiben und auf jede Fischscheibe eine randlose Scheibe Zitrone legen. Die angegebenen Gemüse im Elektromixer pürieren oder auf dem Küchenbrett fein wiegen und damit die Fische bedecken. Darauf streut man reichlich feingestoßenen Zwieback, ein typisch holländisches Gebäck. Eine Mischung aus Bouillon, zerlassener Butter und Wein gießt man über das Gericht und läßt es im Ofen (20 Minuten) garziehen. Der Zwieback soll sich mit der Flüssigkeit zu einer sämigen Sauce verbinden. — Dazu schmeckt gut Kartoffelsalat und Kartoffelbrei oder ein bunter Kartoffelsalat mit Scheiben von Gewürzgurken, Radieschen und hartgekochten Eiern in Vierteln.

VISSCHOTEL MET MOSTERDSAUS

Fisch im Topf mit Senfsauce

1 kg Seefisch
Salz, 4 große Zwiebeln
30 g Butter oder Margarine
Sauce:
50 g Mehl
2 Tassen Rinds- oder
Hühner-Bouillon
50 g zerlassene Butter
½ Tasse Sahne
2 Teel. scharfen Senf
oder 4 Eßl. milden Senf

Das wichtigste an diesem Gericht ist die Sauce. Sie muß sehr sorgfältig abgeschmeckt werden, wenn man Freude an diesem Essen haben will. Auch achte man auf einen guten Senf, der hell sein und einen kräftigen Senfgeschmack haben soll. Dunkle, magere Sorten eignen sich hierzu nicht. Wer es hat, kann das berühmte englische Senfpulver nehmen — aber nur einen halben Teelöffel, weil es sehr scharf ist. — Das Fischfleisch wird in Salzwasser etwa 7 Minuten gekocht, von Gräten und Haut gelöst und in passende Stücke zerteilt. Die Zwiebelscheiben in Butter goldbraun rösten und mit den Fischstücken vermengen. Zubereitung der Sauce: Das Mehl wird mit etwas Wasser flüssig gerührt und in die kochende Bouillon gegeben. Dadurch entsteht eine weiße Sauce, unter die man mit einem Schneebesen die zerlas-

NIEDERLANDE

sene Butter und die Sahne rührt. Diese Sauce schmeckt man nun ab mit Senf, Salz, Pfeffer, Zitronensaft und Zucker. Geriebenen Meerrettich können Sie unter die Sauce ziehen, wenn Sie scharfe Gerichte gewohnt sind. In eine feuerfeste Glasform gibt man dann zuunterst eine Schicht Fisch mit Zwiebelscheiben, darauf eine Schicht Kartoffelbrei und wieder Fisch, begossen mit der Senfsauce. Die oberste Schicht soll Kartoffelbrei sein, den man mit geriebenem Käse bestreut. Das Gericht läßt man im heißen Ofen braun überkrusten.

oder ½ Teel. Senfpulver
Salz, Pfeffer
Saft einer halben Zitrone
Zucker, 2 Teel. geriebenen Meerrettich
1 kg Kartoffelbrei
½ Tasse geriebenen Käse

Gedünsteter Heilputt auf Spinatbett

HEILBOT MET SPINAZIE

Heilbutt ist der größte Fisch, den wir in der Küche verwenden, abgesehen von einigen sehr großen Thunfischen, die aber selten den Weg zu unseren Fischgeschäften finden. Der Heilbutt gehört zu den Plattfischen, wie Scholle, Seezunge, Rotzunge und Steinbutt. Beim Fischhändler erhält man rautenförmige Stücke mit dicken Grätenknochen und einer dunklen Haut. Das Fleisch ist sehr weiß und fetthaltig. Heilbutt gilt deshalb als »Winterfisch«. — Für dieses seltsame Gericht salzt man die Fischstücke, dreht sie in Mehl, bräunt sie mit Zwiebelscheiben in Butter goldbraun an, gießt saure Sahne oder Joghurt daran und läßt während 20 Minuten dünsten. In ein anderes Geschirr legt man Spinatblätter, die nur einmal kurz überbrüht wurden, ohne Wasser auf Butterflocken. Diesen Spinat dünstet man bei geschlossenem Deckel ebenfalls, setzt dann die Heilbuttschnitten darauf, gießt die entstandene Buttersauce über den Fisch und ferner die inzwischen bereitete Butter-Eier-Sauce. Sie wird so gemacht: 2 Eigelbe, Zitronensaft und Salz im Wasserbad so lange rühren, bis eine cremige Sauce entsteht. Dann flüssige, lauwarme Butter nach und nach dazurühren. Nicht zu heiß werden lassen, weil Roheiweiß bei 80° C gerinnt. Im heißen Ofen läßt man bei starker Oberhitze die Sauce leicht verfärben. — Dazu passen Bratkartoffeln oder Kartoffelschnee.

500 g Heilbuttscheiben
Salz, Mehl
2 Zwiebeln, 50 g Butter
1 Tasse saure Sahne oder Joghurt
1 kg Spinat
50 g Butterflocken
Butter-Eier-Sauce:
2 Eigelbe
1 Teel. Zitronensaft
1 Prise Salz
75 g Butter

Fischklopse

VISKOEKJES

Fast alle nordischen Landesküchen kennen Rezepte für Fischklöße. Merkwürdig, daß dieses Gericht bei uns kaum bekannt ist. Leider sind ja auch Fischsuppen bei uns nicht populär, obgleich sie geschmacklich viele Feinheiten aufweisen können. — Nun zu den Fischkoekjes. Man weicht die rindenlosen Brötchen oder Weißbrotscheiben in Milch gründlich auf, drückt sie wieder aus und zerpflückt sie, so daß ein nicht zu feuchter, gleichmäßiger Teig entsteht. (Ist die Masse zu feucht, was durch zuviel Milch und mangelhaftes Ausdrücken der Brotscheiben kommen kann, rührt man unter den

8 Scheiben rindenloses Weißbrot
1½ Tassen Milch
500 g Goldbarschfilet
200 g Butter oder Margarine
2 verquirlte Eier
2 Teel. Salz
1 Teel. Pfeffer

NIEDERLANDE

¼ Teel. Muskatnuß
3 Eßl. gehackte Petersilie
Mehl

Teig noch etwas Mehl oder geriebene Weißbrotkrumen.) Die gräten- und hautlosen Fischfilets dreht man zweimal durch die feine Scheibe des Fleischwolfs und mischt dazu die Hälfte der zerlassenen Butter, ferner Eier, Salz, Pfeffer, Muskatnuß und gehackte Petersilie. Wenn die Masse gleichmäßig durchgemischt ist, formt man aus ihr mit nassen Händen Bratlinge, die in Mehl gedreht und in heißer Butter gebraten werden. Sie zerfallen nicht so leicht, wenn man sie nach dem ersten Wenden mit Pergamentpapier bedeckt und langsam durchziehen läßt. — Dazu Gemüse oder Kartoffelsalat reichen.

RUNDERLAPPEN
Seeländer Schmorsteaks

4 dicke Rindssteaks
25 g Margarine oder Öl
einige gekochte Schinkenschwarten, 1 Tasse gehackte rohe Möhren, 1 Tasse rohe Kartoffelscheiben
1 Tasse Selleriegrün und -knolle in Würfeln
2 Tassen Rindsbouillon
2 Tassen Hühnerbouillon
4 Tomaten, 2 Zwiebeln
2 Eßl. Mehl
3 Eßl. Wasser
2 Teel. Sojasauce

Von den Steaks alle Fett- und Sehnenteile entfernen und sie sehr dünn klopfen. In der Pfanne, in wenig heißem Fett, die dünnen Fleischscheiben auf beiden Seiten rasch braun braten. Eine hohe Ofenpfanne, wie sie zum Braten von Gänsen benutzt wird, mit den Speckschwarten auslegen. Darauf dick die feingehackten Möhren, Kartoffelscheiben, Sellerieknollenwürfel und das Selleriegrün streuen. Die gebratenen Steaks auf das Gemüsebett legen und die Bouillon darübergießen. Die Steaks brauchen nicht mit der Flüssigkeit bedeckt zu sein, weil das Gemüse beim Garen zusammenfällt. Ab und zu umdrehen und zerschnittene Tomaten, Zwiebelscheiben, angerührtes Mehl und Sojasauce dazufügen. Im Ofen soll das Gericht 40 Minuten lang schmoren. Dann die Steaks herausstechen, die Schwarten in feine Streifen schneiden und mit dem Gemüse zu einer Sauce verkochen. Damit die Steaks übergießen und sie mit Kartoffeln oder Reis servieren. Auch Kartoffelbrei oder gebutterte Spaghetti passen gut dazu.

GEVULDE KALFSBORST
Gefüllte Kalbsbrust

1 ganze Kalbsbrust
Salz, Pfeffer, Bratfett
Füllung:
250 g Schweinehackfleisch
1 geschlagenes Ei, Salz
¼ Teel. Pfeffer, gemahlen
2 Eßl. Petersilie
6 kleine Gewürzgurken
2 hartgekochte Eier
3 mittlere Kartoffeln
6—8 kleine Zwiebeln

Dieses Gericht gibt es natürlich auch bei uns. Die Art der Füllung wird jedoch variiert, und darauf kommt es schließlich an. Man achte auf die Qualität der Kalbsbrust. Sie sollte dicke Fleischschichten haben, die beim Braten noch aufgehen. Andernfalls erhält man kein vorteilhaftes Gericht. Hat der Fleischer keine erste Qualität, kann man die gleiche Füllung auch auf sehr dünn geklopfte Kalbsteaks streichen, diese einrollen und mit einem Holzspan festhalten, braten und wie Rouladen behandeln. Doch gehen wir jetzt von guter Kalbsbrustqualität aus. — Für die Füllung mischt man die Hackfleischmasse mit dem Ei, Salz, Pfeffer und der gehackten Petersilie. Dann halbiert man diese Fleischmasse und versetzt die eine Hälfte mit den Gurken und harten Eiern. Die andere Hälfte wird um diese herumgeknetet,

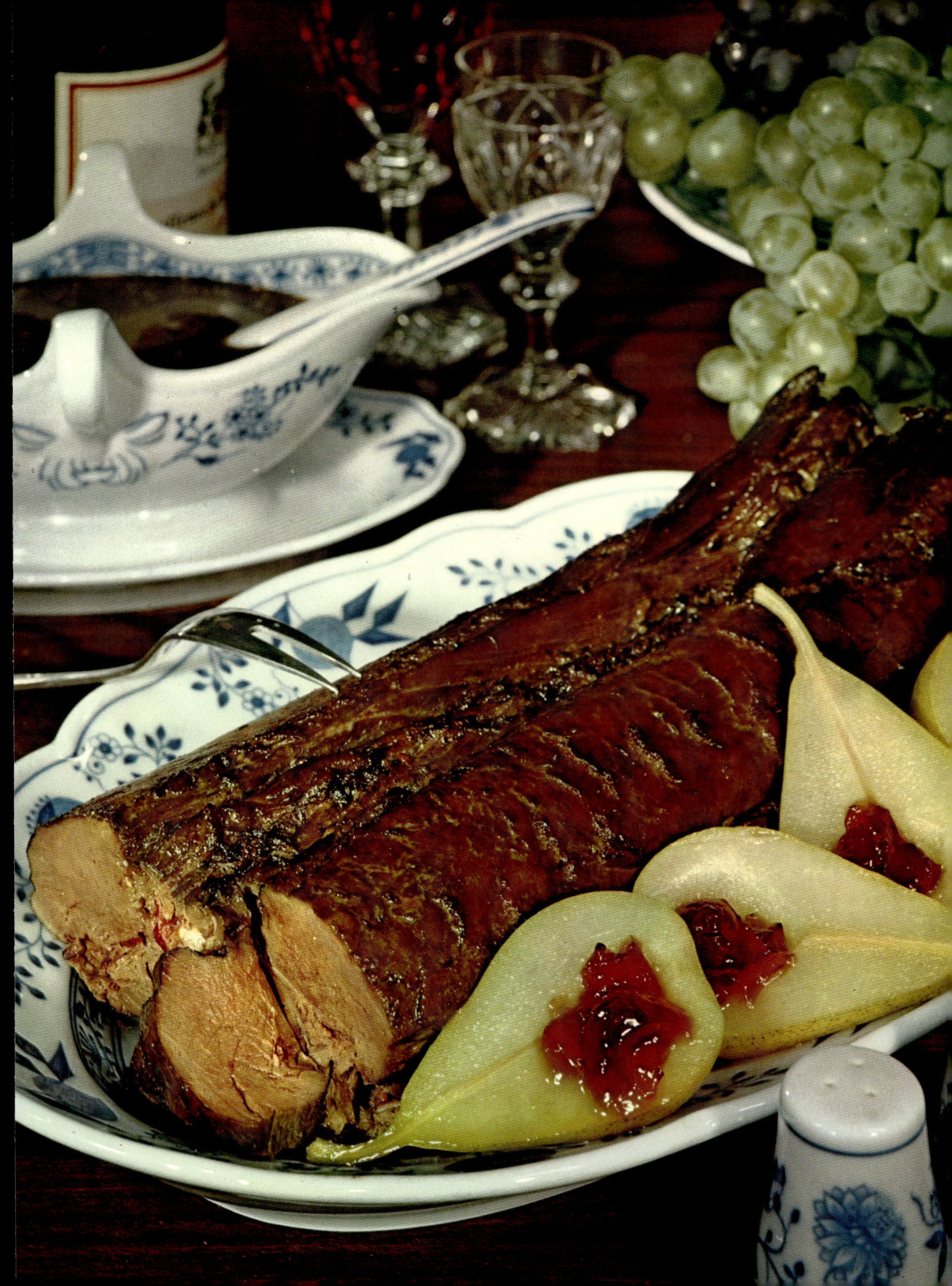

REHRÜCKEN »BADEN-BADEN«

Der Rehrücken gehört zu den typisch deutschen Küchendelikatessen. Noch können wir genügend Nachschub bekommen, auch wenn es sich nicht mehr ausschließlich um deutsche Rehe handelt: Polen und die Tschechoslowakei liefern ihre Überbestände aus den waldreichen Gebieten. Ein ganzer Rehrücken reicht für 6 bis 8 Personen, so daß man bei kleinerem Kreis mit einem halben Rücken vorliebnimmt. Bei diesem Gericht wird der Rücken einmal *nicht* gespickt. – Für das Spicken bei anderen Rehrücken-Varianten möchte ich einige Hinweise geben: Es ist falsch, einen stark geräucherten und stark gesalzenen Speck zu verwenden. Es kommt beim Spicken ausschließlich auf die Wirkung des Fettes an, weil Wildfleisch bekanntlich kein Fett besitzt und daher beim Braten stets die Gefahr besteht, daß das Fleisch in der Ofenhitze austrocknet und zäh wird. Ein geschmacklich deftiger Speck aber übertönt den zarteren Rehgeschmack. Kenner nehmen nicht selten den »grünen« Speck, also ganz frischen. So verhält es sich auch beim gespickten Hecht – diese Abschweifung sei in diesem Zusammenhang gestattet –, dessen Eigengeschmack nicht selten durch den Räuchergeschmack des Spickspecks überschattet wird. Ein bekannter Küchenmeister verriet mir erst kürzlich, daß er Rehrücken und Hecht nicht mehr nach der alten überlieferten Methode spicke, sondern nur noch die Oberfläche mit »grünem« Speck in dünnen Scheiben überdecke. Das ist eine Abwandlung der bereits bei kleinem Wildgeflügel üblichen Art, Speckscheiben um die hitzeempfindliche Brust zu wickeln und so zu braten.

Rezept auf Seite 137

so daß sie einen Mantel bildet. Die Kalbsbrust salzt und pfeffert man und schneidet sie von der Seite her auf, damit man eine Tasche für die Füllung erhält. Diese Tasche darf nur an einer Seite offen sein, weil sonst beim Braten der Saft ausläuft. Die Öffnung mit grobem Faden zunähen. Die gefüllte Kalbsbrust in der Pfanne mit Fett braun anrösten und dann rohe Kartoffelwürfel und Perlzwiebeln dazufügen. Im Ofen brät man das Gericht etwa 45 Minuten. Das Fleisch ist fertig, wenn beim Einstechen mit der Gabel nur noch klarer, farbloser Saft austritt. — Verwerten Sie den beim Aufschneiden ausfließenden Saft mit bei Tisch. Dazu Butterkartoffeln und Kopfsalat servieren.

Apfel-Koteletts — HETE BLIKSEM

»Heißer Blitz« sagt man in Holland zu diesem Gericht. Vielleicht, weil so viel Pfeffer dazu gebraucht werden soll. In Holland wird ganz allgemein auch sehr viel schärfer gegessen als bei uns. — Man nimmt einen hohen Topf, in den zuerst gewürfelte rohe Kartoffeln, Zwiebeln in Scheiben, gewürfelte, geschälte Äpfel und die Bouillon kommen. Die Flüssigkeit verdampft zum Teil, den Rest saugen die Zutaten auf und werden musig. Dazu kommt der gemahlene weiße Pfeffer und das Salz. Die Koteletts auf beiden Seiten richtig braun rösten. Danach brät man die Würste gar. Zum Anrichten legt man um die zum Hügel geformte Apfel-Kartoffelmasse abwechselnd die gebratenen Koteletts und die Bratwürste. — Dieses Gericht hat eine gewisse Ähnlichkeit mit dem rheinischen und schlesischen »Apfel und Kartoffel«. Dort ißt man dazu allerdings gebratene, aufgeschnittene Blutwürste, die im Rheinland mit Rosinen versetzt sind. Diese Rosinen-Blutwurst ist übrigens die älteste Form der Wurst überhaupt. Im alten Rom kannte man sie unter dem Namen »bodinus« und davon leitet sich der Name des französischen Blutpuddings »bodin« und unser Begriff »Pudding« ab.

5 große Kartoffeln
2 große Zwiebeln
5 große Äpfel
4 Tassen Bouillon
2 Teel. gemahlenen, weißen Pfeffer, 2 Teel. Salz
4 kleine Schweinskoteletts
12 Miniatur-Bratwürstchen oder entsprechend weniger größere Würstchen

Jägerpastete — JACHTSCHOTEL

Zuerst die Zwiebeln in dünne Scheiben schneiden und sie im heißen Fett mit den Speckwürfeln braun werden lassen. Dazu Apfelspalten mit Schale, das gehackte Fleisch und die Gewürze mischen. Fleißig umrühren, damit sich nichts ansetzt. Diese Mischung in eine mit Margarine ausgestrichene, feuerfeste Form schütten, mit Tomatenscheiben belegen und mit einer Schicht abgeschmecktem Kartoffelbrei abdecken. Die Pastete im Ofen überbacken. — Die Zusammensetzung dieser Füllung können Sie natürlich sehr verschieden machen. Alle Bratenreste, auch von Geflügel, passen dazu und können noch mit Gemüse gemischt werden. Es kommt dann sehr wesentlich auf die Würzung an. — Erbsen und Möhren und helles Bier dazu reichen.

5 große Zwiebeln
100 g Butter oder Margarine
100 g Speck, 2 Äpfel
250 g Schweinehackfleisch
Salz, Pfeffer, Paprikapulver
1/2 abgeriebene Zitronenschale
1/2 Teel. Kümmelkörner
1 Eßl. Margarine, 2 Tomaten
1 kg Kartoffelbrei

NIEDERLANDE

FILOSOOF

6 Kartoffeln
½ Tasse Kaffeesahne
125 g Butter, 3 Teel. Salz
½ Teel. Muskatnuß
3 Zwiebeln
3 Tassen Hackfleisch
¾ Tasse Bouillon
1 Lorbeerblatt
1 Teel. Pfeffer
1 Messerspitze Gewürznelken, 2 Paprikaschoten
½ Tasse Weißbrotkrumen oder ½ Tasse geriebenen Käse, Butterflocken, 1 Bund Petersilie, 1 Bund Kerbel
2 Blätter Liebstock
1 Zweig Majoran und Rosmarin

Fleischauflauf mit Kartoffeln

Warme Pellkartoffeln werden nach dem Schälen mit dem Stampfer zu Mus zerdrückt, mit Sahne, 3 Eßlöffeln Butter und 2 Teelöffeln Salz verrührt. Wenige Striche auf der Muskatreibe als Gewürz genügen, nicht mehr! — In einer Bratpfanne läßt man die restliche Butter zergehen und dünstet darin die Zwiebelscheiben an. Unter fortwährendem Umrühren kommen dazu: das Hackfleisch, die Bouillon, die Gewürze und die Paprikaschoten in Streifen. Die Flüssigkeit verdampft, und es bildet sich eine gleichmäßige, gebundene Gemüse-Fleischmasse. In eine gebutterte Auflaufform füllt man zuunterst eine Schicht Kartoffelpüree, dann eine Schicht Fleisch und wiederholt das zweimal, bis oben wieder eine Kartoffelschicht ist, die mit Weißbrotkrumen und Butterflocken bestreut wird. Geriebener Käse kann anstelle der Krumen verwendet werden. Ich empfehle Ihnen, in die Fleischmasse eine Mischung von gehackten Küchenkräutern zu streuen, die dem Gericht in genügender Menge eine feine, frühlingshafte Note verleihen. Aber keine Salatkräuter verwenden, wie Dill, Borretsch, Zitronenmelisse und Estragon. Dafür eignen sich außer krauser Petersilie noch Kerbel, Liebstock, Majoran und Rosmarin oder Basilikum besonders gut. — Dazu ißt man Tomatensalat oder marinierte Stäbchen Sellerie und Rote Beeten in einer Salatsauce von hartgekochtem Eigelb, Zitronensaft und Olivenöl.

KERRY KOOLSCHOTEL

1 kg Weißkohlblätter
Wasser oder Bouillon
1 Knoblauchzehe
1 Lorbeerblatt
2 Gewürznelken
1 große Zwiebel
3 Teel. Salz, 1 Teel. Pfeffer
4 Eßl. Butter, 3 Eßl. Mehl
1½ Tassen Sahne
1 Eßl. Curry
¼ Tasse Weißbrotkrumen
¼ Tasse Erdnüsse

Kohleintopf mit Curry

In langer Kolonialzeit hat die holländische Landesküche viele Gerichte »von drüben« aufgenommen und dieses Gericht hier stammt ohne Zweifel aus den niederländischen Besitzungen. Es ist anzunehmen, daß der Kohl eine holländische Zutat ist. — Zuerst kocht man in Wasser oder Fleischbouillon die streifig geschnittenen, gewaschenen Weißkohlblätter, zusammen mit Knoblauch, Lorbeerblatt und den Nelken, die man in die Zwiebel steckt. Dadurch kann man diese stark aromatischen, kleinen Gewürze nach dem Auskochen wieder leicht entfernen. Man läßt 10 Minuten kochen, gießt das Wasser ab und entfernt dann die Gewürze. Die gekochten Kohlblätter legt man in eine gebutterte, feuerfeste Auflaufform und gibt Salz und Pfeffer dazu. Für die Sauce läßt man in einem anderen Gefäß die Butter zergehen, verrührt mit einem Holzlöffel Mehl darin, bis eine geschmeidige, klumpenfreie Masse entsteht, löscht mit Sahne ab und wartet den Kochpunkt und das Festwerden des Mehles ab. Die Sauce soll leicht dickflüssig sein. Jetzt kommt Curry dazu, der ganz darin verarbeitet werden muß. Man gießt die Sauce über die Kohlblätter, streut eine Mischung von Weißbrotkrumen und gewiegten Erdnüssen darüber und überbackt das Gericht im heißen Ofen. — Als Beilage zu vielen Braten oder zu kaltem Roastbeef zu empfehlen.

Überbackener Chicorée

Anstelle der Endivien, die im Originalrezept vorgeschrieben sind, nehme ich selbst lieber Chicorée. Auch kann man beide Salatpflanzen nehmen und außerdem noch vorgekochte Sellerieknollenstreifen und die Blätter der Selleriepflanze dazu verwenden. — Man schneidet die Stengel ab und entfernt die harten Blattspitzen. Die Stauden sollen jedoch ganz bleiben. Sellerieknollen werden geschält und in dicke Scheiben und diese in Stäbchen geschnitten. Die zarten Blätter der Sellerieknolle mit dem Wiegemesser zerkleinern. Alle Zutaten 5 Minuten wallen lassen, dann kalt abschrecken. Um jede Chicoréestaude wickelt man eine dünne Scheibe rohen Schinken und legt sie dicht zusammen mit den Selleriestäbchen in eine gebutterte feuerfeste Glasform. Darüber streut man Scheiben der hartgekochten Eier, ferner Tomatenscheiben, und gießt die zerlassene Butter dazu. Würzen Sie mit Muskatnuß, Salz und Pfeffer und backen Sie das Gericht im heißen Ofen 15 Minuten lang. — Ich gebe Ihnen noch verschiedene Tips für Variationen: Sie können über das Gericht eine weiße Frikasseesauce gießen oder Kartoffelbrei darüberstreichen. Auch mit geriebenem Käse kann eine krustige, braune Schicht erzielt werden. Streuen Sie noch gehackte Sellerieblättchen oder mit Zwiebeln angebräunte Selleriestreifen darauf und beträufeln Sie mit etwas Sojasauce. — Als Beilage zu Frikandellen zu empfehlen.

6 Chicoréestauden
½ Sellerieknolle
Selleriegrün
6 dünne Scheiben rohen Schinken, Butter
6 hartgekochte Eier
4 Tomaten
4 Eßl. zerlassene Butter
¼ Teel. gemahlene Muskatnuß, Salz
Cayennepfeffer

Gebackene Artischocken nach Edamer Art

Die Artischocken stutzen, indem man mit einer Küchenschere die Blattspitzen entfernt, dann die Stiele kurz abschneidet und die ganzen Artischockenblüten, die sich im Inneren befinden, herauslöst. Die Böden in Salzwasser mit einem Schuß Essig 45 Minuten lang kochen. Dann auf einem Sieb abtropfen. Während der Kochzeit eine weiße Sauce bereiten. Das Fett in der Kasserolle erhitzen, Mehl dazurühren und kurz dünsten. Mit Buttermilch aufgießen und zu einer sämigen Sauce verrühren. Diese mit Zitronensaft, Salz und Pfeffer abschmecken. Die Artischocken auf ein Blech oder in eine feuerfeste Form legen, sie mit der Sauce übergießen, dick mit gerie-

4 große Artischocken
Salz, Essig, 50 g Butter oder Margarine, 1 Eßl. Mehl
½ Eßl. Stärkemehl
½ l Buttermilch
Saft einer halben Zitrone
Pfeffer
1 Tasse geriebenen Edamer Käse

NIEDERLANDE

benem Edamer bestreuen und das Gericht im heißen Ofen schnell überbacken. Der Käse soll sich mit der Sauce verbinden und eine saftige Kruste bilden.

Serviettenkloß mit Graupen

2 Tassen feine Perlgraupen
250 g Langkornreis
1 Tasse kernfreie Rosinen
10 weiche, große Backpflaumen
1 Tasse Korinthen
½ Tasse geschnittenes Zitronat
½ Tasse geschnittenes Orangeat
Salz, Pfeffer

Graupen und Reis mehrmals waschen. Die Rosinen, Backpflaumen und Korinthen mit kochendem Wasser übergießen, damit sie aufquellen. Eine große, weiße Serviette oder ein ähnliches Tuch ausbreiten und mit Wasser anfeuchten. Darauf kommen nacheinander eine Schicht Graupen, Zitronat, Backpflaumen, Rosinen, Reis, Korinthen, Orangeat, Graupen und so weiter, bis alle Vorräte verbraucht sind. Zwischen die Schichten feines Salz und wenig Pfeffer streuen. Die Serviette dann oben kreuzweise übereinanderschlagen und zubinden. Durch die obere Schlinge den Stiel eines großen Holzlöffels stecken, diesen auf die Ränder eines großen Topfes legen, der zu einem Viertel mit Wasser gefüllt ist. So hängt die Serviette im Wasserdampf, der die Zutaten, besonders den Reis, in der Serviette aufquellen läßt. Die Serviette muß deshalb genügend groß sein. — Dieser Serviettenkloß wird als Beilage zu Schmorbraten, Gulasch, Schinken oder Bratwurst gegessen.

Gefüllte Teigflecken

SAUCIJZEBROODJES

1 Paket Tiefkühl-Blätterteig
Mehl zum Streuen
50 g Kalbsbratwurst, fein
50 g Hackfleisch vom Rind
50 g Hackfleisch vom Schwein
2 Zwiebeln in Würfeln
2 Eier, Salz, Pfeffer
4 Eßl. Brösel für die Masse
2 Eßl. Brösel zum Streuen
1 Ei zum Bestreichen

Als traditionelles Silvester- und Neujahrsgericht werden in Holland diese Blätterteigstücke, die man mit einer Fleischmasse belegt und im Ofen backt, gegessen. — Blätterteig können Sie fertig, tiefgekühlt in 250-g-Packungen kaufen. Man läßt ihn auftauen (etwa 2 Stunden) und rollt ihn dann auf gemehltem Untergrund zu einer Dicke von einem halben Zentimeter aus. Die Teigdecke schneidet man in Streifen von etwa 6 cm Breite und 10 cm Länge. Die verschiedenen Fleischarten und Gewürze, Zwiebeln, Eier und Brösel werden in einer Schale zu einer streichfähigen, feinen Masse zusammengemischt. Davon rollt man mit den Bröseln kleine Walzen (Würste) in Länge der Teigstücke, aber nur halb so breit wie diese. Die rohen Würste legt man auf die Teigstreifen, klappt diese zusammen, drückt sie an den Seiten fest, bestreicht die Oberflächen mit verquirltem Ei und halbiert die gefüllten Teigstücke in der Mitte. In sehr heißem, vorgeheiztem Ofen (bei etwa 250° C) backt man die Teigflecken goldbraun. — In die Fleischmasse gebe ich gerne noch rohe Porreestreifen oder gewiegte, rohe Schalotten oder rohen, gewiegten Spinat. Auch sind reichlich Paprikapulver und eine Spur Senfpulver darin sehr apart. — Man bringt sie mit einer Terrine voll Gemüsesuppe zu Tisch.

NIEDERLANDE

Speckpfannkuchen — SPEKPANNEKOEKEN

Die Holländische Kaffeetafel (Koffietafel) besteht nicht nur aus Kaffee und Kuchen, sondern aus einer großen Zahl von kalten und warmen Gerichten. So ißt man auch Speckpfannkuchen im häuslichen Kreis dazu. Sonst gehört der Speckpfannkuchen ja zu einem Mittagessen. — Seine Herstellung ist ganz leicht: Lösen Sie die Hefe in lauwarmem Wasser und Zucker und rühren Sie die verquirlten Eier und die warme Milch dazu. Diese Mischung vermengt man mit Mehl und Salz und läßt die Hefe sich entwickeln. Das dauert etwa 20 Minuten. Der Platz soll warm und die Schale mit einem Tuch bedeckt sein (Hefe ist aber nicht so empfindlich, wie man allgemein annimmt). Während dieser Zeit schneidet man den Schinkenspeck in Streifen und röstet ihn in der Pfanne an. Darüber gießt man soviel von der Teigmasse, daß der Pfannenboden gut bedeckt ist, bräunt auf der einen Seite gut an, dreht um und läßt mit dem Deckel auf der Pfanne richtig aufgehen. Man schneidet diese Pfannkuchen in Hälften oder Viertel. Ein solcher Pfannkuchen reicht eigentlich für eine Person. — Man ißt Kompott dazu.

20 g Hefe
½ Tasse warmes Wasser
1 Eßl. Zucker
2 Eier
1½ Tassen Milch
225 g Mehl
1 Teel. Salz
75 g Schinkenspeck

Gefüllte Zwiebäcke mit Johannisbeersaft — BESCHUIT MET BESSENSAP

Die Zwiebäcke verteilt man auf Teller und übergießt sie mit der Hälfte des angegebenen Johannisbeersaftes. Die andere Hälfte mit Wasser, Zucker, Zimt und Zitronenspirale aufkochen und mit eingerührtem Stärkemehl dicken. Auf die Zwiebäcke streut man die gehackten Mandeln und Rosinen oder Sultaninen und übergießt mit der heißen Fruchtcremesauce. — Diese Creme kann man natürlich auch aus anderen Fruchtsäften herstellen. Sie schmeckt z. B. sehr gut aus Heidelbeersaft, den es in kleinen Flaschen im Handel zu kaufen gibt. Diesen kann man noch leicht verdünnen, weil der Geschmack sehr streng ist. Achten Sie auf den Zuckergehalt des Saftes oder Mostes. Eventuell muß man bei sehr süßen Säften den Zuckerzusatz mindern. Enthält der Saft zu wenig Fruchtsäure, kann man mit etwas Zitronensaft nachhelfen. — Der Saft frischer Früchte, und zwar aus Himbeeren, Erdbeeren und Sauerkirschen, eignet sich am besten für solche Fruchtcremes.

12 Zwiebäcke
2 Tassen roten Johannisbeersaft
½ Tasse Wasser
125 g Zucker
1 Zimtstange (nach dem Kochen gleich entfernen)
1 Spirale Zitronenschale
2 Eßl. Stärkemehl
2 Eßl. Mandeln
2 Eßl. Rosinen oder Sultaninen

Sahne-Auflauf — OPVLIEGER

Dieses Rezept wird vielen Lesern als sehr einfach erscheinen. Sie können aber diese Creme als Grundlage für viele Variationen benutzen. Ich rate Ihnen, es einmal mit kandierten Orangenscheiben, frischen Orangen und griechischen Korinthen zu versuchen, oder mit halben Kompottbirnen (Williams Christ) und Krokant, den man über die Birnen streut. Zubereitung

50 g Mehl
50 g Stärkemehl
¼ l Milch
50 g Butter
¼ l Sahne

NIEDERLANDE

4 Eßl. Zucker
1 Päckchen Vanillezucker
2 Eier
½ Zitrone
1 Orange
6 Eiweiß zu Schnee geschlagen
kandierte oder frische Früchte

der Creme: Mehl und Stärkemehl rührt man in die Mischung aus Milch, Butter und Sahne. Den Brei im Topf so lange kochen, bis er sich vom Topfrand ablöst, und ihn dann in eine Rührschale schütten. Nun mischt man den Zucker, Vanillezucker, die ganzen Eier und die abgeriebene Zitronen- und Orangenschale darunter und zuletzt den steifen Eischnee, der die Masse luftig und schaumig macht. Dann füllt man die Creme schnell — ohne weiteres Rühren, weil sonst der schaumige Charakter verloren geht — über die kandierten und frischen Früchte, die man aber auch unter die Creme mischen kann, in eine gefettete Auflaufform und backt im vorgeheizten Ofen bei 200° C goldbraun. — Dieser Auflauf ist eine sehr aparte und feine Mahlzeit oder eine Nachspeise für einen festlichen Tag.

DRIE IN DE PAN — *Pfannennudeln*

20 g Hefe
½ Tasse lauwarmes Wasser
¾ Tasse Mehl
½ Teel. Salz
3 Eßl. kernlose Rosinen
4 Eßl. Butter
1 Tasse Zimtzucker

Dieses Gericht ist für die holländische Küche recht ungewöhnlich. Jeder Leser, der die dortige Küche nicht kennt, würde es eher als bayerisch oder österreichisch bezeichnen. — Lösen Sie die Bäckerhefe in lauwarmem Wasser auf. Das dauert 3—5 Minuten. Mehl und Salz zu gleicher Zeit zusammen in eine Rührschüssel sieben. Dazu gibt man die gelöste Hefe und rührt das Mehl in die Flüssigkeit. Mit einem Tuch bedeckt an einem warmen Ort in der Küche eine halbe Stunde stehen lassen, damit sich die Hefe entwickelt. Die Rosinen mit heißem Wasser überbrühen, damit sie etwas aufquellen. Außerdem müssen sie ausgesucht werden, damit keine Stielchen und Kerne mit in den Teig kommen. Mit der Hälfte der angegebenen Butter in einer Bratpfanne Pfannkuchen backen, die auf beiden Seiten goldbraun werden sollen. Die restliche Butter heiß darüber gießen und mit Zimtzucker bestreuen. — Dazu Kompott von Schattenmorellen oder eingemachte Heidelbeeren reichen.

CHOCOLADE TAART — *Schokoladentorte*

Teig:
2 Eßl. Butter
100 g bittere Schokolade
4 Eier
2 Tassen Zucker
2½ Tassen Mehl
2 Teel. Backpulver
1 Tasse Milch

Butter und bittere Schokolade lösen Sie am besten in einer Kasserolle im Wasserbad auf. Mit einem Holzlöffel dabei so lange umrühren, bis die Masse cremig und glatt ist. Dann abkühlen lassen auf 35—40° C (in die Masse darf kein Wasser kommen). In einer Schale schlägt man die Eier glatt, gibt den Zucker dazu und rührt, bis die Masse luftig und schaumig ist. Darunter läßt man die abgekühlte, aber noch flüssige Schokolade fließen, schlägt weiter schaumig und siebt Mehl und zugleich Backpulver hinein. Dazu rührt man Milch, bis der Teig dick vom Löffel fließt. Den

NIEDERLANDE

Backofen sollte man vorheizen; den Boden einer runden Kuchenform mit Mehl bestäuben, eine dünne Teigschicht eingießen und glattstreichen. So zwei, drei oder vier dünne Böden backen. Die Böden läßt man abkühlen und bereitet in der Zwischenzeit die Füllung: Zucker, Kakaopulver und Stärkemehl mit Milch verrühren, bis keine Klumpen mehr sichtbar sind. Dann kocht man diese Mischung in einer Kasserolle, die wieder in einem Wasserbad steht. Zum Schluß kommt der Vanillezucker in die nicht mehr kochende Masse (vorher etwas abkühlen). Reservieren Sie eine Tasse davon, die Sie unter die Schlagsahne ziehen, und verzieren Sie dann damit, nach dem Füllen der Tortenböden mit Schokoladecreme, die Oberfläche der Torte. Darüber gehackte Pistazien streuen.

Füllung:
1/4 Tasse Zucker
2 1/2 Eßl. Kakaopulver
1 Eßl. Stärkemehl
1 Tasse Milch
1 Teel. Vanillezucker
2 Tassen Schlagsahne
1/2 Tasse Pistazien
(überbrüht und abgezogen)

Honigkuchen HYLIKMAKER

Ein bedeutender Exportartikel ist für Holland der Honig- und Gewürzkuchen. Jede Hausfrau kann ihn aber auch selbst herstellen. — Dazu verwende man einen glatten Topf, entweder aus Edelstahl oder mit Emailwänden und -böden. Und nehmen Sie einen noch flüssigen Heide- oder Tannenhonig, also dunklen Honig. Man läßt ihn einmal aufkochen und nimmt ihn nach dem Aufwallen vom Feuer. Man verknetet nun mit dem heißen Honig sofort das Mehl, den braunen Zucker, das Zitronat (Sukkade), die kandierte Orangenschale, Zimt, Koriander, Muskatnuß und Mandeln. Dabei kühlt der Teig schnell ab. Erst dann kommt die Pottasche, die mit etwas Wasser gelöst wurde, dazu. Man macht eine Öffnung in den Teig, in die die Lösung geschüttet wird. Die Teigmasse muß nun über Nacht ruhen. Am nächsten Morgen noch einmal verkneten, dann fingerdick ausrollen und auf einem gemehlten Blech unzerteilt bei mäßiger Ofenhitze backen (30 Minuten). Noch in heißem Zustand in Stücke zerschneiden und ganz kalt werden lassen. In einem verschlossenem Gefäß bleiben die Kuchen lange frisch.

750 g Honig, 2 1/2 kg Mehl
1 kg braunen Zucker
120 g gewiegtes Zitronat
120 g gewiegte, kandierte Orangenschale
8 g gemahlenen Zimt
8 g gemahlenen Koriander
6 g geriebene Muskatnuß
50 g gewiegte, abgezogene Mandeln, 3 g Pottasche

Es ist merkwürdig, daß die Briten auch in ihren Tafelgewohnheiten so konservativ sind, obwohl sie seit jeher die Welt bereisen wie kaum ein anderes Volk. Man hält sich heute wie einst an den bewährten, nicht sehr vielseitigen Speisezettel: Roastbeef und Hammelfleisch; Gemüse, die recht lieblos in Salzwasser gekocht, dann abgetropft und mit Butterflocken etwas verbessert werden; einige Fischgerichte; ein paar Variationen von Kartoffelspeisen; und schließlich eine Handvoll Mehlspeisen. In jüngster Zeit ist allerdings eine Entwicklung zu spüren, die die englische Küche wahrscheinlich bereichern wird: man beginnt von der Kochkunst anderer Länder zu lernen. Berufsköche schwärmen zu Studienreisen aus und kommen entzückt wieder. In Glasgow entstand eine große Hotelfachschule, mehr Sorgfalt wird auch dem gedeckten Tisch gewidmet und man veranstaltet Fachausstellungen, die von Tausenden englischer Hausfrauen besucht werden.

Zu den traditionellen Stärken der englischen Küche zählt neben dem guten Hammel- und Rindfleisch und dem noch besseren Tee, den man übrigens auch in der Originalpackung bei uns kaufen kann, das englische Frühstück. Am ersten Morgen nach der Ankunft fällt es noch schwer, da richtig mitzuhalten. Es gibt den wassergekochten Haferbrei, porridge genannt, der mit heißer Milch oder Sahne und Zucker aufgerührt wird. Ferner stehen schneeweißes Brot, Butter, bittere Orangenmarmelade auf dem Tisch. Dazu kann man Schinken- oder Schinkenspeckscheiben in der Pfanne mit Spiegeleiern gebraten bekommen, dann in tiefem Fett gebackene panierte Seefischstücke, geräucherte Heringe, als kipper bezeichnet, und noch vieles andere.

Der Lunch ist ohne große Bedeutung, das Dinner bildet nur in Restaurants der gehobenen Klasse, die meistens nach französischem Vorbild arbeiten, eine ausgedehnte Mahlzeit. Das Supper schließlich ist eine Sandwich-Mahlzeit mit der letzten Tasse starken Tee des Tages. Ja, der Tee! Jedem Touristen sei geraten, sich sofort mit dem englischen Tee anzufreunden. Er besteht in der Hauptsache aus guten Assam-Sorten, diesem kräftig schmeckenden und dunkel färbenden Tee aus Indien, der auch bei uns in vielen Mischungen enthalten ist. In England verwendet man sehr viel mehr Blätter pro Portion als bei uns. Der Tee erhält dann eine rötlichgelbe Farbe und den bekannten herrlichen, vollen Geschmack. Wegen seiner Konzentration trinkt man ihn meist mit viel Zucker und viel Milch.

In Schottland hat sich die rauhe ursprüngliche Ernährungsweise noch länger gehalten, und wer einmal als Fremder Haggis essen durfte, wird mir recht geben. Schottland ist bekannt für den guten Whisky, den man in Irland Whiskey schreibt und auch aus anderem Getreide herstellt. Der schottische Durchschnittsbürger trinkt aber keineswegs den ganzen Tag Whisky: sein Nationalgetränk ist Bier. Ein einfaches Bier, hell, wenig gehopft und ohne Druck ausgeschenkt. Gin ist in England ebenso beliebt. Er wird pur oder mit Tonic Water und Zitronenscheibe getrunken.

Großbritannien

GROSSBRITANNIEN

CUCUMBER SOUP
Gurkensuppe mit Kräutern

*1 junge Salatgurke
Salz, 50 g Butter
4 Tassen sehr kräftige Bouillon
½ Tasse geschnittene Sauerampferblätter
Cayennepfeffer, Reismehl
1 Tasse Milch, 2 Eigelbe
½ Zitrone*

Die Gurken schälen und die bitteren Enden abschneiden, in dünne Scheiben schneiden, salzen, zugedeckt stehen lassen und später den Gurkensaft abgießen. In einer Kasserolle Butter schmelzen lassen, die Gurkenscheiben dazugeben und mit der Bouillon begießen. Während der 15 Minuten Kochzeit muß die Bouillon eventuell noch nachgefüllt werden. Zuletzt Sauerampferblätter, Salz und Cayennepfeffer als Gewürz dazugeben. Für die Bindung verwendet man etwas angerührtes Reismehl. Nachdem der Topf vom Feuer genommen ist, mischt man die Milch mit eingerührten Eidottern dazu. — Mit Weißbrot heiß servieren. Etwas Zitronensaft macht die Suppe erfrischender — etwa an einem heißen Sommertag.

BALNAMOON SKINK
Irische Gemüsesuppe

*1 Suppenhuhn
Salz, Pfeffer
Bund Petersilie, Bund Kerbel
Schnittlauch, 2 Möhren
4 Zwiebeln, 4 Schalotten
½ Sellerieknolle
1 Tasse Erbsen
2 Eigelbe, 4 Eßl. Sahne*

Diese Suppe ist ein irisches Pendant zur Cock-a-Leekie. — Sie kochen eine Hühnerbrühe, seihen sie ab und lassen sie im Topf ohne Deckel so lange eindampfen, bis sie extraktreich und dicker geworden ist. Dazu geben Sie Salz und Pfeffer und geschnittene Küchenkräuter, Zwiebeln, Schalotten, Knollensellerie und grüne Erbsen und lassen das Gemüse darin weich kochen. Dann verquirlen Sie die Eidotter mit Sahne, ziehen den Suppentopf vom Feuer und rühren diese Mischung mit einem Schneebesen ein. Zuletzt werden die warmgestellten Huhnstücke dazugegeben; die Suppe aber nicht mehr aufkochen lassen. Gewürz nach Wahl, Selleriesalz ist dazu sehr zu empfehlen!

PUMPKIN SOUP
Kürbissuppe

*1 mittelgroßen Kürbis
3 l Milch, Salz, Butter
½ Zitrone
½ Apfelsinenschale
¼ Teel. Zimt
4 Scheiben Weißbrot
2 Eier*

Der Kürbis wird dick abgeschält, halbiert und die Kerne ausgeschabt. Das Kürbisfleisch zunächst in Scheiben und dann in dünne Blättchen schneiden und sie in einer Kasserolle mit der Hälfte der Milch so lange kochen, bis sie zu Mus zerfallen. Dieses durch ein Haarsieb streichen und das Püree dann mit Salz und einem eigroßen Stück Butter wieder zum Kochen bringen. Dazu die restliche, kochende Milch schütten und mit Zitronensaft, Apfelsinenschale und Zimt würzen. Weißbrotscheiben von beiden Seiten antoasten, in Würfel schneiden und damit den Boden der Suppenterrine bedecken. Darüber gießt man die Suppe. Dann erst die beiden Eier cremig schlagen und in die Suppe einrühren. — Eine Suppe für einen warmen Herbstabend, die man mit Aufschnitt oder einem kombinierten Gemüse-Fleisch-Salat reicht.

GROSSBRITANNIEN

Hühnersuppe mit Porree

COCK-A-LEEKIE

Dieses alte schottische Gericht gehört heute zu den Nationalgerichten der britischen Inseln. Das Originalrezept lautet: Das Huhn nach dem Ausnehmen, Sengen, Waschen und Stutzen halbieren und die Hälften in heller Fleischsauce gar kochen, herausnehmen und warm stellen. Die Porreestangen halbieren, sauber waschen und sie dann in Stücke von 5 cm Länge zerteilen. Die helle Sauce verdünnt man mit der Bouillon, kocht darin den Porree und würzt mit Salz und Pfeffer. Zuletzt die knochenlosen Huhnstücke in Würfel schneiden und mit der Suppe noch einmal aufkochen lassen.

1 junges großes Huhn
5 Tassen helle Fleischsauce (Rest) oder frisch zubereitet aus: 50 g Butter, 30 g Mehl
3 Tassen Milch
4 Eßl. gekörnter Brühe
Salz, Pfeffer
4 Stangen Porree, 2 Tassen Bouillon, Salz, Pfeffer

Schottische Hammelsuppe

SCOTCH MUTTON BROTH FOR SUMMER

Kaufen Sie durchwachsenes Fleisch und schneiden Sie es in mundgerechte Würfel. Einige kleinere Knochen können getrost dazwischen sein. Das Fleisch mit reichlich Wasser und Salz aufsetzen, nach etwa einer dreiviertel Stunde die Graupen dazugeben und weiterkochen lassen, wobei Sie eventuell noch Wasser ergänzen müssen. 10 Minuten später kommt dazu außerdem das kleingeschnittene Gemüse, Petersilie in ganzen Zweigen und Liebstock. Diese Zutaten sollen keinesfalls länger kochen, als sie unbedingt zum Garwerden brauchen. Zum Schluß mit Salz und Pfeffer abschmecken. — Wie alle Hammelgerichte muß auch diese Suppe recht heiß gegessen werden, weil das Fett sich sonst unangenehm bemerkbar macht.

1 kg Hammelnacken, Salz
3 Tassen Perlgraupen
1 gr. Möhre, ½ Wirsingkohl
½ Sellerieknolle mit Blattgrün, 1 Petersilienwurzel
½ Tasse grüne Erbsen
½ Tasse Teltower Rübchen
½ Tasse Kartoffeln, 1 Bund Petersilie, Liebstockblätter
Pfeffer

Klare Ochsenschwanzsuppe

CLEAR OXTAIL SOUP

Einen frischen Ochsenschwanz in mundgerechte Stücke zerhacken oder die Gelenke mit einem kräftigen Messer durchschneiden. Die Stücke etwa 15 Minuten lang in Salzwasser kochen. Das Wasser gießt man ab und trocknet die Stücke mit einem Tuch. In einer Stielpfanne läßt man das Schmalz heiß werden und röstet darin das Fleisch mit den geschnittenen Gemüsen und Gewürzen. Dann gießt man sofort, damit die empfindlichen Zutaten nicht verbrennen können, mit Wasser an, bis alle Stücke bedeckt sind. Mit einer Kelle den Schaum auf der Oberfläche entfernen! Die Suppe nun sacht weiterkochen lassen und sobald sich das Fleisch von den Knochen löst, die Flüssigkeit durch ein Sieb abgießen. Ist sie nicht klar genug, sie ein- oder zweimal durch ein grobes Küchentuch filtern. Die Fleischstücke und das Gemüse wieder in die Suppe legen. Nach dem Kochen mit einigen Spritzern Weinbrand oder einem Glas Weißwein den Geschmack abrunden.

1 ganzen Ochsenschwanz
Salz, 4 Eßl. Schmalz
½ Sellerieknolle
2 Möhren, 4 Zwiebeln
3 Gewürznelken
1 Petersilienwurzel
1 Zweig Thymian
½ Teel. Macis
8 Pfefferkörner
1 Teel. Salz
Weinbrand oder Weißwein

GROSSBRITANNIEN

DOVER SOLE
Gegrillte Seezungen

4 Seezungen
Salz
Butter zum Bestreichen
der Fische
Sauce:
Saft einer Zitrone
1 Tasse flüssige Butter
1/2 Tasse frische, gehackte
Petersilie

Mal ein ganz einfaches Rezept, das aber gerade wegen der einfachen Zutaten sehr schmackhaft ist. — Die Seezungen abhäuten, den Kopf und die Flossen abschneiden, waschen und abtrocknen. Salzen und mit flüssiger Butter bestreichen. Das Grillen erfolgt entweder auf einem Ofengitter unter einer in Elektroöfen eingebauten Grillschlange oder in einem Rotationsgrill. Die Seezungen nicht aufspießen, sondern zwischen die flachen Halterungen stecken, so daß sie sich um die Längsachse drehen. Während des Grillens die Fische ein paar Mal mit Butter bestreichen. Die Zitrone auspressen und den Saft in hellbraune, heiße Butter gießen. Zuletzt, kurz vor dem Auftragen, die gehackte Petersilie dazutun. Damit die fertigen Seezungen, wenn sie aus dem Grill kommen und auf einer vorgewärmten Platte liegen, übergießen. — Dazu passen Kopfsalat und Gurkensalat und kleine, gebutterte Pellkartoffeln. Ein mittelschwerer Wein, etwa ein Schloß Johannisberger, krönt diese Mahlzeit.

GRILLED SALMON THE SCOTTISH WAY
Gegrillte Lachsscheiben nach schottischer Art

4 dicke, frische Lachs-
scheiben, je 225 g Salz
1 Tasse flüssige Butter
1 Tasse Champignons
aus der Dose
1/2 Tasse feine Zwiebelwürfel
1/2 Porreestange
1 Bund Petersilie
2 Eßl. grüne, frische Erbsen

Die roten Lachsscheiben mit Salz würzen und auf einer Seite mit flüssiger Butter bestreichen. Sie auf einen Grillrost legen und 10 Minuten auf der einen Seite grillen. Dann umdrehen und auch die andere Seite mit Butter bestreichen und wieder 10 Minuten grillen. Inzwischen die Champignonköpfe in dünne Scheiben schneiden und sie mit Zwiebelwürfeln und Porreestreifen in Fett dünsten, bis die Zwiebeln glasig sind. Dann gehackte Petersilie und Erbsen einmischen. Dieses Gemüse über die angerichteten Lachsscheiben häufen. Das Gericht mit Brunnenkresse, Zitronenschnitzeln zum Auspressen und Kartoffelsalat servieren. — Ich empfehle Ihnen einen Rhein- oder Badener Wein dazu. — In England sind Weine allgemein sehr teuer. Trotzdem wird viel Wein getrunken. An erster Stelle steht französischer Rotwein.

SPITCHCOCKED EEL
Gebackener Aal

1 großen Aal, Salz
Cayennepfeffer
etwas Basilikumkraut
Petersilie, Schnittlauch

Den frischen Aal lassen Sie am besten gleich beim Fischhändler häuten und ausnehmen. Noch den Kopf abschneiden und den gewaschenen Aal außen abtrocknen. Innen reibt man ihn mit reichlich Salz, Cayennepfeffer und den gehackten Kräutern ein — etwas Petersilie zurücklassen. Dann legt man

GROSSBRITANNIEN

den wieder geschlossenen Aal rund zusammengebogen in eine mit Butter bestrichene Auflaufform. Hier bestreut man ihn mit Pfeffer, Salz, Speckwürfeln und gehackter Petersilie, gießt Bouillon und etwas Weißwein, Sahne und weiße, fertige Sauce darüber. Das Gericht mit gefettetem Pergamentpapier bedecken und im Ofen eine Stunde bei mittlerer Temperatur ziehen lassen. — Dazu passen Butterkartoffeln, Reis und Salate. Ein gutes Getränk dazu ist der rassige Saarwein, der zu den meisten hellen Fischgerichten die richtige Begleitung abgibt. Anstelle von Saarwein können Sie säuerlichen Mosel nehmen.

100 g Butter, Pfeffer
100 g durchwachsenen Speck
1 Tasse Bouillon
3 Eßl. Weißwein
½ Tasse Sahne
½ Tasse weiße Sauce
(weiße Mehlschwitze mit Kalbs- oder Hühnerbouillon aufgegossen)

Makrele mit Stachelbeersauce

MACKEREL WITH GOOSEBERRY SAUCE

Die Makrelen wie üblich säubern, den Kopf abschneiden und gründlich waschen. In einem Sud aus Wasser, Weißwein, Zucker, Salz, Pfefferkörnern und einer halben Zwiebel die Fische bei ganz kleiner Kochtemperatur gar ziehen. Die Haut darf dabei nicht aufplatzen. Sie auf einer vorgewärmten Platte auf einem Hügel Kartoffelbrei anrichten. Dazu eine Stachelbeersauce reichen, die so bereitet wird: Die Stachelbeeren putzen und sie mit Zitronensaft und Zucker weich und musig dünsten. Dabei gut und fleißig umrühren, damit die Häute platzen. Sollte die Sauce nicht fein genug werden, sie im Elektromixer pürieren. Zum Schluß mit Macis und Piment und eventuell einigen Tropfen Sojasauce würzen, die der Sauce einen kräftigeren Geschmack gibt. — Diese Sauce paßt auch gut zu pfannengebratenen Fischen. Sie sollte jedoch recht heiß serviert werden.

4 Makrelen, ½ l Wasser
1 Tasse Weißwein
1 Teel. Zucker, 1 Teel. Salz
12 zerdrückte Pfefferkörner
½ Zwiebel, 1 kg Kartoffelbrei
500 g grüne Stachelbeeren
250 g reife Stachelbeeren
Saft einer halben Zitrone
1 Teel. Zucker
1 Messerspitze Macis
1 Messerspitze Piment
1 Teel. Sojasauce

Englische Hachse

KALE BROSE

Die Ochsenhachse, auch Hesse genannt, rasch unter kaltem Wasser abspülen. An den Knochen das Fleisch einschneiden, damit es schneller gar wird. Die Hachse in einem hohen, zugedeckten Topf in Salzwasser etwa eine Stunde kochen lassen, wobei der vom austretenden Eiweiß entstehende Schaum mit einer Kelle abgeschöpft wird. Grüne Bohnen von den Fäden befreien und in schräge Scheiben schneiden. Sie kommen etwa 40 Minuten später in den Kochtopf. Die weichgekochte Hachse wird aus dem Topf genommen und die Flüssigkeit mit einer Hafermehl-Schwitze gebunden — schnell mit einem Schneebesen verrühren, damit keine Klumpen entstehen! Den Hachsenknochen zieht man heraus und schneidet das Fleisch in Würfel. Das Gericht mit Salz und Pfeffer, gehackter Petersilie, Paprika und geschnittenen Tomaten vollenden, es mit den Fleischwürfeln noch einmal aufkochen und sehr heiß zu Tisch bringen. — Dazu ißt man Pellkartoffeln in Butter geschwenkt.

1 Ochsenhachse
Salz
500 g grüne Bohnen oder
2 Pakete Schnittbohnen
aus der Tiefkühltruhe
oder Grünkohl
50 g Hafermehl
75 g Butter oder Margarine
Pfeffer
1 Bund Petersilie
2 Eßl. Paprika
2 Tomaten

GROSSBRITANNIEN

Kalbssulz
VEAL IN JELLY

1 Kalbsbrust oder
2 Kalbslendchen
200 g Speckscheiben
1/2 Kalbsfuß
2 Zwiebeln, 2 Möhren
1 Bund Küchenkräuter
1/4 Teel. Macis
1/2 Zitronenspirale
Salz, Pfeffer
1/2 Tasse Weinessig oder
1 Tasse Weißwein
(mögl. Mosel)

Aus der Kalbsbrust die Knochen herausziehen. Das geht gut, wenn man die knorpeligen Enden durchschneidet. Das Fleisch in Scheiben von etwa 4 cm Dicke schneiden. Eine feuerfeste Form mit den Speckscheiben auslegen, darauf das Kalbfleisch, den halben Kalbsfuß, Gemüse und Gewürze geben und mit Wasser auffüllen. Ich empfehle, etwas Weinessig oder Wein dazuzugeben, obwohl das Originalrezept das nicht vorsieht. Das Fleisch einmal aufkochen, dann bei kleiner Flamme gar kochen lassen. Den sich bildenden Schaum abschöpfen und eventuell Wasser nachfüllen. Sobald das Fleisch gar ist, die Knochen des Kalbsfußes entfernen und die Flüssigkeit durch ein Haarsieb schütten. Auf großer Flamme läßt man sie in einigen Minuten etwas einkochen, gießt sie wieder über die Fleischstücke und läßt alles abkühlen — die Flüssigkeit geliert dabei langsam. — In England ißt man diese Sülze in Scheiben zum ersten Frühstück, bei uns wohl eher zum Abendbrot. Als Zutat schmeckt Ihnen vielleicht eine pikante Gurken-Mayonnaise oder etwas Ähnliches.

Pikanter Schweinebraten aus Mowbray
MELTON MOWBRAY PORK PIE

1 1/2 kg rohen Schweine-
schinken, Salz, Pfeffer
Paprikapulver
Petersilienwurzel
1 Teel. Sardellenpaste
Teig:
350 g Schmalz
900 g Mehl
Prise Salz
1/2 Tasse Milch
1 Eigelb zum Bestreichen

Dieses Gericht ist typisch Englisch. Es ist halb ein Braten, halb eine Pastete. — Kaufen Sie am besten eine ganze Schweinekeule, oder ein ähnliches Stück, wenn Sie viele Personen zum Essen erwarten. Auch ein Dosen-Schinken, der nicht mehr gekocht zu werden braucht, kann genommen werden. Es eignet sich auch Kalbfleisch; aber immer soll das Fleisch ohne Knochen sein. — Vom rohen Schinken schneidet man die Schwarte einschließlich der dicken Fettschicht ab und kocht das Stück mit Wasser etwa eine Stunde lang auf kleiner Flamme. Dann läßt man den Schinken in der Kochflüssigkeit erkalten. Das durch das Kochen vom Schinken ausgetretene Fett entfernt man aus dem erkalteten Kochsud und würzt diesen mit den angegebenen Gewürzen. Aus dem Schinkenfett, dem Schmalz und etwas Mehl bereitet man eine helle Mehlschwitze, der man eine Prise Salz zufügt. Ein Viertel der abgekühlten Mehl-Fettmasse legt man extra. Den übrigen Teig verknetet man mit dem Mehl und der Milch und legt damit eine Auflaufform bis herauf zum Rand aus. Das Fleischstück soll gerade in die Form passen und wird mit dem zurückgelegten Rest zugedeckt. Zum Schluß bestreicht man die Oberfläche mit verquirltem Ei und backt die Pastete im Ofen etwa 2 Stunden. Sollte die Oberfläche zu dunkel werden, deckt man sie mit Pergamentpapier zu. Das Fleisch läßt man erkalten, sticht in die Teigdecke ein Loch und füllt alle Hohlräume mit dem gelierenden Schinken-Kochwasser. Das kann vorher mit einem Glas Madeirawein verfeinert werden. Zum Festwerden stellt man die Pastete wieder einige Stunden kalt und nimmt sie erst dann aus der Form heraus. Beim Anschneiden entfernt man zuerst den Deckel, um feststellen zu können, wie das Fleischstück in dem Teiggehäuse liegt. — Zu dieser Pastete reiche man Butterschnitten und einen gemischten Salat, z. B. aus Chicoréestreifen, Grapefruits und Bananen, gebunden mit einer Sauce aus Joghurt, Sahne, Salz, Zucker und Zitronensaft.

Arme-Leute-Gans FAGGOTS

Hier handelt es sich um ein deftiges, ländliches Essen aus Mittel- und Nordengland. — Man hackt die Leber nach dem Enthäuten und Ausschneiden der harten Gefäßteile mit dem Speck und den Zwiebeln fein. Dieser Masse fügt man die Gewürze bei und gart sie mit aufgesetztem Deckel in einer Kasserolle etwa eine halbe Stunde lang. Danach gießt man das Fett ab und gibt die verquirlten Eier, die Semmelbrösel und die geriebene Muskatnuß zu. Daraus formt man würstchen-ähnliche Rollen, die man dicht aneinander in eine Pfanne legt, mit Pergamentpapier bedeckt und im Ofen garen läßt. Sollte die Masse noch zu flüssig sein, kann man die Würstchen in Butterbrotpapier einrollen und mit dem Papier in die Pfanne legen. Beim Garen werden sie fest und man kann die Papierstücke herausziehen. Kurz vor dem Anrichten setzt man etwas Bratensauce zu und läßt das Gericht im Ofen noch einmal kurz nachziehen. — Dazu empfehle ich Bratkartoffeln und Gemüsesalat.

375 g Schweinsleber
125 g Speck
4 Zwiebeln
Bund Küchenkräuter
Salz, Paprikapulver
Pfeffer, Piment, 2 Eier
1 Tasse Semmelbrösel
1 Messerspitze gemahlene Muskatnuß
1 Tasse Bratensauce

Irish Stew

Dieses ursprünglich irisch-englische Gericht ist heute in der ganzen Welt verbreitet, allerdings mit vielen Veränderungen. Hier zuerst das Originalrezept: Das Fleisch wird von sämtlichen Fettpolstern befreit — Irish Stew darf niemals fett sein — und in recht große Würfel geteilt. Die Kartoffeln schälen und in nicht zu dünne Scheiben schneiden, ebenso die Zwiebeln. In eine Auflaufform legt man zuunterst eine Lage Kartoffel- und Zwiebelscheiben, darauf eine Schicht Fleisch, das mit wenig Salz, aber reichlich Pfeffer gewürzt werden soll; fest andrücken und eine zweite Kartoffel- und Zwiebelschicht darauflegen. — In England selbst gibt es eine Variante, die als erste Lage Kartoffelbrei und als zweite angebratene, knochenlose Hammelfleischwürfel vorsieht. Auch geschnittene Champignons werden nicht selten dazugetan. — Dann wird soviel Bouillon aufgegossen, bis auch die oberste Schicht befeuchtet ist. Das Gericht fest zudecken und 1½ Stunden

1 kg Hammelschulter oder Hammelnacken ohne Knochen
2½ kg Kartoffeln
8 Zwiebeln
Salz, Pfeffer
2 l Bouillon

GROSSBRITANNIEN

im heißen Ofen schmoren lassen. Den Deckel während der Zeit nicht lüften. — Den bei den deutschen Hausfrauen beliebten Weißkohl gibt es im Originalrezept nicht.

BOILED LEG OF MUTTON WITH CAPERSAUCE

Gekochte Hammelkeule mit Kapernsauce

1 Hammelkeule, Fußknochen abgeschlagen (f. 8 Personen)
1 Zitrone, 1 große Zwiebel
Beize:
2 Tassen Essig, Wasser
4 zerdrückte Knoblauchzehen
12 zerdrückte Pfefferkörner
4 Gewürznelken, 1 Bund Küchenkräuter, 1 Eßl. Salz
Kochsud:
2 Bund Suppengrün
1 Zwiebel, 1 Lorbeerblatt
Sauce:
1 Tasse Milch, 3 Eßl. Mehl
1 Röhre Kapern
Zitronensaft, Salz, Pfeffer

Zuerst zieht man mit einem spitzen, kleinen Küchenmesser die äußere, harte Haut ab und reibt das Fleisch mit der halbierten Zitrone und dann mit der halbierten Zwiebel ein. Aus den angegebenen Zutaten wird soviel Beize (Marinade) zubereitet, daß sie das ganze Fleisch bedeckt. Es soll 24 Stunden darin liegen und öfter gewendet werden. Nach dieser Zeit nimmt man es heraus, trocknet es ab und kocht es in Salzwasser mit den Gewürzen und Gemüsen 2 Stunden lang. Den sich bildenden Eiweißschaum muß man mehrmals abschöpfen. Die Keule wird, sobald sie durchgegart ist, herausgenommen. Die Bouillon läßt man etwas eindampfen und verrührt sie dann mit Milch und Mehl und würzt sie mit Kapern, Zitronensaft, Salz und Pfeffer. Das Fleisch schneidet man vom Knochen und übergießt die dicken Scheiben mit der Kapernsauce. — Dazu ißt man Reis, Kartoffeln oder Mehlklöße. — Dieses ist eines der wenigen gekochten Hammelgerichte, die ich empfehlen kann. Sonst schmeckt Hammelfleisch am besten gebraten. Übrigens wird jeder Braten in England völlig durchgebraten, also nicht das, was wir bei uns »englisch« nennen.

FRIED LAMB SWEETBREADS

Gebackene Lamm-Milcher

3 Lamm-Milcher (Bries)
oder Kalbs-Milcher
oder Kalbs-Hirn
Salz, Essig, Mehl, 2 Eier
2 Tassen Semmelbrösel
100 g Butter
oder Margarine
2 Zitronen

Die Milcher in Wasser legen und nach zwei Stunden die äußeren Häute abziehen. Dann zehn Minuten in gesalzenem und mit wenig Essig säuerlich gemachtem Wasser garziehen lassen und sofort wieder in reichlich kaltes Wasser legen. Die abgekühlten, fest gewordenen Milcher auf einem Küchentuch abtropfen lassen und sie mit dem Tuch zwischen zwei Tellern leicht pressen. Dann der Länge nach hälftig aufschneiden und auseinanderklappen. Alle Seiten mit Mehl trocknen, verquirlte Eier darübergießen und zuletzt in Semmelbröseln wälzen und diese fest andrücken. Die so vorbereiteten Milcher brät man in reichlich Butter goldbraun. — Als Beilage empfehle ich frische Brunnen- oder Gartenkresse, andernfalls Rapunzelsalat; gebratene Zwiebelkartoffeln und eine Bratensauce, die mit einem Glas Sherry- oder Madeirawein verfeinert ist. Die Sauce darf aber nicht über die gebackenen, trockenen Milcher gegossen werden. Man belegt diese nur mit Zitronenvierteln.

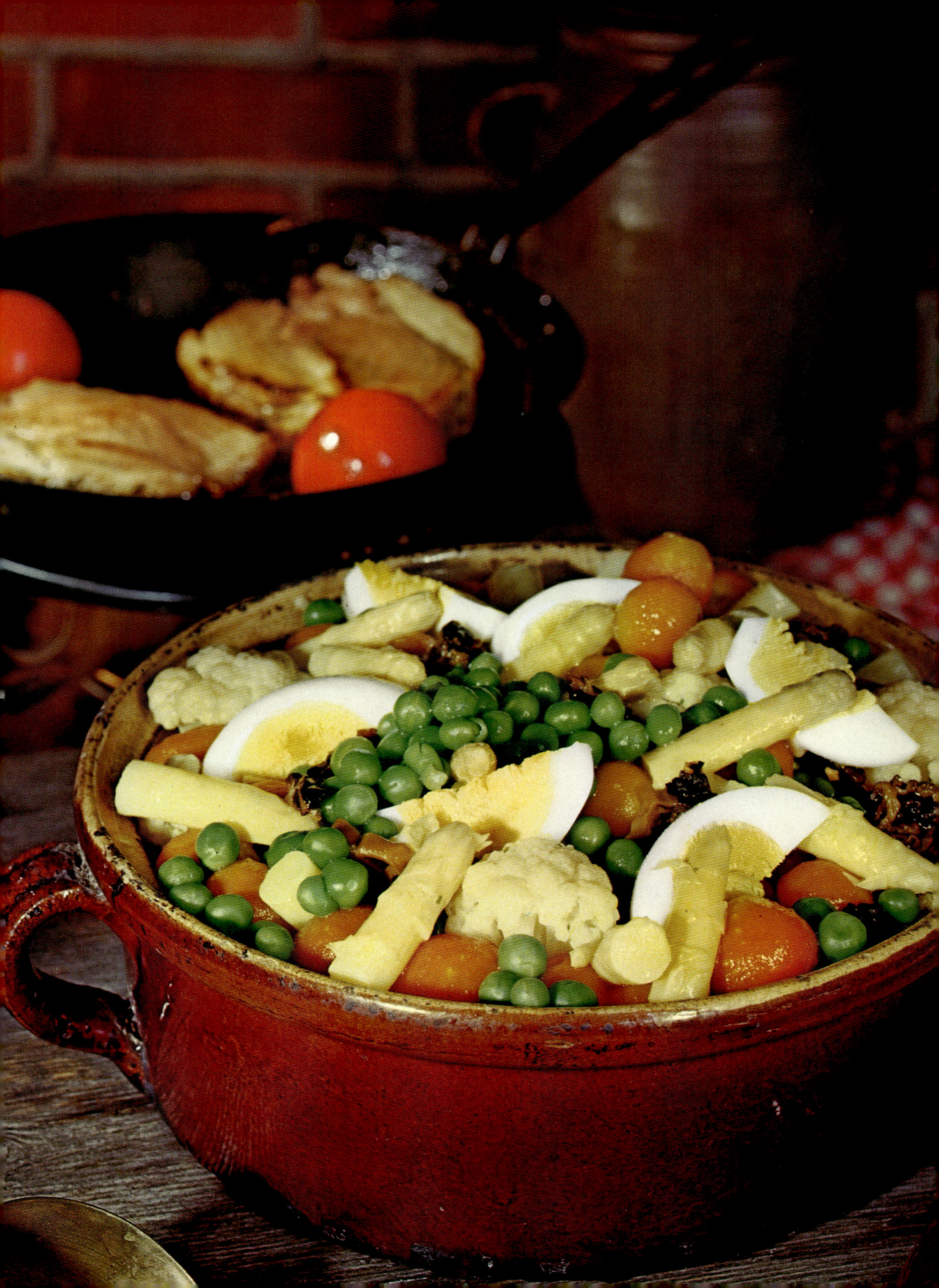

LEIPZIGER ALLERLEI

Für gewöhnlich kauft man es in Dosen. Diese enthalten Erbsen, Karotten, Spargelstücke und ein Stück Morchel. Die Konservenindustrie bereitet es so gut, wie sie es vermag. Weil die Gemüse nicht zur gleichen Zeit reifen, muß ein Teil bereits vorher eingedost, zur späteren Mischung noch einmal geöffnet und dann ein zweites Mal verschlossen und sterilisiert werden. Anders geht es nicht. Die Hausfrau aber hat die Möglichkeit, die Erbsen und Möhren zu einem frühen Zeitpunkt zu kaufen, wenn sie noch zart (und teuer) sind und wenn es auch noch frischen Spargel gibt. In der klassischen Küche wird das Allerleigemüse aus Leipzig oft mit hellroter Krebssauce gebunden. Das ist eine helle Mehlschwitzensauce, die mit Krebsbutter schaumig aufgeschlagen wird. Und dazu gehören ausgebrochene Krebse. Zu den Gemüsen werden nicht selten auch Teltower Rübchen verwendet, die nicht in den Dosenkonserven enthalten sind. Wem die Kombination mit den Krebsen nicht paßt, der gibt Butter dazu und legt harte Eiviertel und gekochte Perlzwiebeln obenauf, die den Geschmack würziger machen. Nicht zu viel Salz und Pfeffer an das Allerlei geben, da es neben Kalbsteaks und zu Frikassee keinen zu gewichtigen Akzent geben soll.

Rezept auf Seite 139

GROSSBRITANNIEN

Wildpastete — VENISON PASTY

3 kg Reh-Kleinfleisch
Weinessig, Zucker
30 g Butter
1 Paket Blätterteig
aus der Tiefkühltruhe
125 g Speckwürfel
75 g Pistazien
Salz, Pfeffer
100 g Butter oder Margarine
1 Tasse Bratensauce (Rest)
75 g Schweineschmalz
4 Zwiebeln
¼ Teel. Muskatblüte (Macis)
2 Eßl. Tomatenmark
2 Eßl. Sahne

Für diese Pastete verwendet man gewöhnlich Stücke vom Nacken, von den Rippen oder von der Bauchseite, die wegen ihrer zu geringen Größe oder Dicke zum Braten nicht geeignet sind. — Die Fleischstücke in Essig spülen und mit Zucker bestreut einige Tage abhängen lassen (am besten im Luftzug). Das Fleisch rötet sich dabei und wird mürber und aromatischer. Sobald es feucht wird — nach etwa 2 bis 5 Tagen — nimmt man es ab, spült es mit lauwarmem Wasser und reibt es wieder ganz trocken. Knochen und Sehnen aus dem Fleisch lösen und es in mundgerechte Stücke schneiden. Eine Auflaufform innen gründlich mit Butter ausstreichen und sie mit dünn ausgerolltem Blätterteig auslegen. Für den Deckel behält man einen Rest zurück. Die rohen Rehfleischstücke legt man mit Speckwürfeln und gebrühten, ganzen Pistazien ein. Darüber gibt man Salz, Pfeffer, Butterflocken, die Bratensauce und den Teigdeckel, dessen Ränder befeuchtet und an den Randteig fest angedrückt werden. Aus den Teigrestchen kann man Kringel und Blättchen aufkleben — die betreffende Teigfläche dafür zuerst anfeuchten. Jetzt kommt die Pastete in den Ofen, wo sie 45 bis 60 Minuten backen soll. — Die Knochen hackt man nun mit einem schweren Messer klein — Wildknochen sind sehr zart. In einem Schmortopf röstet man sie mit Schmalz und Zwiebelscheiben braun, löscht mit Wasser ab und kocht sie, gewürzt mit Salz, Pfeffer und Macis, einige Zeit. Die Flüssigkeit soll dabei etwas eindampfen. Dann seiht man die Sauce ab, gibt Tomatenmark und Sahne dazu und reicht sie getrennt zu der Pastete. — Dazu sollte man Portwein oder Burgunder trinken und kleine, ganze Kartöffelchen essen, die mit etwas Fett im Ofen mitgeröstet wurden.

Hase im Rotweintopf — JUGGED HARE

1 Hase, Mehl zum Wälzen
50 g Butter oder Margarine
6 große Zwiebeln
125 g Schinken
125 g Bauchspeck
75 g Mehl
½ l Portwein
1 Bund Suppengrün
Salz, 20 Pfefferkörner
Cayennepfeffer
½ l Bouillon
2 Eßl. rotes Johannisbeergelee
2 Tassen Hasenblut

Der Hase wird nach dem Abziehen, Waschen, Ausnehmen und dem Abschneiden der Bauchlappen, Rippen und unteren dünnen Vorderläufe — aus diesen Teilen kann man eine Wildsuppe kochen — zerteilt, und zwar in zwei Hinterläufe, zwei Vorderläufe und den geviertelten Rücken. In den Stücken sollten möglichst nur noch wenig Knochen sein. Die Hasenstücke in Mehl drehen und in einer Ofenpfanne mit Fett und Zwiebelvierteln anrösten, zusammen mit in Streifen geschnittenem Schinken und Bauchspeck. Anschließend bestäubt man alles mit Mehl. Dann gießt man den ganzen Topfinhalt mit dem Portwein in eine feuerfeste Form. Es kommt das Bündel Suppengrün dazu, Salz, Pfefferkörner, Cayennepfeffer und die Bouillon — die Fleischstücke sollen mit der Flüssigkeit bedeckt sein. Zugedeckt läßt man das Gericht im Ofen bei 170° C so lange schmoren, bis das Hasenfleisch gar ist — das dauert etwa 2 Stunden. Dann entfernt man alle Knochen und das Suppengrün und verrührt Johannisbeergelee und Blut vom Hasen in der Sauce. — Dazu reicht man Kartoffelpüree und Erbsen in Butter gedünstet.

GROSSBRITANNIEN

Yorkshire Pudding

125 g Mehl
½ Teel. Salz
4 Eier
½ Tasse Milch
Fett vom Roastbeef

Dieser Pudding ist eines der erstaunlichsten Gerichte der englischen Küche. Dicke Stücke davon werden zum Braten gegessen. Wichtig ist nur, daß man genug Bratensauce dazu hat. — Man siebt Mehl und Salz zusammen und drückt in die Mitte eine Vertiefung für die Eier und die Hälfte der Milch. Mit einem Holzlöffel rührt man ganz langsam das Mehl von außen nach innen, so daß schließlich ein cremiger Teig entsteht — ohne Klumpen natürlich. Dann schlägt man ihn mit einem Holzlöffel etwa 10 Minuten, bis Blasen entstehen. Diesen Arbeitsgang sollten Sie selbst ausführen und nicht einer Küchenmaschine überlassen. Dabei die restliche Milch daruntermengen. Anschließend läßt man die Kuchenmasse mit einem Tuch bedeckt in der Küche einige Zeit stehen. Währenddessen läßt man das Fett in einer sauber abgeschnittenen Weißblechdose oder in einer feuerfesten Schale heiß werden, gießt den flüssigen Teig dazu und backt ihn im mittelheißen Ofen mit viel Oberhitze. Während der ersten 40 Minuten soll er ganz aufgegangen sein, danach bei kleiner Hitze nur noch trocken werden. — Ich rate Ihnen, über der Puddingform gleich den Braten auf dem offenen Rost zu garen. Als Braten empfehle ich ein Roastbeefstück, das man vorher mit Worcestershiresauce und Öl mariniert.

GLAZED TURNIPS Glasierte Rübchen

1 kg Teltower Rübchen
50 g Butter
oder Margarine
2 Eßl. Zucker
3 Tassen Bouillon
evtl. ½ Tasse Bratensauce
Salz, Pfeffer

Die Rübchen putzen und in Scheiben schneiden. Dann soviel Butter schmelzen lassen, daß der Boden des Topfes bedeckt ist. Hierin den Zucker unter fleißigem Umrühren hellbraun werden lassen, schnell die Rübchenscheiben darin drehen und rösten, bis sie von allen Seiten glasiert sind. Mit der Bouillon auffüllen, Salz und Pfeffer nach Geschmack einstreuen und auf kleiner Flamme kurz dünsten lassen. Man kann die Bouillon dann abgießen und in einem anderen Topf einkochen lassen, bis sie anfängt dicklich zu werden, oder man kann sie auch mit etwas Bratensauce binden. — Ich reichere dieses Gericht noch mit Streifen von gekochtem Schinken an und biete die Rübchen als Beilage zu Schweinekoteletts oder zu gebratenen Hacksteaks und Butterkartoffeln an. Bier ist dazu das beste Getränk.

MINCEMEAT Pastetenfüllung

250 g Rosinen
250 g Korinthen
100 g Sultaninen, 10 Äpfel
100 g Mandeln
250 g Kalbsnierenfett

Die Rosinen mit heißem Wasser überbrühen, Korinthen und Sultaninen waschen und die Äpfel schälen. Alles kleinhacken, ebenso die Mandeln. Das Kalbsnierenfett aus den Häuten ziehen und in möglichst kaltem Zustand feinwiegen. Diese Zutaten vermengt man gründlich miteinander und gibt noch Saft und Schale einer Zitrone, Zucker, Zimt, Muskatnuß, Piment und

GROSSBRITANNIEN

feingehackte Orangenschale dazu. Diese Mincemeat-Masse drückt man in einen irdenen Topf und begießt sie mit Weinbrand. Ab und zu rührt man sie um und übergießt sie jedesmal neu mit etwas Weinbrand. Das Mincemeat braucht ungefähr 14 Tage zum Durchziehen und Reifen. Mit ihm werden dann Teigplätzchen gefüllt und größere Pasteten ausgekleidet, die mit gebratenen Fleischstücken oder eingemachten Früchten gefüllt werden.

1 Zitrone, 50 g Zucker
1 Messerspitze Zimt
Muskatnuß
1 Teel. Piment
1 Tasse kandierte Orangenschale
4 Gläser Weinbrand

Überbackene Käseschnitten — WELSH RAREBITS

Varianten dieser Schnittchen sind bei uns schon recht bekannt geworden, das englische Originalrezept wird Sie deshalb sicher interessieren. — Raspeln Sie den Käse zu flockigen Streifen und mischen Sie dazu zerlassene Butter, Salz, Pfeffer, Paprika, Senf und soviel Bier, bis eine leicht knetbare, teigähnliche Masse entsteht. Die Weißbrotscheiben legt man mit Butter bestrichen in eine blanke Bratpfanne und toastet sie auf beiden Seiten. Danach nochmals mit Butter bestreichen und die Ränder abschneiden. Die Käsemasse streicht man pyramidenförmig auf die Brotscheiben und halbiert diese diagonal, so daß Dreiecke entstehen. Sie sollen auf dem Rost mit viel Oberhitze im Ofen schnell braun werden. — Ich möchte noch folgende Empfehlung anhängen: Sie können auf die Toastscheiben vorher, für jedes spätere Dreieck getrennt, ein halbes Löffelchen Preiselbeerkonfitüre und ein Stück Kompottbirne geben. Für Herrenabende kann man in die Käsemasse gewiegte Sardellenfilets kneten.

350 g harten Chester oder Cheddar oder alten Edamer
100 g Butter
Salz, Pfeffer
1 Teel. Paprikapulver
1 Messerspitze Senfpulver
¼ Tasse helles Bier
6 Weißbrotscheiben
75 g Butter zum Toasten

Weihnachtspudding — PLUM PUDDING

Diesen Pudding, der besonders im Winter bei besonderen Anlässen oder Einladungen sehr geschätzt wird, bereitet man in großen Mengen bereits im Herbst — wegen der besonderen Herstellungsweise. — Zuerst die Rosinen und Korinthen verlesen, waschen und wieder trocken reiben. Die Mandeln heiß überbrühen und die braune Haut abziehen. Von der Sukkade stößt man den überschüssigen Kandierzucker ab und wiegt sie sehr fein. Das Kalbsnierenfett löst man aus den Häuten und zerkleinert es in kaltem Zustand. Diese Zutaten, einschließlich Brotkrumen, Mehl, braunem Zukker, Gewürzen, Zitronensaft, Eiern, Milch und Weinbrand, knetet man zu einem lockeren Teig zusammen. Er soll klebrig fest sein und nun einige Stunden ruhen. Dann preßt man ihn in ausgefettete und mit Pergamentpapier ausgelegte Formen. Im Teig und zwischen Teig und Form dürfen keine Luftlöcher entstehen. Man deckt gut mit Pergamentpapier ab und kocht den Pudding etwa 3 Stunden lang im Wasserbad in leicht kochendem Wasser (es darf kein Wasser in die Formen kommen). Danach läßt man den Pudding in den Formen abkühlen, entfernt dann das Papier und ersetzt es

500 g kernlose Rosinen
500 g Korinthen
50 g Mandeln
125 g Sukkade
450 g Kalbsnierenfett
450 g Weißbrotkrumen
125 g Mehl
550 g braunen Reformhauszucker
1 Eßl. Salz
1 Teel. Muskatnuß gemahlen
1 Teel. Lebkuchengewürz
1 Teel. Kardamom
1 Messerspitze Pfeffer
1 Zitrone

GROSSBRITANNIEN

6 Eier
½ Tasse Milch
½ Tasse Weinbrand
Butter für die Formen
Zuckerstücke, Rum

durch Aluminiumfolie oder durch Gaze- oder Leinentuch. Der Pudding kann so eingepackt an einem kühlen Ort mehrere Monate aufbewahrt werden. Der Geschmack wird durch das lange Lagern noch intensiver. Bevor der Plum-Pudding zu Tisch kommt, kocht man ihn in der Aluminiumfolie oder in den Tüchern nochmals eine Stunde in Wasser. Der Pudding wird mit Zuckerstücken belegt, mit hochprozentigem Rum beträufelt und warm serviert. Dann entzünden Sie vor Ihren Gästen den Rum und löschen dazu das Licht aus. Nach dieser Zeremonie schneidet man dicke Scheiben ab, die mit Weinschaumsauce, Vanillesauce oder Rumbutter gegessen werden. In England pflegt man an Weihnachten einen Zweig Ilex auf den Pudding zu stecken.

CUMBERLAND BRANDY BUTTER

Weinbrandbutter

50 g Butter
125 g braunen Reformhauszucker
1 ganze Muskatnuß gemahlen
3 Teel. Piment, gemahlen
1 Glas Rum
1½ Weingläser Weinbrand
2 Eßl. Hagelzucker

Dieses Rezept ergibt kein ganzes Gericht, sondern nur eine Zutat. Und zwar ißt man diese Buttermischung meist zu warmen Brotpuddings, an denen die englische Küche so reich ist. — Die Butter lassen Sie in einer Kasserolle schmelzen, ohne daß sie bräunt. Dann gibt man den Zucker dazu, Muskatnuß und Piment. Langsam Rum und Weinbrand einrühren, damit die Butter-Zuckermasse den Alkohol aufnehmen kann. Die cremige Butter in eine Sauciere füllen und mit Hagelzucker überstreuen. Diese warme Butter löffelt man über warme Puddings. — Andere Möglichkeiten bestehen im Zusammenrühren von Zucker, Butter, Rum und gehackten Mandeln oder halb Mandeln und halb gewiegten Pistazien. Auch Fruchtmark, gewiegte Rosinen und Mandeln schmecken gut in Rum-Butter.

SIMNEL CAKE

Mandelkuchen

Mandelpaste: 1 Ei
225 g geriebene Mandeln
350 g Puderzucker
Zitronensaft
Teig: 225 g Mehl, Salz
1 Teel. Muskatnuß, 1 Teel.
Zimt, 100 g Sukkade, 125 g
Rosinen, 350 g Korinthen
175 g Butter, 175 g Puderzucker, 3 Eier, Milch
Guß: 250 g Puderzucker
1 Eiweiß, Zitronensaft
Mandeln oder Pistazien

Zuerst muß man die Mandelpaste machen, weil sie länger als der Teig ruhen soll. Dazu verknetet man das ganze Ei mit Mandeln und Puderzucker zu einer festen Masse. Mit dem Zitronensaft vorsichtig sein, damit die Paste nicht zu säuerlich und zu feucht wird. Für den Teig Mehl, Gewürze, gewiegte Sukkade, Rosinen und Korinthen mischen. Die Butter zergehen lassen und sie zusammen mit dem Zucker cremig schlagen. Nach und nach die Eier dazurühren und schließlich soviel Milch, daß eine langsam vom Löffel fließende Masse entsteht. Ganz zum Schluß das gemischte Mehl einrühren. Die eine Hälfte des Teiges in eine gefettete Kastenform füllen, die Oberfläche glattstreichen, mit der Mandelpaste bedecken und darüber den Rest des Teiges verteilen. Den Kuchen mit mehr Unterhitze langsam (etwa 2 Stunden) backen. Einen Überzug aus Puderzucker, Eiweiß und Zitronensaft machen und gehobelte Mandeln oder gehackte Pistazien darauf streuen.

GROSSBRITANNIEN

Zitronenklöße
LEMON DUMPLINGS

Das Kalbsnierenfett aus den Häuten ziehen und im kalten Zustand fein hacken. Dieses Fett mischt man mit den Semmelbröseln und dem Mehl, dazu kommen die geriebene Schale und der Saft einer Zitrone, das cremig geschlagene Ei, Zucker und Milch. Alle Zutaten gut miteinander vermischen, aber nicht viel kneten! Aus dem Teig einen Strang formen, diesen in sechs Teile zerschneiden und jedes Stück in eine gebutterte Tasse drücken. Die Tasse in ein Tuch einschlagen und in Salzwasser kochen, bis der Teig locker aufgegangen ist. Diese Klöße müssen schnell aus den Tüchern und Tassen herausgenommen und heiß mit Fruchtsauce oder Portweinzucker serviert werden.

175 g Kalbsnierenfett
250 g Semmelbrösel
4 Eßl. Mehl
1 Zitrone, 1 Ei
4 Eßl. Zucker in
½ Tasse Milch gelöst

Gekochter Zitronenpudding
LEMON BREAD PUDDING

Die Semmelbrösel mit Zucker und der abgeriebenen Zitronenschale vermischen und in der Butter bei mäßiger Hitze nur wenige Minuten dünsten. Die Krumen dürfen sich nicht verfärben. Nach dem Abkühlen den frisch gepreßten Zitronensaft, 4 Eigelbe und 2 Eiweiße dazurühren. Den flüssigen Teig in eine gebutterte Auflaufform gießen und bei mittlerer Ofenhitze goldbraun backen. Backzeit ungefähr 45 Minuten. — Diesen Pudding ißt man in England warm, mit Würfelzucker belegt; die einzelnen Stücke jeweils mit Rum oder Weinbrand befeuchtet. Auch eine Weinschaumsauce oder erhitztes, rotes Johannisbeergelee schmeckt dazu.

175 g Semmelbrösel
3 Eßl. Zucker
1 Zitrone
125 g Butter
4 Eier

Victoria-Kuchen
VICTORIA CAKE

Zuerst zerlassene Butter mit einem Schneebesen locker und luftig schlagen. Dazu rührt man den Puderzucker, die gehackten Mandeln, Bittermandelöl, Zimt, gehackte Kirschen und Orangenschale, Mehl, Salz und Eier. Diese Mischung einige Minuten kräftig schlagen, damit sich die Zutaten gut verbinden; dann das restliche Mehl, die restlichen Eier und den Weinbrand zugeben, außerdem die lauwarm gelöste Hefe. Das Ganze wird durcheinandergerührt und schließlich die steif geschlagene Sahne untergezogen. Der halbflüssige Teig kommt in eine längliche Kastenform, die mit gebuttertem Pergamentpapier ausgelegt wird. Man läßt den Teig in der Form an einem warmen Ort eine halbe Stunde stehen und schiebt ihn dann in einen mittelheiß vorgeheizten Ofen. Wenn die Oberfläche goldbraun und eine eingestochene Nadel keine rohen Teigreste mehr mitnimmt, ist der Kuchen durchgebacken. Die Backzeit beträgt durchschnittlich 45 Minuten. Im Ofen langsam auskühlen lassen und erst nach mehreren Stunden aus der Form stürzen. — In England ißt man diesen Kuchen auch warm als Pudding und serviert dazu entweder Vanillesauce, flüssige Weinbrand-Butter (s. Rezept) oder Himbeersaft.

600 g Butter
175 g Puderzucker
175 g Mandeln
1 Röhrchen Bittermandelöl
¼ Teel. Zimt (gemahlen)
1 Tasse kandierte rote Kirschen
½ Tasse kandierte Orangenschale
600 g Mehl
½ Teel. Salz, 4 Eier
dies als erste Partie, dann:
300 g Mehl, 6 Eier
2 Gläschen Weinbrand
40 g frische Hefe
1 Tasse Schlagsahne

Die üppigen Weiden Dänemarks, die Kornkammern Schwedens und die fischreichen Gewässer Schwedens und Norwegens bestimmen die reichhaltigen Küchen dieser drei skandinavischen Länder.

Wer von dänischer, schwedischer und norwegischer Küche spricht, muß zuallererst das Smörrebröd nennen, die berühmte kalte Tafel von belegten Brotscheiben, die es in so ungeahnten Varianten gibt, daß mancher Fremde zuerst recht ratlos davorsteht. Außer gekochtem Schinken und den vielen Arten von Pölser (Wurst) und Käse legt man Kopfsalatblätter auf die gebutterten Scheiben und setzt löffelweise Mayonnaisesalate aus Gemüsen und Fleisch darauf, auch viel süßsauer eingelegte Rote-Beeten-Scheiben, Tomaten, Aspik, Gewürzgurken, Heringe, Aal und vieles andere. Die herrliche Smör — gesalzene Butter von goldgelber Farbe und nußartigem Geschmack — gehört auch schon zum ersten Frühstück mit Aufschnitt und Eiern.

Seefische spielen eine so überragende Rolle im täglichen Küchenzettel, daß es gar nicht möglich ist, alle Formen ihrer Zubereitung in den nachfolgenden Rezepten dem Leser vorzustellen. Auffallend ist, daß man die Marinaden oft reichlich mit Zucker versetzt. Dadurch stumpft man nicht nur die Säure ab, sondern erzielt auch einen süßen Geschmackseffekt, an den sich ein Fremder erst gewöhnen muß. Die dänischen Fischmarinaden, die auch in Konserven in alle Welt verschickt werden, sind nicht nur süßsauer abgeschmeckt, sondern auch mit Weiß- und Rotwein, Sherry, Portwein und Kräutern versetzt, besonders mit Dill und Wacholderbeeren.

In Dänemark züchtet man auch Austern, die großen, weißen gemästeten »Limfjords«, die besonders bei uns gern gegessen werden, während man in Frankreich und Italien die eigenen kleinen, salzigen und mageren Austern vorzieht, die direkt aus dem Meer geholt werden, also die »wilden« Austern. Auch für seine Käse ist Dänemark berühmt. Der Überschuß an guter Milch hat viele Sorten entstehen lassen, die inzwischen einen eigenen dänischen Charakter bekommen haben, wie den Danbo, einen Steppenkäse, der in dieser Art nur in Dänemark produziert wird. Bei anderen Sorten folgt man auch französischen Vorbildern. So gibt es beispielsweise einen dänischen Kuhmilch-Roquefort, »Danablu« genannt, und dänische Camembert-Arten.

Mit Recht sind die Dänen, Schweden und Norweger stolz auf ihre vielen Varianten von vorzüglichem dunklem Brot, vor allem Flachbrot aus Roggenmehl (Knäckebrot), das auch in viele Länder exportiert wird. — Getrunken wird zu allen Mahlzeiten und Gerichten in erster Linie Bier, das meist weich, malzig und halbdunkel gebraut wird. Die beiden staatseigenen dänischen Brauereien Carlsberg und Tuborg und die norwegische Frydenlund liefern ihr berühmtes Bier in alle Teile der Erde. Auch der Aquavit »Malteserkreuz« ist eine Marke von Weltruf.

Dänemark
Schweden
Norwegen

Norwegischer Brigittesalat

250 g Kabeljau, Goldbarsch oder Schellfisch, 2 Gewürzgurken, 125 g Erbsen 125 g Möhren, 1 Apfel 1 Apfelsine, 1 Kopfsalat Sauce: 2 Eßl. Öl, 2 Eßl. Weinessig, 3 Eßl. Wasser, 3 Eßl. Zucker, 1/2 Teel. Salz, Pfeffer Paprika, Hummerstücke

Gekochte, abgetropfte Fischstücke in mundgerechte Stücke zupfen. Aufpassen, daß keine Gräten in die Schüssel gelangen! Dazu mischen Sie gehackte Gewürzgurken, Erbsen, Möhrenraspel, den geriebenen Apfel und die würfelig geschnittene Apfelsine. Heben Sie diese Mischung vorsichtig in eine Salatschale, die Sie vorher mit Salatblättern auslegen, und gießen Sie darüber die Salatsauce aus den angegebenen Zutaten. Nun mit Tiefseehummerstücken (aus der Dose) garnieren und 1/2 Stunde kalt stellen. — Zu dieser Vorspeise servieren Sie am besten Weißbrot mit Meerrettichbutter oder Toast mit Butter.

Schwedischer Herbstsalat

2 Äpfel, 2 gekochte Kartoffeln, 2 Gewürzgurken 1 gekochte Möhre, 3 Eßl. gekochte Sellerieknolle 125 g gekochten Schinken 125 g gekochte Rinderbrust 2 Eßl. Walnußkerne, 500 g reife Pflaumen, 4 Eßl. Mayonnaise, 3 Eßl. saure Sahne 1 Zitrone, 1 Kopfsalat

Dieser Salat ist typisch für die skandinavische Küche, in der oft Früchte mit Fleisch und sauren Zutaten ein Gericht ergeben. — Äpfel, Kartoffeln, Gurken, Möhre und Sellerie schälen und in Würfel schneiden, ebenso das Fleisch. Die Walnüsse hacken; die Pflaumen überbrühen, die Haut abziehen und die Steine herausdrücken. Nun Mayonnaise, Sahne und Zitrone verrühren und alle Zutaten miteinander vermengen. Die Salatblätter ganz zuletzt beigeben. Gekühlt mit Brot und Butter reichen. — Dieser Salat kann Vorspeise und Abendmahlzeit sein. Sie können ihn mit größeren Fleischmengen auch sättigender machen. Schließlich können Sie ihn auch mit Bratkartoffeln servieren.

Heringssalat

4 Matjesfilets, 1 Tasse eingelegte Rote Beeten, 1 Gewürzgurke, 2 Äpfel, 5 Kartoffeln, Marinade: 5 Eßl. Weinessig, 1/4 Teel. Pfeffer 1 Teel. Zwiebelwürfel, 1 hartgekochtes Ei, Bund Petersilie 4 Anchovisfilets 1 Tasse saure Sahne

Die Heringfilets von Haut und Gräten befreien, waschen und in nicht zu kleine Stücke zerteilen. Gleichgroß zerschneidet man Rote Beeten, Gewürzgurke und Äpfel. Die gekochten Kartoffeln schälen, in Würfel schneiden und diese noch warm unter die anderen Zutaten mischen. Warm nehmen sie die Säure der Salatsauce leichter auf. Die Marinade aus Essig, Pfeffer und überbrühten Zwiebeln darüber schütten. Die Oberfläche glattstreichen und 30 Minuten im Kühlschrank kühlen lassen. Mit gehacktem Ei, gehackter Petersilie und Anchovisfilets verzieren und zu dieser Vorspeise separat saure Sahne reichen.

Fischsalat

300 g Kabeljau, 1 Tasse Spargelspitzen, 1 Tasse frische Erbsen, Marinade: 1 gekochtes Ei, 1 rohes

Den Fisch ohne Gräten im Kochwasser abkühlen lassen. Dann erst herausnehmen und Haut und restliche Gräten entfernen. Den Fisch in kleine Brocken zerzupfen und zu dem gekochten Gemüse geben. Die angegebenen Zutaten zu einer Marinade verrühren und unter den Salat mengen. Er wird auf Kopfsalatblättern hoch aufgeschichtet und mit einem Rest der Marinade übergossen. Tomatenviertel und Ei gehören zum Garnieren. — Zu dieser Vorspeise ist Kabeljau angegeben. Sie können genausogut Goldbarschfilets, Hecht, Zander und Heilbutt nehmen; selbstverständlich auch Fischreste.

Eigelb, ¹/₂ Teel. Senf, 1 Teel. Zucker, ¹/₄ Teel. Salz, 1 Eßl. Essig, ¹/₄ Tasse saure Sahne
1 Kopfsalat, 1 Tomate, 1 Ei

Schwedische Apfelmayonnaise

Alle Zutaten sollten nicht zu kalt sein! In eine hochwandige Emailschüssel geben Sie zuerst die Eigelbe, dann den Weinessig, die Gewürze und den Senf. Mit einem Schneebesen wird alles gründlich verrührt. Dann fügen Sie das Öl tropfenweise unter ständigem Schlagen hinzu. Wenn dieses ganz eingerührt ist, sollte die Mayonnaise fest sein. Jetzt schlägt man aus Gründen der Haltbarkeit das kochendheiße Wasser unter, zuletzt das Apfelmus und die Sahne. Zum Schluß noch einmal alles gründlich vermischen. — Das ist eine aparte Sauce für kalte Büfetts, Vorspeisen, harte Eier und für gekochten kalten Fisch.

2 Eigelbe, 1 Eßl. Weinessig
¹/₂ Teel. Salz
Prise Cayennepfeffer
1 Prise Zucker
1 Teel. Senf, 1 Tasse gutes Öl
2 Eßl. kochendes Wasser
4 Eßl. Apfelmus
2 Eßl. rohe Sahne

Braune Kohlsuppe BRUNKAALSOPA

Den Kohlkopf in etwa 2 bis 3 cm große Würfel schneiden. In einem gußeisernen Gefäß läßt man Zucker und Butter schmelzen und bräunt darin den Kohl an, indem man nach und nach kleinere Portionen dazugibt. Ständig umrühren, der Kohl darf keinesfalls anbrennen. Dann in einen großen Topf umgießen und mit der braunen Bratsauce und der Bouillon verdünnen. Mit Pfefferkörnern und Salz 2 Stunden lang im Ofen dünsten lassen; Gewürze eventuell nach eigenem Geschmack zufügen. — Würstchen und Bratenreste passen als Einlage in diese Suppe.

1 Weißkohlkopf
20 g Zucker
20 g Butter
¹/₂ l Bratensauce
¹/₄ l Bouillon
10 weiße Pfefferkörner
Salz

Braune Bohnensuppe

Die Bohnen über Nacht im kalten Wasser einweichen und im gleichen Wasser mit dem Lorbeerblatt weich kochen. Auch das Schinkenstück über Nacht einweichen, das Wasser aber abgießen. In frischem Wasser den Schinken kochen lassen, ebensolange wie die Bohnen zum Weichwerden brauchen. Das ausgetretene Fett abschöpfen und für ein anderes Gericht reservieren. Für die Einbrenne Mehl in Butter bräunen und mit Schinkenbrühe löschen. Diese Suppe würzen, die abgetropften Bohnenkerne einlegen und mit Schinkenscheiben (in der Suppe oder extra) servieren.

500 g getrocknete Bohnenkerne
¹/₂ Lorbeerblatt
750 g Schinken im Stück
Wasser, 1 Eßl. Mehl
50 g Butter, Salz
1 Prise Zucker

Bier-Brotsuppe ØLLEBRØD

Eine köstliche Suppe und eine gute Resteverwertung. Die Brotscheiben dürfen natürlich nicht zu alt oder gar schimmelig sein. — Das Brot in Würfel schneiden und diese in der Mischung aus Bier und Wasser zwölf Stunden

500 g altes Graubrot, 125 g altes Weißbrot, ¹/₂ l helles Bier, 2 Tassen Wasser

später ½ l helles Bier, 3–5 Tassen Wasser, 1 Zitrone 4 Eßl. Zucker, 4 Eßl. gebrühte Sultaninen Messerspitze Cayennepfeffer

lang weichen. Dann die Brotmasse durch ein Sieb drücken oder im Elektromixer pürieren. In einer Kasserolle die andere Menge Bier und Wasser mit dem Brotpüree erhitzen. Die sämig-glatte Suppe mit einer Zitronenspirale, Zucker, Sultaninen und Cayennepfeffer würzen. Sie soll süß und scharf schmecken.

FLÖJLSGRÖD

Weizensuppe für Kinder

1½ l Milch, 4 Eßl. Zucker 2 Päckchen Vanillezucker oder 1 Vanilleschote 3 Eßl. Stärkemehl ½ Tasse geschlagene Sahne 4 Eigelbe, 2 Eßl. Korinthen oder Rosinen, 4 Eßl. spelzenfreie Haferflocken

Gröd ist eigentlich Grütze. Aber ich bereite diese Suppe der Einfachheit halber aus Weizenstärke. — Milch und Zucker aufkochen und so lange rühren, bis der Zucker ganz gelöst ist. Dann den Vanillezucker darin lösen oder mit einer Messerspitze das Innere einer Vanilleschote über der Milch ausschaben. Die Weizenstärke, die es unter verschiedenen Handelsbezeichnungen gibt, mit einem Rest Milch anrühren und in die kochende, süße Milch schütten. Diese soll sich sofort verdicken. Den Topf vom Feuer nehmen und Sahne und Eigelbe einquirlen und Korinthen und die Haferflocken einmischen, damit die Kinder etwas zum Kauen bekommen.

Dänische Wildsuppe

1 kg Wildknochen oder Wildgeflügel-Gerippe 2 Möhren, ¼ Sellerieknolle 2 Kartoffeln, 1 Eßl. zerdrückte Korianderkörner je 1 Teel. Basilikumblätter Liebstockblätter, gestoßenen Macis und Ingwerwurzel 2 Tassen Rotwein, Salz Paprikapulver 1 Eßl. Tomatenmark 2 rohe, feine Bratwürste

Das Klein und die Knochen von gebratenem Wild oder Wildgeflügel kleinschlagen und in einer Kasserolle mit Fett dunkelbraun rösten. In den letzten Minuten Möhren- und Selleriestreifen und Kartoffelwürfel mitrösten. Sobald auch das Gemüse braun ist, Wasser dazugießen und alles gründlich kochen lassen. Dann erneut Wasser aufgießen, so daß eine Suppe entsteht. Die trockenen Gewürze in einem Gazebeutelchen mitkochen. Außerdem den Rotwein dazugießen und die Suppe mit Salz, Paprikapulver und Tomatenmark abschmecken. Aus der ausgedrückten Bratwurstmasse Kügelchen formen, die in der kochenden Suppe sofort zu Klößchen werden. Von den Knochen das Fleisch absuchen, die Gemüse herausholen und die Suppe durch ein Sieb abgießen. Das kleingeschnittene Fleisch, das Gemüse und die Bratwurstklößchen als Einlage in die Suppe geben.

Eingelegte gebratene Makrelen

4 ganze Makrelen, 12 Eßl. Öl 4 Eßl. Zitronensaft 1 Prise Safranfäden ½ Teel. Pfeffer 2 Eßl. gehackten Schnittlauch 50 g Butter, 2 mittelgroße Zwiebeln, Salz, 4 Tomaten 2 Eßl. gehackten Dill

Die Makrelen säubern, enthäuten, entgräten, waschen und wieder abtrocknen. Legen Sie die Filets in eine Marinade aus Öl, Zitronensaft, Safran, Pfeffer und gehacktem Schnittlauch. Nach einer Stunde sind sie durchgezogen und kommen in eine Stielpfanne mit Butter auf dünne Zwiebelscheiben. Leicht salzen, mit Tomatenscheiben bedecken und darüber gehackte Dillblätter streuen. Die Stielpfanne in den heißen Ofen schieben und das Gericht etwa 30 Minuten lang schmoren lassen. — Mit grünem Salat und gebratenen Kartoffelscheiben servieren.

Makrelen in saurer Sahne

Die Makrelen, oder ähnliche Fische, waschen und die Mittelgräte entfernen, so daß je zwei Filets entstehen. Diese nochmals waschen und abtropfen lassen, salzen und pfeffern und in eine breite Stielpfanne oder eine längliche Auflaufform legen. Die saure Sahne mit gehackten Dillblättern mischen und über die Fischfilets gießen, darüber geriebenen Käse und Semmelbrösel streuen. Das Gericht im heißen Ofen etwa 25 Minuten backen. — Dazu schmecken Butterkartoffeln und zarte grüne Bohnen gut.

4 Makrelen
Salz, Pfeffer
½ l saure Sahne
4 Eßl. Dill
4 Eßl. geriebenen Käse
4 Eßl. Semmelbrösel

Hering in Currysauce

Die Heringe am Rücken aufritzen und beide Filets auf einmal vom Schwanz her von der Mittelgräte abziehen. Dann die obere Haut entfernen, die dicken, langen Gräten herausziehen und die Bauchlappen, die langen Flossen und die Köpfe abschneiden. Dann salzt und pfeffert man die Filets, wälzt sie in einer Mischung aus Mehl und Brotkrumen und brät sie in Butter goldbraun. Man nimmt sie aus der Pfanne und stellt sie warm. Im gleichen Fett röstet man Zwiebeln und mischt dann sofort feinwürfelig gewiegte Äpfel, Currypulver und Salz dazu. Die Sauce vom Feuer nehmen, die Sahne einrühren, einmal aufkochen lassen und über die Heringe gießen. Darauf legt man gedünstete Tomatenscheiben und gehackte Petersilie.

4 grüne Heringe
Salz, Pfeffer
2 Eßl. Mehl, 4 Eßl. Brösel
Butter zum Braten
2 mittelgroße Zwiebeln
2 mittelgroße Äpfel
1 Teel. Currypulver
¼ l Sahne
3 Tomaten
1 Bund Petersilie

Kabeljau mit Senfsauce

Man kauft Schnitten vom Kabeljau, die man entgrätet und unter kaltem Wasser wäscht und dann abtropfen läßt. Nun bereitet man zuerst die Sauce: Die Fischgräten in grobe Stücke zerschlagen, mit Salz und wenig Wasser eine halbe Stunde kochen lassen und die Bouillon dann abseihen. Milch und Mehl klumpenfrei verrühren und mit einem Schneebesen in der kochenden Fischbouillon glattrühren. Diese Sauce etwa 10 Minuten langsam kochen lassen, dann Butter, Senf, Meerrettich, Pfeffer und Zucker dazugeben. Während sie kocht, stellt man die Kabeljauschnitten mit kaltem Wasser, Essig und Salz aufs Feuer, schäumt notfalls mit einer Schaumkelle ab und holt die Schnitten nach etwa 10 Minuten heraus. Sauce und Fisch, zu dem man Zitronenscheiben legt, werden getrennt serviert.

750 g Kabeljau
Sauce:
Salz, 1 Tasse Milch
2 Eßl. Mehl, 30 g Butter
3 Teel. Senf
2 Teel. geriebenen Meerrettich, Pfeffer, Zucker
1 Eßl. Essig
2 Eßl. Salz
Zitronenscheiben

Gebackene Zwiebelheringe

Die Heringe am Rücken aufschneiden und beide Filets auf einmal von der Mittelgräte abziehen. Die Filets häuten, die Bauchgräten herausziehen und

4 grüne Heringe
Salz, Pfeffer

DÄNEMARK SCHWEDEN NORWEGEN

4 mittelgroße Zwiebeln
125 g Butter oder Margarine, 1 Ei
6 Eßl. Semmelbrösel
¼ l Sahne

die Bauchlappen gerade abschneiden, dann salzen und pfeffern. Zwiebeln in Scheiben schneiden und in etwas Butter goldbraun anrösten. Nun legt man vier Filets mit der Hautseite nach unten auf ein Brett, verteilt auf ihnen die gerösteten Zwiebeln und drückt das passende Filet darauf. Die Filetpaare taucht man in geschlagenes Ei, dann in Semmelbrösel und brät sie in Butter. Falls die Butter zu heiß und die Brotkrumen zu dunkel werden, kann man die Filets im heißen Ofen nachgaren lassen. Die fertigen Heringe mit Sahne übergießen und noch einmal heiß werden lassen. — Mit Bratkartoffeln oder Kartoffelbrei und Salat anrichten.

Heringsklopse

3 grüne Heringe, 2 mittelgroße, gekochte Kartoffeln
2 Eßl. gehackte Zwiebeln
1 Eßl. Butter, Salz, Pfeffer
Öl oder Fett zum Ausbacken

Die enthäuteten, grätenlosen Heringe mit den Kartoffeln durch die feine Scheibe des Fleischwolfes drehen. Zwiebelwürfel in Butter anrösten, zu dem Fisch mischen und würzen. Aus dieser Masse formt man Klöße, die man im tiefen Fett ausbackt. — Dazu ißt man in Schweden Butterkartoffeln und als Sauce gelöstes Johannisbeergelee.

FISKEBOLLAR   ## *Fischklöße*   Farbfoto Seite 223

750 g Seefisch ohne Gräten
125 g Butter oder Margarine
Salz, Pfeffer
2 Eßl. Mehl
½ l frische Sahne
2 Eier

Von den Fischstücken löst man die Haut und zerkleinert das Fleisch so fein wie möglich. Diese Masse mit flüssiger Butter mischen und durch ein Haarsieb streichen. Nur wenig mit Salz und Pfeffer würzen. Die mit Mehl und ¼ l Sahne verquirlten Eigelbe ganz langsam unter die Fischmasse rühren, die ihre Bindung behalten muß. Dann schlägt man die restliche Sahne und die Eiweiße getrennt zu steifem Schnee und rührt beides unter die Fischmasse. Mit einem Teelöffel formt man davon Klößchen und läßt sie in schwach kochendem Salzwasser in etwa 10 Minuten fest werden. Dazu kocht man eine Hummer- oder Krebssauce und gießt sie über die abgetropften Klößchen. — Mit Kartoffeln und einem Mosel- oder Frankenwein zu Tisch bringen.

Biff Lindström

500 g mageres, knochenloses Rindfleisch
2 Zwiebeln, 1 Röhre Kapern
1 große Pellkartoffel
½ Tasse marinierte Rote Beete, 2 Eier
Salz, Pfeffer, 125 g Butter

Das Fleisch fein wiegen oder durch die feine Scheibe des Fleischwolfs drehen. Dazu gibt man die in Butter gebräunten Zwiebelwürfel, die Kapern, die zerdrückte Kartoffel, die Würfel der Roten Beete und die rohen Eier. Mit Salz und Pfeffer nach Geschmack würzen. Von dieser Masse runde Beefsteaks formen (wie Frikandellen) und diese in der Pfanne mit Butter von beiden Seiten braun braten. Vor dem Servieren mit flüssiger Butter übergießen und mit gebutterten Karotten, Kartoffelbrei und Salaten reichen.

DÄNEMARK SCHWEDEN NORWEGEN

Kalbfleisch mit Dillsauce

Das Fleisch in kochendes Wasser legen und 30 Minuten lang kochen lassen; zwischendurch den sich bildenden Schaum abschöpfen. Nach 20 Minuten Kochzeit ganze Pfefferkörner, Dillzweige und Salz zufügen. Nun bereitet man die Sauce: Die Butter in einer Kasserolle schmelzen lassen, Mehl dazu rühren, dann mit soviel Wasser ablöschen, bis sich eine glatte Sauce bildet. Man rührt einige Tropfen flüssigen Fleischextrakt, gehackte Dillblätter, Weinessig, Zucker und das verquirlte Eigelb dazu und nimmt die Kasserolle schnell vom Feuer, damit das Ei nicht gerinnt. Diese Sauce gießt man über das in Scheiben geschnittene gare, aber nicht zu weiche Fleisch und verziert das Gericht mit Dillblättern. — Dazu schmecken gebutterte Kartoffeln oder schaumiger Kartoffelbrei, der mit Sahne und Butterflocken geschlagen wurde.

1200 g entbeinte, gerollte und gebundene Kalbsschulter
4 weiße Pfefferkörner
viel frischen Dill, ³/₄ Eßl. Salz
Sauce:
30 g Butter, 2 Eßl. Mehl
2 Teel. Fleischextrakt oder gekörnte Brühe
2 Eßl. gehackten Dill
1¹/₂ Eßl. Weinessig
1¹/₂ Eßl. Zucker
1 Eigelb, Dillblätter

Leberragout auf schwedische Art

Die Leberstücke in geschmolzener Butter von allen Seiten anrösten — am besten in einer hochwandigen Stielpfanne —, dann salzen und pfeffern. Die Stücke in einen Topf legen, mit Milch begießen und 25 Minuten dünsten. Bitte aufpassen, daß die Milch nicht anbrennt! Die geschmorte Leber schneidet man in sehr dünne Scheiben. In einer Stielpfanne bräunt man Mehl in Butter an und löscht mit der Milch aus dem Topf ab. Zu der Sauce gibt man nach Geschmack Dosenmilch und flüssige Würze. Sollten sich Klumpen bilden, streicht man sie durch ein Haarsieb. Die Leberscheiben läßt man zusammen mit der Sauce noch einmal 5 Minuten kochen. — Zu dem Gericht passen ausgezeichnet Kronsbeeren und Bratkartoffeln.

750 g Kalbsleber
Butter zum Braten
Salz, Pfeffer
1 Tasse Milch
2 Eßl. Mehl
75 g Butter oder Margarine
¹/₂ Tasse Dosenmilch
flüssige Würze

Gefüllte Schweineröllchen

Die Schweinesteaks klopft man ganz dünn und belegt sie mit Ingwerstückchen, Salz und Pfeffer. Die Backpflaumen in lauwarmem Wasser einweichen, halbieren und die Steine herauslösen. Den Apfel schälen und vierteln. Man belegt jede Fleischscheibe mit einem Apfel- und einem Pflaumenstück, rollt sie zu einer Roulade zusammen und steckt die Enden mit Holzspeilen fest. In einer Pfanne bräunt man die Röllchen in Butter an. Die vorbereitete Bouillon über die Röllchen gießen und diese im bedeckten Topf 45 Minuten schmoren lassen. Dann holt man sie heraus und stellt sie warm. Mehl mit Wasser glattrühren und damit die gebräunte Bratensauce binden. Mit Sahne verfeinern und die Röllchen darin noch eine Minute aufkochen lassen. — Mit Kartoffeln und Gewürzgurken servieren.

4 Schweinesteaks
1 Teel. kandierte, gehackte Ingwerstücke, Salz, Pfeffer
4 Backpflaumen
1 Apfel
30 g Butter oder Margarine
1 Bouillonwürfel
1 Eßl. Mehl
¹/₂ Tasse Sahne

DÄNEMARK SCHWEDEN NORWEGEN

Schweinebraten mit Backpflaumen

2 ganze Schweinelenden
15 Backpflaumen
½ Zitrone
125 g Butter
Salz, Pfeffer

In das Fleisch macht man drei lange Einschnitte, den mittleren tiefer als die beiden anderen. Die Backpflaumen in lauwarmem Wasser abspülen und etwas quellen lassen, dann halbieren und den Stein entfernen. Diese Pflaumenhälften in die Einschnitte stecken, die man dann zunäht oder zubindet. Das Fleisch reibt man mit Zitronensaft und zerlassener Butter ein und brät es auf allen Seiten an. Nun mit Salz und Pfeffer würzen, wenig Wasser dazugeben und im bedeckten Topf etwa 45 Minuten schmoren lassen. Eventuell muß Wasser nachgegossen werden. Den fertigen Braten in Scheiben schneiden, den Bratensaft abseihen und mit Kartoffelbrei servieren. — Als Kompott kann man gekochte Backpflaumen dazu reichen.

Schwedischer Weihnachtsschinken

1 gepöckelten Schinken
4 Tassen Wasser, 1 Zwiebel
1 Möhre, ½ Teel. Pfefferkörner, ½ Teel. Nelken
1 Lorbeerblatt, 1 Eiweiß
1 Eßl. engl. Senfpulver
1 Eßl. Zucker
1 Tasse Panierbrösel
Backpflaumen, Apfelmus

Der Schinken wird in eine große Bratenpfanne gelegt, mit der fetten Schwartenseite nach oben. Darüber gießt man Wasser und fügt Zwiebelviertel, Möhrenscheiben, Pfefferkörner, Nelken und die Spitze eines Lorbeerblattes dazu. Die Pfanne schiebt man in den vorgeheizten Ofen und läßt den Schinken zwei Stunden dünsten. Die Wassermenge muß öfter ergänzt und der Schinken nach einer Stunde umgedreht werden. Wenn er aus dem Ofen kommt, zieht man die Schwarte ab und trennt die Fettschicht so herunter, daß nur wenig davon stehen bleibt, und läßt den Schinken in der Flüssigkeit über Nacht auskühlen. Am nächsten Morgen bestreicht man seine Oberfläche mit einer Mischung aus Eiweiß, Senf und Zucker, streut reichlich Brösel darüber und backt ihn im heißen Ofen 40—50 Minuten lang. Er soll eine goldbraune Kruste bekommen. — Mit Backpflaumen und Apfelmus garniert kann man ihn zu Rotkohl oder Sauerkraut essen.

Fleischklöße in Selleriesauce

250 g schieres Kalbfleisch
250 g schieres Schweinefleisch
1 Ei, Salz, Pfeffer
½ Tasse Panierbrösel
1 Sellerieknolle
2 Eßl. Mehl, 50 g Butter

Das Fleisch dreht man durch die feine Scheibe des Fleischwolfs und versetzt es mit Ei, Salz, Pfeffer und Panierbröseln. Aus der entstandenen Masse formt man Klöße, die in Salzwasser in 5 Minuten gar ziehen. Für die Sauce kocht man eine Sellerieknolle in viel Wasser, schält sie und schneidet sie in Streifen. Das Mehl rührt man in geschmolzene Butter und löscht mit dem Kochsud der Klöße ab, bis eine sämige Sauce entsteht, die man mit den Selleriestreifen und den Fleischklößen versetzt.

Schwedische Makronen

KONFEKTBRÖD
50 g Zucker
50 g geriebene Mandeln

Den Zucker mit den Mandeln und dem Reismehl vermischen. Die Eiweiße mit einigen Tropfen Vanilleessenz steif schlagen und unter die trockenen

Zutaten heben. Der Schnee muß sehr steif geschlagen sein, damit er nicht zusammenfällt. Darüber den Sherry träufeln. Mit einem gemehlten Teelöffel kleine Häufchen dieser Masse auf ein gemehltes Blech setzen und diese 15 Minuten lang im Ofen bei 230° C backen. Dann sollen sie obenauf hellbraun sein und innen steif, aber nicht trocken. Die Makronen können Sie vor dem Backen mit einem winzigen Stückchen kandierter, roter Kirsche oder mit einer kandierten Veilchenblüte belegen.

15 g Reismehl oder Stärkemehl, 2 Eiweiße Vanilleessenz (in kleinen Flaschen)
2 Eßl. Sherrywein, Mehl kandierte Kirschen oder Veilchenblüten

Eierkuchen-Schichttorte

Mehl, Salz und Zucker in einer Rührschüssel mischen und mit Milch nach und nach zusammenrühren, hierauf 1—2 Stunden ruhen lassen. Danach die Eier zusammen mit flüssiger Butter in den Teig einrühren und daraus in einer mittelgroßen Pfanne mit Butter goldbraune Eierpfannkuchen backen. Warm stellen! Jeden Eierkuchen mit einer dünnen Schicht Erdbeerkonfitüre bestreichen und alle aufeinander schichten. Den Berg mit Schlagsahne und gehackten Mandeln dekorieren und warm servieren.

200 g Mehl, 1 Teel. Salz
4 Teel. Zucker
1 Tasse Milch, evtl. mehr
3 Eier, 30 g Butter
75 g Butter zum Ausbacken
250 g Erdbeerkonfitüre
½ Tasse Mandeln, Sahne

Ingwerkuchen

Die Eier schaumig schlagen und dann Zucker, Mehl und die flüssige, lauwarme Butter sehr vorsichtig dazu rühren, damit der Eischaum nicht zusammenfällt. Durch die Gewürze und die Sahne entsteht eine glatte Teigmasse. Eine Springform mit Fett ausstreichen, mit Semmelbröseln ausstreuen und den Teig hineinfüllen. Im heißen, vorgeheizten Ofen den Kuchen 45 Minuten backen. Vorsichtig aus dem Ofen nehmen und in der Form abkühlen lassen, damit er nicht zusammenfällt; dann erst stürzen.

2 Eier, 200 g Zucker
125 g Mehl, 75 g Butter
1½ Teel. Ingwer, gemahlen
2 Teel. Zimt
1½ Teel. gemahlene Nelken
½ Tasse saure Sahne
Fett, Semmelbrösel

Weihnachtspunsch JULGLÖGG

Zum Abschluß der kulinarischen Skandinavien-Reise noch ein Getränk. — In einem geräumigen Topf den Rotwein und die Hälfte Aquavit, die Rosinen, den Zucker und die Orangen- und Zitronenschale erhitzen. In einem Beutelchen ein Stück Zimt, Gewürznelken und Kardamom mitkochen lassen. Den Punsch nur einmal aufwallen und ihn dann auf eine kleine Flamme stellen, damit er heiß bleibt. Dazu kommt jetzt der Rest Aquavit. Das Gewürzbeutelchen entfernen und den Punsch servieren. In jedes Glas einige Rosinen und eine gebrühte und abgezogene Mandel legen.

1 l Rotwein aus Burgund
4 Tassen Aquavit, 1 Tasse Rosinen, 2 Tassen Zucker
1 abgeriebene Orangen- und Zitronenschale, 1 Stück Stangenzimt, 12 Gewürznelken
5 Kardamomkörner
12 Mandeln

DEM GAST, der ein finnisches Restaurant betritt, bietet sich sogleich ein erfreulicher Anblick. In der Mitte steht ein großer Tisch mit vielen kleinen Schalen und Platten, auf denen kalte Speisen angerichtet sind. Da sieht man vor allem Fische in verschiedenen Zubereitungen, dem Reichtum der Küsten und Seen entsprechend, außerdem Wild aus den großen Wäldern, andere Fleischgerichte und Salate, Eierplatten — alles sehr schön und farbenfroh dekoriert. Da man von diesem Vorspeisentisch soviel essen kann und darf, wie man mag oder verträgt, ist es eine Wonne, unter den Dutzenden von kulinarischen Winzigkeiten zu wählen. Als Besonderheit sei vermerkt, daß meist auch eine Portion dampfender Kartoffeln und einige kleine warme Gerichte nicht fehlen.

Morgens, als erste Mahlzeit, ißt man in Finnland gebutterte Brote und trinkt Kaffee dazu, seltener Tee. Das Mittagessen besteht aus den schon genannten Vorspeisen, dann aus Kohlrouladen, Fleischklößen oder Bratwürsten, ähnlich wie bei uns. Abends, oft schon gegen fünf Uhr nach englischer Art, speist man in ähnlicher Weise. Sehr spät am Abend trinkt man noch Tee und reicht dazu Aufschnitt mit Brot und Butter.

Viele Gerichte sind in Finnland salziger abgeschmeckt als bei uns. Schon die gesalzenen und gepökelten Fische, allen voran die königliche Vorspeise Salzlachs, mit frischem Dill gegessen, geben scharfe Akzente. Zum Lachs, den man natürlich auch gekocht, gebraten, gegrillt und kalt in Sülze bekommt, ißt man Sahnemeerrettich, der sich auch bei uns einbürgerte. Nach einer solchen scharfen Vorspeise reicht man Porridge oder ein anderes leichtes, warmes Gericht, wie zum Beispiel eine Omelette. — Zu den häufigen Wildarten gehören Elch, Bär und Hase. Besonders beliebt sind die Karhunkäpälä, die Bärentatzen, die man paniert und in der Pfanne gebraten serviert, oder auch geräuchert und als Schinken aufgeschnitten, wie übrigens auch den vorzüglichen Hinterschinken des Bären, den Karhunkinkku. Darüber hinaus hat die finnische Küche noch einige Rohstoffe, die andere Länder nicht kennen und die dem Speisezettel aparte Nuancen verleihen. So die Lakkabeeren, kernhaltige gelbe Kugeln, auch »Orangen des Nordens« genannt, weil sie so reich an Vitamin C sind. Man ißt sie als Eisparfait oder in gekühlter Schlagsahne. Auch kann man Kuchen und einen Likör aus ihnen bereiten, der allerdings nur örtliche Bedeutung hat. Dann gibt es eine große Preiselbeere, die aromatisch ist und in Form von Gelees und Kompotts in vielen Gerichten auf den Tisch kommt — frisch kann man sie wegen des hohen Gerbsäuregehaltes nicht essen. Schließlich findet man wilde Erdbeeren, Himbeeren und Brombeeren, die leider nicht zu uns kommen, mit Ausnahme der tiefgekühlten Himbeeren Finnlands, die ich meinen Lesern als Zutat zu Vanillecremes und in Fruchtsalaten empfehlen möchte.

Zum Essen trinkt man Bier oder Milch. Oder saure Milch. Zum Bier und zum Heringsfilet auch Kornschnaps. Und nach dem Essen gibt es eine Tasse schwarzen Kaffee.

Finnland

FINNLAND

ETIKKASILLIÄ
Eingelegte Finnland-Heringe

2 ganze Salzheringe
Marinade:
½ Tasse Weinessig
1 Tasse Wasser
½ Zwiebel
1 Teel. Pfefferkörner
2 Dillzweige
¾ Tasse Zucker
1 Teel. Salz
1 Messerspitze Pfeffer

Dieses Gericht ist nur wenige Tage haltbar, stellen Sie es also nicht auf Vorrat her. — Die Salzheringe werden von den Gräten befreit und vier Stunden in kaltes Wasser gelegt, das man zwischendurch erneuert. Dann zieht man die Außenhaut ab und schneidet die Filets in zentimeterbreite Streifen. Die aus den angegebenen Zutaten bereitete Marinade einmal aufwallen lassen, dann auf ca. 35° C abkühlen, die Heringsstücke damit übergießen und vier Stunden an einem kühlen Ort stehen lassen. — Die Marinade kann nach eigenem Gutdünken verändert werden. So können Sie anstelle des für uns ungewohnt hohen Anteils an Zucker Senfkörner und Wacholderbeeren oder Lorbeerblatt und Hobelspäne von frischem Meerrettich verwenden. — Man sollte zu dieser Vorspeise Pellkartoffeln und frische Butter essen und Bier und klaren Schnaps trinken.

ROSOLLI
Finnischer Heringssalat

2 marinierte Heringe
5 gekochte kleine Möhren
1 gekochte Rote Beete
mit Kochsaft
1 Gewürzgurke
2 säuerliche Äpfel
5 gekochte Kartoffeln
4 hartgekochte Eier
2 Tassen gekochtes oder gebratenes kaltes Rindfleisch
2 Zwiebeln, Weinessig
1 Tasse frische Sahne
Zucker, Salz, Pfeffer

Die Heringe entgräten, häuten und in Würfel oder Streifen schneiden. Dazu mischen Sie, ebenfalls in Würfel oder Streifen gleicher Größe geschnitten, die Möhren, die Rote Beete, die Gewürzgurke, die geschälten, entkernten Äpfel und die geschälten Kartoffeln, die nicht ganz kalt sein sollen. Von den gekochten Eiern hackt man das Weiße und gibt es mit dem in Streifen geschnittenen Rindfleisch in die Salatmasse. Dünne Zwiebelscheiben mit heißem Essig überbrühen, damit sie nicht mehr so roh schmecken. Für die Sauce verrührt man die ungeschlagene Sahne mit dem Saft der Roten Beete und drückt die Eidotter dazu. Mit dem Zwiebelessig, Zucker, Salz und Pfeffer kurz schlagen, bis eine sämige Salatsauce entsteht, und sie über den Salat gießen. — Der Salat sollte etwa eine Stunde durchziehen und kalt als Vorspeise serviert werden. Dazu trinkt man Bier und Aquavit und ißt gebutterte Brötchen.

KALAKEITTO
Fischsuppe

500 g Kartoffelwürfel
1 l Wasser, Salz
750 g verschiedene Fische
(etwa Aal, Goldbarsch
Hecht, Makrelen)
2 Eßl. Mehl, ½ l Milch
3 Eßl. gehackte Dillblätter

Zuerst die geschälten Kartoffeln in einem Liter Salzwasser halbgar kochen. Darauf die geputzten, entgräteten und gewaschenen Fische legen, zugedeckt 15 Minuten auf kleiner Flamme kochen lassen und dann die Fischstücke vorsichtig mit einer Schaumkelle abnehmen. Zu den Kartoffeln gießen Sie jetzt Mehl und Milch, klumpenfrei miteinander verrührt, und lassen einmal aufkochen. Die Fischstücke dazugeben und mit Salz und gehackten Dillblättern würzen. Mit Sahne kann die Suppe verfeinert werden. — Dazu Schwarzbrot mit dick Butter darauf essen.

FINNLAND

Sommersuppe — KESÄKEITTO

In einer Pfanne Zucker und Salz mit Wasser aufkochen lassen. Dazu geben Sie kleine Möhrenscheiben, frische Erbsen, Blumenkohlröschen und die Kartoffeln. Wenn das Gemüse kocht, fügen Sie die kochende Milch und die frischen Spinatblätter hinzu. Mit Butter verfeinern und mit gehacktem Kerbel den Geschmack abrunden. Wenn der Topf vom Feuer genommen ist, verrühren Sie das schon mit etwas Suppe verquirlte Eigelb darin. Hübsch und delikat, aber nicht unbedingt nötig, sind darin Krebsschwänze. Diese nur kurz in der Suppe mitkochen lassen.

1 Eßl. Zucker, 1/2 Teel. Salz
1/2 l Wasser, 1 große Möhre
1/2 Tasse Erbsen, 1 kleinen Blumenkohl, 5 kl. Kartoffeln
1/2 l Milch, 1 Tasse rohen Spinat, 4 Eßl. Butter, 4 Eßl. gehackten Kerbel, 1 Eigelb
5 Krebsschwänze

Finnische Erbsensuppe — HERNEKEITTO

Die Zubereitung beginnt schon am Vortag. Die gepökelten Schweinsfüße sollen in kaltem Wasser die Schärfe verlieren, die Erbsen in kaltem Wasser vorweichen. Von den Erbsen das erste Wasser nach 2 Stunden erneuern. Am anderen Tag trocknet man die Schweinsfüße, sengt über offener Flamme die Borsten ab und kocht sie mit neuem Wasser in etwa 1/2 Stunde halbgar. In einem sehr großen Topf setzt man die Erbsen mit Wasser auf und schüttet die Füße mit der Brühe dazu. Zusammen bei niedriger Temperatur noch etwa eine Stunde lang kochen lassen. — Ich lege noch ein Stück geräucherten Bauchspeck und eine geräucherte Gänsekeule, die man in Geflügelhandlungen kaufen kann, dazu. — Erst ziemlich am Ende der Kochzeit gibt man die kleingewürfelten Kartoffeln dazu und grob gezupfte Kerbel- und Liebstockblätter und schmeckt mit Salz und Pfeffer ab. Sehr dünne Zwiebelscheiben röstet man mit Butter goldbraun und streut sie auf die Suppe.

4 Schweinsfüße, gesalzen
1 kg grüne Trockenerbsen
10 Kartoffeln
Bund Kerbel
Bund Liebstockblätter
Salz
Pfeffer
5 Zwiebeln
25 g Butter oder Margarine

Saurer Eierstich für Suppen — MUNAJUUSTO

Diese Suppeneinlage können Sie auf Vorrat herstellen, daher die großen Mengen. Während man bei uns den Eierstich mit Bouillon zubereitet, verwendet man in Finnland Milch und Buttermilch, wodurch er einen säuerlichen Geschmack bekommt. — Die Eier schlägt man mit der Buttermilch und gießt das Gemisch am besten noch durch ein Sieb, damit es ganz glatt ist. Darunter rührt man mit dem Schneebesen die einfache Milch — auf 40° C erhitzt. An einem warmen Ort trennt sich dann die Flüssigkeit von der Trockenmasse der Milch. Die Molke abseihen, die lockere Quarkmasse mit Salz und Zucker versetzen und in einer Kastenform im heißen Ofen backen. Die gebackene, noch heiße Masse schneidet man in dicke Scheiben, dann in Streifen oder Würfel. Der saure Eierstich ist vor allem eine Suppeneinlage, schmeckt aber auch auf Toastscheiben gut.

8 Eier
1 l Buttermilch
1/2 l Milch
1/2 Eßl. Salz
1 Teel. Zucker

FINNLAND

JÄTKÄN LOHIPOTTI — *Lachstopf*

600 g Lachs
1 Tasse Dillblätter, Salz
200 g Butter oder Margarine
1 Tasse Wasser
Saft einer halben Zitrone
1/2 Tasse saure Sahne

Das Lachsfleisch in Stücke von je 100 g schneiden. Diese in eine feuerfeste Form zusammen mit Dillblättchen legen und mit Salz und Butterflocken bestreuen. Darüber gießt man eine Tasse Wasser und deckt die Form zu. Auf kleiner Flamme die Fische nur wenige Minuten angaren lassen. Dann den Deckel abnehmen, damit das Wasser verdampft und nur die Butter und der Fischsaft übrigbleiben, in die man Zitronensaft und saure Sahne einrührt.

MUHENNETTU MADE — *Seefischragout*

2 kg kleine Lachse
oder Makrelen oder Heilbutt
75 g Butter oder Margarine
Salz, Piment, Butterflocken
Mehlschwitze aus
3 Eßl. Butter und
3 Eßl. Mehl
1/2 Zitrone
Zucker, 1 Eigelb
1/10 l Sahne
1/4 Tasse Weißwein

Die Fische reinigen, entgräten, waschen und in mundgerechte Stücke schneiden. Rogen und Leber der Fische vorerst beiseite legen. Eine Kasserolle mit geschmolzener Butter ausstreichen und die Fischstücke einlegen, mit Salz und Pimentpulver würzen und mit Butterflocken bestreuen. Darauf jetzt Leber und Rogen, enthäutet und geschnitten, verteilen. Mit Wasser soweit aufgießen, daß alle Stücke bedeckt sind. Zugedeckt etwa 20 Minuten lang kochen lassen. Dann die Fischstücke mit einer Schaumkelle herausnehmen und warm stellen. Die verbliebene Fischbrühe mit einer hellen Mehlschwitze binden. Nach 15 Minuten Kochzeit die Sauce vom Feuer nehmen, mit Zitronensaft und Zucker den Geschmack abrunden und Eigelb, mit der Sahne verrührt, dazu geben. Mit einem Schuß Weißwein kann noch verfeinert werden. Nun die Fischstücke mit der Sauce übergießen und mit Zitronenspalten oder -scheiben und Kartoffeln anrichten.

KALAN SAVUSTAMINEN PAPERISSA — *Fische in Papier räuchern*

mehrere ganze Fische
Salz, Butter
Pergamentpapier

Dafür eignen sich am besten Aal, Lachs, Weißfisch, Barsch, Brasse — also fette und halbfette Fische. — Sie werden ausgenommen und von den Flossen befreit, gewaschen und mit einem Tuch oder Küchenkreppapier getrocknet. Die Fische innen mit Salz einreiben und einige Zeit liegen lassen. Dann wickelt man sie in gebuttertes Pergamentpapier und noch in mehrere Schichten Zeitungspapier. Dieses anzünden und restlos verbrennen lassen. Die Fische sind gar, wenn das Papier, mit Ausnahme des Pergamentpapiers, abgebrannt ist.

FINNLAND

Fischauflauf mit Kartoffeln — SILLILAATIKKO

Weil die Zusammenstellung von Fisch und Kartoffeln als Eintopfgericht für uns ungewohnt ist, sollten Sie nicht mit Butter und Sahne sparen, da sie den Geschmack des Fisches neutralisieren. — Die Salzheringe wässert man, entgrätet und enthäutet sie und schneidet die Filets in lange Streifen. Eine Auflaufform mit nicht zu hohem Rand reichlich mit Butter ausstreichen. Als erste Schicht legt man Kartoffelscheiben hinein, als zweite Heringsstreifen mit Zwiebelscheiben, wieder eine Lage Kartoffelscheiben und Heringe mit Zwiebeln und zuoberst Kartoffelscheiben. Darüber träufelt man die geschmolzene Butter und füllt zuletzt mit verquirltem Ei, Sahne, Milch, Salz und Pfeffer auf. Zum Überkrusten im Ofen bestreut man das Gericht abschließend mit Semmelbröseln. Das Backen im heißen Ofen dauert etwa 30–40 Minuten. Die Oberfläche eventuell mit Pergamentpapier abdecken. — Zu diesem Auflauf empfehle ich Kopfsalat und eine Bratensauce zu reichen, die man mit gehackten Essiggemüsen und etwas Senf verändert hat.

2–3 Salzheringe oder
2 Dosen Lachs od. Thunfisch
4 Eßl. Butter für die Form
500 g gekochte Kartoffeln
2 Zwiebeln
4 Eßl. Butter zum Beträufeln, 3 Eier
½ Tasse Sahne
½ Tasse Milch
Salz, Pfeffer
¾ Tasse Brösel

Fleisch- und Fischpastete — PATAKUKKO

Das Mehl nur mit etwas Wasser und Salz zusammenrühren und festdrücken. Nicht zu lange wirken, weil der Teig sonst »brandig« wird. Schnell ausrollen und eine Form auslegen, die Ränder nicht abschneiden. Das Fischfilet waschen, enthäuten, in Stücke schneiden und lagenweise mit dem Schinken auf den Brotteig legen. Alles mit Salz und Pfeffer würzen, Butterflocken und als letztes Speckscheiben hinzufügen. Mit Küchenkräutern und saurer Sahne können Sie die Füllung verfeinern. Die Teigränder darüber klappen, anfeuchten und mit dem Teigdeckel, der vorher angepaßt wurde, abdecken. Die Pastete im Ofen etwa 45 Minuten lang backen. — Dazu gibt man Salat, gebutterte Brotscheiben und Bier und Wodka.

Teig:
je 125 g Roggen-, Weizen- und Hafermehl
Wasser, Salz
Füllung:
1 kg Seefischfilet
500 g gekochte Schinkenscheiben, Salz, Pfeffer
Butter
10 Bauchspeckscheiben

Karelischer Pfeffertopf — KARJALANPAISTI

Dieses Gericht gehört zu den populärsten in Finnland. Dort verwendet man dazu alle erreichbaren Fleischsorten. Wir beschränken uns auf Kalb-, Schweine- und Hammelfleisch. Das Fleisch in 4 cm dicke Würfel schneiden und mit Wasser im heißen Ofen eine Stunde dünsten. Dabei soll sich das Fleisch braun verfärben. Dann Piment und Salz dazugeben und noch etwas Wasser, damit das Fleisch saftig bleibt. Im Originaltext wird dieser Fleisch-

125 g Kalbfleisch
200 g Schweinefleisch
175 g Hammelfleisch
¼ l Wasser
1 Teel. Piment
Salz

FINNLAND

topf jetzt mit neuem Wasser noch einmal sechs Stunden geschmort. Dabei soll das Fleisch völlig zerfallen. Ich glaube, daß es nach einer weiteren Stunde genügt. — In Finnland ißt man zu diesem Pfeffertopf kleine geschmorte Rübchen, ähnlich unseren Teltower Rübchen, Kartoffelviertel, Pfifferlinge und Speckwürfel. Diese Beilagen kann man auch im Gericht mitschmoren lassen, natürlich erst ab der letzten halben Stunde. Als Getränk Bier, klaren Schnaps und Aquavit.

VASIKANPAISTIA JA KERMAKASTIKETTA
Kalbsbraten mit Rahmsauce

1 kg Kalbfleisch (Schulter, Sattel- oder Nierenstück)
75 g Bratfett
Salz, Wasser
50 g Mehl
Paprikapulver
1 Tasse Sahne
Pfeffer
Cayennepfeffer
½ Teel. Zucker

Fragt man in Finnland nach dem Festtagsbraten, so bekommt man die Antwort: natürlich Kalbsbraten. — Das Fleisch mit einem Tuch trockenreiben und in einer großen Pfanne im Fett auf allen Seiten anbräunen. Die Oberfläche des Bratens bestreut man mit grobem Salz und gießt etwas Wasser dazu. Während des Bratens im heißen Ofen (1 Stunde) eventuell Wasser nachgießen. Danach streut man in die Bratflüssigkeit Mehl und Paprikapulver und rührt mit einem Schneebesen so lange, bis das Mehl sich bräunt. Nun kommen die Sahne und die Gewürze dazu. Die Sauce durch ein Haarsieb streichen und, wenn sie Ihnen zu dick ist, mit etwas Weißwein und Milch verdünnen. — Zu diesem Gericht ißt man gekochte und in Butter geschwenkte Karotten, gebutterte Kartoffeln und Kopfsalat, mit Dillblättern und Sahne angemacht. Ich empfehle hierzu einen mittelschweren Weißwein, zum Beispiel einen Wein vom Rhein oder aus Baden.

KALALAATIKKO
Schweineseintopf

4 Schweinenackenscheiben je 150 g
2 grüne Heringe
4 große gekochte Kartoffeln
4 Zwiebeln
100 g Butter oder Margarine
Salz, Pfeffer
Butterflocken
½ Tasse Semmelbrösel
½ Glas Weißwein
½ Tasse geriebenen Käse

Dieses Gericht ist recht ungewöhnlich für unseren Gaumen, aber vielleicht schmeckt es Ihnen und Ihren Gästen doch an einem kühlen Abend zusammen mit Aquavit und Bier. — Die Schweinefleischscheiben klopfen. Dann die Heringe enthäuten, die Mittelgräten abziehen, die am Bauch hängengebliebenen feinen Gräten entfernen und die Bauchlappen geradeschneiden. Die Kartoffeln schälen und in dünne Scheiben schneiden, desgleichen die Zwiebeln. In eine ausgebutterte Auflaufform legt man zuunterst eine Schicht Kartoffelscheiben, darauf eine Schicht Zwiebelscheiben, dann die Heringsfilets in dicken Streifen und zuletzt die vorher angebratenen Schweinesteaks, gesalzen und gepfeffert; dann wieder Kartoffel- und Zwiebelscheiben. Darauf gebe ich reichlich Butterflocken, streue Weißbrotkrumen darüber und gieße den Weißwein über den Auflauf, und zum Schluß kommt geriebener Käse darüber. Das Gericht soll im Ofen mindestens eine ganze Stunde backen. Sobald sich die Oberfläche gebräunt hat, müssen Sie diese mit einem Butterbrotpapier abdecken. Sollte der Inhalt zu trocken werden, können Sie etwas Hühnerbouillon nachgießen. — Dazu schmeckt Salat von Roten Beeten mit Sellerieknollenscheiben und Blättern von Estragon, alles in einer sanften Essig-Öl-Sauce mit etwas Senf angemacht.

Leberpudding
MAKSALAATIKKO

Den Reis kocht man mit Wasser und Milch zu einem festen Brei, den man abkühlen läßt. Die Rosinen brühen und aufquellen lassen. Die Leber muß man enthäuten und die Knotenstellen herausschneiden. Zu der durch den Fleischwolf gedrehten Leber gibt man die verquirlten Eier, Zucker und die Gewürze und verrührt alles sehr gut miteinander. Die Zwiebelscheiben in Butter anbräunen. Jetzt alle Ingredienzen miteinander zu einem glatten Teig vermischen. Diesen füllt man in eine gebutterte Puddingform mit Deckel und backt ihn eine Stunde lang bei mittlerer Hitze im Ofen. Vor dem Stürzen ein kaltes, nasses Tuch auf die Außenseiten legen oder kurze Zeit kaltes Wasser darüberlaufen lassen. — Den Pudding warm mit Preiselbeerkompott und Butterkartoffeln servieren. Auch gedünstete Pfifferlinge und Gemüse passen dazu. Und zum Trinken empfehle ich einen mittelschweren Weißwein.

175 g Rundkornreis, 1 Tasse Milch, 50 g kernfreie Rosinen 375 g Schweineleber, 2 Eier 1 1/2 Teel. Zucker 3 Teel. Salz 1/2 Teel. Pfeffer 1 Teel. Paprika 1 Eßl. Zwiebelwürfel 2 Zwiebeln (für Scheiben zum Bräunen), 3 Eßl. Butter

Aufschnittschinken
KINKKUA SUOMALAISEEN TAPAAN

Dieser Schinken wird nicht für eine Mahlzeit zubereitet, sondern Sie haben davon mehrere Wochen lang etwas zum Aufschnitt. — Man braucht dazu einen rohen, frischen Schinken von 6 bis 8 Kilogramm. Falls man den Schinken nicht gleich beim Fleischer pökeln läßt, mischt man Salz, Zucker und Salpeter und reibt das Fleisch damit ein. Das Salz kann besser eindringen, wenn man den Schinken mit einer Spicknadel von allen Seiten bis auf den Knochen einsticht. Zwei Tage an einem kühlen Ort liegen lassen und dann die Marinade darübergießen. In dieser Marinade soll der Schinken nun eine Woche bleiben. Am besten legen Sie ihn in eine Steingutschüssel oder eine emaillierte Schale und beschweren ihn mit einem Stein, damit er nicht schwimmen kann. Er wird danach gut abgetrocknet und mit der Mehlpaste überzogen. In diesem Mantel läßt man ihn im Ofen bei einer Temperatur von etwa 160° C backen. Die Mehlkruste schält man dann ab und bestreut die Oberfläche des Schinkens mit Butterflocken und Semmelbröseln. Beides soll im heißen Ofen sehr schnell bräunen und fest werden.

1 mittelgroßen, frischen Schinken, Pökelsalz aus: 100 g Salz, 2 Eßl. Zucker 1 Eßl. Salpeter (oder fertiges Pökelsalz kaufen) Marinade: 10 l Wasser 100 g Salz 100 g geriebenen Meerrettich Kruste: 1 kg Roggenmehl 3/4 l Wasser 50 g Butter oder Margarine 4 Eßl. Semmelbrösel

FINNLAND

DILLILAMMAS
1500 g Hammelfleisch von der Schulter, 1 Zwiebel 1 Bund Suppengrün, 3 Eßl. Butter, 4 Eßl. Mehl 1/2 Tasse Sahne 2 Eßl. Zucker 2 Teel. Zitronensaft Salz, Pfeffer 2 Eßl. gehackte Dillblätter

Hammelfleisch mit Dillsauce

Das Gewürzkraut Dill spielt in der skandinavischen Küche eine so bedeutende Rolle, daß es fast täglich verwendet wird; hier z. B. zu einem der vielen guten Hammelfleischgerichte der finnischen Küche. — Das Fleisch in mundgerechte Würfel schneiden und in Wasser mit einer Zwiebel und Suppengrün gar kochen. Aus Butter und Mehl eine helle Mehlschwitze bereiten und mit der entfetteten Bouillon löschen, so daß eine sämige weiße Sauce entsteht. Man verfeinert sie mit Sahne und würzt mit Zucker, Zitronensaft, Salz, Pfeffer und den Dillblättern. Die Sauce über das Hammelfleisch gießen und mit cremigem Kartoffelbrei und Tomatensalat servieren.

LAMMASKAALI
1 kg Weißkohl 500 g knochenfreies, nicht zu fettes Hammelfleisch 50 g Butter oder Margarine Salz, Pfeffer Bund Dillblätter 4 Zwiebeln 4 Tomaten 1/2 l Bouillon 1 Tasse saure Sahne oder Joghurt

Hammelkohl

Den Weißkohlkopf brühen und die Blätter abziehen. Man wäscht sie nun in kaltem Wasser und schneidet sie in feine Streifen. Inzwischen bräunt man das gewürfelte Hammelfleisch in einer Pfanne mit Butter an und würzt mit Salz, Pfeffer und Dillblättern. In eine Auflaufform legt man die Hälfte des Weißkohls und gibt darauf die gebräunten Fleischwürfel mit Zwiebelscheiben und gehäuteten, zerschnittenen Tomaten, darauf wieder Kohlstreifen. Mit Bouillon und Sahne übergießen und im Ofen gar ziehen lassen. Sollte der Kohl oben trocken werden, deckt man die Form mit einem Deckel zu. — Ich verschließe bei solchen Gerichten von Anfang an den Deckel mit einem Teigrest oder mit Aluminiumfolie. Erst auf dem Tisch darf der Deckel gelüftet werden. — Dazu sollten Sie Bratkartoffeln und Scheiben von Gewürzgurken essen.

PAISTETTU KANA
$1^{1}/_{2}$ kg Huhn, 1 Tasse frische Wacholderbeeren, 60 g Butter Salz, Mehl, Wasser $^2/_{10}$ l frische Sahne Sauce: 40 g Butter 2 Eßl. Mehl $^2/_{10}$ l frische Sahne 1/2 Tasse geschnittene gedünstete Pfifferlinge Salz, Pfeffer

Zahmes Wildhähnchen

Das Huhn wird nach dem Ausnehmen und Waschen innen und außen mit zerdrückten Wacholderbeeren eingerieben und Flügel und Beine fest an den Körper gebunden. Nun läßt man es zwei Tage liegen und bräunt es dann in Butter an, bestreut es mit Salz und bestäubt mit Mehl. Durch das Rösten soll das Mehl dunkler, jedoch nicht schwarz werden, es schmeckt sonst bitter. Mit etwas Wasser ablöschen und mit Sahne angießen. In dieser Sauce soll das Huhn im geschlossenen Topf im heißen Backofen schmoren. Die Sauce verdickt man, wenn das Huhn gar ist, noch mit einer Mehlschwitze und rundet ihren Geschmack mit dem zweiten Sahneguß, den Pfifferlingen und Salz und Pfeffer ab. — Dazu ißt man Salzkartoffeln, Kopfsalat und Preiselbeerkompott. Ein Glas Rotwein wäre das beste Getränk zu diesem Gericht.

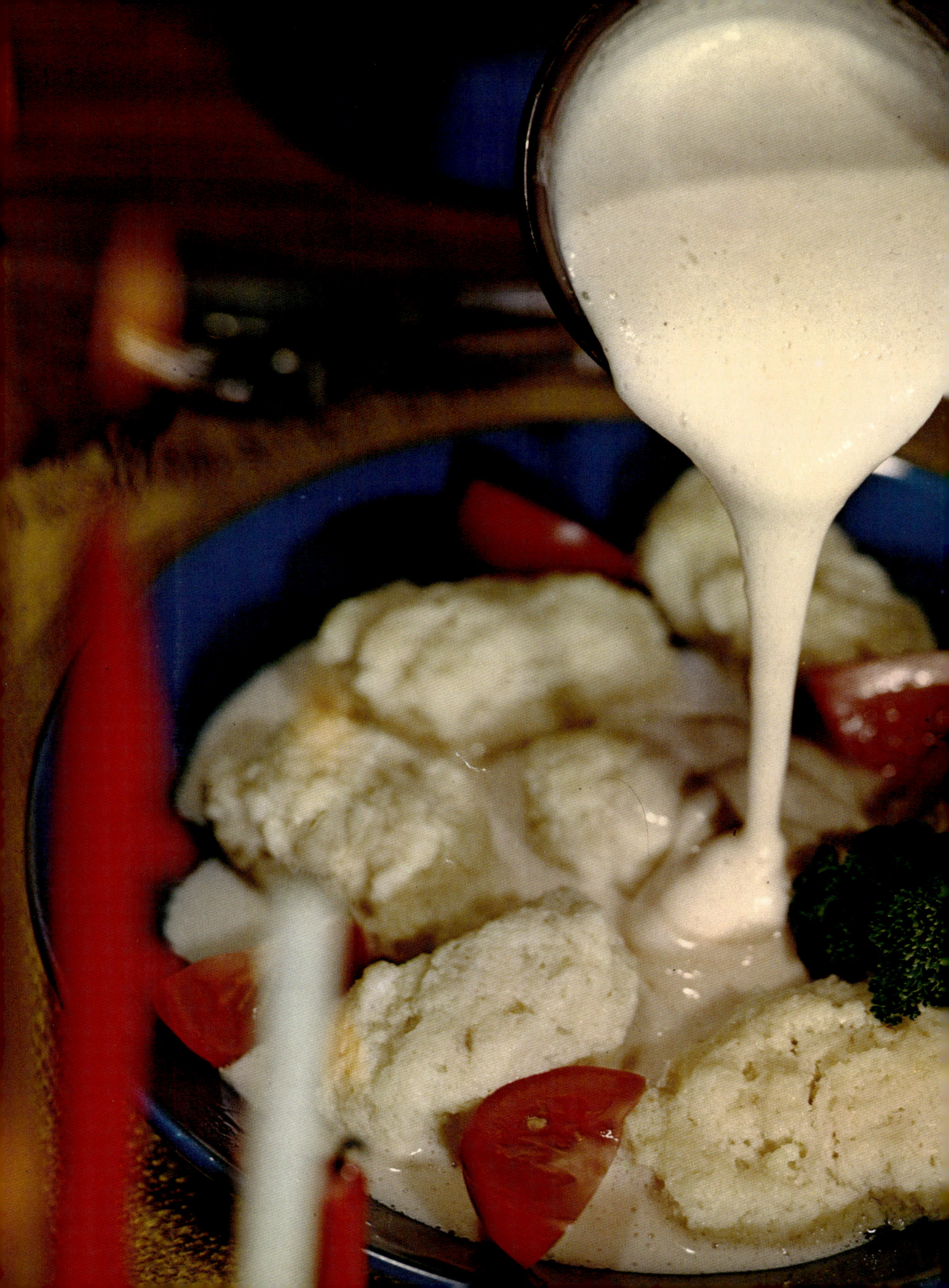

FISKEBOLLARS *Fischklöße*

Fischklößchenmasse stellt man aus Seefischen her und aus Hecht und Zander. Die Kunst, Fischklöße zu bereiten, besteht darin, die rohe Fischmasse so fein zu pürieren, daß das Eiweiß stückchenfrei gewonnen wird. Nur dadurch erzielt man eine lockere, duftige Masse. Die rohe, gewürzte Fischfleischmasse wird mit frischer oder saurer Sahne, mit geschlagenem Eischnee oder geweichten Weißbrotkrumen gelockert. Die Würzung soll sich auf gehackte Kräuter, Salz und Muskatnuß beschränken. Meiden Sie die sonst bei gekochten Fischen gebrauchten starken Gewürze wie Lorbeerblatt, Gewürznelke und Zwiebel. Je feiner die Masse, je feiner der verwendete Fisch, desto mildere Gewürze sollte man anwenden. Die Masse wird mit Tee- oder Eßlöffeln abgestochen und in kochendem Wasser gargezogen. Dafür nimmt man den Topf, sobald das Wasser kocht, vom Feuer, um die Klößchen nicht durch das Sprudeln zu verletzen. Der Löffel wird vor dem Abstechen in das Wasser gehalten, und sobald der volle Löffel wieder im Wasser ist, löst sich die Fischmasse davon und die Klößchen können leicht abgestoßen werden. Sie werden später mit der Schaumkelle herausgeschöpft. Größere Fischklöße werden mit der Hand geformt, wie Frikandellen. In der Englischen Küche werden sie als »Fish Cakes« (mit Kartoffelbrei gestreckt) in der Pfanne gebraten, in der skandinavischen Küche werden sie in Wasser gegart und mit Hummersauce oder Kräutersauce übergossen als Hauptmahlzeit serviert. In Deutschland sind sie vornehmlich Suppeneinlage.

Rezept auf Seite 210

FINNLAND

Eierpastetchen — KARJALAN PIIRAKAT

Die Füllung besteht nach dem karelisch-finnischen Rezept nur aus Reis und hartgekochten Eiern. Ich reichere sie jedoch mit den angegebenen Zutaten. — Den Reis waschen und mit Milch und Wasser zu einem dicken Brei verkochen, der streichfähig fest sein soll. Etwas abkühlen lassen und mit Salz, Pfeffer und Paprikapulver würzen. Gehackte Petersilie und die feingewiegte Paprikaschote sollte man gleich mit den gewiegten Eiern untermischen. Für den Teig reibt man zwischen den flachen Händen Mehl, Hafermark, Salz und Fett zusammen und rührt dazu soviel kaltes Wasser, daß ein glatter, aber nicht zu fester Teig entsteht. Diesen rollt man zentimeterdick aus und sticht daraus mit einem breiten Weinglas runde Plätzchen. Von der Füllung kommt jeweils ein Löffel voll in deren Mitte. Von den Rändern her schließt man die Teigflecken zur Mitte hin und bestreicht sie mit verquirltem Ei. Die Backzeit auf einem gemehlten Blech beträgt knapp ½ Stunde. Die heißen Pastetchen mit zerlassener Butter beträufeln und warm mit klarer Bouillon verzehren. — Wenn Sie Hühnerbouillon kochen, sollten Sie grundsätzlich einige Rindsknochen mit dazugeben, die der Hühnerbrühe einen stärkeren Geschmack verleihen.

Füllung:
50 g Rundkornreis
1 Tasse Milch
1 Tasse Wasser
Salz, Pfeffer, Paprikapulver
1 Bund Petersilie
1 rote Paprikaschote
2 hartgekochte Eier
Oder: 2 gehackte Sardellenfilets, 1 Teel. Kapern, ½ Teel. Senf, 2 Eßl. gehackten gekochten Schinken
Teig: 175 g Mehl, 50 g gesiebtes Hafermark, Salz
100 g Butter, Wasser, 1 Ei
50 g Butter

Eingelegte Gewürzgurken — SUOLAKURKUT

Auf den Boden eines breiten Holzgefäßes oder Steinguttopfes legen Sie eine dichte Schicht Blätter der schwarzen Johannisbeere und Schattenmorelle, darauf einige Stengel Dillkraut und eine abgeschabte, gewaschene frische Meerrettichstange. Die kleinen kernlosen Gurken waschen und abbürsten und sie möglichst dicht aneinander in das Gefäß legen. Dazwischen noch einige Blätter einlegen, damit sich ihr Aroma gut verteilt. Über die Gurken gießen Sie die abgekühlte Marinade. Das Gefäß zudecken, den Deckel beschweren und die Gurken drei Wochen lang durchziehen lassen. Sollte sich viel Kahm bilden, gießen Sie die Marinade wieder ab, lassen sie nochmals aufkochen und erkalten und gießen sie wieder über die Gurken. Die Gurken sind »reif«, wenn sie ganz mit Säure durchzogen sind und das Innere eine gleichmäßige blaßgrüne Färbung angenommen hat. Diese feinen, aromatischen Gurken passen zu Salaten oder zu warmen Fleischgerichten.

12 mittelgroße Gurken
20 Blätter der schwarzen Johannisbeere
20 Blätter der Schattenmorelle
5 Dillstengel
1 Meerrettichstange
Marinade:
2 l Wasser
½ l Weinessig
2 Eßl. Salz

Süßsaure Pilze — SÄILÖTYT SIENET

Diese legt man natürlich am besten im Herbst ein, wenn es frische Steinpilze oder Pfifferlinge gibt. Sonst bekommt man ganzjährig Zuchtchampignons, die zwar ebensogut schmecken, aber teurer sind. Die Pilze — am

1 kg frische Steinpilze
Pfifferlinge, Champignons getrennt oder gemischt

FINNLAND

Marinade:
1 l Weinessig
5 Eßl. Zucker
2 Teel. Salz
Gewürzbeutel mit:
1 Zimtstange
1 Stück Ingwer
5 Gewürznelken
1 Teel. Macis
1 Teel. Koriander

besten nur kleine, große muß man halbieren — putzen und mit viel kaltem Wasser alle Nadeln und anderen Reste vom Waldboden fortspülen. Nun legt man sie in ein hohes, schmales Einmachglas und übergießt sie mit der etwa 15 Minuten lang erhitzten Marinade, die alle Pilze bedecken soll. Am folgenden Tag gießt man sie ab, erhitzt sie mit dem Gewürzbeutelchen neu und übergießt die Pilze wieder heiß damit. Nach vier Tagen kocht man erneut auf und übergießt die Pilze noch einmal. Das Gewürzbeutelchen wird erst nach weiteren vier Tagen herausgenommen. Dann verschließt man das Glas mit Cellophanpapier und ißt die Pilze nach einigen Wochen zu kaltem Aufschnitt, Kalbsbraten, Roastbeef oder ähnlichem.

PUOLUKKALIEMI *Preiselbeergrütze*

500 g Preiselbeeren
100 g Zucker
2 Eßl. Stärkemehl
Schlagsahne
Schokoladenraspeln

Die gewaschenen und gründlich verlesenen Preiselbeeren mit nur sehr wenig Wasser und dem Zucker in einer Kasserolle aufs Feuer setzen. Vorsichtig umrühren, damit auch die oberen Früchte warm werden, doch sollen die weichen Beeren nicht zerdrückt werden. Inzwischen die Stärke mit genügend kaltem Wasser glattrühren und damit den entstandenen Preiselbeersaft binden. Diese Masse warm in große Suppentassen oder ähnliche Gefäße gießen und im Kühlschrank erkalten lassen. Dann gestürzt mit steifer Schlagsahne garnieren und darüber Schokoladenraspeln streuen.

MAUSTEKAKKU *Gewürzkuchen*

250 g Zucker
250 g geschmolzene Butter, 3 Eier
75 g gewiegte Nüsse
1 geriebene Orangenschale
1 Teel. gemahlene Nelken
1 Teel. gemahlenen Zimt
1 Teel. gemahlenen Kardamom
½ Tasse Sahne
350 g Mehl
½ Teel. Backpulver

Dieser Kuchen wird in einer schlanken, hohen Form gebacken, die es in unseren Haushalten nicht gibt. Sie können als Ersatz eine oder zwei Weißblech-Dosen verwenden, deren Deckel sauber abgeschnitten wird. — Zucker und Butter miteinander verrühren, bis sich der Zucker gelöst hat, die Eier dazugeben und weiterschlagen, bis Sie eine dicke Schaummasse haben. Schließlich Nüsse, Gewürze und Sahne daruntermengen und Mehl und Backpulver dazusieben. Die gründlich mit Fett ausgepinselte und mit Mehl ausgestreute Dose füllt man mit dem Teig und läßt ihn darin eine Stunde im Ofen backen. Danach aus der Dose stürzen und erkalten lassen. Vor dem Anrichten den Kuchen in zentimeterdicke Scheiben schneiden. — Auf diese Weise kann man auch Ingwerkuchen bereiten, der besonders in England so beliebt ist. Dafür braucht man nur gemahlenen Ingwer mit in den Teig zu mischen.

Zitronen-Walnuß-Kuchen

Zuerst die Eidotter mit der Vanille-Essenz und der abgeriebenen Zitronenschale schaumig schlagen. Das geht am besten in einem Elektromixer. Puderzucker und Salz dazugeben. So lange rühren, bis eine völlig glatte Masse entstanden ist. Die grob zerdrückten Walnußkerne mit Mehl bestäuben und in die Eimasse geben. Dazu kommt das steifgeschlagene Eiweiß. Diese Mischung in eine mit Butter ausgestrichene Backform gießen. Die Backzeit beträgt 1 Stunde bei 200° C. Erst nach dem vollständigen Auskühlen darf der Kuchen gestürzt werden. Aus Puderzucker und Zitronensaft rühren Sie eine Gußmasse, mit der Sie die Oberfläche überziehen. Diese soll sofort fest und schneeweiß werden. Auch gewiegte Walnußkerne können Sie unter den Guß mengen. Dann in Scheiben schneiden und zum Kaffee oder Tee anbieten.

4 Eier, 1½ Teel. Vanille-Essenz (im Handel in Flaschen), 1 Eßl. abgeriebene Zitronenschale, 75 g Puderzucker, ¼ Teel. Salz, 250 g Walnußkerne, 3 Eßl. Mehl Butter oder Margarine für die Form
Guß: 125 g Puderzucker, 1 Zitrone

Es ist schwer, von einer typisch russischen Küche zu sprechen, denn Rußland ist weit — es reicht von der Arktis bis zum Schwarzen Meer, von Kiew bis Wladiwostok. Die russische Eßkultur erstreckt sich heute über sehr viel größere Gebiete und Landschaften als zu zaristischen Zeiten, in denen nur die Hofhaltungen der Fürsten Zentren der Kochkunst waren, wobei es dort außerdem oft ausländische Köche gab, besonders französische. Dieser Einfluß ist bis heute spürbar, auch bei der polnischen Küche, die überhaupt viele westeuropäische Anregungen aufgenommen hat.

Spricht man von der russischen Küche, so denkt man zuerst an den Borschtsch, der zu einem Nationalgericht geworden ist und den man auch bei uns nicht selten angeboten bekommt. Borschtsch — es gibt verschiedene Spielarten, auch in Polen — ist eine nicht gebundene Suppe mit Kohl und Fleisch, geschmacklich und optisch gefärbt durch den Saft roter Rüben. In die Mitte des Suppentellers gibt der russische Feinschmecker einen Klecks eiskalte saure Sahne, die er genüßlich verrührt und die eigentlich den Reiz dieses Gerichtes erst vollkommen macht.

Ein anderes der russischen Küchengeheimnisse, die wir auf den folgenden Seiten enthüllen wollen, sind die in Brotteig eingebackenen Fleisch- und Gemüseragouts. Die Füllungen können auch aus Steinpilzen bestehen, die man in vielen Varianten zubereitet, sogar süßsauer eingelegt und mit — wieder — saurer Sahne vermischt; oder auch aus Krautstreifen, die in Schmalz vorher angedünstet wurden; und sogar aus Fischstücken, die man vorher in Butter und mit Zwiebelscheiben anbräunte. Solche Teigtaschen werden sogar auf den Bahnhöfen angeboten, wie bei uns die Würstchen, als Erquickung auf den seltenen Stationen der oft tagelangen Reisen.

In Rußland und Polen ißt man gut und gerne. Die kalten Winter bringen ja auch einen erheblichen Kalorienbedarf mit sich. Mit den skandinavischen Ländern hat die russische Küche die kalten Vorspeisen gemein, die man Sakuski nennt. Marinierte Fischhäppchen, Kaviar, Fleischklößchen, Schinkenscheiben, Wurst verschiedener Art und Größe, Tomaten und saure Steinpilze gehören zu ihren Bestandteilen. Auch Salate aus rohen Gemüsen, mit Zwiebelringen, Essig und Öl angemacht, Radieschen und Mayonnaise ißt man vor dem Hauptgericht. Auch Fisch mag man ähnlich wie in den skandinavischen Ländern gerne, nicht nur Kaviar und Lachs, die in Rußland sehr viel billiger sind als bei uns.

Zu Ostern ist man Blini (oder Bliny), das sind warme kleine Hefekuchen aus verschiedenen Mehlsorten. Andere Länder haben sich die Blini als Pfannkuchen aus Hafermehl oder Buchweizenmehl zu eigen gemacht. Viele Gerichte haben seit jeher eine Bindung an religiöse Feste. Für Abwechslung auf dem Speisezettel ist also gesorgt.

Zum berühmten russischen Samowartee schließlich, um den sich die Familie an kalten Tagen versammelt, gehören nicht nur Kekse nach englischer Sitte, sondern auch Konfitüren, Honig, Früchte, Melonenstücke, Süßigkeiten, wie das gute russische Konfekt, und Liköre. Der Tee wird als Extrakt in der Küche bereitet und hat dann seinen Platz in einem Kännchen auf dem »Schornstein« des Samowars, der vor die Hausfrau gestellt wird. Sie zelebriert den Tee, und es ist eine ungewöhnlich hohe Ehre, wenn dieses Amt einem anderen überlassen wird.

Rußland
Polen

RUSSLAND POLEN

JAIKA FASZEROWANE
POPOLSKU

Polnische Eier

4 Eier
*½ Tasse sehr feine
Zwiebelwürfel*
50 g Butter
½ Tasse Sahne
Salz, Paprikapulver
*3 Eßl. Panierkrumen
oder Zwiebackbrösel*
8 Butterflocken

Die Eier hart kochen und noch in der Schale der Länge nach durchschneiden. Die Eihälften mit einem Eßlöffel aus den Schalen heben, die Schalen aufbewahren und die Eier feinwiegen. Die in Butter gerösteten Zwiebelwürfel und die Sahne dazumischen und mit Salz und Paprikapulver abschmecken. Sollte die Masse zu trocken sein, muß mehr Sahne genommen werden. Alles wieder in die Eischalen füllen, die Oberfläche glattstreichen, Panierbrösel darüber streuen, eine Butterflocke darauflegen und die Oberseite der Eier im heißen Ofen krustig werden lassen. — Zwei Hälften für eine Person als warme Vorspeise servieren, mit Kresse, Toast und Weißwein.

Russischer Salat

500 g echte Reizker
50 g Butter oder Margarine
Salz, Pfeffer
Saft einer ganzen Zitrone
1 Tasse Kräuterweinessig
2 Schalotten
½ Tasse Öl
1 Teel. Paprikapulver
2 Eßl. gehackten Schnittlauch
*½ Tasse saure Sahne
oder Joghurt*
½ Teel. Zucker
Kopfsalat

Im Original werden für dieses Rezept echte, rohe Reizker verwendet. Diese Pilze kann man aber bei uns nur schwer bekommen. Vielleicht können Sie sie aber auf dem Markt vorbestellen oder selbst im Wald suchen. Wenn nicht, so empfehle ich Ihnen, frische Steinpilze oder Wiesenchampignons zu nehmen. — Die Pilze reinigen, waschen und grob zerschnitten in Butter mit Salz, Pfeffer und Zitronensaft dünsten. Oft umrühren! Nach 15 Minuten in dem Bratsaft abkühlen lassen. Den Kräuteressig mit feinen Schalottenwürfeln, Öl, Paprikapulver, Schnittlauch, saurer Sahne und Zucker vermischen. Diese Salatsauce über die erkalteten Reizker gießen und kalt stellen. Den Salat auf einem Bett von Kopfsalatherzen anrichten und als Vorspeise zu Tisch bringen. — Hier noch eine Variation. Mit der gleichen Salatsauce Scheiben von Salatgurken mit Schale, Tomaten, Zwiebeln und gekochten Auberginen übergießen. Auberginen müssen immer gekocht oder gebacken sein, sonst schmecken sie nicht.

Polnischer Salat

1 kg kleine Salatkartoffeln
500 g Rote Beeten, 5 Zwiebeln
*1 Tasse Essig, 2 Paprikaschoten, rot und grün, 250 g
Mayonnaise, 1 Tasse Öl*
1 Tasse Essig, 1½ Teel. Salz
*1½ Teel. Pfeffer, ¼ Teel.
Tabascosauce, 1 Teel. Paprikapulver, 1 Eßl. gehackte*

Kartoffeln und Rote Beeten getrennt kochen. Feingeschnittene Zwiebelscheiben mit Essig einmal aufwallen und dann abkühlen lassen. Die Paprikaschoten halbieren, die Kerne entfernen und die Schoten in feine Streifen schneiden. Die Mayonnaise mit Öl, Essig, Salz, Pfeffer, Tabascosauce, Paprikapulver, Estragon- und Dillblättern vermengen. Diese Sauce über die noch warmen, in Scheiben geschnittenen Kartoffeln gießen und vorsichtig vermischen, damit die Kartoffeln nicht zerbrechen. Darunter kommen nun die in Scheiben geschnittenen Gewürzgurken und Roten Beeten, die man vorher geschält hat. Zwiebelscheiben, Paprikaschoten- und Kalbfleischstrei-

RUSSLAND POLEN

fen ebenfalls dazugeben und gründlich durchmischen. Obenauf mit hartgekochten Eihälften und Kapern garnieren. Dieser Salat schmeckt am Abend mit einem Bier vorzüglich. — Wem dieser Salat zu schwer bekömmlich sein sollte, der kann die Mayonnaise durch eine Essig-Öl-Sauce, die mit Hühnerbouillon vermischt ist, ersetzen.

Estragonblätter
1 Eßl. gehackte Dillblätter
5 Gewürzgurken, 500 g
gebratenes Kalbfleisch
4 Eier, 2 Eßl. Kapern

Suppe mit Sauerkraut

SCHTSCHI

Heutzutage bekommt man kaum noch milchsauer vergorenes Faß-Sauerkraut. Die meisten Dosenkonserven enthalten sterilisiertes Weinkraut. Dieses übergießt man daher eine Nacht vorher mit heißem Wasser, gibt Essig und Zucker dazu und läßt es stehen. Am anderen Tag kocht man die Bauchspeckscheiben in wenig Wasser und schüttet dann das Sauerkraut mit dem gesäuerten Wasser dazu. Auf nicht zu großer Flamme kocht man das Kraut 30 Minuten und gibt dann das in Würfel geschnittene Fleisch hinein, das nicht zu lange kochen soll, weil es sonst zerfällt. Außerdem kommen die gebräunten Zwiebelscheiben dazu. Nach weiteren 25 Minuten ist das Gericht fertig, das nur noch mit Salz und Pfeffer recht pikant abgeschmeckt werden muß. Ist die Säure zu stark, mit etwas Zucker den Geschmack abrunden. — Wer dieses Gericht nicht als Suppeneintopf essen will, kann das Fleisch als ganzes Stück mitkochen und dann gesondert in Scheiben geschnitten zu Tisch bringen und den Schtschi als Gemüse reichen. Dazu dann Salzkartoffeln und helles Bier servieren.

500 g Sauerkraut
2 Eßl. Essig
1 Eßl. Zucker
350 g Bauchspeck
500 g schieres
Schweinefleisch
5 Zwiebeln
50 g Butter oder Margarine
zum Anbraten
Salz
Pfeffer

Polnische Suppe

ZUPA NIESPODZIANKA

Zuerst die Butter in einer Kasserolle zerlassen und darin das kleingeschnittene Gemüse andämpfen. Umrühren, damit nichts anbrennt. Dazu kommen nach 5 Minuten die Zitronenschale, die Gewürze und die Bouillon. Das gibt den Sud für die Suppe. Die verschiedenen Fische säubern, waschen, kleinschneiden und in der Suppe 12—15 Minuten lang kochen. Die Fischstücke danach mit einer Schaumkelle herausheben und die größten Gräten herausziehen, dann kommen sie wieder in die Suppe. Diese mit gekochtem Reis binden und noch Krebsschwänze, Muscheln, Kapern und zerschnittene Tomaten einlegen. Diese Zutaten brauchen nur noch 5 Minuten zu kochen. Dann die Suppe mit Weißwein und Zucker abschmecken, die mit Eiern verquirlte Sahne einlaufen lassen, den Topf vom Feuer nehmen und gründlich umrühren. Dadurch ist die Suppe nun dicklich geworden. Auf die Oberfläche kurz vor dem Anrichten frisch gehackten Dill streuen. Dill ist das passendste Kraut für alle Fischgerichte. — Nur mit frischem Weißbrot oder Weißbrotscheiben, getoastet und mit einer Mischung aus Butter und geriebenem Meerrettich bestrichen, zu Tisch bringen.

100 g Butter, 1 Tasse Porreescheiben, je ½ Tasse Sellerie- und Möhrenwürfel, 1 Zitrone
½ Lorbeerblatt, Salz
je 1 Messerspitze Pfeffer
Piment und Macis
1½ l Rindsbouillon, 1½ kg Süßwasserfische, 1½ Tassen gekochten Langkornreis
6 Krebsschwänze, 12 Muscheln (evtl. Dosenkonserve)
2 Eßl. Kapern, 4 Tomaten
1 Tasse Weißwein
1 Teel. Zucker, 2 Eier
1 Tasse Sahne
1 Tasse gehackten Dill

RUSSLAND POLEN

Borschtsch

Farbfoto Seite 233

4 Markknochen
125 g Kleinfleisch vom Rind
200 g Ochsenbrust
200 g Hochrippe
¼ Kopf Weißkohl oder Wirsing, 3 Möhren
3 Teltower Rübchen
⅛ Sellerieknolle, Salz
Pfeffer, 2 rohe Rote Beeten
Zitronensaft
Liebstockblätter
Kerbel, Petersilie
¼ l saure Sahne

Zuerst aus Markknochen und Kleinfleisch eine nicht zu fette Bouillon kochen. In diese kommen das Brust- und Hochrippenstück. Sobald die beiden Fleischstücke gar, jedoch noch nicht zu weich sind, sie mit einer Fleischgabel herausstechen und auf einem Holzbrett in Würfel schneiden. Aus der kräftigen Bouillon die Knochen entfernen, so daß sie blank ist. Das Gemüse in nicht zu feine Streifen schneiden und diese in der Suppe kochen, die mit Salz und Pfeffer gewürzt wird. Während das Gemüse kocht, die geschälten Roten Beeten auf einer Gemüsereibe zerkleinern, die Raspeln in einem Haarsieb oder Tuch ausdrücken, den Saft in einer Tasse sammeln und mit einigen Tropfen Zitronensaft säuerlich machen. Sobald das Gemüse gar ist, die Fleischstücke in die Suppe legen und die gehackten Kräuter und den roten Saft einrühren, der die Suppe sofort kräftig färbt. In jeden Teller Borschtsch gehört ein Löffel saure Sahne. — Dazu werden Kartoffeln und Wildpastetchen gegessen.

BORSCHTSCH PO UKRAINSKI

Ukrainische Rote Suppe

125 g Bohnenkerne, 2 Rote Beeten (Rüben), 375 g Rindfleisch, Salz
1 Teel. Kümmel, 4 Zwiebeln
½ Weißkohlkopf, 2 Möhren
1 Bund Estragon, 1 Bund Kerbel, 1 Bund Liebstock
1 große Petersilienwurzel
Pfeffer, 2 Teel. edelsüßen Paprika, 1 Teel. Zucker
1 Eßl. Zitronensaft
2 zerschnittene Tomaten
125 g Bauchspeck
4 Eßl. saure Sahne

Die Meinungen gehen hier etwas auseinander: die einen mögen den Saft der Roten Beeten in dieser Suppe roh, die anderen gekocht. Es bleibt Ihnen daher überlassen, die Suppe nach Ihrem Geschmack zu verändern. — Die weißen Bohnenkerne eine Nacht über einweichen. Die Roten Beeten schälen und grob in eine Schale mit etwas Wasser raspeln. Das Fleisch in dünne Streifen schneiden und in einem großen Topf mit Wasser zusammen mit Salz, Kümmel und Zwiebelvierteln kochen. Nach 45 Minuten sollte es fast weich sein. Jetzt kommen die Kohlstreifen dazu, die Bohnenkerne, die Möhrenscheiben, die Kräuter, die geschnittene Petersilienwurzel, die Roten Beeten mit dem Wasser, Pfeffer, Paprikapulver, Zucker, Zitronensaft, Tomaten und der gewürfelte, ausgelassene Speck. Nun noch so lange kochen, bis die Bohnenkerne gar, aber noch nicht zerfallen sind. — Beim Servieren einen Löffel saure Sahne in jeden Teller geben. — In Rußland bekommt man zum Borschtsch kleine gefüllte Teigflecken oder Brot.

BOTWINJA

Kalte Fleischsuppe mit Sahne

5 Rote Beeten, 750 g schieres mageres Suppen-Rindfleisch
1 Zwiebel (gespickt mit 2 Nelken und 1 Lorbeerblatt)

Für diese Suppe kaufen Sie am besten mageres Suppen-Rindfleisch von einem alten Tier, da dieses Fleisch besser für eine gute Bouillon geeignet ist. — Die Roten Beeten kocht man im ganzen mit der Schale weich, zieht diese danach ab und wiegt die Rüben mit dem Wiegemesser zu einem groben

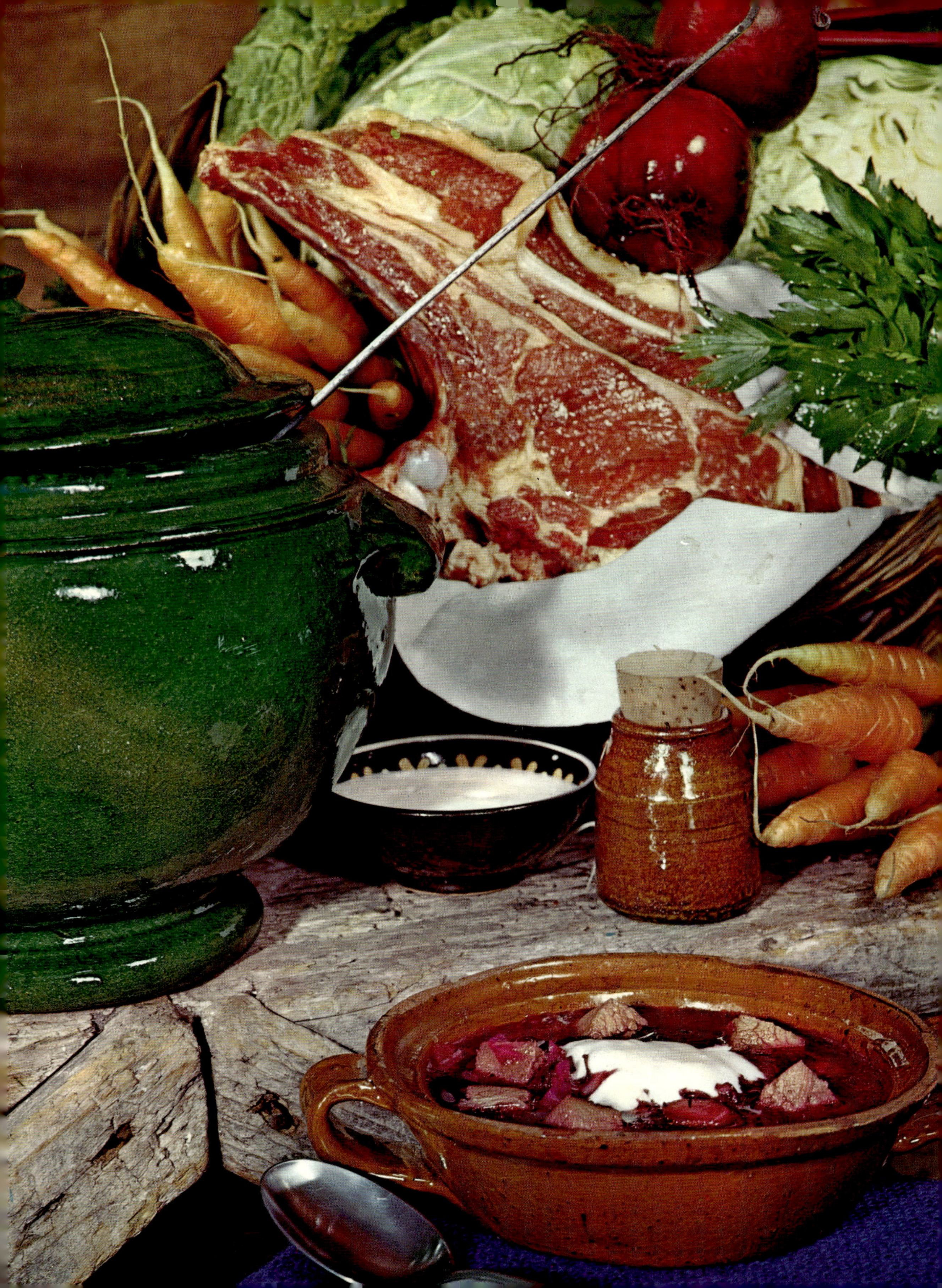

BORSCHTSCH

Es wäre falsch, den Borschtsch als Gemüsesuppe abtun zu wollen. Wie auch das Marseiller Fischgericht Bouillabaisse ist der Borschtsch ein suppiger Eintopf. Deshalb haben wir ihn auf unserem Bild in einer irdenen Schale serviert. Die Roten Rüben geben dem Borschtsch die schöne rote Farbe. In einigen Gegenden Rußlands wird der Saft, der roh aus den geraspelten Rüben abgepreßt wird, noch vergoren. Dadurch erhöht sich der säuerliche Effekt der Suppe, und sie wird noch frischer. Das ist aber nicht unbedingt nötig, denn durch einige Tropfen Zitronensaft und durch die saure Sahne, den Schmand, erzielt man genau den richtigen Ton für unsere mitteleuropäischen Zungen. Einen Borschtsch können Sie am besten im Herbst bereiten oder an kalten Wintertagen, wenn der Weißkohl und die Roten Rüben noch in ihrem besten Zustand sind. In Rußland ißt man zum Borschtsch – außer der sauren, eiskalten Sahne in der Tellermitte – warme Fleischpastetchen, die kleinen Piroschki, gefüllt mit Fleischmasse, Wildfarce oder Fischklößchenmasse, die mit Sahne und Kräutern zu einer wahren Delikatesse werden.

Rezept auf Seite 232

Püree. Das Fleisch kocht man mit reichlich Wasser, der gespickten Zwiebel, Salz, Pfefferkörnern, Sellerie und Möhre weich. Dazu gibt man nach 30 Minuten das Rübenpüree und läßt noch einmal 10 Minuten bei kleiner Flamme kochen. Die Suppe seiht man ab, schneidet die ganzen Gemüse in Würfel und gibt sie wieder dazu. Mit einem Schneebesen schlägt man halbsteif geschlagene, saure Sahne in die heiße Suppe, die sich dadurch leicht sämig verdickt. Nun kommen noch das kleingeschnittene Fleisch und die in Streifen geschnittene Gewürzgurke dazu. Zum Schluß rundet man den Geschmack mit einem Glas Madeirawein ab. Obenauf streut man Schnittlauch und Dill. — Mit Stangenweißbrot und Bier und auch mit Wodka servieren.

Salz
5 zerdrückte Pfefferkörner
½ Sellerieknolle, 1 Eßl. gehacktes Selleriegrün
1 Möhre, 2 Tassen saure dicke Sahne, ½ geschälte Gewürzgurke
1 Glas Madeirawein
1 Eßl. gehackten Schnittlauch
1 Eßl. gehackten Dill

Hecht in Meerrettichsauce

SZCZUPAK W SOSIE CHRZANOWYM

Einen Hecht muß man meistens beim Fischhändler einige Tage vorher bestellen. — Den Fisch schuppen, ausnehmen, waschen und mit einem Tuch trocknen. Innen salzen und pfeffern und ihn dann aufrecht in eine gebutterte Ofenpfanne legen. Mit Butter übergießen und 30 Minuten lang bei mittlerer Hitze, eventuell mit Pergamentpapier abgedeckt, braten. Für die Sauce die Milch aufkochen, die Weißbrotkrumen hineinstreuen und rühren, bis die Brösel aufgequollen sind. Nun Zitronensaft, geriebenen Meerrettich, Sahne, Salz und Zucker dazugeben, den Topf vom Feuer nehmen und die Eidotter darunterrühren. Aber Vorsicht: erst etwas von der heißen Sauce in die Eier schütten, glattrühren und diese Mischung dann in die Sauce schlagen. Über den Hecht diese Meerrettichsauce gießen, ihn mit ausgelassenem Bauchspeck bestreuen und weitere 20 Minuten backen lassen, wobei die Sauce eine feine goldbraune Kruste bilden soll. — Dazu ißt man Kopfsalat und Kartoffelschnee.

1 Hecht (etwa 1,5 kg)
Salz, Pfeffer
100 g Butter oder Margarine
1 l Milch
1½ Tassen Weißbrotkrumen
Saft einer halben Zitrone
½ Tasse geriebenen Meerrettich
1 Tasse Sahne
Salz, 1 Teel. Zucker
4 Eigelbe
125 g Bauchspeckwürfel

Karpfen in saurer Sahne

Den Karpfen ausnehmen, auswaschen und den Rücken spicken. Dafür tiefe Einschnitte machen und die Schinkenscheiben hineinstecken. Eine ovale, für den Karpfen passende Form mit Butter ausstreichen, den Boden mit Kartoffelscheiben belegen und Salz, Pfeffer und gehackten Schnittlauch und Dill daraufstreuen; dann folgt noch eine Schicht Tomaten- und Gurkenscheiben. Auf dieses Gemüse aufrecht den Karpfen stellen und ihn mit einer Sahne-Bouillon-Mischung übergießen. Das Gericht im mittelheißen Ofen gar ziehen lassen. Den Fischrücken öfter mit zerlassener Butter oder Margarine beträufeln und ihn eventuell mit Pergamentpapier abdecken. — Dazu paßt Kopfsalat oder gemischtes Gemüse.

1 mittelgroßen Karpfen
12 kleine Stücke rohen fetten Schinken, 50 g Butter für die Form, 12 gekochte Kartoffeln
Salz, Pfeffer, Bund Schnittlauch, Bund Dill
2 Tomaten, 1 Gewürzgurke
½ l saure Sahne, ½ l Rindsbouillon, Butter oder Margarine zum Beträufeln

RUSSLAND POLEN

Ochsenfilet auf russische Art

BITOTSCHKI PO RUSSKI

*1 mittelgroßes Ochsenfilet
Salz, Pfeffer, 1 Weißkohlkopf
100 g Margarine, 2 Tassen
kleingeschnittenes Gemüse
(Erbsen, Möhren, Sellerieknolle, Porree, Blumenkohlrosen), 1/2 Tasse geschnittene
gedünstete Steinpilze
1 1/2 Tassen saure Sahne
1 Teel. Fleischextrakt oder
gekörnte Brühe, 1 Teel.
Paprikapulver, 1 Eßl. Tomatenmark, 1 Eßl. Kapern*

Das Filet enthäuten, den Kopf und die Spitze abschneiden und das Filet in 3 cm dicke Scheiben schneiden. Diese salzen, pfeffern und auf beiden Seiten 2 Minuten anbraten. Mit den Kohlblättern eine feuerfeste, gefettete Form auskleiden, die Fleischscheiben darauflegen, mit den kleingeschnittenen Gemüsen und Pilzen bestreuen und mit einer Schicht breiter Kohlblätter bedecken. Darüber eine Mischung aus saurer Sahne, Fleischextrakt oder gekörnter Brühe, Salz, Pfeffer, Paprikapulver, Tomatenmark und Kapern gießen. Dieses Gericht muß unbedeckt mindestens 1 Stunde im heißen Ofen garen. Sollte die Hitze die oberen Kohlblätter zu braun werden lassen, mit Pergamentpapier oder Aluminiumfolie abdecken. — Dazu Salzkartoffeln und Bier reichen. — Diese Zubereitungsart können Sie auch einmal mit einem halben Schweinsrücken versuchen. Wichtig ist die pikantsäuerliche Geschmackskombination.

Gebratene polnische Fleischklöße

ZRAZY

*750 g gemischtes Rind- und
Schweinefleisch, 4 Scheiben
Schinken, 50 g Leber
2 Brötchen, 2 Zwiebeln
1 Porree, 1/8 Sellerieknolle
1/2 Möhre, 4 Eier, Salz, Pfeffer
1 Teel. Zucker, 1 Teel. Paprika
2 Knoblauchzehen, Messer-
spitze Thymian, 1/2 Tasse
Sahne, 1 Eßl. Mehl
Mehl zum Wälzen, 50 g
Butter oder Margarine
1/2 Dose geschnittene Steinpilze, 1/2 Tasse Zwiebelwürfel
1 Tasse Sahne, 1 Tasse
Bouillon, 2 Tomaten*

Fleisch, Schinken und Leber mit geweichten Brötchen, Zwiebeln, Porree, Sellerie und Möhre durch die feine Scheibe des Fleischwolfs drehen. Diese Masse in einer Schüssel mit Eiern, Salz, Pfeffer, Zucker, Paprikapulver, Knoblauchzehen, Thymian, Sahne und Mehl gründlich vermengen. Daraus längliche Frikandellen formen, diese in Mehl drehen und in Butter oder Margarine goldbraun anbraten. Sie kommen dann zuunterst in einen großen Topf. Darüber eine Schicht abgespülter Steinpilze, Zwiebelwürfel, Sahne, Bouillon und Tomatenstücke geben. Das Gericht im Ofen bedeckt in 20 Minuten gar ziehen lassen. Das geht natürlich auch in einem feuerfesten Glasgeschirr mit Deckel. Ohne Deckel verdunstet nämlich zuviel Flüssigkeit. — Mit Kartoffelsalat und hellem Bier servieren. — Auch mit Tomatensauce, in die Kräuter eingestreut sind, und mit heller Meerrettichsauce sind die geschmorten Klöße eine Delikatesse. Sogar mit Huhn- und Gänsefleisch sollten Sie diese Zubereitung einmal probieren. Dieses Gericht können Sie also in immer neuen Variationen auf den Tisch bringen und jedesmal werden Ihre Gäste begeistert sein.

Kaukasisches Kalbfleisch

TELJATIANA PO KAWKASKI

*1 ganze Kalbsschulter
Salz, Pfeffer
125 g feine Kalbsleberwurst
2 Bund Petersilie*

Eigentlich braucht man hierzu eine ganze Kalbskeule. Diese reicht aber für etwa 12 Personen. Kaufen Sie deshalb für Ihren Vier-Personen-Haushalt eine Kalbsschulter und lassen Sie diese beim Fleischer gleich ausbeinen und flachklopfen. Es entsteht so ein übergroßes Schnitzel, von dem alle losen Randpartien auch gleich abzuschneiden sind. Die innere (Knochen-) Seite salzen, pfeffern, mit Leberwurst einstreichen, mit gehackter Petersilie bestreuen und fest zusammenrollen. Mit einem festen Faden umwickeln. Aus dem Wein und den zerkleinerten Wurzelgemüsen eine Marinade bereiten, in der man die Kalbfleischrolle 2 Tage durchziehen läßt. Dann setzt man das Fleischstück mit der Marinade aufs Feuer und kocht es weich. Man läßt es auch in dem Sud erkalten, gießt diesen dann ab, läßt ihn noch einmal einkochen, schmeckt mit Zucker ab und versetzt ihn mit der gelösten Gelatine. Die erkaltete Fleischroulade schneidet man in Scheiben und übergießt sie mit der fast erstarrten Gelatine und stellt wieder kalt. — Dazu ißt man Kräutermayonnaise und gebratene Kartoffelscheiben. Ein Glas frischer Saarwein dürfte dazu am besten munden.

1 l Weißwein
2 Tassen gewiegtes Wurzelgemüse (Sellerie, Porree Zwiebel, Möhre)
1 Eßl. Zucker
12 Blatt weiße Gelatine

Polnische Roulade   RULADA CIELECA

Eigentlich handelt es sich um eine große Roulade, die man brät, schmort und dann scheibenweise aufschneidet. Ich möchte lieber je Person eine kleine Roulade empfehlen. — Kaufen Sie dafür große Kalbsschnitzel und klopfen Sie sie hauchdünn. Dann salzen und pfeffern, mit einer dünnen Schinkenscheibe belegen, darauf gehackte Eier streuen und mit Paprikamark verbinden. Die Rouladen fest zusammenrollen, zubinden, in Mehl wälzen und in einem Topf mit Öl anbraten. Nach 10 Minuten die Gemüse dazugeben, die mit anrösten sollen. Sobald auch diese angebräunt sind, das Wasser dazuschütten und gar schmoren lassen. Zuletzt die Sauce mit saurer Sahne, ohne die es in Rußland und Polen kaum ein Gericht gibt, und mit Gewürzgurken verfeinern. — Dazu Kartoffelbrei und Essiggemüse (Mixed Pickles) oder Steinpilze reichen.

4 große Kalbsschnitzel
Salz, Pfeffer
4 Scheiben gekochten Schinken, 2 hartgekochte Eier, 2 Eßl. Paprikamark Mehl, 1 Tasse Öl
1 Tasse kleingeschnittene Zwiebeln, Möhren, Sellerieknolle, Porree
2 Tassen Wasser
1 Tasse saure Sahne
2 Eßl. Gewürzgurkenstreifen

Farbfoto Seite 251

Garniertes Sauerkraut   BIGOS

In einem geräumigen Topf Gänseschmalz zerlassen, Zwiebelscheiben darin bräunen und Apfelstücke darin musig werden lassen. Dann das Sauerkraut daraufgeben und oft umrühren, damit das Fett gut verteilt und das Sauerkraut trocken wird. Dazu kommen nun Lorbeer, Nelken, Wacholderbeeren und Wasser. Die Schmorzeit beträgt 30 Minuten. Auf oder in das Kraut danach den Schinken, das Hähnchen, das Schweinefleischstück, die Würste und die Scheiben der Bierwurst legen und den Topf bedecken. Im heißen Ofen weitere 45 Minuten kochen lassen. Salz und Pfeffer sind wegen der gesalzenen Fleischarten kaum nötig, aber eventuell eine Prise Zucker zum Abrunden des Geschmackes. Zum Schluß eine Tasse Weißwein dazugießen. Das Fleisch wird erst am Tisch in Scheiben oder Würfel geschnitten und verteilt. — Dazu wird Kartoffelbrei gegessen.

1 Tasse Gänseschmalz
5 Zwiebeln, 1 Apfel
1 kg Sauerkraut, 1/2 Lorbeerblatt, 5 Gewürznelken
12 Wacholderbeeren
2 Tassen Wasser
250 g Schinkenspeck
1/2 gebratenes Hähnchen
250 g gepökelten Schweinenacken, Schinkenwürste
500 g Bierwurst
Zucker, Weißwein

RUSSLAND POLEN

PULARDA NAD ZIEWANA SZYNKA

125 g Schweinefleisch
125 g Kalbsleber
125 g Rindfleisch, 2 Brötchen
2 Zwiebeln, ½ Stange Porree
2 Eier, ½ Tasse Sahne
Salz, Pfeffer, Paprikapulver
1 Teel. gemischte getrock. Kräuter (»Mixed Herbs«)
1 Masthuhn, 1 Tasse Margarine, ½ Tasse Wasser

Gefülltes Huhn

Die angegebenen Fleischarten mit geweichtem und ausgedrücktem Brot, Zwiebeln und Porree durch die feine Scheibe des Fleischwolfs drehen und mit den Eiern, der Sahne und den Gewürzen mischen. Damit ein junges, aber ausgewachsenes Huhn nach dem Ausnehmen und Waschen füllen und es dann zunähen. Das Huhn nun in Fett anbräunen, dann mit Wasser angießen und 1 Stunde lang im Ofen braten lassen. Erst auf dem Tisch aufschneiden und dazu Pommes frites und Gartengemüse, in Butter geschwenkt, reichen. — Auch andere Füllungen sind beliebt. Versuchen Sie zum Beispiel gewiegte Steinpilze oder Pfifferlinge, gewiegten Wildbraten, Gänsefleisch, Rührei und eine Rosinen-Mandel-Füllung.

ZAJAC DUSZONY ZE SLIWKAMI

je ½ Tasse Sellerieknolle mit Grün, Möhren, Porree
Zwiebeln, 1 Lorbeerblatt
12 Wacholderbeeren
je ½ Teel. Thymian und Majoran, ½ Orangenschale
Salz, ¼ Teel. Cayennepfeffer
½ l Wasser, ¾ l Rotwein
1 Hasenrücken, 125 g Speck
100 g Fett, 1 Tasse Rindsbouillon, 10 Backpflaumen
1 Apfel, ½ Tasse Sahne, 1 Eßl. rotes Johannisbeergelee

Hasenbraten mit Backpflaumen

Das Gemüse mit Lorbeerblatt, Wacholderbeeren, Thymian, Majoran, Orangenschale, Salz und Cayennepfeffer in Wasser 10 Minuten lang kochen, dann durch ein Sieb gießen. Diesen Würzsud mit Rotwein vermischen und damit den vorbereiteten und gespickten Hasenrücken übergießen. In dieser Beize soll das Fleisch mindestens eine Nacht über liegen. Es dann abtrocknen und in Fett anbraten. Den Braten in einen Schmortopf mit dem Fett geben und einen Teil der Rotweinbeize und die Bouillon darüberschütten. Während des Schmorens gibt man die Backpflaumen und Apfelstücke dazu. Anstelle der Backpflaumen kann man Pflaumenmus oder frische Zwetschgen nehmen. Der Hasenbraten ist in etwa 45 Minuten fertig. Die Sauce mit Sahne und rotem Johannisbeergelee verfeinern und abschmecken. — Dazu schmecken Kartoffelklöße und Rotkohl. — Ein ähnliches Gericht gibt es in der skandinavischen Küche, nur nimmt man hier Schweinelendchen.

KUROPATKA Z KAPUSTOJ

4 Rebhühner
Salz, Paprikapulver
8 Scheiben Speck
50 g Schweineschmalz
1 Tasse Bouillon
1 Tasse Weißwein
1 Tasse Speckwürfel
½ Tasse Sahne
Saft einer halben Zitrone
10 frische

Russisches Rebhuhn

Rebhühner sollte man ausschließlich in der herbstlichen Saison essen. Zu anderer Jahreszeit erhält man sie nur aus der Tiefkühltruhe. Der gute Wildgeschmack verliert sich auch durch längeres Lagern. Ein Rebhuhn reicht für eine Person. — Die Tiere rupfen, sengen, ausnehmen, waschen und innen mit Salz und Paprikapulver ausreiben. Aus dem Speck breite, dünne Scheiben schneiden, die über die hitzeempfindlichen Brüste gelegt werden. In einem Topf Schweineschmalz heiß werden lassen und die Rebhühner darin braun anbraten. Bouillon und Weißwein mischen und damit ablöschen. Würfeligen Bauchspeck zugeben, Sahne und Zitronensaft zugießen und zuletzt zerdrückte Wacholderbeeren und Zucker dazumischen. Nun am besten den Topf zudecken und den Deckel- und Topfrand mit einem einfachen Wasser-Mehlteig verkleben. Im heißen Ofen sollen die Rebhühner weich werden. Das dauert bei jungen Tieren 40 Minuten. Dann den Deckel öffnen und die Rebhühner mit Rotkohl, der mit Apfelmus gebunden wurde, und mit Salzkartoffeln servieren. — Die Sauce kann auch mit geschnittenen Steinpilzen und rotem Johannisbeergelee versetzt werden. Die im Originalrezept noch mitgedünsteten Scheiben dünner Schinkenwurst stören für meinen Geschmack das feine Wildaroma der Rebhühner.

Wacholderbeeren
1 Teel. Zucker

Gebackene Auberginenscheiben

BAKLAZANY W CIESCIE

Die Auberginen in sehr dicke Scheiben schneiden, mit Salzwasser überbrühen, abtropfen und in Mehl drehen. Aus den angegebenen Zutaten einen Eierkuchenteig bereiten, die Auberginenscheiben hineintauchen und sie dann in tiefem Fett goldbraun ausbacken. Sie sind eine aparte Beilage zu allen Fleischgerichten, auch zu rohem Schinken. Dazu Tomatensauce oder Burgundersauce, mit Würfeln von Ochsenmark, und Rotwein reichen.

2 Auberginen, Salz, Mehl
Teig: 2 Tassen Wasser
1 Tasse Mehl, Salz
1 Messerspitze Backpulver
2 Eier, Muskatnuß
Fett zum Backen

Sauerkraut mit Steinpilzen

KAPUSTA Z GRIBAMI

Das Sauerkraut in gewohnter Weise in Wasser weich kochen. Die gesäuberten und gewaschenen Steinpilze in Streifen oder Würfel schneiden. Sie zusammen mit den dünnen Zwiebelscheiben in Butter oder Margarine goldbraun andünsten. Das dauert etwa fünf Minuten. Diese Mischung zu dem gekochten Sauerkraut geben, ferner die saure Sahne, gehackte Petersilie, Salz und den weißen Pfeffer. — Dieses aparte Gemüse wird zu Rinderrouladen oder zu Schweinsgulasch gegessen.

1 kg Sauerkraut, 500 g frische
oder 1 Dose konservierte oder
100 g getrocknete Steinpilze
4 Zwiebeln, 75 g Butter oder
Margarine, 1/4 l saure Sahne
1 Bund Petersilie, Salz
weißen Pfeffer, gemahlen

Frische Steinpilzköpfe auf altrussische Art

Am besten eignen sich dazu die kleinsten Steinpilzköpfe, die noch einen geschlossenen Hut haben; größere in feine Streifen schneiden. Die Pilze in einer Kasserolle mit Butter, Zitronensaft, Weißwein, Salz, Pfeffer und Paprikapulver dünsten, dann mit saurer Sahne übergießen und mit gehackten Dillblättern versetzen. Noch einmal aufkochen und dann abkühlen lassen. Sie werden zum Abendbrot gegessen, mit den berühmten kalten Platten (Sakuska), aber auch als kalte Beilage zu Braten. Versetzt man die Sauce mit Fleischextrakt, so kann man sie wie warme Gemüsebeilage zu vielen Gerichten verwenden.

1 kg frische, kleine Steinpilze
100 g Butter
Saft einer halben Zitrone
1/2 Tasse Weißwein
Salz
Pfeffer
1 Teel. Paprikapulver
1 Tasse saure Sahne
1 Teel. Dillblätter

RUSSLAND POLEN

Überbackener Reis auf polnische Art

SZYNKA ZAPIEKANA
Z RYZEM W PIECU

12 Scheiben rohen Schinken
200 g gekochten Langkornreis
1 Tasse geriebenen Hartkäse
½ Tasse Champignon-
scheiben
1 Tasse weiße Sauce
½ Tasse Bouillon, ½ Tasse
Champignonsaft
2 Eigelbe, ½ Tasse Sahne
2 Eßl. geriebenen Käse

Den Boden und die Wände der gefetteten Auflaufform mit Schinkenscheiben auslegen. Darauf körnigen Reis, der noch nicht ganz aufgequollen sein soll, füllen. Darüber den geriebenen Käse streuen und diese Schicht mit geschnittenen Champignons belegen. In weiße Sauce, die man entweder noch als Rest hat oder die man aus fertigen Trockenpräparaten schnell zubereiten kann, rührt man Bouillon, Champignonflüssigkeit, Eigelbe und Sahne, schmeckt mit geriebenem Käse ab und gießt diese Sauce, die nicht zu dick sein darf, damit sie den Reis durchziehen kann, über den Auflauf. Diesen im Ofen etwa 20 Minuten überbacken. — Dazu paßt Selleriesalat.

Pirogge

PIROG

50 g Hefe, 800 g Mehl
2 Eßl. Zucker, 1 Teel. Salz
½ Tasse Öl
Füllung:
1 Tasse Reis, 2 Zwiebeln
25 g Butter zum Bräunen
250 g Rinderhackfleisch
(Tatar), 4 hartgekochte Eier
Salz, 2 Eßl. Paprikaschoten
in Streifen, ½ Teel. Pfeffer
1 Eßl. Dillblätter, 1 Tasse
Steinpilze, gedünstet und
zerschnitten, 1 Eßl. gehackte
Petersilie, 1 Ei
50 g zerlassene Butter

Die Hefe in lauwarmem Wasser lösen und in die Vertiefung des Mehles schütten, gehen lassen, dann mit Zucker, Salz und Öl vermischen und zu einem geschmeidigen Teig verkneten, der wieder aufgehen soll. Dann ausrollen und ein großes Rechteck (ungefähr wie zwei Backbleche) daraus schneiden und auf ein Blech legen. Für die Füllung den Reis mit gebräunten Zwiebelwürfeln kochen, bis er musig ist. Die Flüssigkeit sollte dann schon ziemlich verdampft sein. Nach dem Erkalten darunter das Hackfleisch, die gehackten Eier, Salz, Paprikaschoten, Pfeffer, Dillblätter, gehackte Pilze und Petersilie mischen. Gut vermengen. Diese Masse auf eine Hälfte des Teigbodens häufen. Die andere Hälfte darüberschlagen, so daß die Füllung bedeckt ist. Die Teigränder anfeuchten und fest aneinander drücken. Die Teigoberfläche mit verquirltem Ei bestreichen und mit einer Gabel mehrmals tief in den Teig einstechen. Im heißen Ofen braucht die Pirogge 1 Stunde zum Durchbacken und Bräunen. Nach dem Herausnehmen, noch warm, auf dem Backblech mit flüssiger Butter oder Margarine bestreichen. — Dazu ißt man, wer will, Tomatensauce und grünen Salat.

Pilzpiroschki mit saurer Sahne

2 Pakete Blätterteig aus der
Tiefkühltruhe, Mehl zum
Streuen, 125 g Bauchspeck
4 Zwiebeln
2 Eßl. Tomatenmark

Diese Piroschki (auch Piroggi genannt) gibt es mit verschiedenen Füllungen. Auch die Zusammensetzung des Teiges ist nicht einheitlich. Ich empfehle der Einfachheit halber einen Blätterteig aus der Tiefkühltruhe zu nehmen, den man aber vor dem Ausrollen mehrmals zusammenknetet. Er geht dann nicht mehr so hoch auf, aber das soll so sein. Sie rollen den

Teig also auf einer bemehlten Unterlage einen halben Zentimeter dick aus. Darüber Mehl stäuben, damit der Teig nicht klebt. Die Teigplatte in große Vierecke schneiden. Für die Füllung die Speckwürfel zergehen lassen, Zwiebelwürfel darin anbräunen, dann das Tomatenmark schnell dazurühren und schließlich die Steinpilze oder Pfifferlinge. Die Flamme klein stellen, damit nichts anbrennen kann. Mit gehackter Petersilie, Salz, Pfeffer und Paprikapulver würzen und von dieser Masse kleine Häufchen in die Mitte der Teigvierecke setzen. Deren Ecken oben zusammenschlagen und die aneinanderstoßenden Teigenden mit Wasser befeuchten, damit sie fest aneinander kleben. Die Oberfläche mit verquirltem Ei bestreichen. Die Backzeit im vorgeheizten Ofen beträgt bei 180° C etwa ¾ Stunde. Die Piroschki noch heiß mit einem Löffel eiskalter saurer Sahne übergießen. — Meistens werden sie zu klarer Bouillon gegessen.

1 Tasse gewiegte gedünstete Steinpilze oder Pfifferlinge
1 Bund Petersilie
Salz
Pfeffer
½ Eßl. Paprikapulver
1 Ei
1 Tasse saure Sahne oder Sahne-Joghurt

Pfannküchlein BLINI

Diese Blini sind der gesamten slawischen Küche gemein. Sogar in der ostdeutschen und schlesischen Küche kennt man ähnliche kleine Pfannkuchen, die dort Plinsen genannt werden. Sicherlich sind auch beide Worte miteinander verwandt. In der russischen Küche verwendet man dazu Buchweizenmehl, das es bei uns leider nur selten gibt. Sie bekommen es aber in guten Fachgeschäften oder Reformhäusern. — Man übergießt das Buchweizenmehl mit kaltem Wasser und kocht einmal kurz auf. Dann löst man die Hefe in lauwarmem Wasser auf und vermengt beides miteinander. Diese Mischung stellt man an einen warmen Ort und läßt die Hefe gehen. Dann kommen Mehl und Salz dazu. Man rührt mit einem Löffel die entstandenen Luftblasen wieder heraus und läßt ein zweites Mal aufgehen und Blasen schlagen. Danach zerrührt man sie wieder und backt aus dem Teig in einer Pfanne mit Öl kleine, runde Küchlein. — In Rußland ißt man oft dazu Kaviar. Versuchen Sie es einmal mit dem nicht so teuren roten Lachs-Kaviar, den Sie mit etwas Zitronensaft frischer und säuerlicher machen. Außerdem eiskalte, saure Sahne dazugeben. Oder man bestreicht die Blini reichlich mit zerlassener Butter und übergießt sie mit dicker saurer Sahne.

2 Tassen Buchweizenmehl
4 Tassen Wasser
25 g Hefe
1 Eßl. Mehl
Salz
Öl zum Backen

Tatarensauce

Man zerdrückt die hartgekochten Eidotter mit Salz, Zucker und Senf zu einer glatten, klumpenfreien Masse. Dazu fügt man saure Sahne und rührt so lange, bis eine mayonnaiseartige Sauce entsteht. Nun mischt man das feingewiegte Eiweiß, die Gewürzgurken, Kapern, Sardellenfilets und

4 hartgekochte Eier
1 Teel. Salz, ½ Teel. Zucker
½ Teel. Senf
1 Tasse saure Sahne, 10 Ge-

würzgurkenscheiben, 1 Eßl. Kapern, 4 Sardellenfilets oder 1 Teel. Sardellenpaste 2 Eßl. Stücke rote Paprikaschote, 1 Eßl. gehackte Dillblätter, 1 Eßl. gehackte Kerbelblätter

Paprikaschotenstücke zusammen. Alle diese Zutaten müssen fast so fein wie ein Püree sein; man rührt sie dann unter die Sauce und fügt gehackte Dill- und Kerbelblätter dazu. — Diese Sauce paßt zu hartgekochten Eihälften und zu gesulzten Fleisch- und Fischgerichten zusammen mit Bratkartoffeln und Bier. Tatarensauce können Sie auch als Salatmayonnaise verwenden mit Schinken- und Gurkenstreifen, Perlzwiebeln und Tomatenfleisch in Streifen.

ARKAS *Saurer Eierquark*

½ l Buttermilch
½ l Sahne
4 l Vollmilch
4 Eigelbe
4 ganze Eier
100 g Zucker
50 g Puderzucker
1 Päckchen Vanillezucker
1 Tasse Schlagsahne
Prise Salz

Dieses Gericht ist eine echte russische Spezialität, und nur in Finnland gibt es ein ähnliches Rezept. — Man mischt Buttermilch, Sahne und Vollmilch miteinander und setzt den Topf aufs Feuer. Die Eier schlägt man mit dem Zucker schaumig, bis sich der Zucker ganz gelöst hat, und rührt sie unter die noch nicht stark erwärmte Milch. Unter fortwährendem Schlagen mit dem Schneebesen erhitzt man diese Masse so lange, bis sie gerinnt. Dann ist die gesamte Milch gekäst. Man legt ein grobes Tuch auf ein Haarsieb und gießt darüber ab, so daß der Quark auf dem Tuch bleibt. Mit Hilfe des Tuches preßt man die letzte Flüssigkeit aus. Den mit den Eiern angereicherten Quark verrührt man mit Puderzucker, Vanillezucker, Schlagsahne und einer Prise Salz. — Dazu ißt man gedünstetes Obst.

KUTJA *Mohngrütze für Weihnachten*

100 g Weizenschrot
½ Tasse gewaschenen Mohnsamen
4 Eßl. kernfreie Rosinen
3 Eßl. Zucker
2 Eßl. Honig

Diese Kutja ist eine warme Süßspeise, die man vor allem zu Weihnachten ißt. Das Weizenschrot dafür kaufen Sie am besten im Reformhaus. — Dieses über Nacht in Wasser einweichen, damit die Körner aufquellen können. Am nächsten Morgen mit viel Wasser so lange kochen, bis das Schrot weich ist. Dazu Mohn, Rosinen, Zucker und Honig geben. Falls notwendig, noch Wasser zugießen. Durch das Kochen verdickt sich die Kutja weiter und es entsteht ein dickflüssiger Brei. — Ich selbst ziehe darunter noch 2 Eßlöffel zerlassene Butter, die den Geschmack verfeinert. Man kann die Mohngrütze auch in Tassen gießen und erkaltet auf Teller stürzen.

SYRNIK *Petersburger Käsekuchen*

Teig: 220 g Mehl, 75 g Butter 4 Eßl. Zucker, Wasser nach Bedarf, 2 Eier

Die Zutaten für diesen Kuchen sind bestimmt nicht billig, aber probieren Sie ihn einmal. Sie werden wahrscheinlich begeistert sein. — Aus den angegebenen Zutaten einen Mürbteig bereiten und diesen in einer gefetteter

Springform bei Mittelhitze goldbraun vorbacken. Nun die Eigelbe mit dem Zucker, am besten im Elektromixer, schaumig rühren. Dazu kommen der Quark und die gekochten Kartoffeln und, sobald alles glatt verquirlt ist, die flüssige Butter. Diese Masse in eine Schüssel schütten und die Rosinen, das Orangeat, den Vanillezucker und den Rum darunterrühren. Ganz zum Schluß vorsichtig den steifen Eischnee unterziehen und die Masse schnell auf den vorgebackenen Mürbteigboden gießen. Die Oberfläche glattstreichen und mit verquirltem Ei bestreichen. Den Kuchen etwa 40 Minuten lang im mittelheißen Ofen backen und danach mit Puderzucker bestäuben, der darauf schmelzen soll.

Füllmasse:
10 Eier, 200 g Zucker
500 g Quark, 5 gekochte
Kartoffeln, 125 g Butter
50 g kernfreie Rosinen
50 g kleingeschnittenes
Orangeat, 2 Päckchen
Vanillezucker, 2 Eßl. Rum
1 Ei zum Bestreichen
Puderzucker

DIE KÜCHE ÖSTERREICHS wird durch die jahrhundertelange Länderehe mit seinen heutigen Nachbarn Ungarn, Tschechoslowakei, Jugoslawien und Italien bestimmt. Dazu kamen bedeutende Einflüsse von den feudalen Hofhaltungen der Aristokraten, deren Festlichkeiten die Meister der Küche zu immer neuen Erfindungen anregten. Den guten Ausgang des Wiener Kongresses soll Talleyrands Mundkoch Carême durch seine Künste bewirkt haben. Heute wirken die besten Köche Österreichs meist anonym, und viele sind weiblichen Geschlechts. Man sagt, daß nur eine österreichische Köchin in der Lage sei, die Salzburger Nockerln und den echten Wiener Apfelstrudel vollendet herzustellen.

In Österreich werden alle Gerichte, von der Markschöberlsuppe bis zur Sachertorte, mit besonderer Liebe gekocht. Viele Spezialitäten des Landes sind in der Welt bekannt, voran das Wiener Backhendl und das Wiener Schnitzel. Aber wie oft werden sie nicht richtig zubereitet. Immer wieder kann man im Ausland einem »Wiener Schnitzel« begegnen, das mit einer Sauce serviert wird: für Österreicher ein Greuel! Ein ganz besonderes Kapitel der österreichischen Küche sind die vielen Mehlspeisen wie Marillenknödel (siehe Farbfoto, Seite 269), Buchteln, Grießschmarrn und viele andere.

Auch heute noch gilt dem Österreicher die Gemütlichkeit mehr als das Rennen nach dem Goldenen Kalb. Und zu dieser Gemütlichkeit gehört auch das Leben in den Kaffeehäusern. Bereits sprichwörtlich ist die Freundlichkeit der Wiener Kaffeehaus-Kellner, die jedem Gast fast unaufgefordert mit dem Kaffee frisches Wasser und Zeitschriften servieren. Gemütlich ist auch die Sprache, die Sahne zu Obers und Schlagobers, Meerrettich zu Kren, grüne Bohnen zu Fisolen, Pflaumenmus zu Powidel und Johannisbeeren zu Ribiseln werden läßt.

Für die gemütlichen Kaffeehäuser hat Österreich auch die schönsten Kuchen. »Wiener Patisserie« gilt in der ganzen Welt als Aushängeschild, und nur noch die Schweizer Konditoren können sich mit den Wienern messen. Eine Torte aus dem Hause Sacher ist unübertreffbar.

Nicht vergessen seien schließlich die ausgezeichneten österreichischen Weine, wie der Gumpoldskirchner, Dürnsteiner, Kremser, Drachenburger, Ruster, Grinzinger und Klosterneuburger. Die Weinromantik, durch das Wort »Heurigen« allseitig bekannt, gehört ja auch zur liebenswürdigen österreichischen Lebensart.

Österreich

ÖSTERREICH

Markschöberlsuppe

2 Eier, Salz
60 g reines gewässertes Rindermark
1 Eßl. Schnittlauch
40 g Mehl
Pfeffer

Das Eiweiß zu Schnee schlagen. Das Eigelb mit Salz, dem gewässerten, geschnittenen Rindermark und dem gehackten Schnittlauch zerdrücken und verrühren. Darunter den Eischnee, das Mehl und den Pfeffer mischen. Diese lockere Masse streicht man behutsam mit einem großen Messer dick auf ein Backblech. Im Ofen bei 180° C braucht sie etwa 20 Minuten, um fest zu werden. Dann schiebt man die gebackene Masse vom Blech und schneidet sie in kleine Stücke. Kurz vor dem Servieren legt man die Stücke in die fertige Bouillon. Diese kocht man aus gutem Rindfleisch und gehaltvollen Markknochen oder aus fertigen Industrieprodukten. Gehackten Schnittlauch darüberstreuen!

Linzer Lebersuppe

250 g Schweineleber, 2 Eßl. Butter oder Margarine
1 Zwiebel, 1 Eßl. Mehl
Bouillon, 1 Tasse Sahne
Salz, Muskatnuß
1/2 Teel. Knoblauchsalz
1/2 Tasse Champignons
2 Eßl. Kerbelblätter

Die Leber abhäuten und in feine Streifen schneiden. Sie im Fett mit Zwiebelscheiben braunbraten, dabei mit Mehl bestäuben und mit Bouillon löschen. Den Pfanneninhalt in einen hochwandigen Suppentopf gießen und darin 30 Minuten lang kochen lassen. Danach alles abseihen und die festen Bestandteile durch die feine Scheibe des Fleischwolfes drehen oder sie auf dem Küchenbrett recht fein wiegen. Dazu kommen Sahne, Salz, Muskatnuß und Knoblauchsalz. Scheiben von Dosen-Champignons und gezupfte Kerbelblätter sind die einzigen Suppeneinlagen.

Fisch auf Burgenländer Art

1 kg Hechtfilets
4 Sardellenfilets
Mehl, Salz
Paprikapulver, 125 g Butter oder Margarine
1 Tasse Zwiebel
3 Eßl. Speckwürfel
4 Eßl. rote Paprikaschotenstreifen
4 Eßl. Tomatenmark
Pfeffer
1 Bund Petersilie

Sie können an Stelle des Hechtes auch Filets vom Zander, auch Schill genannt, oder Wels, auch Waller genannt, verwenden. — Die grätenfreien Stücke in Portionen von etwa 180 bis 200 g teilen. Jedes Stück zur Hälfte aufschneiden und in die Öffnung ein Sardellenfilet stecken. Die Fischstücke nun in einer Mischung aus Mehl, Salz und Paprikapulver wälzen und sie auf beiden Seiten im heißen Fett in wenigen Minuten braunbraten. Sie dann herausnehmen und auf einer vorgewärmten Platte warm halten. Das verbliebene Pfannenfett mit Zwiebelwürfeln, Speckwürfeln, Paprikaschotenstreifen, Tomatenmark und Pfeffer vermischen. Es soll daraus eine wenig gebundene Sauce entstehen, mit der die Fischstücke übergossen werden. Gehackte Petersilie darüberstreuen und das Gericht mit Kartoffeln servieren. — Ein frischer Riesling, gut gekühlt, sollte dabei nicht fehlen.

ÖSTERREICH

Kremser Zwiebelfleisch

Die Zwiebeln schälen und in dünne Scheiben schneiden. Das Schweineschmalz in einem schweren Topf erhitzen und die Zwiebelscheiben darin goldbraun anrösten. Im gleichen Topf die Rindfleischscheiben rösten und mit Salz, Pfeffer, zerriebener Knoblauchzehe, Thymian, Liebstockblättern, Zitronenschale und Zitronensaft würzen. Ständig gründlich umrühren, damit nichts anbrennt oder die Zwiebeln zu dunkel und bitter werden. Dann etwas Wasser und das Paprikamark dazugeben und das Fleisch gar dünsten lassen. Das Paprikamark gibt der Flüssigkeit die nötige Bindung. — Reichen Sie dazu Kartoffeln, Nudeln oder Nockerln und ein Glas frischen österreichischen Weißwein.

12 große Zwiebeln
75 g Schweineschmalz
750 g kleine Rindfleischscheiben, Salz, Pfeffer
1 Knoblauchzehe, 1 Zweig Thymian, 1 Eßl. gehackte Liebstockblätter, 1/2 abgeriebene Zitronenschale, Saft einer Zitrone, 1/2 Tasse Wasser, 2 Eßl. Paprikamark

Gedünstetes Beiried

Das Fleischstück mit Salz und Pfeffer bestreuen. In einer Ofenpfanne das Fett zerlassen und das kleingeschnittene Wurzelwerk, die Zwiebelwürfel, sämtliche Gewürze und das Fleisch einlegen. Die Pfanne ohne Deckel ins Bratrohr stellen. Achten Sie beim mehrmaligen Wenden des Fleisches darauf, daß das Gemüse schön gelb wird. Sobald es soweit ist, das Fett abgießen und Essig, Wein und Wasser dazugießen. Etwa bis zur Hälfte soll das Fleischstück in der Flüssigkeit liegen. Nun die Pfanne gut verschließen und den Braten weich dämpfen. Wenn das Fleisch gar ist, den Bratensaft mit den Wurzeln pürieren und nochmals aufkochen. Sollten Sie mehr Sauce benötigen, empfehle ich Ihnen, vor dem Pürieren etwas Mehl darüberzustäuben und dann noch mit Wasser zu verdünnen.

1,5—2 kg Rumpsteak
Salz, Pfeffer, 200 g Fett
1/2 Sellerieknolle
1 gelbe Rübe
1 Petersilienwurzel
500 g Zwiebeln
1 Lorbeerblatt, 1/2 Bund Thymian, 4 Pfefferkörner
1 Eßl. Kapern, 3 Knoblauchzehen, 1/8 l Essig
1/4 l Rotwein

Wiener Schnitzel

Dieses Gericht wird auf der ganzen Welt serviert, aber selten in der echten, österreichischer Art. Die Panierkruste des Wiener Schnitzels muß knusprig braun sein. Daher darf das Schnitzel nie in einer braunen Bratensauce liegen oder mit solcher übergossen werden. Leider geschieht das aber häufig. — Ein dünnes Schnitzel noch dünner klopfen. Das Fleisch salzen und pfeffern. Es dann in Mehl wälzen, durch verquirltes Ei ziehen und schließlich die Panierbrösel fest andrücken. So vorbereitet, das Schnitzel in die heiße Butter legen; es braucht nur einige Minuten Bratzeit für jede Seite. Die Butter in der Pfanne mit einigen Tropfen Zitronensaft löschen und davon wenige Tropfen auf das Schnitzel träufeln. Das Wiener Schnitzel serviert man auf einer Platte auf einer Papier- oder Stoffserviette und reicht dazu Kartoffelsalat oder Butterkartoffeln und Kopfsalat.

4 Kalbsschnitzel
Salz, Pfeffer
Mehl, 2 Eier
1 Tasse Panierbrösel
100 g Butter
1 Zitrone

ÖSTERREICH

Tiroler Leber

600 g Kalbsleber
Salz, Pfeffer, Mehl
100 g Butter oder Margarine
Bund Petersilie
10 Kapern
Zitronenschale
Bouillon
4 Eßl. sauren Rahm

Die Kalbsleber in dünne Scheiben schneiden und diese salzen, pfeffern und mit etwas Mehl bestäuben. Die Scheiben dann beidseitig rasch im Fett anbraten sie danach warm stellen. Die Petersilie, die Kapern und ein kleines Stück Zitronenschale fein zerhacken und in dem Leber-Bratfett anrösten. Mehl darüberstäuben, mit Bouillon die Sauce verdünnen und sie mit dem sauren Rahm verfeinern. Die Leberscheiben wieder einlegen und sie noch etwa 10 Minuten darin dünsten. Die Sauce dann durchpassieren und über die angerichteten Leberscheiben gießen.

Kalbsbeuschel

1 Kalbsbeuschel
(Lunge, Herz, Milz)
1 Lorbeerblatt, Salz, Essig
1 Bündel Thymian
Pfefferkörner
80 g Petersilienwurzel
80 g Sellerieknolle
80 g gelbe Rüben, 120 g Fett
1 Teel. Zucker, 120 g Mehl
50 g Zwiebeln
2 Sardellen, 50 g Speck
Senf, Zitronensaft

Kalbsbeuschel ist der österreichische Sammelbegriff für Lunge, Herz und Milz. Die österreichische Kochkunst versteht es, daraus ein schmackhaftes Gericht zu bereiten. — Die gut gewaschenen Innereien mit Lorbeerblatt, Salz, Essig, Thymian, Pfefferkörnern, Petersilienwurzel, Sellerie und gelben Rüben in Wasser weich kochen. Danach alles abkühlen lassen und Lunge, Herz und Milz nudlig fein schneiden. Die Sauce wird so zubereitet: Im Fett den Zucker bräunen, das Mehl dazurühren und rösten, ferner fein zerhackt Zwiebeln, Sardellen und Speck zugeben. Wenn alles gut angeröstet ist, mit Beuschelsuppe aufgießen und stark kochen lassen. Dann das geschnittene Fleisch wieder einlegen und das Gericht mit Senf und Zitronensaft noch abschmecken. — Mit dem unbedingt dazugehörenden Semmelknödel wird daraus eine vollständige Mahlzeit.

Krenfleisch

1 kg Schweineschulter ohne
Knochen, 1 große Zwiebel
1 Lorbeerblatt, 5 Gewürznelken, 5 Pfefferkörner
1 Zweig Thymian
1 Eßl. Salz, 2 Eßl. Essig
2 Eßl. geriebenen Kren
(Meerrettich)

Die Schwarte soll vom Schweinefleisch nicht abgeschnitten werden. In einem großen Topf das Fleisch mit Wasser kochen, zusammen mit einer Zwiebel, Lorbeerblatt, Gewürznelken, Pfefferkörnern, Thymian und genügend Salz. Nach etwa 1½ Stunden sollte das Fleisch gar sein. Das Stück herausnehmen und den Sud durch ein Sieb gießen. Den Essig dazugeben und die Flüssigkeit etwas einkochen lassen. Dann gießt man sie über das in Scheiben geschnittene Fleisch. — Dazu serviert man auf der gleichen Platte geriebenen Kren und Salz- oder Bouillonkartoffeln.

Paprikahendl

1 junges Masthuhn
Salz, 2 Eßl. Paprikapulver

Eine wienerische Version des ungarischen Czirke Gulyàs. Ein Gericht, das auch in Österreich recht scharf gegessen wird. — Ein junges, rohes Mast-

ÖSTERREICH

huhn so auseinanderschneiden, daß vier Keulenteile und vier Brustteile entstehen. Die Stücke salzen und mit Paprika einreiben. Im Schmalz braun braten und sie dann auf einer Platte warm halten. In dem Bratfett die Zwiebelwürfel kurz andünsten, das restliche Paprikapulver darüberstreuen, ferner Tomatenmark und Mehl einrühren. Mit Wasser aufgießen, so daß eine dickliche Sauce entsteht. Darin die Huhnstücke garen lassen. Mit ausgelassenem Speck und der Sahne das Gericht abrunden. Bitte das Umrühren nicht vergessen! Das Gericht wie ein Ragout in einer Schüssel zu Tisch bringen. — Dazu ißt man grüne Bohnen oder weiße Bohnenkerne in Tomatensauce, im Ofen überbacken, und Kartoffeln, Reis oder Nudeln. Als Getränk passen Rotwein oder Bier.

80 g Schweineschmalz
1 Tasse feine Zwiebelwürfel
2 Eßl. Tomatenmark
1 Eßl. Mehl
1½ Tassen Wasser
1 Tasse Speckwürfel
1 Tasse saure Sahne

Wiener Backhendl

Die ausgenommenen Hühnchen waschen, absengen und dann enthäuten. Mit einem kleinen, scharfen Messer die Haut am Rücken aufschneiden und langsam in einem Stück abziehen. An den Keulen und Flügeln muß man sie mehrmals einschneiden. Dann zerlegt man die Hühnchen noch roh in vier Teile (sehr junge Tiere brauchen Sie nur zu halbieren) und klopft diese mit einem schweren Gegenstand platt. Die Stücke salzen und mit Paprikapulver einreiben. Dann dreht man sie nacheinander in Dosenmilch, Mehl, verquirltem Ei und schließlich in Panierbröseln, die man fest andrücken muß. Die panierten Huhnstücke nun in tiefem Fett goldbraun backen. Die Fettemperatur darf nicht zu hoch sein, weil sonst die Kruste verbrennt, bevor das Huhnfleisch gar ist. — Ich streiche auf das rohe Huhnfleisch eine hauchdünne Schicht von angerührtem englischem Senf. Dadurch schmecken die gebackenen Hühnchen pikanter.

2 junge Hühnchen
Salz, Paprikapulver
2 Eßl. Dosenmilch
Mehl
2 Eier
1 Tasse Panierbrösel
(Weißbrotkrumen)
Backfett

Wiener Fiaker-Gulasch

Die Zwiebeln in Scheiben schneiden und in einer Pfanne oder in einem geräumigen Topf mit Schmalz anbraten. Dazu kommen auch gleich Tomatenmark, Salz, Pfeffer, Paprikapulver und die Streifen der roten und grünen Paprikaschoten. Das Fleisch in Würfel schneiden und diese in Mehl drehen; dadurch bekommen sie eine schöne Kruste. Die Fleischwürfel kommen zu der Zwiebel-Tomaten-Masse und sollen darin schmoren. Nach einiger Zeit mit Wasser angießen. Als weitere Gewürze kommen in das Gericht eine zerdrückte Knoblauchzehe, getrockneter, zerriebener Majoran und Thymian, zerschnittene Kümmelkörner, abgeriebene Zitronen- und Orangenschale und gehackte Petersilie und Kerbel. Auch Fleischklößchen und

8 große Zwiebeln, 100 g
Schweineschmalz, 3 Eßl.
Tomatenmark, Salz, Pfeffer
2 Teel. Paprikapulver, 8 Eßl.
rote und grüne Paprikaschotenstreifen, 1 kg Rindshesse (Hachse), Mehl
1 Knoblauchzehe, je 1 Prise
Majoran und Thymian
¼ Teel. Kümmelkörner

249

ÖSTERREICH

je 1 Teel. Zitronen- und Orangenschale, 2 Eßl. Petersilie, 1 Eßl. Kerbelblätter

Scheiben von Kochwürsten schmecken darin gut. — Ich versetze dieses Phantasiegulasch außerdem mit Streifen von geschälten Gewürzgurken oder besser noch mit Senfgurken. Dazu werden Salzkartoffeln gereicht.

Paradeiskraut

1 kg Kraut (Weißkohl)
1 großen Ochsenmarkknochen, 500 g Rindfleisch (Hochrippe, Brust)
1 große Kartoffel
Salz, Kümmel
Pfeffer
8 Stücke Würfelzucker
1 Eßl. Weinessig
60 g Speck
3 Eßl. Tomatenmark

Den Krautkopf waschen, putzen und in der Mitte durchschneiden. Rund um den dicken Strunk breite Streifen von den Hälften abschneiden. In einen Topf die Krautstreifen legen, in deren Mitte, mit Kraut bedeckt, der Markknochen und das Fleisch kommen. Dazu die Kartoffelwürfel mischen, ferner Salz, Kümmel, Pfeffer, Würfelzucker und Essig. Soviel Wasser auffüllen, daß alles bedeckt ist. Auf kleiner Flamme zugedeckt das Gericht gar dünsten. Zum Schluß rundet man den Geschmack noch mit einer Speck-Tomatensauce ab. Dafür den Speck auslassen, mit Tomatenmark und etwas Kochwasser ablöschen und diese Sauce zum Kraut mischen. — Dazu ißt man Frikandellen (Deutsches Beefsteak), Steaks oder Rinderrouladen und Salzkartoffeln.

Eierschwammerl auf Wiener Art

60 g Butter, 2 Zwiebeln
½ Teel. Kümmel, 1 Knoblauchzehe, 1 Eßl. Petersilie
½ Teel. gemahlenen Pfeffer
500 g Eierschwammerl (Pfifferlinge), 1 Eßl. Mehl, Salz
1 Teel. Fleischextrakt oder gekörnte Brühe, 3 Eßl. saure Sahne oder Joghurt

In Fett die feingehackten Zwiebeln rösten, vermischt mit Kümmel, zerdrückter Knoblauchzehe, gehackter Petersilie und Pfeffer. Dazu gibt man nach einigen Minuten die gewaschenen und kleingeschnittenen Pilze. Sie sollen bei kleiner Flamme mehrere Minuten langsam dünsten, wobei man öfter umrührt und das Wasser fast vollständig verdampft. Mit Mehl stäuben, verrühren und mit Bouillon aufgießen. Die Sauce mit Salz und Fleischextrakt abschmecken und zum Schluß die saure Sahne einrühren. — Dazu ißt man Kartoffelpüree und Kopf- oder Tomatensalat. Eine Flasche Kalterer See oder Gumpoldskirchner paßt dazu am besten.

Apfelkren

4 große Äpfel
2 Eßl. Zucker
Zitronensaft
1 Zitronenschale (in Spiralform), 1 Teel. Öl
2 Teel. geriebenen Kren (Meerrettich)

Die Äpfel sauber abschälen, vierteln und die Kernhäuser herausschneiden. Den Zucker in Wasser lösen und langsam aufkochen lassen. Sobald er sich ganz gelöst hat, gibt man die Apfelstücke und Zitronensaft nach Geschmack dazu und läßt eine Zitronenspirale einige Minuten mitkochen. Sobald die Äpfel zu zerfallen beginnen, läßt man sie etwas abkühlen und verrührt sie mit Öl und geriebenem Kren. — Dieser Apfelkren ist eine beliebte Beilage zu vielen gekochten Rind- und Schweinefleischgerichten.

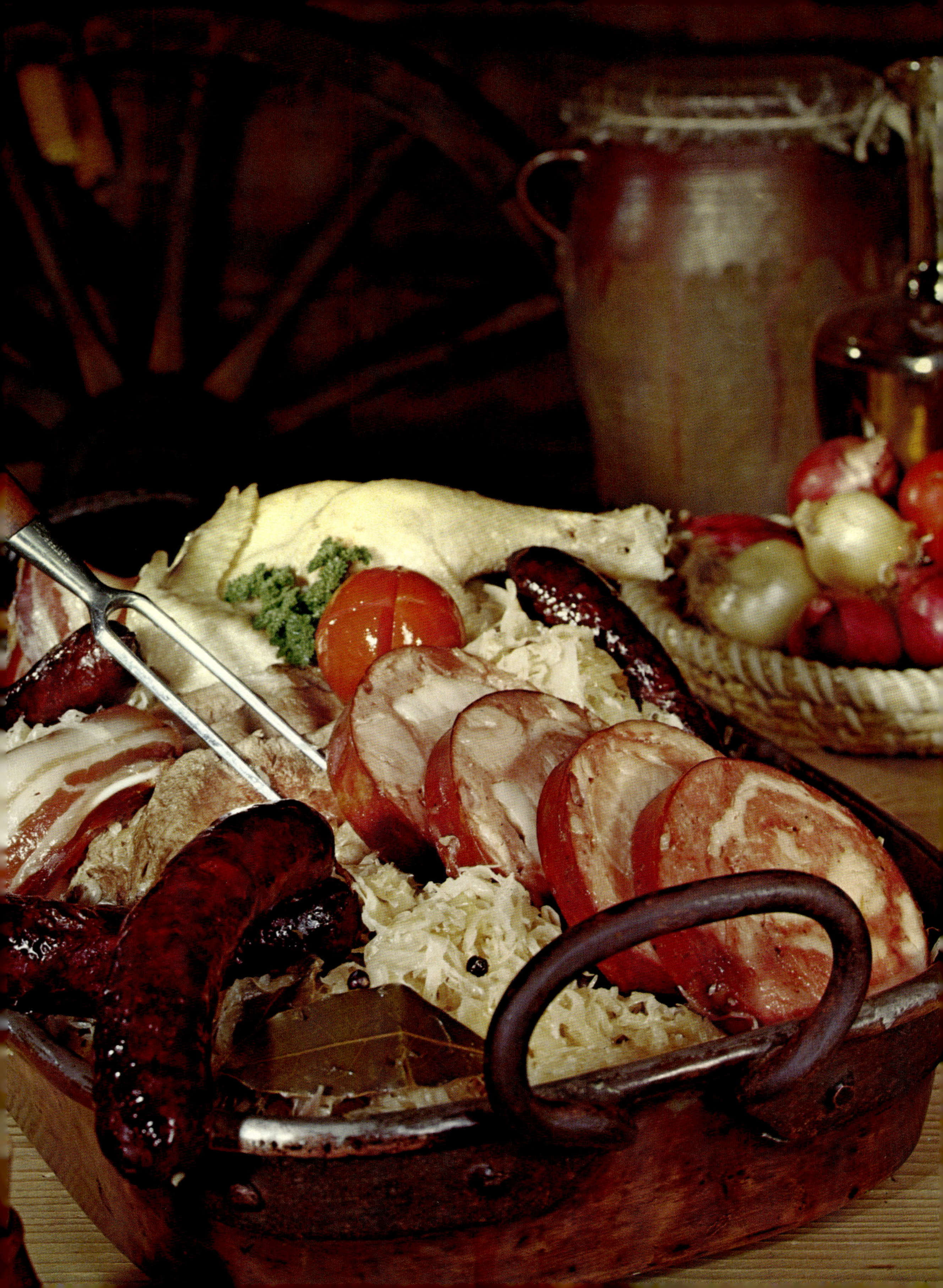

BIGOS   *Garniertes Sauerkraut*

Sauerkraut wird überall, wo man es gern hat, verschieden zubereitet: in Süddeutschland mit einer Würzbouillon, in der das Sauerkraut gar gekocht und aus der es blank herausgeschöpft wird. In der norddeutschen Küche röstet man Zwiebelscheiben in Schweineschmalz an und dünstet das gewaschene Kraut darin mit Wacholderbeeren, seltener mit Kümmel, und wenig Saft. Dabei soll auch immer noch ein Schinkenknochen oder ein Stück gepökelter Schweinenacken mitgekocht werden. Das Sauerkraut wird meist mit recht deftigen Fleischarten gegessen. Unser Bild (Sauerkraut russisch) zeigt eine Fülle von Möglichkeiten, und man sieht auch, daß alles zusammen ein sehr buntes Gericht ergeben kann. Hier zeigen wir Ihnen eine besonders deftige Lösung im Kupfergeschirr nach alter Sitte. Besteck mit Holzgriff gehört dazu und ein klarer Schnaps und helles hopfiges Bier.

Rezept auf Seite 237

Grammel-Pogatscherl

Die Schmalzgrieben in kaltem Zustand auf einem Küchenbrett fein wiegen. Sie mit Salz, Pfeffer, Paprikapulver, Mehl und Eiern vermischen, so daß ein fester Teig entsteht. Diesen ausrollen und eine Stunde kalt stellen. Dadurch »schnurrt« er später beim Backen nicht so arg zusammen. Aus diesem ausgerollten Teig mit einem umgedrehten Weinglas Plätzchen ausstechen. Diese oben mit verquirltem Ei bestreichen und im heißen Ofen goldbraun backen, danach oder schon vorher mit grobem Salz bestreuen. — Die Grammel-Pogatscherl werden zu kalten Fleischgerichten oder auch zum Weißwein gereicht.

8 Eßl. Schweinegrieben (ausgelassene Flomenstücke)
1/2 Teel. Salz
1/4 Teel. weißen Pfeffer
2 Teel. Paprikapulver
8 Eßl. Mehl
2 Eier, 1 verquirltes Ei
grobes Salz

Pofesen

In Deutschland nennt man die Pofesen auch »Arme Ritter«. Aber lesen Sie weiter: Die braune Kruste der altbackenen Semmeln abreiben. Die Brötchen in der Mitte durchbrechen und jede Hälfte in der Mitte einschneiden. In diese Taschen drückt man einen Löffel voll Marmelade und übergießt die Brötchen mit warmer Milch. Sie sollen weichen, aber nicht auseinanderfallen. Darauf dreht man sie in den verquirlten Eiern und backt sie in heißem Fett aus. Die gebackenen Pofesen mit Fruchtsirup übergießen und mit Zucker bestreuen. — Anstelle der Milch kann man die Semmeln mit einem Sirup aus wassergelöstem Zucker und Rum oder Weinbrand übergießen. Dann sind sie aber natürlich nicht für Kinder geeignet. In jedem Fall sind die Pofesen ein guter Nachtisch.

10 alte Semmeln (Brötchen Rundstücke, Wecken)
100 g Erdbeermarmelade
3/4 l Milch
3 ganze Eier
100 g Butter oder Margarine
2 Tassen Fruchtsaftsirup
50 g Zucker

Buchteln

Die Hefe mit lauwarmer Milch verrühren und in der Mitte des angewärmten Mehles eine Stunde lang rasten lassen. Dann die anderen Zutaten dazumischen, den Teig mit einem Holzlöffel schlagen, bis er blasig wird, ihn tüchtig zusammenkneten und wieder ruhen lassen. Nach 20 Minuten den Teig ausrollen und handflächengroße, runde Stücke ausrollen. In die Mitte einen Teelöffel Konfitüre setzen und die Seiten nach oben wie eine Tüte zusammendrücken. In eine Auflaufform schüttet man etwas Milch, setzt die Teigbeutel eng nebeneinander und läßt sie etwa ¾–1 Stunde im Ofen bei 180° C backen. Die Buchteln gehen sehr schön auf, drängen sich nach oben und bekommen eine goldbraune Kruste. — Mit Vanillesauce warm zu Tisch bringen.

20 g Hefe
1/8 l Milch
500 g Mehl, 100 g Zucker
120 g Butter
1/8 l Wasser
2 Eier
2 Eigelbe
Salz
abgeriebene Zitronenschale
Konfitüre zum Füllen
Milch

ÖSTERREICH

Marillenknödel

Farbfoto Seite 269

500 g in der Schale gekochte, heiße Kartoffeln
5 Eßl. Mehl
4 Eigelbe
3 Eßl. flüssige Butter oder Margarine
½ Teel. Salz
25 entsteinte Marillen (Aprikosen)
25 Stücke Würfelzucker
2 Eßl. Weinbrand
6 Eßl. Weißbrotkrumen
2 Eßl. Butter
1 Eßl. Puderzucker
Puderzucker zum Bestäuben

Die Marillenknödel gehören zur österreichischen Küche wie der Stephansdom zu Wien. Oder, um in der Küche zu bleiben, sie gehören dazu wie die Salzburger Nockerln, der Grießschmarrn und manch anderes. — Die gekochten, geschälten Kartoffeln mit einer Kartoffelquetsche oder einem Stampfer pürieren und eventuell noch durch ein Haarsieb streichen. Das Püree soll trocken und ganz klumpenfrei sein. Dazu werden gemischt: Mehl, Eigelbe, flüssige Butter oder Margarine und Salz. Diese Zutaten zu einem glatten Teig verkneten, einen dicken Strang daraus formen und diesen in dicke Scheiben schneiden. Die Marillenkerne auslösen und den Stein durch ein Stück Würfelzucker, mit Weinbrand beträufelt, ersetzen. Die Teigscheibe um die Marille herumziehen, so daß diese schließlich ganz darin eingehüllt ist. Die Knödel im offenen Topf in schwach gesalzenem, kochendem Wasser garziehen lassen. Wenn sie an die Wasseroberfläche kommen, sind sie gar und können mit einem Schaumlöffel herausgeholt werden. Sie abgetropft in eine Schüssel legen und mit Weißbrotbröseln, die in der Pfanne mit Butter und Puderzucker geröstet wurden, überstreuen. Manchmal wälzt man die Knödel auch in dieser Mischung, dadurch werden sie schneller trocken. Darüber dann nochmals Puderzucker stäuben. — Auf die gleiche Weise entstehen die Zwetschgenknödel (in Österreich Zwetschkenknödel); nur die Marille durch eine Zwetschge ersetzen.

Grießschmarrn

¾ l Milch, 100 g Butter
Prise Salz
300 g Zucker
50 g Rosinen
280 g Grieß
Butter oder Margarine

Die Milch zusammen mit Butter, Salz, Zucker und Rosinen aufkochen. In die kochende Milch nach und nach den Grieß einrühren und ihn aufquellen lassen. Diesen dicken Grießbrei dann in eine gut gefettete Pfanne geben und ihn im Ofen ausdünsten lassen. Wenn die Oberfläche sich etwas verfärbt hat, ist der Schmarrn fertig und man zerreißt ihn mit zwei Gabeln. Darüber Zucker streuen und die Mehlspeise mit Kompott zu Tisch bringen.

Reisschmarrn

140 g Rundkornreis
½ l Milch, 50 g Butter
3 Eßl. Zucker, Salz
½ Teel. gemahlenen Zimt
3 Eier
Butter oder Margarine zum Backen

Den Reis waschen und mit Milch und Butter gar kochen und dann auskühlen lassen. Zum kalten Reis Zucker, Salz, Zimt und Eigelb rühren, zuletzt den steifen Eischnee. In einer breiten Pfanne läßt man Butter heiß werden und backt darin nacheinander vier Pfannkuchen aus. Nach Art des Schmarrns kann man den Pfannkuchen in der Pfanne mit zwei Gabeln zerreißen. Man häuft die gebackenen Flecken auf eine große Platte, bestreut sie mit Zimtzucker und ißt sie mit Kompott.

ÖSTERREICH

Topfenstrudel

Eine nahrhafte Leckerei, die ich zu den Hauptgerichten zähle. Vielleicht vorher eine Tasse Suppe essen. — Eidotter, Butter und Zucker schaumig rühren. Dazu gibt man Salz, Zitronenschale, die in heißer Milch geweichten Weißbrotscheiben und den Quark. Wenn alles glattgerührt ist, die gewaschenen Rosinen und den Eischnee unterziehen. Diese Masse trägt man fingerdick auf einen ausgerollten Strudelteig auf, rollt ihn zusammen und legt die lange Rolle in ein gebuttertes Geschirr. Im Backofen den Strudel braun backen. Sobald er etwas Farbe angenommen hat, begießt man ihn des öfteren mit Milch. Aber nur so viel, daß der Boden feucht ist. — Man schneidet ihn warm auf und reicht dazu Vanillesauce. — Das Rezept für den echten Strudelteig siehe unter »Bayerischer Apfelstrudel«.

6 Eidotter
150 g Butter
150 g Zucker
Salz
1 abgeriebene Zitronenschale
¼ l Milch, 6 alte Semmeln ohne Rinde, 600 g Quark (Topfen), 100 g Rosinen
6 Eiweiß
Milch zum Begießen
Teig: siehe Rezept Seite 153

Salzburger Nockerl

Seien Sie nicht zu sehr enttäuscht, wenn Ihnen die ersten Nockerl nicht gelingen. Schon ein einziger kalter Luftzug läßt sie erschrecken, wenn sie aus dem heißen Ofen kommen. Setzen Sie sie auch nicht hart auf den Tisch auf, das vertragen sie nicht. Ein Wiener Küchenmeister verriet mir den einfachen Trick, die Eiweiße zwei Mal aufzuschlagen. Nach dem ersten Mal läßt man den Schnee wieder zusammenfallen und schlägt ihn erneut steif. Dann hält er sich sehr gut und darauf kommt es bei den Nockerln in erster Linie an. Den Zucker und Vanillezucker zum Schluß zum Eischnee dazu schlagen. Dann etwas vom Eischnee abteilen und mit den Eidottern verrühren. Das Mehl daruntermischen und dann den übrigen Eischnee. In eine große Bratpfanne etwa 2 Eßlöffel voll geben und hohe Berge daraus formen. Auf kleiner Flamme unten fest werden lassen, dann wenden und sie dabei auf ein Ofenblech (ohne Fett) stellen. Im mittelheißen Ofen sollen sie backen, bis sie außen fest, innen aber noch cremig sind. Diese Salzburger Nockerl soll man allein, ohne sonstige Beigaben, genießen.

3 Eier
20 g Puderzucker
1 Päckchen Vanillezucker
20 g Mehl

Wiener Apfelkücherl

Ein schnell und einfach herzustellender Nachtisch. Sie können den Teig schon am Vortag soweit vorbereiten, daß Sie nur noch den steifen Eischnee unterzuziehen brauchen. — Das Mehl mit dem gewärmten Weißwein, Zuk-

250 g Mehl
¼ l Weißwein
3 Eßl. Zucker

ÖSTERREICH

Salz, 2 Eier
½ Tasse Butter oder Margarine
2 Eßl. Arrak
4 mürbe, kleine Äpfel
Backfett

ker, Salz, Eigelben, Fett und Arrak verrühren und schließlich den Eischnee untermengen. Man sollte entweder kleine Äpfel oder Apfelhälften nehmen, damit die Portion nicht zu mächtig wird. Am besten nehmen Sie mürbe, weiche Äpfel, die schnell durchbacken. Festfleischige Sorten sollten Sie vorher in eine heiße Weißwein-Zuckerlösung legen, in der sie etwas durchziehen können. Die Äpfel schälen, das Kernhaus herausstechen, in den dickflüssigen Teig tauchen und schwimmend in Fett ausbacken. Schnell mit Zimtzucker bestreuen und mit Vanillesauce servieren.

Stanitzel

5 Eiweiß
180 g Zucker
100 g Mehl
Schlagsahne
Früchte

Diese Stanitzel kann man am ehesten mit den Schillerlocken vergleichen. Der Teig ist aber viel einfacher. — Zuerst das Eiweiß mit dem Zucker schaumig schlagen und das gesiebte Mehl darunterrühren. Fertigen Sie sich nun aus Karton eine Schablone, einen Kreis mit etwa 10 cm Durchmesser. Auf diesen Kartonkreis mit einem Messer den lockeren Teig streichen, ihn umgedreht auf ein gebuttertes und gemehltes Blech kippen und die Schablone wieder abheben. So erhalten Sie 12 bis 15 runde Flecken, die im heißen Ofen bei 200° C rasch gebacken werden. Noch warm rollt man sie zu einem Stanitzel (Tüte) auf. Sie müssen schnell arbeiten, die Stanitzel werden sofort fest und brüchig. Erst kurz vor dem Auftragen füllt man sie mit süßer Schlagsahne und frischem Obst, wie zum Beispiel gezuckerten Erdbeeren oder Heidelbeeren. Die Stanitzel können Sie schon am Vortag backen, längere Zeit halten sie sich aber nicht.

Linzer Torte

200 g Mehl
180 g Butter
120 g Zucker
4 Eigelbe
1 Messerspitze Backpulver
160 g geriebene Haselnüsse oder Mandeln
½ Teel. Zimt
1 abgeriebene Zitronenschale
Johannisbeergelee
Rum, 1 verquirltes Ei

Auf einem Küchenbrett oder dem Küchentisch aus Mehl einen Kranz formen, in den Butter, Zucker, Eigelbe, Backpulver, Nüsse und die Gewürze kommen. Alles verknetet man nun zu einem geschmeidigen Teig, der 30 Minuten im Kühlschrank ruhen soll; schlagen sie ihn aber in Pergamentpapier ein. Dann schneidet man das Teigstück in zwei Teile. Die eine Hälfte dünn ausrollen und damit den Boden einer Springform belegen. Mit einer nicht zu dünnen Schicht roten Johannisbeergelees bedecken und mit Rum beträufeln. Aus der Hälfte des anderen Teigstückes eine Rolle formen und diese als Rand an die Torte drücken. Den restlichen Teig dünn ausrollen und dünne Streifen abschneiden, mit denen man die Tortenoberfläche gitterartig belegt. Die Teigstücke mit verquirltem Ei bestreichen und die Torte 30 Minuten lang im heißen Ofen bei 190° C backen.

ÖSTERREICH

Sachertorte

Es ist ein schwieriges Unterfangen, eine Spezialität, die so an die Tradition eines Hauses gebunden ist, sonstwo nachzuahmen. Doch beginnen wir trotzdem. — Die Butter mit der erwärmten Schokolade, dem Zucker und den Eigelben schaumig rühren. Die Eiweiße getrennt mit dem Zucker steif schlagen. Der Eischnee kommt nach und nach unter die Buttermasse. Dann ganz schnell das gesiebte Weizenmehl einheben, der steife Eischnee darf aber nicht zerstört werden. Den Teig sofort in eine gebutterte Torten-Springform füllen und ihn 50 Minuten lang bei etwa 180° C backen. Danach läßt man die Torte eine Nacht über auskühlen, nimmt sie erst dann aus der Form, bestreicht ihre Oberseite mit Aprikosenmarmelade und überzieht sie ganz mit Schokoladen-Glasur. Hierfür die angegebenen Zutaten im Wasserbad zusammenrühren.

Teig: 150 g Butter
150 g bittere Schokolade
100 g Zucker, 8 Eier
50 g Zucker für den Eischnee
150 g Mehl
Überzug: 150 g Aprikosenmarmelade (Marillenkonfitüre)
Glasur: 120 g geschabte bittere Schokolade
250 g Zucker, 1/8 l Wasser

In der Tschechoslowakei dominiert heute wie einst die traditionelle böhmische Küche, der dieses Kapitel in erster Linie gewidmet ist. Der Einfluß der böhmischen Küche reicht übrigens seit den Zeiten der k. u. k. Monarchie, als nicht nur berühmte Schneider, sondern auch begehrte Köche und Köchinnen aus Böhmen kamen, weit über die Landesgrenzen hinaus, und wir finden noch heute viele kulinarische Verwandtschaften zwischen der Tschechoslowakei und ihren Nachbarn, vor allem Österreich. Nach dem zweiten Weltkriege haben dann auch noch die heimatvertriebenen Sudetendeutschen zur weiteren Verbreitung der böhmischen Kochtradition beigetragen.

Vorab sei gesagt, daß gerade die kleinen Zutaten oder Bereitungsvarianten der böhmischen Küche ihr Gepräge geben, nicht aufwendige Ingredienzen. Und jede Familiendynastie hat da ihre eigenen Küchenrezepte, die bewahrt, gepflegt und vererbt werden.

Grundlage der meisten Fleischgerichte sind vor allem Rind und Schwein; mit Abstand folgen dann Kalb, Hammel oder Geflügel. Unter den Rindfleisch-Spezialitäten ist der böhmische Rostbraten eine der reizvollsten. Auch der ungarische Gulyas (siehe Abschnitt Ungarn) ist in der böhmischen Küche heimisch und wird hier vollendet zubereitet. Außerdem serviert man vielerlei Fleischpuddings und viele Würste, bei denen jeder Fleischer »sein« Rezept hütet. Viele Freunde hat auch der Prager Schinken, und er wird heute allerorts nachgemacht, weil er so gut schmeckt.

Auch Fische, hauptsächlich aus einheimischen Teichen und Flüssen, werden vorzüglich zubereitet: Karpfen, Forellen, Hechte, Welse, auch Waller genannt, Renken — alle gekocht, gedünstet oder in der Pfanne gebraten, mit Weinsauce, mit Senf, mit Salaten, oder als Pudding, Ragout oder mit Mayonnaise serviert.

Aber die böhmische Küche wäre nichts ohne ihre Knödel und Mehlspeisen. Vom Serviettenknödel angefangen, einer köstlichen Beilage zu Fleischgerichten und Braten, bis zu den süßen Skubanken, Liwanzen, Kolatschen, Powidltascherln und Zwetschgenknödeln (siehe auch Abschnitt Österreich) gibt es eine unübersehbare Zahl von Rezepten und Varianten. Ihre Krönung ist die Prager Nußtorte, die ohne Mehl gebacken wird, nur mit Zucker, Eiern, Nüssen und Bröseln.

Das vorzügliche Pilsner Bier wird heute wie einst gebraut und in alle Länder verschickt, in Flaschen und Fässern.

Tschechoslowakei

TSCHECHOSLOWAKEI

Schinkencremesuppe

50 g Mehl, 125 g Speck
½ l Milch, 2 Tassen Koch-
schinkenwürfel
1 Tasse Milch, ½ l Bouillon
1 Tasse saure Sahne
Salz, Pfeffer, Paprikapulver
2 Eßl. Schnittlauch

Das Mehl mit ausgelassenen Speckwürfeln zu einer hellbraunen Schwitze rösten, dann mit Milch aufgießen und dicklich kochen. Den Schinken in feine Würfel schneiden oder wiegen und mit Milch und Bouillon im Elektromixer pürieren. Unter dieses Püree die Schwitze mit einem Schneebesen schaumig unterschlagen und aufkochen lassen. Dazu die saure Sahne mischen und die Gewürze und reichlich Schnittlauch. — Diese Suppe schmeckt mit hauchdünn geschnittenen, getoasteten Weißbrotscheiben am besten.

Böhmische Suppenfleckerl

2 hartgekochte Eier
2 rohe Eier, 2 Eßl. Butter
½ Teel. Salz
1 Teel. Paprikapulver
2 Eßl. gehackte Petersilie
2 Eßl. Quark, 2 Eßl. Mehl
1 Eßl. Milch
geriebene Muskatnuß

Man verrührt, am besten im Mixer, die Dotter der hartgekochten Eier und die der rohen Eier mit der zerlassenen Butter, Salz, Paprikapulver, Petersilie und dem Quark. Diese glatte Masse verarbeitet man mit den anderen Zutaten zu einem festen Teig. Davon sticht man mit dem Teelöffel Klößchen ab und läßt sie in heißem Wasser durchziehen, bis sie obenauf schwimmen. Dann schöpft man sie mit einem Schaumlöffel ab und benutzt sie entweder als Einlage für eine kräftige Rindfleischbouillon, zusammen mit Erbsen, Möhrenwürfeln und Eierstich, oder, aufgetürmt mit brauner Butter übergossen, als Beilage zu Schmorfleischgerichten.

Speckfleckerlsuppe

125 g fetten
salzarmen Speck
2 Tassen gewürfelte Brötchen
(ohne Rinde)
1 Eßl. Mehl, 3 Eier
1 Tasse Milch
Pfeffer, Paprikapulver

Diese Speckfleckerl sind eine Abart der einfachen Suppenfleckerl. — Man würfelt den Speck und läßt die Würfel in der Pfanne nur warm werden. Sie sollen nicht zu viel Fett abgeben. Unter Umrühren läßt man nun die Semmelwürfel in dem Speck goldbraun werden. Dann stellt man die Pfanne beiseite. Jetzt rührt man Mehl, Eier und Milch zusammen, würzt mit Pfeffer und Paprikapulver — kein Salz —, gießt diese Flüssigkeit über die Semmeln und mengt solange durch, bis ein einheitlicher, glatter Teig entstanden ist. Man sticht mit einem Eßlöffel davon dicke Klöße ab und kocht sie in Salzwasser gar. Wenn sie obenauf schwimmen, kommen sie in klare Rindfleisch-Bouillon, die mit Fäden von Möhren und Sellerieknolle versetzt ist.

Lebernockerl

250 g Rindsleber
2 Zwiebeln, 1 Bund Petersilie

Nehmen Sie hierfür am besten Rindsleber. Diese färbt besser und hat einen kräftigeren Lebergeschmack als Schweine- oder Kalbsleber, die man besser zum Braten verwendet. — Die enthäuteten und ausgeschnittenen Leberstücke dreht man durch die feine Scheibe des Fleischwolfs oder püriert sie im Elektromixer fein. Dazu gibt man die Zwiebelscheiben, die Petersilie und die Brötchen. Sobald alles glatt vermengt ist, rührt man das zerlassene Fett, die Eier, Salz, Pfeffer und Thymian dazu. Die Masse soll jetzt trocken und dick sein. Man sticht mit einem Eßlöffel Klöße ab, die in kochendem Salzwasser 20 Minuten lang gar ziehen sollen. — Sie werden entweder als Suppeneinlage oder zusammen mit ausgelassenem Speck und Kartoffeln als Hauptgericht gegessen.

2 rindenlose, geweichte, ausgedrückte Brötchen
50 g Butter oder Margarine
2 Eier, Salz, Pfeffer
½ Teel. getrockneten Thymian

Marienbader Käsemuscheln

Sie sind ein Zwischengericht oder etwas für den Abend. — Butter zerlassen und zusammen mit Eiern, geriebenem Käse, Mehl und Sahne am besten im Elektromixer verquirlen. Dazu Salz, Paprikapulver, Majoran und Petersilie geben. Dann vorsichtig den steifen Eischnee darunterziehen und diese Masse in große, gefettete Ragout fin-Muscheln füllen, die man für wenig Geld in Haushaltsgeschäften kaufen kann. Die Backzeit beträgt 12—15 Minuten im heißen Ofen bei 220° C. Die Füllung soll dann eine goldgelbe Färbung haben. Man ißt sie mit dem Löffel aus den Muscheln heraus. — Ich menge in die Masse noch vier Eßlöffel Bananenmus. Hierfür überreife Bananen mit der Gabel zerdrücken und mit Puderzucker und Zitronensaft würzen. Dadurch schmecken diese Käsemuscheln noch aparter. Auch Preiselbeerkonfitüre, zerschnittene reife Birnen, Äpfel, Weintraubenhälften und Orangenfleischwürfel können in die Käsemasse eingemengt werden. Majoran und Petersilie müssen dann allerdings fortfallen. — Am besten reichen Sie Weißbrot dazu.

100 g Butter, 4 Eier
1 Tasse geriebenen Hartkäse
2 Eßl. Mehl
2 Eßl. Sahne
Salz
½ Teel. Paprikapulver
½ Teel. Majoran
2 Eßl. gehackte Petersilie
Butter oder Margarine

Waller aus dem Ofen

Der Waller, auch Wels genannt, schmeckt bei richtiger Zubereitung köstlich. Auch hat er keine großen, störenden Gräten. — Das Fischstück putzen, waschen, abtrocknen, in Mehl drehen und in einer Ofenpfanne in wenig Fett anbraten. Dann Buttermilch, Kräuter, Salz, Pfeffer, Öl und Eier zusammen mischen und diese Flüssigkeit über den Fisch gießen. Die Pfanne in den Ofen stellen und abdecken und das Stück langsam durchschmoren lassen. Öfter umdrehen! Zum Schluß gebrühte und gehäutete Tomatenhälften und frische Gartenerbsen dazugeben, die nur wenige Minuten zum Garen brauchen. — Kartoffelsalat, mit Radieschenscheiben und gehackter Gewürzgurke versetzt, und eine herber Weißwein, etwa ein Franken- oder Pfälzer Wein, passen am besten zu diesem Gericht.

1,2 kg Waller (Wels) im Stück, 2 Eßl. Mehl
Margarine
4 Tassen Buttermilch
2 Tassen gehackte verschiedene Küchenkräuter (Dill Estragon, Kerbel, Borretsch)
Salz, Pfeffer, 2 Eßl. Öl
4 Eier, 6 Tomaten
1 Tasse grüne Erbsen

TSCHECHOSLOWAKEI

Frischer Aal in Tomatensauce

2 mittelgroße, frische Aale
50 g Butter oder Margarine
1½ Eßl. Mehl, ½ Tasse gehackte Petersilie, 1 Tasse gewürfelten Bauchspeck
1 Tasse Zwiebelwürfel
Saft einer halben Zitrone
2 Eßl. Öl, 2 Eßl. Tomatenmark, 4 Eßl. saure Sahne
Salz, ½ Teel. Zucker
½ Teel. Paprikapulver
Pfeffer

Lassen Sie die Aale am besten gleich vom Fischhändler häuten und ausnehmen. Die Fische unter fließendem, kaltem Wasser waschen und dann mit Hilfe eines längeren Holzspießes zu einem Ring zusammendrehen. Eine feuerfeste Form mit Fett ausstreichen und mit Mehl, gehackter Petersilie und Speck- und Zwiebelwürfeln bestreuen. Darauf die beiden zusammengerollten Aale legen. Zitronensaft, Öl, Tomatenmark, saure Sahne, Salz, Zucker, Paprikapulver und Pfeffer verrühren und diese Mischung über die Aale gießen. Im vorgeheizten Ofen (190° C) die Fische mit aufgesetztem Deckel 30 Minuten lang backen. — Ich empfehle dazu guten Kartoffelbrei. Diesen kann man auch als unterste Schicht in die Form streichen. Ebenso ergänzt ein trocken-körniger Risotto, der mit Paprikapulver gefärbt wurde, das Gericht. Gurkensalat mit saurer Sahne und Dill schmeckt ausgezeichnet dazu.

Böhmischer Weihnachtskarpfen

1 kg Karpfen
Salz, 70 g Butter
2 Zwiebeln, Petersilie
Suppengrün, Zitronenschale
10 g Semmelrinde
50 g Sardellenbutter

Den Karpfen vorsichtig schuppen und ausnehmen. Ihn dann sofort mit kaltem Wasser waschen und abtropfen lassen. Den Fisch salzen und mit dem Rücken nach oben in eine Bratpfanne legen. Die Zwiebelwürfel, die kleingeschnittene Petersilie, das Bund Suppengrün und die abgeriebene Zitronenschale in der erhitzten Butter andünsten. Damit den Karpfen übergießen und ihn ins heiße Bratrohr stellen. Ihn 10 Minuten braten und während der Zeit häufig mit der Bratensoße übergießen. Danach das Grünzeug entfernen und den Karpfen mit geriebener Semmelrinde bestreuen und die Sardellenbutter darüberträufeln. Den Karpfen nun fertig garen und ihn dabei immer wieder mit der Bratensauce übergießen.

Stephaniebraten

1,2 kg Tafelspitz (Spitze Kaiserspitz)
4 hartgekochte Eier, Bratfett
4 Zwiebeln in Vierteln
2 Möhren in Würfeln
1 Sellerieknolle in Würfeln
2 Kartoffeln in Würfeln
2 Eßl. Tomatenmark
Salz, Pfeffer, 1 Tasse Sahne
1 Tasse rote Paprikaschotenstreifen

Man wähle ein sehr zartes Schmorbratenstück aus. Die Fleischer nennen es »Spitze«, »Kaiserspitze« oder »Tafelspitze«, weil es eine dreieckige Form hat. — In das rohe Fleisch sticht man zuerst mit einem großen Messer und danach mit einem Löffelstiel Löcher, in die man hartgekochte, geschälte Eier steckt, und zwar so weit, daß die Eier nicht mehr zu sehen sind. In einer Ofenpfanne zerläßt man das Fett und brät darin das Bratenstück von allen Seiten braun an. Dazu gibt man die grob zerschnittenen Zwiebeln, Gemüse und die Gewürze, röstet diese ebenfalls an und löscht mit Wasser ab, sobald sie sich zu verfärben beginnen. Das Gericht läßt man mit aufgesetztem Deckel 45 Minuten lang schmoren. Ab und zu gießt man Flüssigkeit nach und dreht den Braten um. Dann hebt man das Fleischstück heraus und püriert die Sauce mit den Gemüsen im Mixer fein oder streicht sie durch ein Sieb. Die Sauce kommt wieder in die Kasserolle und wird noch mit Sahne und Paprikaschotenstreifen verfeinert. — Dazu frisches Gemüse und Butterkartoffeln servieren.

Böhmischer Rostbraten

Die gewaschenen und geklopften Fleischstücke am Rand einige Male einschneiden und mit Salz, Pfeffer und Kümmel bestreuen. Das Fett erhitzen und die vorbereiteten Fleischscheiben darin zuerst halbweich braten. Sie dann umdrehen und auf der oberen Seite mit etwas zerriebenem Knoblauch bestreichen, wenig Mehl darüberstäuben und die saure Sahne darübergießen. In der sich bildenden Sauce die Rostbratenscheiben gar dünsten.

4 Rostbratenscheiben (je 150 g), Salz, Pfeffer etwas Kümmel, 120 g Fett
1 Knoblauchzehe, Mehl
4 Eßl. saure Sahne

Böhmischer Husarenbraten

Das Ochsenfilet von allen anhängenden Fleischteilen befreien. Alle Sehnen dünn abschneiden oder abziehen und den seitlich angewachsenen Strang entfernen. Desgleichen an beiden Enden mehrere Zentimeter abschneiden, weil die dünnen Spitzen beim Braten zu leicht verbrennen. Die Lende salzen, pfeffern, in heißem Fett kurz von allen Seiten anbraten, dann auf ein Küchenbrett legen und der Länge nach einen tiefen Einschnitt in die Mitte machen. Dahinein die Füllmasse, für die alle angegebenen Zutaten gründlich vermengt werden, geben und das Lendenstück mit einem Faden umwickeln, damit sich die Öffnung wieder etwas schließt. Den Braten in der Sauce etwa 45 Minuten weiter schmoren lassen und ihn später in Scheiben aufschneiden. — Dazu Kartoffelbrei und grünen Salat reichen.

1 Ochsenfilet
Salz, Pfeffer, Fett zum Braten
Füllung:
2 rindenlose geweichte ausgedrückte Brötchen
Salz, Pfeffer, Paprikapulver
½ Teel. Majoran
½ Teel. Thymian
1 Eßl. gehackte Petersilie
1 Tasse dicke Schlagsahne
2 hartgekochte Eier, gehackt

Zungenscheiben in Sahnesauce

Ein feuerfestes Geschirr mit Butter oder Margarine ausstreichen und mit Petersilie und Zwiebelwürfeln bestreuen. Darauf dicke Scheiben von gekochter, frischer Ochsenzunge, die man beim Fleischer schon gekocht kaufen kann, legen. Zu diesen gedünstete Champignonscheiben und Streifen von Gewürzgurken und gekochtem Schinken geben. Die Sahne mit den Eiern und mit Mehl verquirlen, mit Salz und Pfeffer würzen und über die Scheiben gießen. Das Gericht braucht im heißen Ofen nur 15 Minuten zu backen. — Dazu Kartoffelpüree und saure Rote Beeten reichen und einen Weißwein, etwa aus Burgund (Vouvray, Puilly Fuissié) als Getränk. — Üblicherweise werden Zungenscheiben in brauner Sauce serviert, hier also einmal in heller Sauce, die auch mit Apfelmus versetzt werden kann.

50 g Butter oder Margarine
1 Tasse gehackte Petersilie
1 Tasse Zwiebelwürfel
8 Scheiben Ochsenzunge
1 Tasse Champignons
½ Tasse Streifen geschälte Gewürzgurken
½ Tasse gekochte Schinkenstreifen, 1 Tasse süße Sahne
2 Eier, 1 Eßl. Mehl
Salz, Pfeffer

TSCHECHOSLOWAKEI

Kalbsnüßchenscheiben mit Steinpilzen

1 Kalbsnuß
125 g salzarmen Speck
Bratfett
Salz, Paprikapulver
2 Tassen Zwiebelwürfel
1 Tasse Bauchspeckwürfel
2 Tassen geschnittene, rohe oder konservierte Steinpilze
1 Eßl. Mehl
½ Tasse saure Sahne oder 1 Becher Joghurt

Nuß oder Nüßchen wird ein bestimmter, rund aussehender Teil der Kalbskeule genannt. An ihm dürfen keine losen Fleischteile hängen; die Oberfläche muß kugelig glatt sein. – Ich verwende oft nur die Hälfte des Kalbfleisches und ergänze es mit Scheiben von Kalbsnieren, die nur in der Pfanne gebraten zu werden brauchen. – Das Nüßchen mit salzarmem Speck spikken und auf allen Seiten in Fett anbraten, etwas Wasser angießen und 20 Minuten lang schmoren lassen. Dann das Fleisch in Scheiben schneiden und diese in der Pfanne braun braten, mit Salz und Paprikapulver bestreuen und warm stellen. In der gleichen Pfanne die Zwiebel- und Bauchspeckwürfel und Steinpilzstücke anrösten. Nun mit Mehl bestäuben, ein paarmal in der Pfanne umrühren und mit saurer Sahne angießen, so daß eine sämige, aber dünne Sauce entsteht. Diese abschmecken und über die Fleischschnitten gießen. – Dazu Kartoffelbrei und einen Salat aus gebrühten Zwiebelscheiben und Streifen von rohen grünen und roten Paprikaschoten servieren. Dazu rate ich Ihnen einen kräftig schmeckenden Bordeaux aus dem Médoc-Gebiet.

Böhmische Kalbsröllchen

4 Kalbsschnitzel
Salz, Pfeffer
200 g Bratenreste
1 Eßl. Dillblätter
1 Eßl. Petersilie
1 Teel. getrockneten Oregano
1 Teel. Mehl
1 Teel. Madeirawein
Butter oder Margarine zum Braten, Mehl
½ Tasse gekochte Schinkenwürfel, ½ Tasse Möhrenwürfel, ½ Tasse Salatgurke ohne Schale, 1 Teel. Senf

Die Kalbsschnitzel sehr dünn klopfen, salzen und pfeffern. Für die Füllung die Bratenreste, den Dill und die Petersilie feinhacken, den Oregano fein zerreiben und alles mit Mehl und Madeirawein vermischen. Damit eine Seite der Schnitzel bestreichen, diese dann aufrollen und mit Faden umwickeln oder mit einem Holzspeil durchstechen. Diese Röllchen in Butter oder Margarine braun braten, dann mit Mehl bestäuben und mit etwas Wasser ablöschen. So entsteht eine hellbraune Sauce, in der die Röllchen schmoren sollen. Nach 20 Minuten kommen in die Sauce Schinkenwürfel, Möhren, Gurkenkugeln (dafür gibt es Spezialausstecher) oder Gurkenwürfel und Senf. – Dieses Gericht ist sehr bunt und eignet sich wegen des appetitlichen Aussehens für Gäste-Einladungen. Servieren Sie die Röllchen mit der Sauce auf einer flachen Bratenplatte. Tomatenwürfel, kleine Äpfel und Ananasstücke können Sie ebenfalls in der Sauce mit warm werden lassen. – Dazu Salzkartoffeln oder Bechamelkartoffeln und Bier servieren.

Prager Kümmelfleisch

750 g Kalbfleisch, 2 Eßl. Mehl, 1 Teel. Salz, 2 Teel. Paprika, 100 g Öl oder

Dieses Gericht können Sie sehr schnell zubereiten. – Die Fleischwürfel in Mehl, das mit Salz und Paprikapulver vermengt ist, wälzen und in heißem Fett anbraten. Dann mit Buttermilch ablöschen und mit Zucker den Geschmack abrunden. Einige dünne Apfelscheiben, die gleich zu Mus verkochen, und den Kümmel mitkochen lassen. In 20 Minuten ist das Fleisch gar und kann als Saucengericht mit Risotto oder mit Butter-Petersilienkartoffeln serviert werden.

Margarine, 2 Tassen Buttermilch, 1 Teel. Zucker
1 Apfel, 1 Eßl. feingewiegte Kümmelkörner

Brünner Schnitzel

Die Kalbsschnitzel dünn klopfen und mit Salz und Pfeffer einreiben. Die Eier mit dem Schinken, den Erbsen und der zerlassenen Butter verrühren und in einer Pfanne erhitzen, bis sich ein lockeres Rührei gebildet hat. Davon auf jedes Schnitzel eine entsprechende Menge häufen. Dann mit einem zweiten Schnitzel zudecken und mit einem Holzspeil die beiden zusammenstecken. Mehl und Paprikapulver darüber stäuben und sie in reichlich Fett in der Pfanne braun braten. Vorsicht beim Umdrehen! Nur die Bratbutter als Sauce verwenden und das doppelte Schnitzel in der Mitte durchschneiden. — Dazu grüne Erbsen, Kopfsalat, Pommes frites oder Bratkartoffeln servieren.

4 große Kalbsschnitzel
Salz, Pfeffer, 3 Eier
½ Tasse feingewiegten gekochten Schinken
½ Tasse frische Erbsen
2 Eßl. Butter, 1 Eßl. Mehl
½ Eßl. Paprikapulver
Butter oder Margarine zum Braten

Böhmisches Nackensteak

Man kauft Nackenscheiben ohne Knochen und läßt sie beim Fleischer gleich gut klopfen. Dann bestreicht man sie mit Senf, pudert Paprikapulver darüber und dreht sie in Mehl, so daß die Scheiben trocken sind. In der Pfanne zerläßt man Bauchspeckwürfel, röstet darin Zwiebelscheiben an und brät in der gleichen Pfanne — die Zwiebelscheiben schiebt man an den Pfannenrand — die böhmischen Steaks gar. — Dazu ißt man Rotkohl oder anderes Wintergemüse und Bratkartoffeln. Bier und Schnaps sind die besten Getränke dazu.

4 Schweinenackenschnitten
2 Eßl. Senf
1 Eßl. Paprikapulver
2 Eßl. Mehl
100 g Bauchspeck
4 Zwiebeln

Saures Beuschel

Lunge und Herz waschen, das Herz aufschneiden und beides zusammen mit kaltem Salzwasser und Suppengrün aufsetzen. Außerdem in einem Gazebeutel die anderen Gewürze mitkochen lassen. Das Herz etwas länger kochen. Dann beide Stücke in der Bouillon abkühlen lassen, den Gazebeutel entfernen und das Fleisch in Form von Bandnudeln aufschneiden. Aus Butter oder Margarine mit Mehl in der Pfanne eine Schwitze bereiten, diese mit der Beuschelbouillon ablöschen und mit Zucker, Zitronensaft und Fleischextrakt würzen. Dazu kommen noch saure Sahne und Tomatenmark. Die Sauce unter Umrühren aufkochen und über die Beuschelstreifen gießen. — Dieses Gericht in der Ragoutschale oder Suppenterrine servieren. Die Sauce soll durch die Gewürze schmecken. Sie können auch noch gehackte Kräuter untermischen, besonders Dill schmeckt gut in dieser Zusammensetzung. — Dazu Butterkartoffeln und Tomatensalat reichen.

1 kg Beuschel (Lunge u. Herz)
Salz, 2 Tassen geschnittenes Suppengrün (Porree Selleriegrün, Zwiebeln)
5 Nelken, 1 Lorbeerblatt
5 Pfefferkörner, ½ Zitronenschale, 1 Teel. Liebstock
75 g Butter oder Margarine
25 g Mehl, 1 Teel. Zucker
Saft einer Zitrone
1½ Teel. Fleischextrakt
1 Tasse saure Sahne
2 Teel. Tomatenmark

TSCHECHOSLOWAKEI

Hammelrippchen in Kräutersauce

4 größere oder 8 normale Hammelrippchen
Fett, 1 Tasse Zwiebelwürfel
1 Eßl. Mehl, Salz, Pfeffer Paprikapulver
1 Tasse saure Sahne
1 Tasse gehackte Petersilie und Thymianblättchen
2 Eßl. Tomatenmark
1 Tasse gewiegte Steinpilze
1 Tasse Weißbrotkrumen
2 Eßl. gehackte Petersilie
2 Eßl. geriebenen Käse

Wir essen Hammelkoteletts eigentlich immer gebraten oder gegrillt mit Kräuterbutter und grünen Bohnen. Versuchen Sie aber doch einmal dieses Rezept. — Die Rippchen brät man zuerst in Fett braun an und stellt sie dann warm. In der gleichen Pfanne und im gleichen Fett bräunt man Zwiebelwürfel, rührt Mehl, Salz, Pfeffer und Paprikapulver dazu und löscht mit Wasser, so daß eine hellbraune Sauce entsteht. Diese vermischt man mit der Sahne und den gehackten Kräutern und fügt das Tomatenmark und die feingehackten Pilze zu. Die Sauce läßt man aufkochen und gießt sie über die Rippchen. Darüber streut man Weißbrotkrumen und gehackte Petersilie und zuletzt eine Schicht Reibkäse. Die Rippchen läßt man dann im Ofen 10 Minuten schmoren und zugleich eine Kruste bilden. — Mit Wachsbohnensalat, Kartoffelbällchen und Rotwein, etwa einem aus dem Burgund, diese gebackenen Hammelrippchen zu Tisch bringen.

Böhmisches Hühnchenragout

1 junges Huhn
1 Tasse Champignonköpfe
1 Möhre, 1/2 Sellerieknolle
1 Stange Porree in Stücken
1 Petersilienwurzel
1 Kalbszunge, gekocht
50 g Butter, 2 Eßl. Mehl
1 Tasse Sahne
1 1/2 Teel. gekörnte Brühe
Salz, Pfeffer, Paprikapulver
50 g Butterflocken, 3 Eidotter
1/2 Weinglas Weißwein (Pfälzer, Badener)
2 Tomaten, 2 Eßl. Erbsen

Junge Hühner erkennt man an den glatten, gradschuppigen Beinen und dem knorpeligen, elastischen Brustbein, das man eindrücken kann. — Das Huhn nach dem Ausnehmen und Waschen mit Wasser, Champignons und geschnittenem Wurzelgemüse in etwa 40 Minuten gar kochen. Es soll aber nicht zerfallen. Dann die Bouillon abseihen. Sie aber extra, wie auch die gekochten Gemüse und Champignons, aufbewahren. Die Zunge in kleine, dünne Streifen schneiden und mit etwas Bouillon übergossen stehen lassen. Das Huhn zerlegen, die Haut sehr fein hacken und für die Sauce aufheben. Die Knochen auslösen. Das Fleisch in mundgerechte Bissen zerschneiden. Aus Butter und Mehl eine Schwitze bereiten, die mit der Bouillon gelöscht und aufgerührt wird. Diese mit Sahne verfeinern, mit gekörnter Brühe, Salz, Pfeffer und Paprikapulver abschmecken, mit der Haut und den Gemüsen versetzen und im Elektromixer schnell ganz fein pürieren. Dann die Butterflocken und die Eigelbe dazurühren und so lange schlagen, bis die Sauce schaumig ist. Dazu die Huhnstücke, die Champignons und die Zungenstreifen geben; zuletzt noch den Weißwein und hautlose, zerschnittene, kernfreie Tomaten. Das Gericht mit Erbsen garnieren. — Dazu körnig gekochten, gebutterten Reis oder gebackene Kartoffelbrei-Röllchen servieren.

Prager Serviettenknödel

3 Eier, Salz, 500 g Mehl
1/4 l Milch, 2 altbackene Semmeln, 30 g Butter

Die Eigelbe mit dem Salz verrühren und nach und nach das gesiebte Mehl darunter geben und soviel Milch, daß der Teig dickflüssig wird. Tüchtig mit dem Schneebesen schlagen! Die Semmeln in Würfel schneiden, in Butter goldgelb rösten und abgekühlt mit dem Teig verkneten. Zuletzt das steif geschlagene Eiweiß darunterziehen. Einen großen Topf zur Hälfte mit Wasser füllen. Eine Serviette in kaltes Wasser tauchen und fest ausdrücken. In sie den Teig gießen, die Serviettenenden kreuzweise um die Topfgriffe schlingen und den Deckel fest aufsetzen. Beim Zubinden der Serviette aber bitte beachten, daß der Teig genügend Platz zum Aufgehen haben muß. So den Knödel im Dampf gar kochen. Nach dem Herausnehmen ihn auf eine Platte legen und in Stücke schneiden. — Dieser Mehlkloß wird zu Schmorbraten und Gulaschgerichten gegessen. Auch geschmortes Backobst und andere Kompottfrüchte schmecken ausgezeichnet dazu.

Skubanken

Die Kartoffeln schälen, vierteln und über Salzwasser dämpfen. Das Dämpfwasser abgießen, die Kartoffeln zerstampfen, in den Kartoffelbrei mehrere Vertiefungen drücken und darin das Mehl verteilen. Den Kartoffelbrei mit dem Mehl zugedeckt am Herdrande oder auf ganz schwacher Flamme etwa 20 Minuten mit Fett dämpfen. Danach das Mehl gut unter den Kartoffelbrei mischen und je nach Geschmack etwas Salz dazugeben. Mit einem Löffel Nocken abstechen und diese mit gerösteter Zwiebel und Fett oder mit Mohn und Zucker anrichten. — Wenn Sie die Skubanken als Hauptmahlzeit servieren möchten, müssen Sie für vier Personen die doppelte Menge nehmen.

500 g Kartoffeln
150 g Mehl
50 g Fett, Salz
1 Eßl. feine Zwiebelwürfel
40 g Margarine
oder gemachten Mohn mit Zucker

Hopfenspargelsalat

Einen Salat aus Hopfensprossen bereitet man in allen Hopfenanbaugebieten. Sie bekommen die jungen Sprossen aber auch gelegentlich auf den Gemüsemärkten. — Die fingerlangen, jungen Hopfensprossen putzen, unten etwas zuschneiden und in Salzwasser weich kochen. Die Sprossen dann abtropfen lassen und in eine Schüssel legen. Aber bitte dabei die Köpfe nicht abbrechen. Etwas Pfeffer darüberstreuen, Öl und Essig darübergießen und den Salat 1 bis 2 Stunden ziehen lassen.

250 g Hopfenspargel
(junge Hopfentriebe)
Salz, Pfeffer
Öl, Essig

Kartoffel-Mohnpfannkuchen

Den warmen Kartoffelbrei mit Butterflocken und Mehl glattrühren, so daß ein fester Teig entsteht. Daraus mit einem Eßlöffel, den man zwischendurch immer wieder in flüssige Margarine taucht, längliche Klöße abstechen, die in einer Mischung aus Mohnsamen, Zucker und feinsten Speckwürfeln gewälzt werden. Diese Klöße in einer Pfanne mit Fett goldbraun braten und zu Schmorbraten und Saucengerichten essen.

1 kg Kartoffelbrei
75 g Butter, 2 Eßl. Mehl
Margarine
50 g Mohnsamen
2 Eßl. Puderzucker
2 Eßl. feine Speckwürfel

TSCHECHOSLOWAKEI

Prager Käseauflauf

*100 g Butter oder Margarine
125 g Mehl, 1/2 l Milch
4 Eier, 200 g geriebenen Käse
Prise Salz
1/2 Teel. Paprikapulver
geriebene Muskatnuß
Fett für die Form*

In einem hochwandigen Topf die Butter schmelzen und das Mehl unter Rühren dazugeben. Dann unter fortwährendem Schlagen mit dem Schneebesen mit der Milch ablöschen. Diese Masse vom Feuer nehmen und abkühlen lassen. Dazu kommen nach 15 Minuten die Eigelbe, der geriebene Käse, Salz, Paprika und Muskatnuß und, wenn diese Zutaten gut verrührt sind, die steif geschlagenen Eiweiße. In eine gefettete Auflaufform die Masse einfüllen und 45 Minuten bei 180° C backen. — Dazu schmeckt Kopfsalat in Rahm.

Frittatenstrudel mit Topfen

*Füllung:
500 g trockenen Quark
2 Eßl. Zucker, 2 Eier
1 abgeriebene Zitronenschale
1 Messerspitze Zimt
1 ausgekratzte Vanilleschote
Pfannkuchenteig:
125 g Mehl, Milch zum Anrühren, 4 Eier, 1/2 Eßl. Zucker
Prise Salz, Fett zum Backen
Streusel:
50 g Butter, 3 Eßl. geriebene
Mandeln oder Haselnüsse
3 Eßl. Hagelzucker*

Zuerst stellt man die Füllung her: Die Zutaten vermischt man in einer Schüssel und rührt sie so lange, bis sich der Zucker ganz gelöst hat. Dann knetet man daraus einen Klumpen und läßt ihn im Kühlschrank richtig kalt werden. Aus der Eierkuchenmasse backt man Pfannkuchen mit einem Durchmesser von 15—18 cm. Auf ihnen verteilt man die kalte Quarkmasse, rollt die Pfannkuchen zusammen und legt sie nebeneinander in eine gebutterte, feuerfeste Form mit niedrigem Rand. Die Butter verreibt man mit den geriebenen Mandeln und dem Hagelzucker und verteilt diese Streusel über die Quarkrollen. Die Frittaten (Pfannkuchen) sollen im Ofen in 10 Minuten warm und knusprig werden. — In die Quarkmasse können Sie außerdem Korinthen, Mandelsplitter, gewürfelte Sukkade und kandierte rote Kirschen (gewiegt) mischen. Diese Zutaten verleihen der Füllung ein sehr buntes und hübsches Aussehen. — Vervollständigen können Sie dieses Gericht mit einer Weinschaumsauce.

Früchteauflauf

*500 g frisches Obst
Butter oder Margarine
1 Tasse Zwiebackkrumen
70 g Zucker
Teig:
3 Eiweiß, 100 g Zucker
1 Vanillezucker
2 Eßl. Mehl
1 Messerspitze Backpulver*

Zu diesem erfrischenden Auflauf kann man verschiedene Früchte, je nach Jahreszeit, verwenden. So können Sie zum Beispiel ohne weiteres Beeren- und Steinfrüchte zusammenmengen. Im Juni empfehle ich Erdbeeren, Kirschen und Pfirsiche, im Juli Johannisbeeren, Stachelbeeren und Aprikosen und im frühen Herbst Äpfel, Birnen, Nüsse und Zwetschgen. — Das Obst waschen, putzen, entkernen und in eine gebutterte, mit Krumen bestreute Auflaufform legen. Darüber reichlich Zucker streuen. Geschlagenes Eiweiß, Zucker und Vanillezucker zusammenrühren und löffelweise mit Mehl und Backpulver versetzen. Diesen Teig über die rohen Früchte gießen und den Auflauf 50—60 Minuten im Ofen bei 180° C backen. Wird die Oberfläche zu braun, den Auflauf bitte mit Pergamentpapier abdecken. — Dazu schmeckt eisgekühlte Vanillesauce, für die man Vanilleeis und Kaffeesahne im Elektromixer verquirlt.

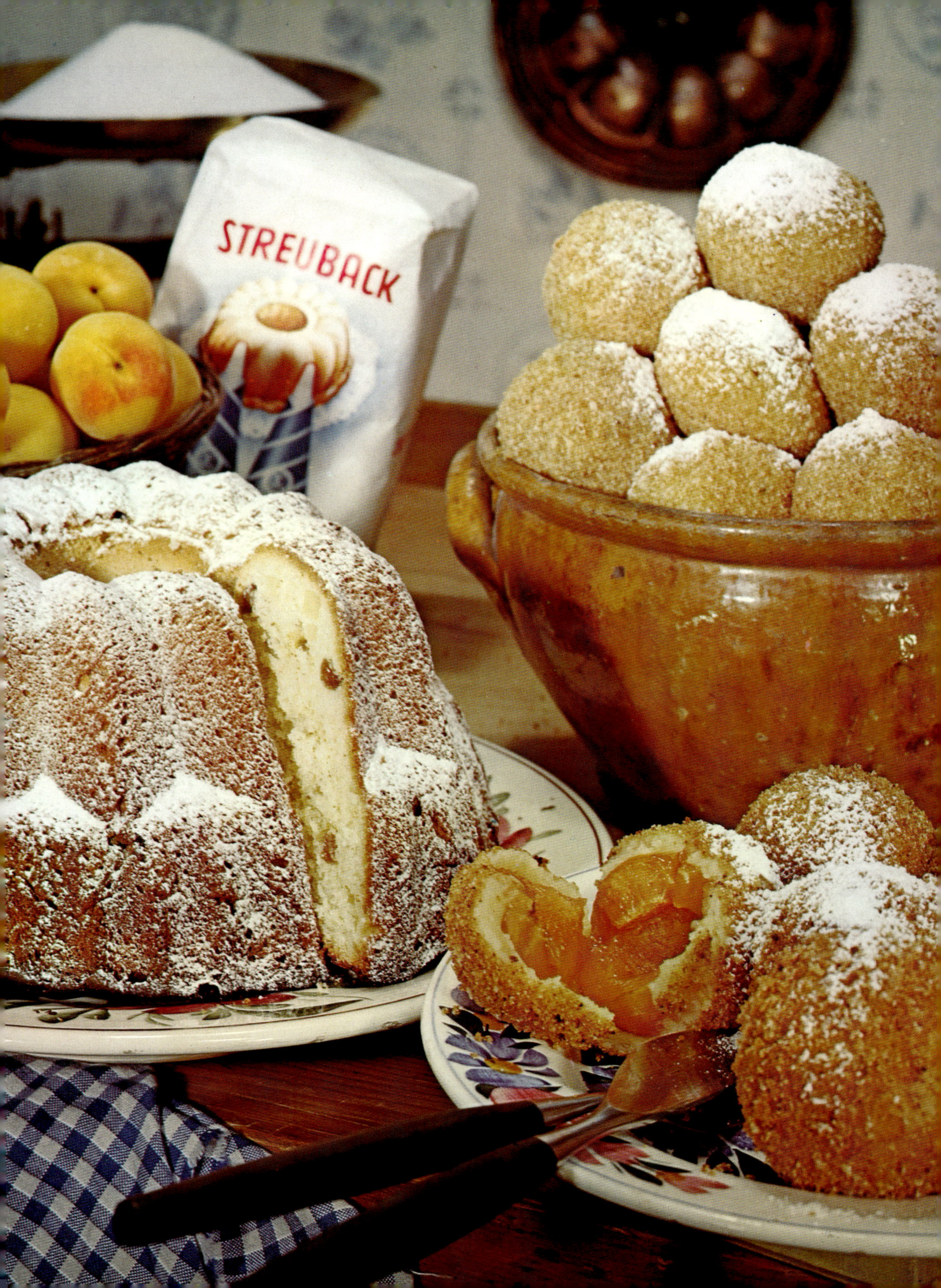
STREUBACK

MARILLENKNÖDEL

Die teigumhüllten Marillen – außerhalb Österreichs nennt man sie Aprikosen – gehören zu dem Mehlspeisen-Repertoire jeder österreichischen Hausfrau und jedes guten österreichischen Restaurants. Die entsteinten Aprikosen kann man, mit einer Gabel mehrfach eingestochen, in warmem Zuckerwasser durchziehen lassen, wenn sie noch nicht ganz reif sein sollten. Verfeinerte Geschmäcker fügen dem Zuckerwasser Rum oder Aprikot Brandy, den herrlichen Aprikosen-Cognac-Likör zu, wodurch sich der fruchtige Geschmack noch vervielfältigt. Und in den Knödelteig können Sie Vanillezucker und auch gemahlenen Zimt mit einarbeiten. Oder geriebene Zitronenschale. Das alles sind Varianten, die vom Originalrezept abgeleitet sind. Auch in Österreich selbst werden Marillenknödel auf sehr unterschiedliche Weise zubereitet, so daß man sich als Nicht-Österreicher durchaus einmal eine kulinarische Extravaganz leisten kann. – Auf den richtigen Zucker kommt es nicht nur bei der Vorbereitung der Früchte und des Teiges an, sondern auch beim Bestreuen der fertigen Knödel. Nur ein ganz feiner, geschmacksreiner Puderzucker wie »Streuback« ist dafür zu empfehlen.

Rezept auf Seite 254

TSCHECHOSLOWAKEI

Karlsbader Auflauf

Dieses Gericht empfehle ich zum Nachtisch. — Man rührt die Eigelbe mit dem Zucker schaumig, fügt Mehl, Salz und abgeriebene Zitronenschale dazu und zieht schließlich das vorher steifgeschlagene Eiweiß darunter. In eine gefettete Auflaufform den Teig einfüllen. Die Oberfläche dick mit Zucker bestreuen und mit einem glühend gemachten Eisenstab schräge Streifen auf die Oberfläche brennen. Bei 180° C mit eingestellter Oberhitze 40 Minuten lang backen. — So ähnlich werden auch die französischen Soufflés hergestellt. Ich würde noch einige abgetropfte, zerkleinerte Rumfrüchte mit hineinbacken. Als weitere Geschmackszutaten können Sie Schokoladenraspel, säuerliche Früchte und rum- oder weinbrandgetränkte Biskuitwürfel mit einbacken.

6 Eier, 60 g Zucker
1 Eßl. Stärkemehl
1 Prise Salz
1 Zitronenschale
2 Eßl. Zucker zum Bestreuen

Biskuitpudding

Wenn man eine Mahlzeit gerne mit einer kleinen Süßspeise ergänzen möchte, dann ist ein warmer Pudding gerade das Richtige. Dieser hier ist nahrhaft und doch leicht. — Den Zucker mit den Eigelben schaumig schlagen. Zitronensaft und -schale und Mehl dazugeben und den steifgeschlagenen Eischnee zum Schluß darunterziehen. Eine Wasserbadform ausbuttern und den Teig hineinfüllen. Den Deckel schließen und den Pudding im Wasserbad 60 Minuten lang auf kleiner Flamme kochen. Ihn dann stürzen und mit warmer Fruchtsauce servieren.

100 g Zucker
5 Eier
Saft und abgeriebene Schale einer Zitrone
80 g Kartoffelmehl

Powidltascherl

Aus den geriebenen Kartoffeln mit Mehl, Salz, Fett, Zitronenschale und Eiern einen nicht zu festen, rollbaren Teig zusammenkneten. Diesen fingerdick ausrollen und mit einem großen Weinglas runde Stücke ausstechen. Wenn Sie nicht fertigen Powidl (Zwetschgenmus) haben, kochen Sie Backpflaumen in viel Wasser, bis sie prall aufgequollen sind, und entfernen dann die Kerne. Das Fruchtfleisch in einer Kasserolle ohne Wasser bei kleiner Flamme und unter fortwährendem Rühren dicklich einkochen. Abgekühlt davon einen Teelöffel voll in die Mitte jedes Teigstückes setzen. Die Teigränder befeuchten und ein zweites Teigstück als Deckel daraufsetzen. Die Ränder fest andrücken und die Tascherl in kochendes Salzwasser legen. Sie sind gar, wenn sie nach einiger Zeit nach oben kommen. Man fischt sie dann mit einem Schaumlöffel heraus und bestreut sie mit Weißbrotbröseln, die in der Pfanne mit Butter leicht angebräunt werden, und Zucker.

1,5 kg gekochte Kartoffeln kalt, 600 g Mehl
1 Teel. Salz
120 g Butter oder Margarine
abgeriebene Zitronenschale
4 Eidotter
125 g Powidl (Zwetschgenmus) oder 500 g Backpflaumen, Salz
½ Tasse Weißbrotbrösel
Butter, Zucker

TSCHECHOSLOWAKEI

Liwanzen

4 Semmeln, 4—5 Eier
3—4 Eßl. Zucker, Salz
Zitronenschale
2/3 l Milch, Fett
Marmelade oder
Zimt-Zucker

Die schon altbackenen Semmeln reiben und die Brösel durch ein Sieb schütteln. Alle Zutaten dazugeben und die Masse gut eine halbe Stunde rühren. In den Vertiefungen der Liwanzen(Spiegeleier)form das Fett erhitzen und löffelweise den Teig einfüllen. Die Liwanzen auf beiden Seiten goldgelb backen. Sie mit Marmelade bestreichen oder mit Zimt und Zucker bestreuen. — Gerade diese Liwanzen und die nachstehend beschriebenen Mehlspeisen sind für die böhmische Küche sehr typisch. Sie sollten ihnen die gebührende Aufmerksamkeit widmen.

Dalken

500 g Mehl, 20 g Hefe
50 g Zucker, 1/4 l Milch
50 g Fett, 1 Ei
zerlassene Butter
Powidl oder andere
Marmelade
Zimt und Zucker
geriebenen Pfefferkuchen
geriebenen Käse

Das angewärmte Mehl in eine Schüssel sieben, in die Mitte eine Vertiefung drücken, die Hefe hineinbröckeln, etwas Zucker darüberstreuen und mit einigen Löffeln lauwarmer Milch die Hefe verrühren. Nur wenig von dem Mehl dazurühren. Die Schüssel mit einem Tuch zudecken und an einen warmen Ort stellen. Wenn der Teig Blasen zeigt, das Fett, das Ei, den übrigen Zucker und die restliche Milch dazugeben. Den Teig nun so lange schlagen, bis er glatt wird und sich von der Schüssel löst. Ihn wieder gehen lassen, bis er etwa das doppelte Volumen hat. Diesen Teig nun fingerdick auswalken und kleine Dalken ausstechen, die nochmals gehen sollen. Die Dalken dann entweder auf einem gefetteten Blech oder in heißem Fett ausbacken. Sie in eine Schüssel legen und warm halten. Vor dem Anrichten sie mit einer der angegebenen Zutaten bestreichen oder bestreuen. So warm als möglich servieren! — Die auf dem Blech gebackenen Dalken schmecken auch kalt gut.

Kolatschen

500 g Mehl, 125 g Fett
6 Eßl. Zucker, 6 Eßl. Milch
2 Eier, 1 Prise Salz
etwas Zitronenschale
25 g Hefe oder
1 Päckchen Backpulver
1 Ei zum Bestreichen

Alle Zutaten auf dem Nudelbrett zu einem glatten Teig vermengen, die Hefe aber nicht extra gehen lassen. Den fertigen Teig erst eine halbe Stunde an einem warmen Ort aufgehen lassen. Ihn danach kleinfingerdick ausrollen und runde, teller- oder handtellergroße Kuchen daraus formen. Die Teigplatten in Formen setzen und die Ränder etwas erhöhen. Verquirltes Ei darüberpinseln und nach Belieben den Belag auftragen. Die Kuchen bei Mittelhitze sogleich backen. — Belegen können Sie die Kolatschen mit Mohn, Quark, Äpfeln, Zwetschgen, Powidl oder Apfelmus. Manchmal streut man darüber noch Streusel.

TSCHECHOSLOWAKEI

Böhmische Baisertorte

Baiser heißt bekanntlich »Kuß«, und so soll auch eine Baisermasse sein, zart wie ein Kuß. Daran denke man, wenn die Baisers zum Trocknen in den Ofen geschoben werden. — Die Eiweiße mit dem Zucker zusammen schaumig schlagen. Das Mehl mit den Nüssen vermengen und langsam unterziehen, damit der Eischnee nicht zusammenfällt. Auf Tortenböden oder runde Papierböden soviel von dieser Masse streichen, daß möglichst vier Böden dabei herauskommen. Sie bei schwacher Hitze (etwa 100° C) hellgelb backen; eigentlich ist es mehr ein Trocknen. Die Böden noch warm vom Blechboden lösen und auf einer geraden Tischfläche erkalten lassen. Die Creme inzwischen aus Eiern, Butter und Zucker rühren, dann das Stärkemehl und die Milch, miteinander verrührt, dazugeben. Die Mischung in eine Kasserolle gießen und unter ständigem Schlagen mit einem Schneebesen auf schwacher Flamme erhitzen, bis die Masse sich cremig zu verdikken beginnt; keinesfalls darf sie aber zum Kochen kommen. Dann den Topf vom Feuer nehmen und die Creme weiter schlagen, bis sie fast erkaltet ist. Der Einfachheit halber können Sie die Masse nach dem Erhitzen im Becher eines Elektromixers kalt schlagen lassen. Darunter kommt teelöffelweise der Kaffee und zum Schluß die geschlagene Sahne. Diese Creme zwischen die Böden streichen. Über die Torte eine Kaffeeglasur aus Puderzucker, Kaffee und Zitronensaft gießen und sie mit einem Kranz aus Schokoladen-Mokkabohnen garnieren.

Böden:
8 Eiweiße
350 g Zucker
125 g Mehl
125 g geriebene Haselnüsse oder Mandeln
Füllung:
2 Eier
80 g Butter
100 g Zucker
40 g Stärkemehl
2 Tassen Milch
2 Eßl. Kaffee
1/8 l geschlagene Sahne
Glasur:
250 g Puderzucker
4 Eßl. Kaffee
Saft einer halben Zitrone

Prager Nußtorte

Die Nüsse reiben und mit Zucker und den Eigelben eine halbe Stunde lang rühren. Im Elektromixer geht es natürlich schneller und leichter. Zu der Eiercreme dann den Rum und die mit dem Backpulver vermischten Semmelbrösel mischen. Ganz zum Schluß erst den sehr steif geschlagenen Eischnee unterziehen. Diesen Teig in eine gut gefettete Tortenform füllen und bei Mittelhitze backen. Nach dem Erkalten die Torte einmal durchschneiden und mit einer der angegebenen Füllungen wieder zusammensetzen. Für die erste Füllung die Sahne steif schlagen und die geriebenen Nüsse und den Zucker untermischen. Die geriebenen Haselnüsse sollten Sie noch ein wenig anrösten. Für die zweite Füllung alle Zutaten gut miteinander verrühren. Die Masse soll cremig werden.

100 g Hasel- oder Walnüsse
100 g Zucker, 4 Eier
1 Teel. Rum
100 g Semmelbrösel
1 Messerspitze Backpulver
1. Füllung: 1/2 l Schlagsahne
125 g Walnüsse oder Haselnüsse, Zucker
2. Füllung: 150 g Butter
150 g Zucker, 1 Vanillezucker, 2 Eigelbe, Rum

Paprika ist das Paradepferd der ungarischen und jugoslawischen Köche und Köchinnen, ein Symbol für das lebhafte Temperament, nicht dessen Ursache. Paprika, zusammen mit anderen scharfen Gewürzen, und die damit zubereiteten kräftigen Fleisch- und Fischspeisen geben der ungarisch-jugoslawischen Küche ihr Gepräge.

Haupt- und Nationalgericht Ungarns ist und bleibt der weltberühmte Gulyas, bei uns zu Gulasch verdeutscht, eine Hirtenspeise der weiten Pußta, aus Rindfleisch gekocht oder aber aus Schweine- oder Kalbfleisch. Auch andere Ragout-Arten und die geschmorten, geschnittenen Fleischgerichte sind in Ungarn eine Wissenschaft für sich. So muß man die Unterschiede zwischen dem Pörkölt und dem Gulyas kennen, man muß etwas wissen vom in Paprikasauce geschmorten Huhn, von den Teigflecken Tarhonya, die man zu den geschmorten Saucengerichten reicht.

Auf den übervollen Märkten findet man alles, was das Herz begehrt. Sehr gut sind Rind- und Hammelfleisch und auch das Geflügel. Der Aufzucht und Mast der Gänse, deren hellfette Leber den getrüffelten Gänseleberpasteten und -parfaits als Grundstoff dient, wird besondere Beachtung geschenkt. Auch das Elsaß kauft Leber aus Ungarn, um daraus die Straßburger Pasteten zu bereiten. Obst und Gemüse aus Ungarn sind nicht weniger berühmt, das Sauerkraut eingeschlossen, mit dem die Ungarn sehr viele ihrer Gerichte anreichern. Die Flüsse liefern wohlschmeckende Fischsorten — mehr als zweihundert beherbergt allein die Theiss, sagt man.

Viele Gerichte Ungarns und Jugoslawiens, wie der siebenbürgische Holzteller oder Rehrücken in Senfsahnensauce, sind Männergerichte, zu denen man einen herzhaften Schluck guten ungarischen Schnaps trinken sollte. Einen Barack Pálinka vielleicht, der aus Aprikosen hergestellt wird und stark aromatisch duftet, oder den weicheren jugoslawischen Pflaumenschnaps Sliwowicz. — Auch die ungarischen Weine können sich sehen lassen. So das Erlauer Stierblut, die Muskateller aus Villanyer, die Szekszarder, Talyaer, Törökhegyer, Ofener Adlerberg, Blocksberg, Türkenblut, Gellerthegyi und schließlich der in aller Welt getrunkene liebliche und goldfarbene Tokayer.

Die jugoslawische Küche ist in ihrer Struktur einfacher geblieben. Das Land produziert herbe Rotweine, die in ihrem Gehalt den feurigen ungarischen kaum nachstehen. Hammelfleisch, Reis, gefüllte Weinblätter (Dolmas), Auberginengerichte und sehr süße Nachspeisen sind die kulinarischen Wahlverwandtschaften zum arabisch-türkischen Küchenbereich. Die Küste ist fruchtbar und der Segen des Meeres unerschöpflich.

Ungarn
Jugoslawien

Echte Gulaschsuppe

12 Zwiebeln
125 g Schweineschmalz
500 g schieres Rindfleisch
1 Eßl. Paprikapulver
Pfeffer, 1Teel. zerschnittenen Kümmel, ½ Teel. Majoranblätter, Salz, 5 Tomaten
250 g geschälte Kartoffeln
2 grüne Paprikaschoten
1 Teel. gekörnte Brühe
½ Teel. Knoblauchsalz
½ Tasse Rotwein

Die so beliebt und berühmt gewordene Gulaschsuppe mußte sich manche Variationen gefallen lassen. Der ungarische Gulyàs ist nicht mit Mehl gebunden und deshalb trotz der vielen Zwiebeln immer etwas suppenartig. — Die Zwiebelscheiben röstet man in dem zerlassenen Schweineschmalz an. Dazu gibt man das würfelig geschnittene, sehnenfreie Rindfleisch, die Gewürze und das Salz. Unter Umrühren röstet man diese Mischung auf kleiner Flamme etwa 20 Minuten weiter. Sobald sich am Topfboden genügend Fleischsaft mit dem Schmalz zusammen gebildet hat, gießt man Wasser dazu und läßt die Suppe auf kleiner Flamme weiterkochen. Dazu kommen nach und nach die geschälten, zerschnittenen Tomaten, Kartoffeln und Paprikaschoten. Man läßt das Gericht noch 25 Minuten kochen und schmeckt es, falls nötig, mit gekörnter Brühe ab. Ich verfeinere es noch mit Knoblauchsalz und Rotwein.

Jugoslawische Hammelsuppe

500 g Hammelfleisch, 250 g Speck, 5 Zwiebeln, 1 Tasse Paprikaschotenwürfel
2 Knoblauchzehen, 1 Lorbeerblatt, 1 Eßl. Kümmel
Salz, Pfeffer, 1 Eßl. Paprikapulver, ½ Teel. Cayennepfeffer, 500 g Kartoffeln
2 Tassen Brechbohnen
1 Tasse Sahne, Petersilie

Das Hammelfleisch in Würfel schneiden. In einem Suppentopf den Speck in Würfel heiß werden lassen und darin die Zwiebelscheiben bräunen, dann die Fleischwürfel zugeben. Gut und oft umrühren! Nun Paprikaschoten, Knoblauchzehen in Scheiben, Lorbeerblatt, Kümmel, Salz, Pfeffer, Paprikapulver und Cayennepfeffer zufügen. Die Zutaten vermengen und gar schmoren lassen. Die Kartoffeln schälen, in Würfel schneiden und zusammen mit den grünen Bohnen kochen. Sie kommen dann später mit dem Kochwasser zu dem Fleisch. Erst ganz zuletzt die Sahne unterrühren. Kurz vor dem Servieren die Suppe mit reichlich gehackter Petersilie bestreuen und so heiß wie möglich zu Tisch bringen.

Bosnische Bohnensuppe

350 g Suppenrindfleisch
1 Tasse Möhren, Sellerie
Porree, Salz, 500 g grüne Bohnen, 125 g Bauchspeck
1 Eßl. Mehl, 1 Eßl. Paprika
2 Eßl. Tomatenmark, 2 Eßl. Zwiebeln, 2 Eßl. Petersilie
1 Teel. Knoblauchsalz
¼ Teel. Cayennepfeffer
1 Tasse saure Sahne
½ Tasse Spaghetti

Das Fleisch mit geschnittenen Wurzelgemüsen und Salz in viel Wasser ohne Deckel kochen, so daß die Flüssigkeit etwas verdampfen kann. Dann die Bouillon abgießen und darin die abgefädelten und kleingebrochenen grünen Bohnen gar kochen. In einer Pfanne unterdessen den Bauchspeck zerlassen, das Mehl und das Paprikapulver hineingeben und so lange rühren, bis das Mehl zu bräunen beginnt. Mit etwas Bouillon zu einer dicklichen Sauce ablöschen und Tomatenmark, Zwiebelwürfel, gehackte Petersilie, Knoblauchsalz und Cayennepfeffer daruntermischen. Diese Sauce unter Schlagen mit dem Schneebesen in die Suppe rühren. Kurz vor dem Anrichten die saure Sahne und die gekochten, zerschnittenen Spaghetti in die Suppe geben. Zum Schluß das Fleisch würfelig hineinschneiden.

UNGARN JUGOSLAWIEN

Paprika-Fischsuppe HALASZLE

Ich habe dieses Gericht schon in vielen Variationen serviert bekommen; mal als Ragout, mal als Suppe. — Die Fischstücke waschen, zerschneiden, dann abtropfen, in Mehl und Paprikapulver wälzen und in einem breiten Topf mit Butter andünsten. Zugleich die Zwiebelscheiben, etwas später die dünnen Tomatenscheiben, die saure Sahne, das Wasser, Salz und Pfeffer dazugeben. Zum Schluß einen Teil der Sauce abgießen und mit einem Schneebesen Butterflocken darunterschlagen, so daß die Sauce luftig und schaumig wird. Den Topf vom Feuer ziehen, die Eidotter und den Wein unterrühren und die Sauce wieder über den Fisch gießen. Die größten Gräten bei dieser Gelegenheit heraussuchen. Darüber in Butter geröstete Weißbrotwürfel streuen.

1½ kg gemischte Süßwasserfische (Karpfen, Hecht, Aal Barsch), Mehl, Paprikapulver
100 g Butter, 3 Zwiebeln
2 Tomaten
1 Tasse saure Sahne
1 Tasse Wasser
Salz, Pfeffer
50 g Butter oder Margarine
2 Eigelbe
Weißbrotwürfel

Ungarischer Karpfen

Der Karpfen sollte für dieses Gericht nicht zu groß sein. — Den Fisch, falls nötig, schuppen, waschen, der Länge nach spalten, salzen, mit Paprikapulver einreiben und auf dem Rücken einige längliche Einschnitte in das Fischfleisch machen. Dahinein jeweils ein passendes Stück Bauchspeck stecken. Auf das Ofenblech rohe Kartoffelscheiben und Schmalzflocken geben und darüber ein Gitter. Die Stäbe mit Fett einstreichen, die Karpfenhälften darauf legen, mit flüssiger Butter beträufeln und mit Mehl bestäuben. Im heißen Ofen garen lassen. Wenn nötig, muß die Oberfläche mit Pergamentpapier gegen zu starke Hitze abgedeckt werden. In den letzten 10 Minuten den Karpfen mit Sahne übergießen, dies eventuell mehrmals wiederholen. — Dazu paßt ein leichter Roséwein.

1 Karpfen
Salz
Paprikapulver
10 halbe Scheiben Räucherspeck
1 kg rohe Kartoffeln
50 g Schweineschmalz
75 g Butter
1 Eßl. Mehl
2 Tassen saure Sahne

Stör oder Hecht in Kräutersauce

Stör gibt es nicht immer und nicht in allen Teilen Deutschlands. Aber ein Hecht eignet sich für dieses Gericht natürlich auch. — Die Flossen und den Kopf abschneiden und diese mit Suppengrün und Salz in wenig Wasser 1 Stunde lang kochen und dann die Bouillon abseihen. Diese mit gehackter Petersilie, Dill, Salz, Sahne, gekörnter Brühe, Pfeffer, Zitronensaft, Zucker und Eigelben versetzen. Zum Schluß Mehlbutter mit einem Schneebesen darunterschlagen und mit dieser Sauce den Fisch übergießen, der auf einer Platte mit halbhohem Rand liegen soll. Im Ofen gart der Fisch in 20 Minuten bei 160°C durch. Öfter mal mit der Sahnensauce übergießen, damit die Haut nicht zu trocken wird. — Dazu ißt man Butterkartoffeln oder Kartoffelbrei und Gurkensalat.

1,5—2 kg Hecht- oder Störfleisch, 1 Tasse geschnittene Sellerieknolle, Porree und Möhre, Salz, 1 Tasse gehackte Petersilie, 1 Tasse gehackten Dill, 2 Tassen saure Sahne
1½ Teel. gekörnte Brühe
Pfeffer, Zitrone, Prise Zucker
2 Eigelbe, 1 Eßl. Mehl
2 Eßl. Butter

RAKPAPRIKAS — Krebs mit Paprikaschoten

250 g Krebsschwänze oder Scampi (Shrimps) aus der Tiefkühltruhe
1 Teel. gehackten Kümmel
1 Eßl. gehackte Petersilie
Salz, Pfeffer
2 rote und 2 grüne Paprikaschoten, 125 g Bauchspeck
1 Tasse feine Zwiebelwürfel
1 Eßl. Mehl, 1½ Tassen Buttermilch oder Joghurt

Die Krebsschwänze auftauen und locker in eine Schüssel legen. Darüber Kümmel, Petersilie, Salz und Pfeffer streuen. Durch häufiges Umrühren sollen die Schwänze das Aroma annehmen. Die Paprikaschoten halbieren, die Kerne herausschneiden, gründlich in kaltem Wasser waschen und mit kochendem Wasser überbrühen, so daß sie weich werden. Wieder erkaltet, die Schoten in feine Streifen schneiden. In einer Kasserolle die Bauchspeckwürfel zergehen lassen, darin die Zwiebeln anrösten, dann das Mehl bräunen. Mit Buttermilch ablöschen und die Krebsschwänze dazugeben. Diese sind nach 15 Minuten Kochen gar. Dann die Paprikaschoten zufügen und das Gericht noch einmal abschmecken. — Mit körnigem Reis und einem weißen ungarischen oder österreichischen Wein zu Tisch bringen.

Esterházy-Rostbraten

6 Möhren, ½ Sellerieknolle
2 Stangen Porree
75 g Butter oder Margarine
4 Rindfleischrouladen
Pfeffer
1 Tasse Bratensauce oder Trockenpräparat
1 Tasse rote oder grüne Paprikaschotenwürfel
1 Tasse Sahne
Saft einer halben Zitrone
abgeriebene Zitronenschale
1 Teel. Zucker, Salz
1 Eßl. Kapern

Diese Schnitten sind sehr berühmt geworden, und auch auf vielen deutschen Speisekarten findet man sie oft. Wichtig ist die reichliche Einlage der fadendünn geschnittenen Gemüse. Sie geben der Sauce den letzten geschmacklichen Schliff. — Das Gemüse schneidet man zuerst in dünne Scheiben und dann in allerfeinste Streifen. Diese dünstet man in Fett in einer Kasserolle an und stellt sie dann beiseite. In einer Pfanne brät man das dünngeklopfte und gepfefferte Fleisch braun an. Auf beiden Seiten je 2 Minuten. Dann stellt man es warm. In einem Schmortopf löst man die Bratensauce auf, gibt dazu die Paprikaschotenwürfel, Sahne, Zitronensaft und -schale, Zucker, Salz und Kapern. Alles gut verrühren und die Fleischschnitten in die Sauce legen. Nun 25 Minuten lang bei kleiner Flamme schmoren lassen. Danach das Gemüse dazugeben und gut mit den übrigen Zutaten vermischen. — Dazu trinkt man Rotwein und ißt gebutterte, heiße Bandnudeln.

Cevapcici

500 g Rindhackfleisch, Salz
½ Tasse Zwiebelwürfel
Paprikapulver
½ Eßl. Mehl
Mehl zum Wälzen
Fett zum Braten

Auch dieses Gericht hat schon Eingang in die internationale Küche gefunden. — Das Fleisch mit Salz, Zwiebelwürfeln, Paprikapulver und Mehl vermischen, glattrühren und mit nassen Händen zu fingerlangen Röllchen formen. Diese in Mehl wälzen und 1 Stunde lang trocknen lassen. Dadurch zerfallen sie nicht in der Pfanne. Dann in Fett braun braten und mit Tomatensauce, Graubrot und ungarischem Rotwein servieren.

UNGARN JUGOSLAWIEN

Siebenbürger Holzteller

Diese Platte kennen Sie vielleicht schon von unseren Balkanrestaurants her. Sehr wichtig sind die vielen sauren und scharfen Beilagen, denen Sie genügend Aufmerksamkeit widmen müssen. — Aus Kartoffeln ein Püree bereiten. Butter unterschlagen und mit Paprikapulver rötlich färben. Die Fleischstücke in der Pfanne oder auf dem Grill braten und auf dem Hügel Kartoffelbrei anrichten. Darüber gebräunte Zwiebelscheiben legen. Außen herum ordnen Sie nun in kleinen Portionen die Salate an. Erster Salat: Rote und grüne Paprikaschotenringe und Zwiebelscheiben einmal in einer Essig-Zuckerlösung aufkochen, darin erkalten lassen und dann mit Öl, Salz und Pfeffer anmachen. Zweitens, rohes Sauerkraut in einer Sauce aus saurer Sahne, Salz, Zucker, Pfeffer und gehackten Kräutern anrichten. Schließlich ein Salat aus Perlzwiebeln, Paprikaschoten, Erbsen, Blumenkohlrosen und Karottenwürfeln mit einer Sauce aus Mayonnaise, Sahne, Salz, Pfeffer und Zucker. — Diese Salate legt man kranzförmig auf die Außenseite eines großen Holzbrettes (Tranchierbrett). Den Hügel Kartoffelbrei mit den Fleischstücken in der Mitte anrichten. Wer es ganz zünftig machen will, kann das Fleisch mit brennendem Zwetschgenwasser übergießen und brennend auftragen.

1 kg Kartoffeln, 50 g Butter
1 Eßl. Paprikapulver
je 4 kleine Rumpsteaks und Schweinenacken-Steaks
je 4 Scheiben Schweine- und Kalbslende, Zwiebeln
Salate: 2 rote, 2 grüne Paprikaschoten, 4 Zwiebeln, Essig Zucker, Öl, Salz, Pfeffer
250 g Sauerkraut, 1 Tasse saure Sahne, Salz, Zucker Pfeffer, 1 Eßl. gehackte Kräuter, 1 Tasse Perlzwiebeln, 1 Paprikaschote
1/2 Tasse Erbsen, 1/2 Blumenkohl, 1 Tasse Karotten
1 Tasse Mayonnaise, 1 Tasse Sahne, Salz, Pfeffer, Zucker

Hammel-Djuvetch

Die Djuvetch sind ragoutartige Gerichte, von denen es verschiedene Varianten gibt. Dieses hier ist mit Hammelfleisch zubereitet, das in Jugoslawien eine große Rolle spielt. — Das Gemüse in kleine Stücke schneiden und waschen, abtropfen und mit dem Reis vermischen. Das Hammelfett in einer Kasserolle auslassen, die Grieben herausschöpfen und die Gemüse-Reismischung darin rösten. Dazu die Zwiebelwürfel und das in dünne Scheiben geschnittene Fleisch geben. Mit Salz, Paprikapulver und Pfeffer abschmecken. Dann mit Wasser ablöschen und im Ofen langsam etwa 1 1/2 Stunden durchgaren lassen. — Mit geschmälzten Bandnudeln und Kopfsalat servieren.

4 Tassen geschnittenen Blumenkohl, Möhren, Sellerieknolle und Tomaten
1 Tasse Reis
125 g Hammelfett, in Würfel geschnitten, 2 Tassen Zwiebelwürfel, 750 g knochenfreies Hammelfleisch
Salz, Paprikapulver, Pfeffer
2 Tassen Wasser

Szegediner Gulasch SZEKELY GULYAS

Die mundgerechten Fleischwürfel in einem schweren Schmortopf mit Fett, Zwiebeln, Knoblauch, Kümmel, Zitronenschale, Salz, Paprikapulver und Pfeffer anrösten. Dann das Tomatenmark hineingeben und fleißig umrühren, bis das Fleisch und die Zwiebeln hellbraun sind. Nun mit Wasser angießen und 40 Minuten lang bei kleiner Flamme schmoren lassen. Getrennt davon das Sauerkraut mit je einer roh geriebenen Zwiebel und Kartoffel gar kochen. Mit einer Prise Salz und Zucker abschmecken. Das Sauerkraut

750 g schieres Schweinefleisch (Nacken), 4 Eßl. Schmalz
12 Zwiebeln in Scheiben
2 Knoblauchzehen
1 Teel. gehackten Kümmel
1/2 abgerieb. Zitronenschale
Salz, 1 Eßl. Paprikapulver

½ Teel. Pfeffer, 2 Eßl. Tomatenmark, 3—4 Tassen Wasser, 1 kg Sauerkraut 1 Zwiebel, 1 Kartoffel, Salz Zucker, 1 Tasse saure Sahne

als Hügel auf einer runden Platte anrichten, darüber das Gulasch schütten und die Sahne darüberträufeln, die sich auch mit dem Sauerkraut mischen soll. Diese Sahne soll ziemlich fest sein, weil sie andernfalls keinen Kontrast gibt und abläuft. Notfalls mit dem Schneebesen halbsteif schlagen. — Dazu Butterkartoffeln, die ich mit gehacktem Dill vermische, und helles Bier reichen.

Kalbspörkölt

5 Zwiebeln, 125 g Speckwürfel, 2 Eßl. edelsüßes Paprikapulver, 750 g Kalbfleisch ohne Sehnen und Knochen, 2 grüne Paprikaschoten, ¼ l Bouillon ½ Tasse Rotwein, Salz Pfeffer, ½ Tasse saure Sahne

Die Pörköltgerichte werden so zubereitet, wie bei uns oft das Gulasch. — Die Zwiebeln sehr fein würfeln und im ausgelassenen Speck anbräunen. Mit Paprikapulver sofort zu einer Paste verrühren. Dazu das in Würfel geschnittene Fleisch, die Paprikaschotenstreifen, Bouillon, Rotwein, Salz und Pfeffer geben. Zugedeckt bei kleiner Flamme in 45 Minuten gar brutzeln lassen. — Über das angerichtete Ragout gießt man in Ungarn Sahne, ohne die es kaum ein Gericht gibt. Dazu ißt man Salate und gebutterte, heiße Nudeln.

Hühnerpörkölt

1 Huhn (1,5 kg) 125 g Bauchspeck, mild geräuchert, 4 Zwiebeln 3 Eßl. edelsüßer Paprika knapp 2 l Bouillon oder halb Wasser, halb Bouillon 2 Tomaten 1 Tasse feingeschnittenes Suppengrün

Das fertig gekochte Suppenhuhn in Portionsstücke schneiden. Jeder Esser bekommt zwei Stücke von unterschiedlicher Farbe (Bein- und Bruststück). Diese gut abtrocknen und in ausgelassenem Speck mit Zwiebelwürfeln braun braten. Nun das Paprikapulver darüberstäuben und schnell umrühren, damit das Pulver nicht verbrennt. Sobald die Stücke anfangen dunkel zu werden, mit Bouillon ablöschen. Die geschälten Tomaten dazugeben. Magen, Herz und Leber des Huhns zusammen mit dem Suppengrün mitdünsten lassen. Die Huhnstücke sind schnell gar und werden mit gebutterten Makkaroni oder Spätzle zu Tisch gebracht.

Budapester Hühnerragout

2 Hühnchen 5 Zwiebeln 50 g Schweineschmalz ½ Tasse gewiegte rote und grüne Paprikaschoten 1 Eßl. Paprikapulver 2 Tassen Bouillon

Die beiden Hühnchen nach dem Ausnehmen, Sengen, Waschen und Trocknen roh vierteln. Das Klein und die Lebern zurückbehalten. Die Zwiebelscheiben in Schweineschmalz goldfarben anrösten, die Paprikaschoten und das Paprikapulver dazugeben und dann die Huhnstücke und die geschnittene Leber. Unter Umrühren wird das Huhnfleisch weiß und steif. Die Bouillon dazuschütten, den Deckel aufsetzen und bei kleingestellter Flamme weich brutzeln lassen. In den letzten 10 Minuten die ganzen Tomaten hineinsetzen, die zerkochen sollen. Die Haut, die im ganzen Stück abkocht, mit einer Gabel herausfischen. Zuletzt den Geschmack mit den Gewürzen und mit Sahne abrunden und die Erbsen, die nicht mehr kochen brauchen, untermischen.

4 Tomaten, Salz, Pfeffer
1/2 Teel. Zucker
1/2 Tasse Sahne
2 Eßl. gekochte Erbsen

Ente auf ungarische Art gefüllt

Die Ente ausnehmen, waschen und nach dem Abtrocknen mit der nachstehenden Masse füllen. Maronen rösten, schälen, in Salzwasser kochen, dann zu Mus zerdrücken oder mit etwas Bouillon im Elektromixer pürieren. Die dickflüssige Masse mit Eiern, Salz, Paprikapulver, Zwiebackkrumen und geriebener Orangen- und Zitronenschale verrühren. Den Leib zunähen und die Ente 60 Minuten lang im heißen Ofen oder auf dem Grill braten. Den Bratensaft mit etwas Orangensaft versetzen. — Die Ente mit Salzkartoffeln und Rotwein zu Tisch bringen.

1 magere Ente
500 g Maronen, 1 Tasse Bouillon, 3 Eier, Salz
1 Teel. Paprikapulver
1/2 Tasse gerieb. Zwieback
je 1/2 abgeriebene Orangen- und Zitronenschale
Orangensaft

Kaninchen in Senfsauce

Kaufen Sie ein ganzes Kaninchen und lassen Sie es gleich abziehen und ausnehmen. Die Beine sollen kurz abgeschlagen und alle größeren Knochen herausgelöst sein. Das Kaninchen in den Rücken und die Läufe teilen. Das Fleisch danach noch einmal abwaschen und abtrocknen. Die Stücke mit dünnen Speckstreifen spicken und mit Salz, Pfeffer und Senf einreiben. Die Speckwürfel zergehen lassen und darin die Fleischstücke zugleich mit den Zwiebelscheiben und dem Lorbeerblatt anrösten. Nach der ersten Bräunung Wasser angießen, das Gericht in den Ofen schieben und 30 Minuten lang bei 220°C schmoren lassen. Das Fleisch dann aus dem Topf nehmen und es auf einem Gitterrost bei starker Oberhitze krustig glasieren lassen. Den Bratensatz mit Weißbrotkrumen binden und mit Sahne und den Gewürzen abschmecken. — Dazu Kartoffelpüree und Kopfsalat reichen.

1 Kaninchen
100 g Speckfäden zum Spicken, Salz, Pfeffer
2 Teel. scharfen Senf
200 g Speckwürfel
5 Zwiebeln
1 Lorbeerblatt
2 Tassen Wasser
1 Tasse Weißbrotkrumen
1 Tasse Sahne
1 Eßl. Paprikapulver
1 Teel. Senf

Karpaten-Rehrücken mit Senfrahm

Den Reh- oder Hirschrücken einige Tage abhängen, dann alle Sehnen entfernen und das Fleisch entlang der Rückenknochen ablösen. Dadurch kann die Beize leichter eindringen und das Fleisch schneller durchbraten. Das Senfpulver mit dem Apfelsaft und Zucker zu einer sämigen Sauce vermischen. Diese Würzsauce, die man zum Braten des Rehrückens braucht, eine

1/2 Rehrücken oder ein entsprechendes Stück Hirschrücken
1 Teel. englisches Senfpulver
1 Tasse Apfelsaft

1 Teel. Zucker
250 g Speckstreifen
100 g Butter oder Margarine
1 Tasse Sahne
2 Eßl. Zwiebackkrumen
Salz, Zucker

halbe Stunde vorher ansetzen, damit das Senfpulver aufquellen kann. Den Rücken in der gewohnten Art spicken, so daß die weißen Enden oben und unten etwas herausschauen. Gespickt wird auf beiden Seiten und recht dicht. Die Senfmarinade nun mit dem flüssigen Fett versetzen und den Rücken damit mehrere Male bestreichen. Im Ofen braucht ein Rehrücken mittlerer Größe zum Braten etwa 1 Stunde, ein Hirschrücken 1½ Stunden und eventuell noch etwas mehr. Das Fleisch soll innen aber noch rosa bis rot bleiben, sonst wird es trocken und hart. Während des Bratens immer wieder Senfbutter darüber träufeln. Den gebratenen Rücken dann auf ein Holz-Tranchierbrett legen und den Bratensatz mit der Sahne, den Zwiebackkrumen, Salz und Zucker anreichern. Mit dem Schneebesen alles glattrühren. — Dazu Gurkensalat und gebackene Kartoffelbreibällchen (sogenannte Pommes Croquettes) bereiten.

Rehschlegel in Esterhàzy-Sauce

1 Rehkeule und 1 Rehschulter
250 g Speck, Fett zum Braten
Sauce:
½ l Rotwein, Prise Zucker
Salz, Pfefferkörner
1 Messerspitze gemahlenen Zimt, ½ Teel. getrockneten Majoran, 5 frische Wacholderbeeren, 1 Möhre
¼ Sellerieknolle, 4 Zwiebeln
½ Tasse geriebenen Zwieback
½ Tasse Apfelmus, 2 Tassen feinfädig geschnittene Möhren und Sellerieknolle

»Schlegel« nennt man in manchen Gegenden Schulter und Keule eines Tieres. — Die Schlegel waschen und abtrocknen. Aus einem langen Stück Speck dicke Streifen schneiden und mit einer Spicknadel das Fleisch auf der Oberfläche in dichten Reihen spicken. Dann die Schlegel in heißem Fett braun anbraten, die Flamme kleiner stellen, etwas Wasser dazugießen und mit aufgesetztem Deckel 1 Stunde schmoren lassen. Getrennt davon den Rotwein in einer Kasserolle mit geschnittenen Gewürzen und Gemüse aufkochen, dann abseihen, die Sauce mit Zwiebackbröseln andicken und mit einem Schneebesen den Bratensaft unterschlagen. Zuletzt das Apfelmus dazugeben und unter Umrühren noch einmal alles aufkochen. Die Keule und die Schulter aufschneiden und jede Scheibe mit dem in Salzwasser gekochten Möhren-Sellerie-Gemüse belegen und mit einem Löffel Sauce übergießen. — Für dieses Gericht können Sie auch Bratenreste verwenden. Ich schneide diese portionsweise auf und lege sie in die mit den Gemüsen versetzte Sauce, so daß sie darin aufwärmen, aber nicht kochen, wodurch das Fleisch hart werden würde.

Wildschweinsteaks in scharfer Rotweinsauce

4 dicke Wildschweinschnitzel (Keule oder Rücken)

Die Schnitzel nur wenig klopfen, aber die Ränder sauber beschneiden, das heißt, alle losen Teile entfernen. Dann durch jedes Fleischstück 2 Speckfäden ziehen, die an beiden Seiten etwas überstehen sollen. Rotwein, Knoblauchsalz, Selleriesalz, Wacholderbeeren, Senf und Pfeffer einmal aufkochen. In die ausgekühlte Wildmarinade die Steaks legen und sie einen Tag lang darin marinieren. Aber während dieser Zeit das Umdrehen nicht vergessen! Am nächsten Tag die Steaks abtropfen und in der Pfanne mit heißer Butter oder Margarine braun braten — auf jeder Seite 5 Minuten. Sie dann in eine Schüssel legen und warm stellen, wobei sie noch etwas durchziehen können. Im Bratfett die Zwiebelwürfel anbräunen, darauf Paprikapulver und Mehl gründlich unterrühren, so daß eine dunkelbraune Schwitze entsteht. Diese mit einem Teil der Rotweinbeize löschen und zu einer sämigen Sauce verrühren und sie im Elektromixer hierauf pürieren. Wenn sie zu dick ist, noch etwas Marinade zusetzen. Die Sauce aufkochen, ein letztes Mal abschmecken und über die warmgestellten Steaks gießen. Diese dürfen aber nicht mehr mitkochen. — Dazu ißt man Kartoffelbrei oder Tarhonyas und trinkt »Erlauer Stierblut«.

8 dicke Speckstreifen
Marinade:
1/2 l Rotwein
1/4 Teel. Knoblauchsalz
1/2 Teel. Selleriesalz
20 frische Wacholderbeeren
Messerspitze Senf
1/2 Teel. gemahlenen weißen Pfeffer
100 g Butter oder Margarine
1 Tasse Zwiebelwürfel
1 Teel. Paprikapulver edelsüß
2 Eßl. Mehl

Gefüllte Weinblätter SARMA

Man braucht dazu junge, große Weinblätter. Diese übergießt man mit kochendem Wasser, damit die Bitterstoffe ausgelaugt und die Blätter weich werden. Sie danach mit kaltem Wasser nachwaschen. Das Fleisch und den Schinken mischen und mit den Speckwürfeln in einer Kasserolle anbraten und zugleich die Zwiebelwürfel zugeben. Später zusammen mit Reis, Dill, Salz, Pfeffer und Eiern gründlich verrühren, damit eine glatte Masse entsteht. Den Topf dabei vom Feuer nehmen. In jedes Weinblatt einen Eßlöffel voll von dieser Mischung geben, die Enden zusammendrücken und ein zweites Blatt herumwickeln. Entweder feines Garn um die Blätter winden oder einen Holzzahnstocher durchstechen. Mit etwas Wasser übergossen, die Blätter im Ofen auf einem Blech oder in einem feuerfesten Geschirr garen. Oft wird das Wasser noch mit Mehl zu einer Sauce verrührt, aber ich glaube, die Blätter schmecken besser mit flüssiger Butter beträufelt. Dazu Reis servieren, der mit Tomatenmark rot gefärbt wurde.

24 grüne Weinblätter
250 g Rinderhackfleisch
125 g gekochte Schinkenwürfel
100 g Speck
2 Tassen Zwiebelwürfel
1 Tasse gekochten Reis
1 Eßl. gehackte Dillblätter
Salz, Pfeffer
2 Eier

Husarenessen

Das Fleisch und die Zunge entweder in kleine Würfel schneiden oder durch die grobe Scheibe des Fleischwolfs drehen. Dann mit Eiern, Salz, Pfeffer, den Kräutern und dem ausgedrückten Brötchen vermischen. Für die helle Sauce Mehl in zerlassenes Fett geben, mit Bouillon ablöschen und

250 g Kalbfleisch
125 g Pökelzunge
2 Eier, Salz, Pfeffer
1/2 Tasse gehackte Kräuter

UNGARN JUGOSLAWIEN

1 geweichtes, rindenloses Brötchen, 50 g Butter oder Margarine, 1 Eßl. Mehl 2 Tassen Bouillon Muskatnuß, 1 Blumenkohl 1 Eßl. Paprikapulver, 1 Tasse gewürfelten Bauchspeck

mit Salz und Muskatnuß würzen. In die Mitte einer runden, feuerfesten Form einen halbgar gekochten Blumenkohl legen und ihn mit der hellen Frikasseesauce übergießen. Um den Blumenkohl herum bis an den Rand der Form die Fleischmasse streichen, mit Paprikapulver und gewürfeltem Bauchspeck bestreuen und das Gericht 15 Minuten lang im heißen Ofen bei 180°C überbacken, bis die Oberfläche des Blumenkohls goldbraun gefärbt ist.

Gefüllte Paprikaschoten nach Budapester Art

*4 große Paprikaschoten
250 g Schweinefleisch
2 Zwiebeln
4 Eier
125 g Speck
Salz, Pfeffer
Paprikapulver
Thymian
1 Tasse gekochten Reis
50 g Schweineschmalz
Butter oder Margarine
2 Tassen saure Sahne
1 Eßl. flüssigen Fleischextrakt oder gekörnte Brühe*

Suchen Sie bitte dickfleischige, große, längliche Schoten aus; rote oder grüne, das spielt keine Rolle; Druckstellen vermeiden. Mit einem spitzen Küchenmesser den Stiel umstechen, so daß daraufhin das ganze Kernhaus mit den Kernen herausgezogen werden kann. Die Schoten innen mit reichlich kaltem Wasser ausspülen, damit auch lose, einzelne Kerne entfernt werden, und dann mit der Öffnung nach unten abtropfen lassen. Das Fleisch durch den Fleischwolf drehen und mit den feingehackten Zwiebeln zusammenmischen. Mit Eiern, Speckwürfeln, Gewürzen und gekochtem, noch warmem Reis versetzen. Diese Mischung in einer Kasserolle mit Schweineschmalz unter fortwährendem Umrühren anbraten, bis sich eine glatte Masse ergeben hat. Damit die Schoten füllen und mit der Öffnung nach unten in eine feuerfeste, gebutterte Form stellen. Mit einer Mischung aus saurer Sahne, Salz und Fleischextrakt umgießen und die Form zudecken. Im Ofen garen die Schoten in 40 Minuten bei 180°C. — Dazu weiteren körnig gekochten Reis und Tomatensalat reichen.

POPINA JANJA
YANJE

Priesters Frühstück

*250 g Corned Beef in Würfel
200 g Kalbsfiletscheiben
2 Kartoffeln, 1/2 Sellerieknolle
4 Zwiebeln, 2 Tomaten
1 Bund Petersilie, 4 Zehen
Knoblauch, Salz, Paprika
1/2 Lorbeerblatt
5 Pfefferkörner
1 1/2 Tassen Bouillon*

Die Fleischstücke zusammen mit den Kartoffelwürfeln, Sellerieknollenstreifen, Zwiebelscheiben, geviertelten Tomaten, gehackter Petersilie, Knoblauch (in dünnen Scheiben oder zerdrückt), Salz, Paprika, Lorbeerblatt, zerdrückten Pfefferkörnern und der Bouillon in einer Kasserolle dünsten. Langsam aber ständig umrühren, damit nichts anbrennt. Dann den Topf vom Feuer nehmen und ihn mit Pergamentpapier oder Metallfolie zudecken und die Ränder fest andrücken. Das Gericht im heißen Ofen noch 10 Minuten ziehen lassen, dann zu Tisch bringen und mit Spaghetti oder anderen Nudeln essen.

UNGARN JUGOSLAWIEN

Budapester Schinkenfleckerl

Ein Gericht aus der k. u. k. Zeit Ungarns. — Verkneten Sie die Teigzutaten schnell miteinander und lassen Sie den Teig eine halbe Stunde im Kühlschrank ruhen. Dann rollen Sie ihn dünn aus und schneiden ihn in kleine Vierecke. Diese in Salzwasser kochen, bis sie an die Wasseroberfläche kommen. Mit der Schaumkelle die Stücke herausholen, gründlich abtropfen und sie in eine Pfanne mit heißem Fett legen. Die Pfanne so lange rütteln, bis die Flecken allseitig fett und leicht gebräunt sind. Dann den Schinken darunter mischen, alles auf einer Platte anrichten und mit warmer Sahne übergießen. Diese Schinkenfleckerl sind eine Beilage zu Salaten oder Eiergerichten. — Wenn man den Teig am Vortag herstellt, kann man diese Schinkenfleckerl zu den Schnellgerichten zählen. Auch können Sie natürlich viele andere Fleischarten dazu verwenden. Als Getränk paßt Bier.

Teig:
500 g Mehl
3 Eier
1 Teel. Salz
50 g Butter oder Margarine
Ferner:
1 Tasse Butter oder Margarine
1 Tasse gewiegten, gekochten Schinken, 2 Eßl. Sahne

Kartoffel-Langosch

Die Hefe in wenig warmer Milch lösen und in die Vertiefung des Mehles schütten. An einem warmen Ort aufgehen lassen. Die gekochten Kartoffeln reiben und mit Mehl, Hefe, Salz und Paprikapulver vermischen, so daß ein geschmeidiger Teig entsteht. 20 Minuten ruhen lassen, damit sich die Hefe wieder entwickeln kann. Auf einem Brett den Teig dick ausrollen, ihn in viereckige Stücke schneiden, diese wieder aufgehen lassen und dann in einer großen Pfanne auf beiden Seiten braun braten. Mit Tomatensauce, in die Fleischklößchen oder Streifen von gekochtem Schinken eingelegt sind, und mit grünem Salat zu Tisch bringen.

100 g Hefe
Milch
50 g Mehl
12 Kartoffeln
Salz
Paprikapulver
Fett

Lecsó

Lecsó (sprich Letscho) ist ein sehr häufig verwendetes Gemüse, das man zu allen gebratenen Fleischgerichten essen kann. — Die Zwiebeln schneidet man in Scheiben und bräunt sie bei kleiner Flamme in dem Schmalz an. Dazu gibt man unter Umrühren die kernfreien, in Ringe geschnittenen Paprikaschoten und die in Scheiben geschnittenen Tomaten. Das Gemüse soll so zerkochen, daß man die einzelnen Bestandteile kaum mehr erkennen kann. Nun kommen Gurkenwürfel, Sahne, Salz, Pfeffer und Paprikapulver hinzu. Das Dünsten dauert im ganzen etwa 25 Minuten. — Als Beilage paßt das Lecsó sehr gut auch zu den ungarischen Kochwürsten (Kolbacsi, Debresciner).

5 Zwiebeln
100 g Schweineschmalz
8 grüne Paprikaschoten
5 Tomaten
1 geschälte Salatgurke
1/2 Tasse saure Sahne
Salz, Pfeffer
Paprikapulver

Kürbisgemüse

1 kg Kürbis
Salz, Zucker, Essig
1 Zwiebel
50 g Butter oder Margarine
1 Eßl. feingehackte Dillblätter
1 Eßl. Paprikapulver
2 Paprikaschoten rot oder grün
2 Möhren
1 Tasse Sahne

Für uns ist Kürbis nicht mehr so attraktiv und dient höchstens noch süßsauer eingelegt als Beilage zu Braten oder Aufschnitt. Probieren Sie aber einmal dieses Gemüse. — Die Kürbisviertel schälen und auf einer Raspel grob zerkleinern. Aus Salz, Zucker, Essig und geriebener Zwiebel eine Marinade bereiten, in der die Kürbisstreifen zwei Stunden lang marinieren sollen. Diese dann ausdrücken und mit Butter oder Margarine andünsten. Ein wenig von der Marinade zugießen, damit genügend Flüssigkeit im Topf ist. Dill, Paprikapulver, Paprikaschotenstreifen und Möhrenfäden zufügen. Nach 20 Minuten die Sahne dazuschütten und noch einmal abschmecken. — Dieses Gemüse paßt zu gebratenen Schweinshachsen und Kalbsbraten. Als Getränk Bier oder herben Roséwein reichen, den es aus Frankreich (Provence), Italien und Portugal gibt.

TARHONYA Ungarische Teigtropfen

500 g Mehl
2—3 Eier
Salz

Eine typische ungarische Beilage, die zu fast allen Gerichten gereicht wird und die sehr gut schmeckt. — Das Mehl mit den Eiern und Salz zu einem glatten, elastischen Teig verarbeiten. Diesen Teig entweder durch ein großlöcheriges Sieb drücken oder auf einem Reibeisen zerreiben. Die kleinen Stücke dann auf einem Tuch in der Sonne trocknen. In einem Leinensäckchen luftig aufgehängt, können Sie die Tarhonya lange Zeit aufbewahren. Bei Bedarf die entsprechende Menge in Salzwasser kochen. Aber bitte darauf achten, daß die Tarhonya nicht zu weich werden. Sie notfalls mit kaltem Wasser abschrecken. Ihre Konsistenz soll der von gekochtem Risotto ähneln. Die gekochten, abgetropften Tarhonya dann kurz vor dem Servieren in Fett noch einmal heiß machen.

Jugoslawischer Kartoffelauflauf

100 g Butter oder Margarine
1 kg Kartoffeln, 5 harte Eier
2 Tassen saure Sahne, 1 Tasse Quark, 1 Teel. Paprikapulver
1 Teel. Salz, 1 Tasse rohe Schinkenwürfel, 1 Tasse Weißbrotkrumen
50 g Butter oder Margarine

In einer länglichen Auflaufform das Fett zergehen lassen und zu einem Drittel mit gekochten Kartoffelscheiben auslegen. Darauf kommt eine Schicht Eischeiben. Saure Sahne, Quark, Paprikapulver und Salz mischen und die Hälfte darüber gießen. Nun wieder Kartoffelscheiben daraufgeben, mit Schinkenwürfeln bestreuen, mit der Sahnemischung übergießen und zum Schluß Kartoffelscheiben darüberschichten. Die Weißbrotkrumen mit Butter und Salz zu einer Paste verkneten und lose über die Schicht Kartoffelscheiben bröseln. Den Auflauf etwa 35 Minuten lang im Ofen bei 180° C backen.

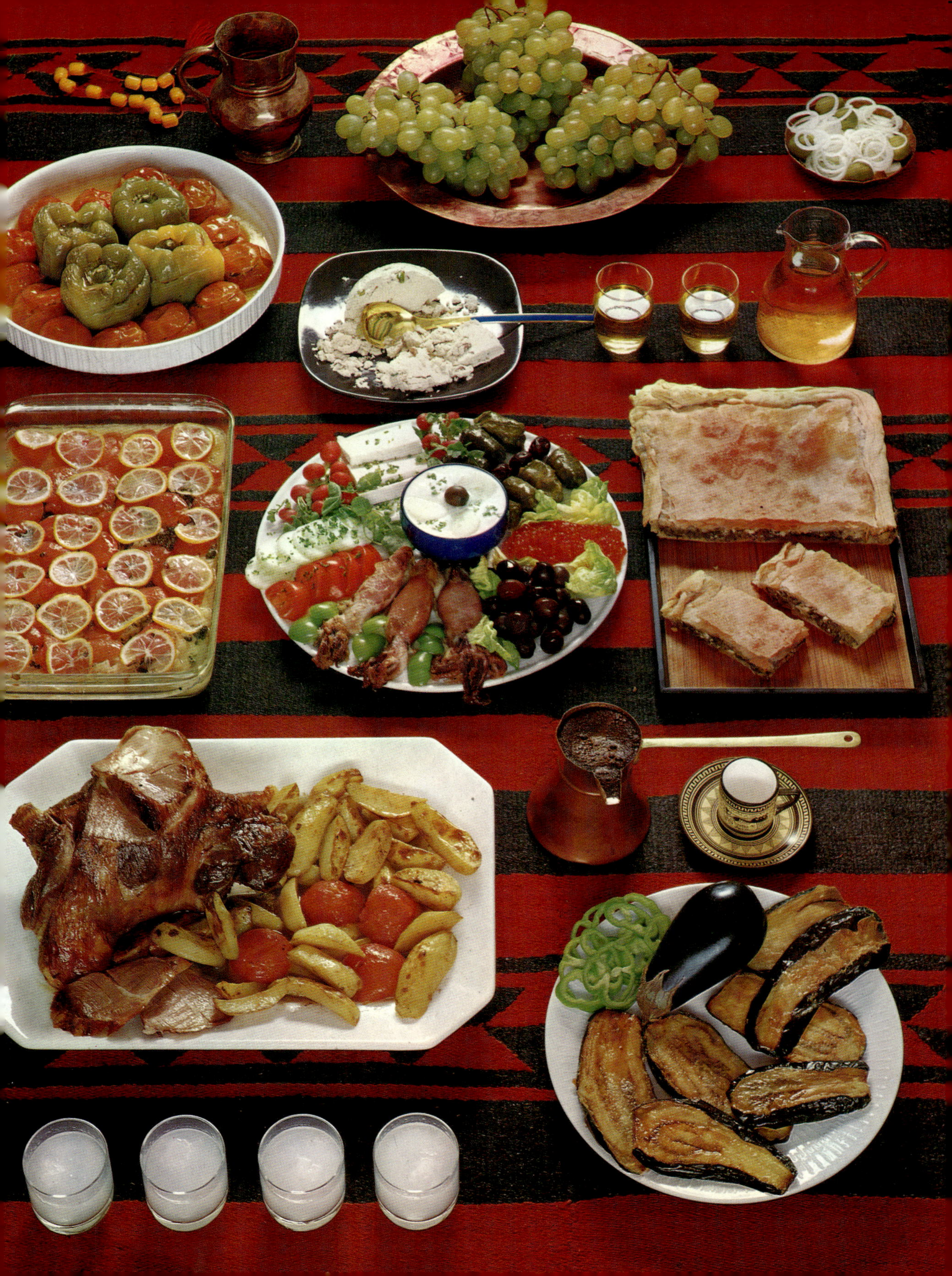

GROSSE GRIECHISCHE ABENDPLATTE

Ungewohnt für jeden, der aus dem Norden in südliche Länder reist, ist die Schärfe der Gerichte, die hier weitaus stärker gewürzt sind, als man es von zu Hause kennt. Man merkt aber bald warum. Scharfe Gewürze helfen das Fleisch verdauen. Außerdem vertreiben Pfeffer, Kardamomen, Koriander und Paprika in den verschiedenen Schärfegraden – je nachdem, wieviele Kerne mit vermahlen wurden – das Hitzegefühl. Wer also südliche Spezialitäten nachkochen will, muß vorher seine Würzvorräte auffüllen. Zu den scharfen Speisen trinkt man stark aromatische Alkoholika – stark aromatisch, nicht stark alkoholisch, denn nur ausnahmsweise wird unsere »Trinkstärke« von 38 oder 42 und mehr Volumenprozenten erreicht. Anislikör und Anisschnaps sind bevorzugt. Die Weine werden nicht vergoren. Durch Zusatz von Alkohol macht man den frischen gärfreudigen Traubenmost »stumm«. So entsteht auch der griechische Samos. – Und nun guten Appetit zur griechischen Abendplatte, die unser Bild zeigt.

Rezepte auf Seite 294

UNGARN JUGOSLAWIEN

Maronenauflauf

Die Maronen kreuzweise einschneiden und auf der heißen Platte rösten, bis die braunen Schalen platzen; dann schälen und in Wasser musig weich kochen. Mit der Milch durch ein Sieb drücken oder im Elektromixer pürieren. Dazu die geriebenen Mandeln, die Sahne und den Zucker geben. Sobald alles glatt und der Zucker gelöst ist, die Masse in eine Kasserolle gießen und heiß werden lassen. Dabei fleißig rühren, da die Maronen sehr schnell anbrennen. Den Topf vom Feuer nehmen, die Butter zufügen, abkühlen lassen, die Eigelbe einrühren und die steif geschlagenen Eiweiße unterziehen. Eine gefettete Kastenform mit der Masse füllen, die Oberfläche glattstreichen, mit dünnen Orangenscheiben (ohne Kerne) belegen und mit grobem Zucker bestreuen. Den Auflauf im heißen Ofen so lange backen, bis die Masse hoch aufgegangen ist. Dann die Hitze drosseln, aber den Auflauf noch im Ofen nachtrocknen lassen, sonst fällt er bei der ersten Bewegung zusammen. Stürzen und mit Zuckersirup und Grand Marnier übergießen.

750 g Eßkastanien (Maronen)
1 Tasse Milch
50 g geriebene Mandeln
1 Tasse Sahne, 1 Tasse Puderzucker, 50 g Butter
3 Eigelbe, 4 Eiweiß
Butter zum Ausstreichen der Form
1 geschälte Orange
2 Eßl. groben Zucker
Guß:
1 Tasse Zucker und
2 Eßl. Wasser aufgekocht
2 Eßl. Grand Marnier (Orangen-Cognac-Likör)

Semmelbiskuit

Das ist ein einfaches Abendgericht, leicht und wohlschmeckend und doch sättigend. — Zucker, Eigelbe, Zitronensaft und gemahlenen Zimt tüchtig zusammen schlagen. Darauf die Weißbrotbrösel hineinstreuen und den Eischnee darunterheben. Die Masse in eine gefettete Auflaufform geben und etwa 45 Minuten lang bei 180°C im Ofen backen. Dann Portionen herausstechen und kaltes Kompott dazu essen.

60 g Zucker, 5 Eier
Saft einer halben Zitrone
1 Teel. gemahlenen Zimt
60 g geriebenes, rindenloses Weißbrot
Butter für die Form

Dobos-Torte

Sie gehört heute zu den berühmtesten Torten der Welt und kann es mit der Sachertorte jederzeit aufnehmen. Sie besteht aus einer Vielzahl dünner Tortenböden, die alle extra gebacken und mit Buttercreme aufeinandergesetzt werden, bis eine hohe Torte entstanden ist. Hier also zuerst die Tortenböden: Das Mehl mit dem Backpulver und Salz zusammen in eine Schüssel sieben. Die Eier mit Zucker schlagen, bis eine dicke Creme entstanden ist, und darunter mit einer breiten Teigspachtel das Mehl ziehen. Gebutterte und gemehlte Tortenbodenbleche hauchdünn mit dem Teig bestreichen. Dafür kann aus fester Pappe eine Schablone ausgeschnitten werden, dann geht es sehr rasch. Den Ofen stark vorheizen und die Böden,

Teig:
3/4 Tasse Mehl
3/4 Teel. Backpulver
Salz, 4 Eier
3/4 Tasse Zucker
1 Vanillezucker
Buttercreme:
250 g Butter
2 Tassen Puderzucker
3 Eigelbe

UNGARN JUGOSLAWIEN

175 g bittere Schokolade
Aprikosenmarmelade
Mandeln

immer zwei oder drei auf einmal, schnell durchbacken und dann vom Blech schieben. Sie müssen beim Abkühlen gerade auf dem Tisch liegen, weil sie sich sonst verziehen und schief erstarren. Nun die Füllung: Die Butter mit Zucker und Eigelben luftig schlagen. Dazu geschmolzene, aber wieder auf etwa 35°C abgekühlte Schokolade rühren. Damit dünn die Böden bestreichen und sie aufeinander setzen. Aufpassen, daß die Böden auch genau übereinander liegen. — Obenauf streiche ich meist heiße, glatt verrührte Aprikosenmarmelade und streue gehobelte, geröstete Mandeln darüber. Eigentlich gehört ein Guß aus hausgekochtem Karamel darauf, aber dieser bereitet große Mühe. Auch ohne Karamelguß schmeckt die Torte ausgezeichnet.

Ungarische Haselnußtorte

Teig: 6 Eiweiß, 250 g Zucker
1 Päckchen Vanillezucker
200 g geriebene Haselnüsse
Füllung: 1 Eßl. Kartoffelmehl mit 2/10 l Milch angerührt, 50 g Zucker
2 Eßl. bittere Schokoladestücke, 100 g Butter
50 g Puderzucker
6 Eigelbe, Haselnüsse

Eiweiß mit Zucker und Vanillezucker recht steif schlagen. Dann die geriebenen Haselnüsse dazumischen, den Teig in eine Springform geben und sofort eine Stunde lang bei sehr kleiner Hitze backen, eigentlich mehr trocknen. Nach dem Erkalten die Torte aus der Form nehmen. Die Zutaten für die Füllung miteinander aufkochen, dann die Eigelbe unterrühren und zum Erkalten in den Kühlschrank stellen. Die Torte einmal durchschneiden und mit der Eiercreme füllen. Auf der Oberfläche die restliche Creme glattstreichen und mit grob geraspelten Haselnüssen verzieren. — Die Füllungen kann man individuell variieren. So schneide ich den Boden bei genügender Höhe mehrmals durch und fülle außer der Creme noch eine Schicht Himbeerkonfitüre hinein.

Hunyaditorte

8 Eier
250 g Zucker
250 g feingeriebene Haselnüsse
100 g geriebene Schokolade
Füllung:
1/2 l Schlagsahne
1 Eßl. Puderzucker
Guß: 75 g Couverture (Schokolade)
150 g Zucker
1/4 l Wasser

Man rührt Eigelbe und Zucker schaumig und glatt, gibt die geriebenen Nüsse und die Hälfte des Eischnees dazu und danach die Schokolade und die zweite Hälfte des Eischnees. So bleibt der luftige Schnee erhalten. Von dieser leichten Masse backt man drei Tortenböden in Springformen gleicher Größe. Die gebackenen Böden noch heiß vom Blech lösen und auf einer geraden Unterlage erkalten und steif werden lassen. Die Sahne schlägt man mit Puderzucker steif und füllt sie zwischen die Böden. Nun weicht man auf sehr kleiner Flamme oder im Wasserbad die Couverture auf, gibt den in Wasser gelösten und aufgekochten Zucker dazu und kocht so lange weiter, bis sich auf der Oberfläche Blasen bilden. Dann nimmt man den Topf vom Feuer und rührt weiter, bis die Schokolade fast abgekühlt ist. So gießt man sie über die Torte, läßt sie trocknen und im Kühlschrank fest werden.

UNGARN JUGOSLAWIEN

Muskaziner Mandeln

Die Mandeln mit der braunen Haut durch die Mandelmühle drehen. Das Eiweiß mit dem Zucker und den Gewürzen vermischen und mit den geriebenen Mandeln zusammen auf kleiner Flamme so lange rühren, bis die Masse nicht mehr klebt. Dann abkühlen lassen. Mit zwei Teelöffeln, die man zwischendurch immer wieder in heißes Wasser taucht, kleine Mandeln daraus formen und diese auf einem gebutterten Blech 20 Minuten lang bei 150°—180°C backen. Sie dürfen nur hellbraun werden. Die Mandeln schmecken ganz vorzüglich und sind eine nette Überraschung für Ihre Gäste zum Wein.

500 g ungeschälte Mandeln
8 Eiweiße
375 g Zucker
4 g gemahlenen Zimt
4 g gemahlene Gewürznelken
1 Teel. abgeriebene Zitronenschale

Obwohl die Balkanländer Rumänien, Bulgarien und Griechenland in ihrer Struktur und in ihren nationalen Eigenschaften nicht viel miteinander gemein haben, schon gar nicht die Sprachen, zwischen denen keinerlei Verwandtschaft besteht, möchte ich diese Länder hier doch gemeinsam behandeln.

Rumänien und Bulgarien sind uns durch die Entwicklungen nach dem Krieg etwas ferner gerückt. Aus diesem Abstand erscheinen die kulinarischen Unterschiede kleiner. Und selbst an Ort und Stelle wird man nur noch bei den alten Leuten auf dem Lande die bodenständige, traditionelle Eßkultur finden. Diese ist sauber, einfach und gesund, wovon auch die zahlreichen hundertjährigen Männer zeugen. Manche sagen, ihr hohes Alter käme vom Rauchen der Rosenblätter oder vom Trinken des Rosenlikörs, andere behaupten, vom Joghurt. Die Küste am Schwarzen Meer ist fruchtbar und liefert den Küchen sehr gutes Gemüse, wie Melonen, Auberginen (siehe Farbfoto Seite 321), Tomaten und Bohnen. Und aus dem Meer selbst kommen reiche Fänge von Fischen und Krebsen. Die Fische werden gebraten, häufig am Spieß, oder mit Öl — meist Sonnenblumenöl — und Tomaten gedünstet. Hammelfleisch ist begehrt, Zwiebeln und Knoblauch gehören zu jedem Gericht, dazu der gesunde Paprika. Auch Zitronen und Nüsse spielen eine große Rolle.

Die griechische Küche ist trotz der Uneinheitlichkeit des Landes und seines Inselreichtums über die Jahrhunderte hinweg ziemlich gleichförmig geblieben. Auch die Türken konnten daran wenig ändern. Sicher gibt es heute auch Gerichte, die ihren islamischen Ursprung nicht verhehlen können, aber Hammelfleisch, scharfe Gewürze, Tomaten und Fische, Gaben des eigenen Landes und des Mittelmeeres, bilden in großer Vielfalt den Grundstock der griechischen Küche. Auch Oliven, deren Öl für seine Reinheit bekannt ist, erntet man hier. Und schließlich darf der griechische Wein, schwer und süß, nicht vergessen werden. Mavrodaphne und Samos sind bei uns am bekanntesten. Die Schwere der Weine liegt nicht selten am Zusatz von Baumharz und Alkohol, die beide für Haltbarkeit sorgen. Feigen, Rosinen und Korinthen — die getrockneten, kleinen, dunklen Weinbeeren — sind weitere Landesspezialitäten.

Rumänien
Bulgarien
Griechenland

TARAMASALATA

750 g frischen Rogen enthäutet
3 Zwiebeln
30 g Butter
Salz
Pfeffer
1 Tasse Olivenöl
2 Eidotter
Saft einer halben Zitrone

Hausgemachte Kaviarschnittchen

Kaufen Sie Seefischrogen von größeren Fischen, etwa vom Schellfisch oder Goldbarsch. Den frischen Rogen kalt waschen und abgießen. In einer Kasserolle Zwiebelwürfel in Butter anschwitzen und darauf die Rogen legen. Das Gericht salzen, pfeffern und auf kleiner Flamme 30 Minuten mit wenig Wasser kochen und dann abkühlen lassen. In einer größeren Schüssel (am besten aus Plastik) den Rogen mit einer hölzernen Gabel oder einem Löffel zerschlagen, bis er fein verteilt ist, und langsam das Olivenöl dazugeben. Zu der dicker gewordenen Masse rührt man das verquirlte Eigelb, den Zitronensaft und je nach Geschmack eventuell noch Gewürz. Die Kaviarmasse stellen Sie nun in kleinen Portionsförmchen in den Kühlschrank. — Sehr kalt wird Taramosalata mit Stangenbrot oder Toast und Butter als Vorspeise serviert.

Große griechische Abendplatte

Farbfoto Seite 287

Der erste Gang dieses Menüs besteht aus sauer eingelegten, grünen Paprikaschoten und Tomaten. Die Paprikaschoten mit Paprikareis und die ausgehöhlten Tomaten mit einer Mischung aus geweichtem Brot, vielen feingehackten Kräutern und Senfgurken füllen. Die Paprikaschoten und Tomaten mehrmals mit kochend heißem Kräuteressig, der mit etwas Zucker abgerundet wurde, übergießen. Dadurch werden die beiden Gemüse gar. — Tomaten und rote Paprikaschoten können Sie auch noch anders einlegen: Die Haut einschneiden, alles überbrühen und die Haut abziehen, halbieren und alle Kerne entfernen. Die auf diese Weise entstandenen hohlen Halbkörper auf ein flaches Glasgeschirr legen und darunter und darüber feine Schalottenwürfel oder hauchfeine Scheibchen streuen. Darauf dann noch dünne Zitronenrädchen verteilen. Aus Weinessig und Weißwein mit Zitronensaft, Zucker, Salz, Pfeffer und Senfkörnern einen Sud bereiten, der kochend heiß über diese roten Halbkugeln gegossen wird. Darin läßt man sie erkalten und ißt sie mit Weißbrot und rohen Schinkenscheiben. — Nun zum Hauptgang, dem Schweinebraten: Die Schweinekeulen werden dort sehr viel höher abgeschnitten als bei uns, so daß lange, dickfleischige Schweinshachsen entstehen. Die Hachse mit Salz, Paprikapulver und zerriebener Knoblauchzehe einreiben, sie dann mit Öl bestreichen und im heißen Ofen in zwei Stunden durchbraten. Bei Tisch das Fleisch vom Knochen her aufschneiden und dazu gebratene Kartoffeln, gebratene Tomaten oder anderes Gemüse reichen, wie zum Beispiel gebratene Auberginenscheiben. Die dicken Scheiben in der letzten halben Stunde im Ofen mit der Schweinskeule mitbraten. Sie werden als solche Beilage nicht gefüllt.

Die kalte Platte besteht aus gefüllten Weinblättern, grünen und blauen Oliven, Keta-Kaviar (vom Lachs), gerollten Roastbeef- und Schinkenscheiben. Dazu gehören rohe Tomaten-, Zwiebel- und Paprikaschotenscheiben, Butter und das rechts im Bild gezeigte, gefüllte Brot. Die Füllung besteht aus Hammelfleisch, Pilzen und Zwiebeln. Alles zusammen fein gewiegt und angeschmort und in dem Teig gebacken. — Dazu trinkt man Anisschnaps, mit Wasser verdünnt, und Mokka nach türkischer Art. — Sie können für Gäste sicher die eine oder andere Platte als Anregung benützen. Die Schweinskeule läßt sich gut als dekorativer Mittelpunkt eines Büfetts arrangieren.

Saure Suppe — TSCHORBA

Eine Suppe, die schnell zubereitet ist. — Zuerst läßt man das Öl heiß werden, es soll aber nicht blau dampfen, und röstet darin die Zwiebelscheiben. Man gibt nach und nach Möhren in Scheiben, Petersilie, Petersilienwurzel, gewiegte Sellerieknolle, Salz und Paprikapulver dazu. Mit Wasser aufgießen, den Reis dazuschütten und kochen lassen. Nach 15 Minuten sind Gemüse und Reis gar gekocht, und man füllt mit dem Sauerkrautsaft auf, der der Suppe ihren säuerlichen Charakter gibt. Die Suppe läßt man noch einmal aufkochen. Die Klößchenmasse bereitet man aus Fleisch, Eiern und geweichtem Brot, gewürzt mit gehackter Petersilie, Salz und Pfeffer. Stechen Sie mit einem Teelöffel kleine Häufchen ab, die Sie in die kochende Suppe legen und bei kleiner Flamme gar ziehen lassen. — Bei dieser Suppe können Sie ohne weiteres das eine oder andere Gemüse nach eigenem Gutdünken ersetzen und somit den Charakter der Suppe etwas verändern.

4 Eßl. Olivenöl, 2 Zwiebeln
2 Möhren, 1 Bund Petersilie grob gezupft, Petersilienwurzel, 1/4 Sellerieknolle, Salz
Paprikapulver, 1/2 Tasse körnigen Reis, 1 Flasche Sauerkrautsaft (aus Reformhaus)
Klößchenmasse:
250 g Rindshackfleisch, 2 Eier
2 Scheiben geweichtes Weißbrot, 1 Eßl. gehackte Petersilie, Salz, Pfeffer

Griechische Zitronensuppe — SOUPA AVGOLEMONO

In einem Topf gart man die Fleischstücke mit Wasser, Möhre, Sellerie und Zwiebeln. Den Schaum auf der Oberfläche soll man abschöpfen. Wenn das Fleisch weich gekocht ist, sticht man es mit einer Gabel heraus, seiht die Suppe ab und gibt sie wieder in den Topf zurück. Den gewaschenen Reis in der Suppe kochen, bis er gar, aber noch körnig ist. In einer Schüssel Eidotter mit Zitronensaft und Salz schaumig schlagen und langsam die warme Suppe mit dem Schneebesen unter die Schaummasse rühren. Die Huhnstücke wieder in die Suppe geben und nochmals leicht erhitzen, aber nicht mehr kochen lassen. — Bestreuen Sie das Gericht mit Petersilie und legen Sie obenauf ein randloses Zitronenrädchen.

1/2 Huhn (Huhn- oder Puterstücke aus der Tiefkühltruhe)
1 Möhre
1/4 Sellerieknolle
2 Zwiebeln
1/2 Tasse Reis
2 Eidotter
1 Zitrone
Salz, Petersilie

RUMÄNIEN BULGARIEN GRIECHENLAND

SOUPA SUS TOPCHETA

450 g Ochsenbrust oder Hochrippe, 1 Zwiebel
1/4 Sellerieknolle, 1 Petersilienwurzel, 5 Kohlrübchen
2 Möhren, Salz, Pfeffer
1/2 Tasse Patna-Reis
Klößchen:
500 g Hackfleisch, 2 Eier
1 Eßl. Essig, 2 Eßl. gehackte Petersilie, Salz, Pfeffer
1/2 Tasse Mehl
Schwitze:
3 Eßl. Butter, 1 Zwiebel in Würfeln, 2 Eßl. Mehl
Eibindung:
2 Eier, 1 Zitrone

Bulgarische Klößchensuppe

Wichtig ist für dieses Gericht eine gute Bouillon, und man sollte dafür nur erstklassiges Fleisch verwenden. — Man kocht das Fleisch zusammen mit Zwiebel, Sellerieknolle, Petersilienwurzel, Rübchen und Möhren so lange, bis das Gemüse gar ist, und gießt dann die Bouillon durch ein Sieb ab. Salz und Pfeffer erst jetzt dazugeben und den Reis in der Suppe kochen lassen. Das gekochte Fleisch reservieren Sie für einen anderen Gang oder den nächsten Tag. — Für die Klößchen mischt man das gehackte, rohe Fleisch mit Eiern, Essig, gehackter Petersilie, Salz und Pfeffer. Aus dieser Masse formt man kleine Kugeln, die man in Mehl rollt und in der Suppe gar ziehen, jedoch nicht sprudelnd kochen läßt, weil sie leicht zerfallen. Für die Schwitze dünstet man in Butter die Zwiebelwürfel an, bestäubt sie mit Mehl und schlägt sie vorsichtig in die Suppe ein. Zwei Eier verquirlt man mit dem Zitronensaft, gießt mit zwei Tassen der heißen Suppe auf und schüttet diese Mischung ebenfalls in die Kasserolle, dazu das gekochte, feingeschnittene Gemüse. — Sollten die Klößchen als Einlage nicht genügen, können Sie mit Fleischwürfeln noch strecken.

PSARIA PLAKI

2 Eßl. Butter
2 Goldbarschfilets
Salz
Pfeffer
1/2 Tasse Olivenöl
2 Zwiebeln
2 Knoblauchzehen
1 Tomate
1 Zitrone
Butterflocken

Griechischer Fisch

Nehmen Sie für dieses Gericht im Frühjahr Maifisch (Hornhecht), während des übrigen Jahres Goldbarsch. — In eine längliche, gefettete und angewärmte Auflaufform legt man die Fischfilets, läßt aber zwischen den Stücken etwas Platz. Man streut Salz und Pfeffer darüber und in Öl gebräunte Zwiebel- und Knoblauchscheiben. Mit Tomatenscheibchen und dünn abgeschälter Zitronenschale füllt man zwischen den Filets auf und legt auf jedes eine Tomatenscheibe und eine abgeschälte Zitronenscheibe. Das Gericht mit Butterflocken bedecken und im heißen Ofen gar backen. — Dazu kann man Reis oder Butterkartoffeln essen. Auch gebackene Auberginen oder Gurkengemüse passen dazu.

GHIVETCH

4 Kartoffeln, 5 Tomaten
1 rote Paprikaschote
4 grüne Paprikaschoten
1 kleine Salatgurke
1 Aubergine, Salz
750 g durchwachsenes Rind-

Rumänischer Eintopf

Bei diesem Rezepttitel muß ich um Entschuldigung bitten, aber ich fand leider keinen passenden deutschen Namen dafür. Das gleiche Gericht, das rumänisch Ghivetch heißt, schreibt man in Bulgarien Gyuvech, gesprochen wird es dort etwa wie »Dschuwetsch«. — Alle Gemüse schneidet man in kleine Stücke, die Auberginen aber in Scheiben. Man bestreut diese mit Salz, läßt sie eine Stunde lang stehen, gießt die sich bildende Flüssigkeit ab und mischt die Scheiben zum anderen Gemüse. Das Fleisch schneidet man in kleine Würfel und röstet es in einer Pfanne mit Öl, Salz und Pfeffer an. Nach dem Angießen mit Wasser und Zitronensaft deckt man das Gefäß zu und läßt das Fleisch 30 Minuten allein schmoren, dann noch so lange zusammen mit dem Gemüse und etwas Wasser, bis alle Teile weich sind. Das Fleisch-Gemüse füllt man in eine feuerfeste Form und gießt darüber die Mischung aus Eiern, Mehl, Milch und Muskatnuß. Das Gericht läßt man im Ofen fest werden. — Man trinkt den guten, roten Landwein zu diesem Nationalgericht und reicht Brotscheiben dazu.

fleisch (Brust, Hochrippe)
3 Eßl. Olivenöl
Pfeffer
Saft einer halben Zitrone
3 Eier
2 Eßl. Mehl
1 Tasse Milch
Muskatnuß

Ochsenzunge mit Olivensauce — LIMBA CU MASLINE

In Rumänien wird Ochsenzunge selbstverständlich zu Hause gekocht. Hier kann man sie aber beim Fleischer bereits gekocht und abgezogen kaufen. Verlangen Sie für dieses Gericht etwas dickere Scheiben als sonst zu Aufschnitt. — In einer Kasserolle zerläßt man die Butter, dünstet die Zwiebelwürfel und den zerriebenen Knoblauch an und stäubt das Mehl darüber. Nach kurzer Zeit gießt man mit der Mischung aus Tomatensaft, Bouillon, Weißwein und Weinessig auf. Die entstandene Sauce würzt man mit Salz, Pfeffer, Paprikapulver, geriebenem Lorbeerblatt, Olivenscheiben und geschnittenem, kandiertem Ingwer. Damit übergießt man die Zungenscheiben, die darin nur noch warm zu werden brauchen. — Als Beilage paßt körniger Reis.

8 dicke Scheiben Ochsenzunge, 3 Eßl. Butter
2 Zwiebeln, 1 Knoblauchzehe
2 Eßl. Mehl, ½ Tasse Tomatensaft (aus der Dose), ¼ Tasse Rindsbouillon, ¼ Tasse Moselwein, 2 Eßl. Weinessig
Salz, ½ Teel. Pfeffer, 1 Teel. Paprikapulver, ½ Lorbeerblatt, 1 Tasse gefüllte, grüne Oliven, 1 Eßl. kand. Ingwer

Gebackene Hirnkrapfen — KIUFTETA OT MOZAK

Die Hirnteile spült man in kaltem Wasser, bis keine Blutspur mehr zu sehen ist. In saurem Wasser läßt man sie so lange ziehen, bis sie steif und weiß sind. Abgießen und mit kaltem Wasser abschrecken. Man läßt sie abtropfen, entfernt die äußere Haut und schneidet das Hirn mit einem Wiegemesser fein. In einer Kasserolle dünstet man die Zwiebelwürfel mit zwei Eßlöffeln Butter und rührt dazu die Mischung aus geweichtem, ausgedrücktem Brot, Milch, Hirn, Salz, Pfeffer und Petersilie. Wenn sich eine glatte Masse gebildet hat, nimmt man die Kasserolle vom Feuer, läßt den Inhalt abkühlen und mischt dann drei Eier darunter. Aus dieser Hirnmasse formt man längliche Krapfen, die man in Mehl dreht, in verquirltes Ei taucht und in frischen Brotkrumen wälzt. Mit Butter backt man die panierten Krapfen goldbraun und serviert sie sofort. Aufgewärmt sind sie nicht mehr gut. — Als Sauce schmeckt gut Mayonnaise, vermischt mit Kaviarkörnern.

2 Schweinehirne
2 Tassen Wasser
1 Eßl. Essig
4 Zwiebeln, 2 Eßl. Butter oder Margarine
2 Scheiben Weißbrot
¼ Tasse Milch
1 Teel. Salz
½ Teel. Pfeffer
2 Eßl. gehackte Petersilie
4 Eier, Mehl zum Wälzen
Panierbrösel
Butter zum Braten

ENTRATHER
Hammelfleisch mit Artischocken

500 g Hammelbrust
100 g Butter
4 Zwiebeln
1 Knoblauchzehe
Salz
Pfeffer
1 Lorbeerblatt
6 Artischocken
3 Eier
2 Eßl. Zitronensaft
12 grüne, gefüllte Oliven in Scheiben

Kaufen Sie das Hammelfleisch ohne Knochen, am besten gleich in Würfeln. Achten Sie jedoch auf schiere, feste Stücke, denn Sehnen und Flechsen sind später im Gericht sehr unangenehm. — Die Fleischwürfel in der Butter anrösten, bis sie allseitig angebräunt sind, dann noch kurz die Zwiebelscheiben und zerriebenen Knoblauch darin dünsten und mit Salz, Pfeffer und Lorbeerblatt würzen. Nun füllt man mit Wasser auf und läßt das Gericht 30–40 Minuten kochen. Ab und zu umrühren! — Von den Artischocken löst man die äußeren unansehnlichen Blätter ab und schneidet mit einem scharfen Messer das obere Drittel der Artischocke ab. Die Blütenfäden holt man heraus und halbiert den verbleibenden Boden mit den fleischigen Blattstielen. Die Artischockenböden kocht man mit den Hammelfleischstücken weitere 20 Minuten. In der Zwischenzeit verrührt man Eidotter und Zitronensaft und gibt unter ständigem Rühren eine Tasse der Kochflüssigkeit darunter. Diese Eimasse gut mit dem Gericht vermengen und kurz vor dem Servieren mit den geschnittenen Oliven garnieren.

KATES RIGANATI
Majoran-Hühnchen

1 Hühnchen
1/2 Tasse Olivenöl
3 Teel. Salz
1 Zitrone
125 g Butter
4 Tomaten
Salz, Pfeffer
2 Teel. getrockneten zerriebenen Oregano oder frischen Majoran

Bei dem Majoran, dem Hauptgewürz dieses Gerichtes, handelt es sich um die wilde Art, die bei uns mit dem italienischen Namen Oregano bekannt und getrocknet in Gläsern erhältlich ist. — Das Hühnchen säubern und die eventuell verbliebenen Federn absengen und mit einer Mischung aus Olivenöl, Salz und Zitronensaft innen und außen einreiben. Man brät es im Ofen etwa 1 Stunde; die Garzeit richtet sich nach Größe und Alter des Huhns. In einer Kasserolle läßt man währenddessen Butter zerlaufen und verrührt darin gebrühte, geschälte und zerschnittene Tomaten, die man mit Salz, Pfeffer und reichlich Oregano würzt. Nach 5 Minuten ist die Masse eingekocht und fertig. Man reicht sie als dickflüssige Sauce mit Reis, Kopfsalat und Weißbrot zu dem gebratenen Hühnchen. — Dazu trinkt man Rotwein oder Orangensaft. — Ich halbiere das Hühnchen meistens der Länge nach und belege es nach dem ersten Braten mit der Sauce und lasse es dann im Ofen fertig garen. In diesem Fall darf man die Tomatenmasse vorher nicht salzen, sie wird sonst durch das Verdampfen der Flüssigkeit zu scharf.

PILE YAHNIA
Bulgarisches Hühnchenragout

1 Hühnchen
50 g Butter oder Margarine

Das gesengte Hühnchen ausnehmen, waschen und in vier Teile zerlegen. In der zerlassenen Butter bräunt man die Huhnteile an und läßt dann die

Zwiebeln mitschmoren, bis sie sich verfärben. Jetzt mischt man Salz, Paprika und Mehl darunter. Das Mehl läßt man bräunen und gießt die Einbrenne mit Tomatenmark und Wasser auf. Nun streut man die Walnüsse darüber und läßt das Gericht etwa 1½ Stunden auf kleiner Flamme kochen (bitte mehrmals umrühren!), bis das Fleisch gar ist. Eventuell die Flüssigkeit mit Wasser oder Bouillon ergänzen. Zum Schluß schmeckt man die Würzung ab, vor allem mit Paprikapulver, und verfeinert den Geschmack mit Fleischextrakt. — Als Beilagen empfehle ich Ihnen Butterkartoffeln und Selleriesalat zu servieren.

3 Zwiebeln
Salz
Paprikapulver
2 Eßl. Mehl
2 Eßl. Tomatenmark
4 Eßl. gewiegte Walnußkerne
1 Eßl. Fleischextrakt

Auberginen-Moussaka

MOUSSAKA MELITZANES

Für dieses Gericht empfehle ich auf jeden Fall Olivenöl bester Qualität zu verwenden und es nur wenig zu erwärmen, weil bei großer Hitze seine wertvollen Bestandteile zerstört werden. — Im warmen Öl dünstet man die Zwiebelwürfel, die Würfel der rohen Auberginen und die geschnittenen Tomaten mit Salz und Pfeffer. Die Mischung öfters mit einem Holzlöffel umrühren, damit sie nicht anbrennt. Das gedünstete Gemüse füllt man zur Hälfte in eine gebutterte, hohe Auflaufform. Darauf verteilt man die Speckscheiben und das Thüringer Mett und deckt dies mit der übriggelassenen Gemüsemasse ab. Den Abschluß der Auberginen-Moussaka bildet ein Guß aus Quark, Milch und Eigelb, den man mit Salz, Pfeffer und Muskatnuß abschmeckt. Backen Sie das Gericht im vorgeheizten Ofen bei 220° C 30—45 Minuten lang. Wenn der Guß zu früh dunkel wird, mit Pergament-Papier abdecken, weil der Auflauf genügend Zeit zum Durchbacken haben muß. — Die Gemüsemischung können Sie noch ergänzen mit Streifen von Paprikaschoten und Schinken. Ich selbst setze einer solchen Moussaka etwa 3 Eßlöffel Paprikamark zu, das es in Tuben zu kaufen gibt. Dadurch wird auch der farbliche Kontrast reizvoller. Haben Sie Reste von gebratenem Geflügel, so sind Würfel davon gut in der Moussaka zu verwenden.

4 Eßl. Olivenöl
3 Zwiebeln
2 Auberginen, gebrüht und abgezogen
4 Tomaten, gebrüht und abgezogen, zerschnitten und ausgedrückt
2 Teel. Salz, 1 Teel. Pfeffer
30 g Butter
5 Scheiben Bauchspeck
250 g Thüringer Mett (gewürztes Schweinehackfleisch), ½ Tasse Quark
½ Tasse Milch
4 Eigelbe, Salz, Pfeffer
Muskatnuß

Sauerkrautrouladen

SARMALE

In Rumänien legt man geschnittenes Weißkraut zusammen mit ganzen Kohlköpfen zum Sauerwerden ein, nicht wie bei uns nur die feinen Fäden. Weil wir diese ganzen sauren Blätter nicht haben, mußte ich das Originalgericht etwas auf unsere Verhältnisse hin abwandeln. Rumänienkenner werden mir dies hoffentlich verzeihen. — Nehmen Sie einen kleinen Weißkohlkopf, den Sie mit kochendem Wasser brühen und unter kaltem Was-

1 kleinen Weißkohlkopf
250 g durchwachsenes Rindfleisch, 250 g Schweinefleisch
50 g Schmalz, 5 Zwiebeln
Salz, Pfeffer, 1 Bund

*Petersilie, 1 Bund Dill-
blätter, 1 Bund Kerbel
1 rote Paprikaschote
3 Eier, 1 Tasse sehr stark
gekochten Rundkornreis
250 g Sauerkraut
1 Glas Joghurt
12 dünne Speckscheiben
½ Tasse Sauerkrautsaft
(in Reformhäusern in Fla-
schen erhältlich), ½ Tasse
Tomatensaft (in Dosen oder
Flaschen), ⅛ l saure Sahne*

ser abschrecken. Die großen Deckblätter trennt man ab, sie sollen ganz bleiben. Für die Füllung röstet man nun die Fleischwürfel in Schmalz mit Zwiebelscheiben an und gibt Gewürze, Kräuter und Paprikaschote dazu. Die Masse läßt man auf etwa 30° C abkühlen und mischt dann die Eier und den Reis darunter. Das Sauerkraut vermengt man mit Joghurt, verteilt es auf den Kohlblättern und setzt in die Mitte 1 oder 2 Eßlöffel voll Fleischmasse. Das alles rollt man zusammen zu einer Roulade oder einem »Wickel« und steckt diese mit einem hölzernen Zahnstocher fest. Die Rouladen legt man in eine feuerfeste Form, die man bereits mit dünnen Speckscheiben ausgekleidet hat, füllt die Hohlräume mit gehacktem Sauerkraut, gießt Sauerkrautsaft und Tomatensaft an und legt obenauf nochmals Speckscheiben und backt das Gericht im Ofen. Saure Sahne gießt man dazu, wenn die Flüssigkeit etwas eingedampft ist.

FASOLE STIL
TARANESC

Rumänische grüne Bohnen und Bohnenkerne

*500 g weiße Bohnenkerne
300 g grüne Bohnen
½ Tasse Olivenöl
2 Zwiebeln
Mehl
2 Eßl. Tomatenmark
Salz, Pfeffer, Petersilie
2 Teel. Essig
Paprikapulver
8 kleine Bratwürste oder
16 Cocktailwürstchen*

Die getrockneten weißen Bohnenkerne wäscht man und weicht sie eine Nacht ein. Am nächsten Tag kocht man sie so lange in Salzwasser, bis sie weich sind. Die grünen Bohnen putzt man, schneidet sie in schräge Scheiben und kocht sie in Wasser etwa 5 Minuten. Im heißen Olivenöl dünstet man die Zwiebelscheiben an und gibt dann die abgetrockneten, grünen Bohnen dazu. Nach kurzer Zeit stäubt man mit Mehl. Tomatenmark, Salz, Pfeffer und gehackte Petersilie vermischt man damit und gießt mit Wasser und Essig an. Man läßt die grünen Bohnen schmoren, bis sie weich sind, und schüttet dann erst die gekochten Bohnenkerne dazu. Das Bohnengemüse würzt man mit Paprika und schichtet darauf die gebratenen Miniaturwürstchen. Cocktailwürstchen läßt man darin nur warm werden. — Ich streue in das fertige Gemüse einige zerdrückte Blätter Bohnenkraut.

Gefüllte grüne Paprikaschoten auf rumänische Art

*4 große, grüne Paprika-
schoten, 250 g Schweineschulter, 1 Zwiebel, 1 Eßl. Schmalz
zum Anrösten der Zwiebel-
scheiben, Salz, Pfeffer
1 Tasse gekochten Reis
4 Eßl. Schmalz zum Braten*

Die frischen Paprikaschoten um den Stiel herum rund einschneiden und das Kernhaus und alle Kerne entfernen. Die Schoten dann in eine große Schale legen und mit kochendem Wasser übergießen. Während sie darin weich werden, das Fleisch durch die feine Scheibe des Fleischwolfs drehen, zusammen mit den angerösteten Zwiebelscheiben. Zu dieser Masse Salz, Pfeffer und den Reis mischen, der in Salzwasser gekocht und nachher mit einigen Löffeln Wasser lockerer gemacht wurde. Diese Fleischfülle in die leeren, abgetropften Schoten stopfen, sie hoch auftürmen und glattstreichen. Im heißen Fett die Schoten auf allen Seiten (nicht oben) anbraten, wobei sie sich leicht verfärben sollen. In einer anderen Kasserolle das Mehl in Butter anrösten und mit Bouillon aufgießen, so daß eine sämige Sauce entsteht. Diese mit Tomatenmark, Sahne und Zitronensaft versetzen und den Geschmack mit einer Prise Zucker abrunden. Diese Sauce über die Paprikaschoten gießen und sie darin auf kleiner Flamme durchgaren lassen. — Anstelle der Paprikaschoten können Sie Gemüsegurken verwenden, aber auch große Zwiebeln und Tomaten, die man aushöhlt. In der russischen Küche füllt man auch große Steinpilzhüte auf diese Weise.

der Paprikaschoten
2 Eßl. Mehl, 2 Eßl. Butter
Rindsbouillon
4 Eßl. Tomatenmark
3 Eßl. Sahne
Saft einer halben Zitrone
Zucker

Porree-Rouladen

Man braucht dazu ganz ausgewachsene, große Porreestauden. Wurzeln und zerdrückte welke Blattspitzen abschneiden. Auch den dicken Fuß entfernen, diesen aber aufheben. Unter dem kalten Wasserstrahl die Stauden der Länge nach auseinandernehmen. Die großen, äußeren Blätter mit kochendem Wasser überbrühen, die zarten, dünnen Innenblätter mit den beiden abgeschnittenen Fußenden fein wiegen, zusammen mit dem geweichten Brot und der Bratwurstmasse. Wenn Sie die Masse im Elektromixer pürieren, gleich die Sahne, Eier und Gewürze dazugeben. Der Mixer braucht nur etwa 1 Minute lang zu laufen, dann ist die Masse fein. Die äußeren, gebrühten Porreeblätter paarweise nebeneinanderlegen, dick mit der Masse bestreichen und dann zusammenrollen. Mit einem dünnen Faden umwickeln und die Rouladen in eine gebutterte, feuerfeste Form mit flachem Rand legen. Flüssige Butter darübergießen und das Gericht im Ofen 15 Minuten lang backen. — Dazu passen Tomatensauce und Kartoffelbrei oder Risotto.

4 große Porreestauden
4 Scheiben Weißbrot ohne
Rinde, mit Wasser geweicht
2 feine, rohe Bratwürste
4 Eßl. Sahne
2 Eier, Salz, Pfeffer
Butter für die Form
und zum Beträufeln

Gefüllte Auberginen

Farbfoto Seite 321

Auberginen oder Eierfrüchte werden mehrere Monate des Jahres bei uns angeboten. Die Früchte sollen eine dunkelviolette, pralle Haut haben. Runzelige Früchte sind alt. Auberginen nur gekocht essen, roh sind sie unbekömmlich. — Die Auberginen halbieren und ganz mit Öl einstreichen. Im heißen Ofen auf Gitterrosten löst sich in etwa 10 Minuten die Haut. Sie kann dann leicht im ganzen Stück abgezogen werden. Das Fruchtfleisch mit den anderen Zutaten fein wiegen und wieder in die leeren Hauthälften einfüllen. Darauf dick geriebenen Käse streuen und das Gericht im vorgeheizten Ofen überbacken. — Dazu paßt ein Salat aus roten und grünen Paprikaschoten.

4 Auberginen, 1/2 Tasse Öl
250 g Kalbs- oder Hammelbraten, 2 Eier, Salz
1/2 Tasse Champignons
Paprikapulver, 2 zerriebene
Knoblauchzehen, 4 Eßl. Sahne
1 Tasse geriebenen Parmesan
oder anderen Hartkäse

PLAKIA — *Bulgarisches Gemüsegericht*

500 g grüne Bohnen
500 g Tomaten
1 grüne Paprikaschote
1 Tasse Olivenöl
5 Zwiebeln in Scheiben
½ Tasse oder 1 Tube Tomatenmark
Salz, Pfeffer
Zucker
½ Zitrone
1 Teel. Fleischextrakt

Eine Eigenart der Balkanküche ist, daß verschiedene Gemüse meistens in Form ragoutartiger Mischungen als Beilage zu Fleisch gegessen werden, nicht wie bei uns jedes eigens für sich. — Die Bohnen schneidet man in schräge, dünne Scheiben. Die Tomaten brüht man, zieht die Haut ab, halbiert, drückt die Kerne mit dem Saft heraus und viertelt sie. Die Paprikaschote säubert man vom inneren Strunk und den Kernen und schneidet sie in Streifen. Man röstet im heißen Olivenöl die Zwiebelscheiben an, fügt dazu die Tomaten, die Paprikaschote, dann die Bohnen (um die Garzeit zu verkürzen, kann man diese vorkochen), das gelöste Tomatenmark, Salz, Pfeffer, Zucker, Zitronensaft und Fleischextrakt. Die Flüssigkeit verkocht zum Teil. Dadurch entsteht eine sämige Gemüsemasse, die warm oder kalt zu gebratenem Fleisch gegessen wird.

TOCANA DE CARTOFI — *Kartoffelauflauf*

4 Eßl. Gänseschmalz oder Hühnerfett, 2 Eßl. Mehl
2 Tassen Bouillon, 2 Teel. Salz
Pfeffer, Paprikapulver
8 große Kartoffeln in Scheiben, 4 Eßl. Sahne
½ Tasse geriebenen Käse
Zum Verfeinern:
½ Tasse Schinkenstreifen
3 Eßl. Zungenstreifen
1 Eßl. Erdnüsse, 2 Tomaten

Verwenden Sie für diesen Kartoffelauflauf Gänse- oder Hühnerfett. Ihr Geschmack ist durch andere Fette nicht zu ersetzen. — Aus Fett und Mehl bereitet man eine Schwitze, die man mit Bouillon löscht und mit Salz, Pfeffer und Paprika würzt. Die rohen Kartoffelscheiben läßt man in dieser Sauce garen, etwa 15 Minuten. Danach verfeinert man mit Sahne, bestreut die Oberfläche des Gerichtes mit geriebenem Käse und überbackt es im heißen Ofen. — Ich verfeinere das Gericht mit Streifen von rohem Schinken und Ochsenzunge, außerdem mit einigen zerdrückten Erdnüssen. Als letzte, obere Schicht unter dem Käse lege ich dicke Tomatenscheiben darauf, die mit dem überkrusteten Käse sehr fein schmecken. Als Käse entweder milden Schnittkäse in dünnen Scheiben nehmen oder Flocken von sahnigem Schmelzkäse in den bekannten Ecken.

CARTOFI SUS SIRENE — *Käsekartoffeln*

8—10 Kartoffeln
500 g Quark und
1½ Tassen Butter miteinander verknetet
Salz, Pfeffer
2 Eier
1 Glas Sahne-Joghurt

Nach dem Originalrezept schält man Kartoffeln und backt sie in der Käsesauce als rohe Scheiben, man kann aber auch gekochte Kartoffelscheiben verwenden. In jedem Fall sollte man kochfeste Salatkartoffeln kaufen. — Ich gebe Ihnen hier das Rezept mit den rohen Kartoffelscheiben: Man buttert eine feuerfeste Form aus, legt eine Schicht Kartoffelscheiben ein, bestreut sie mit der Quark-Butter-Mischung, würzt mit Salz und Pfeffer und wiederholt, bis alles aufgebraucht ist. Die Form stellt man ohne Deckel in den auf 250° C vorgeheizten Ofen und holt sie nach 30 Minuten wieder heraus. Inzwischen schlägt man die Eier mit dem Joghurt etwas schaumig und gießt die Mischung über den Auflauf, den man im Ofen noch bräunen läßt. — Das Gericht kommt brutzelnd heiß auf den Tisch und ist eine Beilage zu gebratenem Fleisch oder gebackenen Fischfilets.

Spinatröllchen — SPANAKOPETA

Für dieses Gericht bereitet man zuerst den Teig: Mehl und Salz siebt man in eine Schüssel und knetet mit Wasser schnell zusammen. Man läßt den Teig einige Zeit ruhen und rollt ihn mit Mehl dünn aus. Aus dem dünnen Fladen schneidet man vier quadratische Stücke, deren Oberfläche man mit flüssiger Butter bestreicht und aufeinander legt. Zubereitung der Spinatfüllung: In einer Kasserolle läßt man die Zwiebelwürfel in Butter anbräunen, streut gehackte Petersilie und Dill darüber und gibt nach 5 Minuten dann den Spinat mit Salz und Pfeffer dazu. Während der nächsten 5 Minuten gut umrühren, damit nichts anbrennt. In einer Schale vermischt man die schaumig geschlagenen Eier mit dem Quark, dem geriebenen Käse und dem Spinatbrei zu einer glatten Masse. Den bereits fertigen Teig rollt man mit Mehl wieder aus, verteilt darauf die Spinatmasse und formt eine Rolle daraus. Diese legt man auf ein Backblech und übergießt sie mit der restlichen Butter. Die Teigrolle im Ofen etwa 30 Minuten lang backen, sie soll braun und krustig werden. Dann schneidet man sie in Scheiben und bringt sie mit Tomatensauce zu Tisch oder serviert sie als Vorspeise zusammen mit klarer Bouillon. — Ich finde es hübscher, wenn man statt der großen Rolle für jede Person ein kleines Röllchen macht.

- 1³/₄ Tassen Mehl
- 2 Teel. Salz
- 1 Tasse Wasser
- 200 g Butter oder Margarine
- 2 Zwiebeln in Würfeln
- ¹/₂ Tasse gehackte Petersilie
- 4 Eßl. gehackten Dill
- 750 g Spinat
- ¹/₂ Teel. Pfeffer
- 4 Eier
- 250 g Quark
- ¹/₂ Tasse geriebenen Käse

Bulgarischer Paprikaschotensalat — MESHANA SALATA

Die Paprikaschoten spießt man auf eine Gabel und hält sie über eine offene Flamme, bis sich die Haut bräunt und platzt und man sie gut abschälen kann. Die geschälten Schoten schneidet man in Streifen und vermischt sie mit hautlosen Tomatenscheiben, gebrühten Zwiebelscheiben und geschälten Salatgurkenscheiben. Den Essig mischt man mit Öl, Salz und Pfeffer und gießt die Sauce über den Salat. Gut durchmischen und kühl servieren! — Ich empfehle diesen Salat als Vorgericht, er schmeckt aber auch gut als Beilage zu Fisch und Fleisch. Die Salatsauce kann man mit hartgekochtem, zerdrücktem Eigelb und saurer Sahne verfeinern.

- 10 Paprikaschoten rot und grün
- 4 Tomaten
- 4 Zwiebeln
- 2 Gurken
- 5 Eßl. Essig
- 4 Eßl. Öl
- 1 Teel. Salz
- ¹/₂ Teel. Pfeffer

Quark-Süßspeise auf rumänische Art

ALIVENCA

1 kg Quark, 4 Eier, 2 Eßl. Maismehl (Reformhaus) 2 Eßl. Mondamin 1 Teel. Salz, 2 Eßl. Butter 50 g Butterflocken, 6 Eßl. Zucker, 1 Tasse Sahne süß oder sauer ½ Tasse Korinthen, 2 Eßl. Mandeln, 1 Glas Samos 2 Äpfel

Den Quark schlägt man sahnig und zieht die Eier unter, dann das Maismehl, Mondamin und Salz. Eine feuerfeste Auflaufform mit Butter ausstreichen, mit der Quarkmasse füllen und mit Butterflocken bestreuen. Im vorgeheizten Ofen (etwa auf 180° C) backt man das Gericht 30 Minuten, bis die Oberfläche goldbraun wird. Darüber streut man dann reichlich Zucker, der sich zum Teil löst, und ißt die Süßspeise mit Schlagsahne oder geschlagener saurer Sahne. — Den Geschmack der Quarkmasse kann man mit griechischen Korinthen, gehackten Mandeln und einem Gläschen Samoswein verändern. Auch eine Schicht Apfelscheiben in der Mitte schmeckt gut.

Mazedonischer Eisbecher

Früchte: 2 Pfirsiche, 2 Birnen 2 Äpfel, 2 Bananen, 12 Maraschinokirschen, helle Weintrauben, halbiert und kernlos, Stück reife Melone, 4 Eßl. Zucker, 2 Eßl. Maraschinolikör, 2 Eßl. Grand Marnier Eis: 1 Paket Tiefkühl-Himbeeren, ½ l Schlagsahne 1 Päckchen Vanillepuddingpulver, ½ l Milch 4 Eßl. Zucker

Alle Früchte sorgfältig schälen, entsteinen und entkernen, wie es erforderlich ist, und in mundgerechte Würfel oder Scheiben schneiden. In einer Schale die gemischten Früchte mit dem angegebenen Zucker und Likör überstreuen. Das Vanilleeis und Himbeereis können Sie selbst im Tiefkühlfach des eigenen Kühlschrankes herstellen oder aber fertig vom Konditor kaufen. Wer es selbst machen will, der stellt aus Tiefkühlfrüchten oder aus frischen Früchten ein Mark her, das mit der Hälfte der Schlagsahne und der abgekühlten Vanillecreme (aus Puddingpulver) gleichmäßig vermischt wird. Diese Eismasse in flache Schalen füllen und in die Frosterbox stellen. Öfter umrühren, damit sich keine Eiskristalle bilden können. Für Vanilleeis die andere Hälfte der Vanillecreme mit Schlagsahne mischen und in einem anderen Gefäß kalt stellen. Schließlich das Gefrorene in verschiedene Sektkelche verteilen und die durchgezogenen Früchte obenauf füllen. Darauf oder extra steif geschlagene Sahne geben.

Mandeltaschen

SCALTSOUNIA

250 g Mehl, ½ Päckchen Backpulver, 2 Eßl. Butter oder Margarine, 2 Eßl. Zucker, Milch Füllung: 1 Eßl. Zucker 180 g Mandeln, 1 Messerspitze gemahlenen Zimt

Das Mehl mit Backpulver, Butter oder Margarine, Zucker und Milch verkneten, bis ein elastischer Teig entsteht. Diesen im Kühlschrank ruhen lassen. Nach ½ Stunde den Teig zu einer dünnen, rechteckigen Platte ausrollen und in kleine Quadrate schneiden. In die Mitte jedes Stückes einen Teelöffel Mandelmasse setzen. Für diese Füllung in einem Elektromixer Zucker, gebrühte und abgezogene Mandeln, Zimt und Korinthen wenige Sekunden lang zerkleinern. Es soll ein grobes Mus entstehen. Die Ecken der Teigquadrate überkreuz zusammendrücken. Die Auflagestellen vorher befeuchten. Die Taschen in tiefem Öl goldbraun backen und danach sofort in eine Mischung aus Honig, heißem Wasser und einigen Tropfen Rosenblütenwasser tauchen. Dann abtropfen lassen und trocken servieren. Sie können auch noch Puderzucker darüberstäuben.

2 Eßl. Korinthen, Öl zum Backen, 4 Eßl. Bienenhonig
1/2 l Wasser
Rosenblütenwasser

Griechischer Walnußkuchen   KARIDOPITA

Die Butter leicht erwärmen und rühren, bis sie cremig wird. Den Zucker mit dem Vanillezucker dazugeben, dann ein Ei nach dem anderen einrühren, ferner Mehl mit Backpulver, Salz, Walnüsse und schließlich die Milch. Nach jeder Zugabe die Masse rühren, bis die Zutat völlig aufgenommen und glatt verteilt ist. Diesen Teig gießt man in eine gebutterte Kastenform und backt im vorgeheizten Ofen (bis 220° C) 35 Minuten lang. Inzwischen bereitet man den Zuckersirup: Den Zucker kocht man etwa 10 Minuten lang mit Wasser und Zitronensaft, bis eine dickflüssige Masse entsteht, die man über den heißen Kuchen, wenn er aus dem Ofen kommt, gießt. — Dieser Kuchen wird in Griechenland meist warm gegessen. Sie können ihn aber auch mit oder ohne Sirupguß zum Kaffee oder Tee essen. Andere Überzüge wären Puderzucker mit Zitronensaft kalt verrührt, oder Aprikosenmarmelade heiß und flüssig darübergestrichen. Die klebrige Oberfläche könnten Sie mit gehackten Nüssen bestreuen.

125 g Butter
3/4 Tasse Zucker
1 Päckchen Vanillezucker
4 Eier
3/4 Tasse Mehl
2 Teel. Backpulver
Prise Salz
3/4 Tasse geriebene Walnüsse
1/4 Tasse Milch
Sirup:
1/2 Tasse Zucker
1/2 Tasse Wasser
1 Eßl. Zitronensaft

DIE KOCHKUNST DER TÜRKEN hat durch ihre Eroberungszüge weite Verbreitung erfahren, vom Balkan bis ins Innere Asiens und bis vor die Tore Wiens. Auch der Kaffee kam so über Wien nach Europa. Die Türken schätzen seit jeher gutes Essen und schöne Frauen, und der türkische Himmel ist ohne diese irdischen Genüsse kaum vorstellbar.

Schon bei den Vorspeisen entwickelt die Küche der Türkei viel Einfallsreichtum. Außer Meeresfrüchten, wie Austern und Langusten, Krebsen und Scampi, serviert man Pasteten, Würste, Kaviar, Cacik (feingehackte Gurken, mit Joghurt vermischt) und noch vieles andere. Grundnahrungsmittel ist das Hammelfleisch, meist in besonders guter Qualität. Auch das Fleisch von Ziegen, Wild und Hühnern findet häufig Verwendung. An Gemüsen erntet man die Auberginen, die ja überall an der Mittelmeerküste wachsen, grüne Bohnen, Artischokken, Kürbisse, Pfefferschoten, Erbsen, Gurken, Tomaten, Spinat und Kohl. Zwiebeln und Knoblauch werden besonders häufig verwendet, wie es im Balkan und im Vorderen Orient üblich ist. In den Gärten wachsen Melonen, Birnen, Erdbeeren, Feigen und Weintrauben. Letztere sind, getrocknet, ein begehrter Exportartikel der Türkei.

Die Kunst, feinen gefüllten Blätterteig unnachahmlich zuzubereiten, trug dazu bei, daß die türkischen Köche bei allen islamischen Völkern den Ruf von Königen der Küche genießen. Mitteleuropäer finden die meisten türkischen Gerichte anfangs recht schwer, wegen ihres reichen Anteils an Hammelfett und Öl. Aber wer fährt schon für wenige Tage in die Türkei? Man bleibt wochenlang, um das geschichtsträchtige Land zu erleben, und dann ist man auch bald begeistert von der türkischen Kochkunst.

Die Zuckerwaren des Landes sind sehr süß, oft mit Honig versetzt und mit Rosenöl parfümiert. Desgleichen der türkische Mokka, der, staubfein gemahlen und mit viel Puderzucker mehrmals aufgekocht, nicht nur getrunken, sondern auch »gegessen« wird — ein Gericht für starke Herzen. Auf dem Lande wächst übrigens auch ein guter Rotwein, und in Ankara braut man Bier. Von den Spirituosen ist der Raki am bekanntesten, ein ziemlich süßer Anisschnaps, der zu vielen Anlässen getrunken wird. Manchmal auch ohne Anlässe.

Türkei

TÜRKEI

DÜGÜN CHORBASI
Lamm-Eiersuppe

750 g Lamm- oder Hammelfleisch
2 Zwiebeln
2 Möhren
2 Teel. Salz
1/2 Teel. Cayennepfeffer
4 Eßl. Butter oder Margarine
4 Eßl. Mehl
4 Eigelbe
3 Eßl. Zitronensaft
4 Eßl. Butter
1 Teel. Paprikapulver

Diese Suppe wird in der Türkei traditionell bei Hochzeiten gereicht. An Stelle des Lammfleisches kann man natürlich auch gutes Hammelfleisch verwenden. — Im heißen Ofen kocht man in Wasser das Fleisch und die ausgelösten Knochen mit Zwiebeln, Möhren, Salz und Cayennepfeffer. Die Flüssigkeit muß hin und wieder nachgegossen werden. Die Bouillon gießt man nach dem Garen des Fleisches durch ein Sieb ab. Das Fleisch dreht man durch die grobe Scheibe des Fleischwolfes oder wiegt es auf dem Küchenbrett klein und schüttet es dann wieder in die Suppe. Mit einer hellen Mehlschwitze, die man langsam unter fortwährendem Rühren mit etwas Bouillon löscht, bindet man diese Lamm-Gemüse-Suppe. In einer Schale schlägt man die Eigelbe mit dem Zitronensaft schaumig und füllt wieder langsam mit heißer Suppe auf. Die Suppe vom Feuer nehmen und die verquirlten Eier darunterrühren. In jeden Teller einen Löffel Butter legen, die Suppe darübergießen und mit Paprikapulver bestreuen. — Bei uns streut man eventuell noch gehackten Schnittlauch darüber.

SOMUN-BALIGHI KÜL BASTI
Gedünsteter Lachs mit Mandelsauce

4 Lachsscheiben
Salz
75 g Butter
Zwiebeln
1/2 Zitrone
1 Lorbeerblatt
125 g Mandeln
2 Knoblauchzehen
50 g Weißbrotkrumen
3 Eßl. Olivenöl
3 Eßl. Essig
2 Teel. Zitronensaft

Man kauft dicke Lachsscheiben, am besten vom Schwanzende wegen der geschlossenen Form. — Die Fischscheiben reibt man mit Salz ein und dünstet sie in Butter mit Zwiebelscheiben, Zitronensaft und Lorbeerblatt in einem großen Topf. In der Zwischenzeit bereitet man die Sauce: Die gebrühten und abgezogenen Mandeln zerreibt man mit den Knoblauchzehen in einem Mörser oder püriert sie in einem Elektromixer (als Kontaktflüssigkeit etwas Wasser zugeben). Dazu geweichte Weißbrotkrumen, Salz und Olivenöl mischen. Mit Essig, Zitronensaft und Wasser wird daraus eine sämige Sauce. Diese gibt man über die gedünsteten Lachsscheiben und backt das Gericht im Ofen, bis sich eine goldbraune Kruste bildet. — Dazu serviert man Butterkartoffeln, Erbsen und sauer eingelegte Artischockenherzen.

SIGHIR-ETI YAHNISI
Knoblauchsteak

4 dicke Rindersteaks
8 Knoblauchzehen
75 g Butter oder Margarine
6 Kartoffeln

Die Steaks erhalten mit einer Messerspitze Einstiche, in die man kleine Knoblauchzehen steckt. Das Fleisch legt man in eine heiße Pfanne, gibt die Butter dazu und läßt es 45 Minuten auf sehr kleiner Flamme dünsten. Dann gibt man rohe, hauchdünne Kartoffelscheibchen dazu, zerdrückte To-

TÜRKEI

maten, Salz und Pfeffer. Zugedeckt läßt man alles etwa ½ Stunde dünsten, bis die Kartoffeln gar sind. Kurz vor dem Servieren rührt man einige Löffel Joghurt und gehackte Petersilie unter die rötliche Sauce. — Dazu ißt man türkischen Gurkensalat (s. Rezept Seite 312) und körnigen Reis.

5 Tomaten
Salz, Pfeffer
4 Eßl. Joghurt
Bund Petersilie

Auberginen-Klöße — PATLICAN KÖFTESI

Die Auberginen legt man so lange in den heißen Ofen, bis sich die Haut leicht abziehen läßt. Danach halbiert man sie und hackt das Fruchtfleisch zusammen mit dem Hackfleisch, den Knoblauchzehen, den in Butter gedünsteten Zwiebelscheiben und dem Käse. (Ich ergänze noch mit gebrühten, abgezogenen Paprikaschoten und Petersilie.) Die entstandene Masse mischt man mit den Eiern und würzt mit Salz, Pfeffer und Paprika. Wenn sie zu feucht sein sollte, hilft man sich mit wenig Panierbröseln. Daraus formt man längliche Würste, dreht sie in Mehl und backt sie in viel Olivenöl braun. — Die gebratenen Keuftés legt man auf einen Hügel von körnigem Reis, den man mit Safran oder Paprika färben kann. Das Gericht sieht hübscher und bunter aus, wenn Sie unter den Reis gewürfelte rote Paprikaschoten und grüne Erbsen mischen.

3 Auberginen
400 g Hackfleisch vom Rind
2 Knoblauchzehen
50 g Butter oder Margarine
3 Zwiebeln
50 g Holländer Käse
4 Eier
Salz
Pfeffer
Paprikapulver
Mehl
1 Tasse Olivenöl

Fleischpastete — KIYMALI BÖREK

Das Mehl zusammen mit dem Salz in eine Schale sieben, Eier und Wasser verquirlen und mit dem Mehl verkneten. Der Teig muß glatt und weich sein. Man bedeckt den Teigklumpen mit einem feuchten Tuch und läßt ihn stehen, bis man die Füllung bereitet hat. Dafür erhitzt man das Öl in einer Kasserolle und dünstet darin bei ständigem Rühren das gehackte Rindfleisch, die Zwiebelwürfel und die Paprikaschotenwürfel mit Salz und Pfeffer. Wenn das Fleisch gar ist, läßt man die Mischung abkühlen. Den vorher bereiteten Teig teilt man in acht gleichgroße Stücke. Sechs rollt man zu Quadraten aus, die zwei übrigen zusammen zu einem doppelt so großen Quadrat. Diesen Teigfleck legt man in ein gebuttertes feuerfestes Geschirr oder auf ein gemehltes Blech. Den Ofen jetzt auf 220° C vorheizen! Drei Quadrate bestreicht man mit zerlassener Butter und füllt darauf je den dritten Teil der Fleischmasse und deckt sie mit den anderen drei Flecken zu, deren Oberflächen wieder mit zerlassener Butter und Milch bestrichen werden. Dann schlägt man die Ecken des doppeltgroßen Quadrats darüber zusammen, drückt die Enden fest, bestreicht mit Milch und backt im Ofen etwa 30—40 Minuten lang. — Die Fleischpastete schneidet man erst am Tisch auf und serviert sie mit Paprika-Tomatensauce oder mit Kräutermayonnaise.

2¾ Tassen Mehl
2 Teel. Salz
4 Eier
3 Eßl. Wasser
4 Eßl. Öl
500 g Hackfleisch vom Rind
4 gehackte Zwiebeln
1 rote Paprikaschote
Salz
½ Teel. Pfeffer
½ Tasse zerlassene Butter
½ Tasse Milch

TÜRKEI

KIZARTMA — *Hammelragout*

750 g Hammelfleisch (Bein), Salz
100 g Quark
5 Zwiebeln
½ Tasse Butter
Pfeffer
1 Bund Gewürzkräuter
1 Eßl. Honig
1 Teel. Ingwersaft
Zitronensaft

Für dieses Gericht benötigt man Hammelbeine. Die gelatinösen Knorpel der Beine geben der Sauce eine angenehme Bindung. — Man löst das Fleisch von den Knochen, entfernt die dickeren Sehnen und schneidet das verbliebene Fleisch in mundgerechte Würfel. Man kocht sie etwa 30 Minuten lang in Salzwasser. Dann reibt man sie mit Quark ein und brät sie und Zwiebelringe in reichlich Butter goldbraun. Mit der Fleischbrühe aufgießen und so lange kochen lassen, bis sich eine sämige Sauce bildet und das Fleisch weich ist. Mit Salz und Pfeffer nach Geschmack würzen. Ich koche noch ein Sträußchen Gewürzkräuter mit und verrühre einen Eßlöffel Honig und einen Teelöffel Ingwersaft, dessen Süße einige Tropfen Zitronensaft aufheben, in der Sauce. — Als Beilage empfehle ich Erbsen und Pommes frites, obgleich sie nicht stilgerecht sind.

YALANCI DOLMA — *Gefüllte Weinblätter*

12 Weinblätter
1 Tasse rundkörnigen (Suppen-) Reis
500 g durchwachsenes Hammelfleisch
5 Zwiebeln
4 Eßl. Olivenöl
1 Teel. Paprikapulver
Salz, Pfeffer
1 Messerspitze gemahlenen Koriander
2 Zwiebeln
5 Eßl. Olivenöl
1 Tasse Bouillon

Weinblätter-Gerichte findet man in fast allen Ländern um das Mittelmeer. Mal heißen sie Yalanci Dolma, mal Dolmas oder Dolmassi. Man verwendet für dieses Gericht überall nur die jungen, hellgrünen Blätter der Weinrebe. Wenn Sie in keinem Weinbaugebiet wohnen, können Sie die Blätter konserviert in Dosen erhalten. — Frische Blätter brüht man mit kochendem Salzwasser weich, schneidet die Stiele ab und breitet sie abgetropft aus. Für die Füllung kocht man den Reis recht trocken, die Körner können ruhig verkochen. Den etwas abgekühlten Reis vermischt man mit dem rohen, feingehackten Hammelfleisch und Zwiebelscheiben, die in Olivenöl angeröstet wurden. Man würzt mit Paprikapulver, Salz, Pfeffer und gemahlenem Koriander. Jedes Weinblatt füllt man mit einem Teelöffel Reis-Fleisch-Masse und wickelt die Blätter zu kleinen Würstchen zusammen, die man in einer feuerfesten Form dicht aneinander legt. Man deckt mit Zwiebelscheiben ab, träufelt reichlich Olivenöl darüber und gießt mit Bouillon auf. In der geschlossenen Form dünstet man das Gericht etwa ¾ Stunde lang.

LAHANA BASDI KELAM — *Weißkrauteintopf*

1 Kopf Weißkohl
Salz
Cayennepfeffer

Den Boden einer Auflaufform legt man mit gebrühten Weißkohlblättern aus, salzt sie und streut etwas Cayennepfeffer darüber. Darauf legt man eine weitere Schicht Kohlblätter und Salz und Cayenne. Als dritte Schicht

TÜRKEI

Zwiebelringe und wieder Salz und Cayenne. Darauf schichtet man die Fleischwürfel und deckt mit Kohlblättern, Salz und Cayenne und, als letzte Schicht, mit Tomatenscheiben ab. Man übergießt diesen Auflauf mit Bouillon und läßt ihn 1½ Stunden im Ofen backen. — Dieses Gericht können Sie gut, wie nur wenige andere, nochmals aufwärmen. Dazu passen deutsche Bratkartoffeln mit Zwiebeln und Bier.

4 Zwiebeln in Scheiben
500 g Würfel Hammelfleisch
4 Tomaten
1 l Bouillon
1 Eßl. Fleischextrakt
zum Verbessern der Bouillon

Leber-Spießchen   CIGER KEBABI

In der Türkei verwendet man für diese Spießchen die Leber vom Lamm oder Schaf. Sie können aber auch Kalbs- oder Jungrindleber nehmen. — Die Leber in mundgerechte Stücke schneiden und abwechselnd mit Speckscheiben auf hölzerne Spieße stecken. Nach dem Originalrezept werden sie neben offenem Feuer gebraten. Wir können diesen Effekt in einem Rotationsgrill nachahmen oder legen sie ersatzweise auf den eingefetteten Grillrost in den Ofen. Das Rösten dauert etwa 20 Minuten. Der Ofen muß aber heiß sein. Die Spieße nicht salzen, die Sauce ist scharf genug. — Dazu wird eine Knoblauchsauce gegessen. Für sie zerreibt man Knoblauchzehen und läßt sie mit Essig, Bouillon, Salz und Pfeffer aufkochen. Diese Sauce gießt man über die gegarten Leberspießchen. — Chicoréesalat und Kartoffeln oder Kartoffelsalat mit eingeschnittenen Radieschen eignen sich als Beilagen.

750 g Leber
12 Speckscheiben
Sauce:
8 Knoblauchzehen
2 Eßl. Essig
4 Eßl. Bouillon
Salz
Pfeffer

Reisgefülltes Hühnchen   TAVUK DOLMASI

Das Hähnchen ausnehmen, innen waschen und austrocknen, außen absengen und innen mit Salz einreiben. Leber und Herz auf dem Schneidebrett zerkleinern und in einer Pfanne mit Butter anschwitzen. Dazu gibt man den gewaschenen Reis und die gebrühten, abgezogenen Pistazien, ferner die Korinthen, Salz, Pfeffer und zuletzt den Zimt. Dann mit 3 Tassen Wasser aufgießen und kochen lassen, bis das Wasser aufgesogen ist. Mit der Reismasse füllt man nun das Hähnchen und näht die Öffnungen zu. In Fett brät man es auf allen Seiten braun an und gießt dann mit etwas Wasser an. In einem zugedeckten Topf läßt man das Hähnchen schmoren, bis es gar ist — höchstens 30 Minuten. — Richten Sie dazu verschiedene Salate an. — Man kann das Hähnchen auch auf einen Spieß stecken und im Rotationsgrill fertig braten. Delikat und exotisch schmeckt das Hähnchen, wenn man es außen, im letzten Drittel der Bratzeit, mit Zimt und flüssigem Mango-Chutney einreibt.

1 Hähnchen
mit Leber und Herz
Salz
Butter oder Margarine
2 Tassen Reis
3 Eßl. Pistazien
1 Eßl. Korinthen
Pfeffer
1 Messerspitze gemahlenen
Zimt
Bratfett

TÜRKEI

DOMATESLI PILAV — *Tomatenreis*

2 Tassen langkörnigen Reis
2 Zwiebeln
3 Tomaten
4 Eßl. Butter oder Öl
3½ Tassen Bouillon
Salz

Dieser rötlich gefärbte Reis kann zu fast allen orientalischen Gerichten gereicht werden. — Den mehrmals gewaschenen Reis überbrüht man mit kochendem Wasser, läßt ihn 15 Minuten quellen und gießt dann ab. Inzwischen dünstet man die Zwiebelwürfel und die geschälten zerschnittenen Tomaten in reichlich Butter an, füllt mit Bouillon auf, salzt und kocht darin den Reis. Bitte öfter umrühren! Der Reis ist fertig, wenn die Flüssigkeit völlig aufgesogen ist. Auf sehr kleiner Flamme weitere 15 Minuten lang trocknen lassen und kaum noch umrühren, damit die Reiskörner nicht zerbrechen. — Statt Butter wird auch Olivenöl verwendet. Durch mehr Öl gewinnt das Gericht an Geschmack. Man ißt es dann kalt.

CACIK — *Gurkensalat*

2 Salatgurken
1 Teel. Salz
1 Eßl. Essig
1 Knoblauchzehe
1 Teel. gehackte Dillblätter
2 Tassen Joghurt
3 Eßl. Olivenöl
1 Teel. gehackte Pfefferminzblätter

Die Salatgurken wie üblich schälen und die Enden abschneiden, weil sie bitter sein können. Die Gurke in längliche Viertel und diese dann erst in hauchdünne Scheibchen zerteilen. Man bestreut sie mit Salz und läßt sie kurz Saft ziehen. Essig und zerriebene Knoblauchzehe in einer Tasse verrühren und 10 Minuten ziehen lassen. In einer Rührschüssel verreibt man Dillblätter mit Joghurt und gießt durch ein Sieb den Knoblauchessig dazu. Das Salzwasser der Gurkenscheiben läßt man ablaufen und mischt sie mit der Marinade und dem Olivenöl. Darüber streut man gehackte Pfefferminzblätter und bringt den Salat gut gekühlt zu Tisch.

SÜTLAC — *Sahnereis*

100 g Reis (rundkörnige Sorte)
4 Tassen Wasser
200 g Reismehl oder Reisflocken
½ l Schlagsahne
200 g Zucker
Rosenwasser zum Beträufeln
5 gedünstete Feigen oder 2 Orangen

Es gehört zu den Eigentümlichkeiten der orientalischen Küche, daß man meistens keinen Wert auf die Erhaltung der Reiskörner im Gericht legt, was ja bei uns oberstes Gebot ist. — Man kocht den Reis länger als gewöhnlich, bis er suppig wird, und drückt ihn dann durch ein Haarsieb. Den flüssigen Reisschleim reichert man mit Reismehl an und zieht die geschlagene Sahne und den Zucker darunter. Auf kleinem Feuer läßt man den Brei leicht kochen, bis er sich etwas verdickt. Man muß ihn ständig umrühren — beim Kochen und auch beim Erkalten. Er setzt sonst sofort am Topf an und schmeckt verbrannt. — Man füllt mit dem Sahnereis kleine Gläser oder Schälchen, beträufelt ihn mit Rosenwasser und garniert mit gedünsteten Feigen oder Orangen. Kalt serviert ist er ein leckerer Nachtisch.

TÜRKEI

Baklava

Den Teig einige Male durchkneten und dann papierdünn ausrollen. In einer Kasserolle die Butter schmelzen, aber nicht bräunen. Eine feuerfeste Auflaufform mit der zerlassenen Butter ausstreichen und den Boden mit einer dünnen Teigschicht auslegen. Die Teigoberfläche mit flüssiger Butter bestreichen, wieder eine Teigschicht darauflegen, diese fest andrücken und mit Butter und Teig so lange wechseln, bis die Form gefüllt ist. Sechs Lagen wären ungefähr das richtige. Obenauf — und wenn Sie wollen, auch mehrere Male zwischendurch in den Lagen — streuen Sie gewiegte Walnußkerne. Zum Schluß mit einer letzten Teigschicht abdecken. Etwa 45 Minuten im Ofen bei 220° C backen. Für den dicklichen Zuckersirup inzwischen den angegebenen Zucker mit Zitronensaft, Wasser, abgeriebener Zitronenschale und gewiegten Pfefferminzblättern kochen. Leicht abkühlen lassen. Den Zuckerguß noch warm über dieses Gericht gießen. Dann mit einem Löffel oder Messer Portionen herausschneiden. — Ein köstlicher und nicht teurer Nachtisch.

Teig:
2 Pakete Blätterteig aus der Kühltruhe
4 Eßl. Butter oder mehr
500 g Walnußkerne grob gewiegt
Sirup:
250 g Zucker
1 Zitrone
3 Eßl. Wasser oder mehr
1 Eßl. gewiegte Pfefferminzblätter

Die traditionelle jüdische Küche ist vor allem von der Religion bestimmt. Im heutigen Israel, dem modernen Staat, dessen Bevölkerung aus der ganzen Welt zusammenströmte, hat sich diese Tradition allerdings etwas gelockert. Denn gemeinsam mit den älteren orthodoxen Menschen leben die Jüngeren, deren Bindung zu den Speisegesetzen der Heiligen Schrift nicht mehr so eng und streng ist.

Die koschere Küche erlegt jüdischen Menschen viele Regeln auf. »Fleischding« und »Milchding« werden auf zwei verschiedenen Herden und erst recht in zwei verschiedenen Töpfen gekocht. Man darf sie nicht verwechseln. Schweinefleisch und Wild stehen auf der Verbotsliste, andere Schlachttiersorten müssen koscher nach religiösem Rituell geschlachtet werden; erlaubt sind nur grasfressende Zuchttiere. Nach dem Gesetz Mose »Du sollst das Lamm nicht in der Milch der Mutter kochen« warten strenggläubige Juden nach dem Genuß von Fleisch sechs Stunden, ehe sie eine Milchspeise zu sich nehmen.

Das Frühstück ist in Israel reichhaltiger als in den umliegenden Ländern. Außer Kaffee und Brot gibt es frisches Obst, gemischte Salate und Käse. Die Hauptmahlzeit zu Mittag besteht aus Suppe, Gemüsen mit Fleisch und aus Kompott. Am Sabbat ißt man Fischgerichte. Eine jüdische Spezialität aus alter Zeit ist der »Gefilte Fisch«, dessen Zubereitung viel Geschick erfordert, weil man die empfindliche Fischhaut nicht verletzen darf. Bekannt sind auch die Mazzes, die Fladen aus ungesäuertem Brot. Sie kommen zu Ostern und an anderen besonderen Tagen auf den Tisch.

Das Getränk des Alltags ist kaltes Wasser. Zum Sabbat trinkt man Wein aus dem Lande. Obstsäfte und Fruchtsirupe werden in besonderer Qualität aus dem Überschuß der neuen Obstplantagen hergestellt.

Zu den religiösen Überlieferungen, deren Einfluß die jüdische Küche seit Jahrhunderten formt, kommen nun in Israel die Einflüsse der Länder, in denen man vor der Einwanderung lebte. Daraus ergibt sich eine Vielfalt der Speisezettel, wie wir sie wohl kaum sonstwo in der Welt antreffen. An Rohstoffen dafür ist kein Mangel, wenn auch Israel einen Großteil seiner landwirtschaftlichen Reichtümer, wie Wein, Orangen, die Jaffa-Grapefruit, Trockenfrüchte und vieles andere, exportiert.

Schlichter und einfacher ist die Ernährung auf den Kollektivhöfen, den Kubbuzim. Das beste Obst wird ins Ausland verschickt, Fleisch kann es nicht täglich geben, und zu raffinierten Menüs fehlen Zeit und Geld — denn zum Wohle der Gemeinschaft und des Staates muß fleißig und hart gearbeitet werden.

Die folgenden Rezepte aus dem Bereich der jüdischen Küche habe ich — wie auch andere Rezepte dieses Buches — auf unsere Verhältnisse hin abgewandelt. Das war nötig, weil viele Rohstoffe bei uns nicht erhältlich sind. Manche Gerichte habe ich mit anderen Materialien angereichert, um sie auch für uns schmackhaft zu gestalten. Dabei habe ich die in den jüdischen Rezepten enthaltenen Zubereitungsvorschriften bewußt da und dort außer acht gelassen, weil diese bei uns ohnehin nicht angewendet zu werden brauchen.

Israel

ISRAEL

JIDDISCHE BORSCHTSCH
Rote-Beeten-Suppe

6 Rote Beeten
5 Tassen Wasser
3 Zwiebeln in Würfeln
1 Eßl. Salz
3 Eßl. Zucker
3 Eßl. Zitronensaft
3 Eier
1 Tasse saure Sahne

Dieser jiddische Borschtsch ist ein Mitbringsel der russischen und polnischen Einwanderer nach Israel. — Die Roten Beeten schälen und zusammen mit den Zwiebeln und Salz kochen. Nach einiger Zeit gibt man Zucker und Zitronensaft dazu, der die Suppe säuerlich macht. Die Eier schlägt man schaumig, füllt drei Tassen heiße Suppe langsam auf und gießt die ganze Eimasse unter fortwährendem Schlagen mit dem Schneebesen in die rote Suppe. Sofort vom Feuer nehmen! Dann hebt man die Roten Beeten mit einer Schaumkelle heraus und dreht sie durch den Fleischwolf oder wiegt sie auf dem Küchenbrett. Das Mus rührt man wieder in die Suppe. Wenn Sie dünne Suppen bevorzugen, können Sie einen Teil der gekochten Roten Beeten für einen Salat verwenden. Dieser Borschtsch wird gekühlt in Tellern gereicht, in der Mitte mit einem Löffel saurer Sahne.

GEFILTE FISCH
Gefüllter Fisch

4 große Scheiben Dorsch
3 Zwiebeln
1 Bund Petersilie
1/2 Tasse Semmelbrösel
2 Eier, Salz, Paprikapulver
Sauce:
50 g Butter
2 Zwiebeln
1 Karotte
1 Bund Petersilie
2 Eßl. Mehl
Milch zum Anrühren

Dies ist eines der bedeutendsten Gerichte der jüdischen Küche. Keine junge Hausfrau wird versäumen, seine Zubereitung zu erlernen und den gefüllten Fisch an hohen Feiertagen zu bereiten. Allerdings ist man von der komplizierten Art abgegangen, den Fisch vom Rücken her aufzuschneiden und das Fleisch recht mühsam herauszunehmen, ohne die Haut weiter zu verletzen. Wir ziehen eine Abwandlung vor, die die Herstellung erleichtert und die sich auch in jüdischen Küchen durchgesetzt hat. — Aus jeder Dorschscheibe nimmt man einen Teil des Fleisches heraus, beläßt aber die ursprüngliche Form der Scheibe. Die Fischstücke mit den Zwiebeln, der Petersilie und den Semmelbröseln kleinwiegen, dann mit den Eiern vermischen und würzen. Diese Masse drückt man in die Löcher der Scheiben. In einer breiten Kasserolle brät man sie mit Butter und gehackten Zwiebeln, gewiegter Karotte, Petersilie und Wasser etwa eine halbe Stunde im heißen Ofen. Dann rührt man das Mehl mit Milch und etwas Fischbouillon an, gießt dies über den Fisch und läßt im Ofen noch einmal backen und fest werden. — Wenn Sie den gefüllten Fisch kalt essen möchten, gießen Sie den Fischsaft ab und lassen ihn gelieren. Er wird dann mit Kartoffeln und grünem Salat zum Fisch gereicht.

Schalet

500 g fettes Rindfleisch oder eine andere fette Sorte
3 Zwiebeln (angebräunt)

Dieses Gericht ist eine Delikatesse, dabei ist die Zubereitung ganz einfach. Sie müssen nur bedenken, daß es erst nach 24 Stunden gar ist. Sie können statt Rindfleisch auch Hammel-, Enten- oder Gänsefleisch nehmen, oder auch verschiedene Sorten zusammen. — Zwiebeln und Bohnen mit dem Mark, Reis, Wasser und dem fetten Fleischstück in einen hochwandigen Topf geben (er muß randvoll werden). Der Deckel wird mit einem Teigrest oder mit Aluminiumfolie fest mit dem Topf verklebt. Wenn Sie ihn nicht beim Bäcker 24 Stunden in den warmen Backofen stellen können, können Sie sich auch mit Ihrem Elektroherd helfen. Bereiten Sie das Gericht am Abend und stellen Sie es bei der kleinsten, regulierbaren Temperatur (etwa bei 60°C) in den Backofen. Am nächsten Tag können Sie das Schalet zu Mittag servieren. Die Bohnen sind dann in dem Fett geschmort, der Reis ist zerkocht, das Fleisch ist weich. — Mit der »Brühkugel« auf dem Boden des Schalettopfes kann das Gericht verändert werden. Sie wird aus Mehl und geweichten Semmeln zu gleichen Teilen, Eiern, Gänsefett und Salz bereitet. Beim Backen in Gemüse und Fleisch geht die Kugel auf und wird von dem Schaletfett durchdrungen.

500 g weiße Bohnenkerne
2 Scheiben Rindermark
100 g Reis
2 l Wasser
Teigrest oder
Aluminiumfolie

Bohneneintopf CHULENT

Dazu verwendet man in Israel die kleinen, zarten Limabohnenkerne, die es bei uns nur in Dosenkonserven gibt. Versuchen Sie es mit unseren weißen Bohnenkernen, wählen Sie aber die kleinste Sorte aus. — Die Kerne in warmem Wasser einweichen und nach einigen Stunden abgießen. Zwiebelscheiben in Hühnerfett anrösten und dann die Bohnenkerne, die Kartoffeln, das Fleisch und die Perlgraupen. Rühren Sie fleißig um, die Graupen dürfen nicht anbrennen; sie schmecken sonst bitter. Das Mehl mit Salz, Pfeffer und Paprika mischen und damit Fleisch und Gemüse bestreuen. Mit kochendem Wasser aufgießen, bis die Flüssigkeit mehrere Fingerbreit über dem Inhalt steht. Etwa 2 Stunden kochen lassen, nur ab und zu nachsehen, ob nichts anbrennt, und eventuell Flüssigkeit nachgießen.

1 Tasse Bohnenkerne
3 Zwiebeln
6 Eßl. Hühnerfett
(ersatzweise Öl)
4 geschälte, geviertelte Kartoffeln
500 g Hochrippe vom Rind
½ Tasse Perlgraupen
Mehl, Salz
Pfeffer, Paprika

Gemischte Rüben und Möhren TZIMMES

Man kann dieses Gericht mit Rüben oder Möhren bereiten; ich mische beides. Man schneidet die Möhren, Rüben und Kartoffeln in dünne Scheiben und röstet sie mit Fett in einer Pfanne gleichmäßig an. Dann brät man die Fleischwürfel an, gibt die Gemüsescheiben dazu, außerdem noch Salz, Zucker oder Honig, gießt etwas Wasser auf und läßt auf kleiner Flamme brutzeln. Nach spätestens einer Stunde, während der man öfter umrühren muß, ist das Fleisch gar. 15 Minuten vorher gibt man geviertelte Zwiebeln dazu, die musig werden dürfen. Die Bindung stellt man mit einer braunen Mehlschwitze her, die mit der Kochflüssigkeit der Tzimmes gelöscht wird.

5 große Möhren, 5 Rüben
3 Kartoffeln
Fett zum Braten
750 g durchwachsenes Rindfleisch, Salz
½ Tasse Zucker oder Honig
3 Zwiebeln, 2 Eßl. Mehl
2 Eßl. Hühnerfett
oder Butter

ISRAEL

Süßsaure Fleischklöße

Klöße:
500 g Hackfleisch vom Rind
¼ Tasse gekochten Reis
1 zerriebene Knoblauchzehe
2 Zwiebeln in Würfeln
Salz, 2 Eier, 1 Eßl. gehackte Petersilie, 4 Eßl. Öl
Sauce: 1 Tasse Tomatensuppe, 2 Eßl. Essig, 3 Eßl. Zucker, 1 Tasse feingewiegte Sellerieknolle
1 gewiegte Paprikaschote
Salz, Pfeffer, Paprikapulver

Für die Kloßmasse mischt man alle Zutaten mit Ausnahme des Öls zusammen. Aus dem glatten Teig sticht man mit einem Eßlöffel, der immer wieder in kaltes Wasser getaucht wird, Klößchen ab, die in reichlich Öl braun gebraten werden. Dann läßt man das Fett abtropfen. Die Zutaten für die Sauce mischt man und läßt sie aufkochen, damit das Gemüse gart. — Es ist wichtig, daß alle Saucenbestandteile wirklich sehr fein geschnitten sind. Wem diese Arbeit zu zeitraubend ist, der kann die fertig gekochte Sauce im Elektromixer schnell glatt bekommen. Zuletzt legt man die Fleischklößchen in die Sauce. Sie sollen auf kleiner Flamme etwa noch 5 Minuten darin ziehen. Das Gericht wird mit gekochten und in Öl gerösteten Spaghetti oder Spätzle serviert. — Eigentlich sind nicht die Klöße süßsauer, wie der Name des Rezeptes ja angibt, sondern die Sauce. Diese können Sie noch nach eigenem Geschmack und nach eigener Phantasie verändern.

TSCHOL MEMULA Rindermilz mit Brotfülle

1 Rindermilz
2 Scheiben Weißbrot
2 Zwiebeln, 4 Eigelbe
Bund Petersilie, Bund Kerbel
½ Bund Schnittlauch
Salz, Pfeffer, Muskatnuß
Saft von kandiertem Ingwer
2 Teel. Preiselbeerkonfitüre
Zitrone
Bouillon: 1 Bund Wurzelgemüse, 1 Stange Porree geschnitten, 2 Zwiebeln
1 Tasse zerschnittene Liebstockblätter, Salz

Dieses Gericht ist sehr apart, erfordert aber bei der Zubereitung etwas Geschick. — Die Milz waschen, die äußere Haut in diesem Fall aber nicht abziehen. Ähnlich wie bei Kalbssteaks für »Cordon Bleu« schneidet man die Milz an einer Seite bis zur Mitte flach durch. Aus dem Inneren schabt man das Fleisch heraus, ohne die äußeren Schichten zu verletzen. Die ausgeschabte Milz wird mit geweichtem Brot, geriebenen Zwiebeln, Eigelben, gehackten Kräutern, Salz, Pfeffer, Muskatnuß, Ingwersaft und Preiselbeerkonfitüre gewiegt und vermischt. Etwas Zitronenschale und -saft kann man beigeben. Diese Masse füllt man wieder in die Milztasche ein und näht sie am Rand zu. In ein Küchentuch eingeschlagen kocht man sie etwa eine Stunde lang in der Bouillon aus den angegebenen Gemüsen und Gewürzen. Die Milz läßt man in dieser Bouillon erkalten und wickelt sie aus dem Tuch. — Dazu passen gebratene Kartoffeln oder Kartoffelpuffer (Reibekuchen).

Gefüllte Kalbsschulter

250 g Semmelbrösel oder
12 Scheiben Weißbrot
2 Tassen Hühnerbrühe
½ Tasse Hühnerfett (Butter)
2 Tassen gehackte Zwiebeln

Die Brotkrumen oder das in Würfel geschnittene Weißbrot weicht man in Hühnerbrühe ein. Die Zwiebel bräunt man in Fett und mischt darunter das geweichte, aber stark ausgedrückte Brot. Etwa 2 oder 3 Minuten lang unter Umrühren andünsten. Die Champignons läßt man abtropfen und gibt sie zu der Brotmasse, ebenso Eier, Petersilie, Salz, Pfeffer und Ingwer. Reser-

ISRAEL

vieren Sie davon ½ Teelöffel Salz, ¼ Teelöffel Pfeffer und ¼ Teelöffel Ingwerpulver und würzen Sie damit die Oberfläche des Fleisches. Die Füllung ist fertig und kann in die Kalbfleischtasche, die bereits vom Fleischer in die Kalbsschulter eingeschnitten wurde, eingefüllt werden. Die Öffnung näht man mit großen Stichen zu. Die gefüllte Schulter mit einer Tasse Fett übergießen und 1 Stunde braten. Der Saft der Champignons, der Zitronensaft, die Zwiebelscheiben und die kleinen Kartoffeln werden mitgebraten. Darüber stäubt man Paprikapulver. Die Kalbsschulter ist gar, wenn die Kartoffeln weich sind. Man schneidet sie in dicke Scheiben und serviert das Gericht mit Essiggemüsen, etwa Roten Beeten, Mixed Pickles, Senf- und Zuckergurken oder natürlich auch mit Gemüse jeglicher Art.

125 g Champignons aus der Dose, 2 Eier
1 Tasse gehackte Petersilie
Salz, 1 Teel. Pfeffer
1 Teel. gemahlenen Ingwer
1 Kalbsschulter
1 Tasse Hühnerfett (Butter)
2 Eßl. Zitronensaft
2 Zwiebeln
6 kleine Kartoffeln
1 Teel. Paprikapulver

Auberginenschnitten mit Lammfleisch — PATLIJAN ALA NAZ

Die Auberginen in dicke Scheiben schneiden und salzen. Den sich bildenden Saft nach einiger Zeit abgießen. In der Zwischenzeit wiegt man das Fleisch zusammen mit Zwiebeln und Petersilie, streicht es auf die Auberginenscheiben und legt diese in eine gebutterte Auflaufform. Auf jede Scheibe spritzt man mit der Garniertube etwas Tomatenmark und würzt mit Salz, Pfeffer und Paprika. Im heißen Ofen backt man die Schnitten etwa 45 Minuten lang; die Oberfläche muß braun werden. — Dazu ißt man Kartoffelbrei oder körnigen Risotto.

4 Auberginen, Salz
500 g Lammfleisch ohne Knochen, 5 Zwiebeln
½ Tasse gehackte Petersilie
Butter zum Ausstreichen
Tomatenmark
Pfeffer, Paprikapulver

Gefüllter Gänsekragen

Kaufen Sie 2 Hälse und das übrige Gänsefleisch in Stücken. Man zieht die rohe, fette Haut ab und zerkleinert das Fleisch in einem Fleischwolf oder mit dem Wiegemesser, zusammen mit dem Gänsefett und den Zwiebeln, die vorher in etwas Gänsefett angebräunt wurden. Mit Sahne, Eiern, Salz, Pfeffer, zerriebenen Salbeiblättern und gemahlenem Piment rührt man daraus eine streichfähige Masse. Die gesäuberten und abgesengten Gänsehalshäute füllt man damit, aber nicht zu stramm, weil sich die Haut beim Kochen zusammenzieht. Beide Enden zubinden oder zunähen. Man überbrüht sie mit kochendem Wasser und läßt sie darin bei 70° C gar ziehen. Dann trocknet man sie ab, brät sie in Gänsefett braun und gießt mit Wasser oder Bouillon an. Hautlose, zerschnittene Tomaten, Kartoffelscheiben, Möhren- und Sellerieraspel, Salz und Pfeffer füllt man mit in die Kasserolle und läßt das Gericht 25 Minuten schmoren. Es ist gar, wenn das Gemüse musig zerkocht ist. Die Kragen müssen öfter umgedreht werden. —

2 Gänsehälse
300 g rohes Gänsefleisch
50 g Gänsefett
4 Zwiebeln, 3 Eßl. Sahne
3 Eier, Salz, Pfeffer
2 Eßl. Salbeiblätter
1 Messerspitze Piment
1 l Wasser oder Bouillon
2 Tomaten
2 rohe Kartoffeln
2 Möhren
⅛ Sellerieknolle

ISRAEL

Diese Art Eintopf stellt ein vollständiges Gericht dar. Die gebratenen Gänsekragen können aber auch kalt, in Scheiben geschnitten, gegessen werden. Dazu paßt Cumberlandsauce oder Kräutermayonnaise.

FALAFEL *Vegetarische Würstchen*

2 Tassen grüne Trockenerbsen
3 Knoblauchzehen
2 Teel. Salz
½ Teel. Cayennepfeffer
2 Eier, 4 Eßl. Wasser
Butter für Flocken oder zum Braten

Die Trockenerbsen müssen am Abend vorher in Wasser gelegt werden. Am besten wechselt man das Wasser zum ersten Mal schon am gleichen Abend und am nächsten Morgen noch einmal. Die Erbsen kocht man 1 Stunde lang und dreht sie anschließend durch die feine Scheibe des Fleischwolfs. Dazu mischt man die Knoblauchzehen, Salz, Cayennepfeffer, Eier und Wasser, damit die Erbsen weiter aufquellen können. Aus dem Erbsenbrei formt man kleine Würstchen oder Häufchen. Man backt sie entweder auf einem mit Mehl bestäubten Blech im Ofen, wobei die Oberfläche mit Butter beflockt oder bestrichen wird, oder brät sie in einer Pfanne mit Butter. Die Stücke sollen auf allen Seiten braun werden. In der Pfanne dauert das nur etwa 1 Minute. — Heiß mit Mayonnaise oder Kräutersauce zu Tisch bringen. Auch als Beilage zu gekochtem Fleisch geeignet.

MARASKA *Kartoffel-Kirschen*

10 Kartoffeln oder Kartoffelbrei aus dem Paket
2 Eier, 2 Eßl. Sahne
2 Eßl. gehackte Petersilie
2 Zwiebeln
Salz, Pfeffer, Muskatnuß
Mehl zum Formen
40 g Butter

Die Kartoffeln schälen, kleinschneiden und zu Brei kochen. Dieser wird mit Eiern und Sahne angereichert und mit Petersilie, gebräunten Zwiebelwürfeln, Salz, Pfeffer und Muskatnuß gewürzt. Aus dieser Masse formt man mit Mehl kirschgroße Kugeln, die auf ein gebuttertes Blech gelegt und im heißen Ofen hellbraun gebacken werden. — Ich kenne diese Kugeln auch aus England, wo sie mit gekochtem, püriertem Fischfleisch versetzt werden. Auch könnte ich mir einen Zusatz von gewiegtem, rohem Schinken oder Scheiben geräucherter Gänsebrust vorstellen. — Kartoffel-Kirschen dienen als Beilage zu vielen Fleischgerichten.

KUGEL *Kartoffel-Auflauf*

4 Eier, 8 Kartoffeln zu Brei gekocht, trocken
3 Eßl. Zwiebelwürfel
Salz, Pfeffer
½ Tasse Matzenmehl oder Semmelbrösel
3 Eßl. Butter
Butter zum Ausstreichen

»Kugel« ist der allgemeine jüdische Begriff für Aufläufe. Hier einer mit Kartoffeln. — Zuerst schlägt man in einer Schale die Eigelbe, vermischt sie mit Kartoffelbrei, Zwiebelwürfeln, Salz, Pfeffer, Matzenmehl und der Butter. Die verrührte Masse soll fest, aber nicht trocken sein. Dann schlägt man die Eiweiße steif und zieht sie vorsichtig darunter, damit ihre Luftigkeit erhalten bleibt. Der Ofen muß stark vorgeheizt sein, am besten auf 200° C. Eine feuerfeste Form innen mit Butter bestreichen und darin die Kartoffelschaummasse schnell backen. Die Oberfläche soll gebräunt und fest sein.

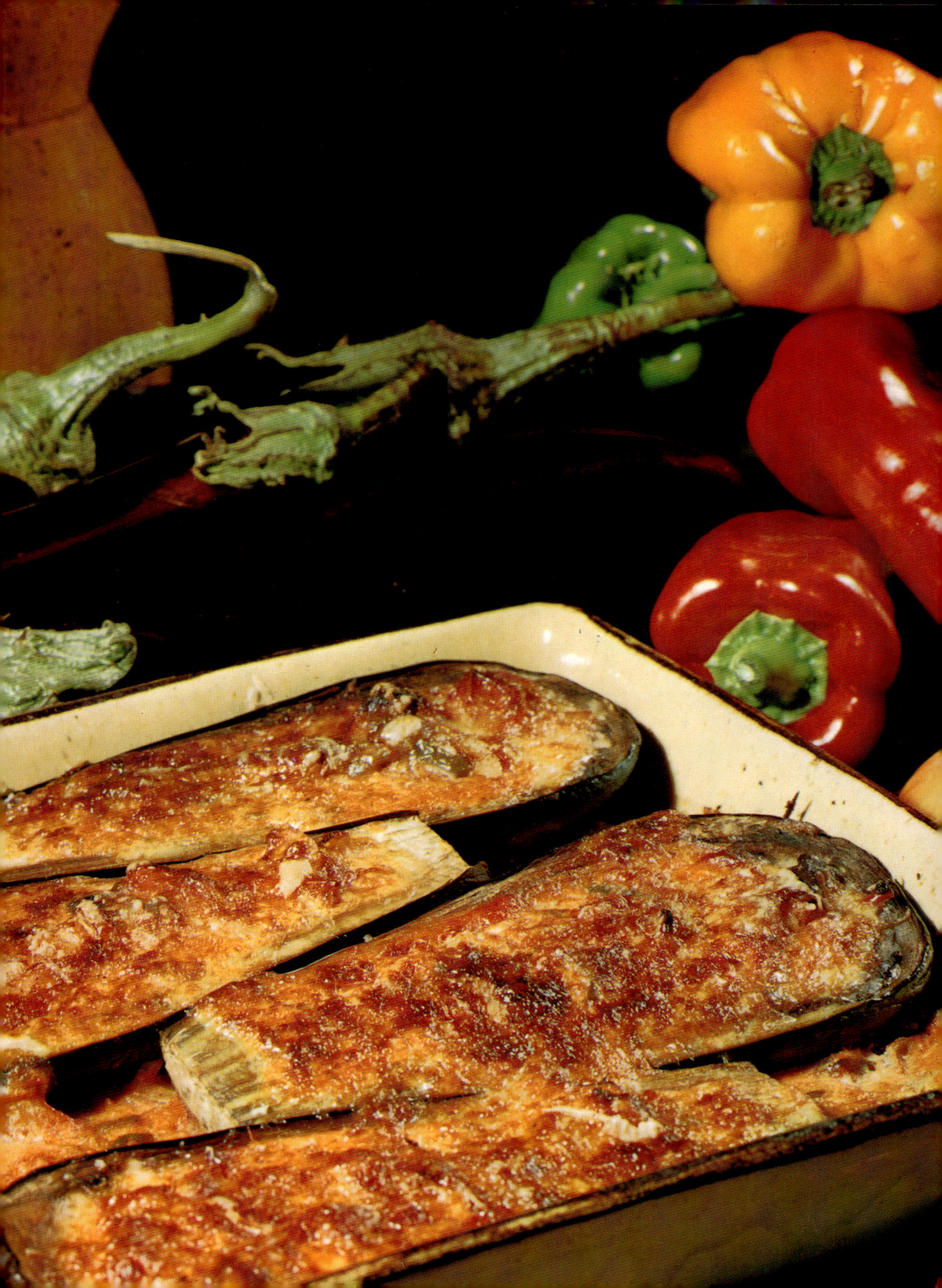

GEFÜLLTE AUBERGINEN

Leider bekommen wir Auberginen nicht das ganze Jahr hindurch. Sie enthalten viel Feuchtigkeit und sind deshalb auf Transporten und bei der Lagerung empfindlich. Achten Sie auf eine pralle und fleckenfreie Haut; so sind Auberginen frisch. Es gibt verschiedene Formen, aber das spielt für die Küche keine Rolle. Die Haut darf man nie mitessen, sie ist hart. Auch soll man keine rohen Auberginen essen, denn roh sind sie unbekömmlich. Wichtig sind bei allen Auberginengerichten die Zutaten, die zusammen mit dem von der Haut gelösten Fruchtfleisch die Füllmasse ergeben, die schließlich wieder in die abgelösten, leeren Hauthälften gefüllt, mit geriebenem Käse bestreut und im Ofen überbacken wird. Das Fruchtfleisch allein hat nur einen geringen eigenen Geschmack.

Rezept auf Seite 301

ISRAEL

Matzeklöße mit Obst

Statt Backobst können Sie auch frische Kompottbirnen oder gedünstete Kirschen verwenden. Das Backobst mit Wasser, Zucker und Zitronensaft und einer Spirale Zitronenschale kochen und aufquellen lassen. Für die Klöße, die unseren Semmelknödeln ähneln, nehmen wir trockene Biskuitkekse, da Matze bei uns nicht erhältlich ist. Die Kekse in heißer Milch weichen, ausdrücken und mit Fett in einer Kasserolle auf starker Flamme so lange rühren, bis sich die Masse glatt vom Topfrand ablöst. Nach dem Abkühlen auf etwa 30°C rührt man Eier, Zucker, gehacktes Zitronat, Zimt, Piment, Vanillezucker, geriebene Mandeln, Muskatnuß und Salz darunter; es entsteht ein fester, formbarer Teig. Mit einem Löffel, der immer wieder in Wasser eingetaucht wird, sticht man Klöße ab, die in leicht kochendem Salzwasser fest werden sollen. Man schreckt sie mit kaltem Wasser ab. Mit dem Obst die Klöße noch einmal erwärmen und in einer Terrine servieren.

1 kg Backobst, Zucker
1 Zitrone, 500 g Biskuitkekse
heiße Milch
2 Eßl. Hühnerfett
oder Butter
4 Eier, 100 g Zucker
2 Eßl. gehacktes Zitronat
je 1 Messerspitze Zimt
und Piment
1 Päckchen Vanillezucker
2 Eßl. geriebene Mandeln
Muskatnuß, 1 Teel. Salz

Rosinen-Nudeln ITRIOT AFUJOT

Aus Mehl, Wasser und Eiern bereitet man durch Zusammenkneten einen einfachen Nudelteig. Aus ihm breite, dünne Bänder ausrollen und einen Tag trocknen lassen. Dann in kleine Nudelstreifen zerschneiden und diese in Salzwasser weich kochen. Nicht zu lange kochen, sie sollen nicht zerfallen! Mit einer Schaumkelle holt man sie heraus und läßt sie gut abtropfen. Die Nudeln mit all den anderen Zutaten (außer Butterflocken) vermischen, mit steifgeschlagenem Eiweiß ganz zuletzt. Die süße Masse in eine gebutterte Auflaufform füllen, Butterflocken darüberstreuen und im Ofen hellbraun backen. Der Auflauf kann gestürzt werden. — Dazu empfehle ich eine Weinschaumsauce oder eine Vanillesauce, mit Eigelben und Weinbrand verfeinert.

250 g Mehl, 2 Eier, 2 Teel.
Salz, 100 g Sultaninen
25 g Korinthen, 1 Zitrone
75 g Hagelzucker
Päckchen Vanillezucker
4 Eigelbe, 1/2 Teel. Salz
50 g geriebene Mandeln
50 g Haselnüsse, gerieben
1/4 Glas Weißwein, 4 Eiweiße
50 g Butter für die Form
Butterflocken

Honignudeln KATAIYIFF

Die Nudeln kocht man in Salzwasser, gießt das Wasser ab und preßt sie in eine Form, so daß sie nach dem Abkühlen und Trocknen aneinanderkleben und man von dem Nudelpaket Scheiben abschneiden kann. Die Scheiben auf gefettete Bleche legen, mit den Nüssen bestreuen und mit Honig übergießen. Im vorgeheizten Ofen werden sie bei 200°C in einer halben Stunde knusprig gebacken, wobei der Honig in die Rillen fließt und sich dort verkrustet. — Ich mische unter den Honig noch dünn abgeriebene Zitronen- und Orangenschale und Zitronensaft, der die Süße etwas mildert. — Beim Servieren bestreut man die Scheiben wieder mit Nüssen und kann sie auch noch mal mit Honig übergießen.

500 g Makkaroni
oder Bandnudeln
Salz, 4 Eßl. Butter
1 Tasse grob zerstoßene
Walnüsse oder Haselnüsse
1 Tasse Honig

ISRAEL

LEKACH — *Honigkuchen*

2 Eier, ½ Tasse Zucker
¼ Tasse starker Kaffee
½ Tasse Honig, 2 Eßl.
Olivenöl, 2 Tassen Mehl
Backpulver, Salz
1 Tasse geriebene Walnuß-
kerne, 2 Eßl. Weinbrand

Die Eier mit dem Zucker schaumig schlagen und nacheinander Kaffee, Honig, Olivenöl, gesiebtes Mehl, Backpulver, Salz und Nüsse darin verrühren. Jede Zutat einzeln zur Eimasse geben und rühren, bis sie völlig aufgenommen ist. Die letzte Beigabe ist der Weinbrand. Eine Kastenform ausbuttern, sorgfältig mit Pergamentpapier auslegen und die Teigmasse hineingießen. Bei 220°C etwa 45 Minuten backen und in der Form erkalten lassen, dann stürzen und den Kuchen mit Puderzucker bestäuben.

PASSAH-INGERLACH — *Honigplätzchen*

¾ Tasse Bienenhonig
225 g Zucker
3 Eier, cremig geschlagen
1 Tasse Brösel
½ Tasse geriebene Mandeln
Butter zum Ausfetten
Staubzucker
1 Eßl. gemahlenen Ingwer

In einer hochwandigen Kasserolle kocht man Honig und Zucker einmal auf, damit sich der Zucker lösen kann. Dann vom Feuer nehmen. In den goldfarbenen Sirup rührt man mit einer Gabel die anderen Zutaten und läßt alles unter ständigem Umrühren auf kleiner Flamme kochen. Man gießt die Masse auf ein gebuttertes Backblech und streicht sie glatt. Darauf pudert man Staubzucker, mit Ingwer gemischt. Die etwas abgekühlte, langsam fester werdende Masse schneidet man in Streifen oder Quadrate, die vollkommen erhärten. Die angegebenen Mengen reichen für 30—35 Stücke.

Mohnfüllung für Teigtaschen

2 Tassen Mohn
1 Tasse Wasser oder Milch
¼ Tasse Zucker
½ Tasse Honig
¼ Teel. Salz
4 Eier

Zuerst muß der Mohnsamen in einem kleinen Topf zusammen mit Wasser, Zucker, Honig und Salz gekocht werden. Unter fortwährendem Umrühren soll die Masse sirupartig dick einkochen. Dann etwas abkühlen lassen und die Eier unterziehen. Darauf schlägt man die Masse kräftig mit einem Schneebesen schaumig. Sollte sie zu dünn geworden sein, kann man sie noch einmal eine Minute aufs Feuer setzen und unter weiterem Schlagen etwas fester werden lassen. Die Eier dürfen aber nicht gerinnen! Diese Füllung ist für Taschen aus einem Teig vorgesehen, der wie der Mohnplätzchenteig zubereitet wird.

PURIM-KICHLACH — *Mohnplätzchen*

1 Tasse reines Pflanzenfett
1 Tasse Zucker, 4 Eier
4 Tassen Mehl
3 Teel. Backpulver
½ Teel. Salz
1 Tasse Mohn
evtl. lauwarmes Wasser
Butter

Das Fett mit dem Zucker schaumig rühren und dann ein Ei nach dem anderen darunterschlagen. Die trockenen Zutaten und die Hälfte des Mohnsamens mischen und dazugeben. Sollte der Teig zu trocken sein, kann man etwas Wasser nachgießen. Auf einem gemehlten Tisch rollt man den Teig ungefähr 1—2 cm dick aus und zerschneidet ihn in kleine Dreiecke. Diese legt man auf ein gebuttertes Backblech, bestreicht sie mit zerlassener Butter und bestreut sie recht dick mit Mohnsamen. Die Backzeit beträgt bei 200°C nur 12 Minuten. Der Mohnsamen darf keinesfalls verbrennen!

ISRAEL

Gefüllte Teigkugeln

CHREMZLACH

3 Eßl. Gänsefett (Butter)
6 Eßl. heißes Wasser
1 Zitrone, 4 Tassen Biskuitkrumen, 4 Eier, ½ Teel. Salz
Füllung:
1½ Tassen Kirschkonfitüre
½ Tasse gehackte Mandeln
2 Eßl. Biskuitkrumen
1½ Tassen Backfett
Zum Anrichten:
Honig, gehobelte Mandeln
Zucker und Zimt gemischt

Zuerst das Fett mit heißem Wasser, Zitronensaft und abgeriebener Zitronenschale mischen. Dazu langsam soviel Matzemehl mischen, bis die Masse steif und fest wird. Eiweiß mit dem Salz zu Schnee schlagen und unter den Teig ziehen. Ist die Mischung zu trocken geworden, macht man sie mit Zitronensaft oder Wasser feuchter und geschmeidiger. 20 Minuten läßt man ihn ruhen, dann soll man aus dem Teig Kugeln formen können. — Die Zutaten der Füllung werden nur zusammengerührt und sollen dann ebenfalls 20 Minuten ruhen. Aus dem Teig äpfelgroße Kugeln formen und in die Mitte ein Loch bohren, in das ein Teelöffel voll Füllung kommt. Die Kugeln wieder rund drehen, dann aber flach drücken und in Butter braun backen. Alle Kuchen auf einer Platte anrichten, mit Honig übergießen und mit gehobelten Mandeln, Zimt und Zucker bestreuen.

Mohnzopf

BARCHES

1 kg Mehl
25 g Hefe
1 Teel. Salz
200 g Zucker
½ Tasse Mohn
Zuckerlösung

Hier ein Hefegebäck, an denen die israelitische Küche so reich ist. — Das Mehl mit Wasser, gelöster Hefe, Salz und Zucker zu einem glatten, elastischen Teig vermischen. An einem warmen Ort in einer gemehlten Schale, mit einem Tuch bedeckt, aufgehen lassen. Wieder zusammenkneten und erneut aufgehen lassen. Den verkneteten Teig in zwei größere und zwei kleinere Stücke teilen und lange Rollen daraus formen. Die beiden dickeren und längeren Rollen flicht man zusammen und drückt die Enden fest. Die Oberfläche mit Wasser bestreichen und die zusammengedrehten, dünneren und kürzeren Rollen daraufdrücken. Alles mit Wasser bestreichen und mit Mohnsamen bestreuen. Auf dem Backblech erneut aufgehen lassen, im mittelheißen Ofen backen und noch heiß mit Zuckerwasser überglänzen.

Eibrot

CHALLAH

25 g Hefe
2 g Safran
1 Tasse lauwarmes Wasser
4 Tassen Mehl
2 Eier
1 Teel. Salz
2 Teel. Zucker
1 Eigelb

Die Hefe zusammen mit den Safranfäden 5 Minuten lang im lauwarmen Wasser einweichen. Dazu 1 Tasse Mehl rühren und an einen warmen Ort stellen. Nach etwa ½ Stunde kommen die Eier dazu, das restliche Mehl, Salz und Zucker. Einige Zeit den Teig durchschlagen, bis er elastisch und glatt ist. Eine Kugel formen, die mit Mehl bestäubt und zugedeckt wieder aufgehen und nach etwa 2 Stunden das doppelte Volumen haben soll. Nochmals kneten, nun den Teig in drei Stücke teilen und aus jedem eine lange Rolle machen. Diese aneinanderkleben und zu einem Kranz oder in Brezelform schlingen. Auf ein gemehltes Blech schieben und die Oberfläche mit verquirltem Ei bepinseln. Den Teig noch einmal aufgehen lassen und ihn dann 40 Minuten bei 220° C backen.

DIESER ABSCHNITT umfaßt einen weiten Landstrich mit mehreren Staaten. Er reicht vom westlichen Nordafrika mit seinen europäisch beeinflußten Großstädten, seinen Ferienplätzen auf den Kanarischen Inseln und den Azoren, über das nordafrikanische Festland und Ägypten bis Saudi-Arabien, Syrien und Persien. Ausgenommen sind dabei nur die Türkei und Israel, deren Landesküchen anderen Einflüssen unterliegen.

Diesem gesamten Mittelmeergebiet haben die großen Eroberungszüge von Norden nach Süden — und umgekehrt — ihren Stempel aufgedrückt. Phönizische, griechische und römische Soldaten brachten schon kulinarisches Kulturgut in andere Länder, und später waren es die Araber mit ihren Besatzungen von der Türkei bis nach Spanien. So ist, trotz mancher landeseigener Spezialgerichte, vieles diesen Staaten südlich und östlich des Mittelmeeres gemeinsam, und wir können sie berechtigt zusammenfassen. Von den Gerichten Persiens und Ägyptens ist nur ein Teil unseren Mägen zuträglich, und die Auswahl auf den folgenden Seiten ist im Hinblick darauf entstanden.

Es ist ein wesentliches Merkmal der orientalischen Küche, daß sie ihre Gerichte sehr fett und sehr süß und dabei zugleich sehr scharf zubereitet. Zucker und Honig werden zu vielen Speisen genossen, zum Teil auch in Zusammensetzung mit Fleisch und Gemüse, was uns nicht selten befremdet. Das viele Fett in den Süßspeisen ist meist tierischen Ursprungs. Hammelfleisch und Hammelfett gehören zum täglichen Essen.

Außer fettem Fleisch ißt man viel frisches Obst, das im Lande reichlich wächst, und Gemüse in zahlreichen Sorten. Die Küsten bieten in ihren fruchtbaren Zonen Orangen, Grapefruits, Datteln, Mandeln, Pistazien, Gurken, Tomaten, Artischocken, Auberginen und grüne und schwarze Oliven. Und das Meer liefert Fische und Krustentiere, Seeigel und Muscheln.

Als Spezialität ist bei uns vor allem der Pilaw (oder Pilaff) bekannt, aus gewürztem Reis und Geflügelstückchen oder Hammelfleischwürfeln zubereitet. Auf diesen Reisfleischsockel legt man oft auch noch Spießchen, abwechselnd mit gebratenen Fleischstücken, mit Zwiebelhälften und Paprikaschoten bestückt. Diese Schaschliks sind nur mit Hammelfleisch echt. Was in unseren Küchen oft mit diesem Namen angeboten wird, entspricht nicht dem Original. — Auch ganze Tiere werden am Rost oder Drehspieß gebraten und auch im ganzen mit Kopf auf den Tisch gebracht. Daran muß man sich als Tourist erst gewöhnen.

Die in den nordafrikanischen und orientalischen Ländern gebrauchten Zutaten und Gewürze sind alle bei uns erhältlich. Zwiebeln und Knoblauch stehen an der Spitze aller Gewürze, dann folgen Anis, Safran, der leider bei uns so teuer ist, Paprika, Kardamom, Macis, die getrocknete rote Schale der Muskatnuß, Nelken und Zimt und dazu eine Reihe von frischen grünen Kräutern, nicht selten Pfefferminze, die zu vielen Gerichten verwendet wird.

Getrunken wird vor allem Kefir, ein schäumend-erfrischendes Getränk aus vergorener Kuhmilch; auch trinkt und ißt man reichlich Joghurt, der oft mit Limonensaft versetzt als Mischgetränk serviert wird.

Nordafrika
Vorderer Orient

NORDAFRIKA VORDERER ORIENT

BABA GANNOJ
Auberginen-Vorgericht

2 Auberginen
4 Eßl. Butter
3 Eßl. Olivenöl
3 Eßl. Zitronensaft
2 Eßl. gehackte Petersilie
½ Teel. Knoblauchsalz
1 Glas Sahne-Joghurt
1 grüne Paprikaschote
Salz, Pfeffer

Dieses Gericht können Sie sehr schnell herstellen. Ich empfehle es Ihnen für Weinabende und sommerliche Einladungen. — Die reifen, violetten Auberginen dick abschälen, halbieren und die Hälften in sehr dünne Scheibchen schneiden. Diese dünstet man in Butter von beiden Seiten goldbraun und läßt sie abkühlen. Aus Olivenöl, Zitronensaft, Petersilie, Knoblauchsalz, Joghurt, gewiegter grüner Paprikaschote, Salz und Pfeffer bereitet man eine Salatmarinade, die über die noch warmen Auberginenscheibchen gegossen wird. Man läßt sie 1 Stunde durchziehen, rührt aber währenddessen mehrmals um. — Dazu serviert man hartgekochte Eier und Toast mit Butter.

FATTOUSH
Arabischer Schalotten-Salat

4 Tomaten, 2 Salatgurken
1 Paprikaschote
12 Schalotten
4 Eßl. gehackte Petersilie
4 Zweige frische Pfefferminze
¾ Tasse Olivenöl
Saft einer Zitrone
Salz, Senf, Pfeffer
1 Teel. Paprikapulver
1 Teel. getrockneten Thymian
2 Scheiben Weißbrot
ohne Rinde

Die Tomaten einritzen, heiß überbrühen und abziehen, dann zerschneiden, den Saft mit den Kernen ausdrücken und die Fruchtschale in Stücke schneiden. Die Salatgurken schälen und in Würfel schneiden. Die grüne Paprikaschote halbiert man, entfernt die Kerne und schneidet das Fruchtfleisch in Streifen. Die Schalotten schneidet man in hauchfeine Scheibchen. Diese Zutaten mischt man mit Petersilie und zerdrückter Pfefferminze und übergießt sie mit einer Marinade aus Olivenöl, Zitronensaft, Salz, Senf, Pfeffer, Paprikapulver und Thymian. Jetzt kommen die Weißbrotwürfel dazu. Den Salat mischt man gründlich durch und serviert ihn eisgekühlt als Vorgericht. — Schalotten sind leider nicht immer zu bekommen. Man kann sich mit kleinen Zwiebeln aushelfen. Sollten diese zu scharf sein, übergießen Sie die Scheiben vorher mit kochendem Wasser.

SHOURABAT ADAS
Arabische Linsensuppe

½ Tasse grüne Trockenerbsen, ½ Tasse Linsen
4 Tassen Hühnerbrühe
½ Tasse Weißbrotkrumen
3 Zwiebeln, 5 Eßl. Olivenöl
2 Teel. Salz, 1 Teel. Pfeffer
½ Teel. geriebene Muskatnuß, 1 Tasse gekochtes Huhnfleisch, ½ Tasse gehackte Kerbelblätter

Im Orient verwendet man dazu die am Mittelmeer heimische Kichererbse, die wir aber hier nicht kaufen können. — Die Trockenerbsen und Linsen weicht man über Nacht ein. Am anderen Morgen kocht man sie in der Hühnerbouillon fast gar, fügt die Weißbrotkrumen zu und kocht die Suppe weiter, bis alles weich ist. In der Zwischenzeit bräunt man Zwiebelwürfel in Olivenöl an, die man mit den Gewürzen und dem kleingeschnittenen Huhnfleisch in die Suppe mischt. Zuletzt reichlich gehackte Kerbelblätter hinzufügen. — Weißbrotscheiben, die mit einer Mischung aus zerriebener Knoblauchzehe (oder Knoblauchsalz) und Butter bestrichen und im heißen Ofen getoastet wurden, reicht man dazu.

NORDAFRIKA VORDERER ORIENT

Damaszener Fisch — SAYADIET

Das Goldbarschfilet wird gewaschen und abgetrocknet. In mit Salz und Pfeffer vermischtem Mehl wälzt man die Filets gründlich und brät sie in Butter braun. Darüber streut man den Reis, den man mit heißem Öl, Salz, gehackter Paprikaschote, Safran und Cayennepfeffer vermischt hat. An die Seite legt man zerschnittene Tomaten und Oliven. Das Gericht soll nur 10—15 Minuten im Ofen schmoren. Die Tomaten schmelzen in dieser Zeit und es bildet sich mit dem Fischsaft eine säuerliche Sauce. — Die Menge Safran ist schwer abzumessen. Safran wiegt sehr leicht und eine kleine Prise ist völlig ausreichend. Orangengelbe lange Fäden sind die beste Qualität.

1 kg Goldbarschfilet, Salz
Pfeffer, Mehl, 75 g Butter
1 Tasse gekochten Lang-
kornreis, 2 Eßl. Olivenöl
1/2 rote Paprikaschote
2 g Safran, Cayennepfeffer
2 Tomaten, 1/2 Tasse gefüllte
grüne Oliven

Seezunge mit Lammfleisch — BAMIA AU GOMBOS

In einer großen Kasserolle röstet man im Olivenöl die Zwiebelscheiben, das Lammfleisch und die zerschnittenen Tomaten mit Salz und Pfeffer unter fortwährendem Umrühren an. Alle Bestandteile sollen sich hellbraun verfärben. Sie werden dann mit dem Wein abgelöscht und noch kurz weitergedünstet. In ein ausgebuttertes, mit Seezungenfilets ausgelegtes Geschirr füllt man die vorher angedünstete Mischung und belegt sie mit den übrigen Fischfilets. Die Backzeit im vorgeheizten Ofen beträgt etwa 1 1/2 Stunden bei mittlerer Hitze. Falls die Oberfläche zu trocken und zu dunkel wird, können Sie sich mit Butterflocken und Pergamentpapier helfen. — In orientalischen Ländern nimmt man süße Weine zum Kochen, die aber den Gerichten eine geschmackliche Nuance geben, die uns nicht so gefällt.

5 Eßl. Olivenöl, 3 Zwiebeln
500 g Lammfleisch (durch
die feine Scheibe des Fleisch-
wolfes gedreht)
4 Tomaten, 2 Eßl. Salz
1/2 Teel. Pfeffer
1 Tasse Sherrywein
oder herben Weißwein
6 Filets Seezunge
(= 3 Stück)

Arabisch gefüllte Paprikaschoten — FLEIFELI MEHSHIA

Von den Paprikaschoten schneidet man das obere Drittel ab, die Stielseite wird zum Boden. Mit einem spitzen und sehr scharfen Messer schneidet man die Kerne mit den Ständern aus. Sind die Schoten sauber ausgewaschen, läßt man sie mit der offenen Seite nach unten abtropfen. Rindfleisch, Tomaten, Zwiebeln und Petersilie mit dem Wiegemesser zerkleinern und mit Salz, Pfeffer und gekochtem Reis verrühren. — Ich gebe noch geriebene Mandeln und eine Spur von gehackten Korinthen hinzu. — Mit dieser Masse füllt man die Paprikaschoten, setzt sie in ein mit Butter ausgestrichenes Geschirr, übergießt sie mit Tomatensauce und läßt sie im heißen Ofen etwa 1/2 Stunde backen. Falls zuviel Flüssigkeit verdampft, kann man etwas Wasser nachgießen. Wenn Ihnen Füllmasse übrigbleibt, formen Sie kleine Klößchen daraus, die Sie in der Tomatensauce mitgaren lassen.

4 sehr große, rote
Paprikaschoten
750 g Rindshackfleisch
2 Tomaten, 3 Zwiebeln
5 Eßl. Petersilie
2 Teel. Salz, 1/2 Teel. Pfeffer
3/4 Tasse gekochten Reis
1/2 l Tomatensauce aus:
1 Tasse Tomatenmark
1 Eßl. Butter
2 Eßl. Sahne oder Dosenmilch
Salz, Paprikapulver
gehackte Petersilie

NORDAFRIKA VORDERER ORIENT

KUFTA
Rind-Hammel-Frikandellen

*500 g Rindfleisch und
500 g Hammelfleisch
(durch die feine Scheibe des
Fleischwolfes gedreht)
4 Zwiebeln, 4 Eier
1 Tasse Brotkrumen
Salz, Pfeffer, Cayennepfeffer
½ Teel. Oregano
3 Eßl. gehackte Petersilie
½ Tasse Milch, 125 g Butter*

Man mischt die Fleischarten mit den kleinen Zwiebelwürfeln, den Eiern und der Hälfte der Brotkrumen und würzt mit Salz, Pfeffer, Cayenne, Oregano, Petersilie und korrigiert die Konsistenz mit Milch, damit man eine formbare Masse erhält. Flache runde Bratlinge wälzt man in den restlichen Bröseln und brät sie in der Hälfte der angegebenen Buttermenge. Die zweite Hälfte Butter gießt man dann darüber und serviert die Frikandellen mit Erbsen oder Auberginengemüse und Reis. — Wenn Sie das Gericht probiert haben, werden Sie feststellen, daß man Frikandellen auch gut aus verschiedenen Fleischarten mischen kann. Dadurch entstehen aparte geschmackliche Nuancen.

KABOURGA
Gefülltes Lamm gebraten

*1 Tasse gekochten Reis
4 Zwiebeln in Würfeln
2 Paprikaschoten, ½ Tasse
Olivenöl, 3 Eßl. gehackte
Petersilie, 2 Teel. Salz
1 Teel. Pfeffer, ½ Tasse
Pinienkerne, 1 Lammbrust
oder eine Reihe Lammrippchen unzerschnitten
1 Knoblauchzehe, 1 Tasse Öl
2 Tassen zerschnittene
Möhren, Sellerieknolle und
Porree, 2 Petersilienwurzeln
2 Kartoffeln, 4 Tomaten
2 Eßl. Mehl*

Zuerst röstet man für die Füllung Reis, Zwiebeln und Paprikaschoten 10 Minuten lang in Olivenöl auf kleiner Flamme an, ohne daß etwas braun wird. Dann kommen Petersilie, Salz, Pfeffer und Pinienkerne dazu. Wird die Masse zu dick, kann man sie mit einigen Tropfen heißem Wasser geschmeidiger machen. Dann reibt man die Lammbrust oder die Lammrippchen mit Salz und der zerriebenen Knoblauchzehe ein, drückt die Füllung hinein oder bestreicht die Rippchen soweit damit, daß man sie zusammenrollen kann. Die Brusttasche zunähen, die gerollten Rippchen mit einem dünnen Band zusammenbinden. Dann brät man das Fleischpaket in einer Ofenpfanne mit Fett, gehackten Wurzelgemüsen und Kartoffelscheiben etwa eine Stunde. In der letzten halben Stunde legt man zerschnittene Tomaten dazu und läßt etwas angerührtes Mehl einlaufen. Diese Sauce wird, nachdem der Braten gar ist, durch ein Sieb gestrichen, mit Salz und Pfeffer nachgewürzt und dann darin die Bratenscheiben angerichtet. — Dazu passen Kartoffelbrei und Salate.

DJELOU KHABAB
Hammelfiletscheiben auf dem Rost

*1 kg Hammelfilet
Salz
100 g Butter oder Margarine
2 Knoblauchzehen
Cayennepfeffer*

Wichtig für den Geschmack dieses Hammelgerichtes ist das Garen auf dem offenen Holzkohlenfeuer. Wenn möglich, sollten Sie sich dafür Rebwurzelholz besorgen. (In Südfrankreich verwendet man für fast alle Holzkohlenfeuer Rebholz.) — Das Hammelfilet schneidet man in dünne Scheiben, die man noch dünner klopft und dann salzt. Man reibt sie mit Butter und Knoblauch ein, legt sie auf gefettete Grillroststäbe und brät sie schnell auf beiden Seiten; sie müssen saftig bleiben. Dann schichtet man sie auf Teller und bestäubt sie mit Cayennepfeffer. — Dazu Butterreis reichen, der mit Muskatnuß und gehackter Petersilie vermischt wurde.

Hammelfleischklöße in Kräutersauce

FESENJANE DJAAFARI

Für die Kräutersauce mischt man das Tomatenmark mit Wasser und den Walnußkernen, kocht einmal auf und schmeckt mit Salz und Pfeffer ab. Dazu rührt man die gehackten Kräuter, die vorher nur ganz kurz in Butter warm gemacht wurden, weil sie bei mehr Hitze rasch ihre Farbe und den würzigen Geschmack verlieren würden. Vom Hammelfleisch trennt man möglichst alles Fett ab und dreht es durch die feine Scheibe des Fleischwolfs zusammen mit Zwiebeln und Porree. Die Eier und Gewürze daruntermengen und kleine Klöße daraus formen, die man in Butter goldbraun brät. Gebraten kommen sie in eine Ofenform, werden mit der grünen Kräutersauce übergossen und bei geringer Hitze 30 Minuten lang im Ofen fertig gegart. — Dazu empfehle ich Ihnen gebratene Pellkartoffelscheiben mit Zwiebeln und Pfifferlingen zu servieren.

2 Eßl. Tomatenmark
1 Tasse Wasser
2 Eßl. geriebene Walnußkerne, Salz, Pfeffer
3 Tassen gehackte Küchenkräuter (Kerbel, Estragon Petersilie), 50 g Butter
500 g Hammelfleisch
2 Zwiebeln, 1 Stange Porree
2 Eier, 1 Messerspitze Zimt
½ Teel. Koriander, gemahlen
1 Messerspitze Muskatnuß

Hammelfleisch-Eierfrüchte

SHEIKH EL-MIHSHIE

Man halbiert die frischen Eierfrüchte (Auberginen) der Länge nach. In einer Pfanne brät man sie mit Öl auf der Hautseite 5 Minuten lang. Dann kann man die Haut sehr leicht abziehen. Auf der Schnittseite brät man die Früchte noch weitere 5 Minuten und schneidet sie dann in kleine Würfel. Diese mischt man mit Eiern, Reis, Salz, Pfeffer, gehackter Petersilie, gehackten Zwiebeln und gebratenen Hammelfleischstücken. Diese Masse wird zu Klößen geformt, die man in Mehl wälzt und in Olivenöl braun brät. Nun fügt man Tomatenmark dazu und gießt mit Wasser oder Bouillon an. Die Bratlinge füllt man mit der Tomatensauce in ein mit Butter ausgestrichenes Geschirr, belegt sie mit frischen Gurkenscheiben und läßt sie im heißen Ofen kurz backen. — Dazu schmecken gut Bratkartoffeln und Zwiebelringe, in der Butter mitgebräunt.

4 Auberginen
Öl, 4 Eier
1 Tasse gekochten Reis
Salz, Pfeffer
1 Bund Petersilie
2 Zwiebeln
500 g Hammelbraten
Mehl, Öl zum Braten
3 Eßl. Tomatenmark
1 Tasse Wasser oder Bouillon
½ Salatgurke

Syrisch gefülltes Hähnchen

DGAJ MUHSHY

Das Hackfleisch röstet man mit Olivenöl braun an. Dazu gibt man nach etwa 5 Minuten den Reis, Pinienkerne, Salz, Pfeffer, Muskatnuß und Thymian. Unter weiterem Umrühren noch kurz kochen lassen. Mit dieser Masse nun das Hähnchen füllen, zunähen und in Öl braun braten. Man gießt ein wenig Wasser an, damit sich etwas Sauce bildet. Das Hähnchen läßt man nun zusammen mit dem Wurzelgemüse zugedeckt eine Stunde schmoren. Sollte die Flüssigkeit zu wenig werden, etwas Wasser nachgießen. Nach

500 g Hammelhackfleisch ohne Fett, ½ Tasse Olivenöl
½ Tasse gekochten Langkornreis
⅓ Tasse Pinienkerne
3 Teel. Salz, 1 Teel. Pfeffer
¼ Teel. gerieb. Muskatnuß

NORDAFRIKA VORDERER ORIENT

1 Zweig frischen Thymian oder 1 Prise getrocknete Blätter, 1 großes Hähnchen 1 Tasse geschnittene Wurzelgemüse mit Zwiebeln

dem Originalrezept wäscht man das Hähnchen später in garem Zustand ab, trocknet es ab und brät es bei scharfer Hitze noch einmal knusprig. Ich halte dies für überflüssig, wenn man es anfangs gleich genügend bräunt und die Flüssigkeitsmenge niedrig hält. — Dazu schmecken Spargel, junge Erbsen, Perlkarotten und Butterkartoffeln.

DUGGAG MUHAMMAR

Gebratenes Hähnchen mit süßer Füllung

3 Zwiebeln, 100 g Butter Leber und Nieren vom Huhn 1½ Tassen halbgar gekochten Reis, 2 harte Eier, 1 Tasse gebrühte, abgezogene Pistazien, 3 Eßl. Petersilie ½ Tasse kernlose Rosinen 1 Eßl. Salz, 1 Teel. Pfeffer 1 Huhn oder 2 Hühnchen Paprikapulver, Sahne

In einem Stieltopf mit hohem Rand läßt man die Zwiebelwürfel in der Butter glasig werden und gibt die mit einer Messerklinge zerriebene Leber und Nieren dazu. Unter häufigem Umrühren dünstet man den Inhalt auf kleiner Flamme 10 Minuten lang an. Dazu kommen dann Reis, Eier, Pistazien, Petersilie, Rosinen und etwas Salz und Pfeffer. Mit dem restlichen Salz und Pfeffer reibt man das Huhn innen und außen ab und füllt die vorher bereitete Masse hinein. Die Schnittstellen näht oder steckt man mit einem Holzspeil zu. Das Hähnchen reibt man außen mit Paprikapulver ein, bestreicht es mit Sahne und brät es im heißen Ofen bei 220° C 1 Stunde lang; dabei muß man es öfter umdrehen.

AZEM PILAFI

Huhnpilaff

2 junge Hähnchen oder 1 Poularde 75 g Butter 1 Tasse Zwiebelwürfel 2 Tassen Wasser 4 Tassen gekochten Langkornreis Salz, Pfeffer 1 Prise Safranfäden

Die Tiere ausnehmen, absengen und in je vier Teile zerschneiden. In reichlich Butter röstet man sie allseitig an, zugleich mit Zwiebelwürfeln, und gießt dann soviel Wasser an, wie die Huhnstücke zum Schmoren brauchen. Im zugedeckten Topf läßt man sie 45 Minuten lang garen, gibt dann Reis, Salz und Pfeffer dazu und läßt das Gericht fertig kochen. Die Flüssigkeit muß eventuell ergänzt werden. In den Reis streut man Safranfäden, die dem Gericht den gelben Farbstoff und den fremdländischen Geschmack geben. Der Pilaff ist fertig, wenn der Reis ganz aufgequollen, aber noch körnig ist und die ganze Flüssigkeit aufgesogen hat.

MLOOKHIA

Spinat und Mangold mit Hühnchen

1 Hühnchen, in Viertel geschnitten 2 Zwiebeln, 1 Möhre

Mlookhia ist ein etwas bitteres und herbes ägyptisches Gemüse, das sonst nirgends auf der Welt wächst. Ich habe es in diesem Rezept durch Spinat und Mangold ersetzt. — Zuerst kocht man die Hühnchenteile und Zwiebeln

NORDAFRIKA VORDERER ORIENT

und die Möhre in Wasser weich. Spinat und Mangold waschen, abtropfen lassen und zerkleinern. Den Koriander zerdrückt man und reibt ihn mit Knoblauch und Salz zu einer feinen Paste. Die Butter zerläßt man in einer Kasserolle, dazu kommen die Knoblauchpaste und die Huhnstücke, die einige Minuten darin anbräunen sollen. Darauf kommt der Spinat mit dem Mangold dazu, die wieder einige Minuten dünsten sollen. Mit Salz und Pfeffer abschmecken und mit etwas Hühnerbouillon angießen. — Dazu reicht man gekochten Reis.

1 kg Spinat und Mangold gemischt
1 Teel. Korianderkörner
3 Knoblauchzehen
2 Teel. Salz
125 g Butter, Pfeffer

Syrische Currypasteten   SAMBOUSIKS

Zuerst der Teig: Man siebt das Mehl (zwei Eßlöffel voll zurücklassen) mit dem Salz in eine Schüssel, halbiert das Butterstück und knetet die eine Hälfte mit dem Mehl und dem Eiswasser zu einem elastischen Teig. Eine Kugel daraus formen, die eine halbe Stunde ruhen soll. In der Zwischenzeit knetet man die andere Hälfte der Butter mit dem zurückbehaltenen Mehl glatt und rollt dieses Mehlbutterstück, auf dem gemehlten Küchentisch, in den ebenfalls ausgerollten ersten Teig. Beide Teige zusammen ausrollen und die Teigplatte zu einem Rechteck zusammenschlagen. Das Ausrollen und Zusammenschlagen wiederholt man mehrere Male. Es ist gut, den Teig nach je zwei oder drei Touren eine halbe Stunde kühl ruhen zu lassen. Nun bereitet man die Füllung: In einer Bratpfanne läßt man Butter zergehen und röstet die Zwiebelwürfel und Apfelstücke darin an, bis letztere zu zerfallen beginnen. Dazu mischt man Hühnerfett, Pfeffer und Curry und läßt daraus eine Paste werden. Bitte ständig umrühren! Diese heiße Masse löscht man mit etwas Hühnerbouillon ab, schneidet die Huhnstücke recht klein dazu und läßt die Mischung erkalten. Den Backofen heizt man nun auf 250°C vor. Den Teig rollt man zum letzten Mal aus und bepudert ihn lose mit Mehl. Mit einem breiten Weinglas sticht man Plätzchen aus, die man mit je einem Löffel Huhncurry belegt und mit einem zweiten Teigplätzchen bedeckt. Die Ränder der Plätzchen zuerst anfeuchten und nun zusammendrücken. Die Oberflächen mit verquirltem Ei bestreichen und auf einem gemehlten Blech etwa eine halbe Stunde lang backen. Danach mit zerlassener Butter bestreichen und mit Currypulver bestäuben.

Teig:
1½ Tassen Mehl
1 Teel. Salz
200 g Butter
3 Eßl. Eiswasser
Füllung:
Bratfett
2 Zwiebeln, 1 Apfel
2 Eßl. Hühnerfett
Pfeffer, 1 Eßl. Curry
Hühnerbouillon
2 Tassen gekochtes Huhnfleisch
Zum Bestreichen:
1 Ei, zerlassene Butter
Currypulver

Linsengericht mit Reis   MJDARA

Die Linsen aussuchen, waschen und über Nacht in kaltem Wasser einweichen. Am anderen Morgen gießt man sie ab und läßt sie abtropfen. Dann kocht man sie 45 Minuten in Salzwasser vor. Dazu kommt der Reis, der wei-

2 Tassen Linsen
2 Teel. Salz
¾ Tasse Langkornreis

NORDAFRIKA   VORDERER ORIENT

½ Teel. Pfeffer
½ Tasse Olivenöl
2 gehackte Zwiebeln

tere 15 Minuten braucht, sowie Salz und Pfeffer. Falls nötig, Wasser nachgießen! In einer Pfanne dünstet man inzwischen in Olivenöl die Zwiebelwürfel und mischt dann Linsen und Reis, gar und abgegossen, dazu. — Ich selbst gebe zu diesem eigentlich vegetarischen Gericht entweder die mit Rosinen und Pistazien gefüllten Hähnchen Duggag Muhammar oder schneide gekochte Schinkenstreifen hinein. Auch schmecken darin frische, hautlose Tomaten oder einige Löffel Tomatenmark gut. Diese aber erst im letzten Augenblick unterziehen.

LUBEY BE-ZEIT

Arabische grüne Bohnen

1 Tasse Olivenöl
4 gehackte Zwiebeln
700 g grüne, kleine Bohnen
1 Tasse Tomatensaft
Salz, Pfeffer

Dieses Gemüse ist nur eine Beilage zu anderen Gerichten. — Das Olivenöl wird in einer Kasserolle erhitzt; es darf aber nicht rauchen, sonst werden Geschmack und Nährwert beeinträchtigt. Man läßt die Zwiebeln in Öl in 10 Minuten bei fortwährendem Umrühren goldbraun werden. Die rohen, grünen Bohnen läßt man dann mitdünsten, bis sie glasig sind, gießt mit Tomatensaft an und würzt mit wenig Salz und Pfeffer. Die Bohnen nun gar kochen, was etwa 15 Minuten dauert. Eventuell noch ein wenig salzen. Das Gericht abkühlen lassen und kalt servieren.

FOOL MUDAMMAS

Grüne Bohnen auf ägyptische Art

500 g grüne Bohnen oder
1½ Tassen weiße Bohnenkerne, 2 Teel. Salz
½ Tasse Olivenöl
¼ Tasse Zitronensaft
2 Knoblauchzehen oder
1 Teel. Knoblauchsalz
½ Tasse gehackte Petersilie und Kerbel, 4 Schalotten

Die Bohnen waschen, die Fäden abziehen und in Salzwasser halbgar vorkochen und dann abgießen. Im warmen Olivenöl läßt man sie gar dünsten. Nach dem Abkühlen würzt man sie mit Zitronensaft, Knoblauch, Petersilie und Kerbel. Darüber schneidet man sehr feine Scheiben von rohen Schalotten. — Man nimmt dafür auch weiße Bohnenkerne, die über Nacht eingeweicht und dann 1 Stunde gekocht werden, bis die Schalen platzen. Die weitere Zubereitung ist dann, wie hier für grüne Bohnen beschrieben. — Dieses Gericht erinnert an eine Bohnenzubereitung, die ich oft in Südfrankreich serviert bekam. Aber dort werden immer Estragonblätter mitgekocht.

MASBAHET ED-DARWEESH

Gurkengemüse

2 Salatgurken
2 Teel. Salz
1 Tasse geriebenen Hartkäse
½ Tasse Quark, 4 Eier
¾ Tasse Weißbrotkrumen

Die Gurken schälen, die bitteren Enden abschneiden, dann mit einer Rohkostreibe in große Späne raspeln, etwas feines Salz darüber streuen und eine halbe Stunde stehen lassen. Den gezogenen Saft gießt man später ab. Zu den Gurkenraspeln mischt man jetzt geriebenen Käse, Quark, die geschlagenen Eier, Brotkrumen, Salz, Pfeffer, Petersilie und Rosinen. Die Masse wird in einer gebutterten Auflaufform etwa ¾ Stunde lang im Ofen bei 200° C gebacken. Sollte die Oberfläche zu trocken werden, streut man Butterflocken darüber. — Dieses Gericht können Sie zu einer vollen Mahlzeit erweitern, wenn Sie rohe Schinkenstreifen zufügen, oder wenn Sie in die Mitte eine Lage von Schweins- oder Rindshackfleisch geben. Oder Sie legen die Wände der Auflaufform, nach dem Einstreichen mit Butter, mit dünnen Zungenscheiben aus.

Salz, ½ Teel. Pfeffer
4 Eßl. gehackte Petersilie
1 Eßl. gebrühte, gewiegte
Rosinen, 50 g Butter

Gefüllte Bratäpfel   TEFFAH BIL-FORN

Die Rosinen mit heißem Wasser brühen und aufquellen lassen. Von den Äpfeln das obere Drittel abschneiden und das Kernhaus ausstechen. In diese Höhlung streut man einen Teelöffel Zucker und die Mischung aus grobgehackten Rosinen, zerlassener Butter, Reis, dem restlichen Zucker und Vanillezucker. Obenauf bestäubt man sie mit Zimt, setzt ihnen die Deckel wieder auf und streut Zucker darüber. Auf einem gebutterten, mit Wasser befeuchteten Backblech backt man die Äpfel bei 200°C im vorgeheizten Ofen, bis sie weich sind — etwa eine halbe Stunde lang. — In arabischen Ländern serviert man diese gefüllten Äpfel nicht als Nachtisch, sondern zu gebratenem Hammelfleisch, was sehr gut schmeckt. Sie sind aber ebenso gut als Süßspeise zusammen mit Rum-Weinschaumsauce und Biskuitstücken.

½ Tasse kernlose Rosinen
4 große Äpfel
(Boskoop oder Jonathan)
1 Tasse Zucker
¼ Tasse Butter
½ Tasse gekochten Reis
1 Päckchen Vanillezucker
1 Teel. gemahlenen Zimt
1 Tasse Wasser

Reismehlpudding   MEHALLABIA

In einer Kasserolle mischt man Zucker, Reismehl oder Reisflocken und Stärkemehl mit Milch. Auf dem Feuer läßt man die Masse bei ständigem Rühren fest werden. Noch einige Minuten kochen, damit sich der Geschmack der Stärke verliert. Auf dem Boden des Topfes hat sich dann ein dunkler Belag gebildet, das Zeichen für das Umschütten in eine Schale, in der man die anderen Zutaten zufügt. Schließlich gießt man den Pudding in eine Servierschale, um ihn darin völlig erkalten zu lassen. — Man serviert diesen weißen Pudding gestürzt, mit Fruchtsirup oder gelöster Aprikosenmarmelade, die versetzt wurden mit Weinbrand oder griechischem Samoswein.

1 Tasse und 2 Eßl. Zucker
⅓ Tasse Reismehl oder
Reisflocken
1 Eßl. Stärkemehl
4 Tassen Milch
½ Tasse kernfreie
aufgequollene Rosinen
1 Eßl. Orangenblütenwasser
1 Messerspitze
ausgeschabte Vanilleschote

Spricht man von der Gastronomie Mittel- und Südafrikas, so muß man unterscheiden zwischen den Küchen der Eingeborenen mit ihren Stammesunterschieden und den Küchen der weißen Kolonien und Wohngebiete. Die Unterschiede zwischen diesen beiden Bevölkerungsgruppen sind so gewaltig, daß eine Annäherung erst in vielen Jahrzehnten möglich sein dürfte.

Die Südküste, die Südafrikanische Union, und davon wieder besonders die Großstädte und Ferienparadiese entlang des Ozeans, entsprechen kulinarisch allen mitteleuropäischen Ansprüchen. Dabei spielen nicht einmal die Agrarprodukte des eigenen Landes eine entscheidende Rolle, sondern man importiert, was verlangt wird. Das Hinterland hat keine hochstehende Eßkultur. Gut gekocht wird allein in den weißen Haushaltungen. Hier serviert man mittags viel Hammelfleisch und Rindsteaks mit gekochten und gebutterten jungen Maiskolben und anderen Gemüsen. Man ißt viel Fleisch, viele Früchte. Die weiße Bevölkerung besteht in der Mehrzahl aus Engländern und Buren, also Holländern. Sie haben ihre eigenen Rezepte mitgebracht und vererbt. Daneben leben in Südafrika auch Inder und Chinesen, die in mittleren Positionen arbeiten und Handel treiben und die aus religiösen Gründen eine Angleichung an die Landesküche ablehnen.

Für die besitzlosen, unvorstellbar armen Eingeborenen ist Essen meist Nahrungsaufnahme, nicht Genuß. Auf Steinen oder in Mörsern zerstoßen sie Maiskörner, verrühren dieses grobe Mehl mit Wasser zu einem Brei, den sie schließlich kochen. Salz und Pfeffer ist meist ihr einziges Gewürz, manchmal kommen auch noch Knoblauch, Paprika und die scharfen Pfefferschoten hinzu. Oft formen sie aus diesem heißen Maisbrei auch Kugeln. Das Palmenmark Tapioka, das wir als Sago kennen, wird manchmal an Stelle von Mais verwendet. — Zu dieser Grundnahrung kommen zerriebene Blätter und viel Bananen, die aber nicht mit unseren Tafelbananen verglichen werden können: es sind die mehligen Kochbananen. Auch mit Kokosnüssen, Bohnenkernen, Bataten und Erdnüssen macht man den Maisbrei etwas abwechslungsreicher. Schließlich werden auch noch Kürbisse, Melonen und Mango angepflanzt. Die Früchte des Brotbaumes wachsen wild.

An Fleisch wird von der eingeborenen Urbevölkerung meist das gebraten, was sie erjagt haben. Dazu gehören neben Antilopen, Affen, Elefanten und anderen größeren Tieren auch Schlangen, Leguane, Raupen und Heuschrecken, die manchmal auch roh, lebend verspeist werden. Gebackene Heuschrecken und Ameisen in Dosen konserviert findet man übrigens als Delikatesse im Feinkosthandel der ganzen westlichen Welt.

Natürlich ist durch die atemberaubend rasche Entwicklung der afrikanischen Nationalstaaten auch ihre Eßkultur in einer schnellen Veränderung und Verfeinerung begriffen. Viele Afrikaner, vor allem in den westafrikanischen Städten und im Kongo, sind bereits phantasiebegabte Köche, die europäische und amerikanische Einflüsse mit Interesse und Geschmack verwerten.

Zentral- und Südafrika

ZENTRAL- UND SÜDAFRIKA

MELKSNYSELS

Milchsuppe mit Nudelscheiben

1 1/8 Tassen Mehl
1/2 Teel. Backpulver
1/4 Teel. Salz
4 Tassen Milch
4 Eier, getrennt
1/2 Tasse Zucker
1 Messerspitze Zimt

Eine Tasse Mehl, Backpulver und Salz siebt man in eine Schüssel und rührt eine halbe Tasse Milch dazu. Man knetet den Teig, bis er glatt und elastisch wird, rollt ihn so dünn als möglich aus und läßt ihn 15 Minuten ruhen. Danach bestäubt man ihn mit dem restlichen Mehl und rollt ihn zusammen. Diese Nudelteigrolle zerschneidet man in dünne Scheiben, die man in die kochende Milch legt. Sobald die Scheiben an die Oberfläche kommen, schöpft man sie ab. Die Eigelbe schlägt man mit Zucker und Zimt schaumig und verrührt sie mit einer Tasse heißen Milch. Dabei tüchtig umrühren, weil das Eigelb leicht gerinnt. Diese Mischung kommt in die heiße Milch, die noch einmal erwärmt wird, aber nicht mehr kochen darf. Das Eiweiß steif schlagen und ebenfalls in die Milch rühren. Die gekochten Nudelscheiben in eine Schüssel legen und mit der Milchsuppe aufgießen.

Paupau-Suppe

3 Eßl. Butter
1 Zwiebel
1/2 Netzmelone
2 Bund gehackte Petersilie
1 Dose Papayasaft
1 Teel. Salz
1/2 Teel. Pfeffer
1 Prise Macis
1 Eßl. Stärkemehl
3 Tassen Milch

Ihren Namen hat sie von der Frucht Papaya. Diese Melonenart gedeiht bei uns nicht und wird auch nicht eingeführt, weil sie den weiten Transport nicht übersteht. Nehmen Sie dafür eine Netzmelone und Papayasaft, den Sie in Dosen kaufen können. — In einer Kasserolle bräunt man in Butter die Zwiebelringe an, gibt dazu die geschälte, in Würfel geschnittene Melone, ferner gehackte Petersilie, den Papayasaft und Salz. So lange kochen lassen, bis das Melonenfleisch musig zerfällt, und es dann durch ein Haarsieb streichen. Jetzt mit Pfeffer und Macis würzen, das Stärkemehl mit Wasser verrühren und damit die Suppe leicht dicken, die Milch dazugießen und noch einige Minuten kochen lassen, bis sich alles gut miteinander verbindet. Dabei sorgfältig umrühren. — Darüber streut man in Butter gebräunte Weißbrotwürfel.

FANTE FANTE

Ghanesisches Fischragout *Farbfoto Seite 339*

500 g Goldbarschfilet
Salz, 1/2 Teel. Cayennepfeffer
4 Tomaten, 4 Zwiebeln
2 Auberginen
1 Tasse Bouillon
1/2 Tasse Olivenöl
1/2 Tasse grüne, kernlose Oliven, 1/2 Apfelsine

Das Fischfilet schneidet man in Stücke, die man mit Salz und Pfeffer würzt. Tomaten und Zwiebeln schneidet man in Scheiben. Die Auberginen schälen, halbieren, die Kerne entfernen und das Fruchtfleisch in dünne Scheiben schneiden. Fleisch und Gemüse füllt man in ein feuerfestes Geschirr, übergießt mit Bouillon und Olivenöl und streut Oliven und Apfelsinenwürfel darüber. Das Gericht zudecken und im Ofen 20 Minuten backen. In die Sauce, die sich beim Dünsten bildet, passen Kokosnußraspeln. — Dazu ißt man lockeren Reis.

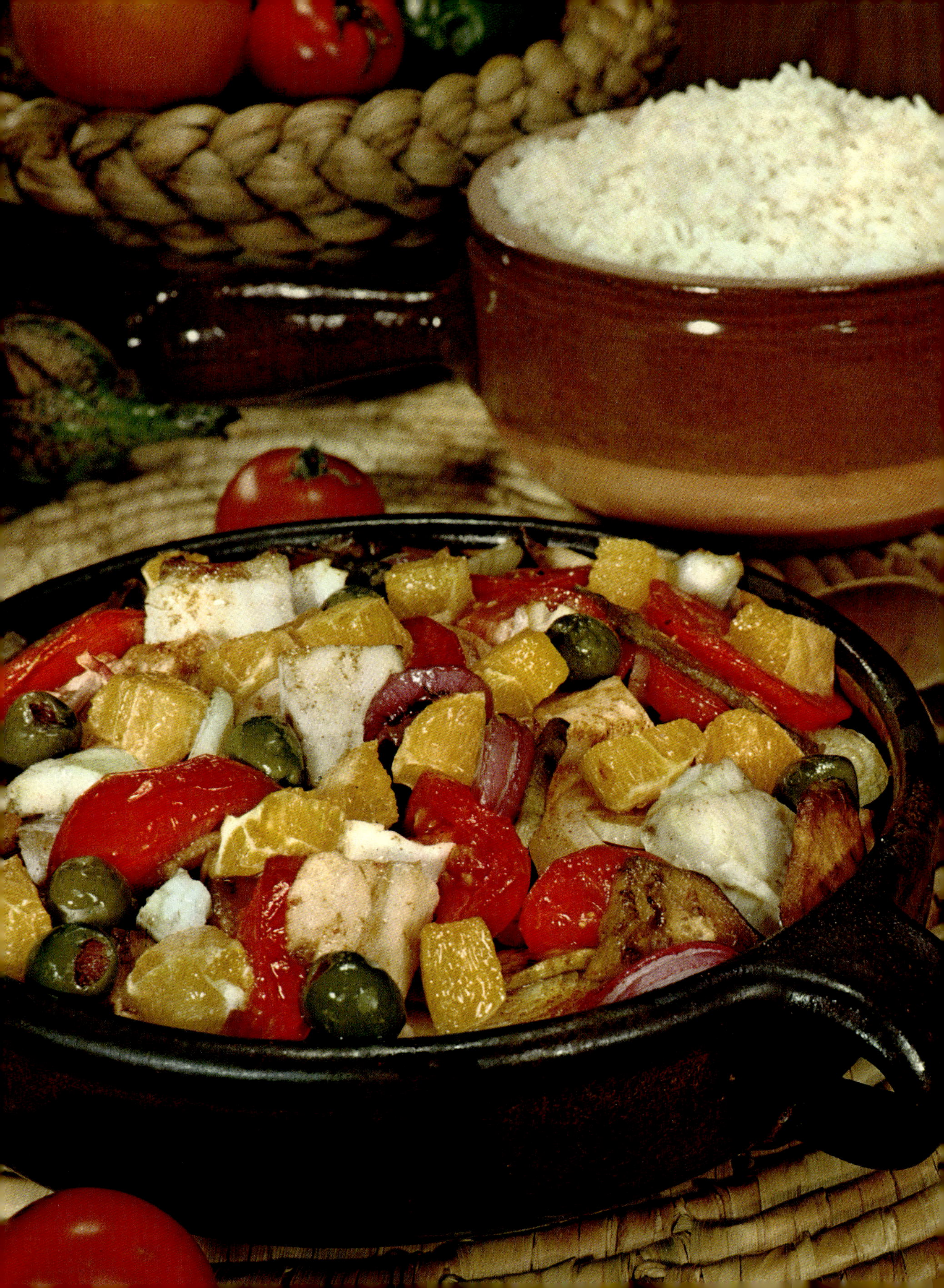

FANTE FANTE *Ghanesisches Fischragout*

Die Küchen in Zentral- und Südafrika beschränken sich, von den großen Städten mit ihrem internationalen Gepräge abgesehen, auf die natürlichen Nahrungsmittel des Landes, und das heiße Klima zwingt dazu, nur die allerfrischesten Rohstoffe zu verarbeiten. Grundnahrungsmittel sind Batatenmus oder geröstete Bataten und Reis. Dazu kommen scharfe Saucen aus Pfefferschoten und verwandten Gewürzen und Fleisch und Fisch. An den Küsten gibt es reiche Fischfänge. Die ghanesische Hausfrau ist in der beneidenswerten Lage, sich den besten Fisch für ihren Speisezettel auszusuchen, vor allem für ihre köstlichen Fischragouts, die sie in zahlreichen Varianten zu bereiten versteht. Zu all dem kommen die vielen herrlichen Früchte, von denen wir nur Avocados, Guavas, Papayas und auch die Kokosnuß erwähnen wollen. Die Kokosnuß ist Fettlieferant und Eiweißträger zugleich. Ihre ausgepreßten Raspeln finden bei nahezu allen Gerichten Verwendung. Sie geben den Ragouts und Frikassees die nötige Konsistenz und sorgen für Bekömmlichkeit. Auch in den reichen Herrschaftsvillen der Weißen kochen schwarze Mammies, und ich habe schon manchen Heimkehrer getroffen, dem die afrikanische Küche in den Jahren seines Aufenthalts sehr ans Herz gewachsen ist.

Rezepte auf Seite 338

ZENTRAL- UND SÜDAFRIKA

Marinierte Fische — ENGELEGTE VIS

Sämtliche Fischfilets schneidet man in Stücke, wälzt sie in Mehl und brät sie in Öl auf allen Seiten braun. Dann läßt man sie abtropfen und abkühlen. Die Zwiebeln schneidet man in Scheiben und bräunt sie im gleichen Fett. Darüber stäubt man Curry, gibt die feingeschnittene Pfefferschote dazu, ferner Salz, Mango-Chutney und Zitronenschale. Mit Weinessig verdünnen und über die Fischstücke geben. Nach zwei oder drei Tagen sind sie durchgezogen und fertig. — Diese marinierten Fische halten sich bei kühler Aufbewahrung mehrere Wochen. Sie schmecken allerdings so gut, daß sie sicher schon nach wenigen Tagen aufgegessen sind. — Mit Toast und Butter oder mit Graubrot essen. Etwas für Gäste!

2 Seezungen
2 kleine, grüne Heringe
250 g Goldbarschfilet
Backöl, 6 große Zwiebeln
50 g Curry
1 rote Pfefferschote, Salz
2 Eßl. feingeschnittenes Mango-Chutney
geriebene Zitronenschale
1 Tasse Weinessig

Burische Lammrippchen — AFRIKANDER

Die Tomatensauce verrührt man mit Essig, Worcestershiresauce, Zwiebeln, Senf, Salz und Pfeffer. In dieser Marinade läßt man die Lammrippchen eine Stunde liegen. Dann brät man sie rasch in Butter; sie sollen innen rosa bleiben. Die Marinade kocht man in einer Kasserolle und versetzt sie mit Sahne und dem feingeschnittenem Gemüse. Zuletzt verfeinert man sie mit dem Fleischextrakt und übergießt die gebratenen Rippchen damit. — Servieren Sie als Beilage Pommes frites und Kopfsalat. Als Getränk empfehle ich südafrikanischen Rotwein.

1 Tasse Tomatensauce
3 Eßl. Weinessig, 1 Eßl. Worcestershiresauce, 2 ger. Zwiebeln, 1 Eßl. Senf, Salz Pfeffer, 8 Lammrippchen
50 g Butter, ½ Tasse Sahne
je 2 Eßl. Sellerie, Möhre Porree, 1 Eßl. Fleischextrakt

Kapstädter Bohnenragout — BOONTJIEBREDIE

Das Hammelfleisch in große Würfel schneiden, salzen, pfeffern und in Mehl wälzen. In einer Pfanne läßt man Hammeltalg aus und röstet darin große Zwiebelwürfel braun. Dazu kommen die Fleischwürfel, die ebenfalls von allen Seiten gebräunt werden, und schließlich die Bohnen. Man gießt mit etwas Wasser an und füllt das Gericht dann in einen Topf. Die Kartoffelscheiben mischt man darunter und läßt alles zusammen im zugedeckten Topf etwa 1 Stunde lang schmoren. Die letzten 10 Minuten läßt man die zerschnittenen Tomaten, Streifen der Paprikaschoten, Blumenkohlröschen und Erbsen mitkochen, ferner geschälte und in Zuckerwasser vorgekochte Quittenscheiben. Vor dem Servieren bestreut man das Ragout mit Petersilie und Bohnenkrautblättern und reicht es mit Butterkartoffeln. — Außergewöhnlich für unseren Geschmack sind die Quitten, die Sie, falls nicht vorhanden, durch Quittenbrot, Quittengelee oder auch durch Birnen ersetzen können.

750 g Hammelrippchen oder -rückenfleisch
Salz, Pfeffer, Mehl
2 Eßl. Hammeltalg
3 Zwiebeln
500 g grüne Bohnen
6 Kartoffeln, 4 Tomaten
2 Paprikaschoten
4 Blumenkohlröschen
1 Tasse Erbsen, ½ Quitte
Bund Petersilie
2 Eßl. Bohnenkraut

ZENTRAL- UND SÜDAFRIKA

SOSATIES
Eingelegtes Grillfleisch

10 Trockenaprikosen
3 Eßl. Öl, 3 große Zwiebeln
1 Knoblauchzehe
Cayennepfeffer
6 frische Weinblätter
gehackt, Salz
3 Eßl. Weinessig
750 g Hammelkeule
ohne Knochen
12 Scheiben Speck
2 Eßl. saure Sahne

Die Trockenaprikosen weicht man mehrere Stunden ein, kocht sie dann weich und streicht sie durch ein Sieb. In Öl bräunt man Zwiebelscheiben und Knoblauch und verrührt sie mit Aprikosenmus, Cayennepfeffer, Weinblättern, Salz und Weinessig. Diese Mischung nun kurz kochen lassen und dann abkühlen. Das in Scheiben geschnittene Hammelfleisch legt man abwechselnd mit Speckscheiben in eine Schüssel und gießt die abgekühlte Marinade darüber. Lassen Sie Fleisch und Speck möglichst über Nacht in der Sauce liegen und grillen Sie beides erst dann am nächsten Vormittag. Die verbliebene Sauce mit Wasser etwas verdünnen, mit saurer Sahne verfeinern und noch einmal aufkochen lassen. — Körniger Reis eignet sich dazu als Beilage und als Getränk Rotwein.

SWARTSUUR
Schwarzsauer

750 g Hammelnacken
2 große Zwiebeln
10 schwarze Pfefferkörner
Salz, Pfeffer
120 g Mehl, 2 Eier
4 Graubrotscheiben
6 Eßl. Schnittlauch
30 g Zucker
2 Eßl. Weinessig

Die Knochen auslösen und das Fleisch in mundgerechte Stücke schneiden. Man kocht diese mit Zwiebeln und Pfefferkörnern in Salzwasser gar. Den sich bildenden Schaum sollte man abschöpfen. Bereiten Sie nun den Teig für die Klößchen: Eine Tasse abgeseihte Hammelbrühe erhitzt man in einer Kasserolle, schmeckt sie mit Salz und Pfeffer ab, rührt Mehl mit Wasser klumpenfrei und bindet damit die Brühe. Diese läßt man längere Zeit stark kochen, bis sich ein fester Teig bildet, den man dann etwas abkühlen läßt. Hierauf rührt man die Eier darunter und verknetet die Masse zu einem glatten Teig. Kleine Klöße aus diesem Teig kocht man in der Hammelbrühe zusammen mit den Fleischstücken gar. Die Bouillon bindet man mit in Wasser geweichten, wieder ausgedrückten Brotscheiben, die man mit Schnittlauch und Zucker vermischt hat. Mit dem Essig rundet man den Geschmack ab.

GESTOOFDE HOENDER
Schmorhuhn

1 Hähnchen
Butter
4 Zwiebeln
1 Glas herben Moselwein
Salz, Pfeffer, Muskatnuß
2 grüne Paprikaschoten
1 Eßl. Stärkemehl

Das rohe Hähnchen zerteilt man und brät die Stücke, bis sie sich braun färben. Dann nimmt man sie aus der Pfanne und hält sie warm. Im gleichen Fett bräunt man Zwiebelscheiben und legt dann die Huhnstücke wieder dazu. Mit dem Weißwein löscht man ab und würzt mit Salz, Pfeffer, etwas Muskatnuß und den gewiegten Paprikaschoten. Auf kleiner Flamme zugedeckt brutzeln lassen und öfter Wasser nachgießen, damit nichts anbrennt. Wenn alle Zutaten des Gerichtes gar gekocht sind, gießt man die Sauce durch ein Sieb ab, verquirlt sie mit Stärkemehl und gibt sie wieder zu den

Huhnstücken. — Mit gekochtem Reis und Salat servieren. Probieren Sie dazu einen südafrikanischen Rotwein.

Erdnuß-Ragout von der Westküste

Die Hähnchen zerteilt man und löst alle Knochen aus dem Fleisch, nur die Beine läßt man ganz. Die Stücke kocht man dann in einem hochwandigen Topf in Wasser. Nach ½ Stunde kommen zerkleinert dazu Erdnüsse, Zwiebeln, Kartoffeln, Auberginen und Salz. Nach einigen Minuten gießt man Wasser nach und deckt den Topf zu. Nach weiteren 30 Minuten sind alle Zutaten gar und man würzt das Ragout mit Salz und Pfeffer. Zum Anrichten benützt man tiefe Teller und legt in jeden ein Eigelb. Darüber schichtet man den gekochten Reis und das Hühnerragout. — Säuerliche Beilagen passen dazu, wie Gewürzgurken, Rote Beeten, Mango-Chutney und Senffrüchte. An der Westküste Afrikas ißt man zu diesem Gericht Bananen und andere Früchte.

2 junge Hähnchen
6 Tassen Wasser
1½ Tassen Erdnüsse gerieben, ohne Salz
2 Zwiebeln, gewiegt
2 Kartoffeln
2 Auberginen, geschält und entkernt
Salz, Pfeffer, 4 Eier
4 Tassen gekochten Reis

Rindfleischpastete BOBOTIE

In einer Kasserolle läßt man die Butter zergehen und dünstet darin die Zwiebeln glasig. Das Brot in heißer Milch einweichen und wieder gründlich ausdrücken. Dann zerpflückt man das Brot und gibt das Fleisch, die gedünsteten Zwiebeln, Eier, Curry, Salz, Pflaumenmus, Rosinen, Zitronensaft und Mandeln dazu. Die Zutaten gut vermengen — es soll eine glatte Masse entstehen. Eine feuerfeste Form bestreicht man innen mit Butter und legt sie mit Lorbeerblättern aus. Dann gießt man die Fleischmasse darauf. Den Abschluß bildet ein Guß aus verrührten Eiern und Milch (in der vorher das Brot eingeweicht war). Den Ofen auf 180° C vorheizen und das Gericht darin etwa eine halbe Stunde garen lassen. Die Oberfläche, wenn sie zu schnell braun wird, mit Pergamentpapier abdecken. — In der Form heiß auf den Tisch bringen und Tomatensalat und Bechamelkartoffeln dazu reichen.

4 Eßl. Butter, 5 Zwiebeln
2 Scheiben Weißbrot ohne Rinde, 1 Tasse Milch
750 g Rindfleisch (zweimal durch den Fleischwolf gedreht), 3 Eier
2 Eßl. Curry, 1 Teel. Salz
2 Eßl. Pflaumenmus
½ Tasse Rosinen
3 Eßl. Zitronensaft
¼ Tasse gehackte Mandeln
Lorbeerblätter, 2 Eier

Huhnpastete HOENDER-PASTEI

Das Huhn zerteilt man in vier Teile. Man kocht diese in Salzwasser mit den Gewürzen und Wurzelgemüsen. Sobald das Gemüse weich ist, nimmt man die halbgaren Huhnstücke heraus und gießt die Bouillon durch ein Sieb ab. Das Gemüse schneidet man klein, aus dem Fleisch löst man die

1 Huhn (ausgenommen etwa 1,5 kg)
1 Eßl. Salz, 3 Tassen Wasser
1 Eßl. Piment

1 Eßl. Pfefferkörner
2 Lorbeerblätter
4 Zwiebeln, 3 Möhren
2 Sellerieknollen, 5 Zweige
Petersilie, Petersilienwurzel
5 Scheiben rohen Schinken
2 hartgekochte Eier
50 g Butter, 25 g Mehl
3 Eßl. Sherrywein, ½ Zitrone
1 Eßl. Zucker
je 1 Messerspitze Macis und
Pfeffer, 1 Eigelb, Mürbteig:
1 Tasse Mehl, 3 Eßl. zerlassene Butter, 3 Eßl. Wasser
Milch zum Bestreichen

Knochen und schneidet es in Stücke. In eine Auflaufform legt man wechselweise Schichten von Huhnfleisch, Gemüse, Schinken- und Eischeiben. Nun bereitet man den Guß: Dafür zerläßt man die Butter, mischt das Mehl dazu und löscht mit Sherrywein, Bouillon und Zitronensaft ab. Zucker, Macis und Pfeffer daruntermischen und kochen lassen, bis sich die Sauce verdickt. Dann gießt man das verquirlte Eigelb hinein und schüttet diese Sauce über die verschiedenen Schichten in der Auflaufform. Darüber legt man einen Deckel aus Mürbteig, den man schnell aus Mehl, Butter und Wasser zusammengedrückt hat, und bestreicht ihn mit Milch. Die Backzeit beträgt etwa 45 Minuten bei 250° C. — Wenn Sie diese Huhnpastete vorbereiten und erst am Abend, etwa wenn Sie Gäste erwarten, backen möchten, sollten Sie die Teigdecke aber erst kurz vor dem Backen bereiten. — Der braune knusprige Teigdeckel soll natürlich erst am Tisch aufgestochen werden. Dann bleibt der Duft des würzigen Huhngerichtes bis zum letzten Augenblick bewahrt.

SAMOSAS

500 g Rindfleisch
durchwachsen
3 rote Paprikaschoten, Salz
6 Knoblauchzehen
2 Teel. gemahlenen Kümmel
1 Teel. weißen
gemahlenen Pfeffer
¼ Teel. Cayennepfeffer
5 Körner Kardamom
1 Teel. Zimt, 2 Zitronen
Öl zum Braten
500 g Zwiebeln, 1 kg Mehl
2 Eßl. Reismehl

Gewürzfleisch-Pasteten

Diese Pasteten sind delikat zu Wein und schärferen Getränken. Die angegebenen Mengen reichen für etwa 8 Personen. — Für die Füllung bereitet man eine Mischung aus Fleisch, das durch die feine Scheibe des Fleischwolfes gedreht wurde, aus feingewiegten Paprikaschoten, Salz, zerdrückten Knoblauchzehen, Kümmel, Pfeffer, Cayennepfeffer, Kardamom, Zimt und Zitronensaft. In einer Kasserolle brät man die Masse, bis das Fleisch ganz trocken wird. Bitte ständig umrühren, damit nichts anbrennt! Die bereits glasig gedünsteten Zwiebelwürfel mischt man darunter und nimmt die Kasserolle vom Feuer. Nun knetet man aus Mehl, Salz und Wasser einen elastischen Teig. Mit Reismehl bestäubt papierdünn ausrollen und 8 cm breite und 24 cm lange Streifen abschneiden. In jede Ecke häuft man einen Eßlöffel Fleischmasse, rollt die Stücke dann zusammen oder schlägt sie zu Taschen zusammen. In Öl brät man sie braun und übergießt sie dabei ständig mit dem heißen Öl. Sie sollen unten und oben gleichzeitig bräunen. — Abtropfen lassen und die Pasteten heiß zu Tisch bringen.

KOEKSISTERS

2 Tassen Mehl
¼ Teel. Salz
1 Päckchen Backpulver
3 Eßl. Butter, 2 Eier
Backfett
Sirup: 1½ Tassen Zucker

Teigschnecken

In eine Schüssel siebt man Mehl, Salz und Backpulver. Mit einem Messer zerschneidet man in dem Mehl die Butter so fein wie groben Sand. Das ist sehr einfach und dauert nur eine kleine Weile. Schließlich verknetet man damit die Eier. Diesen Teig rollt man ungefähr 1 cm dick aus, bestäubt drunter und drüber mit Mehl und schneidet kleine Quadrate aus, die zu Schneckenhäusern gedreht werden. Man beginnt an einer Ecke des

Quadrats und dreht es um einen Finger. Die kleinen Teigschnecken backt man schwimmend im Fett goldbraun. Sobald sie an die Oberfläche steigen, sind sie durchgebacken. Dann sofort mit einer Schaumkelle herausfischen und abtropfen lassen. In einer kleinen Kasserolle kocht man nun den Zucker mit Wasser, Zitronensaft, gemahlenem Zimt und einer Vanillestange, bis ein zäher Sirup entsteht. Jede gebackene Teigschnecke wird damit bestrichen und dann in grobem Zucker gedreht, der sich wie Schnee darauf festsetzt.

1/8 Tasse Wasser
Zitronensaft
1/2 Teel. Zimt
1 Vanilleschote
groben Zucker

Hefebrötchen auf burische Art

MOSBOLLETJIES

Bevor Sie diese Brötchen backen, empfehle ich Ihnen, kleine Dosen zu sammeln, deren Böden und Deckel ausgeschnitten werden. Von 1/8-DIN-Dosen (eine Suppen-Portion) benötigen Sie 24 Stück, von größeren Dosen entsprechend weniger. In Südafrika, wo man viel Wein baut, wird für diese Hefebrötchen frischer Weinmost als Treibmittel verwendet. Wir müssen uns, außer zur Zeit der Traubenlese in unseren Weinbaugebieten, wohl meist mit Hefe begnügen. — Ein Drittel des Mehles mit gelöster Hefe mischen und mit einem Tuch bedeckt zum Aufgehen an einen warmen Ort stellen. Die Butter lauwarm zergehen lassen, mit erwärmter Milch vermischen, mit dem restlichen Mehl und dem Hefeansatz verrühren und alles gründlich zusammenkneten. Wieder aufgehen lassen und dann den Zucker und die Aniskörner dazugeben. Aus dem Teig kleine Brötchen kneten und je eines in die Dosenringe drücken. Das Gebäck geht darin nur nach der Höhe auf, was es reizvoller macht. Die Oberfläche bestreicht man mit milchverquirltem Eigelb und backt die Brötchen im heißen Ofen etwa 20—30 Minuten lang. Danach bestäubt man sie mit Puderzucker und läßt sie abkühlen.

450 g Mehl, 25 g Hefe
120 g Butter, 1 Tasse Milch
120 g Zucker
10 g Aniskörner
1 Eigelb, Puderzucker

Viele Landschaften mit eigenen Sprachen und Überlieferungen sind in den Staat Indien zusammengefaßt. Und es würde wohl fünf Kochbücher füllen, alle Gerichte der berühmten indischen Küche aufzuzählen. Bengalen allein ist bekannt für seine zweitausend Fischgerichte, Kaschmir für seine vielen Fleischspeisen.

Ein gemeinsames Merkmal aller indischen Regionalküchen sind die zahlreichen Gewürze, die für alle Speisen in einer Vielfalt verwendet werden, wie kaum in einem anderen Land der Welt. Die Mischung der Gewürze ist mindestens so wichtig wie gutes Fett und sehnenfreies mürbes Fleisch. Man kauft die Gewürze gemahlen, getrocknet oder in ganzen Stücken in Leinenbeutelchen, und die indische Hausfrau legt sie als Kostbarkeit in Gewürzschreine, die oft jahrhundertealt sind. Wir in Europa kennen davon leider meist wenig mehr als Curry; und diesen noch nicht einmal in besonders guter Qualität. Erst in den letzten Jahren wurden auch echte indische Currysorten in Originalgefäßen importiert. Ja, es gibt zahlreiche verschiedene Sorten Curry, und viele Familien mischen sich »ihren« Curry selbst und sind stolz auf ihre Würzkultur und Würzkunst. Erst kürzlich sprach ich mit einem Hoteldirektor aus Südafrika, der mir bestätigte, daß indische Familien sogar dort in der Fremde ihre eigene Curryvariante bewahren und die Zutaten dazu notfalls aus dem indischen Mutterland bestellen. — Andere indische Gewürze sind Kurkuma, auch Gelbwurz genannt, eine Art Ingwer, die übrigens auch den Curry gelb färbt, grüner Ingwer, Zwiebel- und Dillsamen, Estragon und rote Pfefferschoten, das schärfste Speisegewürz der Welt überhaupt. Dann gibt es noch eine Unmenge von anderen scharfen, pfefferhaltigen Gewürzen, die bei uns höchstens dem Namen nach bekannt sind, deren Anwendung wir aber nicht beherrschen. Zudem werden Gewürze, die auch wir gebrauchen, in Indien anders verwendet. Muskatnuß, die wir in Kartoffelpüree reiben, wird in Indien ausschließlich zu Milchspeisen gebraucht, Fenchel und Anis, die bei uns eher zu süßen Gerichten und Gebäcken genommen werden, dienen dort als Gewürz zu Fischen.

Suppen spielen in der indischen Küche eine untergeordnete Rolle. Immerhin hat die internationale Küche der indischen eine Hühnercremesuppe mit Curry zu verdanken, die Mulligatawny genannt wird und auf vielen Speisekarten zu finden ist. Fleisch und Gemüse werden nicht in Wasser gekocht. Vielmehr zerschneidet man alle Zutaten und dünstet sie in Butter, wodurch viel mehr Nährstoffe erhalten bleiben. Die häufigsten Gemüsesorten sind Kohl, grüne Bohnen, Erbsen, Spinat, Gurken und Tomaten, ähnlich wie bei uns. Es muß aber gesagt werden, daß indische Phantasie und Liebe zur Kochkunst viel mehr daraus machen als wir. Die Kartoffel gilt auch als Gemüse. Hauptnahrungsmittel ist Reis.

Saucen nach unserem Geschmack liebt man in Indien nicht. Die Gewürze der indischen Küche werden zu Pasten verarbeitet. Diese umgeben die Speisen oder werden von ihnen aufgesogen. Oft wird mit Joghurt gewürzt, wodurch die Gerichte einen feinen säuerlichen Geschmack bekommen.

Indien

INDIEN

PURPOO MULLIGATAWNY
Curry-Linsensuppe

*Hühnersuppe oder 1 Tasse
Huhnfleisch in Stücken
1 Tasse Linsen, 4 Zwiebeln
1/2 Tasse Speckwürfel
2 Stangen Porree
8 Tassen Wasser
50 g Butter
oder Margarine
1 rote Paprikaschote
2 Zehen Knoblauch
2 Eßl. Currypulver
1 Bund Petersilie
Saft einer halben Zitrone
Salz, Pfeffer*

Die Mulligatawny wird in Indien aus gebundener und mit viel Curry gewürzter Hühnersuppe gewonnen. Wenn keine Hühnersuppe vorrätig ist, kann man diese Suppe auch mit Wasser kochen, schneidet dann aber für die geschmackliche Verbesserung Huhnfleisch hinein. — Die Linsen werden eingeweicht, nach einigen Stunden abgegossen und abgetropft. Die unreinen oder zerbrochenen Linsen sucht man heraus. In einem hochwandigen Topf läßt man die Zwiebelscheibchen mit ausgelassenen Speckwürfeln glasig werden, gibt die Porreescheiben darauf, die ebenfalls schnell andünsten sollen, schließlich die Linsen und das Wasser. Das Kochen dauert ungefähr 3/4 Stunde. Dann dünstet man in einer Pfanne die Streifen der Paprikaschote, die Knoblauchscheiben, das Currypulver und die gehackte Petersilie in Butter an und rührt die Mischung nach etwa 3 Minuten in die Suppe. Dazu gibt man Zitronensaft, Salz und eventuell etwas Pfeffer; zuletzt das Huhnfleisch. Die Curryschärfe kann man durch Zugabe von frischer Sahne abschwächen.

KEDGEREE
Fischreispfanne

*500 g Seefisch
1 Zwiebel, Salz, Pfeffer
2 Tassen Wasser
3/4 Tasse Langkornreis
4 Eßl. Butter
2 Zwiebeln in Würfeln
2 Knoblauchzehen
1 Eßl. Kurkumapulver
4 Eßl. Olivenöl
2 hartgekochte Eier
2 Tomaten
1 Paprikaschote
1/2 Tasse grüne Erbsen*

Die Fischstücke wäscht man und kocht sie in einer Kasserolle mit Wasser, Zwiebelscheiben, Salz und Pfeffer. Nach 10 Minuten gießt man das Wasser ab und läßt den Fisch etwas abkühlen. Zwei Tassen Wasser bringt man mit Salz zum Kochen, schüttet den gewaschenen Reis hinzu und läßt 15 Minuten lang bei kleiner Flamme weiterkochen. Dann sollte das Wasser aufgesogen sein. Die Butter erhitzt man in einer Kasserolle und dünstet darin die Zwiebelwürfel und Knoblauchscheiben glasig (hell lassen!); dazu mischt man das Kurkumapulver, den in Flocken zerzupften Fisch und den Reis und schmeckt mit Salz und Pfeffer ab. Diese Masse läßt man in einer Pfanne mit heißem Öl unter vorsichtigem Umrühren leicht braten und garniert, am besten in der Pfanne oder im feuerfesten Geschirr, mit Scheiben von hartgekochtem Ei, Tomatenscheiben, Paprikaschotenstreifen und gekochten grünen Erbsen. — Zu diesem Gericht schmeckt helles Bier sehr gut.

BENGAL MUCHLEE
Fischröllchen

*10 Seezungenfilets
Salz, Pfeffer
50 g Butter
2 Knoblauchzehen*

Zwei Fischfilets dünstet man mit Salz, Pfeffer und Butter in einer Kasserolle an, nimmt sie dann heraus, hebt aber den Bratensaft auf. Die gedünsteten Filets wiegt man auf einem Küchenbrett mit Knoblauch, Zwiebeln, hautlosen Tomaten, Zimt, Ingwer, Kardamom, Salz und Pfeffer. Auf

jedes der acht anderen Filets streicht man etwas von dieser Masse, rollt sie dann auf und befestigt das Röllchen mit einem Holzspeil. Die Eier schlägt man in einer Schale mit Salz, taucht die Röllchen darin ein, wälzt sie in Brotkrumen und backt sie im tiefen Fett, das nicht zu heiß werden darf, braun. Die Backzeit beträgt etwa 10 Minuten. Die Fischröllchen noch heiß mit Bananensalat und Reis servieren.
Bananensalat bereitet man aus reifen Bananenscheiben mit Würfeln von Orangen, Äpfeln und einer dünnen Sauce aus Zitronensaft, Salz, Paprikapulver und Ingwersaft.

2 Zwiebeln, 2 Tomaten
1 Messerspitze
gemahlenen Zimt
1 Eßl. Ingwersaft
1 Messerspitze
gemahlenen Kardamom
3 Eier
1 Tasse Weißbrotkrumen
Backfett oder Öl

Gemüseeintopf »Kalkutta«   KOOTU

Das Gemüse wäscht man und zerschneidet es. Den Blumenkohl zerlegt man in Rosen und kürzt die Stiele, die grünen Bohnen bricht man einmal durch. Die Butter zergehen lassen und darin die gehackten Zwiebeln anbräunen. Dazu alles Gemüse roh geben und glasig werden lassen. Nun löscht man mit der Bouillon ab und kocht bei geschlossenem Topf, bis alles gar ist. In den letzten Minuten kommt die Mischung aus Kokosraspeln, Cayennepfeffer, Salz und Curry hinzu. Gebunden wird das Gericht nicht. — In einer Terrine anrichten und dazu geröstete Weißbrotscheiben, mit Knoblauchbutter bestrichen, geben. — Dieses vegetarische Gericht können Sie für Ihren Bedarf mit Fleischeinlage bereiten. Entweder Würfel von durchwachsenem Rindfleisch (Brust) mitkochen oder Fleischklöße extra herstellen und sie dann einlegen.

½ Tasse Erbsen
2 Kartoffeln in Scheiben
¼ Sellerieknolle
2 Möhren, 1 Blumenkohl
250 g frische Bohnen
50 g Butter, 3 Zwiebeln
2 Tassen Bouillon
2 Eßl. Kokosraspeln
½ Teel. Cayennepfeffer, Salz
1 Messerspitze Currypulver
evtl. 250 g Ochsenbrust
oder Fleischklöße

Hühnerragout mit Gewürzen   MORGEE KORMA

Das Hühnchen zerlegt man in vier Keulen- und vier Brustteile. Jeder Esser bekommt so ein Stück helles und dunkles Fleisch. Die Stücke werden gewaschen, abgetropft und in einer Schüssel mit Buttermilch oder Joghurt und einer zerriebenen Knoblauchzehe vermischt mariniert. Das soll zwei Stunden bei Zimmertemperatur dauern. Die Butter erhitzt man in einer Kasserolle, läßt sie aber nicht bräunen, und dünstet darin die Scheiben der zweiten Knoblauchzehe, zerschnittenen Ingwer, Nelken, Salz und Zwiebeln. Gut umrühren, weil der Zucker des Ingwers leicht ansetzt. In einer Schale verrührt man Koriander, geriebene Mandeln, Kurkuma, Kümmel, Pfeffer und Cayennepfeffer miteinander und gießt diese Mischung in die Kasserolle zu den anderen Zutaten, rührt um, gibt dazu die Huhnstücke und die Marinade, setzt einen Deckel auf und kocht das Ragout im heißen Ofen eine Stunde lang. Ab und zu umrühren. — Dazu Reis und gemischten Salat servieren.

1 Hühnchen
1 Tasse Buttermilch oder Joghurt, 2 Knoblauchzehen
4 Eßl. Butter, ½ Teel. kandierte Ingwerstücke, 2 Gewürznelken, 1½ Teel. Salz
2 gehackte Zwiebeln
2 Teel. gemahlenen Koriander
2 Teel. Mandeln
¾ Teel. gemahlenen Kurkuma, ½ Teel.
gemahlenen Kümmel
Pfeffer
Messerspitze Cayennepfeffer

INDIEN

DHALL CURRY — *Eiergemüse mit Curry und Linsen*

*4 Eier, 4 Zwiebeln
50 g Butter
2 Knoblauchzehen
2 Eßl. Currypulver
2 Eßl. Hühnerfett
oder Butter
1 dicken, geschälten Apfelring, ohne Kernhaus
1 Tasse Linsen
2 Bund gemischte
Küchenkräuter, Salz*

Die Eier hart kochen, abschrecken und schälen. Man legt sie dann in warmes Wasser, bis man sie braucht. Die Zwiebelwürfel dünstet man in einer Kasserolle mit Butter, Knoblauchscheiben, Currypulver, Hühnerfett und dem Apfelring an, bis der Apfel musig zerfallen ist. Die Linsen wäscht man und kocht sie mit Salzwasser vor. Das Wasser soll beim Kochen verdampfen, damit man die Butterzwiebeln darunterrühren kann. Dazu gibt man die zerschnittenen Eier, so daß das Eigelb die Sauce sämig bindet, die Eiweißstücke aber zu sehen sind. Hierauf kommen die gehackten Kräuter und das Salz hinein, und man rührt alles unter kurzem Aufkochen noch einmal um. — Dazu ißt man Butterkartoffeln und gebratene Hackfleischröllchen, deren Fleischmasse mit gewiegten Paprikaschoten und Cayennepfeffer geschärft wurde.

BRINJALS — *Ceylonesische Auberginen*

*1 Knoblauchzehe
4 große Auberginen
1 Tasse Weißbrotkrumen
(aus frischen Broten ohne
Rinde gerieben)
1 Bund Petersilie
1 Bund Dill
4 Zwiebeln oder 8 Schalotten
1 Eßl. Ingwersaft
1 Teel. Kurkuma
1 Teel. Koriander
1/2 Teel. Kardamom
Salz, Pfeffer
250 g Rindshackfleisch
2 Eßl. Tomatenmark
100 g Butter, Sojasauce*

Eine große Kasserolle reibt man innen mit einer zerdrückten Knoblauchzehe aus. Die Auberginen schneidet man der Länge nach durch und dann in dünne Scheiben, mit denen man den Boden der Kasserolle auslegt. In einer Schüssel mischt man Weißbrotkrumen, gehackte Petersilie, gehackte Dillblätter, gewiegte Zwiebeln oder Schalotten, Ingwersaft, Kurkuma, Koriander, Kardamom, Salz und Pfeffer. Mit der Hälfte dieser Mischung bestreut man die Auberginen in der Kasserolle, belegt mit einer neuen Schicht Auberginenscheiben, dann mit einer Schicht gehacktem Rindfleisch, vermischt mit Tomatenmark, schließlich legt man eine neue Schicht Auberginenscheiben darauf und bestreut noch einmal mit den gewürzten Krumen. Die zerlassene Butter und einige Spritzer Sojasauce gießt man darüber und backt das Gericht 45 Minuten lang im vorgeheizten Ofen (160° bis 180° C). Wenn die Masse zu trocken ist, kann man einige Löffel Hühnerbouillon oder saure Sahne mit darübergeben. — Dazu Kartoffeln-Chips (im Päckchen gekauft), im Ofen wieder aufgewärmt, und gedünstete Buttererbsen servieren.

BHUJIA — *Currygemüse*

*3 Eßl. Olivenöl
1 Eßl. Kümmel, 3 Zwiebeln
2 Knoblauchzehen
1 Teel. Kurkuma, 4 Tomaten
1/2 Salatgurke, geschält*

Das Öl läßt man in einem Topf heiß werden, röstet darin zuerst den Kümmel, dann die gewiegten Zwiebeln, die gewiegten Knoblauchzehen und zugleich den Kurkuma an, damit der Knoblauch nicht verbrennt, rührt alles gut um, fügt die zerschnittenen Tomaten und Gurkenwürfel dazu und dünstet das Gemüse mit aufgesetztem Deckel, bis eine pastenartige Masse

INDIEN

entstanden ist. Daraufhin kommen Ingwer, gemahlener Koriander, Salz und Pfeffer nach Geschmack dazu. Unter diese heiße Masse gibt man nun die Kartoffelwürfel und Erbsen und verdünnt mit einer Tasse Wasser. — Das Gemüse richtet man mit Streifen von Roastbeef oder Kalbsbraten an und bestreut obenauf vorsichtig mit Cayennepfeffer. — Ich habe dieses Gemüse auch schon mit halben Brathähnchen gereicht, mit Kalbsschnitzeln und sogar mit Gänsefleisch. Übrigens kann man Rindfleischstreifen in der Pfanne schnell anrösten und über das Gemüse geben.

1 Teel. Ingwerpulver
½ Teel. gemahlenen Koriander, Salz, Pfeffer
750 g Kartoffeln, gekocht
1 Tasse gekochte Erbsen
1 Tasse Wasser
1 Tasse Roastbeefstreifen
Cayennepfeffer

Gurkengemüse — BOORTHA

Die Salatgurken schält man, entfernt die bitteren Enden und schneidet sie in dicke Scheiben. Diese kocht man in Salzwasser vor, tropft sie ab und wiegt sie grob. Hierauf legt man sie in eine Kasserolle oder einen Kochtopf und fügt Zwiebelwürfel, die grüne Paprikaschote in Würfeln, Dillblätter, Estragonblätter, saure Sahne, Salz, Pfeffer, Currypulver, Olivenöl, Zitronenschale und -saft zu. Das Gemüse nur etwa 5 Minuten kochen lassen. — Dieses Gericht ißt man kalt als Salat oder als kalte Beilage, so zu den scharf gewürzten Reisgerichten. — Man kann diesen Salat auch mit kaltem, gekochtem Huhn- oder Rindfleisch anreichern. In diesem Fall Toast und Butter dazugeben.

3 mittelgroße Salatgurken
2 Eßl. Zwiebelwürfel
1 grüne Paprikaschote
Bund Dill, Bund Estragon
½ Tasse saure Sahne
Salz, Pfeffer, 1 Messerspitze Curry, 2 Eßl. Olivenöl
1 Messerspitze abgeriebene Zitronenschale
Saft einer halben Zitrone

Dunst-Tomaten — THUCAHLEY FOOGATHS

Eigentlich ist dieses Gericht rein vegetarisch. Ich habe es aber mit Streifen von kalter, gekochter Pökelzunge versetzt. Auf diese Weise wird es zu einem aparten Ragout. — Man läßt Zwiebelscheiben in Butter glasig werden und gibt dazu Ingwerpulver, Cayennepfeffer und Knoblauch. Gut umrühren! Dann versetzt man mit den hautlosen, ausgedrückten und zerschnittenen Tomaten, würzt mit Salz und Sojasauce und mischt die Kokosraspeln darunter. Mit Bouillon so weit aufgießen, bis eine flüssige Masse entsteht, in die man die Zungenstreifen legt. Falls man keine Zunge bekommen kann, formt man aus Schweinehackfleisch und den entsprechenden Zutaten kleine Klößchen und läßt diese im kochenden Wasser gar ziehen.

2 Zwiebeln, 50 g Butter
1 Messerspitze Ingwerpulver
1 Messerspitze Cayennepfeffer
1 Knoblauchzehe
8 Tomaten, Salz, Sojasauce
2 Eßl. Kokosraspeln
1 Tasse Bouillon
½ Tasse Zungenstreifen oder Schweinehackfleisch

Mariniertes Würzgemüse — SAMBAL

Für unsere Begriffe ist »Sambal« die Sammelbezeichnung für eine Reihe von scharf schmeckenden, feingehackten Gemüsen, die wir bei uns in kleinen Flaschen kaufen und zu Reisgerichten verwenden. Dieses Würzgemüse hier können Sie selbst herstellen. Bei der Zubereitung fallen Ihnen sicher

5 Eßl. Butter
2 Zwiebeln
2 Knoblauchzehen
½ Teel. Cayennepfeffer

INDIEN

½ Teel. Ingwersaft
½ Teel. gemahlene
Ingwerwurzel
1 Teel. Kurkumapulver
¼ Teel. gemahlenen
Kümmel, ½ Teel. gemahlenen Dillsamen
2 gewiegte Salatgurken
2 Tomaten, geschält und in
Würfel geschnitten

andere mögliche Varianten ein. — In Butter läßt man die Zwiebelwürfel glasig werden und den zerriebenen Knoblauch wärmen. Schließlich kommen alle anderen Gewürze hinzu, mit Ausnahme der Gurken und Tomaten. — Wenn Sie die Samen nicht gemahlen kaufen können, drehen Sie sie entweder durch eine Pfeffermühle oder zerdrücken Sie sie auf dem Küchenbrett mit einer flachen Messerklinge. — Nachdem die Masse sehr gründlich vermischt wurde, verteilt man sie in zwei Schalen, versetzt die Masse der einen Schale mit den Gurken, die andere mit den Tomaten. Eine Stunde lang soll jedes Würzgemüse an einem warmen Ort durchziehen. — Man serviert es zu Huhn- oder Lamm-Currygerichten und Risotto.

RAITHA *Gurken mit Joghurt*

2 Salatgurken, 1 Eßl.
Weinessig, 2 Eßl. Zucker
1 Teel. Salz, 4 Tomaten
1 grüne Paprikaschote
2 Zwiebeln, Pfeffer
2 Gläser Joghurt
1 Messerspitze englisches
Senfpulver, Bund Petersilie

Die Salatgurken schält man, schneidet die bitteren Enden ab und hobelt sie auf einer Rohkostraspel. In einer Schale versetzt man sie mit Essig, Zucker und Salz und läßt sie 10 Minuten lang Saft ziehen. In eine zweite Schale gibt man inzwischen die gebrühten, geschälten, zerschnittenen und ausgedrückten Tomaten, Würfel der grünen Paprikaschote, Zwiebelwürfel, Salz, Pfeffer und Joghurt, würzt den Salat mit Senfpulver und mengt ihn gründlich durch. Diese Masse kommt zu den geraspelten Gurken, von denen man vorher noch etwas Saft abgießt. Darüber gehackte Petersilie streuen.

SUKKE *Kartoffelauflauf*

750 g Kartoffeln
50 g Butter, 2 Lorbeerblätter
1 Teel. Koriandersamen
2 kleine Stücke Stangenzimt
25 g Kokosnußraspeln
1 Teel. Kurkuma
¼ Teel. Cayennepfeffer
Butter, 3 Zwiebeln, 3 Tomaten, 1 Teel. Senfsamen
Salz, Pfeffer, 50 g Butter
2 Eßl. Fleischextrakt

Man kocht die Kartoffeln, gießt das Wasser ab, schält sie ab und schneidet sie in große Würfel. In einer Kasserolle läßt man in Butter Lorbeerblätter, Koriandersamen und Zimtstücke wärmen und fügt die Kokosraspeln, den Kurkuma und den Cayennepfeffer zu. Auf die Kartoffelwürfel, die etwas abkühlen können, kommen gebräunte Zwiebelringe, dann die heiße Würzmischung, die gebrühten, geschälten, zerschnittenen und ausgedrückten Tomaten, Senfsamen, Salz und Pfeffer. Eine Auflaufform mit niedrigem Rand streicht man mit Butter aus, legt die vermischten Kartoffelwürfel hinein, übergießt mit einigen Löffeln in Wasser aufgelöstem Fleischextrakt und flockt obenauf die restliche Butter. Im Ofen wird dieser Auflauf 10 Minuten lang erhitzt.

COPRA KANA *Bengalischer Würzreis*

2 Tassen Milch
1 Tasse Wasser, 1 Tasse
ungesüßte Kokosraspeln

Die Milch verdünnt man mit Wasser (sie brennt dann nicht an) und erhitzt sie in einer Kasserolle. Die geraspelten Kokosnüsse schüttet man hinein, gibt je eine Prise Salz und Zucker dazu und läßt einmal unter Umrühren kurz aufkochen. Den Topf vom Feuer nehmen und die Raspeln etwa ¼ Stunde lang aufquellen lassen. Dann drückt man sie in der Hand oder in einem Küchenhandtuch aus und flockt sie in einer Schüssel wieder auseinander. In einer Kasserolle läßt man Öl heiß werden und erhitzt darin die Zwiebelwürfel, mit Currypulver und Apfelmus vermischt. Den Reis wäscht man mehrmals und schüttet ihn naß auf die Zwiebeln und rührt einige Minuten lang um, wobei der Reis heiß werden soll. Die heiße Kokosmilch über den Reis gießen. Nach etwa 15 Minuten soll die Flüssigkeit aufgesogen und die Reiskörner locker gar sein. Die Kokosraspeln trocknet man mit heißem Olivenöl in einer Kasserolle unter fortwährendem Umrühren und bräunt sie leicht an. Daraufhin streut man sie über den angerichteten Reis. — Ich möchte als Zwischenlage noch dünne Scheiben von gebratenem Huhn empfehlen, die mit scharfem Senf und Mango-Chutney bestrichen sind.

Salz, Zucker
5 Eßl. Olivenöl
5 Eßl. gewiegte Zwiebeln
2 Eßl. Currypulver
2 Eßl. Apfelmus
100 g Reis

Bananenkrapfen MIETA KEELA

Das Mehl siebt man zusammen mit dem Salz und dem Backpulver in eine Schüssel. Die Butter kommt dazu, sie soll kalt und hart sein. Man schneidet sie in der Schüssel mit einem Messer so lange klein, bis die Masse wie grober Sand aussieht. Dann gibt man die saure Milch oder den Joghurt dazu und verrührt bzw. verknetet den Teig, bis er elastisch ist. Man rollt ihn auf einem gemehlten Tisch zentimeterdick aus. Die reifen Bananen schält man und püriert sie im Elektromixer oder mit der Gabel mit Milch und Zitronensaft. Das Bananenmus gießt man in eine Schüssel und fügt Kokosraspeln, Rum und Zucker zu. Davon gibt man je einen Teelöffel voll auf den Teig in einem Abstand von 5 cm. Dann sticht man den Teig so aus, daß das Häufchen Bananenmus in der Mitte einer runden Form ist, befeuchtet die Ränder, zieht sie nach oben zusammen und drückt sie fest an. So sind kleine gefüllte Teigtaschen entstanden, die man in einem Topf mit tiefem Fett goldbraun backt. Gründlich abtropfen lassen, mit Puderzucker bestäuben und auf Pergamentpapier zu Tisch bringen.

2 Tassen Mehl, Salz
1 Teel. Backpulver
125 g Butter
3 Eßl. saure Milch
oder Joghurt
4 überreife Bananen
½ Tasse Milch
Saft einer halben Zitrone
2 Eßl. Kokosraspeln
1 Glas Rum
2 Eßl. Zucker
Backfett
Puderzucker

Gulab Jaman

Das Milchpulver mit Mehl, Backpulver und Wasser zu einem elastischen Teig verrühren. Daraus etwa pflaumengroße Bällchen formen und diese in der heißen Butter backen, bis sie goldbraun sind. In der Zwischenzeit den Zucker in Wasser lösen und erhitzen, bis sich ein dicklicher Sirup ergibt. In diesen Zuckersirup die gebackenen Bällchen legen und sie mehrere Stunden darin lassen. — Diese goldbraunen Gulab Jaman sind ein beliebtes Gebäck zum Tee oder zu Cocktails. Sie fehlen auf keiner indischen Party.

1½ Mokkatassen Milchpulver
2 Teel. Mehl
Messerspitze Backpulver
9–10 Teel. Wasser
1 l Butter (Butterschmalz)
1 Mokkatasse Zucker
4 Mokkatassen Wasser

Es ist kein Zufall, daß man in aller Welt so viele chinesische Restaurants findet. China hat im Fernen Osten kulinarisch gesehen den gleichen Rang wie Frankreich im Abendland. Und die Chinesen nehmen sich ebenso Zeit zum Essen wie die Franzosen. Es wäre deshalb töricht, ein chinesisches Restaurant zu betreten, um »schnell etwas zu essen«. Außerdem sollte man es immer in größerem Kreise aufsuchen und jede Person sollte ein anderes Gericht bestellen, damit jeder vom anderen probieren kann.

Die Chinaküche gibt unseren Hausfrauen kaum Probleme auf. Man kann viele Zutaten hier kaufen, und wer einmal den Schwung der chinesischen Küche erfaßt hat, dem geht alles andere leicht von der Hand. Wesentlich ist, daß man nichts im Stück brät oder kocht oder dünstet, sondern sämtliche Zutaten in rohem Zustand in kleine Stücke schneidet und diese in der Reihenfolge ihrer Garzeit in einem hochwandigen, langstieligen Topf mit viel heißem Öl schwenkt. Oft werden die Zutaten auch noch in Mehl gewälzt, auf jeden Fall aber bei großer Hitze in Minutenschnelle geröstet. Dann wird schnell mit Sojasauce oder anderen Zutaten gelöscht, so daß nur wenig Flüssigkeit entsteht.

China ist ein unermeßlich großes Land, und im Süden und im Norden wird verschieden gekocht. Die Chinesen schätzen die Küche des Nordens am höchsten ein. Sie ist ihnen reiner in der Zubereitung, echter, originaler als die des Südens. Hier wiederum ist die Kanton-Küche leichter bekömmlich und feiner als die schwere und fettere Shanghai-Küche. Die Provinz Szetschuan ist bekannt für ihre überscharfen Gewürze mit Pfefferschoten, ihre Suppen und Pilzgerichte. Peking bevorzugt Mehlspeisen anstelle der Reisschale. Bekannt auch bei uns ist die Peking-Ente, rösch gebraten und im Fleisch noch roh, von der man nur die lockere Haut ißt, die am Tisch mit einem großen Messer abgehoben wird. Das Fleisch wird dann als zweiter Gang serviert, wenn die gehäutete Ente in der Küche wieder weiter zubereitet wurde.

Als besondere Würzmittel verwendet man in China Orangenschale, gemahlene Krebse, Chilimus (Pfefferschoten), Bohnenmehl, Sojasauce, Ingwer und Knoblauch. Man serviert zu jedem Gericht eigene Schälchen mit raffinierter Würz-Sauce, oft kalt, oft heiß, in die man die einzelnen Speisen eintaucht.

Die Suppen werden im Gegensatz zu unseren Tafelsitten am Schluß einer Mahlzeit gegessen. Meistens sogar zwei verschiedene Sorten. Zu allen Gerichten gibt es den warmen Reiswein, den man auch in Japan unter dem Namen Sake erhält. Und dann trinkt man natürlich viel Tee, grünen und fermentierten schwarzen, solchen aus Jasmin mit Jasminblüten und andere Sorten.

China

CHINA

Gefüllte Taschenkrebse

*4 Taschenkrebse oder
2 mittelgroße Hummer
2 Eßl. Sojasauce
2 Eßl. Moselwein
2 Eßl. Öl, Salz
1/2 Teel. Paprikapulver
Spritzer Tabascosauce
1 Kopfsalat
1 Zitrone
4 hartgekochte Eier*

Taschenkrebse können Sie in Fischgeschäften kaufen. Wenn nicht, können Sie ersatzweise kleine Langusten oder Hummer verwenden, die allerdings teurer sind. — Die Tiere in sprudelnd kochendes Wasser werfen und mit einer Kelle nach 20 Minuten wieder herausschöpfen. Sie müssen dann überall die neue, leuchtend rote Farbe haben. Nach einigen Minuten sind sie abgekühlt und können ausgebrochen werden. Den Panzer so öffnen, daß die großen Körperschalen ganz bleiben. Die Scherenpanzer mit einem Küchenbeil oder einem starken Messerrücken zerschlagen und die dunkleren Partien, die die Verdauungsorgane enthalten, vom weißen Fleisch abtrennen. Das Fleisch in Würfel oder Streifen schneiden, es mit Sojasauce, Weißwein und Öl beträufeln und mit Salz, Paprikapulver und Tabascosauce würzen. Dazu noch Streifen von frischem Kopfsalat mengen. Die ganze Mischung nun wieder in die sauberen Schalen füllen und mit Zitronenscheiben und Eiern anrichten. — Toast und Butter dazu essen, es handelt sich ja um ein Vorgericht. In China ißt man dazu allerdings auch Reis.

Frühlingsrolle

*Füllung:
200 g schieres Schweinefleisch
1 Tasse gekochte Weißkohlblätter
1/8 rohe Sellerieknolle
Salz, Pfeffer, Cayennepfeffer
1 Tasse Zwiebelwürfel
1/2 Tasse Öl, 1 Eßl. Sojasauce
1/2 Teel. Glutamat
Teig: 1 Paket Blätterteig aus der Kühltruhe oder
2 Eier, 1 1/2 Tassen Mehl
1 Messerspitze Backpulver
1/2 Teel. Salz, Margarine*

In China wird diese Rolle als Vorgericht serviert. Sie ist eines der häufigsten und auch bei uns bekanntesten Gerichte der chinesischen Küche. Probieren Sie einmal selbst. — Das Schweinefleisch durch die grobe Scheibe des Fleischwolfs drehen und mit winzigen Stückchen von gekochten Weißkohlblättern, Sellerieknollenstreifen, Salz, Pfeffer, Cayennepfeffer und Zwiebelwürfeln mischen. Das Ganze in einer Kasserolle unter fortwährendem Rühren langsam dünsten lassen und Öl, Sojasauce und Glutamat zufügen. Entweder fertigen Blätterteig ausrollen, ihn in Rechtecke schneiden, mit der Füllung belegen und zu einem zigarrenartigen Stück aufrollen. Oder aus Eiern, Wasser, Mehl, Backpulver und Salz einen Pfannkuchenteig rühren und daraus in der Pfanne in Schweineschmalz Kuchen backen. Sie aber nur auf einer Seite bräunen lassen, dann diese mit der Füllung belegen, und die Pfannkuchen ebenfalls aufrollen. Die gefüllten Rollen entweder im Ofen trocken oder in tiefem Fett schwimmend backen

Hühnerbrühe mit Ei

*1 l Hühnerbrühe
1 Eßl. kandierte Ingwerwurzel, 2 Eier, Prise Salz
Prise Zucker, 1 Eßl. Öl*

Die fertige Bouillon aus Huhnfleisch, Gemüsestreifen und einigen Rindsknochen, die man mitkocht, damit die Brühe kräftiger schmeckt, mit dem zerschnittenen Ingwer aufkochen. Die Eier mit den übrigen Zutaten gut verquirlen und sie unter tüchtigem Schlagen langsam in die heiße, aber

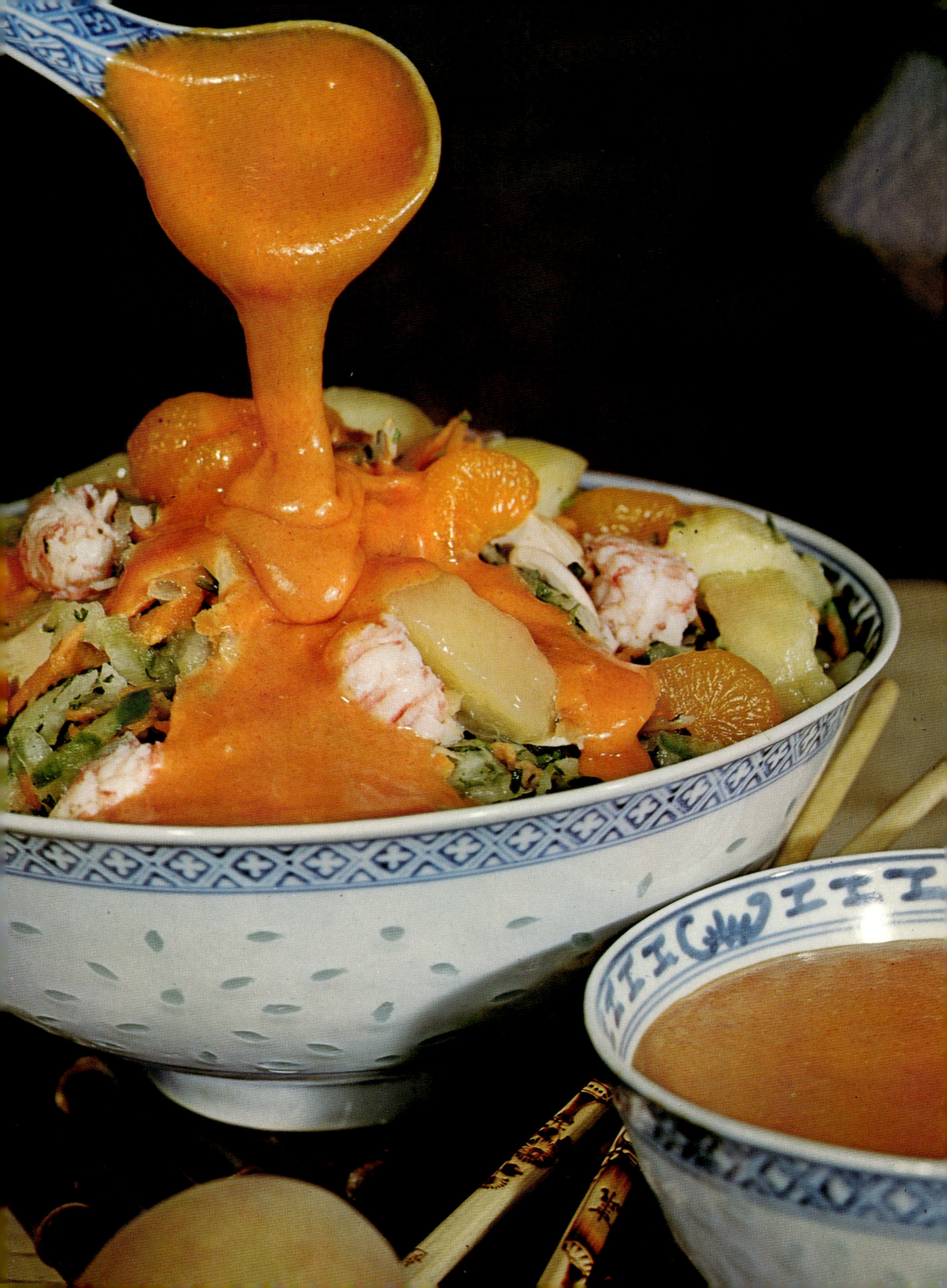

SARADA MODAN   *Japanischer bunter Salat*

Die Bezeichnung »bunter Salat« ist willkürlich getroffen. Auch in Polen gibt es einen gemischten Salat und auch in der spanisch-portugiesischen Küche. Dieser fernöstliche Salat kann sehr unterschiedlich hergestellt und zusammengestellt werden. Als Bestandteile der Salatmischung möchte ich Ihnen die folgenden empfehlen, wobei Sie selbst nach den Einkaufsmöglichkeiten der Jahreszeit das eine oder andere heraussuchen können, wie es Ihnen gefällt: weißer Rettich, geschält und entweder auf der Rohkostreibe grob geraspelt oder in hauchfeine Scheiben geschnitten, Möhre, Salatgurke, geschält und auch geraspelt oder in feine Scheiben geschnitten, frische rohe Champignons, nur geputzt in Zitronensaftwasser aufbewahrt, damit sie an der Luft nicht braun werden. Auch rohe Paprikaschoten aller Farbschattierungen, in Streifen geschnitten und mit kochendem Wasser übergossen, können Sie dazu verwenden, ferner Flocken von gekochten oder geräucherten Fischen, geräucherte Austern, die Japan in Dosen liefert, Streifen von Bambusschößlingen, Mangofrüchte als Kompott aus Dosen, Sojabohnenkeimlinge, Langustinenschwänze, die wir aus der Tiefkühltruhe bekommen. Halten Sie diesen Salat milde und mildern Sie die eventuell entstehende Säure mit einem halben Teelöffel Zucker.

Rezept auf Seite 374

nicht kochende Hühnerbrühe einlaufen lassen. Es sollen sich feine Fäden bilden, die als Einlage in der Suppe schwimmen. — Braungeröstete, kleine Toastscheiben dazu auf den Tisch stellen.

1 Eßl. Schnittlauch
1 Eßl. Sojasauce
1 Eßl. Reiswein (Sake)

Süßsaurer Karpfen

Den Karpfen ausnehmen, schuppen und waschen. Den Kopf abschneiden und mit einer Schere die Flossen stutzen. Den Fisch dann quer in vier gleiche Scheiben teilen, die etwa 2—3 Stunden in einer Marinade aus Salz, Zitronensaft und Reiswein liegen sollen. Die Marinade dann abtropfen lassen und die Scheiben in Mehl drehen, damit sie trocken werden. In einer Pfanne Öl erhitzen und die Fischstücke darin braun und knusprig braten. Nach etwa 10 Minuten die Zwiebelscheiben zufügen, ferner die feinen Ingwer- und Gurkenstreifen. Das Ganze mit einigen Eßlöffeln Wasser ablöschen. Die sich bildende Sauce mit Honig, Sojasauce, Essig, Salz und Zucker abschmecken. Die Karpfenscheiben auf einer Platte anrichten, mit der Sauce übergießen und Schnittlauch darüberstreuen. — Reis und Kartoffelbrei passen dazu und ein Weißwein. Ich empfehle Ihnen dazu einen aus Burgund oder eine Spätlese vom Rheingau oder aus der Pfalz.

1 Karpfen
1 Teel. Salz
Saft einer Zitrone
1 Glas Reiswein (Sake)
1 Eßl. Mehl, 5 Eßl. Öl
2 Zwiebeln, 2 Eßl. kandierten Ingwer, 2 Eßl. süßsaure geschälte Gurken
1 Eßl. Honig, 1 Eßl. Sojasauce, 1 Eßl. Weinessig
Salz, 1 Teel. Zucker
2 Eßl. Schnittlauch

Seefischstreifen in süßsaurer Sauce

Die Fischfilets nach Gräten absuchen und sie dann in dicke Streifen schneiden, und zwar schräg zur laufenden Fleischfaser, dann zerfallen die Stücke nicht so leicht. Die Streifen mit Zitronensaft, Salz und Pfeffer einreiben, in Mehl drehen und in heißem Öl braun braten. Die gebratenen Streifen herausnehmen und auf einer Platte warm stellen. Das Bratöl mit Butter, Sojasauce, Essig, Zucker und Honig versetzen und mit Reismehl binden, das vorher in Wasser dickflüssig angerührt wurde. Die Sauce noch einmal aufkochen lassen und dann über oder neben die Fische gießen. — Servieren Sie das Gericht mit Butterkartoffeln oder trockenem Reis.

750 g Goldbarsch- oder Seehechtfilets
Saft einer Zitrone
Salz, Pfeffer, Mehl
2 Tassen Öl, 1 Eßl. Butter
1 Eßl. Sojasauce
1 Eßl. Essig, 1 Teel. Zucker
1 Eßl. Honig
1½ Eßl. Reismehl

Hummer nach der Mode von Peking

Peking, die Regierungsstadt, besitzt noch immer ihre alte Anziehungskraft. Heute noch werden viele Gerichte der chinesischen Küche nach dieser Stadt benannt. Am bekanntesten ist bei uns die »Peking-Ente« geworden. Hier ein weiteres Gericht, der »Peking-Hummer«. — Anstelle von frischem, gekochtem Hummer können Sie auch konserviertes Hummerfleisch oder Crab Meat verwenden. — In einer Kasserolle das Öl erhitzen und darin unter

1 Tasse Öl
1 Tasse Zwiebelwürfel
250 g Hummerfleisch
1 Tasse Streifen Bambussprossen, 1 Eßl. Sojasauce
1 Eßl. Reismehl

2 Eßl. Bouillon
1 Glas Reiswein
½ Teel. Salz, 1 Messerspitze Cayennepfeffer
½ Teel. Zucker, 2 Eier

fortwährendem Umrühren die Zwiebelwürfel, das zerpflückte Hummerfleisch und die Bambussprossen rösten. Dann mit Sojasauce ablöschen und die Flamme klein drehen. Das Reismehl mit Bouillon anrühren und damit das Gericht binden. Ein Glas Reiswein kommt dazu, ferner Salz, Cayennepfeffer und Zucker. Nun den Topf vom Feuer nehmen und die verquirlten Eier mit einem Schneebesen darunterziehen. — Ich rühre noch einen Eßlöffel Sahne dazu, weil der Geschmack dadurch feiner und milder wird. Probieren Sie dieses Gericht auch einmal mit einigen Löffeln gekochter, junger Maiskörner vermischt. Dann ist es allerdings nicht mehr echt chinesisch.

Langustinenschwänze mit Sellerie und Mandeln

2 Eßl. Reiswein, 3 Eßl. Sojasauce, 1 Teel. Glutamat
500 g Langustinenschwänze aus der Kühltruhe, 2 Tassen Öl, 1 Tasse rohe Sellerieknolle, ½ Tasse Mandelstifte
Salz, 1 Teel. Paprikapulver

Zuerst eine Marinade aus Reiswein, Sojasauce und Glutamat bereiten und darin die aufgetauten Langustinenschwänze eine Stunde ziehen lassen. Sie dann abgetropft in heißem Öl knusprig braun braten. Nach etwa 5 Minuten können Sie die Selleriestreifen und die Mandelstifte dazugeben, die darin ebenfalls bräunen sollen. Salz und Paprikapulver darüberstäuben und den Pfanneninhalt lose übereinander häufen. — Dazu werden gekochte Reisnudeln gegessen.

Rumpsteakwürfel mit Austern

600 g Roastbeef, 1 Tasse Öl
2 Zwiebeln, ½ Tasse Champignons, 1 Dose geräucherte Austern (Konserve)
1 Tasse Bouillon, 2 Eßl. Sojasauce, 1 Teel. Salz, Zitrone
Pfeffer, 2 Eßl. Reismehl

Schon der Name verheißt ein gewagtes Experiment. Aber machen Sie ruhig einmal mit. — Zartes, rohes Roastbeeffleisch in feine Streifen schneiden und in heißem Öl schnell mit Zwiebelscheiben braun braten. Nach wenigen Minuten, unter Umrühren mit dem Holzlöffel, die Champignonscheiben und die geräucherten Austern dazugeben. Mit Bouillon und Sojasauce ablöschen, mit Salz, Zitronensaft und Pfeffer würzen, mit Reismehl binden und noch einmal aufkochen lassen. — Dazu körnigen Reis servieren.

Gebratene Fleischstreifen mit Radieschen

500 g Rindfleisch ohne Knochen (Huft, Roastbeef)
2 Eßl. Sojasauce, ½ Zitrone
1 Tasse Öl, 1 Eßl. Zucker
2 Eßl. Wasser, 1 Eßl. Reiswein, 1 Eßl. Sojasauce
1 Tasse Radieschenscheiben

Man schneidet Rindfleisch in feine Streifen und mariniert sie mit Sojasauce und Zitronensaft, läßt sie dann abtropfen, brät sie in heißem Öl braun an und stellt sie trocken, ohne Sauce, warm. In dem Bratfett läßt man den Zucker bräunlich werden, löscht mit Wasser, Reiswein und Sojasauce ab, fügt die verbliebene Marinade dazu, rührt alles glatt und mischt die feinen Radieschenscheiben unter. Das Gericht nun sofort servieren. — Dazu reicht man Reis oder für uns vielleicht besser einen Kartoffelsalat.

Chwan Waro Tzu

Am besten kaufen Sie für dieses Gericht Fleisch von der Schulter oder von der Keule (Schinken). Es muß sehnen- und schwartenfrei sein. — Nicht zu große Würfel durch die feine Scheibe des Fleischwolfes drehen. Dazu das Ei, den gewiegten Bauchspeck, die Zwiebelwürfel, die gehackte Petersilie, den Zimt, den Ingwer, die Sojasauce und die Sahne mischen. Wenn die Zutaten gründlich miteinander vermengt sind, daraus mit einem Teelöffel oder mit bemehlten Händen kleine Klöße formen. Diese in tiefem Fett schwimmend ausbacken. — Dazu können Sie eine Tomatensauce oder auch Mayonnaise, mit Sojasauce vermischt, servieren. Stilecht werden die kleinen Kugeln in die Sauce eingetaucht und mit Reis gegessen. Ich empfehle für uns Kopfsalat als Beilage. Wie zu allen asiatischen Gerichten paßt auch dazu am besten entweder der echte Reiswein oder helles Bier.

500 g schieres Schweinefleisch, 1 Ei
1 Eßl. Bauchspeck
½ Tasse feine Zwiebelwürfel
½ Tasse gehackte Petersilie
1 Messerspitze gemahlenen Zimt, 1 Eßl. kandierten gehackten Ingwer
1 Eßl. Sojasauce
2 Eßl. Sahne
Fett zum Backen

Gebratene Ente Peking-Art

Die Ente sehr sauber rupfen, die Spulen absuchen und die Flaumfedern absengen. Die Haut dürfen Sie dabei aber nicht verletzen, weil sie beim Braten sonst aufreißt. Also auch nicht etwa mit einer Bratengabel in die Haut einstechen. Die Knoblauchzehen hacken und auspressen. Den Saft mit Sojasauce, Sherrywein, Zucker und Nelken vermischen und damit die Ente innen und außen einreiben; außen dann auch noch mit Paprikapulver. Die restliche Marinade kommt in die Sauce. Die Ente wird dann im gut vorgeheizten Ofen auf einem Rost gebraten, wobei der fette Saft austreten und in ein darunterstehendes Ofenblech tropfen soll. Die Haut wird dadurch trocken und pergamentartig zart. Das Braten dauert 30—40 Minuten. Nach dieser Zeit die Haut mit einem Messer ablösen und sie trocken und ohne Beilagen auf vorgewärmte Teller legen. Diese Haut ist der erste Gang des Gerichtes. Die abgeschälte, nackte Ente nun erneut einreiben, und zwar mit einer Mischung aus Bienenhonig und warmem Wasser. Das zweite Braten dauert wieder 30—40 Minuten. Die Temperatur dabei aber auf 220° erhöhen. Ab und zu etwas Honigsaft über die Ente gießen. Das sich angesammelte Fett abgießen und den Bratensaft, der darunter ist, als Sauce servieren. Sie können den Bratensaft auch mit Stärkemehl binden.

1 Ente
4 Knoblauchzehen
2 Teel. Sojasauce
1 Glas Sherrywein
2 Teel. Zucker
¼ Teel. gemahlene Gewürznelken
1 Eßl. Paprikapulver
2 Eßl. Bienenhonig

Hühnchen mit Reisnudeln

Bei diesem für uns ungewöhnlichen Gericht handelt es sich fast um einen chinesischen Eintopf. — Die dünnen Reisnudeln kochen, nach 5 Minuten durch ein Sieb abgießen und sie mit kaltem Wasser abschrecken. Die abgetropften Nudeln in einem gebutterten, feuerfesten Geschirr verteilen.

500 g Reisnudeln (in Paketen im Handel), 2 Eßl. Butter für die Form, 200 g Weißkohlblätter ohne dicke Rippen

CHINA

12 Wasserkastanien
125 g Sojabohnensprossen
100 g Bambusschößlinge
1 Tasse rohe Huhnstücke
1 Tasse halbierte Langustinenschwänze, 1 Tasse Öl
2 Eßl. Sojasauce, 2 Eßl. Reiswein, Salz, Paprikapulver

Die feinen Kohlstreifen, die zerschnittenen Wasserkastanien, die Sojabohnensprossen und die Bambusschößlinge über die Nudeln streuen. Die haut- und knochenlosen Huhnstücke mit den Langustinenschwänzen im heißen Öl anbraten, mit Sojasauce und Reiswein ablöschen, mit Salz und Paprikapulver würzen und einige Minuten kochen lassen. Diese Mischung dann über das Gemüse in der Form schütten. Das Gericht mit gebuttertem Papier oder einem Deckel abdecken und es im heißen Ofen weitere 10 Minuten garen. — Mit trockenem Reis und mit Salat und Bier servieren.

Huhn mit Porree

1 Hühnerbrust
4 Stangen Porree (Lauch)
1 Tasse Öl
1 Glas Weißwein
2 Eßl. Sojasauce
Salz
1 Glas Sake

Die Brust des Huhns roh ohne Knochen ausschneiden. Auch die Haut abziehen. Sie können das restliche Huhn und die Haut für eine Suppe verwenden. Das weiße Brustfleisch in feine Streifen schneiden, auch den gespaltenen und gründlich gewaschenen Porree. Zuerst in einer tiefen Stielpfanne das Öl heiß werden lassen und darin die Porreestreifen andünsten. Diese nach spätestens einer Minute wieder herausnehmen. In dem verbliebenen Öl die Huhnstreifen anrösten und sie nach 2—2½ Minuten mit Weißwein ablöschen. Dazu dann die Sojasauce, Salz und, wenn man hat, etwas Sake mischen, ferner den Porree. — Das Gericht mit trockenem Reis auftragen.

Hühnchen in Ingwersauce

1 Hühnchen
Salz, Paprikapulver
1 Tasse Öl, ½ Tasse Wasser
2 Eßl. Sojasauce
½ Tasse kandierte Ingwerwurzelstreifen
½ Tasse Ananasringe
1 Eßl. Reismehl
Reiswein (Sake)

Ingwer gehört zu den meist verwendeten Gewürzen der chinesischen Küche. Er rangiert fast an gleicher Stelle wie Sojasauce und Glutamat, die beide Getreideerzeugnisse sind. — Von dem Hühnchen nach dem Ausnehmen und Waschen zuerst die Haut abziehen, dann das Fleisch, am Rücken beginnend, von den Knochen trennen und die Fleischteile in Streifen und diese in kleine Würfel schneiden. Die Fleischwürfel salzen, mit Paprikapulver einreiben und in heißem Öl in einer Kasserolle braun rösten. Dann mit Wasser und Sojasauce ablöschen und die zerschnittenen Ingwerwurzeln und die Ananas, in gleich große Würfel wie das Fleisch geschnitten, zufügen. Mit angerührtem Reismehl binden und mit Reiswein abschmecken. Mit körnigem Reis und hellem Bier zu Tisch bringen.

Harte Eier mit Wasserkastanien

1 Dose (½ kg) Wasserkastanien, 1 Möhre
¼ Sellerieknolle, 1 Tasse Krabben, 1 Tasse Öl

Wasserkastanien können Sie in jedem Delikatessengeschäft kaufen. — Die Kastanien unter dem kalten Wasserstrahl abspülen und auf einem Sieb abtropfen lassen. Das Gemüse und die Krabben grob zerhacken. In einer Kasserolle das Öl erhitzen, darin das Gemüse und die Zwiebelwürfel andünsten und nach 5 Minuten die ganzen Wasserkastanien, die Streifen der Bambussprossen, die Krabben und die klein gebrochenen, grünen Bohnen dazugeben. Alles 20 Minuten lang auf kleiner Flamme schmoren lassen. Sojasauce, Butter und Glutamat kommen dazu, außerdem Salz und Paprikapulver. Das Gericht in einer Ragoutschüssel anrichten und darin in letzter Minute hartgekochte, geschälte Eier anwärmen. — Dazu Reis oder in Butter geschwenkte Reisnudeln oder Butter und Toast essen.

½ Tasse Zwiebelwürfel
½ Tasse Bambussprossen
1 Tasse junge, grüne Bohnen
1 Eßl. Sojasauce, 2 Eßl.
Butter, ½ Teel. Glutamat
½ Teel. Salz, ½ Teel.
Paprikapulver, 8 harte Eier

Reismehlkuchen

Aus dem Reismehl mit Wasser und den Eiern einen dünnflüssigen Teig rühren. Dieser soll 30 Minuten ruhen. Während dieser Zeit die Füllung bereiten. Das Langustinen- und Huhnfleisch kleinschneiden und Sojakeimlinge, geriebene Zwiebeln, zerdrückte Knoblauchzehe, Öl, Salz, Zucker und Curry dazumischen. Wer will, kann einige kleingeschnittene Ingwerstäbchen einlegen. Nun aus dem Teig in einer Pfanne kleine, dünne, runde Küchlein backen. Die Füllung darauf verteilen und die Küchlein zusammenrollen. Sie in ein geöltes, feuerfestes Geschirr legen und die geschnittenen Kräuter darüberstreuen und alles mit Sojasauce beträufeln. So können sie im Ofen einige Zeit warm gehalten werden.

2 Tassen Reismehl, 2 Eier
50 g Langustinenfleisch
150 g gekochtes Huhnfleisch
2 Eßl. Sojakeimlinge
1 Zwiebel, 1 Knoblauchzehe
2 Eßl. Öl, ½ Teel. Salz
½ Teel. Zucker, 1 Eßl.
Currypulver, Öl zum Backen
½ Tasse Küchenkräuter
Sojasauce

Bambussprossen-Salat

Die zerdrückte Koblauchzehe mit dem Ingwer, der Sojasauce, dem Essig und dem Öl glattrühren. Dazu die Dotter der hartgekochten Eier, Salz, Zucker und die gewiegte, rote Paprikaschote mengen. Diese Sauce nun 20 Minuten kühl stellen. Die Bambussprossen abgießen und in Streifen oder feine Scheibchen schneiden. Gleich große Streifen oder Scheiben der süßsauren Gurke und des gekochten Selleries dazumischen. Über das Gemüse die gekühlte Sauce gießen, den Salat gut durchmischen und darüber Kräuter streuen. — Mit Butter und Toast schmeckt er am besten.

1 Knoblauchzehe, 1 Messerspitze Ingwer, Sojasauce
Essig, Öl, 2 Eier, Salz
Zucker, 1 Paprikaschote
250 g Bambussprossen
(Dose), ½ süßsaure Gurke
¼ Sellerie, ½ Tasse gehackte
Estragon- und Dillblätter

Nanking-Birnen

Vollreife Williams-Christ-Birnen oder die rötlichgrüne »Köstliche« sollten Sie dafür verwenden. — Die Früchte dünn abschälen und die Kernhäuser herausbohren. Die entstandene Höhlung mit den vermischten Zutaten vollstopfen. Die Birnen aufrecht in eine gebutterte Form stellen, den Weißwein darübergießen und sie darin 15 Minuten dämpfen. Den sich bildenden Saft mit Himbeergelee versetzen und die Sauce beim Anrichten über die heißen Birnen träufeln. Zum Knabbern Biskuits dazu stellen.

4 große Birnen, 2 Eßl. grob gewiegte Sultaninen, 2 Eßl.
grob gewiegte Pinienkerne
1 Teel. Saft kandierter
Ingwerstücke, 1 Teel. Honig
½ Tasse Weißwein
3 Eßl. Himbeergelee

Wenn auch die Japaner vieles aus der ebenso traditionsreichen wie hervorragenden Eß- und Tischkultur Chinas übernommen haben, so unterscheidet sich die japanische Küche doch in einigen wesentlichen Dingen von der chinesischen. Zunächst in der Kunst des Anrichtens, die die Japaner mit ihrem feinen Sinn für Ästhetik zum Kult erhoben haben. Suppen beispielsweise werden in Japan nicht in Porzellantassen, sondern in tiefschwarz lackierten Holzschalen mit Deckel serviert. Und die Fleisch- oder Fischeinlage wird kunstvoll in die meist klaren Algenbrühen und Sojabohnenbrühen geschnitten, so daß der Eindruck entsteht, es befänden sich blühende Blumen in dem Gefäß.

Außerdem sind es die Rohstoffe, die der japanischen Küche ihr eigenes Gepräge geben, die Rohstoffe eines Inselvolkes, das Jahrhunderte hindurch fast ausschließlich vom Segen der Meere gelebt hat. Auch heute gehören Fische zu den wichtigsten Nahrungsmitteln. Sie sind der natürliche Reichtum des Landes. Die eigenen Agrarprodukte, an erster Stelle Reis, reichen für die Ernährung der schnell wachsenden Bevölkerung nicht aus. So muß Reis importiert werden.

Japans Landwirtschaft für unbedeutend zu halten, wäre allerdings falsch. Sie liefert eine große Vielfalt von Produkten und exportiert auch manche, vor allem Früchte, deren bekannteste die Mandarinen-Orangen sind, die es bei uns in kleinen Dosen für Garnierzwecke gibt. Auch Sojabohnenkeime, Pfirsiche von weißer Farbe und großartigem Aroma, und Pilze, die getrocknet als Shiitake bei uns gehandelt werden, gehören dazu. Und aus der Sojabohne wird die berühmte japanische Soja-Sauce bereitet.

In die internationale Küche wurde das japanische Sukiyaki übernommen, ein Pfannengericht mit Fleisch und vielerlei Zutaten. Aus alter Tradition heraus kommen auch Algen in Japan auf den Tisch, die, wie man bei uns erst jetzt feststellt, nicht nur sehr gesund sind, sondern auch zu sehr schmackhaften warmen Gerichten und zu Brot und anderen Gebäckstücken verarbeitet werden können. Heute züchtet man in Japan die Algen sogar.

Die reizvolle japanische Küche wäre unvollkommen ohne Sake, den Reiswein mit seinen etwa 15 Prozent Alkohol, der in kleinen Porzellanflaschen gehandelt wird und den man warm aus winzigen Schälchen trinkt. Sein Geschmack ist beim ersten Schluck etwas farblos, doch entwickelt er seinen Reiz bei näherem Studium. Außerdem wird im modernen Japan sehr viel Bier gebraut und getrunken.

Japan

JAPAN

TOFU NO TEMPI-YAKI — *Sojabohnenkäse*

1 Dose Tofu (Sojabohnenkäse), Öl für die Form
2 Zwiebeln, 1 Tasse Champignons aus Dosen
2 Möhren
2 Eßl. Selleriegrün
1/2 Tasse grüne, gekochte Erbsen
1 Eßl. Ingwer, 4 Eier
Sojasauce
Salz, Glutamat

Den Bohnenkäse aus der Dose stürzen und in Scheiben schneiden. Mit diesen Scheiben eine geölte, feuerfeste Form auslegen und die gehackten Zwiebeln, das kleingeschnittene Gemüse und den Ingwer darüberstreuen. Die Eier verquirlen und mit Sojasauce, Salz und Glutamat würzen und die Masse als Guß über die anderen Zutaten in der Form gießen. Das Gericht im Ofen mit goldbrauner Kruste überbacken und mit grünem Salat servieren. — Ich mische zu den verquirlten Eiern noch Tomatenmark und füge zu dem Gemüse noch Streifen von einer roten Paprikaschote, damit das ganze ein bunteres Aussehen bekommt. Eigentlich handelt es sich dabei um eine Vorspeise. Sie können daraus aber ein Hauptgericht machen, wenn Sie Schinkenscheiben oder kleine, zarte Kalbsschnitzelchen dazu servieren.

NIGIRI-ZUSHI — *Reishäppchen*

4 Tassen gekochten Reis
2 Teel. Stärkemehl
1/2 Teel. Glutamat
1 Teel. Sojasauce
Salz, Pfeffer
Zucker
2 Teel. Zitronensaft

Kochen Sie den Reis nach der Art, wie ich sie unter Nihonsiki beschreibe. Mischen Sie das Stärkemehl unter den gekochten Reis und lassen Sie ihn abkühlen. Zum ausgekühlten Reis Glutamat, Sojasauce, Salz, Pfeffer, Zucker und Zitronensaft mischen und alles gut miteinander verrühren. Aus dieser Masse in der flachen Hand kleine Plätzchen formen und sie auf geölte Bleche setzen. Auf den Plätzchen abwechselnd verteilen: geriebenen Meerrettich, Fischstücke, die mit Sojasauce mariniert und mit verquirltem Ei zu Rührei gebacken wurden, japanische Mandarinen-Orangen aus Dosen, Crab-Meat-Stücke, Thunfisch und vieles andere mehr. Die Plätzchen nun im Ofen backen. — Diese Nigiri-Zushi werden mit Sake als Vorspeise gereicht.

Bohnensprossensuppe

1/1 Dose Bohnensprossen
2 Tassen Öl
350 g fettfreies Rindfleisch
4 Zwiebeln
4 Knoblauchzehen
Salz, Pfeffer
2 Eßl. Sojasauce
1 l Rindfleischbouillon

Gemeint sind hier die Sprossen von Sojabohnen. Diese kann man bei uns als Kerne kaufen und in feuchten Tüchern in wenigen Tagen zum Keimen bringen. Aber es gibt sie auch als Konserve in Feinkostgeschäften zu kaufen. Diese müssen abgegossen und eventuell noch einmal in einem Sieb unter kaltem Wasser nachgespült werden. In einer großen Kasserolle etwas Öl erhitzen, das in feine Streifen geschnittene Fleisch zufügen, ebenso die Zwiebel- und die Knoblauchscheiben, mit Salz und Pfeffer würzen und alles unter fortwährendem Rühren mit einem Holzlöffel braun rösten. Dann das restliche Öl dazugießen. Mit Sojasauce und Bouillon ablöschen und eine halbe Stunde weiterkochen lassen. Danach die Bohnensprossen zufügen und nur noch einmal aufkochen lassen, weil letztere schnell zerfallen.

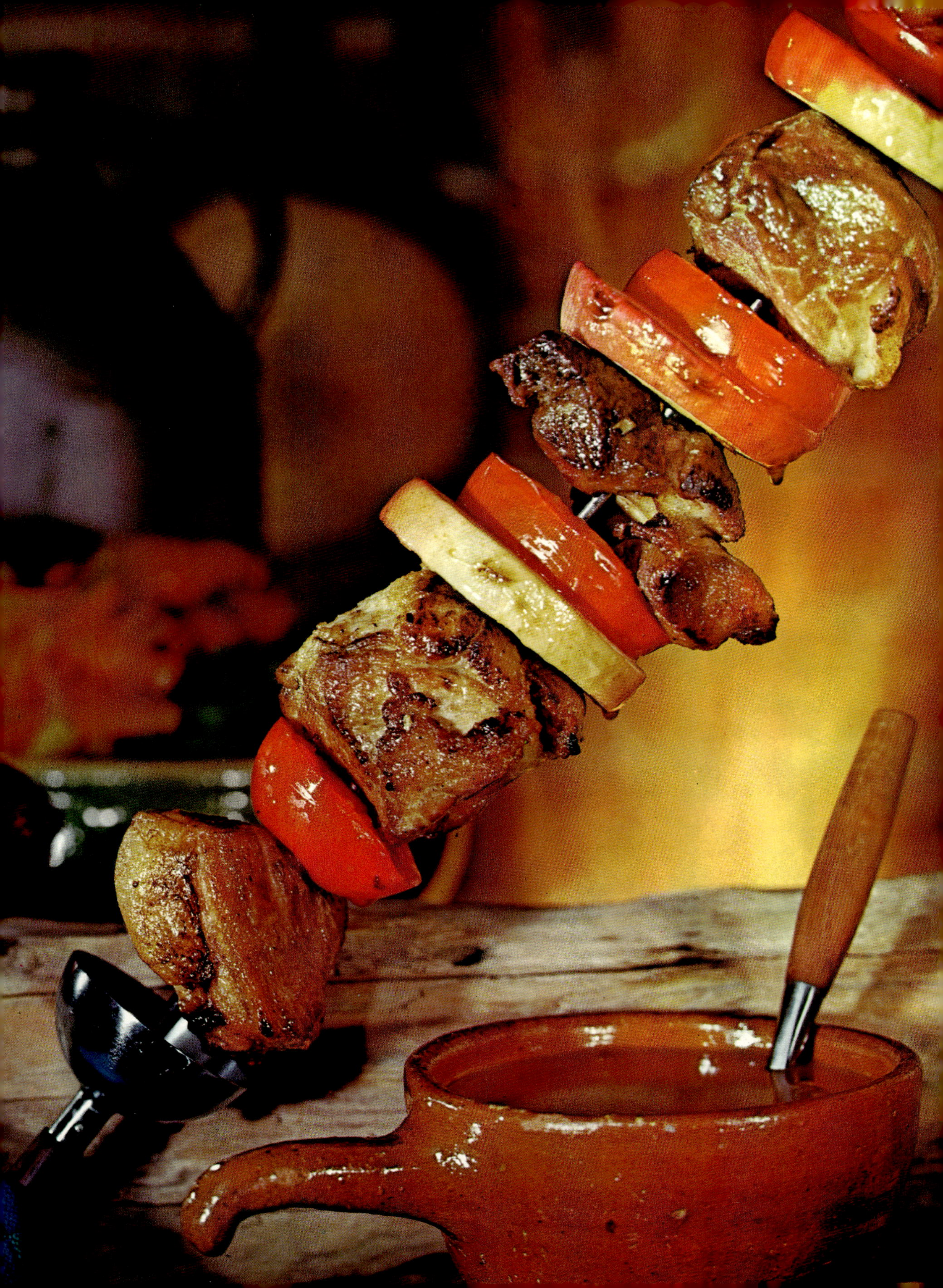

SPICED PORK-SPIT *Schweinefleisch am Spieß*

Das ist eine appetitliche und zugleich scharfe Angelegenheit. Zuerst die Schweinefleischstücke – am besten schneiden Sie diese aus der Schulter, aber auch der durchwachsene Nacken ergibt gute Stücke – mit den Gewürzen einreiben, damit der Würzgeschmack tief in das Fleisch eindringen kann. Und dann muß sehr gründlich mit flüssigem Fett eingestrichen werden, sonst bekommt das Fleisch eine zu starke Kruste. In Australien und vielen anderen Ländern, so auch in Südamerika, mag man die leicht angetrocknete Kruste gern, bei uns meist nicht. Sie können die Fleischwürfel auch mehrere Stunden in einer Marinade lassen, die aus den Gewürzen, aus Worcestershiresauce und Öl besteht. Dadurch können Sie weitere schmackhafte Varianten erzielen. Dann stecken Sie die Fleischstücke immer abwechselnd mit den Tomaten- und Apfelscheiben auf einen großen Spieß und backen entweder im Backblech im Ofen oder – noch besser – über offener Holzkohlenglut, wobei Sie einen Hauch von Lagerfeuerromantik mitservieren können. Und im Freien schmeckt jede Speise ungleich besser, das ist eine alte Weisheit. Schließlich werden die Fleischstücke und die Tomaten- und Apfelscheiben vom Spieß auf einen Teller abgestreift und mit der Sauce übergossen.

Rezept auf Seite 396

Hühnersuppe mit Pilzen

Das Huhn nach dem Ausnehmen und Waschen mit einem Tuch trocknen und dann mit einem spitzen Messer die Haut auf dem Rücken einschneiden und sie auf beiden Seiten zum Brustknochen hin abziehen. Auch die Keulenhaut abziehen. Dann das Huhn zerteilen, die größten Knochen entfernen und das rohe Huhnfleisch in mundgerechte Stücke schneiden. Diese mit Sojasauce und Tabascosauce beträufeln und sie salzen. So sollen sie 30 Minuten durchziehen. Dann die Stücke mit Stärkemehl bestäuben, so daß jedes Stück mit einer dünnen Schicht überzogen ist, und sie in sprudelnd kochendes Wasser geben. Nach etwa 40 Minuten sollen sie weich sein. Die Hautstücke und die Knochen ergeben, getrennt gekocht, natürlich eine schmackhafte Bouillon, die durch ein Sieb gegossen, mit zu dieser Suppe verwendet werden kann. In der Zwischenzeit die Pilze verlesen, waschen und dünsten. Sie kommen dann auch in die Suppe, die mit gekörnter Brühe, Gemüsefäden, Zitronensaft, Salz und Pfeffer gewürzt wird.

1 Huhn
2 Eßl. Sojasauce
Spritzer Tabascosauce
Salz
Stärkemehl
250 g Pilze
1 Eßl. gekörnte Brühe
1 Tasse Gemüsefäden vorgekocht
Saft einer halben Zitrone
Pfeffer

Schweinefleischsuppe mit Bohnen   BUTA SIRU

Das Fleisch in Würfel und Zwiebeln, Bambussprossen und Champignons in dünne Scheiben schneiden. Die grünen Bohnen entfädeln und dann in schräge, feine Scheiben schneiden. Die Bouillon erhitzen und das Fleisch, das Gemüse und die Champignons darin 1 Stunde lang kochen. Salz, Glutamat und Pfeffer sollen die einzigen Gewürze sein, damit der Eigengeschmack des Gemüses nicht gestört wird. — Ich habe diese Suppe, die in den Zutaten betont schlicht ist, auch mit Suppengrün und Porreescheiben gekocht. Anstelle der Dosen-Champignons eignen sich geweichte japanische Trockenpilze sehr gut für diese Suppe.

200 g schieres, durchwachsenes Schweinefleisch
2 Zwiebeln, 100 g Bambussprossen, 2 Tassen Champignons, 2 Tassen grüne Bohnen, 1 l Rindfleischbouillon (auch aus Würfeln), Salz
½ Teel. Glutamat
Pfeffer

Reis nach Nihonsiki-Art

Den Reis sehr oft waschen und das kalte Spülwasser immer wieder erneuern. Das letzte Spülwasser soll schließlich völlig klar bleiben. Diesen Reis dann gründlich abtropfen lassen und danach in das kochende Wasser schütten. Sofort den Deckel aufsetzen und fest verschließen. Am besten beschweren Sie den Deckel mit einem Gewicht, damit der Dampf nicht entweichen kann. Bei mittlerer Temperatur den Reis 10 Minuten kochen, dann die Flamme sehr klein stellen und ihn noch weitere 10 Minuten quellen lassen. Erst nach 20 Minuten Dämpfzeit den Deckel lüften. Nun über den Topf eine Stoffserviette breiten, damit sich der Dampf in dem Tuch fängt. Diesen Reis nicht umrühren, nicht salzen, nicht mit Bouillon kochen! — So wird der Reis gekocht, den man in Japan zu allen Mahlzeiten und allen Gerichten reicht.

5 Tassen Milchreis
6 Tassen Wasser

JAPAN

UNAGI-YAKI

2 frische Aale
3 Eßl. Sojasauce
1 Messerspitze Cayennepfeffer, ½ Teel. Salz
½ Teel. Zucker
½ Tasse feine Zwiebelwürfel, Zwiebelscheiben
1 Tasse dicke, gedünstete Champignonköpfe
12 geräucherte Bauchspeckscheiben, Butter oder Margarine zum Braten

Aalstücke auf Holz gebraten

Man kauft die Aale fertig abgezogen und in Stücke geschnitten und wäscht diese dann nur noch unter fließendem, kalten Wasser, bis alle Blutreste entfernt sind. Die Stücke in eine Schale legen und darüber Sajosauce gießen, ohne die es kaum ein japanisches Gericht gibt. Cayennepfeffer, Salz, Zucker und Zwiebelwürfel noch darüberstreuen. Dann ölt man Holzspießchen ein, die man fertig kaufen kann, und steckt abwechselnd Zwiebelhälften, Champignonköpfe, Aalstücke und Bauchspeckscheiben darauf. Diese Spieße brät man in reichlich Butter oder Margarine gar. Das dauert ungefähr 15 Minuten, wobei das Fett nicht zu heiß werden darf. Dann läßt man sie auf einem Ofengitter abtropfen und legt sie trocken auf eine vorgewärmte Platte. — Dazu gibt es eine Mayonnaise, die mit der Marinade versetzt wurde. Trocken-körnigen Reis oder Weißbrotscheiben dazu reichen.

SAKANA-MUSHI

2 große Seezungen (gibt 8 Filets), 2 Zwiebeln, Salz
¼ l Reiswein (Sake)
½ Tasse kandierten Ingwer geraspelt, Pfeffer, ½ Teel. Zucker, 1 Tasse Zwiebelwürfel für die Sauce, Butter für die Form, 2 Eier

Seezungenfilets in Reisweinsauce

Die Seezungen am besten gleich beim Händler filetieren lassen. Die Filets abspülen, trocknen und mit gewiegten Zwiebeln und Salz bestreuen. Den Reiswein mit Ingwer, Salz, Pfeffer und Zucker mischen und mit Zwiebelwürfeln so lange kochen, bis sich eine sämige Sauce gebildet hat. Die Fischfilets in eine gebutterte Auflaufform legen, mit der Sauce übergießen und die geschlagenen Eier darüberstreichen. Im Ofen die Filets 20 Minuten garen lassen. — Mit Reis oder Butterkartoffeln und warmem Reiswein zu Tisch bringen.

ISE EBI TEMPURA

1 Tasse Rindfleischbouillon
4 Eßl. Sake
4 Eßl. Sojasauce
2 Teel. kandierten Ingwersaft
2 Eier, 2 Eßl. Mehl
2 Eßl. Wasser, Salz
2 Hummer oder
4 Tassen Langustinenschwänze, 4 Tassen Öl
2 Eßl. geriebenen Rettich

Tempura-Hummerfleisch

Zuerst bereiten Sie eine Marinade aus der Bouillon, dem Sake, der Sojasauce und dem Ingwer. Einmal aufkochen lassen und dann zum Abkühlen stellen. Aus den Eiern mit Mehl, Wasser und Salz einen dickflüssigen Teig herstellen. Frische Hummer kochen und halbieren. Für dieses Gericht bitte nur die schalenlosen, halbierten Schwänze benutzen. Sonst nehmen Sie am besten Langustinenschwänze. Die Schwänze salzen, dann in den Eierkuchenteig tauchen und in tiefem Öl goldbraun ausbacken. Die Sojasauce mit geriebenem Rettich vermischen und in eine kleine Schale gießen. — Die Schwänze ißt man mit der Hand, indem man jedes Stück vorher in die Sauce taucht. Dazu in einer anderen Schale Reis servieren.

JAPAN

Langustinenschwänze auf Toast   HA-DO-SHI

Die Zwiebelwürfel in einer Kasserolle mit heißem Öl glasig werden lassen, dabei gut umrühren, damit sie nicht vereinzelt braun werden. Die Langustinenschwänze dazugeben, den Topf vom Feuer nehmen, mit Zucker, Salz und Paprikapulver würzen, den Ingwer dazufügen und alles wieder warm werden lassen. Die Eier cremig schlagen. Die Weißbrotscheiben in diese Eimasse tauchen, dann mit der Langustinenmischung belegen, wieder in die Eimasse tauchen oder diese darüberstreichen und mit Weißbrotkrumen bestreuen. Im heißen Ofen die Brote schnell backen und bräunen. — Dazu Brunnenkresse und Eihälften mit Remouladensauce servieren.

1 Tasse Zwiebelwürfel
1/2 Tasse Öl, 1 1/2 Tassen halbierte Langustinenschwänze aus der Kühltruhe, 1/2 Teel. Zucker, 1/2 Teel. Salz
1/2 Teel. Paprikapulver
1 Teel. Ingwersaft, 2 Eier
4 Weißbrotscheiben
1/2 Tasse Weißbrotkrumen

Eierkuchen mit Crevetten und Spinat   KANOKOYAKI

Die Eier mit Bouillon, Zucker, Salz und Sojasauce verquirlen. Den Spinat entweder waschen und kochen, oder nur auftauen lassen. Die Crevetten auftauen, mit Öl und Essig übergießen und mit Zucker und Glutamat bestreuen. In eine Pfanne mit heißem Öl die Hälfte der Eimasse eingießen, dann die Flamme klein stellen. Auf die noch flüssige Oberfläche des dicken Eierkuchens die Hälfte des Spinats und der Crevetten geben, darüber wieder etwas Eimasse gießen, diese mit dem Rest Spinat und Crevetten belegen und die restliche Eimasse darauf verteilen. Mit einem Deckel zudecken und den Kuchen erst umdrehen, wenn die Eimasse obenauf festgeworden ist. Wenn er ganz durchgebacken ist, ihn in Scheiben schneiden und mit Remoulade servieren. — Reis paßt am besten dazu.

4 Eier, 1 Tasse Bouillon (auch von Fisch)
1/2 Teel. Zucker, 1/2 Teel. Salz
1 Teel. Sojasauce, 1 Paket Tiefkühlspinat oder frischen Spinat, 1 Päckchen Crevetten aus der Tiefkühltruhe
1/2 Tasse Öl, 1 Eßl. Essig
etwas Zucker
1/2 Teel. Glutamat
Öl zum Backen

Gurkensalat mit Krabben   EBI-IRI-SUMOMI

Die ungeschälte Salatgurke in Scheiben schneiden. Diese mit Salz bestreuen und 20 Minuten Saft ziehen lassen, der dann abgegossen wird. Die trockenen Gurkenscheiben mit Essig beträufeln und auch diesen Saft wieder ausdrücken. Zu den Scheiben kommen die Krabben oder Crevetten aus der Tiefkühltruhe. Essig mit Glutamat, Öl, Sojasauce, Salz, Zucker und Dillblättern mischen und über den angerichteten Salat gießen. Ihn obenauf mit Früchten und Scheiben hartgekochter Eier garnieren.

1 Salatgurke, Salz
1/2 Tasse Weinessig
250 g Tiefkühlkrabben oder Crevetten, 1/2 Teel. Glutamat
1 Tasse Öl, 2 Eßl. Sojasauce
1/2 Teel. Zucker
2 Eßl. gehackte Dillblätter

JAPAN

Rindfleischwürfel mit Nüssen

*750 g schieres Rindfleisch
2 Tassen Zwiebelwürfel
2 Eßl. Sojasauce, 4 Eßl. Öl
2 Knoblauchzehen, 1 Teel.
Salz, ¼ Teel. gemahlenen
schwarzen Pfeffer, Öl zum
Braten, 1 Teel. Zuckerfarbe
(Couleur), 1 Tasse gekochte
grüne Erbsen, 2 Eier, gekocht
je 2 Eßl. Walnüsse, Haselnüsse, Mandeln, Pinienkerne*

Das Fleisch von den Sehnen befreien und in kleine Würfel schneiden. In einer Kasserolle die Zwiebelwürfel mit Sojasauce und Öl glasig werden lassen und die zerriebenen Knoblauchzehen, Salz und Pfeffer zugeben. Nach dem Erkalten in diese Marinade die Fleischwürfel legen und einen Tag lang darin durchziehen lassen. Die Stücke dann herausnehmen, abtropfen, in der Pfanne mit Öl schnell von allen Seiten anbraten und mit der Marinade, die nicht abgeseiht werden soll, ablöschen. Das Fleisch darin weich schmoren. Mit Zuckerfarbe dunkelbraun färben, in einer Ragoutschüssel anrichten und mit Gartenerbsen und hartgekochten Eihälften garnieren. Obenauf kommt eine Mischung aus gewiegten Wal- und Haselnüssen, Mandeln und Pinienkernen. Die Nüsse aber erst beim Austeilen in das Gericht mengen. — Dazu Reis und Bier servieren.

SUKI-YAKI ## Rindfleischscheiben in Sojasauce

*500 g schieres Rindfleisch
(Lende), 1 Tasse Öl
2 Eßl. Sojasauce
½ Tasse Bouillon
2 Eßl. Sake
1 Teel. Zucker
Salz, Pfeffer
2 Zwiebeln
½ Tasse feine Streifen von
geschälter, roher Sellerieknolle
½ Tasse Bambussprossen
in Streifen, ½ Tasse
Champignonscheiben
½ Tasse gekochten Spinat
½ Tasse kleine Schalotten*

Hier das japanische Nationalgericht, das auch in die europäische Küche Eingang gefunden hat. Es wird nur leider, wie so viele Nationalgerichte, in so vielen Varianten zubereitet, daß man schließlich kaum noch das Originalgericht erkennen kann. — Das Fleisch in dünne, kleine Scheiben schneiden, etwa so groß wie Fünf-Markstücke. Die Scheiben in heißem Öl (½ Tasse) braun anbraten, mit Sojasauce, Bouillon und Sake ablöschen, mehrere Minuten lang kochen lassen und dann Zucker, Salz und Pfeffer dazugeben. Den Pfanneninhalt in eine Ragoutschüssel schütten, die Pfanne erneut mit Öl auf die Flamme setzen und die Zwiebelwürfel, die Selleriestreifen und die Bambussprossen darin hellbraun anrösten. Das Gemüse sollte keinesfalls länger als einige Minuten in der Pfanne garen, weil es im fertigen Gericht noch kernig fest sein soll. Mit einem Teil der bereits fertigen Fleischsauce aus der Schüssel ablöschen, die Pilzscheiben, den Spinat, die kleinen, ganzen Schalotten zufügen und schließlich die Fleischscheiben mit der Sauce untermischen. — Dazu ißt man gekochte Reisnudeln oder Spaghetti.

BUTA-NIKU-YAKI ## Geschmortes Schweinefleisch

*2 Eßl. Sojasauce, 1 Tasse
geschälte Schalotten, 1 Teel.*

Die Sojasauce mit den geschnittenen Schalotten, dem Zucker, Pfeffer, Ingwersaft, zerriebenem Knoblauch und Öl vermischen und darin die Fleisch-

JAPAN

würfel eine Stunde lang an einem warmen Ort marinieren. Dabei mehrmals umrühren. Dann die Stücke auf ein geöltes Blech legen und etwa 45 Minuten im Ofen bei 250°C schmoren lassen. Die Marinade in einer Kasserolle aufkochen und abschmecken. Die Fleischwürfel getrennt servieren und sie beim Essen in die heiße Sauce eintunken und Reis dazu essen. Für uns ist dazu auch Kartoffelsalat und helles Bier zu empfehlen.

Zucker, ¼ Teel. gemahlenen weißen Pfeffer
1 Eßl. Saft von kandiertem Ingwer, 2 Zehen Knoblauch
1 Tasse Öl, 750 g Schweinenackenwürfel

Schweinestreifen TONKATSU

Das Fleisch in fingerlange, aber dünne Streifen schneiden, in Mehl drehen und in verquirltes Ei eintauchen. Die Streifen dann in Panierbröseln wälzen, in tiefem Öl braun ausbacken und im Ofen warm stellen. Bei Tisch werden sie kurz in zwei Saucen getaucht. Für die eine Zwiebelwürfel mit Knoblauchsalz vermischen und in einer Kasserolle mit Öl, Sojasauce, Sherrywein und Pfeffer sämig verkochen. Für die zweite Tomatenmark mit Öl und Essig lösen und mit Salz, Pfeffer und Cayennepfeffer würzen. — Diese gebratenen Fleischstreifen sind eine Beilage zu körnigem Reis. — Die Saucen erinnern etwas an diejenigen für »Fondue Bourguignonne« (siehe Rezeptteil der Schweiz). Sie können auch andere Kombinationen zusammenstellen, wie solche mit Paprikamark, mit Mayonnaise, mit pürierten, entsteinten Datteln und mit Kräuter- und Zwiebelmus als Grundlage. Diese Saucen können säuerlich und mit Fleischextrakt versetzt zubereitet werden.

750 g Schweineschulter ohne Knochen und ohne Schwarte
Mehl, 2 Eier, 1 Tasse Panierbrösel, Öl zum Backen
1. Sauce: 1 Tasse Zwiebelwürfel, ½ Teel. Knoblauchsalz, 1 Tasse Öl, 3 Eßl. Sojasauce, 3 Eßl. Sherrywein
Pfeffer
2. Sauce: 1 Tasse Tomatenmark, 2 Eßl. Öl, 1 Eßl. Essig
Salz, Pfeffer, Messerspitze Cayennepfeffer

Bunter Reis

Man weicht den Reis eine Nacht vorher ein. Dann wäscht man ihn gründlich, tropft ihn ab und schüttet ihn in reichlich kochendes Salzwasser. Nach 10 Minuten nimmt man den Topf vom Feuer und läßt den Reis weitere 10 Minuten ziehen. Dabei bitte nicht umrühren, da die zarten Körner sonst zerdrückt würden. Dann gießt man das Wasser ab und läßt den Reis auf einem Sieb lange abtropfen. In einem Topf erhitzt man Öl, gibt die Huhnstücke und die Gemüsestreifen hinein und röstet unter Umrühren so lange weiter, bis alles hellbraun ist. Die Zwiebelwürfel läßt man darin glasig werden, löscht mit Sojasauce, Hühnerbouillon und Reiswein und kocht noch 10 Minuten, bevor man den Reis dazu gibt. Diesen läßt man nur warm werden und rührt dabei gut um. Obenauf legt man Streifen kandierter Ingwerwurzel und Kirschen.

125 g Langkornreis
Salz
2 Tassen Öl
½ Huhn in Stücken
2 Tassen feine Streifen von Möhren, Porree und roher geschälter Sellerieknolle
2 Tassen Zwiebelwürfel
2 Eßl. Sojasauce
5 Eßl. Bouillon
2 Eßl. Reiswein

JAPAN

YAKITORI — *Gebratenes Hühnerfleisch*

1 Brat- oder ganz junges Kochhühnchen
1 Tasse Öl
1 Tasse Zwiebelwürfel
125 g Champignons aus der Dose
1/4 l Hühnerbrühe
2 Eßl. Sojasauce
1 Gläschen Sherrywein
1 Eßl. Bienenhonig
2 Tassen Bambussprossen

Das gekochte oder gebratene Hühnchen entbeinen, das Fleisch von der Haut trennen, es in Streifen schneiden und mit Öl in der Pfanne anbräunen. Gut umrühren! Dazu kommen dann die Zwiebelwürfel und die Champignonscheiben. Wenn diese goldgelb geröstet sind, mit etwas Hühnerbrühe aufgießen, Sojasauce und Sherrywein dazugeben und weitere 15 Minuten auf kleiner Flamme weich schmoren lassen. Dann den Honig untermischen, die Sauce abgießen und dieses ragoutartige Gericht in kleinen Portionsschalen anrichten. Die Bambussprossen in dünne Scheiben schneiden, in der abgegossenen Sauce einmal aufkochen und in gesonderten Schälchen servieren. Die restliche Sauce wieder über die Schälchen mit dem Fleisch gießen. — Wie immer wird dazu körniger, trockener Reis aus wieder anderen Schälchen gegessen und warmer Reiswein dazu getrunken.

TOFU TO TAMAGO TO TAKE-NO-KO — *Eiergericht mit Tofu und Bambussprossen*

1 Dose Tofu
Butter für die Form
1/2 Dose Bambussprossen
4 Eier
Sojasauce
Salz, Pfeffer
Glutamat
2 Eßl. Sake (Reiswein)
Petersilie

Tofu ist eine Art Sojabohnenkäse, den Sie fertig in Dosen kaufen können. — Den Tofu in kleine Portionsstücke zerschneiden und in eine gebutterte Auflaufform legen. Von den Bambussprossen (Schößlinge) mit Wasser die Konservenflüssigkeit abspülen und sie dann in Scheiben schneiden. Diese über die Tofustücke in die Form legen. Die Eier mit Sojasauce, Salz, Pfeffer, Glutamat und Sake verquirlen und über die Bambussprossen und den Tofu gießen. Das Gericht bei 200° C in den Ofen schieben und 20 Minuten lang backen. Die Oberfläche bräunt sich in dieser Zeit. Kurz vor dem Servieren wird noch mit gehackter Petersilie bestreut.

SARADA MODAN — *Bunter Salat* *Farbfoto Seite 357*

1 weißen, großen Rettich
2 Möhren, 1 Salatgurke
Salz, 125 g frische Champignons, 2 Tassen Langustinenschwänze aus der Kühltruhe oder Crevetten
2 Eßl. gehackte Petersilie
1 Eßl. gehackten Borretsch
1 Eßl. gehackte Dillblätter

Den Rettich schälen und mit den gesäuberten Möhren zusammen fein reiben oder auf einer Rohkostraspel hobeln. Dazu kommen Raspelspäne einer ungeschälten Salatgurke. Das Gemüse mit Salz bestreuen und einige Minuten Saft ziehen lassen, der dann ausgedrückt wird. Die Champignons nach dem Putzen und Waschen in Scheiben schneiden und zusammen mit dem geriebenen Gemüse zu einem Salat vermischen. Dazu kommen die halbierten Langustinenschwänze und die gehackten Kräuter. Nun den Salat einige Zeit durchziehen lassen; die Salatsauce kommt erst im letzten Augenblick darüber. Hierzu die Eier mit Salz, Zucker und flüssiger Butter im

Wasserbad cremig schlagen und die Masse dann mit dem Essig wieder kalt rühren. Mit Glutamat und Paprikapulver abschmecken und die Sauce über den Salat gießen. Obenauf mit Mandarinen, Orangen und weißen, japanischen Pfirsichhälften garnieren.

Sauce: 2 Eier, Salz, Zucker 4 Eßl. Butter, 2 Eßl. Weinessig, ¹/₂ Teel. Glutamat 1 Teel. Paprikapulver

Erdbeer-Geleespeise AWAYUKIKAN

Die Gelatine 5 Minuten in kaltem Wasser weichen. Zucker in kochendem Wasser lösen, dazu die Gelatine geben, die man — entgegen unserer Auffassung — in Japan mitkochen läßt. Nun das Johannisbeergelee und die geputzten, halbierten Erdbeeren oder die Erdbeerkonfitüre zufügen. Die Masse in Tassen füllen und abkühlen lassen. Die Eiweiße mit Zucker steif schlagen, mit steifer Schlagsahne vermischen und den Schnee über die gestürzten Geleehügel gießen. Dazu Löffelbiskuits reichen. — Es versteht sich von selbst, daß man dieses Gelee mit fast allen übrigen Obstsorten ebenfalls herstellen kann. Bei besonders süßen Früchten ein Säure-Gegengewicht durch einige Löffel Zitronensaft schaffen. Auch können Sie kernlose Orangenwürfel und Ananasstücke mit dem Gelee erstarren lassen.

12 Blatt weiße Gelatine ¹/₂ Tasse Wasser zum Quellen 3 Tassen Wasser, 2 Tassen Zucker, 4 Eßl. rotes Johannisbeergelee, 250 g frische Erdbeeren oder 2 Eßl. Erdbeerkonfitüre mit ganzen Früchten, 2 Eiweiß 1 Eßl. Puderzucker ¹/₂ Tasse Schlagsahne

Honigplätzchen KASUTERA

Die Eier schlagen, dann mit Zucker und Honig süßen und weiter schlagen, bis sie cremig sind. Dazu das Mehl geben. Diesen Teig in eine gebutterte Pfanne gießen und dicke Omelette daraus backen, die dann im vorgeheizten Ofen (220°C), am besten auf Blechen, noch einmal aufgehen sollen. Die Kuchen in breite Streifen schneiden und mit Puderzucker bestäuben. Mit Kompott, wie zum Beispiel mit japanischen Mandarinen-Orangen, zu Tisch bringen.

5 Eier ³/₄ Tasse Zucker ¹/₄ Tasse Honig ¹/₂ Tasse Mehl 2 Eßl. Butter für die Pfanne und das Blech 2 Eßl. Puderzucker

Die Grundlage der Küchen in diesen Ländern ist, wie überhaupt in Ostasien, der Reis. Siam baut und exportiert eine der besten Reissorten, die wir in der feinen Küche kennen: den Patna.

Reis ißt man zu jeder Tageszeit, sogar zum ersten Frühstück. Und man frühstückt reichlich und deftig, mit Gebratenem, mit Eiern, Wurst und vielen anderen schmackhaften Dingen. Mittags serviert man mehrere Gerichte, bis zu zehn nebeneinander. Ihre Anzahl hängt vom Einkommen der Familie ab. Man ißt dann, immer zusammen mit Reis, der in großen Mengen auf dem Tisch steht, von diesem oder jenem Schälchen, von dieser oder jener Suppe. Dabei spielt, wie auch in anderen asiatischen Küchen, die Sojasauce eine beachtliche Rolle, die man über fast alle pikanten Gerichte träufelt.

Zum Abschluß serviert man etwas Süßes, oder frische Früchte. Es gibt vorzügliche Kuchen, in Form von ölgebackenen winzigen Taschen oder mit Mandeln und Zucker, Bananenmus und Kokosraspeln gefüllten Plätzchen. Und tropische Früchte stehen in Hülle und Fülle zur Verfügung: Man erntet Orangen, Grapefruits, eine besonders saftreiche Pampelmusenart, Pamelos genannt, ferner Melonen, Mangoes und viele andere.

Zum Essen trinkt man Bier, meist nach deutschem Vorbild gebraut. Auch Tee spielt eine große Rolle; er muß aber eingeführt werden, weil die Plantagen für eine Ernte noch zu jung sind.

Die technische und wirtschaftliche Entwicklung Hinterindiens, Indochinas und Siams nimmt einen immer rascheren Fortgang. Es entstehen in den Großstädten Hotels und Restaurants nach europäischem Vorbild. Und der Warenaustausch läßt auch hier neben der ehrwürdigen Tradition eine neue Welt des zwanzigsten Jahrhunderts entstehen. Viele Küchenrohstoffe werden eingeführt, andere ausgeführt, andere schließlich im Lande selbst verbraucht, wie der rote Reis, der den Soldaten des Landes als Mittel gegen Rheumatismus verabreicht wird, und der schwarze, den man für Süßspeisen verwendet.

Hinterindien
Indochina Siam

HINTERINDIEN INDOCHINA SIAM

YAM KOONG — *Langustinensalat*

125 g ungesalzene Kokosraspeln, 2 Tassen Milch
500 g Langustinen aus der Tiefkühltruhe, Salz
1 Lorbeerblatt, 10 Gewürznelken, 1 Teel. Zucker
2 Eßl. Öl, 8 Schalotten
2 Knoblauchzehen, 1 Apfel
1 Eßl. Sojasauce
1 Messerspitze gemahlenen Pfeffer
1 grüne Paprikaschote
5 Eßl. Erdnüsse
2 Kopfsalate

Die Kokosraspeln kocht man in Milch auf, läßt sie stehen und preßt sie nach einer halben Stunde durch ein Tuch aus. Man benötigt nur die Milch, während man die trockenen Raspeln für Kuchen oder dergleichen verwenden kann. Die Langustinen kocht man mit Wasser, Salz, Lorbeerblatt, Gewürznelken und Zucker einmal auf, nimmt den Topf dann vom Feuer und läßt sie noch 10 Minuten darin ziehen. Die Langustinen nimmt man dann heraus, halbiert sie der Länge nach und stellt sie kühl. Inzwischen mischt man für die Sauce erkaltete, ölgeröstete Schalotten- und Knoblauchscheiben mit einem geriebenen, rohen Apfel und Sojasauce, Pfeffer, Salz, gewiegter Paprikaschote, geriebenen Erdnüssen und der kalten Kokosmilch. Die Sauce muß sämig und cremig sein. Dahinein legt man die vorbereiteten Langustinenschwänze und mengt alles gründlich durch. Auf Salatherzen anrichten, obenauf mit Früchten garnieren und den Salat dann kühl stellen. — Ich selbst gebe diesem Salat noch rohe Champignonscheiben zu, wodurch der nußartige Geschmack dieses Salates mehr hervorgehoben wird. Wie zu vielen solchen Vorspeisen-Salaten sind Toast und Butter die besten Beilagen.

Malayische Spinatsuppe

2 Zwiebeln, 4 Eßl. Schinkenspeck ohne Schwarte, 1,5 kg gewaschenen, verlesenen Spinat oder 2 Pakete Tiefrost-Spinat, 1 Tasse Wasser
1 Eßl. Mehl, 2 Eßl. Wasser
Salz, Pfeffer, Muskatnuß Paprikapulver, 1 l Milch
1 Tasse gekochte Schinkenstreifen
2 Scheiben Weißbrot

Diese Suppe kann man nach unserem Geschmack als »Frühlingssuppe« bezeichnen. An Stelle von Spinat können Sie auch Küchenkräuter oder Sauerampfer verwenden, wodurch die Suppe sehr würzig und auch sehr erfrischend wird. — Zuerst bräunt man die Zwiebelscheiben in dem Schinkenspeck an und gibt dann den gewaschenen Spinat und zugleich das Wasser dazu. Nach etwa 20 Minuten ist der Spinat vollkommen zusammengefallen und gar. Dazu kommt nun das Mehl, das mit Wasser verrührt wurde, und die Gewürze. Die Suppe füllt man mit Milch auf, versetzt sie mit Schinkenstreifen, läßt sie aufkochen und serviert sie in einer Terrine. Obenauf streut man Weißbrotwürfel, die in der Pfanne in Schinkenspeck geröstet wurden.

SOTOH — *Süßsaure Kohlsuppe*

500 g durchwachsenes Rindfleisch, 2 Teel. Koriander
½ Teel. Zimt, ½ Teel. Muskat, ¼ Teel. Nelken

Das durchwachsene Rindfleisch soll von jungen Tieren sein. Man schneidet es in kleine Würfel, wobei man alle Sehnen entfernt. In einem hochwandigen Suppentopf läßt man das Fleisch mit Wasser und all den gemahlenen Gewürzen und Zucker 1 Stunde lang auf kleiner Flamme kochen. Dazu kommen dann Sojasauce, Weißwein, Salz, in Butter gebräunte, ganze Schalotten, Perlzwiebeln und Weißkohl, der in feine Scheibchen geschnitten wurde. Wenn die Zutaten alle gar sind, bestreut man die Suppe mit frisch gehackter Petersilie und gehacktem Schnittlauch. Obenauf legt man zerkleinerte Essiggemüse (Mixed Pickles) und Reiskrusteln. Für diese vermischt man den gekochten Reis mit dem Eigelb, sticht von dieser Masse mit einem Teelöffel Stücke ab und brät sie in einer Pfanne mit Butter goldbraun. Wir würden dafür Kartoffeln hineinschneiden, doch sind diese in den fernöstlichen Ländern nicht gebräuchlich. — Hier lernen Sie einmal eine andersartige Suppeneinlage kennen, die nicht nur zu dieser Suppe paßt.

¹/₄ Teel. Pfeffer, 1 Teel. trockenen Ingwer, 2 Teel. Zucker, 5 Spritzer Sojasauce 2 Eßl. Weißwein, Salz, 2 Eßl. Butter, ¹/₂ Tasse Schalotten 2 Eßl. Perlzwiebeln, ¹/₂ Kopf Weißkohl, Schnittlauch Petersilie, ¹/₂ Tasse Essiggemüse, 1 Tasse gekochten Reis, 1 Eigelb, 3 Eßl. Butter

Suppe mit Krustentieren KAENG CHÜD

Die Sahne mit Milch, Kokosraspeln und Salz in einer Kasserolle einmal aufkochen und eine halbe Stunde zum Nachquellen beiseite stellen. Dann diese Mischung in ein Tuch geben und den Saft fest auspressen. Die Raspeln werden nicht mehr gebraucht. Die Kokossahne noch einige Minuten lang auf kleinem Feuer eindampfen lassen und darauf Cayennepfeffer, Schalottenwürfel, Zucker, Knoblauchsalz, abgeriebene Zitronenschale, Krebsbutter, zerdrückte Pfeffer- und Korianderkörner und Sojasauce einrühren. Dann die Suppe durch ein Sieb gießen und mit Krabben oder Crevetten, die Sie auch tiefgekühlt erhalten können, als Einlage servieren. — Darüber buttergeröstete Weißbrotwürfel streuen und einen Weißwein dazu reichen.

3 Tassen Sahne, 4 Tassen Vollmilch, 3 Tassen Kokosraspeln, 1 Teel. Salz, Messerspitze Cayennepfeffer ¹/₂ Tasse Schalottenwürfel ¹/₂ Teel. Zucker, ¹/₄ Teel. Knoblauchsalz, ¹/₂ Zitrone 2 Eßl. Krebsbutter, 12 weiße Pfefferkörner, 1 Eßl. Koriandersamen, 2 Eßl. Sojasauce, 2 Tassen Krabben

Malayischer Reis mit Fisch und Ananas

Man kauft dafür am besten Goldbarschfilets oder Scheiben vom Heilbutt. Die Hautstücke zieht man ab und entfernt die Gräten. Dann läßt man die Filets in Salzwasser mit einer Zwiebel und Gewürznelken gar ziehen. Die Fischbrühe hebt man auf. Inzwischen läßt man die Butter in einer Kasserolle zergehen, gibt das Mehl und das Currypulver dazu und löscht mit der Fischbrühe ab, so daß eine sämige Sauce entsteht. Mango-Chutney und geraspelte Ananas fügt man ebenfalls hinzu. Die Sauce kocht etwas ein, daher ergänzt man den Flüssigkeitsverlust wieder mit Milch. Den Fisch zerteilt man in Stücke und gibt diese in die Suppe, ebenso auch den gekochten Reis, Salz, Pfeffer, Zitronensaft und Butterflocken. — Das Gericht garniert man mit Vierteln hartgekochter Eier.

750 g Goldbarschfilet oder Heilbuttschnitten, 1 Zwiebel 4 Gewürznelken, 2 Eßl. Butter, 1 Eßl. Mehl, 2 Teel. Currypulver, 2 Eßl. gewiegten Mango-Chutney 3 Scheiben Ananas, ¹/₄ l Milch, ¹/₂ Tasse gekochten Langkornreis, Salz, Pfeffer Saft einer halben Zitrone 2 Eßl. Butter, 2 harte Eier

HINTERINDIEN INDOCHINA SIAM

IKAN MASAK ASAM

1 Tasse Öl, 1 Tasse feine Zwiebelwürfel, 1 Teel. Kurkuma, 2 Eßl. Saft von kandiertem Ingwer, ½ Teel. Cayennepfeffer, Saft einer Zitrone, 2 Eßl. Pflaumenmus, 1 Eßl. Zucker, 2 Tassen Wasser, 500 g grüne Bohnen 1 Makrele oder 2 Goldbarschfilets, Salz, Pfeffer Butterflocken

Fischschnitten mit grünen Bohnen

Eine Würzsauce bereiten aus Öl, Zwiebelwürfeln, Kurkuma, Ingwersaft, Cayennepfeffer, Zitronensaft, Pflaumenmus und Zucker. Alle diese Zutaten in einer Kasserolle erhitzen und fleißig umrühren, weil die Masse schnell anbrennt. Mit Wasser ablöschen, damit eine flüssige Sauce entsteht. Nun die zerbrochenen Bohnen darin kochen; sie sind in etwa 20 Minuten gar. Das Gericht in ein mit Fett ausgestrichenes, flaches Geschirr gießen, die gehäuteten Makrelen- oder Goldbarschstücke darauflegen und darüber Salz, Pfeffer und Butter- oder Margarineflocken streuen. Das Geschirr nun zudecken. Die Fischschnitten sind in 15 Minuten gar. — Das Gericht mit Risotto und Bier zu Tisch bringen. — Anstelle von Pflaumenmus können Sie auch entsteinte, gebrühte Backpflaumen verwenden.

NAM CHIM PRIA WAN

1 kg Miesmuscheln, Salz 1 Tasse Öl, 5 Schalotten 5 Knoblauchzehen, 3 Tomaten, 1 grüne Paprikaschote ¼ Salatgurke mit Schale geraspelt oder 125 g Senfgurkenstreifen, 2 Zwiebeln 1 Eßl. Koriandersamen 2 Eßl. Mehl, ½ Teel. Zucker 1 Eßl. Essig, Sojasauce ½ Teel. Salz, Messerspitze Pfeffer

Muscheln in süßsaurer Sauce

Man bürstet die Miesmuscheln unter dem kalten Wasserstrahl und kocht sie in Salzwasser schnell halbgar, bis sich die Schalen alle geöffnet haben. Dann bricht man die Körper aus und legt sie mit Öl, Schalotten- und Knoblauchscheibchen in eine Kasserolle. Wenn die Muschelkörper leicht gebräunt sind, wendet man sie um. Dann fügt man die gebrühten, abgezogenen Tomaten, die grünen Paprikaschotenstreifen, die Gurke, die Zwiebelwürfel und den zerdrückten Koriander dazu und läßt das Ganze auf kleiner Flamme dünsten. In einer anderen Schale mischt man Mehl mit Zucker, Essig und Wasser zu einem glatten Teig, mischt Sojasauce, Salz und Pfeffer dazu und rührt diesen Teig unter die Muscheln in der Kasserolle. — Ich backe dieses Muschelragout auch in Teig ein, wozu ich ausgerollten, fertigen Blätterteig benutze. Dann entweder Portionspastetchen oder längliche Laibe formen, die in Scheiben aufgeschnitten und mit einer fruchtigen Sauce serviert werden. Bier paßt in jedem Fall dazu.

Hummer-Curry-Ragout

3 Tassen Milch, 125 g Kokosnußraspel, 125 g Butter oder Margarine, 1 Tasse Zwiebelscheiben, ½ Tasse Knoblauchscheiben, ½ Teel. Kümmel, ½ Teel. Ingwer

Milch und Kokosnußraspeln miteinander aufkochen und die aromatisierte Milch nach einer halben Stunde abpressen. Während dieser Zeit in einer Pfanne mit Butter oder Margarine die Zwiebel- und Knoblauchscheiben hellbraun anrösten. Nach etwa 5 Minuten zerschnittene Kümmelkörner, gemahlenen Ingwer, Cayennepfeffer, Salz, Curry und Tomatenmark einmischen. Fortwährend umrühren, bis eine glatte Paste entstanden ist. Das

Mehl darin verrühren und mit der Kokosmilch zu einer hellen Sauce ablöschen. Dazu kommen die Gurkenwürfel und das ausgebrochene Hummerfleisch oder Crab Meat. Die Sauce mit Sahne und Eigelb verfeinern und mit Zitronensaft, Sherrywein und Zucker den Geschmack abrunden. — Dazu passen körniger Reis oder Weißbrotscheiben, die in Butter braun geröstet wurden. Frisches Hummerfleisch wird meistens mit herben Weißweinen aus Deutschland oder Frankreich begleitet. Versuchen Sie einmal dazu einen Frankenwein oder Mosel, der zu den recht aggressiven Gewürzen den nötigen Ausgleich bietet.

*1 Messerspitze Cayennepfeffer, Salz, 2 Eßl. Currypulver, 1 Eßl. Tomatenmark
1 Eßl. Mehl, 1/4 Salatgurke
2 Tassen Hummerfleisch oder Crab-Meat, 1/2 Tasse Sahne, 1 Eigelb, Zitronensaft, 2 Eßl. Sherrywein
1 Teel. Zucker*

Kalbfleisch in Kokossauce mit Ingwer

Wieder die Kokosraspeln in Milch kochen und die Milch nach 30 Minuten abpressen, so daß eine Kokosmilch entsteht, die für die meisten Gerichte dieser Länder verwendet wird. Die Raspeln in diesem Fall aber nicht fortgeben, sondern in Margarine leicht anbräunen, dann mit zerdrücktem Koriander, Anis, Safran, Ingwer, Zitronenschale und Knoblauchsalz vermengen und nach 5 Minuten Zitronensaft, Pflaumenmus, Salz, Zucker und Cayennepfeffer dazumischen. Das alles muß unter fortwährendem Umrühren zu einer braunen, glatten Paste werden. Das gekochte Kalbfleisch noch warm von den Knochen lösen, in Würfel schneiden und mit dieser Masse vermischen. Das Gericht ist fertig und kann als Ragout serviert werden. — Dazu passen trockener Reis oder heiße, geröstete Bandnudeln oder Spaghetti und ein frischer Weißwein. — In der asiatischen Küche gibt es zu diesen Gerichten bindfadendünne Nudeln aus Reismehl, die nur gekocht werden.

*125 g Kokosraspel, 4 Tassen Milch, 3 Eßl. Margarine
1 Teel. Korianderkörner
1 Messerspitze gemahlenen Anis, Prise Safran, 1 Eßl. kandierten, gewiegten Ingwer, 1/2 abgeriebene Zitronenschale, 1/2 Teel. Knoblauchsalz, 1/2 Zitrone
2 Eßl. Pflaumenmus
1/2 Teel. Salz, 1/2 Teel. Zucker
Messerspitze Cayennepfeffer, 750 g Kalb- oder Huhnfleisch, gekocht*

Rumpsteakstreifen in scharfer Sauce — DONDENG

Zuerst bereitet man die scharfe Sauce. Hierzu röstet man in einer Kasserolle mit Fett die Paprikaschoten, Mandeln, Zwiebeln, Knoblauchzehen und die abgeriebene Zitronenschale mit Salz und Pfeffer an. Dann löscht man mit Buttermilch ab und verkocht das Ganze zu einer sämigen Sauce. Die Steaks von der dicken Sehne befreien und sie dann in fingerlange, dünne Streifen schneiden. Diese brät man mit Zwiebelscheiben in heißem Öl an, wobei man ständig umrühren muß. Die heiße Sauce kommt in eine Anrichteschüssel und die heißen Fleischstreifen werden daruntergerührt. Sie dürfen in der Sauce nicht mehr aufkochen. — Dazu gibt es Kopfsalat oder Tomatensalat und Kartoffelbrei; helles Bier und Schnaps als Getränk.

*100 g Butter oder Margarine
1 Tasse feingewiegte, grüne Paprikaschoten, 1/2 Tasse gewiegte, abgezogene Mandeln, 1 Tasse Zwiebelwürfel
10 Knoblauchzehen in Scheibchen, 1/2 Zitrone
Salz, Pfeffer, 1/2 l Buttermilch, 4 Rindersteaks
4 Eßl. Öl, 2 Zwiebeln*

HINTERINDIEN INDOCHINA SIAM

Süßsaures Schweinefleisch

750 g schieres, fettfreies Schweinefleisch, 3 Eßl. Mehl
1 Teel. Salz, 1 Teel. Zucker
125 g Schweineschmalz
2 Teel. Sojasauce
2 Eßl. Essig, 1 Teel. Zucker
1/8 l Wasser oder Buttermilch, 1 Tasse Essiggemüse (Mixed-Pickles)

Das Schweinefleisch grob zerhacken, so daß kleine Würfel entstehen. Eine Paste aus Mehl, Wasser, Salz und Zucker herstellen und die Fleischstücke darin drehen und wälzen, bis sich eine feine Schicht um die Stücke bildet. In einem hochwandigen Topf das Schweineschmalz recht heiß werden lassen und nach und nach mit einer Schaumkelle die Fleischstücke hineinlegen, die sich sofort bräunen sollen. Sie dann gleich wieder herausschöpfen und abtropfen lassen. Den Rest der Mehlpaste mit Sojasauce, Essig und Zucker vermischen und mit Wasser oder Buttermilch verdünnen. Auf kleiner Flamme in einer Kasserolle das Ganze zur Sauce verkochen. Mit dem Schneebesen Klumpen verhüten! Die gebratenen Fleischstücke auf einer flachen Platte mit geschnittenen Mixed-Pickles anrichten und die Sauce über die Fleischstücke gießen.

KAI P'ANAENG

Kokos-Hühnchen

125 g Kokosraspeln
1/4 l Milch, 1 gekochtes Huhn
1/2 Teel. Knoblauchsalz
1 Tasse Zwiebelwürfel
1/2 rote Pfefferschote
1/2 Tasse Erdnüsse, 1/2 dünngeschälte Zitronenschale
12 Korianderkörner
1 Teel. Zucker, 1/2 Tasse Champignonscheiben
Salz, 1 Eßl. Sojasauce

Die Raspeln mit Milch oder Sahne aufkochen und quellen lassen. Nach etwa 1/2 Stunde hat sich ihr Geschmack der Milch mitgeteilt. Die Kokosmilch durch ein Tuch fest abpressen. Die ausgelaugten Raspeln werden nicht mehr verwendet. In die Kokosmilch die ausgelösten Brüste und Keulen des Huhns ohne Haut einlegen und darin erwärmen. Dazu kommen Knoblauchsalz, Zwiebelwürfel, gewiegte Pfefferschote, zerkleinerte Erdnüsse, Zitronenschale, zerdrückter Koriander, Zucker, Champignonscheiben, Salz und Sojasauce. Nach 15 Minuten ist das Hühnerfleisch durchgewärmt. Dieses in schräge Scheiben schneiden und auf eine Unterlage von trocken-körnig gekochtem Reis legen. Die Sauce noch etwas einkochen und dann durch ein Sieb abgießen. Sie extra zu diesem Gericht mit Salaten und einem Weißwein zu Tisch bringen.

Leber mit Erbsen

350 g Schweinehackfleisch
1 Tasse feine Streifen Sellerie Porree, Möhre, Salz, Pfeffer
500 g Schweineleber
75 g Butter oder Margarine
je 1 Messerspitze Koriander

Das Schweinehackfleisch mit dem zerkleinerten Gemüse in wenig Wasser kochen, dann salzen und pfeffern und die Flüssigkeit durch ein Sieb abgießen. Das gekochte Hackfleisch mit dem Gemüse und den Leberstücken in einer Kasserolle im Fett anbraten. Die gemahlenen Gewürze, die ganzen Kümmelkörner sowie die Zitronenschale und den -saft und die Sojasauce dazugeben. Mit der zuerst hergestellten Schweinefleischbouillon den Pfanneninhalt aufgießen. Das Gericht mit der Sahne verfeinern und die Erbsen, die Champignonscheiben, die Bambussprossenwürfel und die Würfel der Paprikaschote einstreuen. Das Gemüse soll noch 15 bis 20 Minuten mitgekocht werden. — Auch in der indonesischen Küche bleiben, wie eigentlich überall in Asien, die Gemüse fast roh. Beim Beißen soll man sie spüren. Ohne Zweifel bleiben bei dieser Art der Zubereitung die Wert- und Geschmacksstoffe besser erhalten.

Anis und Ingwer
¼ Teel. Kümmel, ½ Zitrone
2 Eßl. Sojasauce, 1 Tasse
saure Sahne, 2 Tassen Erbsen, 1 Tasse Champignons
½ Tasse Bambussprossen
½ Tasse Paprikaschoten

Siamesische Spätzle

KHANOM SAI KAI

Zuerst Safran in etwas kochendem Wasser auslaugen. Nach 5 Minuten mit Zucker und weiterem Wasser versetzen und sirupartig einkochen. Inzwischen Backpulver unter das Mehl mischen, Salz und gemahlenen Koriander zufügen, mit Wasser zu einem dickflüssigen Teig verrühren und den abgekühlten Safran-Zucker untermengen. Dann das Öl erhitzen, ein Sieb mit großen Löchern (sog. Durchschlag) über das heiße Fett halten und den Teig durch die Löcher streichen. Er wird so zu langen Strängen geformt und im heißen Fett sofort gebacken. Da das Backen sehr schnell geht, immer nur eine Kelle voll in das Sieb geben und die fertig gebackenen »Spätzle« herausschöpfen. Mit einer Mischung aus Puderzucker und gemahlenem Zimt überstäuben und heiß essen.

Prise Safranfäden
2 Eßl. Wasser zum Auskochen, 2 Tassen Zucker
1 Tasse Wasser zum Sirupkochen, 1¼ Tassen Mehl
1 Teel. Backpulver
⅛ Teel. Salz
1 Teel. gemahlenen Koriander, Öl oder Margarine
1 Eßl. Puderzucker
1 Teel. gemahlenen Zimt

Von den hervorragenden ostasiatischen Spezialitäten-Restaurants in aller Welt sind die indonesischen kaum weniger berühmt als die chinesischen. Nach Europa kam die indonesische Küche über die Niederlande, die dieses Inselgebiet als Kolonie besaßen. Noch heute sprechen die Chefs indonesischer Restaurants ein mit holländischem Akzent gefärbtes Deutsch. Auch wurden viele Namen einzelner Zutaten, die uns in der Ursprache auszusprechen schwerfallen, mit holländischen Ausdrücken belegt, oder sind in holländischer phonetischer Umschrift bekannt geworden. Dazu gehört das Kroepoek, »kruhpuck« ausgesprochen, eines der merkwürdigsten Küchenprodukte, die es in der Welt gibt: kleine, feste, gelblichweiße Fladen — aus gemahlenen, getrockneten Garnelen und Reismehl in tiefem heißem Öl gebacken und dabei zu einem Mehrfachen ihres anfänglichen Volumens angeschwollen. Kroepoek muß rasch und heiß gegessen werden. Der Geschmack ist unvergleichbar typisch und neutralisiert vorzüglich die scharfen, für unsere Gaumen manchmal zu scharfen Gewürze der anderen Gerichte.

Als ich kürzlich die Küche eines echt indonesischen Restaurants betrat, umfing mich eine Wolke von Knoblauch. Am Tisch saß eine uralte Indonesierin in ihrer Landestracht und schälte Knoblauchzehen von einem Berg, der höher war als sie selbst. In kurzen Abständen wurden dann die geschälten Zehen in winzig feine Scheibchen geschnitten und in einer Pfanne erhitzt. »Knobloff muß sein« radebrechte sie auf meine erstaunte Frage nach den Riesenmengen. — Die Scheibchen werden mit Öl und Pfeffer, Salz und Paprikamark zu einem rötlichen Mus gedünstet, das man in hohe Gläser füllt und fast zu jedem Gericht verwendet. — Ein anderer wichtiger Rohstoff der Küche Indonesiens ist die Kokosnuß, deren Milch getrunken und deren Fleisch zu Mus oder Raspeln zerkleinert wird, die man dann mit Wasser ausdrückt, und deren Fett man neben Öl zum Kochen benützt.

Grundnahrungsmittel ist auch in Indonesien der Reis. Als Fleisch stehen Schweine-, Rind- und Kalbfleisch häufig auf dem Speisezettel, auch Hühner. Und über Fische und andere Meeresfrüchte verfügt die indonesische Inselwelt in besonders reichem Maße.

Wie alle feinen asiatischen Küchen serviert auch die indonesische gleichzeitig viele und mit Sorgfalt zubereitete Speisen in kleinen Schälchen. Man ißt die in feine Würfel geschnittenen Einlagen mit Stäbchen. Große Braten oder dergleichen wird man nicht finden. Dieses reichhaltige Nebeneinander von kleinen Gaumengenüssen aller Art verhalf der indonesischen Küche bei Feinschmeckern zu hohem Ansehen. Sie entspricht damit den Grundsätzen der klassischen kulinarischen Kunst Frankreichs, die Feinschmecker-Altvater Brillat-Savarin aufstellte. Selbst in kleinen Orten werden indonesische Gewürze in Beutelchen und Fläschchen feilgeboten. Auf den Etiketts sind die Anwendungsbereiche meistens verzeichnet. Der Spezialhandel bietet außerdem kleine Broschüren an, aus denen man alles Wissenswerte erfährt. Auch beim Einkauf der unentbehrlichen Sojasauce achte man auf die geschmacklichen Unterschiede, denn grundsätzlich gibt es dreierlei verschiedene Sojasaucen. Und bei den dicken Pasten gibt es nicht nur die Sambals in reicher Auswahl, sondern auch Zitronengras und andere.

Indonesien

INDONESIEN

Ein Cocktail als Aperitif

1 Tasse Weinbrand, 1 Eßl. Curaçao-Likör, 1 Eßl. Ananassaft, 2 Eßl. Kirschlikör mehrere Spritzer Angostura-Bitter, 4 Maraschinokirschen 4 Stück Zitronenschale, Sekt

Man verwendet dazu flache Sektschalen. — In einem Rührglas oder Cocktail-Mischbecher (Shaker) Roheisstücke mit Weinbrand, Curaçao, Ananassaft, Kirschlikör und Angostura-Bitter mischen. Gut durchschütteln und den Cocktail in die gekühlten Gläser gießen. In jedes Glas kommt eine rote Maraschinokirsche und ein Stück ausgedrückte Zitronenschale. Den letzten Platz im Glas mit einem Schuß Sekt füllen.

SOTO AJAM — Ingwersuppe mit Huhnfleisch

1 Huhn, 1 Tasse Würfel Sellerieknolle, Möhren, Petersilienwurzel, 4 Zwiebeln 125 g Butter oder Margarine 1 Tasse Sellerieknollenstreifen, 1 Tasse Möhrenstreifen 2 Stangen Porree, Salz, Cayennepfeffer, 1 Tasse kandierter Ingwer, 2 Eßl. Stärkemehl, je ½ Tasse Bambus- und Bohnensprossen (aus Dosen), 2 Eier, ½ Tasse grüne Erbsen, 1 Zitrone

Zuerst das Huhn mit Wurzelgemüsen und Zwiebelhälften gar kochen. Danach die Haut abziehen und die Knochen auslösen. Das Fleisch in feine Streifen schneiden und warm stellen. Das Fett erhitzen und darin die Selleriestreifen, Möhrenfäden und Porreestücke rösten. Mit der Hühnerbouillon auffüllen und das Wurzelgemüse und die Zwiebelhälften kleingeschnitten dazugeben. Die Suppe würzen mit Salz, Cayennepfeffer, Ingwerstücken und -saft und mit angerührtem Stärkemehl leicht sämig binden. Das Huhnfleisch, die Bambussprossenwürfel und die Bohnenschößlinge (vorher gewaschen) einlegen, außerdem kommen in die Suppe halbfest gekochte, geschälte Eier, Erbsen und Zitronenscheiben ohne Rand. — Dazu oder darüber gibt man geröstete Weißbrotwürfel und gewiegte Erdnüsse. — Zu Suppen innerhalb einer Speisenfolge trinkt man nichts. Wenn man diese Suppe aber als Eintopf serviert, sollte man Bier anbieten.

Scharfer Fischauflauf

*750 g Goldbarschfilet
Salz
Pfeffer
Knoblauchsalz
100 g Butter oder Margarine
4 Eßl. Sojasauce
1 Messerspitze
Cayennepfeffer
Saft einer Zitrone
4 Eier*

Dazu verwendet man bei uns am besten Goldbarschfilets, die es überall zu kaufen gibt. Oder auch Filets vom Seehecht oder Heilbutt, die aber teurer sind. — Salz, Pfeffer und Knoblauchsalz vermischen und das in Streifen geschnittene Fischfleisch damit gründlich einreiben. Eine Auflaufform innen mit Butter oder Margarine ausstreichen und die Streifen einlegen. Das Gericht jetzt das erstemal für 10 Minuten in den heißen Ofen stellen. In der Zeit Sojasauce mit Cayennepfeffer und Zitronensaft mischen, die Eier dazugeben und alles mit dem Schneebesen glattschlagen. Die Fischstücke mit dieser Eiermischung übergießen und zum zweitenmal in den Ofen stellen. Durch die Eier werden die Fischstücke fest miteinander verbunden. — Reichen Sie dazu Kartoffelsalat oder einen bunten Reis, der mit Erbsen und roten Paprikaschoten, Tomatenstreifen und Schinkenstreifen gemischt ist.

INDONESIEN

Gefüllte Kohlblätter NGA-BAUNG-DOKE

Den großen Weißkohlkopf vom Strunk befreien, indem man mit einem spitzen Messer den Strunk von unten herausschneidet. Dann den ganzen Kopf in viel Salzwasser 10 Minuten lang kochen, ihn danach unter dem kalten Wasserstrahl abschrecken und die Blätter einzeln und vorsichtig abziehen, damit sie nicht zerreißen. Diese Blätter sollen nun abkühlen. Die Fischfiletstücke in Currypulver, Salz und Pfeffer wälzen, mit Sojasauce beträufeln und in einer Schale liegen lassen. Währenddessen die Zwiebelwürfel mit Kokosflocken, Knoblauchsalz, Ingwerpulver, Cayennepfeffer, Mehl und Öl zu einer dicken Paste mischen. Jedes größere Kohlblatt (oder zwei kleinere zusammengelegt) mit dieser Paste dünn bestreichen, ein oder zwei Fischstücke darauflegen, diese auch dünn mit der Paste bestreichen und die Kohlblätter nun so einrollen, daß außen nichts von der Füllung zu sehen ist. Die Rollen mit einem Faden leicht zusammenbinden und sie dicht an dicht in eine feuerfeste Auflaufform legen. Darüber die saure Milch gießen, bis etwa zur Hälfte der Kohlrollen. Die Form mit Pergamentpapier abdecken und das Gericht im heißen Ofen bei 160° C etwa 30 Minuten lang dünsten. Die Flüssigkeit darf dabei fast ganz verdunsten. — Dazu passen grüner Salat und Butterkartoffeln und helles Bier.

1 großen Weißkohlkopf
Salz
500 g Fischfilet
1/2 Teel. Currypulver
Pfeffer
1 Eßl. Sojasauce
4 Zwiebeln
25 g Kokosflocken
1/4 Teel. Knoblauchsalz
1/4 Teel. Ingwerpulver
1 Messerspitze Cayennepfeffer, 1 Eßl. Mehl
2 Eßl. Öl, 1 l saure Milch oder Buttermilch

Hammelfleischpastete BABOTEE

Dieses Gericht wurde schon von den holländischen Kolonisten etwas europäisiert. Ich hoffe, daß es auch Ihnen gut gefallen wird. — Das Hammelfleisch in Stücke zerschneiden und diese durch die Fleischmaschine drehen. Mischen Sie dazu all die folgenden Zutaten: die in Wasser vorgeweichten Semmelbrösel, das Ei, die geriebenen Zwiebeln und den Knoblauch, das Tomaten-Ketchup, die feingehackten Gurken, die abgezogenen, grob gehackten Mandeln, den Zitronensaft sowie Salz und Currypulver. Wenn Sie alles gut durchgemischt haben, füllen Sie die Masse in eine gefettete, feuerfeste Form. Im vorgeheizten Ofen soll sie 20 bis 25 Minuten backen. Nach dieser Zeit kommt der Guß darüber, den Sie in der Zwischenzeit zubereiten können. Dafür das Maismehl in wenig kaltem Wasser verrühren und dazu Eier, Currypulver, Salz und Zucker geben. Den Mehlbrei mit dem Schneebesen in die kochende Milch schlagen. Sobald sich das Ganze verdickt, wird es über das Fleisch gegossen. Die Form nun nochmals in den Ofen schieben, wo der Guß eine hellbraune Oberfläche bekommen soll. — Dieses Gericht können Sie für eilige Mittagessen vormerken. Anstelle von Hammelfleisch ist Huhn-, Wild- oder Schweinefleisch in Würfeln oder haschiert möglich. Auch können Sie Reste von Bratensauce oder Wildrahmsauce als Bindemittel zwischen Fleisch und Gemüse benutzen.

750 g Hammelfleisch
2 Eßl. Semmelbrösel, 1 Ei
2 Zwiebeln, 2 Knoblauchzehen, 1 Eßl. Tomaten-Ketchup, 3 Gewürzgurken
1/2 Tasse Mandeln
1/2 Zitrone, Salz
2 Teel. Curry
Öl oder Butter
Guß:
1 Eßl. Maisstärke
2 Eier, 1 Teel. Curry
je 1 Prise Salz und Zucker
1/4 l Milch

INDONESIEN

SATE KAMBING
Javanisches Lammgericht

1 Teel. gewiegte Kümmelkörner, Prise Safranfäden 1 rote, frische, zerriebene Paprikaschote, 4 Knoblauchzehen, zerrieben, 1 Teel. gewiegte Korianderkörner Salz, 1 Eßl. Öl, 750 g schieres Lammfleisch, 1 Eßl. Wein-Essig, 75 g Margarine 1/2 Tasse Erbsen 1/2 Tasse Paprikaschoten

Wieder zuerst eine Würzmischung herstellen. Dafür in einer festen, irdenen Schüssel Kümmel, Safran, Paprikaschoten, Knoblauchzehen, Koriander, Salz und Öl mischen. Die Lammfleischstücke fest damit einreiben, den Essig darübergießen und das Fleisch darin einige Stunden liegen lassen, möglichst an einem warmen Ort. Die Stücke dann abtropfen und in einer Kasserolle in heißer Margarine anbräunen. Wasser dazugießen und das Fleisch gar dünsten; auch Erbsen und Paprikaschoten mitdünsten. — Dieses Gericht aus der Pfanne mit einem Hügel von körnigem Reis servieren, zusammen mit grünen Bohnen und Spinat als Gemüse. — Vielleicht können Sie es auch gleich in der Pfanne oder dem feuerfesten Geschirr anrichten, in dem es zubereitet wurde.

SAMBAL HATI HATI
Javanische Hühnerleber

500 g Hühner- oder Puterlebern, 1/4 l Milch, 125 g Kokosraspeln, 50 g Margarine, 1/2 Tasse Zwiebelwürfel, 5 Knoblauchzehen 2 Eßl. Paprikapulver, 2 Eßl. Mehl, 1/2 Tasse Mandeln 1/2 Zitronenschale, Saft einer Apfelsine, Saft einer halben Zitrone, 2 Eßl. Pflaumenmus 1 Teel. Zucker, Salz

Hühner- oder Puterlebern können Sie tiefgefroren in Paketen kaufen. — Die Milch und die Kokosraspeln einmal aufkochen, die Raspeln eine halbe Stunde quellen lassen und sie danach auspressen. Die Kokosraspeln können Sie anderweitig für Gebäcke benutzen, für dieses Gericht brauchen Sie nur die ausgepreßte Milch. In einer Kasserolle mit Margarine die Zwiebel- und Knoblauchwürfel anbräunen, die vorher in Paprikapulver und Mehl gedrehte Leber einlegen und sie allseitig anbräunen. Bitte fortwährend umrühren! Die Kokosmilch dazugießen und geriebene Mandeln, abgeriebene Zitronenschale, Apfelsinensaft, Zitronensaft, Pflaumenmus, Zucker und Salz einrühren und das Gericht noch 10 Minuten lang kochen. Die Sauce verdickt sich dabei. Dieses Ragout über gekochten, trockenen Reis gießen.

BHOONEE KITCHREE
Malayischer Reis mit Linsen

250 g Linsen, 250 g Reis 5 Zwiebeln, 1 Tasse Öl 1/2 Tasse kandierten Ingwer Salz, Cayennepfeffer weißen, gemahlenen Pfeffer 5 Gewürznelken, 1/2 Tasse grüne Erbsen, 1/2 Tasse rote Paprikawürfel, Stück Zimt-

Die schon vorgeweichten Linsen und den Reis gründlich waschen; das Wasser dabei mehrmals wechseln. Die Zwiebeln in Scheiben schneiden und in einer Kasserolle mit Öl goldbraun rösten. Dann herausnehmen und im gleichen Öl den Reis und die Linsen anrösten. Zerschnittenen Ingwer, Gewürze, Gemüse und das ausgebrochene, gewässerte Ochsenmark einlegen und Wasser angießen. Den Topf zudecken und das Gericht 25 Minuten lang kochen lassen. Das Wasser wird dabei völlig aufgesogen. Den Boden der Kasserolle öfter mit einem Holzlöffel lüften, damit der Reis nicht anbrennt.

INDONESIEN

Die gebratenen Zwiebeln obenauf legen, zusammen mit Schinkenscheiben, Langustinenschwänzen, Zitronenvierteln und Petersiliensträußchen. — Es soll richtig bunt aussehen, wie es auch im Lande üblich ist. Aber alle Zutaten mundgerecht zuschneiden!

stange, *100 g* Ochsenmark
4 Scheiben Schinken
8 Langustinenschwänze
1 Zitrone, Petersilie

Nasi Goreng

Wieder ein asiatisches Gericht, das seit Jahren auch auf unseren Speisekarten zu finden ist. Eigentlich ist es eine bunte Reispfanne wie man sie ähnlich in allen den Ländern antrifft, die selbst Reis anbauen oder überwiegend Reis essen. Der Nasi Goreng hat Ähnlichkeit mit der spanischen Paella. — Das Huhn abhäuten und mit Porreestreifen, Lorbeerblatt, Petersilienwurzel und Salz kochen. Wenn das Huhn gar ist, die Bouillon abgießen und aufbewahren. Das Huhnfleisch von den Knochen lösen und in Würfel schneiden. Den Reis immer wieder waschen, bis das Waschwasser ganz klar bleibt. Dann kocht man ihn mit der Hühnerbouillon etwa 20 Minuten lang. Wenn die Körner ganz aufgequollen sind, das Kochwasser abgießen. In einer Kasserolle das Öl erhitzen, darin die Zwiebel- und Knoblauchscheiben anbräunen, den Reis dazufügen und mit ständigem Umrühren dünsten, bis er sich ebenfalls bräunt und alle Wasserreste verdunstet sind. Schließlich kommen Crab Meat, Langustinenschwänze, Schinkenstreifen, Kümmel, Paprikaschotenstreifen, Macis und Erdnußbutter dazu. Zuletzt die Huhnstücke, die darin nur noch warm zu werden brauchen. Servieren Sie den Nasi Goreng als großen Reishügel mit Spiegeleiern und gehackter Petersilie obenauf. Und dazu kleine säuerliche und scharfe Beilagen, wie Scheiben von süßsauren Senfgurken, Mango-Chutney, gebratene Bananenscheiben, Kokosraspeln, Relish und anderes mehr.

1 Huhn, 1 Stange Porree
1 Lorbeerblatt
1 Petersilienwurzel, Salz
3 Tassen Langkornreis
2 Tassen Öl
2 Zwiebeln
4 Knoblauchzehen
1 Dose Crab Meat
1 Päckchen Tiefkühl-Langustinenschwänze
125 g gekochten Schinken
1 Teel. geschnittene Kümmelkörner, 1 rote Paprikaschote, 1 Messerspitze Macis
1 Eßl. Erdnußbutter
4 Eier, Petersilie

Gemischtes kaltes Gemüse   GADO-GADO

Geschnittenen Kohl und abgefädelte Bohnen kochen, dann mit kaltem Wasser abschrecken und abkühlen. Die Tomaten, die Gurken, die gekochten Kartoffeln und Eier in Scheiben, den Kopfsalat in feine Streifen schneiden. Die Zwiebelscheiben mit heißem Essig überbrühen, um ihnen die Schärfe zu nehmen. Damit ist dann das Gemüse vorbereitet. Jetzt kommt die Sauce: In einer Kasserolle in Öl den Cayennepfeffer anrösten und mit Wasser ablöschen. Dazu Erdnußbutter, Zucker, Salz, Sojasauce, Zitronensaft und abgeriebene Zitronenschale mischen und alles zu einer gleichmäßigen Sauce verrühren. Das Gemüse auf ausgebreiteten Kopfsalatblättern

1/2 Weißkohlkopf
250 g grüne Bohnen
4 Tomaten, 1/4 Salatgurke
5 gekochte Kartoffeln
4 hartgekochte Eier
1 Kopfsalat, 5 Zwiebeln
Essig, 1 Kopfsalat
Sauce: 1 Tasse Öl
1 Eßl. Cayennepfeffer

INDONESIEN

1 Tasse Wasser, 2 Eßl. Erd-
nußbutter, 1 Teel. Zucker
Salz, 2 Eßl. Sojasauce

anrichten und mit der scharfen Sauce übergießen, die ich manchmal, wenn Damen am Tisch sind, mit etwas Mayonnaise mildere. — Dazu kann man kalten Aufschnitt essen. In diesem Fall passen am besten Bier und Schnaps als Getränk dazu.

Bananen-Süßspeise mit Kokosmilch

1 Kokosnuß
2 Tassen Zucker
Prise Salz
5 reife Bananen
1/8 l geschlagene Sahne

Die Milch einer eben geöffneten Kokosnuß unter fortwährendem Rühren auf großem Feuer auf die Hälfte eindampfen. Den Zucker und das Salz darin lösen und die Milch abkühlen lassen. In die noch warme Creme die Bananenscheiben schneiden. Die ganz ausgekühlte Mischung mit Schlagsahne verrühren und über gekochten Milchreis oder über Vanilleeis gießen. — Eine sehr süße Sache!

Karamelpudding aus Java

1 1/2 Tassen Zucker, 2 Eßl.
Butter, 4 Eßl. Zucker, 4 Eßl.
Mehl, 6 Eidotter, 1 1/4 Tassen
Milch, 2 Eßl. abgeriebene
Apfelsinenschale, 1 Päckchen
Vanillezucker, 1 Gläschen
Portwein, 4 Eiweiße
Himbeergelee, Schlagsahne

Den Zucker in einer kleinen Pfanne schmelzen und bräunen. Den entstandenen Karamel in vier Portionen jeweils auf dem Boden einer Tasse verteilen. Die Butter schaumig schlagen, Zucker und Mehl glatt darin verrühren, dann die Eidotter dazuschlagen und die Masse rühren, bis sie luftig ist. Milch und abgeriebene Apfelsinenschale kommen dazu, ferner Vanillezucker und Portwein und ganz zuletzt der steife Eischnee. Diese Creme in die vier Tassen füllen, die auf ein Ofenblech gestellt werden. In das Blech etwas Wasser gießen und es mit den Tassen in den vorgeheizten Ofen (250° C) schieben. Nach dem Abkühlen den Pudding stürzen und ihn mit einer Sauce aus Himbeergelee und Sahne servieren.

SERIKAYA ## Bananenpudding

1 Vanilleschote
1/2 l Milch
4 Eier
125 g Zucker
Salz
4 überreife, stockfleckige
Bananen

Die Vanilleschote der Länge nach aufschneiden und das Innere mit einer Messerspitze in die heiße Milch schaben. Die Eier in die Milch schlagen sowie Zucker und Salz. Mit einem Schneebesen oder im Elektromixer alles tüchtig verrühren. Dann kommen die zerdrückten Bananen hinein, und die Masse nun in einem Wasserbadtopf so lange erhitzen und rühren, bis sie sich etwas gedickt hat, und die Creme dann in Tassen füllen. Den ausgekühlten Pudding stürzen und Rumfrüchte darüberlegen.

INDONESIEN

Kokosnußkuchen — OWN THEE MOANT

Die Butter schaumig schlagen und Zucker und Eigelbe glatt darin verrühren. Dazu kommen Mehl, Stärkemehl, Backpulver, Kokosnußraspeln, Vanillezucker und Eischnee. Die Masse in eine gebutterte Kastenform gießen, in der sie 1 Stunde lang bei 220° C backen soll. Nach dem Erkalten den Kuchen in dünne Scheiben schneiden. Jeweils zwei davon mit Konfitüre wieder zusammensetzen und mit Puderzucker bestäuben. — Dieser Kokosnußkuchen ist ein apartes Gebäck zum Kaffee oder Tee.

*125 g Butter, 1 Tasse Zucker
4 Eigelbe, 1/2 Tasse Mehl
3/4 Tasse Stärkemehl, 1 Päckchen Backpulver, 1 1/2 Tassen Kokosnußraspeln, 1 Vanillezucker, 4 Eiweiß, Himbeerkonfitüre, Puderzucker*

Gebackene Kokosnuß — KANOM MAW GENG

Das weiße Fleisch der Kokosnuß auf einer Raspel hobeln und mit lauwarmem Wasser übergießen. Die Flüssigkeit einige Zeit durchziehen lassen. Die Eier mit Zucker schaumig schlagen und mit den Kokosflocken und der weißen kalten Kokosmilch versetzen. Diese Mischung in ein gebuttertes, flaches Auflaufgeschirr gießen und 15 Minuten lang im heißen Ofen bei 220° C backen. Die Oberfläche soll sich dann leicht gebräunt haben. Den Pudding auf eine Platte stürzen und entweder warm mit Kompott oder kalt mit Sauerkirschen, die mit Zucker und Rum in einer Kasserolle gewärmt und geflämmt wurden, servieren. Waffeln oder Kekse dazustellen.

*1 Kokosnuß
1 Tasse lauwarmes Wasser
2 Eier
1 Tasse Zucker
Butter zum Ausstreichen*

Das »Land von Morgen« wird Australien genannt. Die paradiesische Weiträumigkeit dieses Kontinents birgt unübersehbare Möglichkeiten. Auch kulinarisch gesehen ist sicherlich eine weitgehende Entwicklung und Verfeinerung zu erwarten. Jetzt ist die Küche Australiens noch nicht so interessant, wie sie es sein könnte. Englands Vorbild ist überall zu spüren; daneben auch Italiens. Man kann in den Großstädten aber selbstverständlich auch zum Beispiel raffiniert französisch, chinesisch, ungarisch essen. Auf dem Lande, dessen Bevölkerung meist von den großen Viehherden lebt, hat sich der australische Geschmack ebenfalls abwechslungsreicher gestaltet.

Keine Mahlzeit ohne Fleisch. Tierische Nahrungsmittel sind die Hauptsache, besonders Rind- und Hammelfleisch, das man als Steaks vom Grill, oder über Roststäben, oder auch in großen Stücken (nicht selten das ganze Tier) brät oder grillt. Damit und mit Pasteten und süßen Backwerken nach englischem Muster ist die Phantasie der australischen Hausfrau nicht selten schon erschöpft. Für Gemüse in verschiedenartiger Zubereitung bleibt nicht viel Zeit — man kocht es in Salzwasser und bringt es unverändert auf den Tisch.

Immerhin aber haben doch einige besondere und reizvolle Rohstoffe Eingang in die australischen Küchen gefunden: Da ist, neben anderem Wild, an dem das weite Land reich ist, das Kaninchen zu nennen, das auf dem Feld lebt und dessen Fleisch wie das vom Reh schmeckt. Der dicke, muskulöse Känguruhschwanz wird heute auch tiefgefroren nach Europa eingeführt und von Spezialfirmen zu einer köstlichen Suppe verarbeitet. Leider kann man aber das gefrorene Fleisch selbst noch nicht bei uns kaufen. Dabei sind Känguruhschnitzel und -steaks eine saftige und wohlschmeckende Delikatesse. Ein weiterer interessanter Küchenrohstoff sind die Trepangs, gurkenähnliche niedere Tiere, die auf dem flachen Meeresboden vor den Küsten leben. Sie werden meist gleich am Strand ausgenommen und über einem offenen Feuer gedörrt. Um ihren Geschmack zu verbessern, füllt man in die Magenhöhle zerriebene aromatische Blätter. Mit Trepangs werden auch Suppen und Ragouts bereitet. Man findet sie übrigens auch in anderen Küstengewässern, und das alte China schon schätzte sie, nicht zuletzt als Aphrodisiakum. — Schließlich findet man auch Austern, Muscheln und Emu-Eier auf den Speisezetteln Australiens.

Das beliebteste Getränk ist Bier. Aber man baut auch Wein im Lande an, der unter anderem zu rotem Sekt verarbeitet wird.

Dieses Kapitel enthält auch Rezepte der Südsee.

Australien

AUSTRALIEN

PUMPKIN SOUP — *Kürbissuppe*

½ kleinen Kürbis
4 Zwiebeln in Würfeln
Salz, Pfeffer
1 Eßl. Zitronensaft
1 l Bouillon
2 Eßl. Mehl, 1 Tasse Sahne
Paprikapulver

Von einem halben Kürbis die Schale dick abschälen, die Kerne und das lose Kerngewebe herauslösen und das Fruchtfleisch in dicke Würfel schneiden. Diese dünstet man zusammen mit den Zwiebelwürfeln, etwas Salz und Pfeffer, mit Zitronensaft und der Bouillon in einem hochwandigen Topf an. Nach einer halben Stunde sollen die Würfel so musig sein, daß man sie durch ein Sieb streichen kann. Das Mus gibt man in den Topf zurück, bindet mit verrührtem Mehl leicht sämig und läßt das Ganze aufkochen. Hierauf nimmt man die Suppe vom Feuer und schlägt den Rahm ein, oder aber man zieht bereits steif geschlagene Sahne unter die Suppe, wodurch sie besonders locker wird. Schließlich noch mit Salz und Paprikapulver nachwürzen und mit gerösteten Weißbrotwürfeln oder mit dünnen Toastscheiben servieren.

FRIED YAM-YAM CAKES — *Gebackene Fischklöße*

800 g Goldbarschfilets
2 Tassen Wasser
1 große Zwiebel
½ Lorbeerblatt
2 Gewürznelken
Pfefferkörner, Salz
500 g Kartoffeln
Muskatnuß
½ Tasse heiße Sahne
Pfeffer, 2 Eier
Mehl zum Formen
Backfett

Diese Klöße werden eigentlich mit dem Mus der Yam-Wurzel hergestellt, ersatzweise mit süßen Kartoffeln, den Bataten. In Deutschland könnte man einen ähnlich geschmacklichen Effekt mit den Topinamburwurzeln erzielen, die man bei uns als Diabetikergemüse kennt. In diesem Rezept habe ich Kartoffeln angegeben. Als Fisch nehmen Sie am besten Filets vom Goldbarsch, die am ergiebigsten sind. — Man schneidet die Filets in dicke Würfel und kocht sie mit einer Zwiebel, an der man mit zwei Gewürznelken ein halbes Lorbeerblatt befestigt hat (»gespickte Zwiebel«), Pfefferkörner und Salz gar, bis der Fisch in Flocken zerfällt. — Getrennt davon kocht man aus Salzkartoffeln einen Brei, der mit Muskatnuß, Sahne und Pfeffer schaumig geschlagen wird. Dazu mischt man die abgetropften zerkleinerten Fischflocken, rührt die Eier unter und rundet eventuell den Geschmack durch Nachwürzen ab. Aus diesem Brei formt man Klöße. Damit sie besser durchbacken, drückt man sie etwas platt und brät sie dann in heißem Fett braun. — Dazu möchte ich Tomatensauce mit Streifen von gekochtem Schinken empfehlen.

SHRIMP IN COCONUT — *Langustinenschwänze mit Kokosnuß*

¾ Tasse Wasser
2 Tassen Kokosnußraspeln
500 g Langustinenschwänze ohne Panzerhaut, Butter

Die Kokosraspeln kocht man mit Wasser auf und läßt sie 30 Minuten lang quellen und ziehen. Danach preßt man die Flocken aus, lockert sie aber wieder auf. Die rohen Langustinenschwänze, die wir bei uns aus der Tiefkühltruhe kaufen müssen, röstet man in einer Kasserolle mit Butter an,

AUSTRALIEN

gießt mit der Kokosmilch, die durch das Kochen der Kokosraspeln entstand, auf und versetzt mit Zwiebeln, Pfefferschoten, Salz und Sahne. Bei geringer Temperatur läßt man die Flüssigkeit etwas eindampfen und die Langustinenschwänze garen. Die Hitze darf nicht zu groß sein, da die Schwänze sonst trocken werden. Mit Salz und Pfeffer abschmecken und heiß mit Risotto servieren. — Ich gebe dazu noch Mango-Chutney und Datteln, die ich in Estragonessig aufquellen lasse.

2 Zwiebeln in Würfeln
2 kleine, rote Pfefferschoten
1 Teel. Salz
½ Tasse Sahne
Pfeffer

Zitronenfisch SOUTH SEAS FISH

Die Fischstücke wäscht man, trocknet sie ab, reibt sie mit Salz und Pfeffer ein und brät sie mit Zwiebelwürfeln zusammen in Butter an. Dann schüttet man sie in einen breiten Topf um und fügt Wasser, Ingwersaft, Macis, Zitronensaft und Zitronenschale zu. Bei geringer Temperatur braucht dieses Gericht nur noch 15 Minuten. Während dieser Zeit schlägt man die Eier, gibt Mehl, Safran und gehackte Petersilie zu und zum Schluß etwas von dem Saft der gedünsteten Fischstücke. Diese Mischung gießt man über die Fischstücke und läßt alles unter Rühren fast zum Kochen kommen, aber nicht aufwallen lassen! — Das Gericht bringt man schnell mit neuen gebutterten Kartoffeln und Buttererbsen zu Tisch.

1 kg Fischstücke
Salz, Pfeffer
3 Eßl. Butter, 2 Zwiebeln
2 Tassen Wasser, ½ Teel.
Ingwersaft, Messerspitze
Macis, ⅓ Tasse Zitronensaft
2 Eßl. abgeriebene Zitronenschale, 4 Eier, 2 Eßl. Mehl
Messerspitze Safran, 3 Eßl.
gehackte Petersilie

Lammpastete LAMB PIE

Zuerst bereitet man den Pie-Teig. Dazu siebt man Mehl und Salz in eine Rührschüssel aus Steingut oder Porzellan. Das Schweineschmalz zerschneidet man in dem Mehl mit einem Messer so lange, bis grober »Sand« entstanden ist. Mit dem Wasser verknetet man alle Zutaten rasch zu einem Teig, den man zu einer Kugel formt. Diese schlägt man in Pergamentpapier ein und läßt sie an kühlem Ort ruhen. — In der Zwischenzeit wird das Lammfleisch zubereitet. Man bestreut die Rippchen mit Salz und Pfeffer und brät sie in einer Butterpfanne von beiden Seiten braun an. Hierauf stellt man sie warm. In die Pfanne kommen nun die Champignons, Zwiebeln, Möhren und die Bouillon. Mit aufgesetztem Deckel kocht man diese Mischung zehn Minuten lang, fügt dann Petersilie hinzu und schmeckt mit Gewürz ab. Die gebratenen Rippchen legt man in eine passende gebutterte, feuerfeste Form, gießt darüber die Sauce, bedeckt mit dem ausgerollten Teig, dessen Enden über die Form hinausragen sollen. Die Teigplatte wird mehrmals mit einer Gabel eingestochen. Die Pastete in dem vorgeheizten Ofen 45 Minuten lang bei 220°C backen, in der Form auf den Tisch bringen und mit Pommes frites oder gebackenen Kartoffelkugeln servieren.

Teig:
1 Tasse Mehl
1 Teel. Salz, ½ Tasse
Schweineschmalz, 3 Eßl.
eiskaltes Wasser
Füllung:
8 kleine Lammrippchen
Salz, Pfeffer
75 g Butter, ½ Tasse
geschnittene Champignons
1 Tasse Zwiebelwürfel
½ Tasse gewiegte, rohe
Möhren, 2 Tassen Bouillon
2 Eßl. gehackte Petersilie
Butter für die Form

AUSTRALIEN

STUFFED MUTTON

1 Hammelkeule
100 g Speck
1 Zwiebel
1 Knoblauchzehe
1 Ei, 1 Eßl. Sahne
2 Eßl. Semmelbrösel
2 Gewürzgurken
Thymian
Petersilie
Zitronenschale
Salz, Pfeffer
2 Eßl. Butter
1 Bund Suppengrün

Gefüllte Hammelkeule

Ihr Fleischer wird Ihnen die Hammelkeule sicher gleich fachgerecht auslösen. Sagen Sie ihm aber, daß er dabei die Haut nicht verletzen soll. Den ausgelösten Knochen lassen Sie sich mitgeben. Die noch daran hängenden Fleischrestchen kratzen Sie ab und auch das Fleischstück höhlen Sie innen noch etwas aus, damit Sie etwa 250 g Fleisch für die Fülle bekommen. Diese Stücke mit dem Speck, der Zwiebel und dem Knoblauch durch den Fleischwolf drehen. Mischen Sie dann dazu das Ei, die in der Sahne vorgeweichten Semmelbrösel, die feingehackten Gurken, Thymian, Petersilie und etwas abgeriebene Zitronenschale. Das ist die Füllung, die in die Keule kommt. Das Fleischstück aber zuerst innen und außen gut mit Salz und Pfeffer einreiben, dann füllen und entweder zunähen oder mit Holzspeilen feststecken. Den großen Braten in heißer Butter anbraten, wenig heißes Wasser dazugießen und den ausgelösten Knochen mit dem Suppengrün einlegen. Die Bratpfanne verschließen und das Fleisch bei niedriger Temperatur langsam durchgaren lassen. Das soll etwa 2 bis 3 Stunden dauern. Während der Zeit öfter Bratensauce über das Fleisch gießen.

SMOTHERED STEAKS

8 dünne Schweine- oder Kalbsteaks, Salz, Pfeffer
4 Zwiebeln, 50 g Butter
¼ Tasse frische Weißbrotkrumen ohne Rinde
4 Scheiben rohen, gewiegten Schinken, 2 Eßl. Tomaten-Ketchup, 50 g Butter für die Form
2 Tassen Bouillon, 2 Eßl. Mehl, ½ Tasse Wasser
Butterflocken
1 Teel. Paprikapulver

Gefülltes Neu-Seeland-Steak

Die Steaks klopft man sehr dünn. Dazu benutzt man entweder einen Holzhammer mit Waffelrelief oder ein Fleischbeil. Man bestreut sie mit Salz und Pfeffer. Die Zwiebelwürfel werden in Butter angebräunt und mit Brotkrumen, Schinken und Tomaten-Ketchup vermischt. Nach dem Vermengen setzt man von dieser Masse auf jedes Steak einen Löffel voll, rollt das Steak auf und bindet es mit einer Rouladenklammer oder mit dünnem Faden zusammen. Man legt sie in einen gebutterten Topf, übergießt sie mit Bouillon und backt sie mit aufgesetztem Deckel 35—45 Minuten im Ofen bei 200°C. Das Mehl verarbeitet man mit Wasser zu einem geschmeidigen Teig, rührt diesen in die heiße Flüssigkeit, die sich schnell binden soll, gibt reichlich Butterflocken über die Rouladen, schmeckt mit Salz, Pfeffer und Paprikapulver ab, läßt ohne Deckel noch 10 Minuten im Ofen nachbacken und serviert mit gekochten, gebutterten Spaghetti oder Bandnudeln. — Dazu frischen Salat und Rotwein reichen.

SPICED PORK-SPIT

750 g Schweinefleisch
3 Teel. Salz, ¾ Teel. Pfeffer

Schweinefleisch am Spieß Farbfoto Seite 367

Hierzu kaufen Sie am besten Schulterfleisch, das Sie von der Schwarte und von den Knochen lösen lassen. — Man schneidet es in große Würfel und

AUSTRALIEN

reibt Salz, Pfeffer und Nelkenpfeffer gründlich in das Fleisch ein. Die Tomaten schneidet man in dicke Scheiben, ebenso die geschälten Äpfel mitsamt den Kernhäusern. Hierauf steckt man die Fleischwürfel und die Apfel- und Tomatenscheiben nacheinander auf Holzspießchen. Die Spieße legt man auf ein gebuttertes Backblech und brät im Ofen 30 Minuten lang. Zwischendurch einmal umdrehen, damit auch die andere Seite bräunen kann. In einer Kasserolle läßt man Senf, Paprika, Zucker, Salz, Pfeffer, Weinessig, Olivenöl und Oliven mit den Zwiebelwürfeln 2 Minuten lang kochen, so daß sich eine sämige Sauce bildet. Die Hälfte der Sauce gießt man über die Spieße und serviert die andere Hälfte in einer Sauciere extra. — Dazu gibt es Kartoffelbrei und Gemüse.

½ Teel. Nelkenpfeffer gemahlen, 4 Tomaten
4 Äpfel, 1½ Teel. Senf
1 Teel. Paprikapulver
1 Teel. Zucker
Salz, Pfeffer
1 Eßl. Weinessig
½ Tasse Olivenöl
5 Eßl. gewiegte, grüne kernlose Oliven
2 Eßl. Zwiebelwürfel

Spinat in Kokosmilch gekocht

SPINACH IN COCONUT MILK

Nehmen Sie reine, ungesüßte Kokosnußraspeln, die Sie am besten im Fruchtladen kaufen können. — Die Raspeln setzt man mit Milch in einer Kasserolle auf das Feuer, läßt einmal aufkochen und dann etwa ½ Stunde ziehen. Hierauf drückt man die Raspeln mit der Hand oder einem Tuch aus und verwendet sie noch anderweitig. Den Spinat wäscht man und tropft ihn ab. Zusammen mit Zitronensaft, Salz, Pfeffer, Zwiebelwürfeln und Kokosmilch, die aus den Raspeln ausgedrückt wurde, bringt man die Blätter in einem hochwandigen Topf zum Kochen. Nach 20 Minuten ist der Spinat gar, den man nur noch abschmecken muß. — Dazu gibt es Pfannengerichte, wie Schnitzel oder Steaks, rohe oder gekochte Schinkenscheiben.

1 Tasse Kokosnußraspeln
1 Tasse Milch
1 kg frischen Spinat oder 2 Päckchen Tieffrost-Spinat
1 Teel. Zitronensaft
1 Teel. Salz
½ Teel. Pfeffer
2 Zwiebeln in Würfeln

Käse-Curry-Kekse

CHEESE-CURRY BISCUITS

Dieses Gebäck empfehle ich zu Teestunden, wenn man keine Torten oder süßen Kuchen reichen möchte, sondern aparte Stücke, die die Gäste noch nicht kennen. — Man mischt das Mehl in einer Schüssel mit Backpulver und Currypulver zusammen. Dazu gibt man sehr feine, kalte Butterflocken, die mit dem Mehl zwischen den Handflächen zerrieben werden, und mischt den geriebenen Käse unter; hierauf die Eigelbe, die Milch, dann Senf, Salz und Cayennepfeffer. Mit einem Löffel rührt man daraus einen Teig, der zu einer kompakten Kugel geknetet wird und dann eine halbe Stunde ruhen soll. Schließlich rollt man ihn 1 cm dick aus und bestreut oben und unten mit Mehl, damit nichts anhängt. Daraus schneidet man Streifen oder sticht runde Plätzchen aus, die im Ofen bei 160°C gebacken werden. Man bestreicht sie noch warm mit verquirltem Ei, streut gehackte Erdnüsse darauf und läßt sie im heißen Ofen mit viel Oberhitze noch nachbräunen.

¾ Tasse Mehl, ½ Teel. Backpulver, 2 Teel. Currypulver, 4 Eßl. Butter
⅔ Tasse geriebenen Hartkäse, 2 Eigelbe
2 Eßl. Milch
½ Teel. Senfpulver
½ Teel. Salz
Messerspitze Cayennepfeffer
1 Ei
2 Eßl. Erdnußkerne

AUSTRALIEN

WIENGO TOOTE — *Nuß-Kuchen*

Teig:
3 Eßl. Butter
⅓ Tasse Puderzucker
4 Eigelbe, ½ Tasse geriebene Erdnüsse ohne Salz
⅓ Tasse Mehl
1 Teel. Backpulver
4 Eiweiß
Himbeerkonfitüre
Guß:
4 Eßl. Butter
2 Tassen Puderzucker
½ Tasse Milch
1 Teel. Vanillezucker
50 g bittere Schokolade

Die Butter rührt man cremig und quirlt den Zucker darunter, der sich völlig auflösen soll. Daraufhin gibt man die Eigelbe und Nüsse hinzu und verrührt alles zu einer glatten Masse. Dazu siebt man das Mehl mit dem Backpulver und zieht das zu steifem Schnee geschlagene Eiweiß unter. Zusammen mit der cremigen Masse zu einem festen Teig verarbeiten. Eine Kastenform streicht man innen mit Butter aus und gießt den Teig zur Hälfte ein. Dann backt man diesen Kuchen im heißen Ofen 20 Minuten lang. Nach dem Abkühlen bestreicht man die Oberfläche mit Himbeerkonfitüre, füllt die andere Teighälfte darauf und backt den Kuchen in 20 Minuten fertig. Für den Guß verrührt man die Butter mit Puderzucker, Milch und Vanillezucker, erhitzt in einer Kasserolle und versetzt mit der bitteren Schokolade. Die Masse läßt man unter ständigem Rühren abkühlen, bis sie anfängt fest zu werden, und gießt sie dann schnell über den Kuchen. Den Guß abkühlen und fest werden lassen und den Kuchen dann in Scheiben schneiden.

BANANA CAKE — *Bananen-Kuchen*

50 g Butter
100 g Puderzucker
2 Eier, 500 g Mehl
1 Teel. Backpulver
je 1 Prise Salz, Ingwer Zimt, Nelken, Macis
4—5 Eßl. Milch, 4 Bananen
½ Tasse Mandeln
Fett für die Form

Rühren Sie für den Teig die Butter, den Zucker und die Eier zusammen schaumig. Zu dem Mehl Backpulver, Salz und die übrigen Gewürze mischen und es dann gut in die Butter-Eier-Masse einrühren. Damit der Teig nicht zu fest wird, ihn mit etwas Milch geschmeidiger machen. Die Hälfte des Teiges in eine ausgefettete, kleine Springform geben. Darauf kommen die zu Mus zerdrückten Bananen und darüber die abgezogenen, gehackten oder geriebenen Mandeln. Den Kuchen mit dem übrigen Teig abdecken und ihn im vorgeheizten Ofen etwa 40—45 Minuten lang backen. Wenn er ganz ausgekühlt ist, wird er nur noch mit Puderzucker bestäubt.

Tee-Kuchen

1 Paket Tiefkühl-Blätterteig
2 reife Bananen, 1 großen säuerlichen Apfel, ½ Zitrone
2 Eßl. Rosinen, 2 Eßl. Sultaninen, 2 Eßl. Korinthen
2 Eßl. Mandeln, 4 Eßl. Puderzucker, 1 Ei, Milch

Den Teig nehmen Sie am besten aus der Tiefkühltruhe, rollen ihn dünn aus und lassen die Teigdecke etwas antrocknen. In der Zwischenzeit die Bananen mit geschältem, geriebenem Apfel, Zitronensaft, Rosinen, Sultaninen, Korinthen und Mandeln fein wiegen, so daß eine gebundene Masse entsteht. Dann den Puderzucker untermischen. Aus dem Teig schneiden Sie große Dreiecke und legen in jede Mitte einen Löffel voll Bananenmus. Die Ränder werden mit Milch bestrichen, zur Mitte nach oben zusammen-

AUSTRALIEN

geführt und fest angedrückt. Die Oberflächen bestreichen Sie mit verquirltem Ei und backen die Taschen im Ofen bei 200°C etwa 40 Minuten lang. Diese können noch heiß mit Puderzucker bestäubt werden. — Warm oder kalt zum Tee reichen.

Bananen-Marmelade — BANANA JAM

Man sucht die reifsten Früchte aus, die schon fleckige Schalen haben. — Abschälen, in Scheiben schneiden und mit einer Gabel zerdrücken. Dieses Mus gibt man in eine Kasserolle und stellt sie auf eine kleine Flamme. Mit dem Holzlöffel rührt man Zitronensaft, Puderzucker, Madeirawein und aufgequollene, zerschnittene Rosinen dazu und erhitzt langsam. Unter fortwährendem Rühren entsteht eine Marmelade, die man einmal aufkochen läßt. Zum Erkalten füllt man sie in ein Porzellan- oder Glasgefäß. Man streicht sie aufs Brot oder verwendet sie zum Füllen von Teigplätzchen. — Diese Marmelade kann auch aus reifen Feigen hergestellt werden. Die gemusten Feigen streicht man nach dem Dünsten nur noch durch ein feines Sieb, damit die Kerne und Hautteile zurückbleiben.

4 vollreife Bananen oder reife Feigen
2 Eßl. Zitronensaft
4 Eßl. Puderzucker
2 Eßl. Madeirawein
1/2 Tasse kernfreie Rosinen

Von einer typisch amerikanischen Küche kann man eigentlich gar nicht sprechen — es sei denn, man würde in ihrer einzigartigen Vielfalt zugleich auch ihr Wesensmerkmal sehen. So viele Völker in den Vereinigten Staaten verschmelzen, so viele Küchen gibt es auch. In der Chinesenstadt New Yorks kann man jedwede Delikatesse der alt-chinesischen Küche bekommen, wie gebackene Seidenraupen und anderes niederes Getier in scharfen Saucen. In der italienischen Kolonie wiederum können wir uns an neapolitanischen Spezialitäten erfreuen und in der deutschen an Sauerkraut und Würstchen zu hellem Bier. Auf jeden Fall sind unsere landläufigen Vorstellungen von der Konservenküche der berufstätigen Hausfrau völlig falsch. Sie kocht, nach des Tages Müh und Last, zwar schnell, aber sehr schmackhaft. Im Süden der USA pikanter — Paprika und frische Pfefferschoten gehören hier in fast jedes Gericht — und im Norden fetter und weniger scharf gewürzt.

Jahreszeiten und Feste spielen in der nordamerikanischen Küche eine große Rolle. Zum Erntedankfest gibt es den wohlgeratenen Puter, den Thanksgiving-Turkey, auf den sich die ganze Familie schon Wochen vorher freut. An Sonntagen kommt ein Pineapple Pie auf den Tisch, der köstlich ist. Auch gehören knusprig gebratene Fleischstücke mit Kartoffeln und Gemüsen zum sonntäglichen Speisezettel. Die Kartoffeln sind nicht selten die großen rötlichen Idaho-Potatoes, die lediglich im Ofen gar gebacken werden und die man mit einem Löffel und einem Stück Butter aus der Schale heraus ißt.

Die bei uns häufig herrschende Vorstellung, daß man in Amerika alles Salzige, beispielsweise Gebratenes, mit süßen Früchten garniert oder sonstwie süßt, stimmt nur zum Teil. Sandwiches, die einen breiten Raum im kulinarischen Leben der amerikanischen Bevölkerung einnehmen, werden allerdings meist so komponiert. Die Phantasie der amerikanischen Köche auf diesem Gebiet ist wirklich zu bewundern. Das amerikanische Steak hingegen ist für unsere Begriffe eintönig. Es kommt zwar in bester Qualität und gut gebraten auf den Tisch, wird aber tagaus tagein mit Ketchup oder anderen scharfen Saucen begossen und mit gebackenen Kartoffeln gegessen.

Die kanadische Küche verdankt ihre wesentlichen Merkmale der französischen. Kanada ist reich an Früchten und Gemüsen. Sein Weizenanbau ist sprichwörtlich, ebenso der Reichtum seiner zahllosen Wasserläufe an Lachsen und Forellen. Kanada ist eines der bedeutendsten Exportländer für frische und geräucherte Lachse, die auch unsere Speisenkarten zieren. Und die Wälder, noch heute dicht besiedelt von Elchen, Hirschen und Rehen, sind ein weiteres köstliches Reservoir für Schätze der Küche. Schließlich sollen auch die Wildbeeren nicht unerwähnt bleiben, die es in Kanada in großer Fülle und mit herrlichem Aroma gibt. Die Kronsbeeren und Heidelbeeren werden höchstens noch von den finnischen und lappländischen übertroffen.

USA
Kanada

USA KANADA

SALAD BOSTON STYLE

*5 Kartoffeln, 5 Tomaten
1/4 Sellerieknolle, 2 Zwiebeln
1 Tasse Essig, 1/2 Selleriestaude, 5 harte Eier, 125 g rohe Champignons, 1 rote und 1 grüne Paprikaschote
Sauce: 1 Teel. Salz, 4 Eßl. Öl, 1/2 Teel. Senf, 2 harte Eidotter, 2 Eßl. Mayonnaise
2 Eßl. Paprikamark
2 Teel. Zucker, weißen Pfeffer*

Bostoner Salat

Die Kartoffeln in der Schale kochen, schälen und etwas abkühlen lassen. Die Tomaten oben kreuzweise einschneiden, mit kochendem Wasser übergießen und ihnen die Haut abziehen. Die Sellerieknolle dick abschälen, in feine Streifen schneiden, ebenso die Zwiebeln, beides mit kochendem Weinessig übergießen und 5 Minuten stehen und ziehen lassen, dann abgießen und abkühlen. Außerdem die in Streifen geschnittene Selleriestaude, Eischeiben, rohe Champignonringe und Paprikaschotenringe untermengen. Für die Sauce Salz, Öl, Senf, Eidotter, Mayonnaise, Paprikamark, den abgegossenen Weinessig, Zucker und Pfeffer verrühren. Alles gut durchmischen und den Salat etwa 1/2 Stunde durchziehen lassen. — Dieser Bostoner Salat wird als Vorspeise mit Toast und Butter gegessen.

CRAB MEAT SALAD IN MELON

*1 oder 2 Netzmelonen
1 Tasse Ananas in Stücken
2 Äpfel, geschält, in Scheiben, 1 geschälte Orange in Würfeln, 1 geschälte Zitrone in Scheiben, 1 Tasse Scampi
1 grüne Paprikaschote
1/2 Tasse Champignonköpfe
1/2 Tasse Maraschinokirschen, 1 Tasse Zucker
3 Eßl. Wasser, Saft einer Zitrone, Saft einer Orange
2 Eßl. Maraschino
1 Eßl. Ingwersaft, 1 Eßl. zerdrückte Pfefferminzblättchen, 1 Tasse Ochsenzunge, 1/2 Tasse schwarze kandierte Walnüsse*

Krebssalat in der Melone *Farbfoto Seite 409*

Die Melone wird im oberen Drittel durchgeschnitten und der Deckel und das Innere der Melone mit einem Silberlöffel ausgehöhlt. Aber man entfernt nur die Kerne und die Kernhäute, das Fruchtfleisch bleibt stehen. In einer Schüssel mischt man die Fruchtzutaten, die gekochten, abgekühlten Scampi, die Streifen der Paprikaschote, die man vorher mit kochendem Wasser übergossen hat, die Champignonköpfe, größere einmal durchgeschnitten, und die Maraschinokirschen, auch einmal durchgeschnitten. In einer anderen Schüssel bereitet man die Salatsauce aus Zucker, der mit etwas heißem Wasser gelöst wird, und Zitronen- und Orangensaft, Maraschino, Ingwersaft und Pfefferminzblättchen. Diese Sauce gießt man über die Fruchtmischung, läßt sie etwas einziehen und fügt dann die Streifen der Ochsenzunge dazu und die schwarzen Walnüsse. Diesen Salat füllt man in die Melone und setzt ihr den Deckel wieder auf. Die Melone stellt man kalt und serviert sie mit dem Deckel. Erst am Tisch wird er geöffnet und der Salat mit einem Löffel herausgehoben. Zu jedem Löffel Salat soll auch etwas von dem Melonenfleisch abgestochen werden. Toast und Butter oder Butterbiskuits dazureichen. — Anstelle des üblichen Maraschino gieße ich entweder sehr guten Portwein oder Madeira über die Früchte.

CRAB MEAT COCKTAIL

*Sauce: 2 Eßl. Tomatenmark
2 Eßl. Olivenöl, 2 Eßl. süße Sahne, Salz
Pfeffer, Paprikapulver*

Hummerfleisch-Cocktail

Alle pikanten Vorspeisen-Cocktails, die bei uns populär geworden sind, stammen ursprünglich aus der amerikanischen Küche. Der Cocktail mit Hummerfleisch oder mit anderen Krustentieren ist hier der bekannteste. Ich beschreibe Ihnen dieses Rezept wegen der Cocktailsauce, die nicht überall bekannt ist. — Zuerst das Tomatenmark mit dem Öl, der Sahne und den Gewürzen verrühren. Am besten auf einem flachen Teller mit einem Löffel, indem man die Unterseite des Löffels auf der Tellerfläche reibt. So entsteht eine sehr feine Paste, die man nach und nach mit der Mayonnaise versetzt. Dann unter Schlagen mit dem Schneebesen Ketchup, Zucker, Weinbrand und die gehackten Dillblättchen dazumischen. Der Geschmack soll süß-säuerlich sein, mit einem leichten, alkoholischen Ton. Diese Sauce über ausgebrochenes Fleisch von gekochten Hummern oder über Crab Meat aus Dosen gießen. Noch Scheiben von gekochten Champignonköpfen, Spargelstücke und Ananaswürfel aus Dosen daruntermischen. Dieser Cocktail wird meist in Kelchgläsern angerichtet. Unten ins Glas wird streifig geschnittener Kopfsalat gelegt, der durch die herabsickernde Sauce mitmariniert wird. Toast und Butter dazu reichen.

1/2 Tasse Mayonnaise
2 Teel. Tomaten-Ketchup
1 Teel. Zucker, 1 kleines Gläschen Weinbrand, Weinessig zum Verdünnen nach Geschmack, 2 Eßl. gewiegte Dillblättchen, gekochtes Hummerfleisch oder Crab Meat, Champignonköpfe Spargelstücke, Ananaswürfel Kopfsalat

Langustinenschwänze in Remouladensauce

SHRIMPS NEW ORLEANS STYLE

Wenn die Langustinenschwänze noch nicht gekocht sind, legt man sie in ein flaches, feuerfestes Geschirr, zusammen mit Schalottenhälften, Petersilie, geschnittener Petersilienwurzel und Knoblauchzehen, Salz, Pfeffer, Paprikaschotenstreifen und Lorbeerblattspitze. Darüber das Öl träufeln und mit Pergamentpapier abdecken. Im mittelheißen Ofen sollen die Schwänze in 15 Minuten gar ziehen. Sie dann herausnehmen und alles abkühlen lassen. Die festen Bestandteile mit den übrigen Schalotten und Zitronensaft, Ketchup, Meerrettich, Senf, Paprikapulver, Cayennepfeffer und Knoblauchzehe fein pürieren, am besten im Elektromixer. Dazu die Mayonnaise rühren und die Remoulade über die Langustinenschwänze gießen, die auf einem Bett aus Salatblättern angerichtet sind. — Toast und Butter dazureichen. Man kann dieses erfrischende Gericht noch verfeinern, indem man gehackte Dill- und Estragonblätter untermischt. Auch etwas Schnittlauch.

500 g Langustinenschwänze
5 Schalotten, 2 Eßl. Petersilie, 1 Petersilienwurzel
2 Knoblauchzehen, Salz Pfeffer, 2 Eßl. Paprikaschotenstreifen, 1 Lorbeerblattspitze, 1/2 Tasse Öl, 5 Schalotten, 1 Zitrone, 2 Eßl. Tomaten-Ketchup, 2 Eßl. Meerrettich, 1 Teel. Senf 2 Teel. Paprika, Cayennepfeffer, 1 Knoblauchzehe 1 Tasse Mayonnaise

Neu-England-Kabeljausuppe

NEW ENGLAND COD FISH CHOWDER

Den Fisch mit Lorbeerblattspitze, Zwiebel, Salz und Gewürznelke 20 Minuten auf kleiner Flamme gar ziehen lassen. Ihn dann herausheben, die Haut abziehen, die Gräten heraussuchen und das Fleisch in Stücke schneiden. Die Speckwürfel mit Zwiebelscheiben bräunen, dazu die rohen Kartoffelwürfel geben, mit Salz und Pfeffer würzen, mit Milch, Butter und Sahne verfeinern und die Suppe auf kleiner Flamme 20 Minuten kochen. Kurz vor dem Essen noch getoastete Weißbrotwürfel darüberstreuen.

750 g Kabeljau, 1 Lorbeerblattspitze, 1 Zwiebel, Salz 1 Gewürznelke, 100 g Speck 1 Zwiebel, 4 Kartoffeln Pfeffer, 1/2 l Milch, 2 Eßl. Butter, 1/4 l saure Sahne 2 Scheiben Weißbrot

USA KANADA

HAMILTON FISH CHOWDER
Fischsuppe »Hamilton«

250 g gepökelten Schweinenacken, 500 g Goldbarschfilet ohne Gräten 4 Zwiebeln, 2 geschnittene Petersilienwurzeln, 2 Bund Petersilie, 1 Zweig Thymian 50 g Butter oder Margarine, 1½ Eßl. Mehl

Zuerst das Schweinefleisch in reichlich Wasser gar kochen. Das Fleisch dann herausnehmen und beiseite stellen. In der Bouillon jetzt das Fischfilet kochen, zusammen mit Zwiebelscheiben, Petersilienwurzel, Petersilie und Thymian. Während des Kochens darf etwas Flüssigkeit verdampfen. In einer Pfanne Butter mit Mehl braun rösten, mit der Fisch-Fleisch-Bouillon ablöschen und schließlich zusammen aufkochen lassen, so daß die Bouillon insgesamt leicht gebunden ist. Die Fischstücke dürfen zerfallen. Zuletzt noch das Schweinefleisch in kleine Würfel schneiden und in die Suppe legen. — Trockenes, französisches Stangenweißbrot paßt ausgezeichnet dazu.

CLAM CHOWDER
Muschelsuppe

2 kg Miesmuscheln, Saft einer Zitrone, 1 Tasse Flüssigkeit aus Champignonkonserven oder Weißwein, 125 g Bauchspeckwürfel, 2 Tassen Zwiebelwürfel, 2 Tomaten, 1 Tasse Petersilie, 1 Tasse Selleriestreifen, 1 Zweig Thymian ½ Lorbeerblatt, 50 g Butter und 2 Eßl. Mehl verknetet 1 Tasse Sahne, Salz Paprikapulver

Die Clam, die im Originalrezept verwendet wird, ist eine sehr große, runde Muschel, die es bei uns weder frisch noch in Dosen konserviert zu kaufen gibt. Deshalb habe ich das Gericht auf die bei uns erhältliche Miesmuschel abgestimmt. — Die Muscheln abbürsten und mit Zitronen- und Champignonsaft oder Weißwein in bedecktem Topf so lange dünsten, bis sich alle Schalen geöffnet haben. Dann die Muschelkörper herausbrechen, den dunklen Teil abziehen und die weißen Körper warm stellen. In einem großen Topf den Bauchspeck zergehen lassen und darin die Zwiebelwürfel anbräunen. Dazu kommen Tomaten, gehackte Petersilie, Selleriestreifen, Thymian, Lorbeerblatt und reichlich Wasser und die Kochflüssigkeit der Muscheln. Alles 30 Minuten lang kochen und danach durch ein Sieb abgießen. Die Bouillon mit Mehlbutter und Sahne leicht binden und die Muschelkörper wieder einlegen. Für die Würzung noch etwas Salz und Paprikapulver in die Suppe rühren. — Ich lege außerdem noch helle Porreestreifen ein.

TRUITE ETUVEE
Kanadische Forelle mit Speck gebraten

50 g Butter oder Margarine 250 g magere Schinkenspeckscheiben, 2 große Lachs- oder Regenbogenforellen, Salz Pfeffer ¼ l saure Sahne

Eine gebutterte Auflaufform mit den Schinkenspeckscheiben auslegen. Die Forellen ausnehmen, waschen und innen leicht mit Salz und Pfeffer einreiben. Dann in die Auflaufform legen und mit den übrigen Speckscheiben abdecken. Mit dem Deckel verschließen und die Fische 30 Minuten lang bei 200° C im Ofen dünsten. Danach den Deckel abnehmen und die Speckscheiben obenauf noch bräunen lassen. Die saure Sahne darübergießen und die Forellen in der Form auftragen. — Dazu passen Butterkartoffeln und Kopfsalat am besten.

USA KANADA

Languste auf Teufels Art — DEVILED CRAB

Eigentlich wird dieses Gericht mit Taschenkrebsen oder Meerspinnen zubereitet. Diese bekommen wir aber hier nicht, und ich empfehle Ihnen deshalb, dafür eine Languste zu nehmen. Sie wird gekocht, etwas abgekühlt und dann der Länge nach halbiert. Den Magen entfernen und nur die weißen Fleischstücke und den dicken fleischigen Schwanz in große Stücke zerschneiden. In einer Rührschale die Stücke mit Senf, zerschnittenen Eiern, angedünsteten Zwiebelwürfeln, Salz, Cayennepfeffer, Sahne, gehacktem Schnittlauch, einigen Spritzern Worcestershiresauce und Kapern vermischen. Das entstandene Ragout wieder in die leeren Langustenschalen füllen, Semmelbrösel und Butterflocken daraufstreuen und im Ofen überbacken. — Das Gericht ganz heiß zu Tisch bringen und trockenes Weißbrot und einen Weißwein, zum Beispiel von der Saar, dazu reichen.

1 mittelgroße Languste
1 Teel. hellen, milden Senf
4 hartgekochte Eier
4 Eßl. Zwiebelwürfel
Salz, 1 Messerspitze
Cayennepfeffer, 3 Eßl. Sahne
2 Eßl. Schnittlauch
Worcestershiresauce
2 Teel. kleine Kapern
Semmelbrösel, Butterflocken

Hummer à la Newburg — LOBSTER NEWBURG

Das Hummerfleisch aus Schwanz und Scheren lösen, in mundgerechte Stücke schneiden und den Zitronensaft darüberträufeln. In einer Kasserolle mit Butter die Zwiebelwürfel glasig dünsten und Sahne, mit Stärkemehl verrührt, daruntermengen. Ständig mit dem Schneebesen schlagen und, sobald sich die Masse verdickt, den Topf vom Feuer nehmen. Dann Sherrywein, Eigelbe und Gewürze hinzufügen, ferner die Champignonscheiben und das Hummerfleisch. Nun nicht mehr umrühren, damit die Hummerstücke nicht zerbrechen. Dieses Ragout in die leeren Hummerschalen füllen, geriebenen Käse daraufstreuen und im Ofen überbacken. — Sie können das Hummerragout auch in Muscheln servieren; auch kann der Käse wegfallen. Den strengen Käsegeschmack mögen manche Feinschmecker nicht. Reichen Sie dazu Toast und Butter und Weißwein. Ich empfehle einen Saarwein oder einen Badener Riesling oder Ruländer.

2 ausgewachsene gekochte Hummer, Saft einer halben Zitrone, 75 g Butter, 1 Tasse feine Zwiebelwürfel, 1 Tasse Sahne, 1 Eßl. Stärkemehl
1 Südweinglas Sherry
4 Eigelbe, Salz, Pfeffer
½ Teel. gekörnte Brühe
1 Tasse gekochte Champignonscheiben
2 Eßl. geriebenen Käse

Lachsklößchen aus Montreal — QUENELLES DE SAUMON

Butter und Milch aufkochen lassen, nach und nach mit Mehl versetzen und mit Salz, Pfeffer und Muskatnuß würzen. Dazu eine geriebene Zwiebel mischen und weiterrühren, bis sich die Masse vom Topf löst. Diesen Brandteig nun zum Abkühlen beiseite stellen. Inzwischen das entgrätete und gehäutete Fischfleisch durch den Fleischwolf (feine Scheibe) drehen und Eier, Eigelbe und Kräuter dazugeben. Die glattgerührte Mischung dann mit

100 g Butter, 4 Eßl. Milch
3 Eßl. Mehl
1 Teel. Salz, Prise Pfeffer
Messerspitze Muskatnuß
1 Zwiebel
750 g Lachsfleisch

USA KANADA

2 Eier
2 Eigelbe
2 Eßl. gehackte Kräuter
Backfett

dem Teig vermengen. Alles gründlich verkneten, runde kleine Klöße formen und diese in tiefem Backfett braun werden lassen. Wenn sie nach oben kommen, sind sie gar. Die Klöße herausnehmen und heiß mit Tomatensauce und Butterkartoffeln servieren. — Hierzu schmeckt Ihnen sicher ein kalter Weißwein.

BARBECUED SPARERIBS
Geröstete Rindsrippen

4 Rindfleischrippen, 1 Tasse Weinessig, 1 Tasse Wasser
2 Eßl. Worcestershiresauce
1 Teel. Tabascosauce
1/4 Teel. Cayennepfeffer
1/2 Teel. Senfpulver, 2 Eßl. Zucker, 1 Teel. Paprikapulver, 1/2 Tasse Chilisauce
2 Knoblauchzehen
2 Zwiebeln in Würfeln

Ein Essen für einen sommerlichen Ausflug oder für ein Picknick, wenn Sie Gelegenheit haben, die Fleischstücke schon mariniert von zu Hause mitzubringen und sie im Freien auf einem primitiven Grill zu rösten. — Kaufen Sie Rindsrippenstücke mit Knochen, je Person ein Stück. Für die Marinade alle würzigen Zutaten fein pürieren und in einer Kasserolle aufkochen. Ganz heiß über die Rippenstücke gießen und abkühlen lassen. Danach die anhaftende Sauce abstreifen, die Fleischstücke auf geölte Grillroste legen und sie so, mit Öl bestrichen, 45 Minuten lang rösten. In der Halbzeit einmal umdrehen. Dann die gerösteten Stücke mit der scharfen Sauce servieren, zusammen mit Gemüsesalat und Bratkartoffeln oder Pommes frites.

SWEETBREADS EUGENIE
Kalbsmilcher »Eugenie«

500 g Kalbsmilcher
Salz, Mehl
2 Eier
1 Tasse Panierbrösel
75 g Butter
8 halbe Toastscheiben
50 g Butter
Saft einer halben Zitrone

Die Milcher 1 Stunde in kaltes Wasser legen, damit sie weiß werden. Sie danach mit kochendem Wasser überbrühen und 5 Minuten auf kleiner Flamme ziehen lassen. Im Wasser erkalten lassen, die äußere feste Haut abziehen und die Milcher in Scheiben schneiden. Diese salzen, in Mehl wälzen, dann in verquirltem Ei und schließlich in Panierbröseln. Die panierten Milcherscheiben in Butter goldbraun braten und auf passend geschnittene Toastscheiben legen. Darüber heiße Zitronenbutter träufeln und die Scheiben im heißen Ofen noch kurz nachziehen lassen, weil sie beim Braten in der Panierung meist nicht heiß genug werden. — Servieren Sie dazu Kopfsalat mit kaltem Stangenspargel, übergossen mit einer Kräuter-Sahnenmayonnaise.

BAKED VIRGINIA HAM
Virginia-Schinken

1 frischen, nicht zu fetten Schweinsschinken (etwa 15 Pfund), 12 Gewürznelken
1/2 Teel. Zimtstücke
1 Eßl. Zucker

Das ist etwas für eine größere Einladung. Die Schwarte lassen Sie sich gleich vom Fleischer kariert einschneiden. — Den Schinken abwaschen, abtrocknen und mit etwas Wasser in eine Ofenpfanne legen. In das Wasser Gewürznelken, Zimt, Zucker, Essig, Knoblauch und Zwiebeln mischen. Bei einer Ofentemperatur von etwa 180° C braucht ein solcher Schinken 2

Stunden, um durchzugaren. Die Schwarte verfärbt sich dabei und wird braun und knusprig. Den Schinken nun im Ofen abkühlen lassen. — In Amerika zieht man zu diesem Zeitpunkt die Schwarte ab und serviert sie extra in Stücke geschnitten. Sie kann aber genauso gut auf dem Schinken bleiben. — Die runde Oberfläche in regelmäßigen Abständen mit den Gewürznelken bestücken und mit braunem Zucker und Senfpulver einreiben. Den Schinken nun mit dem verbliebenen Essig-Wasser vom Kochen eine weitere Stunde backen. Nach den ersten 30 Minuten, in denen der Schinken eine Kruste bekommen soll, ihn ab und zu mit der Pfannenflüssigkeit übergießen. — Dazu reicht man Gemüsesalate, gebackene Kartoffelscheiben, Cumberlandsauce, Kompott, Weißbrot und Toast.

2 Eßl. Essig
2 zerdrückte Knoblauchzehen, 2 Zwiebeln in Scheiben
4 Eßl. braunen Zucker
1 Teel. englisches Senfpulver

Lammkeule auf scharfe Art gebraten

ROAST LEG OF LAMB

Die Lammkeule zurechtschneiden und das Fett möglichst sauber entfernen. Alle anderen Zutaten gut zu einer Marinade vermischen und damit die Keule übergießen. Sie soll mehrere Stunden darin liegen bleiben. Danach kommen Fleisch und Marinade zusammen in eine Ofenpfanne und werden im vorgeheizten Ofen bei 250° C geschmort. Mehrmals während der nächsten 45 Minuten die Keule umdrehen, ihre Oberfläche mit der Sauce begießen und das Fett von der Sauce abschöpfen. Vorsicht mit Salz, weil beim Braten Flüssigkeit verdampft und die Salzkonzentration sonst zu stark wird. — Bereiten Sie dazu frisches Gemüse und Butterkartoffeln oder Kartoffelbrei. Dazu Rotwein oder Bier reichen.

1 Lammkeule, 6 Eßl. rote Chilisauce (fertig im Handel), 2 Eßl. Essig
1/2 Tasse Weißwein, 4 Eßl. Olivenöl, 1 Teel. Salz, 1/2 Teel. Pfeffer
2 Teel. Zucker, 1 Tasse feine Zwiebelwürfel, 1/2 Teel. Knoblauchsalz, 1/2 Lorbeerblatt, 2 Teel. Fleischextrakt

Gebackene Hähnchen nach Art der Südstaaten

SOUTHERN FRIED CHICKEN

Die Hähnchen sorgfältig waschen, sengen, abtrocknen und halbieren. Die Flügel und Füße kurz abschlagen. Die Eier verquirlen und mit Milch, Salz, Pfeffer und Paprikapulver vermischen. Darin die Huhnhälften 10 Minuten einlegen, dann in Mehl drehen und in einer Pfanne mit reichlich Schmalz braun braten. Das dauert etwa 15 Minuten. Die Hähnchen auf einer Platte im Ofen warm halten und die Sauce bereiten. Dafür das Bratfett wieder erhitzen, Mehl einrühren und die hellbraune Schwitze mit der Sahne löschen. Einmal aufkochen lassen und mit Fleischextrakt oder gekörnter Brühe, Salz, Pfeffer und Muskatnuß abschmecken. Die Sauce extra zu den Hähnchen reichen und das Gericht mit Butterkartoffeln und einem frischen Weißwein, etwa Moselwein, servieren.

2 Hähnchen à 850 g
4 Eier, 1 Tasse Milch
2 Teel. Salz, 1/2 Teel. Pfeffer
1/2 Teel. Paprikapulver
1 Tasse Mehl, 2 Tassen Schweineschmalz
Sauce: 1 Eßl. Mehl, 1 Tasse Sahne oder Kaffeesahne
1 Teel. Fleischextrakt oder 1 Eßl. gekörnte Brühe
Salz, Pfeffer, Muskatnuß

USA KANADA

A MAN'S BARBECUED CHICKEN

*1 oder 2 Hühnchen
Marinade: 2 Teel. Salz
1/4 Teel. Pfeffer, 1/4 Teel.
Cayennepfeffer, 1/2 Teel.
Paprikapulver, 1 1/2 Tassen
Tomatensaft (aus Dosen)
1/2 Teel. Senf, 1 Lorbeerblatt
4 1/2 Eßl. Essig, 1 Teel. Zucker
1/2 Teel. Knoblauchsalz
1 Teel. Barbecue-Salt (im
Handel), 50 g Butter
mit 1 Eßl. Mehl verknetet
1 Teel. Worcestershiresauce
2 Spritzer Tabascosauce*

Hühnchen vom Holzkohlengrill

Am besten ist es, wenn Sie das Hühnchen nach dem Ausnehmen, Sengen und Waschen einen Tag lang in eine Marinade legen. Für die Marinade folgende Zutaten miteinander vermischen: Salz, Pfeffer, Cayennepfeffer, Paprikapulver, Tomatensaft, Senf, Lorbeerblatt, Essig, Zucker, Knoblauchsalz und Barbecue-Salt. Am nächsten Tag das Hühnchen abtropfen lassen und auf dem gefetteten Grill braten. Wenn Sie keinen richtigen Holzkohlengrill nach amerikanischer Art haben (Barbecue), können Sie sich mit fast gleichem Erfolg mit einem der automatischen Haushalts-Infragrills oder einem Grill, der in den Elektroherd eingebaut ist, behelfen. Die Marinade, ohne Lorbeerblatt, in einer Kasserolle aufkochen und mit Mehlbutter dicken. Die Sauce tüchtig mit dem Schneebesen schlagen. Zuletzt noch mit einigen Tropfen Worcestershiresauce und Tabascosauce schärfen. — Chips-Kartoffeln und Rotwein dazu servieren. Für Damen in der Eßrunde die Sauce nicht ganz so scharf würzen, wie für »A Man's Barbecued Chicken«.

CHICKEN A LA KING

*1 Huhn, gekocht, ausgelöst
1 Tasse Champignons
100 g Butter od. Margarine
1 Tasse Zwiebeln, 1 Eßl.
Mehl, 1 Teel. Salz, 1/2 Teel.
Pfeffer, 1 Tasse rote Paprika-
würfel, 1 Tasse Bouillon
1 Tasse Sahne, 1 Glas
Sherry, 1 Tasse Erbsen*

Königs-Huhn

Dieses amerikanische Gericht ist inzwischen in der ganzen Welt bekannt geworden, und man findet es auch auf vielen deutschen Speisekarten. — Zuerst die rohen Champignonscheiben im Fett andünsten, danach Zwiebelwürfel, Mehl, Salz, Pfeffer und Paprikaschotenwürfel dazugeben und rühren, bis eine glatte Schwitze entstanden ist. Diese mit der Sahne-Bouillon-Mischung ablöschen und verrühren. Die Sauce mit dem Sherry verfeinern und die warmen Huhnstücke dazulegen. Über das nun ragoutartige Gericht frisch gekochte, gebutterte Erbsen streuen und mit Pommes frites oder gebackenen Kartoffelscheiben servieren.

CHICKEN SUCCOTASH

*1 Huhn (1,5 kg), 100 g
Speck, 4 Zwiebeln, Salz
Pfeffer, 2 Paprikaschoten
2 Zehen Knoblauch, 4 Tassen Wasser, 2 Tassen weiße
Bohnenkerne, 2 Tassen
Maiskörner, 1 Tasse Semmelbrösel, 1/2 Teel. Cayennepfeffer, 4 Tomaten
1 Tasse Erbsen*

Hühnerragout »Maryland«

An Stelle des Huhns oder auch damit zusammen werden in Amerika Kaninchen oder in der indianischen Küche sogar Eichhörnchen gekocht. Lassen wir es bei dem Huhn, das in Stücke zerschnitten und im Speck von allen Seiten mit den Zwiebelscheiben angebraten wird. Dann Salz, Pfeffer und Paprikaschotenstreifen darüber streuen und Knoblauch, wer ihn mag. Mit Wasser angießen und Bohnenkerne, Maiskörner, Semmelbrösel, Cayennepfeffer, Tomaten und Erbsen dazugeben. Das Gericht ist gar, wenn man die Knochen aus dem Fleisch ziehen kann und sich die Brösel ganz in der Sauce gelöst haben. — Dazu ißt man junge, ungeschälte Kartoffeln, kreuzweise eingeschnitten, mit Butterflocken versehen und im Ofen geröstet.

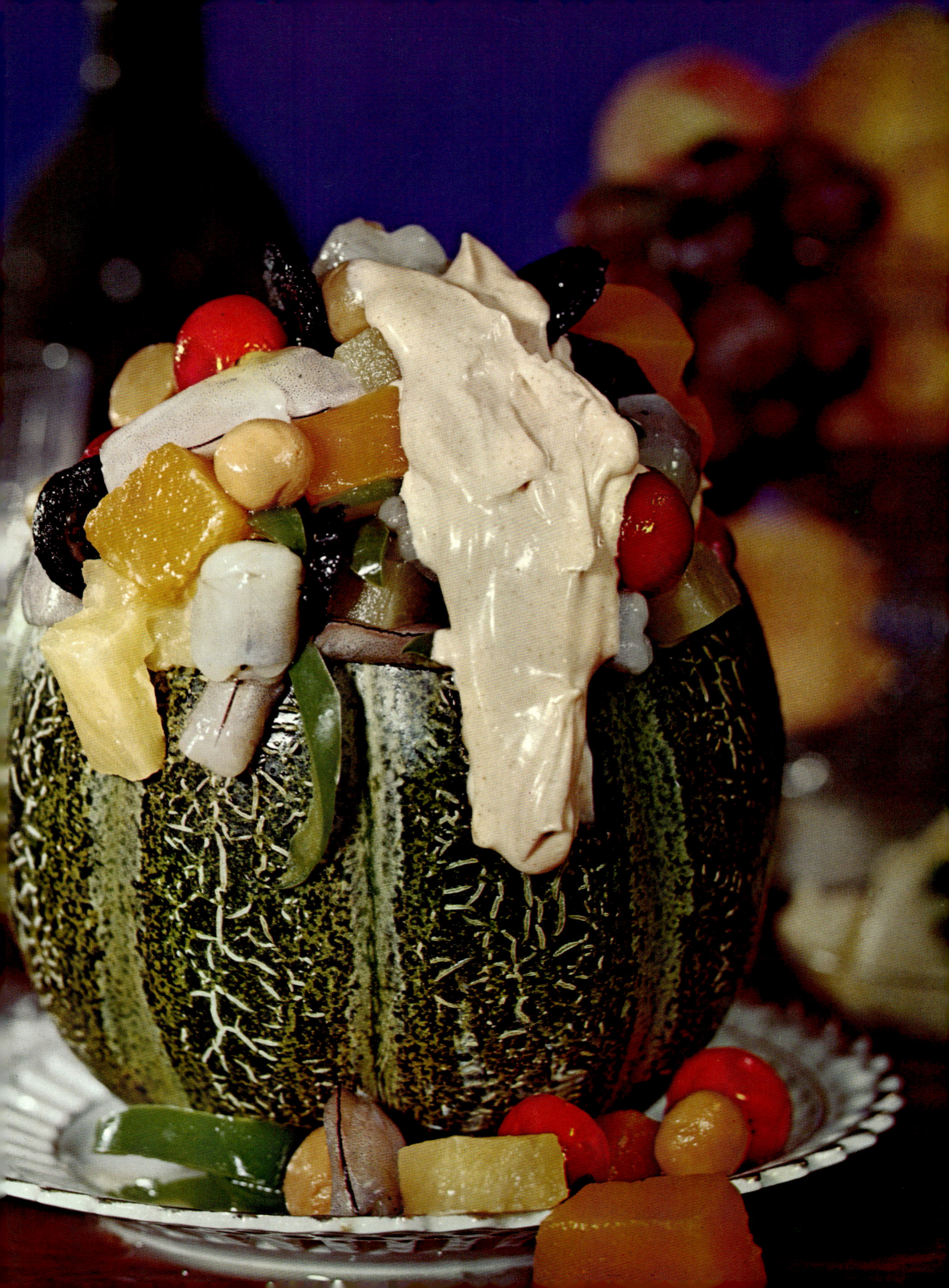

CRAB MEAT SALAD IN MELON *Krebssalat in der Melone*

Suchen Sie die schönste aller erreichbaren Melonen aus – dieses Gericht soll das Prunkstück Ihres Kalten Büffets werden. Am besten wählen Sie eine goldfleischige Honig- oder eine Netzmelone aus. Aber es kann auch eine Wassermelone sein, deren leuchtend rotes Fleisch neutral schmeckt und sich allen Marinaden und Mayonnaise-Saucenarten anpaßt. Als Füllung nehmen Sie Früchte aus Dosen, in große Würfel geschnitten, Scampi oder Langustinen- oder Hummerfleisch, Champignons, kandierte Walnüsse in Scheiben und rote Kirschen als Farbeffekt. Auch Streifen von überbrühten grünen und roten Paprikaschoten und Streifen von Zuckergurken machen sich gut darin. Soll die gefüllte Melone als Nachtisch serviert werden, läßt man alle salzigen und fischartigen Zusätze fort, mischt mit Maraschinolikör, wie man es auch bei anderen Fruchtsalaten macht, und serviert dazu eine Orangensahne. Dazu schlagen Sie frische, aber vorher eisgekühlte Sahne steif und geben zuletzt eine Mischung aus Puderzucker, Orangensaft und fein abgeriebener Orangenschale dazu. Auch einige Tropfen eines Pomeranzenlikörs eignen sich als Zugabe.

Rezept auf Seite 402

USA KANADA

Chinesisches Hühnchenragout

CHICKEN CHOP SUEY

Die Originalbezeichnung klingt chinesisch, aber es handelt sich doch um ein amerikanisches Gericht. Es ist von Amerikanern der chinesischen Küche, die sehr geschätzt wird, nachempfunden. — Das Huhn mit gekörnter Brühe in viel Wasser kochen, bis es so weich ist, daß man mit den Fingern das Fleisch an den Keulen eindrücken kann. Wenn es soweit ist, das Huhn herausnehmen und in der Bouillon die Zwiebeln, Paprikaschoten und Selleriescheiben kochen. Die Bouillon abgießen und jetzt den Reis darin gar kochen. Nach mehrmaligem Umrühren den Topf in den warmen Ofen stellen und den Reis dort 20 Minuten lang bei 160° C aufquellen und kochen lassen. Währenddessen nicht umrühren! Die Knochen auslösen und das Fleisch in Würfel schneiden. Diese in einer Kasserolle mit dem gekochten Gemüse, der Sojasauce und den Sojabohnensprossen vermengen. Mit wenig Stärkemehl andicken und alles zu einer glatten Mischung verrühren. Diese über oder neben den trocken-körnigen Reis gießen.

1 Suppenhuhn
1 Eßl. gekörnte Brühe
2 Zwiebeln in Scheiben
2 rote oder grüne Paprikaschoten, entkernt, in Streifen geschnitten, ¼ Sellerieknolle, geschält, roh in dünne Scheiben geschnitten
2 Tassen Langkornreis
1 Eßl. Sojasauce
½ Dose Sojabohnensprossen, abgegossen, abgespült
1 Teel. Stärkemehl

Hühnertopf mit Klößen

CHICKEN POTPIE

Die Huhnstücke in Salzwasser mit dem Gemüse gar kochen und die Bouillon dann abschmecken. In der Zwischenzeit können Sie die Klöße zubereiten: Dafür Mehl, Salz, Eier und Milch mischen und mit dem Schneebesen schlagen, bis ein dickflüssiger Teig entsteht. Mit bemehlten Händen diesen zu einem elastischen Kloß verkneten und auf einer bemehlten Unterfläche zentimeterdick ausrollen. Den Teig in Quadrate (etwa 8 cm lang und breit) zerschneiden und die Stücke auf einem Blech an der Luft trocknen lassen. Sie danach mit Wasser bestreichen, mit Paprikapulver und geriebenen Mandeln bestreuen und zu einem Kloß drücken oder zu einer Tasche zusammenfalten. Diese Klöße in die kochende Bouillon legen, in der sie 15 Minuten ziehen und aufgehen sollen. Über die fertige Suppe noch gehackten Schnittlauch und Tomatenstreifen streuen.

Suppe: 500 g Huhnstücke
2 l Wasser, Salz
2 Tassen geschnittene Zwiebeln, Porree, Möhren Selleriegrün, Sellerieknolle Erbsen und grüne Bohnen
Klöße: 1½ Tassen Mehl
1 Teel. Salz, 3 Eier, 2 Eßl. Milch, 1 Eßl. Paprikapulver
1 Eßl. geriebene Mandeln gehackten Schnittlauch
2 hautlose Tomaten

Puter mit süßsaurer Sauce

ROAST SWEETSOUR TURKEY

Tiefgekühlt sind Keulen und Bruststücke schon portioniert erhältlich, die sich auch am besten für dieses Gericht eignen. — Nach dem Auftauen die Stücke in heißem Öl braun braten. Nach 10 Minuten die Flamme kleiner stellen und das Fleisch noch weitere 20 Minuten braten lassen. Danach durch kleine Einschnitte die Knochen auslösen. Zucker und Essig zusammen

750 g Puterfleisch
1 Tasse Öl, 2 Eßl. Zucker
½ Tasse Weinessig, 1 Messerspitze gemahlene Gewürznelken, 1 Messerspitze

411

USA KANADA

gemahlenen Zimt
1 Messerspitze Senfmehl
1/2 Teel. Knoblauchsalz
1 Tasse Zwiebelwürfel
1 Teel. Salz, 1 Messerspitze weißen, gemahlenen Pfeffer
1 Messerspitze Cayennepfeffer, 2 Eßl. Paprikamark
1 Tasse Olivenöl

mit Nelken, Zimt, Senfmehl, Knoblauchsalz, Zwiebeln und Salz aufkochen. Dazu noch Pfeffer und Cayennepfeffer, Paprikamark und Öl mischen. In dieser cremigen Sauce die Puterstücke weitere 15 Minuten ziehen lassen und dann servieren. — Als Beilagen Kartoffelchips reichen (fertig gekauft und im Ofen wieder aufgebacken) oder längliche Brötchen. In diese tiefe Einschnitte machen, dahinein eine Flocke Knoblauchbutter drücken und die Brötchen im heißen Ofen wieder aufbacken. — Wenn Sie zu diesem Gericht einen Wein trinken möchten, so empfehle ich Ihnen einen vollmundigen Rheinwein oder Rheinhessenwein.

PIGEONS STUFFED WITH APPLES
Tauben mit Apfelfüllung

4 Tauben, 50 g Butter
1/2 Tasse Zwiebelwürfel
2 mürbe Äpfel, geschält
Saft einer halben Zitrone
1/2 Tasse saure Sahne
2 Eßl. Semmelbrösel
Messerspitze Cayennepfeffer
1/2 Teel. Zucker
1/2 Teel. Salz
2 Teel. gekörnte Brühe
4 Scheiben Speck
Öl zum Bestreichen

Die Tauben rupfen, ausnehmen, absengen, waschen und wieder trocknen. Die Füllung wird so bereitet: In einer Kasserolle die Butter zerlassen und darin die Zwiebelwürfel glasig dünsten. Die Apfelscheiben dazumischen und so lange rühren, bis die Äpfel musig werden und zerfallen. Dazu Zitronensaft, Sahne, Semmelbrösel, Cayennepfeffer, Zucker und Salz mischen, umrühren und warm stellen. Die Tauben innen mit Salz ausreiben, dann gelöste, gekörnte Brühe hineinträufeln und die Apfelmasse daraufüllen. Die Öffnung zunähen und die Brust mit einer Speckscheibe abdecken. Die Tauben mit Öl bestreichen und auf den Grillrost des Ofens legen. So 40 Minuten lang bei 180° C backen. Der Bratensaft kann mit etwas saurer Sahne verfeinert werden. — Die Tauben dann mit Pommes frites oder Kartoffelbrei servieren.

JAMBALAYA
Kreolen-Reispfanne

1 1/2 Tassen Langkornreis
5 Tassen Wasser, Salz
2 Eßl. Öl, 2 Eßl. gekochte Schinkenwürfel, 2 Tassen durchwachsene Schweinefleischwürfel, 2 Tassen Hartwurstscheiben in Streifen, 2 Knoblauchzehen in Scheiben, 2 Zwiebeln in Scheiben, 1 Paprikaschote
4 Tomaten
1 Tasse Bouillon

Den Reis mehrmals in frischem Wasser waschen und ihn in einem großen Topf mit genügend Wasser und Salz zum Kochen bringen. Vom Aufwallen ab noch 5 Minuten kochen lassen. Das Wasser dann abgießen. In einer Kasserolle mit Öl Schinken- und Schweinefleischwürfel, Wurstscheiben, Knoblauchzehen und Zwiebeln andünsten. Nach kurzer Zeit die Paprikaschotenstreifen dazugeben und 10 Minuten lang dünsten. Ständig umrühren und die geschälten Tomaten, den Reis und die Bouillon dazumischen. Nun kochen lassen, bis die Flüssigkeit völlig aufgesogen ist. Alle Zutaten in einer heißen Pfanne miteinander vermengen und darin servieren. Sie können das Gericht beliebig verändern, etwa mit Würfeln von Huhn- oder Puterfleisch, Fischstücken, Langustinenschwänzen in Hälften und vielem anderen. — Geben Sie diese Reispfanne mit Kopfsalat zu Tisch.

USA KANADA

Gebackene Zwiebeln — BERMUDA ONIONS

Die Zwiebeln 10 Minuten lang in Wasser kochen, abkühlen lassen und dann in dicke Scheiben schneiden. Die Weißbrotscheiben in einer Pfanne mit Butter auf einer Seite toasten und die Scheiben zu Dreiecken halbieren. Damit eine gebutterte, feuerfeste Form auslegen und nacheinander Zwiebelscheiben, Schinkenstreifen und geriebenen Käse darauflegen. In einer anderen Schale die Eier kräftig schaumig schlagen und mit Milch und Salz vermengen. Die Mischung über die Käseschicht gießen, Butterflocken darüberstreuen und 20 Minuten lang im Ofen bei 200°C backen. Das Gericht ist fertig, sobald die Eimasse fest geworden ist. — Die gebackenen Zwiebeln sind eine aparte Beilage zu gekochten oder geschmorten Fleischgerichten.

6 große Zwiebeln
8 Weißbrotscheiben
75 g Butter oder Margarine
1 Tasse gekochte Schinkenstreifen
1 1/2 Tassen geriebenen Käse
4 Eier
1/4 l Milch
Salz
2 Eßl. Butterflocken

Cäsar-Salat — CAESAR SALAD

Er gehört mit zu den beliebtesten Gerichten der amerikanischen Küche, ist aber bei uns ziemlich unbekannt. — Das Öl in einer Kasserolle erhitzen, die Weißbrotwürfel und den zerriebenen Knoblauch dazugeben, braun rösten und zum Abkühlen beiseite stellen. Den Kopfsalat zerzupfen und in eine große Rührschüssel legen. Dazu kommt eine Marinade aus Sardellenfilets, Senf, Pfeffer, Salz und Öl. Mehrmals mit dem Salatbesteck umdrehen, damit die Blätter von allen Seiten benetzt werden; den Essig darübergießen und wieder wenden; das noch flüssige Ei mit dem Salat verrühren; darüber den zerbröckelten Käse streuen und schließlich als letztes die Knoblauchbrotwürfel dazumischen. Die verschiedenen Zutaten sollen nacheinander über den Salat gegeben werden, so will es die Vorschrift. — Diesen Salat serviert man als Beilage zu großen Pfannengerichten, wie Chateaubriand- und Porterhousesteak, aber auch als ersten Gang zur Erfrischung.

1/2 Tasse Olivenöl, 1 Tasse Weißbrotwürfel ohne Rinde
2 Zehen Knoblauch
2 Köpfe Salat, 12 gewässerte Sardellenfilets oder Anchovis in Öl, 1 Teel. Senf, Pfeffer Salz, 1 Tasse Olivenöl
1 Tasse Weinessig
1 Ei, 1 Minute in der Schale gekocht
1 Tasse Roquefortkrumen

Würzbissen Vanderbilt — RAREBIT VANDERBILT

In einer Kasserolle den Käse mit Butter, Bouillon und Bier schmelzen, aber nicht zu stark erhitzen, weil die Käsecreme sonst Fäden zieht und hart wird. In der Zwischenzeit die Weißbrotscheiben toasten und sie diagonal halbieren, so daß Dreiecke entstehen. Diese zuerst mit Butter, dann mit einer dünnen Schicht Sardellenpaste bestreichen und darauf die Scheiben der hartgekochten Eier legen. Über die Schnitten die heiße, dickflüssige Käsemasse gießen und sie sofort servieren. Man soll sie so heiß wie möglich essen. — Dazu schmeckt helles Bier.

Creme: 2 Ecken Schmelzkäse mit Rahm
2 Eßl. Butter oder Margarine
2 Eßl. Bouillon, 1 Eßl. helles Bier, 4 Scheiben Weißbrot
50 g Butter
1 Eßl. Sardellenpaste
4 hartgekochte Eier

USA KANADA

Gebackene Maisstreifen

FRIED HOMINY

4 Tassen Maisgrieß
etwa 2 Tassen Wasser
2 Eßl. Zucker
2 Eidotter
50 g Butter oder Margarine
1 Ei
4 Eßl. Weißbrotkrumen
Fett zum Backen

Den Maisgrieß in Wasser kochen, bis sich eine dicke Masse gebildet hat. Diesen Brei mit Zucker und, nachdem der Topf vom Feuer genommen ist, mit Eidottern versetzen. Eine flache Auflaufform mit Butter oder Margarine ausstreichen, darauf den Maisbrei füllen und die Oberfläche glattstreichen. Den Brei ganz erkalten lassen, damit er recht fest wird. Diesen Kuchen dann in fingerlange Streifen zerschneiden, diese in verquirltem Ei und in Weißbrotkrumen drehen und in einer Pfanne mit heißem Fett goldgelb backen. — Die Stücke werden schon am Morgen zum Frühstück gegessen, oft mit Honig oder Ahornsirup beträufelt.

Schmalzküchlein

¼ l Milch, 2 Tassen Maismehl
80 g Butter, 4 Eier
80 g Zucker, etwas Salz
1 Teel. kandierten
gewiegten Ingwer
750 g Schweineschmalz

Die Milch zum Kochen bringen und dann das Maismehl einrühren. Tüchtig mit dem Holzlöffel rühren, bis ein dicker Brei entsteht, der daraufhin auskühlen soll. Die Butter zerlassen, aber nicht bräunen, Eier, Zucker, Salz und Ingwer damit verrühren und zu der erkalteten Milch-Mehl-Masse geben und gut durchmengen. In einem hohen Topf das Schmalz erhitzen. Aus dem glatten Teig eigroße Klößchen formen und schwimmend in Fett braun backen. — Etwas für die Kindertafel zum Kakao.

Ostamerikanische Haferplätzchen

GRIDDLECAKES

2 Tassen Hafermehl (aus dem Reformhaus)
1 Päckchen Backpulver
1 Teel. Salz, 1 Teel. Zucker
3 Eier, 1½ Tassen Milch
4 Eßl. Butter, 4 Eßl.
Ahornsirup (im Handel in Gläsern) oder Ananasgelee

Das Mehl mit Backpulver, Salz und Zucker vermischen. Die Eier glattschlagen, die Milch einrühren und zuletzt die Mehlmischung. Dann nochmals tüchtig schlagen, damit die Masse glatt wird. Eine Bratpfanne, am besten mit gewaffeltem Boden, mit Butter ausstreichen und darin kellenweise kleine Pfannkuchen ausbacken. Jeden Kuchen mit etwas Ahornsirup oder Ananasgelee bestreichen und sie zu einem Turm übereinander schichten. Den Pfannkuchenturm mit flüssiger Butter übergießen. — Das ist in Amerika eine beliebte Abendmahlzeit.

Maismehlkuchen

500 g Maismehl
1 Päckchen Backpulver

Das Maismehl mit Backpulver, Milch und Eidottern zu einem Teig zusammenrühren. Dann den steifen Eischnee darunterheben und noch das

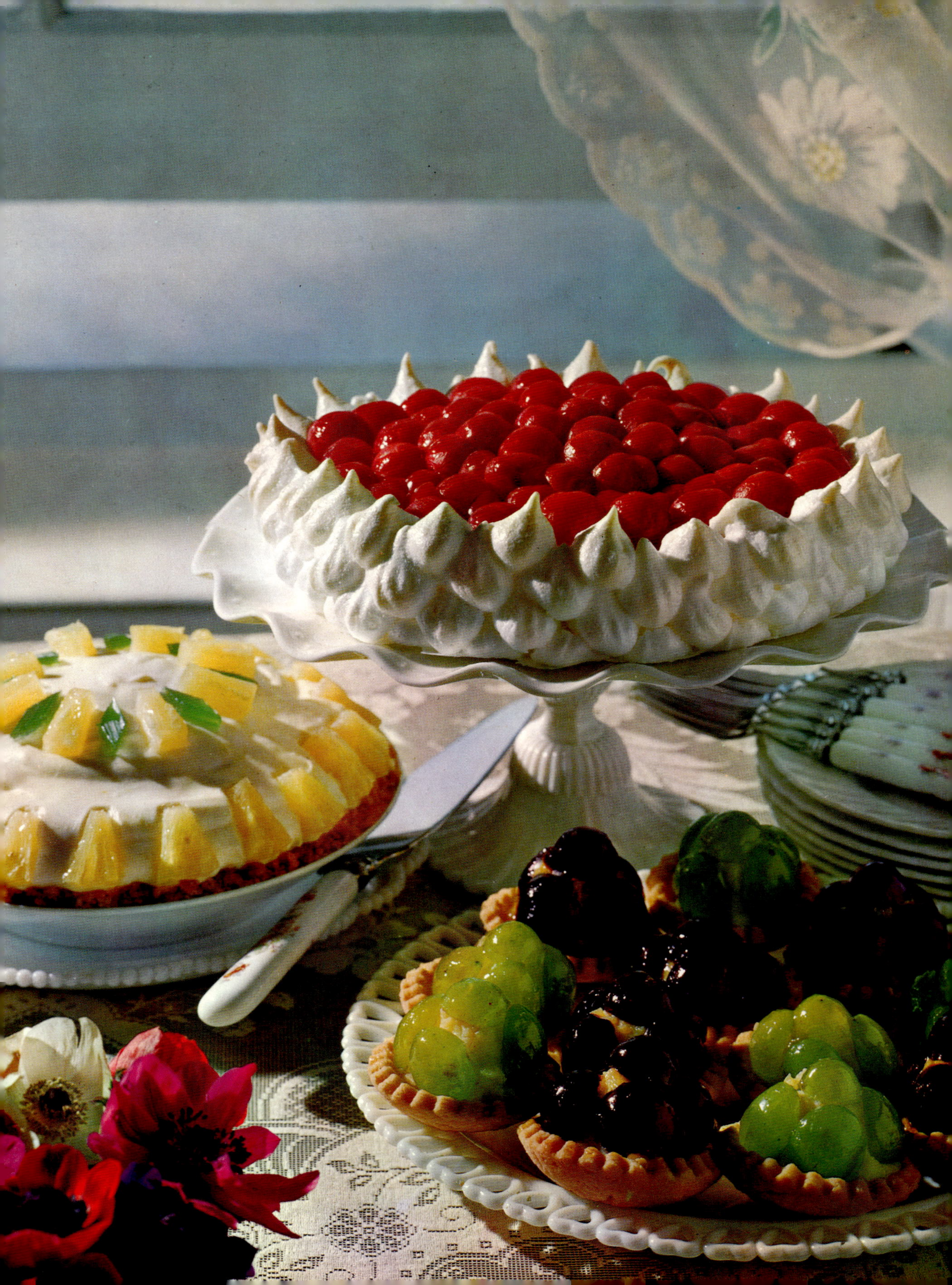

CHERRY MERINGUE FLAN   *Baisertorte mit Kirschen*

Die Meringuenmasse – bei uns vielfach auch Baiser genannt – wird leider oft von unseren Hausfrauen im Back-Repertoire zu sehr vernachlässigt. Dabei erfordert ihre Zubereitung kaum besondere Kenntnisse, wenn man nur weiß, daß das Eiweiß sich nicht steif schlagen läßt, wenn in der Rührschale eine Fettspur vorhanden ist. Deshalb ist es Grundbedingung, alle Geräte, also Schale und Schneebesen oder Elektroquirl, vor dem Gebrauch gründlich mit heißem Wasser zu spülen, damit auch der letzte Fettrest beseitigt wird. Ein alter Trick, um Eischnee dauerhaft steif zu bekommen: nach dem ersten Aufschlagen wieder zusammenrühren, so daß wieder Eiklar entsteht, und daraufhin noch einmal aufschlagen. Dieser Schnee hält die feinen Spitzen, wenn man den Schneebesen herauszieht. Und so muß der Eischnee sein, wenn man schöne Baisermasse herstellt. Diese ist eigentlich nur gesüßter getrockneter Eischnee. Man füllt den Schnee in einen Spritzsack und spritzt mit großer Lochtülle Rosetten, Böden (in Spiralform) oder Kugeln. Letztere ergeben, über Holz- oder Metallkugelformen gespritzt, die bekannten Baiserschalen. Für eine Torte, wie hier abgebildet, spritzt man Rosetten um einen Tortenboden, die, immer höher ansteigend, schließlich einen festlichen Kranz bilden. Die Kirschen schimmern darin wie von Spitzenmanschetten umgeben.

Rezept auf Seite 417

ser darübergießen. Darauf die restlichen Speckscheiben legen und das Bohnengemüse 1 Stunde lang mit aufgesetztem Deckel backen. Wenn die Oberfläche zu trocken werden sollte, wieder Bohnenwasser nachfüllen. — Diese gebackenen Bohnen schmecken am besten zu gebratenen Schweinskoteletts oder Nackensteaks, die mit Senf bestrichen wurden. Gebackene Kartoffeln oder Bratkartoffeln und Bier gehören noch dazu.

1 Teel. Senf
2 Eßl. braunen Zuckersirup

Bohnen-Pfannkuchen — TOSTADAS

Die deutsche Übersetzung ist von mir und beschreibt leider dieses aparte Gericht nur ungenau. Es handelt sich um sehr knusprige Maiskuchen nach dem Tortilla-Rezept, nur ist ihre Zubereitung etwas anders. — Bereiten Sie also einen richtigen Tortillateig zu und braten Sie die Teigflecken in der Pfanne nur auf einer Seite. Die andere, noch weiche Seite mit einem Teigschaber abkratzen, so daß die Teigstücke noch dünner werden, als sie durch das dünne Ausrollen sowieso schon sind. In sehr heißem Schweineschmalz diese Teigflecken jetzt ganz hart und knusprig braten. In der Zwischenzeit sehr weich gekochte, weiße Bohnenkerne durch ein Sieb streichen oder im Elektromixer mit etwas Bouillon pürieren und dieses Mus mit Salz, Pfeffer, Fleischextrakt und gehackten Liebstockblättern abschmecken. Damit die gebackenen Teigstücke bestreichen. Die Rindfleischwürfel, dann eine Lage gebräunte, dünne Zwiebelscheiben und schließlich geriebenen Käse darauf verteilen. Die Tostadas im heißen Ofen überkrusten und heiß servieren. — Etwas umständlich meinen Sie? Probieren Sie es aus, es wird Ihnen und Ihren Gästen Spaß machen. Dazu paßt sicher ein kühler Wein, etwa ein Pfälzer, oder eine Schorle.

Tortillateig: 125 g Maismehl
½ Tasse Öl
½ Tasse lauwarmes Wasser
Auflage: 250 g weiße
Bohnenkerne, gekocht
Salz, Pfeffer
1 Teel. Fleischextrakt
1 Eßl. gehackte Liebstockblätter, 1 Tasse gekochtes,
kaltes, feingewürfeltes Rindfleisch, 2 Zwiebeln in
1 Eßl. Butter gebräunt
½ Tasse geriebenen Käse

Mangocreme als Nachtisch — CREMA DE MANGO

Mangofrüchte schmecken frisch und reif paradiesisch. Leider erreichen sie uns nur selten und sind dann in den Luxusgeschäften sehr teuer. Ein Ausweg sind Mangofrüchte als Kompott in Dosen. — Die Früchte schälen, entkernen und in Stücke schneiden. Zusammen mit Orangenwürfeln im Elektromixer pürieren oder fein wiegen. Zu dem Mus Sahne, Zucker und Nüsse rühren. Durch die Nüsse verdickt sich die Creme, die nun in Kelchgläser gefüllt und mit einer Maraschinokirsche und einem Löffelbiskuit garniert wird.

2 frische Mangofrüchte oder
1 Dose Kompott, 2 Orangen
2 Tassen geschlagene, süße
Sahne, 1 Teel. Zucker
1 Tasse Pecan-, Hasel- oder
Cashewnüsse, 4 Maraschinokirschen, 4 Löffelbiskuits

Die Küchen der einzelnen Länder des südamerikanischen Kontinents sind durchaus verschieden. Sie gründlich zu beschreiben, würde aber über den Rahmen dieses Buches hinausgehen; ich will mich deshalb auf die für uns interessanten Besonderheiten beschränken. An erster Stelle möchte ich den Puchero nennen, Nationalgericht in Argentinien und Uruguay, den Eintopf aus Rindfleisch, süßen Kartoffeln, die es bei uns allerdings nicht gibt, Hülsenfrüchten und Gemüsen. Der Puchero ist ein köstliches Gericht, und zugleich sehr kräftig — geeignet für hungrige Männer nach einem ausgedehnten Ritt.

Fleisch wird in Argentinien und Uruguay, aber auch in Brasilien und anderen südamerikanischen Staaten, ganz besonders geschätzt. Sind doch Argentinien und auch Uruguay Fleischlieferanten für die halbe Welt.

Nun, außer Fleisch bieten die Speisezettel Südamerikas aber auch alles andere, was das Herz begehrt. Fische und sonstige Meeresfrüchte aus den umliegenden Meeren, Wild — besonders in Chile und Peru — in reichem Maße, dazu viele tropische und subtropische Gemüse, Gewürzpflanzen und Früchte, Pampelmusen und baumreife Zitronen, die so süß wie Orangen werden. Die Bananen findet man in besonderer Vielfalt, angefangen von den ganz kleinen aus Ecuador, die innen mehlig sind, bis zu den über 30 Zentimeter langen Pisangfrüchten. Ein beliebter Nachtisch sind Seidenbananen, mit Sahne geschlagen. In Chile und Uruguay läßt die Sonne herrliche Trauben reifen, die als Tafeltrauben gegessen oder zu Wein und Sekt verarbeitet werden.

Die einfachen Landesküchen servieren vor allem Gerichte mit Kartoffeln, Kichererbsen, dunklen Bohnenkernen, Mais und Teigwaren. Und ihr berühmtes Getränk ist der Maté, der mit Andacht und einer gewissen Feierlichkeit getrunken wird, die ihre Zeit beansprucht. Ganz echt ist der Maté, wenn er aus einem leeren Kürbis mit einem Silberröhrchen geschlürft wird.

Die städtischen Restaurants bieten lange, interessante Speisenfolgen, die mit Vorgerichten — marinierten Langusten, Schwertfischstücken, Seeigeln oder Krebsen — beginnen, denen dann Steaks mit Melonen, Ananas oder Bananen, alles gebraten und sehr scharf mit Pfefferschotenmehl gewürzt, folgen. Auch hier begegnen wir der Tatsache, daß um so schärfer gewürzt wird, je heißer das Klima ist. Nach acht Gängen verlangt es dann jeden nach einer Tasse schwarzen Kaffee.

Kaffee ist, neben Fleisch, der bedeutendste Reichtum Südamerikas. Er kostet fast nichts, und man trinkt ihn so stark, wie wir ihn kaum vertrügen. Auch in den Geschäften beim Einkauf bietet man den Kunden ein Täßchen Mokka an. Gratis — versteht sich! Aus Südamerika stammt auch das folgende Kaffeerezept. Kaffee soll sein: Heiß wie ein Mädchen in der ersten Nacht, süß wie am nächsten Morgen und schwarz wie die Flüche der Mutter, als sie es erfuhr.

Südamerika

SÜDAMERIKA

Appetithappen für Männer Farbfoto S. 437

pro Person 250 g schieres
Rindfleisch
1. Marinade:
Öl, Cayennepfeffer
Tabascosauce, Aromat
Salz, Knoblauchpulver
2. Marinade:
Worcestershiresauce
Aromat, Knoblauchpulver
Weinbrand
3. Marinade:
Rotwein, Zitronenschale
Salz, Paprikapulver
Aromat

Diese Happen sind für Männer bestimmt, weil sie so schön heiß gewürzt sind. Dazu empfehle ich Ihnen kühles Bier. In Südamerika trinkt man dazu allerdings noch scharfe Schnäpse, die nicht nur einen relativ hohen Alkoholgehalt haben, sondern auch noch mit Chiliextrakt geschärft sind. Ein sehr scharfer Schnaps ist beispielsweise der Tequila, aus Agaven gewonnen. — Für die Happen wird das schiere Rindfleisch in Würfel geschnitten und in eine Marinade gelegt. Ich nenne Ihnen für drei verschiedene Varianten die Zutaten. Der Würzgeschmack soll tief in das Fleisch eindringen. Deshalb soll die Marinade das Fleisch bedecken und das Marinieren mindestens 5 Stunden dauern. Danach die Würfel abtropfen lassen, jedes Stück auf einen kleinen Holzspieß stecken und diese in einer Pfanne in tiefem Öl braun backen. Das geht sehr schnell, und es ist zu empfehlen, bei Gesellschaften den Topf mit siedendem Öl neben dem Kalten Büfett oder dem Gästetisch aufzustellen, so daß Sie immer frischen Nachschub anbieten können.

BOCADO
PRIMAVERA DE AVE

Geflügelsalat mit Mais

1/2 Suppenhuhn, 1/2 Tasse
Paprikawürfel, 2 Tomaten
1/2 Tasse Erbsen, 1 Tasse
Maiskörner, 2 Tassen
Mayonnaise, 1 Tasse saure
Sahne, 1 Eßl. geschnittenen
Ingwer, 1 Teel. Zucker, Salz
1 Eßl. Herbadox, 1 Teel.
Paprikapulver, 2 Kopfsalate
2 hartgekochte Eier
1 Bund Radieschen
8 grüne, gefüllte Oliven

Das Huhn kochen und in der Bouillon kalt werden lassen. Dann die Knochen auslösen und das Fleisch in Würfel schneiden. In gleich große Würfel die Paprikaschoten und die Tomaten schneiden. Alles zusammen mischen und Erbsen und Maiskörner dazugeben. Für die Marinade die Mayonnaise mit Sahne, Ingwer, Zucker, Salz, Herbadox und Paprikapulver mischen und über den Salat gießen. Den Kopfsalat in feine Streifen schneiden, in Glasschalen verteilen und darauf den fertigen Salat anrichten. Obenauf noch mit Eivierteln, Radieschenscheiben und Oliven garnieren. — Dieser Salat schmeckt Ihnen mit Toast und Butter sicher. — Diesen Salat kann man variieren mit Spargelstücken, kleinen Karotten und ähnlichem. Oder ganz anders mit Ananasstücken anstelle der Erbsen, und Tomaten, Birnenwürfeln und Pfirsichen. Dann natürlich keine Radieschen.

Langustenpastetchen

1 Paket Blätterteig aus der
Kühltruhe, 2 Eier
8 grüne, gefüllte Oliven
1 Eßl. gehackte Petersilie
1 Eßl. gehackten Schnittlauch
2 Eßl. Tomatenmark
1 Teel. Paprikamark

Den Teig auftauen, ausrollen und handtellergroße, runde Plätzchen ausstechen. Diese werden in der Mitte mit folgender Füllung belegt: Die Eier 10 Minuten kochen, dann kleinschneiden, die Oliven und die frischen Kräuter fein wiegen, das Tomaten- und Paprikamark mit Öl, Salz und Pfeffer kalt zu einer »heißen« Paste verrühren. Dazu die Langustinen, Eier, Oliven und Kräuter mischen und schließlich die geschälten, grob gewiegten Paranüsse. Ein Eßlöffel voll von dieser Füllung genügt für jedes

Plätzchen. Die Hälften wie eine Tasche zusammenklappen und die Ränder fest zusammendrücken. Die Oberfläche mit Ei bestreichen und die Plätzchen mit Mittelhitze in 30 Minuten hellbraun backen. — Diese Pastetchen sind eine pikante, warme Vorspeise.

2 Eßl. Öl, Salz, Pfeffer
200 g Langustinenschwänze oder Crevetten, 2 Eßl.
gehackte Paranüsse, 1 Ei

Brasilianischer Fischsalat

Eine feuerfeste Form oder ein Backblech mit Butter beflocken und mit Champignonscheiben und gehackter Petersilie bestreuen. Die Fische säubern, abhäuten, die Gräten auslösen und die Filets in die Form legen. Den Weißwein darübergießen und die Fische im Ofen 15 Minuten langsam gar ziehen lassen. Dann abkühlen lassen und die abgegossene Flüssigkeit in einer Schüssel mit Mayonnaise und Sahne binden, so daß eine Salatsauce entsteht. Auf einer flachen Schale Kopfsalatblätter ausbreiten und darauf die grob zerzupften Fischstücke und die Champignonscheiben häufen, darüber die Erbsen und Gewürzgurken verteilen und alles mit der Salatmayonnaise übergießen. Den Salat mit Vierteln hartgekochter Eier und Tomatenscheiben verzieren und mit Toast und Butter essen.

50 g Butter, ½ Tasse Champignons, ½ Tasse Petersilie, je 250 g Seezunge Goldbarschfilet, Scholle Schellfisch, 1 Tasse Weißwein, 2 Tassen Mayonnaise ½ Tasse dicke saure Sahne 2 Kopfsalate, 1 Tasse gekochte Erbsen, ½ Tasse geraspelte Gewürzgurken, 2 harte Eier, 2 Tomaten

Empanadas

Die Empanadas sind gefüllte kleine Teigrollen, die nicht im Ofen, sondern in reichlich heißem Fett gebacken werden. — Das gekühlte Schweineschmalz mit dem Mehl zwischen den flachen Händen zerreiben und zuletzt das Ei, Salz und Pfeffer daruntermischen und verkneten. Den Teig nun 1 Stunde kühl stellen. In der Zwischenzeit die Füllung vorbereiten: Die Zwiebelwürfel im heißen Fett dünsten, nach einigen Minuten die gehackte, grüne Paprikaschote, Hackfleisch und Tomatenmark dazugeben. Unter fleißigem Umrühren entsteht in der Pfanne eine dickliche Masse, die noch mit Rosinen, Oliven, gehacktem Ei, Tabascosauce, Salz, Pfeffer, Thymian und einer Prise Zucker angereichert wird. Dann auch die Füllung abkühlen lassen. Dabei wird das Fett steif und die Masse fest. Den Teig ganz dünn ausrollen und in sehr breite Streifen schneiden (etwa 12 cm). Die Mitte des langen Streifens recht dünn mit der Fleischpaste bestreichen und ihn der Länge nach aufrollen, so daß eine lange Rolle entsteht. Diese mit einem stumpfen Gegenstand in Abständen von 10 cm auseinanderdrücken und die Rolle in den Druckstellen in Stücke zerschneiden. Durch das vorherige Abdrücken erreicht man, daß sich die Teigenden schließen und beim Braten nicht so leicht aufbrechen. Trotzdem mit den Fingerspitzen noch einmal fest andrücken und auch die Teigkante auf der langen, oberen Seite anfeuchten und andrücken. Sie können die Teig-

100 g Schweineschmalz
500 g Mehl
1 Ei, Salz, Pfeffer
Füllung:
2 Zwiebeln
100 g Schweineschmalz
1 grüne Paprikaschote
500 g Rindshackfleisch
1 Eßl. Tomatenmark
50 g kernfreie Rosinen
2 Eßl. gehackte, grüne kernlose Oliven
1 hartgekochtes, gehacktes Ei
Tabascosauce
Salz, Pfeffer
1 Zweig oder ½ Teel. getrockneten Thymian
Prise Zucker
3 l Öl zum Backen

SÜDAMERIKA

stücke in einer Bratpfanne mit halbhohem Rand backen. Bequemer aber ist ein hoher Topf mit Öl, wie man ihn für das Backen von Pommes frites benützt. Die Hitze vorsichtig regulieren, damit das Fett nicht zu heiß wird und die Teigstücke nicht verbrennen. Die Empanadas sind gar, wenn sie obenauf schwimmen.

Kokosflockensuppe

SOPA DI COCO

2 l Rindsbouillon
125 g Kokosraspeln
⅛ l süße Sahne
2 Eßl. Stärkemehl
2 Eidotter, Salz
1 Prise Muskatnuß od. Macis
2 Eßl. Butterflocken
1 Eßl. gewiegte rote Paprikaschoten

In der Bouillon die Kokosraspeln auf kleinster Flamme 40 Minuten lang kochen, dann die Bouillon durch ein Sieb abgießen. Die Sahne mit dem Stärkemehl verrühren und damit die klare Suppe binden. Nach dem Aufkochen soll sie leicht sämig sein. Den Topf vom Feuer nehmen, die verquirlten Eidotter einrühren und die Suppe mit Salz und Muskatnuß oder Macis würzen. Macis ist die Fruchtschale der Muskatnuß und besitzt einen feineren Würzgeschmack. Kurz vor dem Servieren schlage ich mit einem Schneebesen die Butterflocken darunter, damit die Suppe angereichert und schaumig wird. Obenauf streue ich feingewiegte, rote Paprikaschoten.

Kalte Melonensuppe

SOPA DE MELON

1 Netzmelone, 1½ l Rindfleischbouillon, gesalzen
1 Zwiebel, 1 Eßl. Butter
2 Eßl. Stärkemehl, 1 Eßl. Zitronenmelissenblätter
1 Messerspitze Pfeffer
geriebene Nüsse, Eiswürfel

Die geschälte Melone in Würfel schneiden und etwa 20 Minuten in der Bouillon weich kochen. Feine Zwiebelwürfel in Butter schwach anrösten, das Stärkemehl dazurühren und die heiße Mischung mit einem Teil der Bouillon ablöschen. Mit den Melissenblättern und dem Pfeffer würzen und alles in die Suppe gießen. Noch einmal alles aufkochen und dann erkalten lassen. Mit geriebenen Nüssen bestreut und mit Eiswürfeln versetzt als erfrischende Suppe servieren.

Weizensuppe

500 g Hochrippe vom Rind
1 großen Markknochen
2 Zwiebeln in Würfeln
1 feingewiegte Knoblauchzehe, ½ Tasse zerdrückte Cracker (Weizenkekse)
Salz, 2 Kartoffeln
1 Tasse grüne Erbsen
2 Eßl. Weizenschrot
1 Orange

Rindfleisch, Knochen, Zwiebeln und Knoblauch zusammen in einer Kasserolle mit Wasser kochen. Den sich dabei bildenden Schaum abschöpfen. Nach 45 Minuten den Markknochen herausnehmen und die zerdrückten Weizenkekse dazugeben. Gründlich umrühren, bis die Kekse sich gelöst und die Flüssigkeit gebunden haben. Dann kommen Salz, Kartoffelwürfel und Erbsen dazu, die in der Suppe noch einmal 20 Minuten lang kochen sollen. Ich gebe außerdem Weizenschrot dazu und Würfel von frisch zerschnittenen Orangen, die ihren Saft behalten sollen, weshalb sie nicht mit umgerührt werden. — Ein Weißwein, etwa von der Saar, ist das beste Getränk zu diesem Gericht.

Gerstensuppe auf peruanische Art

Die Markknochen mit Lorbeerblatt, Salz, zerdrückten Pfefferkörnern und Zwiebelvierteln in reichlich Wasser 1 Stunde lang kochen. Die Graupen waschen, abgießen, mit neuem Wasser aufsetzen und 3 Minuten kochen, dann abgießen und trocken zu der Knochenbrühe geben, wo sie endgültig aufquellen sollen. Gemüse und Gewürz zufügen und die Knochen mit einem Schöpflöffel entfernen. Mit Schinkenstreifen und Sahne die Suppe noch verfeinern und gehackten Schnittlauch darüberstreuen. — Ich mag diese Suppe sehr gerne, wenn einige Backpflaumen in der Knochenbrühe mitgekocht werden. Sie können diesen obstsäuerlichen Geschmack auch durch Tomatenstücke erzielen, die Sie ganz zum Schluß in die Suppe legen.

4 Markknochen, 1 Lorbeerblatt, Salz, 10 Pfefferkörner 3 Zwiebeln, 500 g dicke Graupen, 2 Tassen geschnittenes Wurzelgemüse, Paprikapulver, Macis, 2 Tassen Schinkenstreifen, 1 Tasse Sahne, 1/2 Tasse Schnittlauch

Fischsuppe aus Ecuador

Die Fische waschen, die Flossen abschneiden und mit Lorbeerblatt, Zwiebeln, Knoblauch und kaltem Wasser aufs Feuer setzen. Ab dem Siedepunkt sind die Fische in 5 Minuten gar gezogen. Dann die Bouillon abgießen, die Fische enthäuten und die Gräten auslösen. Die Erbsen gesondert kochen; die Zwiebelwürfel in einer Pfanne dünsten; die Tomaten einschneiden, im Ofen backen oder mit heißem Wasser brühen und dann abziehen. Die Tomaten und Zwiebeln in der Pfanne miteinander verrühren, bis sich die Masse leicht verdickt hat. Mit dem abgegossenen Fischwasser auffüllen und die Oliven, die Paprikaschote, den Zimt, die Champignonscheiben und die frischen Kräuter dazugeben. Die Suppe 5 Minuten kochen, mit Salz und Pfeffer abschmecken, die Fischstücke und Erbsen einlegen und obenauf noch geröstete Weißbrotwürfel streuen. — Ich lege noch einige geschälte Zitronenscheiben darauf.

500 g Goldbarsch, 500 g Schellfisch oder Kabeljau 2 Lorbeerblätter, 2 Zwiebeln 2 Zehen Knoblauch 2 l Wasser, 2 Tassen Erbsen 1 Tasse Zwiebelwürfel, 5 Tomaten, 1 Tasse gewiegte grüne Oliven, 1 Paprikaschote in Würfeln, Messerspitze Zimt, 1/2 Tasse Champignons, 1 Tasse gehackte Kräuter, Salz, Pfeffer Weißbrotwürfel

Muschel-Auflauf

Die Muscheln mit Salzwasser bedeckt 10 Minuten lang kochen. Die Körper dann ausbrechen und säubern. Inzwischen das Fett zerlassen und darin die Schinken- und Paprikaschotenwürfel und den Schnittlauch 5 Minuten lang dünsten. Das Mehl einstreuen, eine Tasse Muschelbrühe einrühren und den Topf vom Feuer nehmen. Nun kommt alles übrige in diese Sauce, nämlich: die Muschelkörper, die Erbsen, Salz, Pfeffer, Knoblauchsalz, Weißwein und Sahne. Diese Mischung dann in eine gebutterte, feuerfeste Auflaufform gießen, mit geriebenem Käse bestreuen und im Ofen 10 Minuten goldbraun überkrusten. — Allein mit Toast und Butter schmeckt das Gericht am besten.

500 g Miesmuscheln, Salz 2 Eßl. Butter oder Margarine 3 Tassen Schinken, 2 Eßl. gewiegte Paprikaschote 1 Eßl. Schnittlauch, 2 Eßl. Mehl, 2 Tassen gekochte Erbsen, Pfeffer, 1/2 Teel. Knoblauchsalz, 1 Tasse Weißwein, 1/2 Tasse saure Sahne, geriebenen Käse

SÜDAMERIKA

CONGRIO EN FUENTE
A LA CHOLENA

1 kg See-Aalstücke, 125 g Speck, Salz, Pfeffer, 1 Tasse Zwiebeln, 2 Eßl. Mehl 4 Knoblauchzehen, Messerspitze Majoran, Messerspitze Nelken, 1/2 Teel. Kümmel, 1/2 Zitrone, 2 Eßl. Tomatenmark, 2 rohe Kartoffeln, 1/2 Dose Maiskörner 1 Tasse Sahne, 1 Teel. Paprika

See-Aal in der Kasserolle

Den ausgenommenen Aal in Portionsstücke zerschneiden, diese mit zerlassenen Speckwürfeln, Salz, Pfeffer und Zwiebelwürfeln braun anbraten, mit Mehl bestäuben und weiterbräunen. Nun Knoblauchmus, Majoran, Nelken, gehackten Kümmel, abgeriebene Zitronenschale, Tomatenmark, hauchdünne Kartoffelscheiben, Maiskörner, Sahne und Paprikapulver dazugeben. Am besten verrühren Sie das Tomatenmark mit der Sahne und dem Paprikapulver gründlich und träufeln diese Mischung über das Gericht. Den Topf verschließen und das Gericht im Ofen bei 220°C garen. — Reichen Sie dazu hartgekochte Eihälften und Butter-Toast und zum Trinken helles Bier.

ARROZ CON PESCADO

1 1/2 Tassen Patna-Langkornreis, Salz, 4 Eßl. Butter oder Margarine, 2 Eßl. Zwiebelwürfel, 1 zerdrückte Knoblauchzehe, 4 Seezungenfilets oder 2 Goldbarschfilets 1/2 Teel. Pfeffer, 2 Eßl. Streifen roter Paprikaschoten 2 Eßl. Petersilie, 1/2 Gas Weißwein, 1/2 Teel. Zucker

Columbianisches Fischgericht mit Reis

Den Reis 15 Minuten lang in Salzwasser kochen und dann abgießen. In einer Kasserolle in Fett die Zwiebelwürfel und den Knochlauch hellbraun andünsten, die in feine Streifen geschnittenen Fischfilets einlegen und mit Salz und Pfeffer würzen. Nach etwa 5 Minuten den Reis dazugeben, der wieder heiß werden soll. Zum Schluß noch Paprikaschoten, Petersilie, Wein und Zucker daruntermengen und das Pfannengericht sehr heiß servieren. — Dazu passen frische Salate, zum Beispiel ein Salat aus Chicoréestreifen mit Äpfeln und frischen Grapefruitstücken vermischt. Ein Weißwein mundet sehr gut zu diesem Gericht, etwa ein Mosel oder, wer einen schwereren Wein vorzieht, dem sei ein Rheingauer Wein empfohlen.

4 dicke Scheiben Lachs Salz, Butter oder Margarine für die Form 1 Tasse feine Zwiebelwürfel 1 Tasse Kokosraspeln 1 Tasse Petersilie 4 Eßl. Butter, 4 Eier 1 Tasse süße Sahne 1 Eßl. Paprikapulver

Lachs mit Kokosraspeln gedünstet

Die Lachsscheiben nur waschen und salzen. Mit Butter ein breites, feuerfestes Geschirr ausstreichen, darauf feine Zwiebelwürfel, Kokosraspeln und gehackte Petersilie streuen. Darüber nebeneinander die Lachsscheiben legen. Mit zerlassener Butter beträufeln, mit verquirltem Eier-Sahneguß übergießen und als Abschluß mit dem Paprikapulver bestäuben. Das Gericht im Ofen 25—35 Minuten lang garen. Dabei soll sich eine goldbraune Kruste bilden. — Als Beilage passen entweder Butterkartoffeln oder Reis. Und an heißen Tagen ein südamerikanischer Teebecher. Dafür 4 Eiswürfel in ein Limonadenglas legen und starken Tee darübergießen, der sofort abkühlt. Dazu kommen noch ein Gläschen Rum, eine Zitronenspirale und 2 Maraschinokirschen.

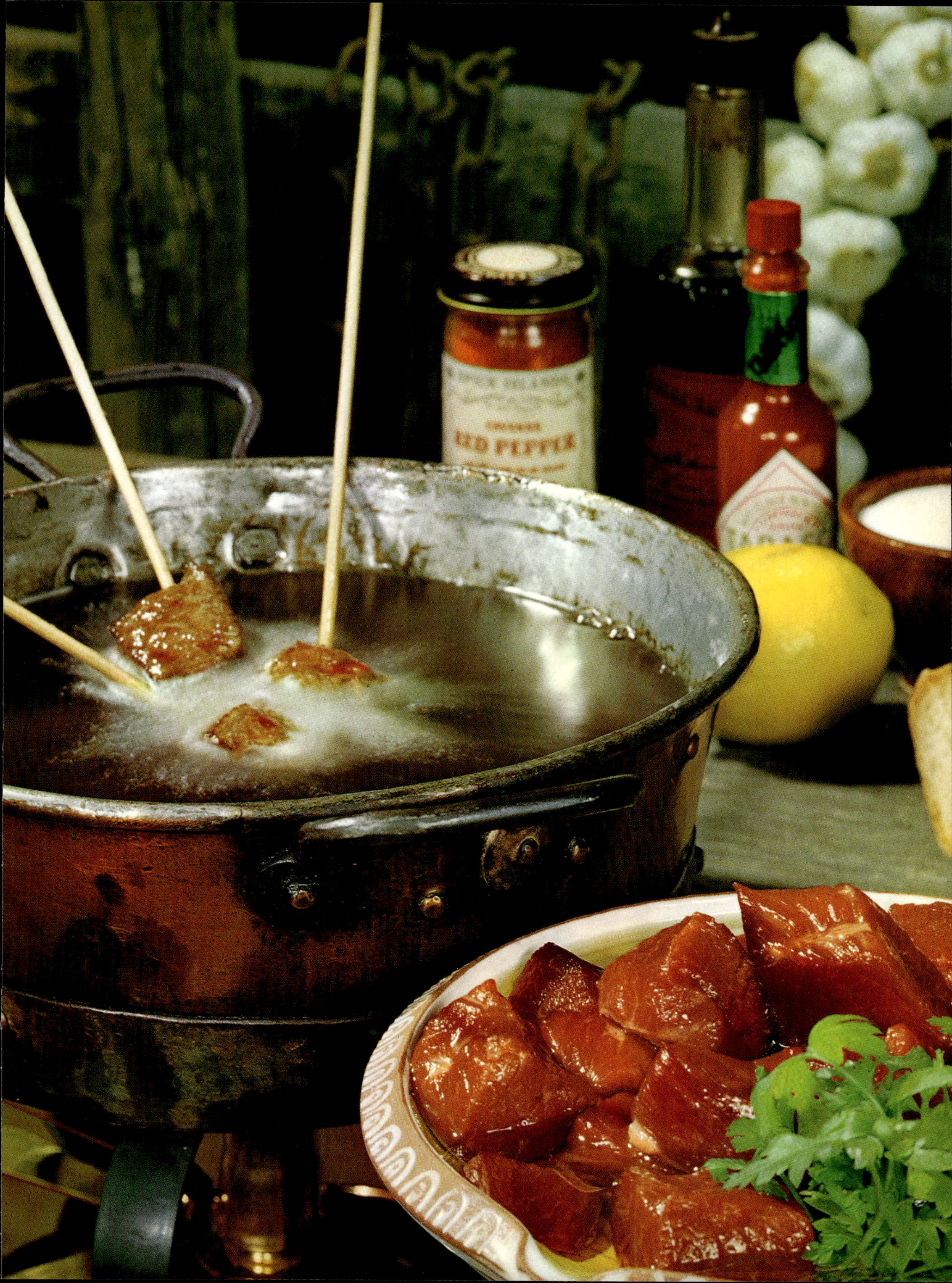
RED PEPPER

APPETITHAPPEN FÜR MÄNNER

Die Würzen sind weise zu nützen. Gerade die Rindfleischbrocken vertragen vielerlei Würzung durch Salzmischungen und geriebene Pfefferschoten, die den Reiz der südamerikanischen Küche ausmachen. Auch fertige Würzmischungen und Aromate eignen sich gut, die oft mit dem Zaubermittel Glutaminsäure angereichert sind. Diese Säure hat die Eigenschaft, den typischen Geschmack bestimmter Speisen zu intensivieren und die empfindlichen Gefäße der Zunge für diesen Geschmack empfänglicher zu machen. Zur richtigen Würze gehören ferner die superscharfe Tabascosauce, gewonnen aus den frischen zerriebenen Chili-Pfefferschoten, dann Paprika als Pulver – am besten die hellrote, mildere Qualität an Stelle der dunkleren – und schließlich die Worcestershiresauce, die eigentlich aus England stammt, aber heute auch in großem Maße bei uns hergestellt wird. Mit diesen Gewürzen – und was man sonst noch alles im Vorrat hat, wie zum Beispiel die vielen Salzmischungen mit Selleriesaat, mit Knoblauchöl, mit Räuchergeschmack und andere – werden die Marinaden bereitet, in denen die Fleischwürfel einige Stunden liegen sollen. Dann erst werden sie im heißen Fettbad geröstet.

Rezept auf Seite 432

SÜDAMERIKA

Gebackene Ochsenhachse

Die beiden Hachsen aufschneiden, dann in Salzwasser so lange kochen, bis die Knochen leicht herauszulösen sind. In einer Rührschüssel den Sherrywein mit Muskatnuß, Muskatblüte, Nelken, Zitronensaft, Schnittlauch, Essig und Butter zu einer Paste verrühren, mit der das in dicke Streifen geschnittene Hachsenfleisch bestrichen wird. Die Streifen in Brösel wälzen, fest andrücken und dann schwimmend in Öl goldbraun ausbacken. Weil häufig eine Abneigung gegen das Backen im tiefen Fett anzutreffen ist, erwähne ich, daß man dieses Gericht auch in einer gebutterten Ofenpfanne, beträufelt mit zerlassener Butter oder Margarine, backen kann. — Tomatensauce und Pommes frites passen in beiden Fällen dazu.

2 Ochsenhachsen, Salz
2 Gläser Sherrywein
je 1/2 Teel. Muskatnuß
Muskatblüte, Nelken, alles
gemahlen, 1/2 Teel. Zitronensaft, 1 Eßl. gehackten
Schnittlauch, 1 Eßl. Essig
1 Eßl. Butter, 2 Tassen
Semmelbrösel, Öl

Chilenisches Rindfleischragout

Zerlassen Sie in einem großen Topf das Fett und rösten Sie darin die Fleischwürfel, die Zwiebelscheiben und die Paprikaschotenstreifen an. Sobald das Fleisch allseitig braun ist, die rohen Kartoffelwürfel einlegen, die ebenfalls Farbe annehmen sollen. Danach den Reis, die Kürbiswürfel, die Erbsen, die Maiskörner und das Wasser dazugeben, so daß alles mit Flüssigkeit umgeben ist. Dieses Ragout eine Stunde lang kochen, ab und zu umrühren und zuletzt mit den Gewürzen abschmecken. In der noch leeren Suppenterrine die Eigelbe verquirlen und darüber das Ragout gießen. Nur mit dem Schöpflöffel noch durchrühren. — Das Gericht mit Reis oder Butterkartoffeln zu Tisch bringen. Weißer Burgunderwein paßt am besten dazu; auch weißer trockener Graves-Wein aus dem Bordeauxgebiet.

8 Eßl. Butter od. Margarine
750 g Rindfleisch, 2 Zwiebeln
1 Tasse Paprikaschotenstreifen, 2 Kartoffeln
1 Tasse Langkornreis
2 Tassen Kürbiswürfel
1 Tasse grüne Erbsen
1 Tasse Maiskörner (aus Dosen), 4 Tassen Wasser
Salz, Pfeffer, Paprikapulver
Cayennepfeffer, 4 Eigelbe

Rindfleischragout mit Früchten

CARBONADA CRIOLLA

Zwiebelwürfel und Knoblauchscheiben in einer Kasserolle mit Fett anrösten. Darauf die kleinen Fleischwürfel legen sowie Tomaten und Thymian. Mit Salz und Pfeffer würzen und fleißig umrühren, damit alle Stücke anschmoren. Sobald der Kochpunkt erreicht ist, weitere Butter, Maiskörner, Möhrenraspeln und Bouillon dazugeben. Alles gut miteinander vermischen und kochen lassen. Nach 30 Minuten kommen die Melonenscheiben, Pfirsichhälften, Backpflaumen, Apfelringe und die saure Sahne darauf. Im bedeckten Topf das Gericht noch weitere 20 Minuten auf kleiner Flamme schmoren lassen, damit sich die verschiedenen Geschmackskomponenten miteinander vermischen. — Das Ragout im Kochtopf anrichten und die Früchte erst zum Schluß daruntermischen. Dazu gebackene Kartoffelscheiben reichen.

2 Zwiebeln, 2 Knoblauchzehen, 100 g Butter oder
Margarine, 750 g Rindfleisch, 2 Tomaten, 1 Zweig
Thymian, Salz, Pfeffer, 4 Eßl.
Maiskörner, 2 Eßl. Möhrenraspeln, 4 Tassen Rindfleischbouillon oder Wasser
4 Melonenscheiben, halbiert
2 Pfirsichhälften, 4 Backpflaumen, 4 Apfelringe
1/2 Tasse saure Sahne

SÜDAMERIKA

CHURRASCO REBOZADO
Schnitzel in der Eihülle

4 dünne Kalbsschnitzel (à 180 g), Öl, Salz, Pfeffer Oregano
Teig: 3 Eier, 125 g Mehl
1 Eßl. Butter oder Margarine Salz, Schnittlauch
Mehl, Fett zum Backen
2 Eßl. geriebenen Hartkäse

Die dünn geklopften Schnitzel einige Stunden in die Beize aus Öl, Salz, Pfeffer und Oregano legen. Aus den Eiern, dem Mehl, dem Fett, Salz und Schnittlauch mit Wasser einen dickflüssigen Eierkuchenteig bereiten. Die Schnitzel noch salzen, in Mehl wälzen und dann durch den Eierkuchenteig ziehen und in der Pfanne mit Fett braun braten. Aber nur auf mittelheißer Flamme, damit die Eierkuchenschale nicht verbrennt. Über die gebackenen Schnitzel geriebenen Käse streuen und mit Tomatensalat und gebackenen Kartoffelbreiklößen servieren.

ISCAS A BRASILEIRA
Kalbsleber auf brasilianische Art

750 g Kalbsleber
1 Knoblauchzehe, 1 Zwiebel
½ Lorbeerblatt
1 Glas Weißwein
½ Teel. Oregano
Pfeffer, Salz
1 Zitrone
5 Eßl. Butter oder Margarine
3 reife Bananen
1 Eßl. Rum

Die in feine Scheiben geschnittene Leber einige Stunden in eine Marinade aus Knoblauch- und Zwiebelscheiben, Lorbeerblatt, Weißwein, Gewürzen und ausgepreßtem, frischem Zitronensaft legen. Die Leber darin öfter wenden. In einer hochwandigen, großen Pfanne das Fett erhitzen und darin die abgetropften Leberstücke beidseitig braten. Die Stücke daraufhin warm stellen. Nun die Marinade in das Bratfett gießen und etwas eindampfen lassen. Inzwischen die Bananen zu Mus zerdrücken, den Rum dazurühren und davon auf jede Leberscheibe beim Anrichten einen Löffel voll setzen. Darüber noch die heiße Sauce gießen. — Mit Weißbrot und Rotwein diese Leberscheiben zu Tisch bringen.

ASSADO
Spießbraten oder Grillsteak

2 kg Hammel- oder Schweinerücken
Würzsauce:
Salz, Pfeffer
Worcestershiresauce
Tabascosauce
geriebene Zwiebeln
Knoblauchsalz
Paprika
Öl zum Bestreichen

So ganz wird uns der echte Asado nicht gelingen, oder nur, wenn wir einen Freilandgrill oder besser einen Spieß besitzen. — Nehmen Sie einen halben Hammelrücken mit Rippen oder ein Stück von einem jungen Schweinsrücken mit Rippen. Den Spieß durch die Längsseite stecken, damit er sich gleichmäßig und leicht in der Aufhängung drehen läßt. Achten Sie darauf, daß der Spieß genau an dem Knochen entlang eingesteckt wird. Dadurch bekommen Sie eine gleichmäßige Verteilung des Gewichtes. Den Rücken mit einem spitzen Messer oberflächlich kreuzweise einritzen und eine Mischung aus den angegebenen Gewürzen und Saucen darübergießen. Das Fleisch dann mit Öl bestreichen und über glimmendem Holzkohlenfeuer, oder der Glut, braten. Das dauert je nach Größe des Fleischstückes 45–60 Minuten, das Sie dabei stets drehen und immer wieder mit der Würzsauce übergießen müssen. — Dieser Spießbraten lohnt sich aber nicht für weniger als 6 bis 8 Personen herzustellen.

SÜDAMERIKA

Kreolisches Lammragout

Das Lammfleisch in mundgerechte Würfel schneiden und alles sichtbare Fett ablösen. In einem breiten Topf das Fett erhitzen und darin zuerst die Zwiebelscheiben andünsten und nach einigen Minuten die Fleischwürfel dazugeben. So lange umrühren, bis das Fleisch angebräunt ist. Dann Currypulver und Mehl darüberstäuben und beides mit anbräunen. Das geht sehr schnell und deshalb bitte ständig umrühren. Dazu nach und nach die heiße Bouillon gießen und Kräuter, Salz und Pfeffer einrühren. In 40 Minuten ist das Ragout weich gedünstet. — Dazu körnigen Reis und grüne Buttererbsen servieren. Als Getränk paßt am besten Bier oder vielleicht eine weiße Schorle (Weißwein und Selterswasser mit Zitronenrad im Glas).

750 g Lammfleisch ohne Knochen oder 1,2 kg mit Knochen, 1 Tasse Butter oder Margarine, 4 Zwiebeln 2 Eßl. Currypulver, 2 Eßl. Mehl, 4 Tassen Rindfleischbouillon, 2 Eßl. Petersilie 2 Eßl. gemischte Küchenkräuter (getrocknet im Handel), Salz, Pfeffer

Ente mit Sauerkirschen

Die ausgenommene und gewaschene Ente in vier gleich große Teile zerschneiden. Die Stücke auf beiden Seiten in Paprikapulver drehen, salzen, pfeffern, in eine Bratpfanne mit Öl und Butter legen und braun braten. Dann zerschnittene Knoblauchzehen darüberstreuen und die Pfanne für eine Stunde in den Ofen schieben. Danach sind die Stücke gar und werden auf eine vorgewärmte Platte gelegt. Den Bratensaft mit Bouillon löschen, mit den entsteinten Sauerkirschen versetzen und den gemahlenen Zimt zufügen. Im offenen Topf etwas von der Flüssigkeit verdampfen lassen. Die Sauce mit Mehlbutter binden, mit Madeirawein verfeinern und den Geschmack mit Zucker abrunden. Diese Sauce extra zu den Entenstücken servieren und dazu Pommes frites oder Kartoffelbrei.

1 kleine Fleischente, 2 Eßl. Paprika, Salz, Pfeffer 100 g Butter oder Margarine 2 Eßl. Öl, 1 Knoblauchzehe 1 Tasse Rindfleischbouillon 3 Tassen Sauerkirschen 1 Messerspitze gemahlenen Zimt, 1 Eßl. Mehl und 2 Eßl. Butter verknetet 1/2 Glas Madeirawein 1/2 Teel. Zucker

Täubchen in Weißweinsauce

Die gesäuberten, ausgenommenen und gewaschenen Tauben mit Salz bestreuen und in einer Pfanne in Butter oder Margarine goldgelb braten. Dann mit dem Wein ablöschen und die Gewürze und Kräuter dazugeben. Den Topf verschließen und das Gericht auf kleiner Flamme in etwa 40 Minuten gar schmoren lassen. Danach das Stärkemehl mit Butter zu einer Paste verkneten und in die Sauce einschlagen, damit sich diese leicht verdickt. — Dazu empfehle ich Artischockenböden aus Dosen, in Butter gewärmt und mit einem Löffel Gänselebercreme gefüllt. Außerdem Pommes frites und einen Bordeaux-Rotwein aus dem St. Emilion, wie zum Beispiel einen weichen Chateau Montbousquet.

4 Tauben, Salz 3 Eßl. Butter oder Margarine 2 Tassen Weißwein aus Rheinhessen 1/2 Tasse feine Zwiebelwürfel 1 Eßl. geschnittene Zitronenmelisse, 1 Eßl. gehackte Petersilie, 1/2 Teel. gekörnte Brühe, 1 Eßl. Stärkemehl 1 Eßl. Butter

SÜDAMERIKA

Huhngericht mit Schweinefleisch aus Kolumbien

PIQUETE

*3 Zwiebeln in Würfeln
2 Knoblauchzehen in feinen
Scheiben, 3 Eßl. Petersilie
2 Teel. Salz, ¹/₂ Teel. Cayenne, 1 Teel. Kümmel
750 g Huhnfleisch
4 Schweinekoteletts, 6 Kartoffeln, 3 Eßl. Maiskörner
3 Eßl. Erbsen, 2 Eßl. Semmelbrösel, ¹/₄ l Milch, 4 Eßl.
Zwiebelwürfel, 2 Tomaten
2 Eßl. Käse, 2 Teel. Salz
Pfeffer, ¹/₂ Teel. Paprika*

Zwiebeln, Knoblauch, Petersilie, Salz, Cayennepfeffer und Kümmel gründlich miteinander zerreiben. Damit die Huhnstücke bestreichen und diese eine Nacht in den Kühlschrank legen, damit sich die Schärfe und Farbe der Gewürze ganz dem Fleisch mitteilen. Am nächsten Tag das Huhnfleisch auf kleiner Flamme mit Wasser und der restlichen Würzpaste gar kochen. Die Fleischstücke dann herausstechen und in Butter braun braten. Zugleich auch die Schweinekoteletts. Beide Fleischarten nun zusammen auf eine Platte legen und warm stellen. In der Hühnerbouillon die Kartoffelwürfel, Maiskörner und Erbsen kochen. Mit diesem Gemüse den Rand der Fleischplatte garnieren. Darüber kommt eine Sauce aus milchgeweichten Bröseln, vermischt mit gebräunten Zwiebelwürfeln, Tomaten, geriebenem Käse, Salz, Pfeffer und Paprikapulver — alles zusammen einmal aufgekocht. — Dieses Gericht bekommt Ihnen am besten mit einem Gläschen Schnaps.

Huhnragout mit feinen Gemüsen

*1 Suppenhuhn, 2 Suppengrün, 1 Teel. Salz, 80 g
Butter, 125 g Champignons
Salz, 1 Teel. Curry, 1 Teel.
Paprika, 1 Eßl. Petersilie
2 Eßl. Mehl, 1¹/₂ Tassen
Hühnerbrühe, 2 Eigelbe
250 g gekochten Spargel
4 Palmenherzen (aus Dosen)
1 Tasse saure Sahne
geriebenen Käse*

Das Suppenhuhn mit reichlich Suppengrün und Salz gar kochen. Das dauert je nach Alter und Mastzustand 1–1³/₄ Stunden. Nach dem Abkühlen das Huhn in vier gleiche Teile zerlegen. In einer Kasserolle in Fett die Champignonscheiben erhitzen, mit Salz, Curry, Paprikapulver und Petersilie würzen und das Mehl darüberstreuen. Einige Minuten lang umrühren und dann mit Hühnerbrühe ablöschen. Die Kasserolle vom Feuer nehmen und unter die Sauce die Eigelbe ziehen. Jetzt in eine feuerfeste Form zuunterst den gekochten Spargel legen, darüber die Huhnstücke und dann die abgetropften Palmenherzen. Die Sauce noch mit Sahne verfeinern und darübergießen. Mit Käse bestreuen und das Gericht im heißen Ofen rasch überkrusten lassen. — Reis und Weißwein sollten Sie dazu servieren.

CHILI CON CARNE

Rotes Pfefferfleisch

*500 g weiße Bohnenkerne
Salz, 500 g durchwachsenes
Rindfleisch (Hochrippe
Brust), 500 g Schweinenacken, 500 g Tomaten
2 Eßl. Öl, 2 Zwiebeln
1 Knoblauchzehe
2 Eßl. Maismehl, ersatz-*

Dieses Gericht ist die südamerikanische Landesspezialität. Es vereint die typischen Produkte des Landes: Rindfleisch, Paprika und Bohnen. — Die Bohnenkerne am Abend vorher in Wasser einweichen und am anderen Morgen mit neuem Wasser und mit Salz etwa eine Stunde lang weich kochen. Nach 40 Minuten das kleingewürfelte sehnen- und knochenfreie Fleisch dazugeben. Wenn das Fleisch weich ist, die gebrühten und geschälten Tomaten, die vorher in Fett angebräunten Zwiebelringe und den zerriebenen Knoblauch einlegen. Das Maismehl mit Wasser anrühren, kurz quellen lassen und damit das Fleisch-Bohnenragout binden. Das Gericht mit Pfeffer, Paprikapulver und Paprikaschotenwürfeln würzen und noch einmal 10—15 Minuten kochen lassen. — Dazu entweder gekochten körnigen Reis oder gebackene Kartoffelscheiben reichen. Bier löscht den dabei entstehenden Durst sicher am besten.

weise Semmelbrösel
Pfeffer, Paprikapulver
2 rote Paprikaschoten

Westindischer Pfeffertopf

WESTINDIAN PEPPERPOT

Das Gemüse in kleine Stücke oder Streifen schneiden und zusammen mit dem gewürfelten Schweine- und Hammelfleisch in einem großen Topf mit Fett braun anrösten. Dann kommt das Mehl dazu, das Paprikamark und -pulver, die geschälten, ausgedrückten Tomaten und die Gewürze. Die Bouillon dazugießen und das Ragout 45 Minuten lang schmoren und weich kochen lassen. Während der letzten 10 Minuten die gekochten, geschälten Langustinenschwänze und die gartenfrischen Erbsen mitkochen lassen. In dieses Gericht kommen außerdem Mehlklößchen, die man so zubereitet: Mehl mit Backpulver sieben, das Fett mit dieser Mischung zwischen den flachen Händen zerreiben und mit wenig kaltem Wasser zu einem dicken Teig verkneten. Diesen ausrollen, Quadrate ausschneiden und mit etwas kleingeschnittenem, schon gekochtem Ragoutfleisch belegen. Die Teigstücke zusammenfalten und zu Klößen formen. Sie sollen in dem Ragout, das im zugedeckten Topf schmort, im Dampf aufgehen. Dazu wird meist etwas Wasser oder Bouillon nachgefüllt werden müssen. Zu diesem Gericht sind keine weiteren Beilagen nötig, da es eine Art Eintopf ist.

1 Weißkohl, 2 Möhren
1 Handvoll Spinatblätter
3 Zwiebeln, 1/2 Sellerieknolle
2 Stangen Porree, 250 g
Schweinenacken, gepökelt
500 g Hammelfleisch
Butter oder Margarine
2 Eßl. Mehl
2 Eßl. Paprikamark, 2 Eßl.
Paprikapulver, edelsüß
4 Tomaten, Salz, Pfeffer
5 Tassen Rindfleischbouillon
2 Tassen Langustinen-
schwänze, 1 Tasse Erbsen
Klöße: 125 g Mehl
1/2 Backpulver, 30 g Fett

Argentinisches Fleischgericht

PANADA

Dieses auf den riesigen Rinderfarmen sehr beliebte Gericht ist eigentlich eine Resteverwertung des Bratens vom Vortage. Es wird als Fleischpudding zu Brot gegessen oder als Füllung für Teigwaren verwendet. — Knoblauch und Zwiebeln fein zerschneiden und in Öl andünsten, aber nicht braun werden lassen. Die Bratenreste durch den Fleischwolf drehen (grobe Scheibe) und dann in die Pfanne zu den Zwiebeln geben. Die gewässerten, entgräteten und feingeschnittenen Sardellen, die Kapern und die Gewürze mit den Kräutern zufügen. Diese Mischung mit etwas Bouillon versetzen, mit dem Mehl bestäuben und weich dünsten. Aber bitte auf sehr kleiner Flamme unter häufigem Umrühren, weil die Masse leicht anbrennt. Die Flüssigkeit verdampft beim Dünsten. Das fertige Fleischmus zu trockenem Weißbrot oder mit Erbsen und gedünsteten Pilzen servieren. Sie können damit aber auch Blätterteig-Taschen oder ähnliches füllen.

3 Knoblauchzehen
2 Zwiebeln, 5 Eßl. Öl
500 g Bratenreste
70 g Sardellenfilets
1 Eßl. feine Kapern
Pfeffer, Salz, Majoran
Thymian, Schnittlauch
Petersilie
1 Tasse Bouillon
1/2 Eßl. Mehl

SÜDAMERIKA

PUCHERO
Nationaleintopf
Farbfoto Seite 447

1 Kalbsfuß
250 g Rindfleisch
½ Suppenhuhn oder
2 Tauben oder 1 Hähnchen
oder ¼ Puter
½ Sellerieknolle, 4 Möhren
4 Zwiebeln in Scheiben
2 große Kartoffeln
2 Tomaten, 2 Maiskolben
Stück Kürbis
2 Stangen Porree, Salz

Den Kalbsfuß sauber waschen und mit einem Beil halbieren, das Rindfleisch in dicke Würfel schneiden, das Geflügel ausnehmen, absengen, vierteln und waschen. Das Gemüse putzen, waschen und in Stücke schneiden. In einem großen Suppentopf das Wasser mit Salz zum Kochen aufsetzen und alle Zutaten auf einmal in das kochende Wasser legen. Den Eiweißschaum immer wieder abschöpfen. Das Gericht zwei Stunden lang schwach kochen lassen. Das Gemüse zerfällt dann bereits und das Fleisch läßt sich leicht von den Knochen lösen. Die Knochen heraussuchen und die größeren Fleischstücke in Streifen oder Würfel schneiden. — Sie können den Puchero als Eintopf servieren oder nach spanischer Sitte in drei Portionen, nämlich das Fleisch extra, das Gemüse extra und die Suppe extra.

HUEVOS RANCHEROS
Eier auf Farmer-Art

1 Tasse gehackte Zwiebeln
2 Knoblauchzehen
2 Eßl. Öl
1 rote Paprikaschote
4 Tomaten, Salz, Pfeffer
Paprikapulver
8 Scheiben Weißbrot
8 Eier

Gehackte Zwiebeln und den in feine Scheiben geschnittenen Knoblauch in Öl bräunen und dazu die feinen Streifen der Paprikaschote, die gehäuteten Tomaten, Salz, Pfeffer und Paprikapulver mischen. Unter Umrühren alles 15 Minuten lang dünsten. Dabei sollen die Tomaten musig und zerdrückt werden. Das Weißbrot auf beiden Seiten in Fett schwimmend rösten, herausnehmen und auf ein Sieb zum Abtropfen und Warmhalten legen. Die Eier als Spiegeleier in der Pfanne braten und je eines auf eine Weißbrotscheibe legen. Darüber kommt die Farmersauce. — Mit Kopfsalat oder Selleriesalat mit Äpfeln essen und einen Rotwein dazu trinken.

CROQUETTE DE MILHO
Gebackene Maisküchlein

50 g Butter oder Margarine
4 Tomaten, 1 Tasse
Zwiebelwürfel, 1 Tasse
Maiskörner, Salz, Pfeffer
½ Tasse süße Sahne
½ Tasse feine Würfel roter
Paprikaschoten
1 Tasse Milch
2 Eßl. Mehl, 2 Eier
2 Tassen Weißbrotkrumen
oder Zwiebackbrösel
100 g Butter oder Margarine

In einer Pfanne das Fett heiß werden lassen und darin Tomaten, Zwiebelwürfel und Maiskörner mit Salz und Pfeffer andünsten, bis die Maiskörner zerfallen. Alles zusammen nun in einen Topf schütten und etwas von der Maisdosenflüssigkeit und etwas Sahne dazugeben. Unter fleißigem Umrühren dünsten, bis es ein fester Brei wird. Zu diesem die Würfel der roten Paprikaschoten, Milch, Mehl und — vom Feuer genommen — die Eidotter mischen. Sobald die Masse etwas abgekühlt ist, den steifen Eischnee darunterziehen. Daraus Bällchen formen, diese in Bröseln wälzen und in einer Pfanne mit heißer Butter goldbraun backen. Das geht sehr schnell. — Mit einer Sauce aus Paprikamark mit zerschnittenen, grünen Oliven und gewiegten Perlzwiebeln zu gerösteten Bauchspeckscheiben servieren. Rotwein ist dazu das beste Getränk.

SÜDAMERIKA

Avocado Brasilia   ABACATE BRASILIA

Die Avocados, diese birnenförmigen Früchte mit dunkelgrüner, dicker Schale und einem sehr großen, harten Kern, kann man seit einigen Jahren auch hier kaufen. Die Früchte schälen, halbieren, den Kern auslösen und das Fleisch in große Würfel schneiden. In einer Kasserolle den Mokka mit Zucker, Kirschwasser und Gelatine verrühren und einmal aufkochen lassen. Die Avocadowürfel in vier Sektkelche verteilen, mit der heißen Flüssigkeit übergießen und sie erstarren lassen. Obenauf noch mit Schlagsahne und Makronen garnieren.

4 reife Avocados
2 Tassen Mokka
1 Eßl. Zucker
2 Eßl. Kirschwasser
3 Blatt weiße Gelatine
125 g Schlagsahne
Makronen

Bolivianisches Früchtedessert

Das Fleisch der frischen Kokosnuß in Stücke schneiden und fein pürieren. Wenn Sie es im Elektromixer machen, etwas Kokosmilch als Kontaktflüssigkeit dazugeben. Das Püree mit der übrigen Kokosmilch aufkochen, zusammen mit Vanillezucker, Zucker, Sultaninen und dem Apfelsinensaft. Den Topf vom Feuer nehmen und den Grand Marnier und die Eigelbe dazuschlagen. Diesen Fruchtbrei in gebutterte Muscheln (Ragout fin-Muscheln) füllen und darüber einen Hauch gemahlenen Zimt stäuben. 10 Minuten lang im Ofen mit Oberhitze bei 180—200° C überbacken. Das Dessert warm servieren und süße Schlagsahne extra dazu reichen.

1 Kokosnuß
1 Päckchen Vanillezucker
2 Eßl. Zucker
2 Eßl. Sultaninen
Saft einer Apfelsine
2 Teel. Grand Marnier
4 Eigelbe, 1 Teel. Zimt
¼ l süße Schlagsahne

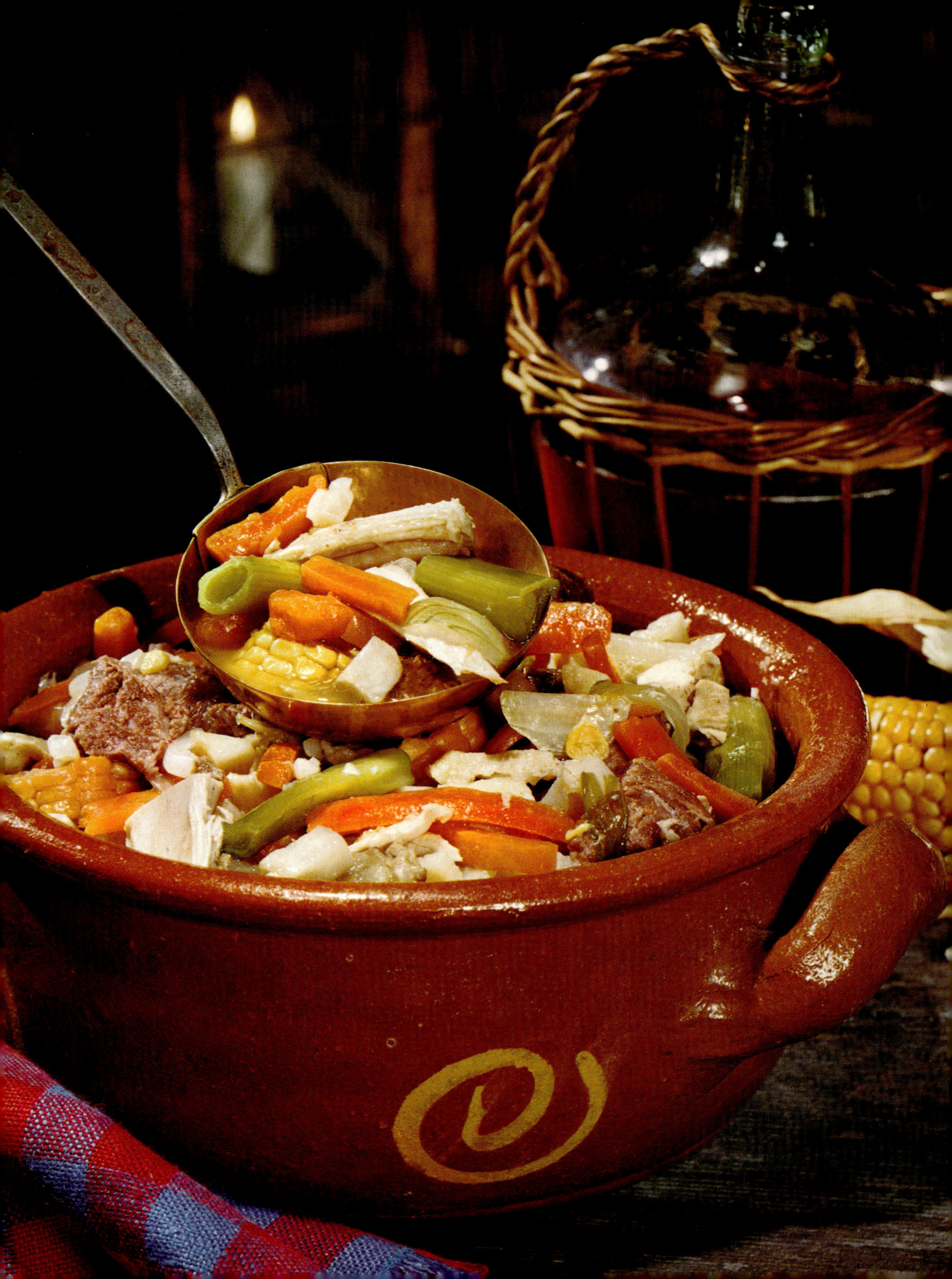

PUCHERO *Südamerikanischer Nationaleintopf*

Bunt gemischte Eintöpfe finden wir in fast allen Landesküchen. Sie werden meistens nach einem bestimmten Schema gekocht, nur wechseln die Zutaten, die sich nach den Landesfrüchten richten. Dieser Puchero ist schärfer als sein französischer Verwandter Pot-au-feu, dicker eingekocht als sein roter Vetter aus Rußland, Borschtsch genannt, reicher zubereitet als seine spanische Tante Olla Podrida. Wichtig ist die Verwendung sehr frischer Gemüse und bester Fleischsorten, wovon die durchwachsenen Teile am besten munden. Überschüssiges Fett, das auskocht, können Sie abschöpfen.

Rezept auf Seite 444

Menüvorschläge

Spezialitäten aus verschiedenen Ländern im Rahmen eines Essens zu servieren, ist von besonderem Reiz. Allerdings sollten dabei die einzelnen Gänge sorgfältig aufeinander abgestimmt sein. Anregungen dazu wollen diese Menüvorschläge geben. Die Zahlen am rechten Rand bezeichnen die Seiten, auf denen Sie die Rezepte finden.

Pfälzer Rotweinsuppe	*Deutschland*	122	WEIHNACHTS-ESSEN
Gefüllte Lammbrust-Roulade	*Frankreich*	91	
mit Lecsó und Pommes frites	*Ungarn*	285	
Plumpudding (Weihnachtspudding)	*Großbritannien*	201	

Wein zum Hauptgang: Rotwein aus dem Beaujolais oder Mâconnais (Mâcon)

Bostoner Salat	*USA*	402
Toast und Butter		
Kalbsfilet in Champignonsauce	*Frankreich*	84
Erbsen, Butterkartoffeln		
Nußtorte	*Spanien*	68

Wein zum Hauptgang: mittelschwerer Rheinwein, wie z. B. Erbacher Honigberg, Rheingauer Riesling von Schloß Reinhartshausen in Erbach

Hausgemachte Kaviarschnittchen	*Balkan*	294
Biersuppe mit Schneebergen	*Deutschland*	123
Kaninchen in Senfsauce	*Ungarn*	281
Kartoffelpüree, Wachsbohnensalat		
Birnen auf kaiserliche Art	*Frankreich*	98

Wein zum Hauptgang: gehaltvoller Moselwein, wie z. B. Trittenheimer Altärchen oder Wehlener Sonnenuhr Riesling

Hummer à la Newburg	*USA*	405
Toast und Butter		
Warme Kirschsuppe	*Belgien*	165
Indische Fischröllchen	*Indien*	348
Risotto		
Gebratene Wildente mit Aprikosensauce	*Mittelamerika*	423
Chips-Kartoffeln		
Datteltorte aus Malaga	*Spanien*	68

MENÜVORSCHLÄGE

Wein zum Fisch: Rheinhessenwein, wie z. B. Oppenheimer oder Moselwein
Wein zum Hauptgang: Roter Bordeauxwein Chateau Bouscaut oder Chateau Malartic-Lagravière
Zum Dessert: Sekt

SILVESTER-ABENDESSEN			
	Schwedischer Herbstsalat Toast und Butter	*Schweden*	*206*
	Fischsuppe »Hamilton«	*USA*	*404*
	Kalbsmilcher »Eugenie« mit kaltem Stangenspargel und Kräutersahnesauce	*USA*	*406*
	Topfenstrudel	*Österreich*	*255*

Getränke zur Vorspeise: Martini-Cocktail
Wein zum Hauptgang: Weißer Rheinhessen oder Rheinpfälzer Wein (Oppenheimer Schloß oder Wachenheimer Gerümpel oder Kallstadter Saumagen)

	Auberginen-Vorgericht mit Scheiben Lachsschinken, Toast	*Italien*	*32*
	Ungarischer Karpfen mit Butterkartoffeln	*Ungarn*	*277*
	Oliven-Hühnchen nach Veroneser Art	*Italien*	*44*
	Spaghetti mit Champignonsauce	*Italien*	*45*
	Gefüllte Bratäpfel mit Weinschaumsauce	*Nordafrika*	*335*

Wein zur Vorspeise: Ein kleines Glas Mavrodaphnewein (griechisch)
Wein zum Fisch: Rheinhessen oder Pfälzer (Forster Schnepfenflug oder Forster Linsenstück)
Wein zum Dessert: Weißer mittelsüßer Bordeauxwein (Barsac, Chat. d'Yquem)

NEUJAHRS-ESSEN			
	Paprika-Fischsuppe Halászlé buttergeröstete Weißbrotwürfel	*Ungarn*	*277*
	Virginia-Schinken Pommes Chips, Cumberlandsauce (im Handel)	*USA*	*406*
	Cäsar-Salat	*USA*	*413*
	Weinschaum	*Italien*	*53*

Wein zur Suppe: Portwein
Wein zum Hauptgericht: Weißer Burgunder oder Frankenwein

MENÜVORSCHLÄGE

OSTER-ESSEN

Königinsuppe	*Frankreich*	75
Grüner flämischer Aal mit Reis	*Belgien*	166
Schinkenauflauf »Carmen« auf Mangoldkissen mit Bratkartoffeln	*Frankreich*	87
Süße gefüllte Äpfel	*Spanien*	67

Wein zum Fisch: Mosel oder Saar (Saarburger Rausch oder Serriger Vogelsang)
Wein zum Hauptgang: Frankenwein (Iphöfer Kalb oder Würzburger Stein)

Andalusischer Salat Toast und Butter	*Spanien*	56
Entenpastete »Lucas Carton« Cumberlandsauce (im Handel), Senffrüchte kleine Kartoffelpuffer	*Frankreich*	92
Gekochter Zitronenpudding	*Großbritannien*	203

Wein zum Hauptgericht: Weißer trockener Bordeauxwein (Graves)

PFINGST-ESSEN

Blütensuppe	*Mittelamerika*	420
Acapulco-Fisch mit Dill-Kartöffelchen	*Mittelamerika*	422
Wiener Backhendl mit Kopfsalat, Pommes frites	*Österreich*	249
Orangendessert	*USA*	415

Wein zum Fisch: Mosel (zum Beispiel Uerziger Würzgarten)
Wein zum Hauptgang: Württemberger Rotwein oder Aßmannshäuser Feuerberg

Gurkensuppe mit Kräutern	*Großbritannien*	190
Fisch in Paprika Risotto	*Mittelamerika*	421
Gefüllte Kalbsbrust Butterkartoffeln, Kopfsalat	*Holland*	178
Äpfel im Schlafrock	*Deutschland*	158

Wein zum Hauptgang: Badener Wein (Ruländer)

MENÜVORSCHLÄGE

ZUM GARTENFEST AUF DER TERRASSE	Kalte Melonensuppe mit Löffelbiskuits	*Südamerika*	*434*
	Gespickter Hecht in Sahnesauce Kartoffelschaum	*Deutschland*	*127*
	Kaukasisches Kalbfleisch	*Rußland*	*236*
	mit frischen Steinpilzköpfen auf altrussische Art Stangenweißbrot	*Rußland*	*239*
	Nanking-Birnen	*China*	*363*

Wein zum Fisch: Kirchhofener Vogelsang Gutedel (Baden)
Wein zum Hauptgang: Chambertin (Burgund)
Wein zum Dessert: Vino Santo Brolio (Italien)

HERBSTLICHE HERRENESSEN	Ukrainische Rote Suppe	*Rußland*	*232*
	Braunschweiger Sahneheringe Graubrot	*Deutschland*	*118*
	Luxemburger Leberklöße Zwiebelstipp, Kartoffelbrei Sauerkrautsalat	*Luxemburg*	*169*
	Walliser Käseküchli	*Schweiz*	*112*

Getränk zum Hering: helles Bier
Wein zum Hauptgang: Moselwein oder Rheinhessen

Zwiebelsuppe nach badischer Art	*Deutschland*	*119*
Hase im Rotweintopf Kartoffelpüree, Erbsen	*Großbritannien*	*199*
Überbackene Käseschnitten	*Großbritannien*	*201*

Wein zum Hauptgang: Beaujolais oder Pomerol (Bordeaux)

Bulgarische Klößchensuppe	*Bulgarien*	*296*
Hammelragout Risotto	*Türkei*	*310*
Muskaziner Mandeln	*Ungarn*	*291*

Getränk: helles Bier oder helles und Porter gemischt

MENÜVORSCHLÄGE

Brasilianischer Fischsalat Toast und Butter	*Südamerika*	433	**HOCHZEITS- ESSEN**
Gedämpfter Chicorée mit Schinken	*Belgien*	169	
Rehrücken »Baden-Baden« Kartoffelbällchen	*Deutschland*	137	
Saurer Eierquark	*Rußland*	242	

Wein zum Zwischengericht: Frankenwein (Iphöfer, Würzburger)
Wein für das Hauptgericht: Roter Bordeaux (St. Emilion, Médoc)
Zum Dessert: Sekt

Gefüllte Weinblätter Weißbrot und Butter	*Ungarn*	283
Apfelsuppe mit Sherry Löffelbiskuits	*Mittelamerika*	420
Gedünsteter Heilbutt auf Spinatbett Butterkartoffeln	*Niederlande*	177
Gebratene Ente mit Orangen Salate, Pommes frites	*Frankreich*	92
Flambierte Sauerkirschen auf Vanilleeis	*Frankreich*	97

Wein zur Vorspeise: Tokayer oder Sherry
Wein zum Fischgericht: Mosel- oder Saarwein
Wein zum Hauptgericht: Roter Burgunder
Wein zum Dessert: Sekt, Champagner

Schwyzer Käsesuppe Weißbrotkrusteln	*Schweiz*	102	**GEBURTSTAGS- ESSEN**
Reisgefülltes Hähnchen Salate der Jahreszeit und kalte pikante Beilagen Reis	*Türkei*	311	
Bolivianisches Früchtedessert	*Südamerika*	445	

Wein zum Hauptgang: Rheingauer Riesling (Schloß Vollrads oder Winkler)

Quark-Süßspeise auf rumänische Art	*Rumänien*	304	**ZUM KINDER- GEBURTSTAG**
Bremer Kükenragout ohne Knochen, im Reisrand mit Champignons	*Deutschland*	134	
Marillenknödel	*Österreich*	254	

453

MENÜVORSCHLÄGE

SPEISENFOLGEN FÜR JEDE JAHRESZEIT

Braune Bohnensuppe	*Skandinavien*	*207*
Fischklöße in roter Sauce	*Niederlande*	*175*
Hühnersuppe mit Porree	*Großbritannien*	*191*
Gefüllte Schweineröllchen Kartoffeln, Gewürzgurke	*Skandinavien*	*211*
Eingelegte gebratene Makrelen	*Skandinavien*	*208*
Erdnuß-Ragout von der Westküste	*Zentralafrika*	*343*
Kapstädter Bohnenragout mit Butterkartoffeln	*Südafrika*	*341*
Böhmische Baisertorte	*Tschechoslowakei*	*273*
Zahmes Wildhähnchen Preiselbeeren, Salzkartoffeln	*Finnland*	*222*
Bayerischer Apfelstrudel	*Deutschland*	*153*
Krebssalat in der Melone	*USA*	*402*
Nierenragout auf altfranzösische Art Reis	*Frankreich*	*86*
Gebackener Aal Weißbrot	*Großbritannien*	*192*
Kastanienauflauf	*Frankreich*	*96*
Weinbrandbutter	*Großbritannien*	*202*
Arabische Linsensuppe	*Vorderer Orient*	*328*
Hühnerragout mit Gewürzen Kopf-, Tomaten-, Selleriesalat, Reis	*Indien*	*349*
Eingelegtes Grillfleisch Reis	*Südafrika*	*342*
Nuß-Kuchen	*Australien*	*398*

MENÜVORSCHLÄGE

Und hier finden Sie Vorschläge für festliche Essen nach Art eines Landes.

Spinatsuppe Modena-Art	35	**FESTLICHE ESSEN AUF ITALIENISCH**
Scampi in Weinsauce mit Buttertoast	37	
Gemischte Fleischplätzchen in Öl gebacken	39	
Tomatensauce, Risotto	45	
oder		
Geschmorte Triester Leber mit Kartoffelpüree	42	
Weinschaum	53	
Salat aus Valencia Toast und Butter	56	**AUF SPANISCH-PORTUGIESISCH**
Fisch auf spanische Art gebacken Gemüsesalat, Reis	58	
Ente aus Sevilla mit Croquette-Kartoffeln frische Orangenscheiben als Salat	65	
oder		
Kalbsschnitzel auf spanische Art Reis, Salate	60	
Nußpudding aus Portugal	67	
Weinbergschnecken auf Burgunder-Art Weißbrot	78	**AUF FRANZÖSISCH**
Hummer auf provenzalische Art im Reisrand	81	
Hammelkoteletts Murillo Bratkartoffeln, Tomatensalat	88	
oder		
Gebratene Ente mit Orangen Schlagrahm, Chips-Kartoffeln	92	
Rum-Baba mit Sauerkirschen	96	

MENÜVORSCHLÄGE

FESTLICHE ESSEN AUF SCHWEIZERISCH	Bündener Gerstensuppe	102
	Rahm-Morcheln auf Toast	103
	Forellenfilets »Beau Rivage« Chicoréesalat, Butterkartoffeln	103
	Baselbieter Schnitzel mit Apfelstückli Pfannennudeln	105
	oder	
	Appenzeller Ziegenbraten im Teig Grilltomaten, Bratkartoffeln	109
	oder	
	Schweinsfüße in Madeirasauce mit Spaghetti, Salaten	105
	Basler Kirschpfannkuchen	114
AUF NIEDERLÄNDISCH	Amsterdamer Rotbarschsuppe mit Sahne	175
	Seeländer Schmorsteaks mit Kartoffelbrei, Kopfsalat	178
	oder	
	Jägerpastete	181
	mit überbackenem Chicorée	183
	und Serviettenkloß mit Graupen	184
	Gefüllte Zwiebäcke mit Johannisbeersaft	185
AUF ENGLISCH	Hühnersuppe mit Porree	191
	Gegrillte Lachsscheiben nach schottischer Art Butterkartoffeln, Gurkensalat	192
	Gekochte Hammelkeule mit Kapernsauce Reis, gemischte Gemüse	196
	oder	
	Wildpastete mit Cumberlandsauce Toastscheiben, Butter	199
	Zitronenklöße mit Himbeersauce	203

MENÜVORSCHLÄGE

FESTLICHE ESSEN AUF SCHWEDISCH

Brigittesalat mit Weißbrotscheiben Meerrettichbutter	206
Bier-Brotsuppe	207
Makrelen in saurer Sahne Butterkartoffeln, grüne Bohnen	209
Biff Lindström gemischtes Gemüse, Kartoffelbrei	210
oder	
Leberragout mit Kronsbeeren und Bratkartoffeln	211
oder	
Schweinebraten mit Backpflaumen mit Kartoffelbrei	212
Eierkuchen-Schichttorte	213

AUF FINNISCH

Finnischer Heringssalat mit Graubrot und Butter	216
Sommersuppe mit saurem Eierstich	217 217
Fische in Papier räuchern Weißbrot, Salate	218
Karelischer Pfeffertopf Teltower Rübchen, gebratene Kartoffelwürfel mit Speck	219
oder	
Zahmes Wildhähnchen mit Butterkartoffeln, Kopfsalat Preiselbeerkompott	222
Gerührter Quark mit Himbeeren	

AUF RUSSISCH

Russischer Salat	230
Suppe mit Sauerkraut	231
Hecht in Meerrettichsauce Kopfsalat, Kartoffeln	235
Ochsenfilet mit Salzkartoffeln und Steinpilzen auf altrussische Art	236 239

MENÜVORSCHLÄGE

	oder	
	Kaukasisches Kalbfleisch mit Kräutermayonnaise, Bratkartoffeln	236
	Mohngrütze	242
FESTLICHE ESSEN AUF ÖSTERREICHISCH	Linzer Lebersuppe	246
	Fisch auf Burgenländer Art mit Petersilienkartoffeln	246
	Gedünstetes Beiried mit Paradeiskraut	247 250
	oder	
	Krenfleisch mit Bouillonkartoffeln	248
	oder	
	Paprikahendl mit Reis und Eierschwammerl	248 250
	Buchteln	253
AUF TSCHECHISCH	Schinkencremesuppe mit gerösteten Weißbrotscheiben	260
	Waller aus dem Ofen mit Kartoffelsalat und Radieschenscheiben vermischt	261
	Zungenscheiben in Sahnesauce Kartoffelpüree, Rote Beeten	263
	oder	
	Kalbsnüßchenscheiben mit Steinpilzen gedünstet, Kartoffelbrei, Hopfenspargelsalat	264 267
	oder	
	Böhmische Kalbsröllchen mit Kartoffel-Mohnpfannkuchen	264 267
	Powidltascherl	271
AUF UNGARISCH	Bosnische Bohnensuppe mit Brötchen	276
	Krebs mit Paprikaschoten mit Reis	278

MENÜVORSCHLÄGE

Siebenbürger Holzteller 279
mit aparten säuerlichen Umlagen

oder

Budapester Hühnerragout 280
Kartoffelbrei, Kopfsalat

oder

Rehschlegel in Esterhàzy-Sauce 282
mit Bratkartoffeln oder Tarhonyas 286

Muskaziner Mandeln 291

Zitronensuppe 295 FESTLICHE ESSEN
Fischauflauf Psaria Plaki mit Risotto 296 AUF GRIECHISCH
und geschmorten Gurkenstreifen

Hammelfleisch mit gedünsteten Artischocken 298
Oliven und Bratkartoffeln

oder

Auberginen-Moussaka 299
Bulgarischer Paprikaschotensalat 303

Walnußkuchen mit Schlagsahne 305

Lamm-Eiersuppe 308 AUF TÜRKISCH
Lachs mit Mandelsauce mit Erbsen und sauren 308
Artischockenherzen, Butterkartoffeln

Reisgefülltes Hähnchen 311
mit Zimt und Mango, Pommes frites

oder

Knoblauchsteak mit Tomatenscheiben 308
Joghurt, Gurkensalat 312

Sahnereis 312

Gefüllte Taschenkrebse 356 AUF CHINESISCH
Toast und Butter

Hühnerbrühe mit Ei 356

Süßsaurer Karpfen, Reis 359

MENÜVORSCHLÄGE

	oder	
	Seefischstreifen in süßsaurer Sauce, Reis	359
	Hühnchen in Ingwersauce, Reis	362
	oder	
	Rumpsteakwürfel mit Austern, Reis	360
	Harte Eier mit Wasserkastanien	362
	Nanking-Birnen	363
FESTLICHE ESSEN AUF INDONESISCH	Ingwersuppe mit Huhnfleisch Erdnüsse dazu	386
	Gefüllte Kohlblätter Kopfsalat, Butterkartoffeln	387
	Javanisches Lammgericht grüne Bohnen, Spinat, Reis	388
	oder	
	Hühnerleber mit gemischtem kaltem Gemüse (Gado-Gado)	388 389
	oder	
	Nasi Goreng mit Spiegelei obenauf, Kopfsalat	389
	Bananenpudding, Rumfrüchte	390

Alphabetisches Register

Aalfrikassee, Bremer 127
Aal, gebacken 192
Aal, grüner auf flämische Art 166
Aal in der Kasserolle 436
Aal in Tomatensauce 262
Aalstücke, gebraten 370
Aalsuppe, Hamburger 123
Aalsuppe, holländische 174
ABACATE BRASILIA 425
Abendplatte, griechische 287, 294
Acapulco-Fisch 422
AFRIKANDER 341
ALIVENCA 304
A MAN'S BARBECUED CHICKEN 408
Ananas im Teig 416
Andalusische Eier 65
Andalusischer Salat 56
ANGUILLE AU VERT A LA FLAMANDE 166
Apfelauflauf, Rüdesheimer 154
Apfel, gebraten 335
Apfel, gefüllt 67
Apfel im Schlafrock 158
Apfel-Koteletts 181
Apfelkren 250
Apfelkücherl 255
Apfelmayonnaise, schwedische 207
Apfelmeerrettich 250
Apfelsuppe mit Sherry 420
Apfelstrudel, bayerischer 153
Apfeltorte, gestürzt 99
Appetithappen für Männer 432, 437
Aprikosenknödel 254, 269
Aprikosentorte 99
ARKAS 242
Arme-Leute-Gans 195
ARROZ CON PESCADO 436
Artischocken, gebacken nach Edamer Art 183
Artischocken mit Hammelfleisch 298
Artischocken mit Knoblauch 56
Artischocken mit Mark 109
Artischocken mit Seezungen 57
Artischockensuppe mit Nüssen 74
ASSADO 440

Auberginen auf Bratreis 48
Auberginen, ceylonesische 350
Auberginen, gefüllt 301, 321
Auberginen-Klöße 309
Auberginen mit Hammelfleisch 331
Auberginen-Moussaka 299
Auberginenscheiben, gebacken 239
Auberginenschnitten mit Lammfleisch 319
Auberginen-Vorgericht, italienisch 32
Auberginen-Vorgericht, nordafrikanisch 328
Auflauf, Karlsbader 271
Auflauf mit Sahne 185
Aufschnittschinken 221
Austern mit Rumpsteakwürfeln 360
Avocado Brasilia 445
AWAYUKIKAN 375
AZEM PILAFI 332

BABA GANNOJ 328
BABOTEE 387
Backhendl, Wiener 249
Backhühnchen nach Florenzer Art 43
Baisertorte, böhmische 273
Baisertorte mit Kirschen 417, 427
Baklava 313
BAKLAZANY W CIESCIE 239
BALNAMOON SKINK 190
Bambussprossen mit Tofu 374
Bambussprossen-Salat 363
BAMIA AU GOMBOS 329
BANANA CAKE 398
BANANA JAM 399
Bananenkrapfen 353
Bananen-Kuchen 398
Bananen-Marmelade 399
Bananenpudding 390
Bananen-Süßspeise mit Kokosmilch 390
BARBECUED SPARERIBS 406
BARCHES 325
Baselbieter Schnitzel 105
Bauchstecherle, Bayreuther 149
Bauernsuppe, galicische 57
Bauernsuppe, mittelamerikanische 420

Bauerntopf aus Burgund 76
Beamtenstippe 143
Béarner Sauce 94
Bechamelkartoffeln 149
Beefsteak, geschmort 38
Beeten-Suppe, rote 316
Beiried, gedünstet 247
Belgische Torte 170
BENGAL MUCHLEE 348
Berliner Pfannkuchen 158
BERMUDA ONIONS 413
Berner Platte 105
BESCHUIT MET BESSENSAP 185
Bettelmann, Frankfurter 153
Beuschel 248
Beuschel, saures 265
BHOONEE KITCHREE 388
BHUJIA 350
Bier-Brotsuppe 207
Bierpudding, ostfriesischer 156
Biersuppe mit Schneebergen 123
Biff Lindström 210
BIGOS 237, 251
Birnen auf kaiserliche Art 98
Birnen, Bohnen und Speck 143
Birnen im Teig 155
Birnen, Nanking-Art 363
Birnen- und Kartoffelsuppe 119
Birnen und Klöße, mecklenburgische 155
Biskuitpudding 271
BISQUE D'ECREVISSES 74
BISQUE DE HOMARD 74
BISTECCA ALLA PIZZAIOLA 38
BITOTSCHKI PO RUSSKI 236
Blätterteighörnchen 98
Blätterteigpastetchen, gefüllt 72
BLANQUETTE DE VEAU 85
Blaubeergebäck 415
BLINI 241
Blütensuppe 420
Blumenkohl, überbacken nach Rastätter Art 148
BOBOTIE 343
BOCADO PRIMAVERA DE AVE 432
Bohnen, Birnen und Speck 143
Bohneneintopf 317
Bohnen, gebacken 426
Bohnen, grüne auf ägyptische Art 334

Bohnen, grüne auf arabische Art 334
Bohnen, grüne mit Fischschnitten 380
Bohnen, grüne mit Schweinefleisch 64
Bohnen, grüne mit Tomaten, deutsch 143
Bohnen, grüne mit Tomaten, spanisch 63
Bohnen, grüne und Bohnenkerne 300
Bohnenkerne und grüne Bohnen 300
Bohnenkerne, westfälische 141
Bohnen mit Makkaroni 47
Bohnen mit Thunfischsauce 48
Bohnen-Pfannkuchen 429
Bohnenragout, Kapstädter 341
Bohnensprossensuppe 366
Bohnensuppe, bosnische 276
Bohnensuppe, braune 207
Bohnensuppe mit Äpfeln 121
Bohnensuppe mit Schweinefleisch 369
BOILED LEG OF MUTTON WITH CAPERSAUCE 196
Bologneser Spaghetti 46
BOONTJIEBREDIE 341
BOORTHA 351
Borschtsch 232, 233
BORSCHTSCH PO UKRAINSKI 232
Bostoner Salat 402
BOTWINJA 232
BOUCHEES 72
Bouillabaisse 76
BOUILLABAISSE MARSEILLAISE 76
Bratäpfel, gefüllt 335
Bratfische, Margarets 36
Braunkohl auf Braunschweiger Art 147
Brigittesalat, norwegischer 206
BRINJALS 350
Brotpudding, Bielefelder 157
Brotpudding, westfälischer 156
Brotsalat, süditalienischer 50
Brotsuppe, hannoversche 122
Brotsuppe mit Bier 207
BRUNKAALSOPPA 207
Buchteln 253
Bunter Salat 357, 374
Buntes Huhn auf westfälische Art 141
BUTA-NIKU-YAKI 372
BUTA SIRU 369
Butterkuchen, westfälischer 159
Buttermilchsuppe 123

CABILLAUD BOULONNAIS   79, 82
CACIK   312
CAESAR SALAD   413
Cäsar-Salat   413
CALDO GALLEGO   57
CANADIAN BLUEBERRY SCONES   415
CANARD A L'ORANGE   89, 92
CANNELLONI   46
CARBONADA CRIOLLA   439
CARBONADES A LA FLAMANDE   168
CARTOFI SUS SIRENE   302
CASTANAS   67
CERISES AU TAPIOCA   114
CERISES JUBILEES   97
Cevapcici   278
CHÄS-SUPPE   102
CHALLAH   325
CHARLOTTE CREME BAVAROISE   97, 135
CHEESE-CURRY BISCUITS   397
CHERRY MERINGUE FLAN   417, 427
CHICKEN A LA KING   408
CHICKEN CHOP SUEY   411
CHICKEN POTPIE   411
CHICKEN SUCCOTASH   408
CHICOREE AU JAMBON   169
Chicorée, gedämpft mit Schinken   169
Chicorée, überbacken   183
CHILES DE PESCADOS   424
CHILES RELLENOS   424
CHILI CON CARNE   442
CHOCOLADE TAART   186
CHOESELS   167
CHREMZLACH   325
CHULENT   317
CHULETAS DE TERNERA A LA ESPANOLA   60
CHURRASCO REBOZADO   440
Chwan Waro Tzu   361
CICIDO MADRILENA   59
CIGER KEBABI   311
CLAM CHOWDER   404
CLEAR OXTAIL SOUP   191
COCIDO   422
COCK-A-LEEKIE   191
Cocktail als Aperitif   386
Cocktail mit Hummerfleisch   402
CONGRIO EN FUENTE A LA CHOLENA   436
COPRA KANA   352

COQ AU VIN   92
COTELETTES DE PORC POIVRADE A LA CREME   86
COTELETTES MOUSQUETAIRES   88
COTELETTES MURILLO   88
COURGETTES AU BEURRE TARRAGON   95
CRAB MEAT COCKTAIL   402
Crab Meat-Curry-Ragout   380
Crab Meat in Sahne   36
CRAB MEAT SALAD IN MELON   402, 409
CRAMIQUE   171
CREMA DE MANGO   429
CREME A LA REINE   75
CREME D'ARTICHAUTS A LA NOISETTE   74
CREME D'OSEILLE   75
CROISSANTS   98
CROQUETTE DE MILHO   444
CUCUMBER SOUP   190
CUMBERLAND BRANDY BUTTER   202
Currygemüse   350
Curry-Linsensuppe   348
Currypasteten, syrische   333

Dalken   272
Damaszener Fisch   329
DAME BLANCHE   96
Damenpudding, weißer   96
Datteltorte aus Malaga   68
DEVILED CRAB   405
DGAJ MUHSHY   331
DHALL CURRY   350
DILLILAMMAS   222
DJELOU KHABAB   330
Djuvetch aus Hammelfleisch   279
Dobos-Torte   289
DOMATESLI PILAV   312
DONDENG   381
Dorsch, gefüllt   316
DOVER SOLE   192
DRIE IN DE PAN   186
DÜGÜN CHORBASI   308
DUGGAG MUHAMMAR   332

EBI-IRI-SUMOMI   371
Eibrot   325
Eier, andalusische   65
Eier auf Farmer-Art   444
Eiercreme-Charlotte, bayerische   97, 135

Eierfrüchte mit Hammelfleisch 331
Eiergemüse mit Curry und Linsen 350
Eiergericht mit Tofu und Bambussprossen 374
Eierkuchen mit Crevetten und Spinat 371
Eierkuchen mit Sahne 155
Eierkuchen-Schichttorte 213
Eier mit Wasserkastanien 362
Eierpastetchen 225
Eier, polnische 230
Eierquark, saurer 242
Eierschwammerl auf Wiener Art 250
Eiersuppe 32
Eiersuppe mit Lammfleisch 308
Eierstich, saurer 217
Eintopf, argentinischer 444
Eintopf, mexikanischer 422
Eintopf, rumänischer 296
Eisbecher, mazedonischer 304
Empanadas 433
Endivien, überbacken 183
ENGELEGTE VIS 341
ENSALADA ANDALUCIA 56
ENSALADA VALENCIANA 56
Ente aus Sevilla 65
Ente, gebraten mit Orangen 89, 92
Ente, gebraten nach Peking-Art 361
Ente, gefüllt auf ungarische Art 281
Ente mit Sauerkirschen 441
Entenpastete »Lucas Carton« 92
ENTRATHER 298
Erbsen auf französische Art 95
Erbsensuppe, finnische 217
Erdbeer-Geleespeise 375
Erdnußragout mit Hähnchen 343
Errötendes Mädchen 115
ESCALOPES DE VEAU A LA CREME 84
ESCARGOTS BOURGUIGNONNES 78
Esterházy-Rostbraten 278
ETIKKASILLIÄ 216

FABADA 64
FAGGOTS 195
FAGIOLI CON TUNNA 48
FAISANS FARCIS 93
FALAFEL 320
Falscher Hase 129
FANTE FANTE 338, 339

Fasane, gefüllt 93
FASOLE STIL TARANESC 300
FATTOUSH 328
FEGATO ALLA TRIESTINA 42
FEGATO DI VITELLO 41
Fenchelsalat 50
FESENJANE DJAAFARI 331
Fiaker-Gulasch 249
FILET DE SOLE A LA NORMANDE 81
FILET DE TRUITE BEAURIVAGE 103
FILET DE VEAU AUX CHAMPIGNONS 84
FILETES EN SALSA DE CERVEZA 423
Filetschnitten in Biersauce 423
FILETS DE POISSON DUGLERE 83
FILOSOOF 182
Fisch, Acapulco-Art 422
Fisch auf Burgenländer Art 246
Fischauflauf mit Kartoffeln 219
Fischauflauf, scharfer 386
Fisch, Damaszener 329
Fische, geräuchert in Papier 218
Fische, mariniert 341
Fisch, gebacken auf spanische Art 58
Fisch, gebacken mit Bananen 58
Fisch, gebraten auf Margarets Art 36
Fisch, gefüllt 316
Fischgericht mit Reis 436
Fisch, griechischer 296
Fisch in Paprika 421
Fischklöße, gebacken 394
Fischklöße in roter Sauce 175
Fischklöße, skandinavische 210, 223
Fischklopse 177
Fisch mit Reis und Ananas 379
Fisch mit Senfsauce 176
Fisch mit Zitrone 395
Fischragout, ghanesisches 338, 339
Fischreispfanne 348
Fischröllchen 348
Fischsalat, brasilianischer 433
Fischsalat, schwedischer 206
Fischschnitten mit grünen Bohnen 380
Fischstücke in Tomatensauce 83
Fischsuppe aus Ecuador 435
Fischsuppe, Büsumer 124
Fischsuppe, finnische 216
Fischsuppe, Frühlings- 164

Fischsuppe »Hamilton« 404
Fischsuppe mit Paprika 277
Fisch- und Fleischpastete 219
FISKEBOLLAR 210, 223
FLEIFELI MEHSHIA 329
Fleischauflauf mit Kartoffeln 182
Fleisch auf mexikanische Art 422
Fleischbrötchen, gebacken 66
Fleischgericht, argentinisches 443
Fleischklöße, gebraten auf polnische Art 236
Fleischklöße in Selleriesauce 212
Fleischklöße, süßsaure 318
Fleischklops 106
Fleisch mit Meerrettich 248
Fleisch mit Zwiebeln auf Kremser Art 247
Fleischpastete 309
Fleischpasteten mit Gewürzen 344
Fleischplätzchen, gemischt 39
Fleischragout, gemischt 167
Fleischrouladen, gemischt 38
Fleischstreifen, gebraten 360
Fleischsuppe mit Sahne 232
Fleisch- und Fischpastete 219
Fliederblüten, gebacken 156
FLÖJLSGRÖD 208
Fondue Bourguignonne 111, 145
FONDUE NEUCHATEL 111
Fondue, Neuenburger 111
FOOL MUDAMMAS 334
Forelle, gebraten mit Speck 404
Forellenfilets »Beau Rivage« 103
Frankfurter Kranz 160
FRIED HOMINY 414
FRIED LAMB SWEETBREADS 196
FRIED YAMYAM CAKES 394
FRIJOLES 426
Frittatenstrudel mit Topfen 268
FRITTO MISTO 39
Früchteauflauf 268
Früchtedessert, bolivianisches 445
Frühlings-Fischsuppe 164
Frühlingsrolle 356

GADO-GADO 389
Gänseklein, pommersches 134
Gänsekragen, gefüllt 319
Gänsewürstchen, hausgemacht 73

GAZPACHO 57
GEFILTE FISCH 316
Geflügelsalat mit Mais 432
Gemüseeintopf »Kalkutta« 349
Gemüse, gemischt, kalt 389
Gemüsegericht, bulgarisches 302
Gemüse, mariniert 351
Gemüse mit Curry 350
Gemüsesuppe, irische 190
Gemüsesuppe mit Käse 102
Gemüsesuppe, Nürnberger 121
Gerstensuppe auf peruanische Art 435
Gerstensuppe, bündner 102
GESTOOFDE HOENDER 342
GESTOOFDE SCHELVIS 176
GEVULDE KALFSBORST 178
Gewürzfleisch-Pasteten 344
Gewürzgurken, eingelegt 225
Gewürzkuchen 226
GHIVETCH 296
GIGOT MARINE 91
GITZIKÜCHLI 109
GLAZED TURNIPS 200
Goldbarsch auf griechische Art 296
Goldbarschauflauf, scharfer 386
Goldbarschfilet, Damaszener 329
Goldbarschfilet, gebacken auf spanische Art 58
Goldbarschgericht mit Reis 436
Goldbarschklöße 394
Goldbarsch mit Reis und Ananas 379
Goldbarschragout, ghanesisches 338, 339
Goldbarschsalat, norwegischer 206
Goldbarschschnitten mit grünen Bohnen 380
Goldbarschstreifen in süßsaurer Sauce 359
Grammel-Pogatscherl 253
GRAPE TARTLETS 416, 427
Graupen mit Zwetschgen 144
Graupensuppe auf peruanische Art 435
Graupensuppe, bündner 102
GRIDDLECAKES 414
Griechische Abendplatte 287, 294
Griegeniffte, sächsische 150
Grießschmarrn 254
GRILLED SALMON THE SCOTTISH WAY 192
Grillfleisch, eingelegt 342
Grillsteak oder Spießbraten 440
Grünkohl auf Braunschweiger Art 147

Grützepudding 156
Gulab Jaman 353
Gulasch, Fiaker-Art 249
Gulaschsuppe 276
Gulasch, Szegediner 279
Gurken, eingelegt 225
Gurken, gefüllt 48
Gurkengemüse, indisches 351
Gurkengemüse mit Estragonblättern 95
Gurkengemüse, nordafrikanisches 334
Gurken mit Joghurt 352
Gurken mit Tomaten und Zwiebeln 147
Gurkensalat 312
Gurkensalat mit Krabben 371
Gurkensuppe mit Kräutern 190

Hachse, englische 193
HA-DO-SHI 371
Hähnchen, gebacken 407
Hähnchen, gebraten mit süßer Füllung 332
Hähnchen, gefüllt mit Reis 311
Hähnchen, syrisch gefüllt 331
Hähnchenragout mit Erdnüssen 343
Haferplätzchen, ostamerikanische 414
Hagebuttensuppe, pommersche 121
HALASZLE 277
HAMILTON FISH CHOWDER 404
Hammel-Djuvetch 279
Hammelfiletscheiben auf dem Rost 330
Hammelfleisch-Eierfrüchte 331
Hammelfleischklöße in Kräutersauce 331
Hammelfleisch mit Artischocken 298
Hammelfleisch mit Dillsauce 222
Hammelfleischpastete 387
Hammelfleisch und Auberginen 331
Hammelkeule, französische 91
Hammelkeule, gefüllt 396
Hammelkeule, gekocht mit Kapernsauce 196
Hammelkeule, saure 134
Hammelkeule, westfälische 134
Hammelkohl 222
Hammelkoteletts Murillo 88
Hammelragout, bretonisches 87
Hammelragout, türkisches 310
Hammel-Rind-Frikandellen 330
Hammelrippchen in Kräutersauce 266
Hammelrippchen, Musketier-Art 88

Hammel-Spießbraten oder -Grillsteak 440
Hammelsuppe, jugoslawische 276
Hammelsuppe, schottische 191
HARENGS EN PAPILLOTES 83
Hase, falscher 129
Hase im Rotweintopf 199
Haselnußtorte, ungarische 290
Hasenbraten mit Backpflaumen 238
Hasenpastete in der Terrine 93
Hasenrücken 138
Hecht auf Burgenländer Art 246
Hecht, gespickt in Sahnesauce 127
Hecht in Kräutersauce 277
Hecht in Meerrettichsauce 235
HETE BLIKSEM 181
Hefebrötchen auf burische Art 345
Heidelbeergebäck 415
HEILBOT MET SPINAZIE 177
Heilbutt, gedünstet auf Spinatbett 177
Heilbuttragout 218
Heilbuttschnitten in Orangensauce 421
Heilbuttschnitten mit Reis und Ananas 379
Hendl, gebacken auf Wiener Art 249
Hendl mit Paprika 248
Herbstsalat, schwedischer 206
Heringe, eingelegt auf finnische Art 216
Heringe in der Papierhülle 83
Heringe in Sahne, Braunschweiger Art 118
Heringe mit Zwiebeln 209
Hering in Currysauce 209
Heringsauflauf mit Kartoffeln 219
Heringshäckerle, badisches 118
Heringshappen 32
Heringsklopse 210
Heringssalat, finnischer 216
Heringssalat, Luxemburger 164
Heringssalat, schwedischer 206
HERNEKEITTO 217
HIERENGSZALLOT 164
Himmel und Erde 141
Hirnkrapfen, gebacken 297
HOENDER-PASTEI 343
Holunderblüten, gebacken 156
Holundersuppe 122
Holzteller, Siebenbürger 279
HOMARD A LA PROVENCALE 81
Honigkuchen, israelischer 324

Honigkuchen, niederländischer 187
Honignudeln 323
Honigplätzchen, israelische 324
Honigplätzchen, japanische 375
Hopfenspargelsalat 267
Hopfensprossensalat 118
Hornhecht auf griechische Art 296
Hornhecht, gefüllt 127
HORS-D'OEUVRE VARIE 72
Hügelkuchen 170
Hühnchen auf Jäger-Art 44
Hühnchen, gebacken auf Florenzer Art 43
Hühnchen, gebacken auf Wiener Art 249
Hühnchen in Ingwersauce 362
Hühnchen mit Kokosnuß 382
Hühnchen mit Majoran 298
Hühnchen mit Oliven 44
Hühnchen mit Paprika 248
Hühnchen mit Reisnudeln 361
Hühnchen mit Spinat 332
Hühnchenragout, böhmisches 266
Hühnchenragout, Bremer 134
Hühnchenragout, bulgarisches 298
Hühnchenragout, chinesisches 411
Hühnchen vom Holzkohlengrill 408
Hühnerbrühe mit Ei 356
Hühnerfleisch, gebraten 374
Hühnerleber, javanische 388
Hühnerpörkölt 280
Hühnerragout, Budapester 280
Hühnerragout »Maryland« 408
Hühnerragout mit Gewürzen 349
Hühnersuppe mit Ingwer 386
Hühnersuppe mit Pilzen 369
Hühnersuppe mit Porree 191
Hühnertopf mit Klößen 411
HUEVOS ANDALUCIAS 65
HUEVOS RANCHEROS 444
Huhn auf besondere Art 64
Huhn, buntes auf westfälische Art 141
Huhn, gefüllt 238
Huhngericht mit Schweinefleisch 442
Huhn, geschmort 342
Huhn im Weintopf 92
Huhn in Biersauce 169
Huhn mit Porree 362
Huhn nach Königs-Art 408

Huhnpastete 343
Huhnpilaff 332
Huhnragout mit feinen Gemüsen 442
Huhnsalat mit Mais 432
Huhn von Marengo 91
Huhn-Waterzooi 164
Hummer à la Newburg 405
Hummer auf provenzalische Art 81
Hummer-Curry-Ragout 380
Hummerfleisch-Cocktail 402
Hummerfleisch, Tempura- 370
Hummer, gefüllt 356
Hummer in Sahne 36
Hummer nach der Mode von Peking 359
Hummersuppe 74
Hunyaditorte 290
Husarenbraten, böhmischer 263
Husarenessen 283
HYLIKMAKER 187

IKAN MASAK ASAM 380
INDIAN BREAD 416
Indianerbrot 416
Ingwerkuchen 213
Ingwersuppe mit Huhnfleisch 386
INSALATA D'ARINGHE 32
INSALATA DI FINOCCHIO 50
INVOLTINI DI FEGATO 42
Irish Stew 195
ISCAS 64
ISCAS A BRASILEIRA 440
ISE EBI TEMPURA 370
ITRIOT AFUJOT 323

JACHTSCHOTEL 181
Jägerkohl, westfälischer 144
Jägerpastete 181
JÄTKÄN LOHIPOTTI 218
JAIKA FASZEROWANE PO POLSKU 230
JAMBALAYA 412
JAMBON PERSILLE 74
JIDDISCHE BORSCHTSCH 316
JUDIAS VERTES 63
JUGGED HARE 199
JULGLÖGG 213

Kabeljau mit Senfsauce 209
Kabeljau nach Art der Küstenstädte 79, 82

Kabeljausalat 206
Kabeljausalat, norwegischer 206
Kabeljausuppe nach Neu-England-Art 403
Kabinettpudding 154
KABOURGA 330
KAENG CHÜD 379
Käseauflauf, Prager 268
Käsecremetorte mit Ananas 417, 427
Käse-Curry-Kekse 397
Käsekartoffeln 302
Käsekuchen, gekümmelt 152
Käsekuchen, italienischer 53
Käsekuchen, Petersburger 242
Käseküchli, Lindenberger 152
Käseküchli, Walliser 112
Käsemuscheln, Marienbader 261
Käseschnitten, überbacken 201
Käsespatzen, Allgäuer 151
Käsesuppe nach Basler Art 102
Käsesuppe, Schwyzer 102
Käsetorte, pikante 113
Käsetropfen aus der Pfanne 112
KAI P'ANAENG 382
KALAKEITTO 216
KALAN SAVUSTAMINEN PAPERISSA 218
Kalbfleischfrikassee à la Cordoba 60
Kalbfleisch, gehackt 104
Kalbfleisch in Kokossauce 381
Kalbfleisch, kaukasisches 236
Kalbfleisch mit Dillsauce 211
Kalbfleisch mit Thunfisch 39
Kalbfleischröllchen nach algerischer Art 85
Kalbsbeuschel 248
Kalbsblankett nach alter Art 85
Kalbsbraten mit Rahmsauce 220
Kalbsbrust, gedämpft 129
Kalbsbrust, gefüllt 178
Kalbsfilet aus Sevilla 60
Kalbsfilet in Champignonsauce 84
Kalbsgeschnetzeltes, schwäbisches 131
Kalbsgeschnetzeltes, Zürcher 104
Kalbshachse, geschmort 41
Kalbskaldaunen auf römische Art 43
Kalbskopf mit Arme-Leute-Sauce 86
Kalbsleber auf brasilianische Art 440
Kalbsleberscheiben auf norditalienische Art 41
Kalbsmilcher »Eugenie« 406

Kalbsnüßchenscheiben mit Steinpilzen 264
Kalbsplätzchen, römische 41
Kalbspörkölt 280
Kalbsröllchen, böhmische 264
Kalbsröllchen, gefüllt 130
Kalbsschnitzel auf spanische Art 60
Kalbsschnitzel, gefüllt mit Käse 40
Kalbsschulter, gefüllt 318
Kalbssteaks, gefüllt auf Neu-Seeland-Art 396
Kalbssulz 194
Kalbsvögerl, Sonnenberger 130
Kaldaunen auf römische Art 43
Kaldaunen, geschmort 84
KALE BROSE 193
KALALAATIKKO 220
Kaninchen in Senfsauce 281
KANOKOYAKI 371
KANOM MAW GENG 391
KAPUSTA Z GRIBAMI 239
Karamelpudding aus Java 390
KARIDOPITA 305
KARJALANPAISTI 219
KARJALAN PIIRAKAT 225
Karlsbader Auflauf 271
Karpfen, böhmischer 262
Karpfen in saurer Sahne 235
Karpfen, süßsaurer 359
Karpfen, ungarischer 277
Kartoffelauflauf, griechischer 302
Kartoffelauflauf, indischer 352
Kartoffelauflauf, israelischer 320
Kartoffelauflauf, jugoslawischer 286
Kartoffel-Kirschen 320
Kartoffel-Langosch 285
Kartoffel-Mohnpfannkuchen 267
Kartoffeln mit Käse 302
Kartoffelnocken, gekocht 113
Kartoffelpuffer, rheinische 150
Kartoffelsuppe, Schwarzwälder 120
Kartoffel- und Birnensuppe 119
Kastanienauflauf 96
KASUTERA 375
KATAIYIFF 323
KATES RIGANATI 298
Kaviarschnittchen, hausgemacht 294
KEDGEREE 348
Kekse mit Käse und Curry 397

KERRY KOOLSCHOTEL 182
Kerscheplotzer aus der Pfalz 153
KESÄKEITTO 217
KHANOM SAI KAI 383
KINKKUA SUOMALAISEEN TAPAAN 221
Kirschen und Tapioka 114
Kirschpfannkuchen, Basler 114
Kirschsuppe, warme 165
KIUFTETA OT MOZAK 297
KIYMALI BÖREK 309
KIZARTMA 310
Klößchensuppe, bulgarische 296
Klöße, grüne, gebacken 150
Klöße und Birnen, mecklenburgische 155
Klopse, Königsberger 138
Knoblauch-Kaltschale 57
Knoblauchsteak 308
Knüppeltorte, ostfriesische 160
KOEKSISTERS 344
Königinsuppe 75
Königsberger Klopse 138
Königs-Huhn 408
Köthener Schusterpfanne 139
Kohlblätter, gefüllt 387
Kohleintopf mit Curry 182
Kohlrouladen, Berliner 142
Kohlsuppe, braune 207
Kohlsuppe, süßsaure 378
Kokosflockensuppe 434
Kokos-Hühnchen 382
Kokosnuß, gebacken 391
Kokosnußkuchen 391
Kolatschen 272
KONFEKTBRÖD 212
KOOTU 349
Koteletts mit Äpfeln 181
Koteletts, portugiesische 63
Krabben in Gurkensalat 371
Krabbensuppe 379
Kräutersuppe, süddeutsche 121
Kranz, Frankfurter 160
Krautbraten, Rothenburger 142
Krautspätzle 151
Krebs, gefüllt 356
Krebs mit Paprikaschoten 278
Krebssalat in der Melone 402, 409
Krebssuppe 74

Kremser Zwiebelfleisch 247
Krenfleisch 248
Kreolen-Reispfanne 412
Krustentiersuppe 379
Küchli, Zürcher 114
Kükenragout, Bremer 134
Kümmelfleisch, Prager 264
Kürbisblütensuppe 420
Kürbisgemüse 286
Kürbissuppe, australische 394
Kürbissuppe, englische 190
KUFTA 330
KUGEL 320
KUROPATKA Z KAPUSTOJ 238
KUTJA 242
Kutteln, geschmort 84

Labskaus 140
Lachsauflauf mit Kartoffeln 219
Lachs, gedünstet mit Kokosraspeln 436
Lachs, gedünstet mit Mandelsauce 308
Lachsklößchen aus Montreal 405
Lachsragout 218
Lachsscheiben, gegrillt nach schottischer Art 192
Lachstopf 218
LAHANA BASDI KELAM 310
LAMB PIE 395
LAMMASKAALI 222
Lammbrust-Roulade, gefüllt 91
Lamm-Eiersuppe 308
Lammfleisch mit Auberginenschnitten 319
Lammfleisch mit Seezungen 329
Lamm, gefüllt und gebraten 330
Lammgericht, javanisches 388
Lammkeule, gebraten 407
Lammleber, gebraten 64
Lamm-Milcher, gebacken 196
Lammpastete 395
Lammragout, kreolisches 441
Lammrippchen, burische 341
Langosch aus Kartoffeln 285
Languste auf Teufels Art 405
Langustenpastetchen 432
Langustinensalat 378
Langustinenschwänze auf Toast 371
Langustinenschwänze in Remouladensauce 403
Langustinenschwänze mit Kokosnuß 394

Langustinenschwänze mit Sellerie 360
Leber auf brasilianische Art 440
Leber, gebraten mit Speck 64
Leber, geschmort auf Triester Art 42
Leberklöße, Luxemburger 169
Leber mit Erbsen 382
Lebernockerl 260
Leberpudding 221
Leberragout auf schwedische Art 211
Leberröllchen mit Sardellenfüllung 42
Leberscheiben auf norditalienische Art 41
Leberspätzle 151
Leber-Spießchen 311
Leberspießli, Zürcher 104
Lebersuppe, Linzer 246
Leber, Tiroler 248
Lecsó 285
Leineweber aus dem Rheinland 149
Leipziger Allerlei 139, 197
LEKACH 324
LEMON BREAD PUDDING 203
LEMON DUMPLINGS 203
Lendenbraten, gefüllt 129
LENGUADO CATALANA 57
LIEWERKNIEDELEN 169
LIMBA CU MASLINE 297
Linseneintopf, niederdeutscher 119
Linsengericht mit Reis 333
Linsen mit Reis 388
Linsensuppe, arabische 328
Linsensuppe mit Curry 348
Linzer Torte 256
Liwanzen 272
LOBSTER NEWBURG 405
Lothringer Specktorte 77
LOZE VINKEN 167
LUBEY BE-ZEIT 334
Lungenbraten, gefüllt 129

MACKEREL WITH GOOSEBERRY SAUCE 193
Madrider Ragout 59
Maifisch auf griechische Art 296
Maifische, gefüllt 127
Mairübenmus mit Frikandellen 148
Maisblätter, gefüllt 424
Maisküchlein, gebacken 444
Maismehlkuchen 414

Maisstreifen, gebacken 414
Maiswickel, gefüllt 425
Makkaroni mit Bohnen 47
Makrele mit Stachelbeersauce 193
Makrelen, eingelegt und gebraten 208
Makrelen in saurer Sahne 209
Makrelenragout 218
Makrelenschnitten mit grünen Bohnen 380
Makronen, schwedische 212
MAKSALAATIKKO 221
Malvenblütensuppe 420
Mandelbrot 69
Mandelkuchen, englisch 202
Mandelkuchen, spanisch 68
Mandeln, Muskaziner 291
Mandeltaschen 304
Mangocreme 429
Mangold und Spinat mit Hühnchen 332
MANZANAS EN DULCE 67
MARASKA 320
Margarets Bratfische 36
Marillenknödel 254, 269
Markklößchen 124
Markschöberlsuppe 246
Marmelade aus Bananen 399
Maronenauflauf 289
Maronen-Kompott 67
MASBAHET ED-DARWEESH 334
Matrosen-Scampi 37
Matzeklöße mit Obst 323
MAUSTEKAKKU 226
MEDALLONES DE TERNERA A LA SEVILLANA 60
Meerrettichfleisch 248
Meerrettich mit Äpfeln 250
MEHALLABIA 335
MELANZANE SOTT'ACETO 32
MELKSNYSELS 338
Melone, gefüllt mit Krebssalat 402, 409
Melonensuppe, kalt 434
MELTON MOWBRAY PORK PIE 194
MESHANA SALATA 303
Miesmuscheln, überkrustet 36
MIETA KEELA 353
Milcher »Eugenie« 406
Milcher, gebacken 196
Milchreis mit Schellfisch 128
Milchsuppe mit Nudelscheiben 338

Milz mit Brotfülle 318
MINCEMEAT 200
MINESTRONE ALLA CASALINGA 35
MINESTRONE ALLA MILANESE 35
Minestrone, Hausmacher Art 35
Minestrone, Mailänder Art 35
MJDARA 333
MLOOKHIA 332
Möhrensuppe 174
Möhren und Rüben gemischt 317
Mohnfüllung für Teigtaschen 324
Mohngrütze 242
Mohnpfannkuchen 267
Mohnplätzchen 324
Mohnzopf 325
Moppen, Bentheimer 158
Morcheln in Rahm 103
MORGEE KORMA 349
MOSBOLLETJIES 345
MOULES BORDELAISES 81
MOUSSAKA MELITZANES 299
Müllers-Frühstück 166
MUHENNETTU MADE 218
MUNAJUUSTO 217
MURRUMBIDGEE FAVORITES 398
Muschel-Auflauf 435
Muscheln auf Bordeaux-Art 81
Muscheln in süßsaurer Sauce 380
Muscheln, überkrustet 36
Muschelreis, belgischer 165
Muschelsuppe 404
Muskaziner Mandeln 291

Nackensteak, böhmisches 265
NAM CHIM PRIA WAN 380
Nanking-Birnen 363
Nasi Goreng 389
Nationaleintopf, argentinischer 444
NAVARIN 87
Neuenburger Fondue 111
Neu-Seeland-Steak, gefüllt 396
NEW ENGLAND COD FISH CHOWDER 403
NGA-BAUNG-DOKE 387
Nierenragout auf altfranzösische Art 86
Nieren und Schinken 63
Nierle, saure 131
NIGIRI-ZUSHI 366

Nockerl, Salzburger 255
Nudeln mit Honig 323
Nudeln mit Rosinen 323
Nuß-Kuchen 398
Nußpudding aus Portugal 67
Nußpudding, bayerischer 157
Nußtorte, Prager 273
Nußtorte, spanische 68

Ochsenfilet auf russische Art 236
Ochsenfiletscheiben mit Madeira 59
Ochsenhachse, gebacken 439
Ochsenschwanzragout 83
Ochsenschwanzsuppe, klare 191
Ochsenzunge mit Olivensauce 297
ÖLLEBRÖD 207
OEUFS MEULEMEESTER 166
Ofenbällchen 415
Oliven-Hühnchen nach Veroneser Art 44
Oliventorte, provenzalische 78, 107
OPVLIEGER 185
ORANGE BLOSSOM 415
Orangendessert 415
OSSO BUCO 41
OWN THEE MOANT 391

PAELLA 51, 58
PAISTETTU KANA 222
PALINGSOEP 174
PANADA 443
PANDORAS 66
PANERT SCHWENGSFESS 168
PANETTONE 53
PANZANELLA 50
Paprika-Fischsuppe 277
Paprikahendl 248
Paprikaschoten, gefüllt auf arabische Art 329
Paprikaschoten, gefüllt auf Budapester Art 284
Paprikaschoten, gefüllt auf rumänische Art 300
Paprikaschoten, gefüllt mit Fisch 424
Paprikaschoten, gefüllt, süßsauer 424
Paprikaschotensalat, bulgarischer 303
Paradeiskraut 250
PASSAH-INGERLACH 324
PASTA E FAGIOLI 47
Pastetchen mit Langusten gefüllt 432
Pastetenfüllung 200
Pasteten mit Gewürzfleisch 344

Pastete vom Lande 87
PATAKUKKO 219
PATE DE CANARD LUCAS CARTON 92
PATLICAN KÖFTESI 309
PATLIJAN ALA NAZ 319
PATO SEVILLA 65
PATO SILVESTRE 423
Paupau-Suppe 338
PAUPIETTES DE VEAU A L'ALGERIENNE 85
PECHE MELBA 98
PEENSOEP 174
PERDRIX BRAISEE 94
PESCADO ESPANOL 58
PESCE FRITTO ALLA MARGHERITA 36
PETITS POIS A LA FRANCAISE 95
Pfannenbälle, mexikanische 426
Pfannenfleisch auf mexikanische Art 422
Pfannennudeln 186
Pfannkuchen, Berliner 158
Pfannkuchen mit Bohnen 429
Pfannkuchen mit Speck 185
Pfannküchlein 241
Pfefferfleisch, rotes 442
Pfeffertopf, karelischer 219
Pfeffertopf, westindischer 443
Pfifferlinge auf Wiener Art 250
Pfirsich »Melba« 98
Pfitzauf, schwäbischer 159
PICADILLO 422
Piccata Milanese 40
Pichelsteiner Topf 139
PIEDS DE PORC AU MADERE 105
Piemonteser Reisgericht 47
PIGEONS STUFFED WITH APPLES 412
Pilaff mit Huhn 332
PILE YAHNIA 298
Pilze, süßsaure 225
Pilzpiroschki mit saurer Sahne 240
Pilzrisotto, Tessiner 109
Pilzschnitzel 40
Pilzspätzle 151
PINEAPPLE CHEESE FLAN 417, 427
PINEAPPLE PIE 416
PIQUETE 442
PIROG 240
Pirogge 240
Piroschki mit Pilzen 240

Pizza 33, 49
Pizza, Tessiner 110
PIZZA TICINESE 110
PLAKIA 302
Platte, Berner 105
Plinsen, Berliner 155
PLUM PUDDING 201
Pörkölt mit Huhnfleisch 280
Pörkölt mit Kalbfleisch 280
Pofesen 253
POIRES A L'IMPERIALE 98
POITRINE D'AGNEAU BRAISEE 91
POLLO A LA PEPITORIA 64
POLLO ALLA CACCIATORA 44
POLLO ALLA OLIVE VERONESE 44
POLLO FRITTO ALLA FIORENTINA 43
Polnische Eier 230
Polnische Roulade 237
Polnischer Salat 230
Polnische Suppe 231
POLPETTONE 38
POPINA JANJA YANJE 284
POPOVERS 415
Porree-Rouladen 301
POT-AU-FEU 75
POTEE BOURGUIGNONNE 76
Potthucke, rheinische 149
POULARDE SAUTEE CHARLEMAGNE 169
POULET SAUTE MARENGO 91
Powidltascherl 271
Prager Nußtorte 273
Preiselbeergrütze 226
Priesters Frühstück 284
Prilleken, Braunschweiger 159
PSARIA PLAKI 296
PUCHERO 444
PUDIM DE NOZES 67
PULARDA NADZIEWANA SZYNKA 238
PUMPKIN SOUP, AUSTRALIAN 394
PUMPKIN SOUP, ENGLISH 190
PUOLUKKALIEMI 226
PURIM-KICHLACH 324
PURPOO MULLIGATAWNY 348
Puter mit süßsaurer Sauce 411

Quark, saurer mit Eiern 242
Quarkstrudel 255

473

Quark-Süßspeise auf rumänische Art 304
QUENELLES DE SAUMON 405
QUESADILLAS 425
QUEUE DE BOEUF 83
QUICHE LORRAINE 77

RAGOUT DE ROGNON DE VEAU 86
Ragout, Madrider 59
Rahmschnitzel 84
RAITHA 352
RAKPAPRIKAS 278
RAMEQUINS 112
RAREBIT VANDERBILT 413
RAVIOLI 46
Rebhuhn, geschmort 94
Rebhuhn, russisches 238
Rehrücken »Baden-Baden« 137, 179
Rehrücken, Karpaten-Art 281
Rehrücken mit Senfrahm 281
Rehschlegel in Esterházy-Sauce 282
Rehschnitzel in Rotweinsauce 137
Reis, bengalischer 352
Reis, bunter 373
Reisgericht, piemonteser 47
Reishäppchen 366
Reismehlkuchen 363
Reismehlpudding 335
Reis mit Auberginen 48
Reis mit Fisch und Ananas 379
Reis mit Huhn 373
Reis mit Linsen 388
Reis mit Muscheln, belgischer 165
Reis mit Schlagsahne 312
Reis mit Tomaten 312
Reis nach Nihonsiki-Art 369
Reispfanne 51, 58
Reispfanne mit Fisch 348
Reispfanne nach Kreolen-Art 412
Reisschmarrn 254
Reis, überbacken auf polnische Art 240
Restesuppe 421
RILLETTES D'OIE 73
Rindermilz mit Brotfülle 318
Rindfleischpastete 343
Rindfleischragout, chilenisches 439
Rindfleischragout mit Früchten 439
Rindfleischscheiben in Sojasauce 372

Rindfleischwürfel mit Nüssen 372
Rind-Hammel-Frikandellen 330
Rindshachse, englische 193
Rindsrippen, geröstet 406
Rindsröllchen auf flämische Art 167
Rindsrouladen auf römische Art 38
RINONES CON JAMON 63
RISOTTO CON FUNGHI 109
RISOTTO CON MELANZANE 48
RISOTTO ESPANOL 66
RISOTTO PIEMONTESE 47
Risotto, spanischer 66
Risotto, Tessiner mit Pilzen 109
ROAST LEG OF LAMB 407
ROAST SWEETSOUR TURKEY 411
Römische Kalbsplätzchen 41
Rösti, Urner 110
ROLLEUCH 170
ROODBAARSSOEP 175
Rosinen-Nudeln 323
ROSOLLI 216
Rostbraten, böhmischer 263
Rostbraten, Esterházy-Art 278
Rotbarschsuppe, Amsterdamer 175
Rote-Beeten-Suppe 316
Rotweinsuppe, Pfälzer 122
Rotzunge, gebacken 58
Rouladen, gemischt 38
Roulade, polnische 237
Rübchen, glasiert 200
Rübchen, glasiert auf bayerische Art 148
Rübchensuppe, Mecklenburger 120
Rübenmus, gelbes mit Frikandellen 148
Rüben und Möhren gemischt 317
RULADA CIELECA 237
Rum-Baba 96, 125
Rumpsteakstreifen in scharfer Sauce 381
Rumpsteakwürfel mit Austern 360
RUNDERLAPPEN 178
Russischer Salat 230

Sachertorte 257
SÄILÖTYT SIENET 225
Sahne-Auflauf 185
Sahneheringe, Braunschweiger 118
Sahneplinsen, Berliner 155
Sahnereis 312

SAKANA-MUSHI 370
SALAD BOSTON STYLE 402
Salat, andalusischer 56
Salat aus Geflügel und Mais 432
Salat aus Hopfensprossen 118
Salat aus Valencia 56
Salat, Bostoner 402
Salat, bunter 357, 374
Salat, Cäsars Art 413
Salat, gesunder 109
Salat, polnischer 230
Salat, russischer 230
Salbeiküchli 113
SALSA ALLA MATRICIANA 45
SALSA DI ACCIUGHE 45
SALSA DIAVOLA 45
SALTIMBOCCA ROMANA 41
Salzburger Nockerl 255
SAMBAL 351
SAMBAL HATI HATI 388
SAMBOUSIKS 333
SAMOSAS 344
SARADA MODAN 374
Sardellensauce 45
SARMA 283
SARMALE 299
SATE KAMBING 388
SAUCE BEARNAISE 94
Sauce, Béarner 94
SAUCIJZEBROODJES 184
Sauerampfersuppe 75
Sauerkirschen, flambiert 97
Sauerkraut-Auflauf 140
Sauerkraut, garniert 237, 251
Sauerkraut mit Steinpilzen 239
Sauerkrautrouladen 299
Sauerkrautsuppe 231
Saure Suppe 295
SAVARIN AU RHUM 96, 125
SAYADIET 329
SCALOPPINE AL FUNGHI 40
SCALOPPINE DI MAIALE 43
SCALOPPINE FARCITE 40
SCALTSOUNIA 304
SCAMPI ALLA MARINARA 37
SCAMPI AL VINO 37
Scampi in Weinsauce 37

Scampi, Matrosen-Art 37
Scampi mit Paprikaschoten 278
Schalet 316
Schalotten-Salat, arabischer 328
Schaumklößchen 124
Schellfisch, gebacken auf spanische Art 58
Schellfisch, gebacken mit Bananen 58
Schellfisch im eigenen Saft 176
Schellfisch mit Milchreis 128
Schellfischsalat, norwegischer 206
Schichttorte aus Eierkuchen 213
Schinkenauflauf 106
Schinkenauflauf »Carmen« 87
Schinkencremesuppe 260
Schinkenfleckerl, Budapester 285
Schinken, eingelegt mit Petersilie 74
Schinken für den Aufschnitt 221
Schinken, gebacken 133
Schinken, schwedischer 212
Schinkenspätzle 151
Schinken, Virginia-Art 406
Schlodder-Kappes 140
Schmalzküchlein 414
Schmelzkäsekuchen, gekümmelt 152
Schmorhuhn 342
Schmorsteaks, Seeländer 178
Schnippelbohnensuppe mit Äpfeln 121
Schnitzel, Brünner 265
Schnitzel in der Eihülle 440
Schnitzel mit Apfelstückli 105
Schnitzel, Wiener 247
Schokoladentorte 186
Schokoladestangen 69
SCHTSCHI 231
Schusterpfanne, Köthener 139
Schwarzbrotpudding, Bielefelder 157
Schwarzsauer 342
Schwarzwurzeln, gebacken auf badische Art 144
Schweinebraten aus Mowbray 194
Schweinebraten mit Backpflaumen 212
Schweinefiletschnitten in Biersauce 423
Schweinefleisch am Spieß 367, 396
Schweinefleischgericht mit Huhn 442
Schweinefleisch, geschmort 372
Schweinefleisch mit Bohnen 64
Schweinefleisch mit Bohnen und Tomaten 143
Schweinefleisch, süßsaures 382

Schweinefleischsuppe mit Bohnen 369
Schweinerippchen, neapolitanische 43
Schweinerippenbraten, gefüllt 132
Schweineröllchen, gefüllt 211
Schweine-Spießbraten oder -Grillsteak 440
Schweinesteak, gefüllt 396
Schweinestreifen 373
Schweinsbrust, gefüllt mit Kräutern 132
Schweineintopf 220
Schweinsfilet nach Schnetz 131
Schweinsfüße in Madeirasauce 105
Schweinshachsen, paniert 168
Schweinskarbonaden, belgische 168
Schweinskeule, pommersche 132
Schweinskoteletts in Pfeffer-Rahmsauce 86
Schweins-Spießchen, Tessiner 106
SCOTCH MUTTON BROTH FOR SUMMER 191
See-Aal in der Kasserolle 436
Seefischragout 218
Seefischstreifen in süßsaurer Sauce 359
Seefisch, überbacken mit Käse 128
Seehechtfilets in süßsaurer Sauce 359
Seezungenfilets auf normannische Art 81
Seezungenfilets in Reisweinsauce 370
Seezungen, gegrillt 192
Seezungengericht mit Reis 436
Seezungen mit Artischocken 57
Seezungen mit Lammfleisch 329
Seezungenröllchen 348
Semmelbiskuit 289
Semmelpudding, pommerscher 154
SERIKAYA 390
Serviettenkloß mit Graupen 184
Serviettenknödel, Prager 266
Sevilla-Kalbsfilet 60
SHEIK EL-MIHSHIE 331
SHOURABAT ADAS 328
SHRIMP IN COCONUT 394
SHRIMPS NEW ORLEANS STYLE 403
Siebenbürger Holzteller 279
SIGHIR-ETI YAHNISI 308
SILLILAATIKKO 219
SIMNEL CAKE 202
Skubanken 267
SMOTHERED STEAKS 396
Sojabohnenkäse 366
Sommersuppe 217

SOMUN-BALIGHI KÜL BASTI 308
SOPA DE MELON 434
SOPA DI COCO 434
SOPA JARDINERS 420
SOSATIES 342
SOTO AJAM 386
SOTOH 378
SOUFFLE DE JAMBON CARMEN 87
SOUFFLE DE MARRONS 96
SOUPA AVGOLEMONO 295
SOUPA SUS TOPCHETA 296
SOUPE AIGO 76
SOUPE AUX CERISES 165
SOUTHERN FRIED CHICKEN 407
SOUTH SEAS FISH 395
Spätzle, schwäbische 151
Spätzle, siamesische 383
SPAGHETTI ALLA BOLOGNESE 46
Spaghetti, Bologneser 46
SPAGHETTI CON SALSA FUNGHI 45
Spaghetti mit Champignonsauce 45
SPANAKOPETA 303
Spanische Törtchen 65
Speckfleckerlsuppe 260
Speckkuchen, Göttinger 152
Speckpfannkuchen 185
Specktorte, Lothringer 77
SPEKPANNEKOEKEN 185
SPICED PORK-SPIT 367, 396
Spießbraten oder Grillsteak 440
SPINACH IN COCONUT MILK 397
Spinatbrötchen, portugiesische 61, 66
Spinat-Eierkuchen 371
Spinat in Kokosmilch gekocht 397
Spinatröllchen 303
Spinatspätzle 151
Spinatsuppe, malayische 378
Spinatsuppe, Modena-Art 35
Spinat und Mangold mit Hühnchen 332
SPITCHCOCKED EEL 192
Stanitzel 256
Steak, gefüllt auf Neu-Seeland-Art 396
Steak, geschmort nach Seeländer Art 178
Steinpilze mit Sauerkraut 239
Steinpilzköpfe auf altrussische Art 239
Stephaniebraten 262
Stielmus mit Frikandellen 148

Stör in Kräutersauce 277
STUFFED MUTTON 396
Sülzkotelett 133
SÜTLAC 312
SUKI-YAKI 372
SUKKE 352
SUOLAKURKUT 225
Suppe aus Blüten 420
Suppe mit Äpfeln und Sherry 420
Suppe mit Krustentieren 379
Suppe mit Sauerkraut 231
Suppenfleckerl, böhmische 260
Suppentopf, ländlicher 75
Suppentopf, provenzalischer 76
Suppe, polnische 231
Suppe, rote, aus der Ukraine 232
Suppe, saure 295
Suppe, welsche 120
SWARTSUUR 342
SWEETBREADS EUGENIE 406
SYRNIK 242
SZCZUPAK W SOSIE CHRZANOWYM 235
Szegediner Gulasch 279
SZEKELY GULYAS 279
SZYNKA ZAPIEKANA Z RYZEM W PIECU 240

TAMALES 424
TARAMASALATA 294
TARHONYA 286
TARTE A L'OIGNON 77
TARTE AUX ABRICOTS 99
TARTE AUX TOMATES ET AUX OLIVES 78, 107
TARTE DE NUEZ 68
TARTE LIEGEOISE 170
TARTE TATIN 99
Taschenkrebse, gefüllt 356
Tatarensauce 241
Tauben in Weißweinsauce 441
Tauben mit Apfelfüllung 412
TAVUK DOLMASI 311
Teekuchen, australischer 398
Teekuchen, belgischer 171
TEFFAH BIL-FORN 335
Teigflecken, gefüllt, italienisch 46
Teigflecken, gefüllt, niederländisch 184
Teigkugeln, gefüllt 325
Teigröhrchen, überkrustet 46

Teigschnecken 344
Teigtaschen, gefüllt 425
Teigtropfen, ungarische 286
TELJATIANA PO KAWKASKI 236
Tempura-Hummerfleisch 370
TERNERA CORDOBEZA 60
TERRINE DE LIEVRE 93
Tessiner Pizza 110
TETE DE VEAU A LA SAUCE
   DITE PAUVRE HOMME 86
Teufelssauce 45
THUCAHLEY FOOGATHS 351
Thunfischauflauf 219
TOCANA DE CARTOFI 302
Törtchen mit Weintrauben 416, 427
Törtchen, spanische 65
Tofu mit Bambussprossen 374
TOFU NO TEMPI-YAKI 366
TOFU TO TAMAGO TO TAKE-NO-KO 374
Tomaten, gedünstet 351
Tomaten mit grünen Bohnen, deutsch 145
Tomaten mit grünen Bohnen, spanisch 63
Tomaten mit Gurken und Zwiebeln 147
Tomatenreis 312
Tomatensauce 45
Tomatenspätzle 151
TONKATSU 373
Topfenstrudel 255
TORRIJAS 69
TORTA DE AMENDOA 68
TORTA DI RICOTTA 53
TORTAS DE PAPA 426
Torte, belgische 170
Torte, Dobos- 289
Torte, Linzer 256
Torte mit Baiser und Kirschen 417, 427
Torte mit Käsecreme und Ananas 417, 427
TORTILLA ESPANOLA 65
Tortillas 426
TOSTADAS 429
TOURTE DE CAMPAGNE 87
Triester Leber, geschmort 42
TRIPE A LA MODE DE CAEN 84
TRIPE ROMANA 43
TRUITE ETUVEE 404
TSCHOL MEMULA 318
TSCHORBA 295

TURRON 69
TZIMMES 317

UCCELLI SCAPPATI 38
Ukrainische rote Suppe 232
UNAGI-YAKI 370

VASIKANPAISTIA JA KERMAKASTIKETTA 220
VEAL IN JELLY 194
VENISON PASTY 199
VICTORIA CAKE 203
Victoria-Kuchen 203
Viermus, pommersches 161
VIRGINIA BAKED HAM 406
Virginia-Schinken 406
VISBALLETJES IN RIJNKREEFTENSAUS 175
VISKOEKJES 177
VISSCHOTEL MET MOSTERDSAUS 176
VITELLO TONNATO 39
Vorspeisenteller, gemischt 72

Waller auf Burgenländer Art 246
Waller aus dem Ofen 261
Walnußkuchen, griechischer 305
Walnuß-Zitronen-Kuchen 227
Wasserkastanien mit harten Eiern 362
WATERZOOI 164
WATERZOOI DE POULET 164
Weihnachtskarpfen, böhmischer 262
Weihnachtsluftkuchen 53
Weihnachtspudding 201
Weihnachtspunsch 213
Weihnachtssalat, rheinischer 118
Weihnachtsschinken, schwedischer 212
Weinbergschnecken auf Burgunder-Art 78
Weinblätter, türkisch gefüllt 310
Weinblätter, ungarisch gefüllt 283
Weinbrandbutter 202
Weinschaum 53
Weinsuppe, Pfälzer 122
Weintrauben-Törtchen 416, 427
Weißkrauteintopf 310
Weizensuppe 434
Weizensuppe für Kinder 208
Wels auf Burgenländer Art 246
Wels aus dem Ofen 261
Welsche Suppe 120

WELSH RAREBITS 201
WESTINDIAN PEPPERPOT 443
Wiener Backhendl 249
Wiener Fiaker-Gulasch 249
Wiener Schnitzel 247
WIENGO TOOTE 398
Wildente in Aprikosensauce 423
Wildhähnchen, zahmes 222
Wildpastete 199
Wildschweinsteaks 282
Wildsuppe, dänische 208
Würstchen, vegetarische 320
Würzbissen Vanderbilt 413
Würzgemüse, mariniert 351
Würzreis, bengalischer 352

YAKITORI 374
YALANCI DOLMA 310
YAM KOONG 378
Yorkshire Pudding 200

ZABAGLIONE 53
ZAJAC DUSZONY ZE SLIWKAMI 238
Zander auf Burgenländer Art 246
Ziegenbraten im Teig 109
Zitronenfisch 395
Zitronenklöße 203
Zitronenpudding 157
Zitronenpudding, gekocht 203
Zitronensuppe, griechische 295
Zitronen-Walnuß-Kuchen 227
ZRAZY 236
ZUCCHINI RIPIENI 48
Zürcher Küchli 114
Zungenscheiben in Sahnesauce 263
ZUPA NIESPODZIANKA 231
ZUPPA PAVESE 32
ZUPPA SPINACE ALLA MODENESE 35
Zwetschgenknödel 254
Zwetschgen mit Graupen 144
Zwiebäcke mit Johannisbeersaft 185
Zwiebelfleisch, Kremser 247
Zwiebelheringe, gebacken 209
Zwiebeln, gebacken 413
Zwiebeln, gefüllt 142
Zwiebelsuppe nach badischer Art 119
Zwiebeltorte 77

Folgende Fotoateliers gestalteten die Farbaufnahmen zu diesem Buch:
Christian Teubner, Füssen
(Titelfoto, Seiten 51, 61, 89, 125, 179, 197, 223, 233, 251, 269, 339, 357, 367, 409, 437, 447)
Scribe/Süß, Frankfurt/Main (Seiten 79, 107, 135, 321, 427)
Constanze-Verlag GmbH, Hamburg (Seiten 33, 287)
Norbert Amann, München (Seite 145)

Lizenzausgabe mit Genehmigung des Verlages Gräfe und Unzer, München
Nachdruck, auch auszugsweise, ohne ausdrückliche Genehmigung des Verlages nicht gestattet
© by Gräfe und Unzer Verlag, München
Typographie Rudolf Rieger
Schutzumschlag und Einband Heinz Richter, Steinheim
Gesamtherstellung Mohndruck, Reinhard Mohn OHG, Gütersloh
Printed in Germany 1974
ISBN 3-7632-1824-6